中国民族统计年鉴
CHINA'S ETHNIC STATISTICAL YEARBOOK
1998

国家民族事务委员会经济司
国家统计局国民经济综合统计司 编
EDITED BY ECONOMIC DEPARTMENT
STATE ETHNIC AFFAIRS COMMISSION
&
DEPARTMENT OF INTEGRATED
STATISTICS STATE STATISTICAL BUREAU
PEOPLE'S REPUBLIC OF CHINA

民族出版社
ETHNIC PUBLISHING HOUSE

责任编辑:虞　农
封面设计:周　方

图书在版编目(CIP)数据

中国民族统计年鉴　1998/国家民族事务委员会经济司,国家统计局国民经济综合统计司编.-北京:民族出版社,1998.10
ISBN 7-105-03136-0

Ⅰ.中…　Ⅱ.①国…②国…　Ⅲ.民族自治地方-统计资料-中国-年鉴-1998　Ⅳ.C832

中国版本图书馆 CIP 数据核字(98)第 13109 号

ISBN 7-105-03136-0

9 787105 031368 >

民族出版社出版发行
(北京市和平里北街 14 号　邮编 100013)
冶金印刷总厂照排印刷
各地新华书店经销
1998 年 10 月第 1 版　1998 年 10 月北京第 1 次印刷
开本:787×1092 毫米　1/16　印张:39 字数:800 千字
印数:0001—1400 册　　定价:90.00 元
ISBN 7-105-03136-0/Z·323
(汉 80)

《中国民族统计年鉴》编辑委员会和编辑工作人员

一、编辑委员会

总 顾 问:司马义·艾买提、李德洙

顾　　问:文　精、邵宗明

主　　编:王福临、叶　震

副 主 编:曲木林古、金兆丰

编辑委员:

国家民委:赵　星、周　方、若　仆、张　弛

国家统计局:李小维、周立东、黄　培

北　京	哈金起	天　津	谢凤友	河　北	鞠志强	山　西	周新玉
内蒙古	张德斌	辽　宁	杨丰陌	吉　林	崔秀男	黑龙江	关立卓
上　海	杨奇庆	江　苏	王　波	浙　江	李绍瑛	安　徽	马美红
福　建	林文斌	江　西	罗峻雄	山　东	于洪文	河　南	铁代生
湖　北	牟廉久	湖　南	丁　耀	广　东	莫新银	广　西	吴福高
海　南	龙　文	重　庆	石胜福	四　川	袁本朴	贵　州	严天华
云　南	马　泽	西　藏	措　姆	陕　西	岳松华	甘　肃	郭长乐
青　海	李　庆	宁　夏	蔡　明	新　疆	巴特尔		

二、编辑工作人员

总 编 辑:王福临

副总编辑:金兆丰、赵　星

编辑部主任:赵　星

编辑部副主任:若　仆、周立东

编辑人员:

编 者 说 明

一、《中国民族统计年鉴》(1998)是一部全面反映中华人民共和国民族自治地方国民经济和社会发展情况的统计资料工具书。全书由四部分组成。

第一部分收集了1997年国家民委及有关部门颁发的有关民族工作方面的文件以及党和国家领导人的有关讲话。

第二部分收编了国家民委有关司厅室撰写的民族工作条目。

第三部分收编了全国31个省、自治区、直辖市民委撰写的民族经济、社会发展和民族工作情况的有关条目。

第四部分统计资料,包括:综合、人口、从业人员、农业、工业、运输和邮电业、固定资产投资、建筑业、国内外贸易、财政、金融、人民生活、教育、科技、文化、出版、卫生和体育。该部分按全国民族自治地方区域内的全面资料进行统计(不作重复计算),各项指标的发展指数扣除了区域变动和价格变动因素,年度之间可比。各部分末附有《主要统计指标解释》,对主要统计指标的含义、统计范围和统计方法作了简要说明。

附录收集了民族工作机构情况,包括:国家民委及所属单位、31个省、自治区、直辖市民委机构情况。

二、书中涉及到的全国性统计数据均不包括台湾省和中国香港特别行政区、澳门地区;资料所使用的度量衡单位均使用国际统一标准计量单位。

三、本年鉴的资料来源大部分来自各民族自治地方的统计资料;一些反映民族特色的指标,如教育、文化、出版、卫生、体育等资料来源于有关主管部门。

四、本年鉴表中的符号使用说明:"空格"表示该项统计指标数据不详或无该项数据;"#"表示其中的主要项;"*"表示本表下有注解。

五、由于时间紧迫,资料来源有限,疏漏和不妥之处恳请读者批评指正。同时,谨对各有关部门、单位和各方面人士的大力支持表示感谢。

PREFACE

1. China's Ethnic Statistical Yearbook 1998 is a statistics reference book, which reflects various aspects of economic and social development of the minority autonomous areasin the People's Republic of China. The yearbook is composed of four parts.

   Part I is the compilation of the important documents on ethnic works issued by the State Ethnic Affairs Commission and other concerned departments, and the texts of relevant important speeches given by the Party and State leaders.

   Part II is the compilation of clauses and items related to ethnic works declared by related departments of the State Ethnic Affairs Commission.

   Part III is the compilation of the clauses and items on the economic and social development of the autonomous areas and the ethnic works ,declared by the ethnic affairs commissions of 31 municipal, provincial and autonomous areas of the country.

   Part IV is the statistical data including integrated data, data of population and labor force, data of agriculture, industry, transport, post and telecommunications, investment in fixed assets, domestic and international trade, finance, people livelihood level, education, science and technology, culture, publication, public health and sports. The statistical data in this part is based on all-round materials of the autonomous regions(no duplicate statistic). Regional change and price change are deducted in the increase indexes of each indicator, so the data of a year is comparable with another. There is an appendix of" Interpretation of Major Statistical Indicators" to each part, giving a brief interpretation to the definition of major indicators, statistical coverage and statistical methodology. Ethnic work organizations are included in the appendix with the detailed name list of State Ethnic Affairs Commission and the 31 commissions at municipal, provincial and autonomous region level.
2. The statistical data of Taiwan Province, China Hong Kong Special Administrative Area and Macao is not included. The international standard metric system is used for the unit of measures and weights.
3. The major data resources of this publication are statistical reports from autonomous governments, and some with ethnic characteristics, such as education, culture, publication, public health and sports, are got from related competent authorities.
4. Explanatory notes for notations used in this book:

   " " data not available

   # major items

   * see footnotes below
5. We sincerely hope that readers can give their comment and criticism to this book. We apologize in advance for some carelessness because of the limit of the data resources and the time. Meanwhile, we would like to express our appreciation for the valuable contributions by agencies, organizations concerned and people of all works of life.

目　录

第一部分　重要文献

重要讲话

重要文件

综合类

第二部分 国家民族工作概况

第三部分　地方民族工作概况

第四部分 统计资料

十三、文化、出版

十四、卫生、体育 …………………………………………………… (557)

附录：

CONTENTS

PART Ⅰ IMPORTANT DOCUMENTS

IMPORTANT SPEECH、

IMPORTANT DOCUMENT

INTERGRATED

ECONOMY

CULTURE & EDUCATION

PART II SURVEY OF CENTRAL ETHNIC WORKS

PART Ⅲ SURVEY OF LOCAL ETHNIC WORKS

PART Ⅳ STATISTICAL DATA

第一部分　重要文献

PART Ⅰ IMPORTANT DOCUMENTS

重要讲话

国务委员兼国家民委主任司马义·艾买提在全国民族贸易和民族用品生产联席会议上的讲话

1997年7月7日

同志们：

在党中央和国务院领导的亲切关怀下，《国务院关于“九五”期间民族贸易和民族用品生产有关问题的批复》(国函〔1997〕47号，以下简称国务院《批复》)正式下发了。全国民族工作部门和在民族贸易、民族用品生产战线上辛勤工作的干部职工，深受鼓舞。今天，我们召开这次联席会议，深刻领会国务院对新时期民族工作、特别是民族贸易和民族用品工作的重要指示精神，认真贯彻实施，进一步推动全国民族贸易和民族用品生产的发展。下面，我讲几点意见。

一、充分认识民族贸易和民族用品生产工作的重要性，进一步明确这项工作的特殊地位和作用

民族贸易是伴随着我们中国人民解放军解放大西南和大西北地区而产生的。解放初期，为了消除民族隔阂，尽快打开工作局面，我党派出大批干部组成随军贸易小组和医疗队，深入民族地区开展公平贸易和医疗服务工作，把少数民族群众从官僚资本、封建领主头人和地主阶级所垄断的民族地区市场的剥削和压榨中解放出来，使广大少数民族群众切实感到新旧社会两重天，体会到中国共产党的关怀和新中国各民族大家庭的温暖。

多年来，民族贸易一直是民族地区商品流通主要渠道，同时为宣传党的民族政策发挥着重要作用。民族用品生产满足了近1亿少数民族群众生产生活的特殊需要，体现了党和政府尊重各民族风俗习惯、弘扬少数民族传统文化的方针政策，体现了我国平等、团结、互助的新型民族关系。

中央多次强调民族贸易和民族用品生产在我国民族地区社会经济生活中的特殊地位和作用，并把它作为我国民族政策的一项重要内容，作为党和政府密切联系少数民族群众的一个重要纽带而给予高度重视。

新中国成立快50年了，少数民族的社会地位和经济生活发生了翻天覆地的变化，民族贸易和民族用品生产的形式和规模也有了新的变化，但是从民族贫困地区的实际来看，民族贸易和民族用品生产的性质、地位和作用仍然没有变。这是由我国民族特点将长期存在和区域经济发展的不平衡所决定的。因此，建国以来，党和政府一直把民族贸易和民族用品生产供应，作为一项特殊的经济工作来对待。边远落后地区民族贸易网点的存在，作为当地独一无二的国有和集体合作企业，不仅是当地市场经济的主体，承担着搞活经济、保证群众生产生活必需品供应的任务，又承担着带动群众脱贫致富、帮助群众树立商品经济观念、宣传党的政策的任务。因此，老民族贸易工作者形象地把它们称为“政治网点”，是有道理的。

近年来，由于多种因素的影响，民族贸易地区商品购销活动的范围和规模有所缩减，网点个数有所下降。延边州近四年时间，供销系统的网点个数下降37%，农村社会商品零售额下降39%；四川民贸网点从2 900多个减少到900多个，无网点的乡镇达200多个。群众买难卖难问题再度出现，使这些地区物流不畅甚至商品买卖活动中断，群众又有可能重新回到自给自足的小农经济的状态中去。现在，离2000年实现小康的时间不多了，我们一定要认真贯彻国务院《批复》的精神，采取多种措施，对存在的问题尽快加以解决。

我国是一个由56个民族组成的大家庭，由于各民族的社会历史、经济文化发展的不平衡，风俗习惯、宗教信仰不同，在生产资料和生活资料的需要方面有着许多不同于其他民族的特点和差别。发展民族用品生产，满足少数民族群众在生产生活方面的不同需要，努力做好少数民族特需商品的生产和供应工作，对于密切党和少数民族群众的关系，增进各民族之间的感情，加强民族团结都有着重要意义。民族用品生产是一个特殊的行业，面对的是特殊的消费对象，民族的差异，决定了民族用品的生产必须是多品种、小批量，服务范围广，但由于市场弹性系数小，不供应不行，多了也不行，所以企业经济效益受到影响。这就是我们给这个行业特殊政策扶持的原因。

总而言之，民族贸易和民族用品生产工作，是贯彻党的民族政策的重要内容，是党密切联系少数民族群众的重要纽带，从一开始就不是一个简单的经济工作，而是一个带有很强的政治性的经济工作，不能用一般的生产和流通的眼光去看待。这一点，请同志们务必注意。

二、深刻领会国务院《批复》的重要意义，把民族贸易和民族用品生产工作提高到

一个新水平

党中央和国务院历来十分重视民族贸易和民族用品生产工作，在不同的历史时期都提出了相应的政策和措施予以扶持。在我国进行改革开放的初期，制定了国发〔1981〕113号文件，1991年又出台了国发〔1991〕16号文件，对新时期的民族贸易和民族用品生产工作及时确定了指导方针以及相关政策。各级地方政府也都十分关切。但由于情况的发展变化，也出现了一些需要解决的问题。近年来，两会代表有多项提案反映这一方面的意见，引起了国务院和有关方面的高度重视。我们联席会议从1993年底，就开始对财税体制改革后民贸工作出现的新情况和新问题，组织了多次专题调查，提出了有针对性的意见和建议，得到了国务院领导同志的重视和有关部门的支持。

国务院《批复》明确和重申了“九五”期间民贸工作的基本方针和有关政策措施，体现了中央对少数民族和民族地区积极扶持的一贯政策，意义重大，影响深远。国务院《批复》的下发，是促进民族地区社会经济进一步发展的重要措施，也是中央进一步帮助民族地区实现国家“八七”扶贫攻坚计划的一项举措。这些政策的落实，必将对民贸工作、乃至民族地区的社会经济发展，起到重要的推动作用。

在这次国务院《批复》的制定过程中，李鹏总理、朱镕基、李岚清、吴邦国副总理做了明确批示。国务院各有关部门的同志付出了辛勤劳动，国务院办公厅秘书二局的同志做了大量的协调工作。这个文件得到了这么多领导同志的关心和这么多部门的支持，充分说明了党中央、国务院对少数民族群众生产生活的殷切关怀。我们要认真学习和宣传贯彻国务院对民贸工作的批复精神，进一步统一思想，提高认识，坚定信心，把民族贸易和民族用品生产工作做得更好。

三、以改革的精神，认真贯彻国务院《批复》并制定具体的实施方案

国务院《批复》明确提出，民族贸易和民族用品生产企业要加快改革步伐，在实现两个根本性转变中，积极探索企业在市场经济条件下为少数民族群众生产生活特殊需要服务的新路子。这是国务院对“九五”期间民贸工作的基本要求，是我们制定有关配套措施应该遵循的重要方针。我们的政策措施，既要坚持为基层、为群众服务的方向，又要引导企业加快改革、顺应市场经济体制的要求。行业主管部门在推进企业改革的同时，对本行业中的这部分企业的改革要十分重视，制定切实可行的方案；综合经济部门要对民贸和民族用品企业的改革进行指导。

最近，江泽民同志在中央党校省部级干部进修班毕业典礼上的讲话中，在强调加快企业改革步伐时指出：要以“三个有利于”为标准，努力寻找能够极大促进生产力发展的公有制实现形式，一切反映社会化生产规律的经营方式和组织形式都可以大胆利用。我们民族贸易和民族用品生产企业，一定要根据中央的指示精神，加快企业的改革步伐，适应市场经济体制的要求。

为加快民族贸易和民族用品生产企业的改革，要鼓励以骨干企业和名牌产品为龙头的跨行业、跨地区企业的联合和兼并；鼓励企业在国家的政策法规指导下，进行资产的优化配置和重组，提倡对现有企业进行投资主体多元化改造和债务结构的调整，推进小型国有企业的股份合作制改革；鼓励企业经营方式的多样化和多角化，在原有民族用品生产厂的基础上，提倡走多厂企业的联合之路；鼓励就地生产、就地供应，以少数民族生产生活必需品为主，形成适应市场需要的系列化生产规模，发挥整体效益；鼓励生产和流通企业间的联合，提倡流通企业的联购分销、连锁经营和送工业品下乡等直供直销方式；鼓励企业按照市场经济规律，向外向型发展和进入国际市场；鼓励企业完善内部的科学管理机制；鼓励现有的有一定规模的民族贸易和民族用品生产企业按照《公司法》的要求进行公司制改革。各地要把企业改革列入议事日程，制定和完善必要的配套措施，帮助民族贸易和民族用品生产企业加快改革步伐。

联席会议办公室要抓一些改革搞得比较好的典型，在总结经验的基础上，向全国推广。

各地区、各部门都要注意总结和大力推广基层的好经验和好做法，发现和宣传按照现代企业制度在“三改一加强”中做出突出成绩的企业典型，为全国的民族贸易和民族用品生产企业树立榜样。同时，也还需要国家投资向这些企业适当倾斜，尽快形成抓改革、促发展、比服务、争贡献的新局面，使民族贸易和民族用品生产工作在“九五”期间再上一个新台阶。

四、全面贯彻国务院《批复》精神，认真落实各项优惠政策

国务院各有关部门在落实国务院《批复》中，要加强协调，加强合作，共同做好这项工作。各部门在落实有关政策的过程中，要在自己的职权范围内，按照国务院《批复》的精神，对民族贸易和民族用品生产企业给予必要的帮助；各有关省区市也要对本地的这部分企业给予一定的扶持，使他们能够更好地发展，更好地为各族人民的生产生活服务。这次会议后，还要进一步征求大家的意见，然后向有关省区发一个通知，强调分级负责，要求各地和各有关部门都要落实国务院《批复》精神并提出具体落实措施，报联席会议备案。

企业要面向基层，为群众服务，照顾政策要实实在在地落实到各族人民群众身上。为保证重点，以“八五”期间国务院确定的民族贸易县和民族用品生产定点企业为基础，已具备一定经济实力的县，可不再享受民族贸易县的待遇。优惠政策要切实覆盖到那些真正为少数民族群众服务的企业，如商业、供销、医药、新华书店系统的县及以下的基层民族贸易网点的正常购销活动；如县（旗）公司和网点经营的群众生产生活日用品、药品、书籍、农牧副产品收购、经销的民族用品和送工业品下乡的购销活动；如省、州级民族贸易公司为解决民族贸易县群众买难卖难问题送货下乡和收购少数民族群众农牧副产品的正常购销活动等，对这些要切实给予流动资金贷款利率和税收优惠政策，不能含糊。

按照分级负责的原则，对民族贸易和民族用品生产的税收优惠政策，中央财政和有关部门只对中央税种，提出减免意见。对属地方税种的营业税、所得税、固定资产投资方向调节税等的减免，由当地政府根据本地和企业实际提出意见。对边销茶的税收优惠政策，在“九五”期间继续执行。

“九五”期间，每年由人民银行安排的1亿元贴息贷款，主要用于民族贸易和民族用品生产的试点企业。利息补贴由中央财政和地方财政各承担一半。银行贷款的发放，按正常利率，中央财政的贴息直接由财政部门发放到企业，地方贴息部分，由省级财政负责。

国务院《批复》中，专门强调了“九五”期间的优惠政策与国发〔1991〕16号文件规定的有关扶持政策的衔接问题，强调了国家对民贸和民族用品生产优惠政策的延续性，要求联席会议继续协调落实。1991年以来，各地和各有关部门在落实16号文件中，做了大量的工作，出台了许多扶持措施，为保证少数民族群众生产生活需要开展了许多卓有成效的工作。比如支援经济不发达地区发展资金部分用于民贸网点建设和民族用品生产企业的技改问题；在城镇建设投资中提取7%的商业网点建设资金，安排一部分用于基层民贸网点问题；有的地方财政和银行还单独提出一部分资金，帮助企业等等，各地的办法不同，但支持了一大批企业，对这一工作起到了积极的推动作用。部分省区对专项原材料采取定点定向供应的办法，深受企业的欢迎。内蒙古、云南、四川和新疆等省区政府，对一些少数民族群众生产生活必需品的供应实行了运费补贴，对少数民族特需产品实行价格补贴。这些好的措施和办法，要继续坚持。请各有关省区政府，在贯彻国务院《批复》工作中，予以注意。

关于规范边销茶市场问题，需要强调一下。边销茶是少数民族群众的生活必需品，是其它商品所不能替代的。国务院《批复》中，明确提出了这个问题，并要求继续实行特殊的政策。最近两年，西北地区的边销茶市场出现了一些问题，在一些群众中造成了很坏的影响。为此，西北地区各级政府采取统一行动查处了一大批假冒伪劣边销茶，保证了群众能够喝上“放心茶”。作为行业主管部门和经济综合部门，要注意边销茶市场，除了在落实政策上给予保证外，还要采取措施，对市场加以规范。

五、加大联席会议的工作力度，充分发挥指导、协调、监督、服务的作用

国务院的《批复》，充分肯定了联席会议的工作形式，强调了它的工作性质和基本职能。同时，为强化联席会议的指导和服务作用，增加了经贸委、体改委和外经贸部为成员单位，请供销合作总社也参加了联席会议的工作。这样，使联席会议的成员单位增加到了16个部委。这是一个大集体，虽然各部门的工作业务不同，但肩负着重大的责任，要共同努力搞好民族贸易和民族用品生产工作。我们要把这次联席会议作为一个新的起点，团结协作，群策群力，共同开创民贸工作新的局面。

各地“八五”期间成立的民族贸易和民族用品生产联席会议或领导小组，要继续发挥指导、协调、监督、服务的作用，及时协调处理政策执行过程中出现的问题。各地各有关部门要建立必要的统计信息系统，及时了解和分析民族贸易和民族用品生产企业的生产供应情况，按季度向全国民族贸易和民族用品生产联席会议通报，特别应注意的是优惠政策的落实情况及试点企业情况。

联席会议要加强组织机构的建设，要坚持以改革促发展。进一步发扬协商办事的工作作风，多通气，多协商，多合作。联席会议办公室要做好为成员单位服务的工作，及时了解并反映民贸工作中的问题，贯彻联席会议的各项决议和布置的各项工作，经常保持与各成员单位联络员和地方联席会议或领导小组的联系，做好信息的沟通和协调工作，并将重大问题经初步协调后，提交联席会议讨论。在这方面，民委经济司的工作责任重大，必须以认真负责的态度，切实负起责任。会后，请办公室尽快在协商的基础上，组织有关部门研究落实国务院《批复》的各项政策措施，制定具体的实施方案，报联席会议批准下发。

同志们，民族贸易和民族用品生产工作，政策性强，涉及面宽，意义重大，请同志们务必以饱满的热情和勤奋的工作态度，以国务院《批复》为契机，把民族贸易和民族用品生产工作推进到一个新的水平。

谢谢大家！

全国人大副委员长布赫在首都各界庆祝内蒙古自治区成立50周年座谈会上的讲话

1997年7月15日

同志们：

今天，中央统战部、全国人大民委、国家民委、全国政协民宗委在这里举行座谈会，共同欢庆内蒙古自治区成立50周年，我感到十分高兴。

内蒙古自治区成立50周年，也是我们党以民族区域自治作为解决我国民族问题的基本政策，并成功实施的50年。半个世纪以来，内蒙古自治区在党和国家统一领导下，实行民族区域自治，经济和社会各项事业都取得了辉煌成就。今天在这里见到了许多曾在内蒙古长期工作的老同志，几十年来，大家为内蒙古自治区的发展作出了很大成绩。我向你们表示深切的慰问和敬意！同时，我们也深深地怀念许多已经离开我们的老同志，虽然他们今天不能与我们共庆内蒙古自治区成立50周年，但他们为内蒙古自治区做出的卓越贡献将永远留在我们的记忆中。

我在内蒙古自治区工作了40多年，曾亲身参加过那里的民主改革和社会主义建设，经历过那里的变革和发展变化。自治区成立以后，内蒙古人民通过自己的辛勤劳动，改变了自治区贫穷落后的面貌。特别是改革开放以来，在党的“一个中心、两个基本点”的基本路线指引下，自治区的经济有了较快发展。1996年与自治区成立时的1947年相比，国民生产总值增长了49倍，财政收入增长了10.3万倍。近几年来，内蒙古自治区在新一届党政班子的领导下，全区各族干部群众共同努力，内蒙古自治区的各项工作都取得了很大成绩，特别是经济发展迅速，改革开放的步子迈得也比较大。全区各族人民空前团结，经济和社会各项事业稳步发展。

我们今天庆祝内蒙古自治区成立50周年，既要肯定取得的成就，更要认真总结经验，思考如何进一步坚持和完善民族区域自治制度，加快内蒙古和其他民族自治地方的发展，进一步巩固和发展平等、团结、互助的社会主义民族关系。对此，我谈几点意见：

一、坚持和加强党的领导

中国共产党是各族人民利益的忠实代表。内蒙古地区的革命和建设，始终是在中国共产党的领导下进行的。大革命时期，李大钊同志就在蒙藏学校的蒙古族青年中发展党员，建立了党的组织。第二次国内革命战争时期，党中央又派王若飞等同志到内蒙古地区工作。抗日战争胜利后，党中央派乌兰夫等同志到内蒙古，发展党的组织，并直接领导了内蒙古的革命运动，迅速扩大了内蒙古解放区。正是在这个基础上，1947年5月1日，内蒙古自治区正式成立。50年来，特别是党的十一届三中全会以来，在党的基本路线指引下，内蒙古长期保持政治和社会稳定、区内各民族团结、经济和社会各项事业迅速发展。内蒙古的实践证明，党的领导是民族区域自治制度存在的前提和得以贯彻实施的根本保证。坚持和加强党的领导，这是在任何时候都必须坚持的原则。

二、要在国家统一领导下实行民族区域自治

各民族自治地方是国家统一领导下的行政区域，是中华人民共和国不可分离的部分，必须坚定地保证国家的宪法、法律、法令和总的方针政策的贯彻实施，服从国家的整体利益。同时，民族自治地方也要依照宪法、民族区域自治法和其他法律的有关规定，根据各地的具体情况和各民族的特点，充分行使自治权，充分保障各少数民族当家作主、管理本民族内部事务的自治权利。50年来，内蒙古自治区比较好地贯彻执行了党和国家的大政方针，也充分考虑民族自治地方和少数民族的特点，依法行使自治权，保证了自治区的政治稳定，社会安定，民族团结，经济发展。

三、要加速发展民族自治地方的经济

邓小平同志曾经指出：“实行民族区域自治，不把经济搞好，那个自治就是空的。”

由于各种原因，民族地区的经济发展相对来说比较滞后。因此，坚持民族区域自治，必须牢牢抓住经济建设这个中心，促进各民族的繁荣和社会进步。50年来，国家对内蒙古自治区的经济建设给予了很大关怀和帮助，自治区各级党政部门也坚持不懈地抓经济建设。改革开放的近20年来，自治区党委和政府带领全区各族人民，抓住机遇，实事求是，发挥优势，艰苦奋斗，使内蒙古自治区的经济保持了持续发展的势头，取得了可喜的成就。经济的发展促进了社会的进步，提高了区内各民族人民的生活水平，也有力地促进了全区各族人民的团结，为巩固平等、团结、互助的社会主义民族关系奠定了坚实的基础。

四、要坚持实事求是，从民族地区实际出发

实事求是，从实际出发，是马克思主义的精髓，是我们党从多次成功和挫折中深切认识到的真理。民主改革时期，我们制定了“三不两利”政策，使牧区的经济很快得到恢复和发展。社会主义改造时期，我们又制定并实施了“稳、宽、长”的方针，提出“千条万条发展牲畜第一条”，使畜牧业生产保持了逐年稳定增长。改革开放以来，内蒙古自治区根据自己的资源和区位优势，发展煤炭工业和电力工业，有力地支援了国家的现代化建设。内蒙古自治区的经验告诉我们，要搞好民族区域自治，把民族地区发展起来，就一定要从实际情况出发，创造性地贯彻执行中央的方针政策。邓小平同志早在50年代就曾指出：“我们对少数民族地区确定了一个原则，就是在汉族地区实行的各项政策，包括经济政策，不能照搬到少数民族地区去，要区分哪些能用，哪些改正了才能用，哪些不能用。”“要在少数民族地区研究出另外一套政策，诚心诚意地为少数民族服务。”从民族地区的实际出发，制定并实施符合当地实际情况的经济发展战略，就能够加速民族地区的发展，进而促进国家现代化建设战略目标的实现。

五、要维护和加强各民族的大团结

历史经验证明，离开各民族的团结，无论是民主革命还是社会主义建设事业，都将一事无成。在这方面，内蒙古自治区教育广大干部群众深刻理解“两个离不开”的重要意义，重点抓好各族干部之间，特别是各族领导干部之间的团结。同时，注意处理好汉族与少数民族的关系，处理好聚居少数民族与散居少数民族的关系。用说服、教育的方法耐心、细致地处理各族群众之间的人民内部矛盾。同时，注意团结各民族中各阶层人士，形成广泛的爱国统一战线。对极少数破坏民族团结和祖国统一的敌对分子，予以坚决打击。正因如此，自治区保持了长达半个世纪的各民族的和睦团结，为经济建设和社会发展创造了良好的环境。

六、要大力培养各民族干部

毛主席曾说：“政治路线确定之后，干部就是决定的因素。”民族地区搞得好不好，关键在干部。50年来，内蒙古自治区培养干部，坚持德才兼备、任人唯贤，德、能、勤、绩全面考核的原则，坚持干部革命化、年轻化、知识化、专业化的方针，大胆地把那些具有马克思主义民族观，在坚持民族团结、维护祖国统一和发展经济方面表现突出的优秀干部选拔到各级领导岗位上来。同时，重点抓了干部的素质锻炼，通过党校培训等提高干部的理论修养，通过选派干部到发达地区和上级机关挂职锻炼的办法增长他们的才干。现在，全自治区有少数民族干部近17万人，占全区干部总数的近四分之一。他们在各行各业为内蒙古自治区的发展繁荣和各民族的团结发挥了重要作用。

内蒙古自治区已经走过了50年历程，经济和社会各方面都有了很大的发展。但是，与发达地区相比，还有一定的差距。中央代表团的同志们就要到内蒙古自治区参加庆祝活动，希望大家对内蒙古自治区的工作多给予指导，对内蒙古自治区在经济和社会发展过程中遇到的一些困难和问题，尽可能地予以帮助解决。我相信在以江泽民同志为核心的党中央领导下，坚持邓小平建设有中国特色社会主义理论，通过全区各族人民的团结，一定能够把内蒙古自治区建设得更加美好。

全国政协副主席、中央统战部部长王兆国在首都各界庆祝内蒙古自治区成立50周年座谈会上的讲话

1997年7月15日

同志们：

在全国各族人民隆重庆祝香港回归，满怀豪情迎接中国共产党的十五次全国代表大会召开之际，我们在这里举行座谈会，欢庆内蒙古自治区成立50周年。首先，我代表中央统战部、全国人大民委、国家民委、全国政协民族和宗教委员会，向内蒙古自治区各族工人、农牧民、知识分子、干部和各界爱国人士，向人民解放军驻内蒙古部队、武警部队指战员和公安干警，致以节日的祝贺和亲切的慰问！

今天，首都各界人士欢聚一堂举行这个座谈会是非常有意义的。内蒙古自治区成立50年，也是中国共产党实行民族区域自治政策的50年。50年前，我们党根据我国和内蒙古地区的实际情况，创造性地运用马克思主义的民族理论，建立了我国的第一个民族自治区，开创了内蒙古历史的新纪元。内蒙古自治区的成立也为我国通过实行

民族区域自治的道路解决我国民族问题提供了范例，创造了经验。

内蒙古自治区成立50年来，走过了光辉的历程。在这半个世纪中，在中国共产党的领导下，在党的民族政策的光辉照耀下，内蒙古各族人民团结一致，艰苦奋斗，为维护祖国统一和领土完整，为社会主义革命和社会主义建设事业做出了卓越的贡献；平等、团结、互助的社会主义民族关系得到不断巩固和发展；物质文明建设和精神文明建设都取得了前所未有的辉煌成就。特别是党的十一届三中全会以来，全区各族人民在邓小平建设有中国特色社会主义理论指引下，坚持党的“一个中心、两个基本点”的基本路线，不断地深化改革、扩大开放，有力地推动了社会生产力的发展和社会的全面进步，自治区的政治、经济、科教、文化、卫生等各项事业蓬勃发展。1996年全区国内生产总值达983亿元，比1995年增长12%，比1947年增长49倍；外贸进出口总额达12.5亿美元，比上年增长11.7%。各民族群众的生活水平也有了显著提高，1996年农牧民人均纯收入1 602元，比上年增长14.8%，高于全国平均增长幅度；少数民族干部茁壮成长，全区民族干部已达16.9万人，形成了一支包括行政、科研、文教、卫生等各类人才的宏大队伍。现在，内蒙古已成为我国重要的钢铁、煤炭、木材和畜牧业的基地之一和民族地区对外开放的一个窗口。在建立社会主义市场经济体制的过程中，一个民族团结、经济发展、社会稳定、边防巩固的内蒙古，正以她独特的风采展现在我们面前，到处呈现出一派欣欣向荣、生机勃勃的景象。

内蒙古自治区50年的光辉历程和辉煌业绩，充分显示了社会主义制度下的中国实行民族区域自治制度的巨大优越性和强大生命力。自从内蒙古自治区成立至今，我国已有5个自治区、30个自治州、121个自治县。实践证明，实行民族区域自治，既能保证少数民族在自治的聚居区内实现当家作主的权利，又能够保证国家的统一和中华民族的团结，共同建设社会主义。近几年来，国际上一些国家和地区民族矛盾加剧，宗教纷争突出，甚至演变到武装冲突和局部战争。在复杂多变的国际形势下，我们这样一个多民族的国家却能够保持民族团结和睦、社会政治稳定，一个重要原因就是我们党制定和实施了民族区域自治政策，走出了一条有中国特色的解决民族问题的正确道路。正如邓小平同志所指出的：“我们中国是团结的，我们在处理民族问题上是好的，毛主席是英明的，没有搞什么民族自治共和国。”鲜明的对照，更加说明了我们党和国家民族政策的正确性和优越性，同时，使我们更加珍惜民族团结的局面。在新的形势下，我们要继续坚持和完善民族区域自治制度，全面贯彻《民族区域自治法》，建立健全同实施《民族区域自治法》配套的法规体系和监督机制。培养和选拔少数民族干部是民族区域自治的关键，我们要继续按照中央的方针政策，进一步做好培养民族干部工作，努力造就一支高素质的少数民族干部队伍。

加快民族地区的发展，不断提高人民生活水平是社会主义的根本任务，也是各族人民群众的共同愿望。邓小平同志曾经指出：“实行民族区域自治，不把经济搞好，那个自治就是空的。”建国以来，党和政府对内蒙古和其他民族自治地方的经济建设十分重视和关心，先后采取了一系列重大措施，有力地促进了那里的经济发展。但是我们也要看到，由于历史、自然条件和其他方面的原因，民族地区的经济发展还存在一定的困难和问题。在经济建设中，我们要努力帮助少数民族地区贫困群众尽快脱贫致富，要正确认识和逐步解决少数民族地区同全国发展水平的差距问题，加快少数民族地区发展，使之逐步与全国发展水平相适应。党中央、国务院把加快中西部地区发展，逐步缩小与东部沿海地区的差距，实现全国区域经济的协调发展作为我国重要的战略目标，并提出了五条政策措施。这对于中西部民族地区来说，是一个难得的发展机遇。少数民族地区的干部群众要抓住这个机遇，利用好这些政策，尽快地把经济搞上去，使人民的生活水平有一个更大的提高。

加强民族团结，维护祖国统一，是顺利进行经济建设，做好一切工作的基本保证，也是各族人民根本利益之所在。我国各族人民热爱祖国，热爱党，热爱社会主义，具有维护统一、反对分裂的光荣传统。内蒙古自治区的民族关系和民族团结历来是非常好的，曾被周恩来总理誉为模范自治区。在新的历史时期，我们要不断加强各民族的平等、互助、团结、合作，促进共同繁荣，加强对各族干部群众进行马克思主义民族观、宗教观和民族团结的教育，进行爱国主义和社会主义的教育，严格区分和正确处理两类不同性质的矛盾。要高度警惕和坚决抵制国际敌对势力利用民族、宗教问题对我国实行“西化”、“分化”战略的图谋，旗帜鲜明地反对和打击民族分裂主义和违法犯罪活动，维护民族地区安定团结的大好局面，保证社会主义现代化建设的顺利进行。

在新的形势下，做好各项工作包括民族工作，关键是要有正确的理论指导。邓小平建设有中国特色社会主义理论作为马克思主义同当代中国实践和时代特征相结合的产物，是毛泽东思想在新的历史条件下的继承和发展，是当代中国的马克思主义，是马克思主义在中国发展的新阶段。我们说坚持十一届三中全会以来的路线不动摇，就是要高举邓小平建设有中国特色社会主义理论旗帜不动摇。邓小平同志建设有中国特色的社会主义理论内容十分丰富，对民族问题也有许多重要论述，这些重要论述体现了小平同志在新的历史时期关于处理我国民族问题的立场、观点和方法，是建设有中国特色社会主义理论的重要内容。我们要认真学习邓小平建设有中国特色社会主义理论，认真学习其中关于民族问题的一系列重要论述，深刻领会其精神实质，用它来武装我们的头脑，指导我们的行动，努力把民族工作提高到一个新的水平。

同志们，内蒙古幅员辽阔，资源丰富，内蒙古人民勤劳、智慧、勇敢。内蒙古自治区成立50周年，也是内蒙古各族人民在党领导下团结奋斗，克服困难，不断进取，胜利前进的50年。回顾过去，展望未来，我们坚信，内蒙古的明天将更加美好和辉煌。让我们紧密地团结在以江泽民同志为核心的党中央周围，高举邓小平建设有中国特色社会主义理论的伟大旗帜，同心同德，再接再厉，为建设富强、民主、文明的社会主义现代化国家而共同奋斗。

最后，祝内蒙古各族人民团结幸福！

谢谢大家。

中共中央政治局委员、国务院副总理、中央代表团团长邹家华在庆祝内蒙古自治区成立50周年干部大会上的讲话

1997年7月19日

同志们：

在全国各族人民欢庆我国政府对香港恢复行使主权和迎接党的十五大召开之际，迎来了内蒙古自治区成立50周年。我们中央代表团受江泽民、李鹏等中央领导同志的委托，来看望大家，与内蒙古各族干部群众一起，共同庆祝这个重要的节日。在这里，我代表中共中央、全国人大常委会、国务院、全国政协、中央军委和中央代表团的全体同志，代表全国各族人民，向内蒙古各族干部群众，向驻内蒙古人民解放军、武警部队官兵和公安干警，致以热烈的祝贺和亲切的慰问！

内蒙古各族人民具有光荣的革命传统，为我们伟大祖国的统一和中华民族的发展做出过重要的贡献。中国共产党成立后，内蒙古各族人民在党的领导下，同全国各族人民一道，为推翻“三座大山”，进行了艰苦卓绝的斗争。早在第一次国内革命战争时期，中国共产党就在内蒙古建立了党的组织，开展党的工作，培育了党的第一代蒙古族共产主义战士。第二次国内革命战争时期，党坚持了内蒙古地区的革命斗争。抗日战争时期，党培养了一大批蒙古族、汉族等干部，并且建立了大青山革命根据地。在解放战争时期，我国老一辈无产阶级革命家把马克思主义的基本原理同我国的民族实际相结合，在1947年5月1日，宣布成立内蒙古自治政府，实现了内蒙古民族区域自治。50年来，在党的民族政策的光辉照耀下，自治区历届党委、政府带领全区各族人民，团结奋进，艰苦创业，取得了社会主义革命和社会主义建设的伟大成就，全区政治、经济、社会面貌发生了翻天覆地的变化。特别是党的十一届三中全会以来，内蒙古各族人民在邓小平建设有中国特色社会主义理论和党的基本路线指导下，解放思想，抓住机遇，开拓进取，使改革开放和现代化建设迈出了新的步伐，全区政治稳定、经济发展、民族团结、社会进步，到处呈现出欣欣向荣的景象。

——建立和巩固了人民政权。自治区成立后，在党的领导下，内蒙古各族人民走上

了社会主义道路，实现了内蒙古的历史性跨越。各族人民彻底摆脱了受奴役、受剥削的地位，成为国家和社会的主人，充分享有管理本地区、本民族事务的权利。目前，全区少数民族干部达到 16.9 万人，占全区干部总数的 23.4%，他们在保证各民族享有平等权利和推进内蒙古建设等方面起到了重要作用。

——经济建设蓬勃发展。50 年来，内蒙古经济建设成就显著。农牧业生产稳步发展，是国家重要的农、畜、林产品基地。工业从无到有，从小到大，逐步形成了具有一定优势的工业体系，成为国家重要的能源、原材料生产基地。交通、通讯等基础设施建设发展迅速。1996 年，全区国内生产总值达到 983 亿元，比自治区成立时的 1947 年增长了 49 倍；牲畜总头数达到6 697.7万头（只），比 1947 年增长了 6.2 倍；粮食总产量达到1 300万吨；财政收入达到 93.2 亿元。城乡人民生活有了很大改善。1996 年，社会消费品零售额达到 331.1 亿元，比 1947 年增长了 400 倍，城镇居民人均生活费收入 3 102元，农牧民人均纯收入 1 602 元。随着经济的发展，教育、科技、文化、卫生、体育等社会事业也得到长足发展。

——改革开放成效显著。自治区党委、政府坚持以改革开放促发展的方针，在农村牧区改革、国有企业改革以及财税、金融、计划、投资、外贸改革等方面，都取得了明显的成果。对外开放不断扩大，从“北开南联”方针的确定到沿边开放战略的实施，全区初步形成了全方位开放的格局。目前，已开辟 18 个陆路口岸，同 80 多个国家和地区建立了经贸关系，1996 年全区外贸进出口总额达 12.5 亿美元。与国内兄弟省区的经济技术交往也日趋活跃。

——社会主义精神文明建设硕果累累。自治区党委、政府始终坚持一手抓物质文明建设，一手抓精神文明建设，用邓小平建设有中国特色社会主义理论武装全体党员和广大干部群众，深入进行党的基本路线教育和爱国主义、集体主义、社会主义思想教育，在城乡普遍开展创建文明单位活动，提高了全区党员和干部群众的思想道德素质和科学文化素质，为改革开放和现代化建设提供了有力的思想保证和智力支持。

——民族团结日益巩固。自治区党委、政府认真贯彻落实民族区域自治法和党的民族政策、宗教政策，坚持用马克思主义民族观教育各族干部群众，广泛持续地开展民族团结进步表彰活动，及时、妥善处理影响民族关系的各类问题，巩固和发展了平等、团结、互助的社会主义民族关系，保持了内蒙古的社会稳定，巩固了祖国的北部边疆，为国家的稳定、发展和安全做出了贡献。

自治区 50 年来所取得的巨大成就，在内蒙古历史上写下了光辉的一页。50 年的实践充分证明：要保持内蒙古的稳定和发展，就必须坚持马列主义、毛泽东思想和邓小平建设有中国特色社会主义理论，在中国共产党的领导下，坚定不移地走社会主义道路；必须坚持以经济建设为中心，深化改革，扩大开放，集中力量发展经济，不断提高人民群众的生活水平；必须坚持党的民族政策、宗教政策，努力维护民族团结、社会稳定和祖国统一；必须坚持解放思想、实事求是的思想路线，把中央的政策同本地实际结合起来，创造性地开展工作；必须坚持“两手抓、两手都要硬”的方针，大力加强社会主义精神文明建设，提高各族人民的思想道德素质和科学文化素质；必须依靠各族干部群众，充分调动一切积极因素，自力更生，艰苦创业。同时，50 年的实践也证明：民族区域自治制度，是完全符合中国国情的，是解决我国民族问题的唯一正确选择，具有强大的生命力。

我国是一个统一的多民族的国家，如何解决民族问题，关系到国家和各民族的命运。内蒙古自治区成立 50 年来的成功实践，为解决我国民族问题，巩固和发展我国各族人民的团结，提供了经验，树立了榜样。总结包括内蒙古自治区在内的我国实施民族区域自治的经验，主要有以下几点：

一是实施民族区域自治，必须正确处理中央与自治地方的关系。中国统一的历史悠久，各民族交错分布，各民族之间的联系不可分割，这就决定了中国必须建立一个统一的政权。同时，各少数民族又有自己的特征，有管理本民族内部事务的愿望，这又决定了需要在少数民族聚居的地方实行区域自治制度。既要统一，又要自治，民族区域自治制度很好地处理了这两者的关系。民族自治地方必须维护国家的统一，服从中央的领导，保证宪法和法律在本地的执行，把国家的整体利益和中华民族的利益放在首位。同时，国家必须依照宪法和民族区域自治法的规定，保障民族自治地方充分享有自治权力。

二是实施民族区域自治，必须加快民族自治地方经济和社会事业发展。实行民族区域自治的根本目的之一，是促进少数民族和民族地区经济和社会的发展，促进各民族的共同繁荣。它通过实现各民族政治上的平等，赋予民族自治地方的自治权和特殊政策，调动各族人民建设社会主义的积极性。因此，坚持民族区域自治制度，必须抓住经济建设这个中心，全面发展经济和社会事业。地区经济和社会的发展，在地区党委和政府的领导下，要充分相信和依靠地区的人民群众。国家也应该努力地予以帮助。

三是实施民族区域自治，必须坚持各民族平等团结。坚持各民族平等和各民族团结，是经济发展、社会稳定和祖国统一的根本保证，也是我们党和国家解决民族问题的根本政策。民族区域自治制度，就是我国各民族在平等基础上的一种很好的团结合作形式。我们既要加强少数民族与汉族的团结，也要加强蒙古族与其他民族的团结，既要加强各族群众之间的团结，也要加强各族干部之间以及干部与群众之间的团结。既要加强军政团结，也要加强军民团结。同时，要旗帜鲜明地反对民族分裂，坚决打击一切破坏民族团结、危害社会稳定和祖国统一的犯罪行为。对各民族间人民内部矛盾，要从团结愿望出发，妥善解决，达到新的团结。

四是实施民族区域自治，必须把中央的大政方针与民族自治地方的特点结合起来。我国少数民族和民族地区的情况千差万别，所以，实行民族区域自治制度一定要因地制宜、分类指导，具体问题具体分析，一切从实际出发。无论是研究经济建设和社会进步的方针、措施，还是制定民族区域自治的政策法规，各级领导机关都要充分考虑自治地方的地区特点和民族特点，从本地的实际出发，创造性地贯彻执行中央的方针、政策。在建立社会主义市场经济体制的新形势下，情况更为复杂，任务更加艰巨，坚持一切从实际出发显得更为重要。

五是实施民族区域自治，必须大力培养和使用少数民族干部。少数民族干部作为党和政府紧密联系少数民族人民群众的桥梁和纽带，在贯彻党的路线、方针和政策，做好各项工作方面，能够起到不可替代的特殊作用。多年来，由于党和国家的重视，少数民族干部数量不断增加，干部队伍的结构明显改善，干部的素质日益提高，这对于实现少数民族当家做主是非常必要的。

同志们，我们正处在世纪之交的重要历史时期。从现在起到下个世纪初，是我国经济和社会发展的关键时期，也是内蒙古发展和繁荣的关键时期。党的十四届五中全会为我国的经济和社会发展绘制了跨世纪的宏伟蓝图，也为内蒙古的现代化建设指明了前进的方向。党中央十分关心内蒙古的建设。邓小平同志曾预言："内蒙古今后发展起来，很有可能走进前列。"江泽民、李鹏等中央领导同志曾先后视察内蒙古，对内蒙古的发展和稳定作了许多重要指示。我们相信内蒙古各族人民在党中央、国务院的领导下，在自治区党委、政府的直接领导下，认真贯彻落实党的基本路线和各项方针、政策，再接再厉，团结奋斗，一定能再创内蒙古经济、社会发展的新局面。下面，我对内蒙古今后的工作讲几点意见。

一、加快发展内蒙古经济

加快发展内蒙古经济，提高城乡人民生活水平，是内蒙古面临的紧迫任务，50 年来，内蒙古经济虽然有了很大发展，但由于历史、地理、自然等方面的原因，内蒙古的经济发展水平与全国特别是发达地区相比，还存在着差距。努力缩小这种差距，逐步实现各民族共同富裕和共同繁荣，是我们党在民族政策上的根本立场，也是摆在各族干部群众面前的首要任务。因此，我们要树立时代的紧迫感，紧紧抓住经济建设这个中心，千方百计加快发展，努力实现各族人民的共同发展和繁荣。应该看到，目前内蒙古的经济发展尽管存在着一些困难，但同时面临许多有利的条件：社会主义市场经济体制的逐步建立，国家沿边开放战略的实施，为内蒙古的发展提供了难得的机遇和有利条件；内蒙古 50 年来经济建设所取得的成就，为今后的发展奠定了较好的基础；全区社会稳定、民族团结、政通人和及各族人民加快发展的强烈愿望，为经济发展提供了重要保证。

内蒙古幅员辽阔，资源丰富，发展潜力巨大。要继续实施资源转换战略，发展资源性工业，重点抓好以农畜林产品为原料的加工业，以煤炭为基础、以电力输出为骨干的能源工业，以钢铁为主的冶金工业，逐步形成具有地方特色的工业体系。同时，要全面实施名牌战略，从整体上提高全区经济增长的质量和效益。在工作指导上，要转变增长方式，由粗放经营转变为集约经营，加快全区经济增长的步伐。

要坚持以农牧业为基础，促进农村牧区经济的发展。今后一个时期，要继续加强以水为中心的农牧业基础建设，加大对农牧业的投入，进一步改善生产条件，增强农牧业发展的后劲。要进一步依靠科技兴农兴牧，提高农牧业的科技含量，发展"高产、优质、高效”的农牧业。要大力推进农村牧区的产业化、集约化进程，调整和优化农村牧区产业和产品结构，积极培养新的经济增长点，大力发展非农产业，使农村牧区经济有一个更快的发展。

要继续做好扶贫工作。50 年来，内蒙古城乡各族人民的生活水平有了很大的改善，但目前全区仍有 220 万人口尚未完全解决温饱问题。要把扶贫工作作为一件大事来抓，按照中央的部署和要求，集中人力、物力和财力，打一场扶贫攻坚战，力争在本世纪末基本解决现有贫困人口的温饱问题。同时，要重视城市解困工作，实施再就业工程，多渠道、多形式地解决城镇贫困居民的基本生活问题，普遍提高城镇居民的收入水平。

制约内蒙古经济发展的一个自然因素就是水源不足。水资源问题，不仅制约农业、工业的发展，而且直接影响城乡人民的生活和社会稳定，为了解决这个问题，必须认真贯彻用水统筹规划、开发水源和节约用水并重的方针，以水资源的可持续利用，保证国民经济的可持续发展。一方面要积极努力开发新的水源，改善生态环境，同时要发展节水工业、节水农业和城乡节水产业。

发展内蒙古的经济，主要靠内蒙古各族干部群众自力更生、艰苦奋斗，但也离不开国家的支持和帮助，离不开省区市之间的相互支援和协作。在这里，我代表党中央、国务院重申：中央帮助内蒙古加快发展的基本方针不变；随着财政收入的增加和综合国力的增强，中央将进一步加大对内蒙古自治区的扶持力度。

二、大力推进改革开放

改革开放是经济发展的强大动力，是强国富民的必由之路。要加快内蒙古经济发展，就必须坚持以改革开放促发展的方针，不断深化改革，扩大开放。内蒙古的改革开放，要坚持积极稳妥、循序渐进、结合地方具体情况的原则，着眼于从整体上建立新体制。要围绕建立社会主义市场经济体制的目标，全面推进改革。要深化国有企业改革，建立现代企业制度，切实提高经济效益；农村牧区要继续坚持家庭联产承包责任制、草畜双承包责任制和统分结合的双层经营体制；要发展农牧业的产业化，以农牧产品为原料的加工工业，采用龙头公司加农牧户的形式，建立农村和牧区的社会主义市场经济机制。加快建设统一、开放、竞争、有序的市场体系，加强市场设施建设和市场管理；建立健全宏观经济调控体系，制定地方性宏观调控的政策和法规等，为经济发展注入新的生机和活力。

内蒙古具有独特的地缘优势，内与“三北”八省区特别是京、津地区相临相近，外与俄罗斯和蒙古国接壤，有 4 000 多公里的边境线，是我国重要的沿边对外开放省区。内蒙古要充分利用这一地缘优势，进一步加大对外开放力度，促进经济发展。要制定宽松、灵活的开放政策，创造更加有利的投资环境，不断扩大对外贸易往来和经济技术合作，引进国外的资金、先进技术和管理经验，推进内蒙古的对外开放向更高层次和更宽领域发展。内蒙古要继续与沿海、内地发达省市进行横向联系，实现优势互补、互惠互利、共同繁荣。

三、努力维护安定团结的政治局面

加强民族团结，维护社会稳定，实现边疆的长治久安，不仅是内蒙古各项事业发展的前提，而且对巩固边防、维护祖国统一、确保社会主义现代化建设顺利进行具有十分重要的意义。因此，一定要把维护和发展安定团结的工作作为一件大事来抓。内蒙古是一个多民族居住的边疆地区，搞好各民族之间的团结十分重要。长期以来，内蒙古各族人民坚持国家利益和中华民族利益高于一切的原则，高举爱国主义和社会主义的旗帜，始终不渝地维护内蒙古各民族的团结和社会稳定，旗帜鲜明地反对分裂，为维护祖国统一和巩固全国各民族的团结，为我国改革开放和现代化建设，做出了重要贡献。内蒙古各族人民要继承和发扬这一光荣传统，不断发展安定团结的政治局面。我们一定要团结在以江泽民同志为核心的党中央周围，坚持党的基本路线，把各族人民的主要精力集中到经济建设上来，通过发展经济，增强各族人民的团结。要进一步加强马克思主义民族理论和党的民族政策的宣传教育，深入开展热爱社会主义祖国、维护祖国统一的教育，大力表彰为民族团结进步作出贡献的模范集体和模范个人，使各族干部群众牢固树立马克思主义民族观，提高民族团结的自觉性。要严格区分和正确处理两类不同性质的矛盾，对于人民内部矛盾，要用耐心说服、改进工作的办法来解决。要切实解决在改革开放过程中群众普遍关注的一些热点问题、难点问题，多做深入细致的思想工作，化消极因素为积极因素。要加强法制建设，维护法律尊严，巩固人民民主专政，防范和打击任何破坏国家统一、分裂民族团结和破坏社会稳定的犯罪活动，粉碎敌对势力对我国进行“西化”、“分化”的图谋。

维护团结，保持稳定，各级党政干部负有重要的责任。今天在座的，有老干部，也有年轻干部；有本地干部，也有从外地调来的干部；有汉族干部，也有少数民族干部；有地方干部，也有军队干部。长期以来，大家为内蒙古的稳定和发展，团结合作，呕心沥血，无私奉献，做出了宝贵的贡献。希望大家继续努力，团结奋斗，共同把内蒙古的各项事业搞上去。内蒙古底子薄，经济发展水平与发达地区相比，还存在一定差距。因此，一定要认真贯彻江泽民总书记关于大力发扬艰苦奋斗精神的重要指示和《中共中央、国务院关于党政机关厉行节约制止奢侈浪费行为的若干规定》，保持和发扬我们党密切联系群众的优良传统，正确认识和对待手中的权力，廉洁奉公，艰苦创业，全心全意为人民服务。

驻内蒙古的人民解放军、武警部队是人民民主专政的坚强柱石，多年来为祖国和内蒙古的稳定与发展，洒下了汗水，付出了心血，建立了功绩。在新的历史时期，要继续发扬我党我军的光荣传统，进一步加强军政、军民、警民团结，同各族人民一道，为内蒙古的稳定和发展做出新的贡献。

四、坚持和完善民族区域自治制度

加快内蒙古经济和社会的发展，增强民族团结，保持社会稳定，必须认真贯彻执行民族区域自治法，坚持和完善民族区域自治制度。邓小平同志指出："解决民族问题，中国采取的不是民族共和国联邦的制度，而是民族区域自治的制度。我们认为这个制度比较好，适合中国的情况。"要坚持和完善民族区域自治制度，就要进一步加强法制建设。1984年颁布的民族区域自治法，是我国实施民族区域自治的基本法律。今后在继续贯彻这部法律的同时，根据建立社会主义市场经济体制的新情况，要逐步完善民族区域自治法律法规体系，依法保障民族自治地方的自治权。坚持和完善民族区域自治制度，还要加强自治机关的自身建设，使其成为高效、统一、廉洁的机关，更好地行使自治权。要做到这一点，就必须造就一支高素质的干部队伍，特别要大力培养和使用少数民族干部。按照"四化"要求，既要培养党政管理干部，又要培养各类专业人才，以适应民族自治地方改革开放和现代化建设的需要。

五、进一步加强社会主义精神文明建设

建设有中国特色的社会主义，必须坚持"两手抓、两手都要硬"的方针，在搞好社会主义物质文明建设的同时，切实搞好社会主义精神文明建设。长期以来，内蒙古在社会主义精神文明建设方面，采取了许多措施，做了大量工作，取得了显著的成绩，为促进内蒙古的稳定和发展，起到了重要作用。今后，要进一步贯彻落实党的十四届六中全会精神，推动内蒙古的社会主义精神文明建设再上新台阶。要对全区各族干部群众进行马列主义、毛泽东思想和邓小平建设有中国特色社会主义理论的教育，进行爱国主义、集体主义、社会主义的教育，开展创建文明单位、文明行业、文明城镇等活动，提高人民的思想道德素质。要大力表彰在改革开放和现代化建设中涌现出来的先进集体和先进人物，并给予必要的荣誉和待遇，弘扬正气，树立良好的社会风尚。

加强社会主义精神文明建设，必须大力发展科技、教育、文化事业，提高全区各族干部群众的科学文化素质。要大力推进"科教兴国"战略。归根到底，两个根本性的转变、经济的发展、效益的提高，必须在各行各业大力发展新科技、新产品，必须培养高素质的人才，所以内蒙古的经济发展必须进一步加大科技进步和提高劳动者素质工作的力度，实行对新发明、采用新技术、开发新产品的奖励政策。要进一步发展教育，增加对教育的投入，合理调整教育结构，提高教育质量，以培养更多的合格人才。要大力发展文学艺术，满足全区各族人民群众日益增长的精神文化需求。

同志们，21世纪即将来临。全面实现跨世纪的宏伟目标，时间紧迫，任务艰巨。我们相信，内蒙古各族干部群众，一定会以自治区成立50周年为新的起点，在以江泽民同志为核心的党中央的领导下，坚持邓小平建设有中国特色社会主义理论和党的基本路线，同心同德，努力开拓，把内蒙古的改革开放和现代化建设推向前进，以优异的成绩，迎接党的十五大的胜利召开。

祝大家身体健康！

谢谢大家！

中共中央政治局委员、国务院副总理、中央代表团团长邹家华在内蒙古自治区成立50周年庆祝大会上的讲话

1997年7月20日

同志们、朋友们：

正当举国上下庆祝我国政府对香港恢复行使主权和迎接中国共产党第十五次全国代表大会召开之际，迎来了内蒙古自治区成立50周年的重要节日。我们中央代表团带着党中央、国务院的嘱托和关怀，带着全国各族人民的深情厚谊来到青城，怀着无比喜悦的心情，同内蒙古各族人民一道，共同欢度这喜庆的日子。在这里，请允许我代表中共中央、全国人大常委会、国务院、全国政协、中央军委，向内蒙古各族工人、农牧民、知识分子、干部和各界爱国人士，向驻内蒙古人民解放军、武警部队官兵和公安干警，向所有关心和支持内蒙古建设的同志们和朋友们，致以热烈的祝贺和亲切的慰问！

内蒙古自治区的成立，是我们党解决民族问题的成功实践，是新中国实施民族区域自治制度的范例，在我国民族关系史上写下了光辉的一页，也标志着内蒙古的历史从此进入了崭新的发展阶段。50年来，尤其是党的十一届三中全会以来，在党的民族政策光辉照耀下，内蒙古自治区历届党委和政府带领全区各族干部群众，团结进取，艰苦奋斗，取得了社会主义革命和社会主义建设事业的伟大成就。这主要体现在，建立和巩固了人民政权，实现了各族人民当家做主的权利；消灭了民族歧视和民族压迫，建立和发展了平等、团结、互助的社会主义民族关系，保持了安定团结的政治局面；国民经济持续发展，形成了具有一定优势的工业体系，农牧业成为国家重要的农产品和畜产品基地，人民的物质文化生活水平得到明显提高；改革开放不断深化，基本形成了全方位对外开放的新格局，社会主义市场经济体制正在逐步建立；社会主义精神文明建设成效显著，教育、科技、文化、卫生、体育等各项社会事业不断发展。内蒙古自治区50年来所取得的成就，是内蒙古历史上任何一个时代都无法比拟的。它充分证明，维护内蒙古的稳定，加快内蒙古的发展，必须坚持马列主义、毛泽东思想和邓小平建设有中国特色社会主义理论，坚持中国共产党的领导，坚持走社会主义道路，坚持民族区域自治制

度，坚持以经济建设为中心。

同志们、朋友们，21 世纪即将来临，我们的国家正处在一个非常重要的历史发展时期。党的十四届五中全会为我们国家绘制了“九五”时期和到 2010 年经济和社会发展的宏伟蓝图，也为内蒙古的现代化建设指明了前进的方向。内蒙古自然资源丰富，地缘优势突出，具有 50 年发展的良好基础，加上国家十分重视和支持民族地区的发展，目前正面临难得的发展机遇和广阔前景。只要全区各族干部群众团结在以江泽民同志为核心的党中央周围，认真贯彻党的路线、方针、政策，加强各族人民团结，维护国家统一，坚持和完善民族区域自治制度，抓住机遇，发挥优势，艰苦奋斗，内蒙古的经济和社会发展一定能够进入一个更辉煌的新阶段。

坚持以经济建设为中心，千方百计把经济搞上去，努力提高各族人民的生活水平，是内蒙古面临的首要任务。自治区各级党委、政府要按照“九五”计划和 2010 年远景目标纲要的要求，继续加强农牧业的基础地位，改善生产条件，依靠科技推进农村牧区经济产业化、集约化进程，切实增加农畜产品的有效供给和农牧民的实际收入；全面实施资源转换战略，加快发展资源性工业，重点抓好农畜林产品加工和能源、冶金等支柱产业，带动内蒙古的工业经济全面发展；增强生态意识和人口意识，实现内蒙古经济的可持续发展；动员全社会的力量，加大农村牧区扶贫工作的力度，完成扶贫攻坚任务，重视抓好城镇解困工作，普遍提高城镇居民的收入水平。内蒙古要从实际出发，围绕建立社会主义市场经济体制的总体目标，积极而稳妥地推进各项改革，采取更加灵活的政策措施，进一步加大对外开放的力度，以开放促开发，以开发促发展。

加强民族团结，保持社会稳定，维护祖国统一，是内蒙古振兴的根本前提。过去的 50 年，内蒙古民族团结，社会稳定，边防巩固。对此，党中央、国务院予以充分肯定。目前，一些西方敌对势力为了达到“西化”、“分化”我国的目的，妄图以民族和宗教为突破口，对我国民族地区实行渗透。希望内蒙古各族干部群众提高警惕，加强民族团结，加强军政、军民、警民团结，加强干群团结和干部之间的团结，同一切破坏民族团结、社会稳定和危害国家统一的国内外敌对势力作坚决的斗争。要从大局出发，正确看待和处理改革与发展过程中出现的新情况、新问题，妥善处理各种不利于团结和稳定的社会矛盾，为改革开放和经济建设创造一个稳定的社会环境，维护祖国统一和国家的长治久安。

加快内蒙古的发展，必须坚持和完善民族区域自治制度。实行民族区域自治制度，是中国共产党运用马列主义民族理论解决我国民族问题的成功实践，是毛泽东思想和邓小平建设有中国特色社会主义理论的重要组成部分。符合中国国情，深受全国各族人民的拥护。今后，要进一步结合内蒙古的实际，坚持和完善民族区域自治制度。要进一步加强社会主义民主法制建设，完善民族区域自治法律法规体系，使之与社会主义市场经济体制相适应；要正确认识和处理中央与自治地方的关系，自治地方必须坚定地与中央保持一致，中央必须保障自治地方的自治权；要大力培养和使用少数民族干部和各种专业人才，以适应改革开放和现代化建设的需要；要尊重各民族的风俗习惯，贯彻党的宗教政策，团结和动员全区各族人民为内蒙古的发展与繁荣而奋斗。

加快内蒙古的发展，必须加强社会主义精神文明建设。要认真贯彻党的十四届六中全会精神，引导各族干部群众用邓小平建设有中国特色社会主义理论武装头脑，坚定地走建设有中国特色社会主义道路；要加强爱国主义、集体主义、社会主义的思想教育，引导人们树立正确的世界观、人生观、价值观和高尚的道德情操；要在各族干部群众中广泛深入地开展马克思主义民族观、民族团结进步和维护祖国统一的教育，巩固和发展社会主义民族关系；要贯彻精神文明重在建设的方针，努力发展教育、科技、文化、卫生、体育等各项社会事业，提高全区各族人民的整体素质。

内蒙古地处我国北部边疆，战略地位十分重要。党中央、国务院非常重视和关心内蒙古的发展与稳定，江泽民总书记、李鹏总理等中央领导同志对此作了许多重要指示。请允许我代表党中央、国务院重申：今后，中央支持内蒙古建设和发展的基本方针不变；随着财政收入的增加和综合国力的增强，中央将对内蒙古的发展给予更多的支持。

同志们、朋友们，回顾过去，内蒙古自治区走过了光辉的历程；展望未来，内蒙古自治区具有广阔的发展前景。我们相信，在邓小平建设有中国特色社会主义理论和党的基本路线指引下，在以江泽民同志为核心的党中央领导下，内蒙古各族人民一定会以自治区成立50周年为新的起点，振奋精神，开拓进取，齐心协力，创造出更加辉煌的业绩，以崭新的面貌昂首迈进21世纪！

国务委员兼国家民委主任司马义·艾买提在维吾尔语名词术语规范化工作会议上的讲话

1997年8月18日

同志们：

我很高兴能参加这次维吾尔语名词术语规范化工作会议。借此机会，我向与会的全体同志，并通过你们，向辛勤工作在民族语言文字工作战线的同志们表示崇高的敬意和亲切的问候！

民族语言文字工作是我国语言文字工作的重要组成部分，也是民族工作的重要组成部分。党和国家历来重视民族语文工作，制定了一系列的法律法规，我国的民族语文工作取得了可喜的成绩。随着时代的发展，民族语言文字如何适应社会发展的需要，如何同现代科学技术成果紧密结合，进行信息化处理，这是需要认真探讨并很好地加以解决的问题。这次会议，要具体研究维吾尔语名词术语的规范化工作，从而在过去成绩的基础上，总结经验教训，从理论到实践，将这项工作进一步推向前进。所以，这次会议是新疆维吾尔自治区民族语文工作领域里一次重要的会议。下面我讲几点意见。

一、充分认识搞好民族语言文字规范化、标准化工作的重要性和紧迫性

按照马克思主义观点，先是阶级消灭，再是国家消亡，最后才是民族消亡。这将是一个漫长的历史过程。民族的长期性决定了民族语文工作的长期性。我国正处在建设有中国特色社会主义承前启后、继往开来的重要历史时期，充分认识民族语言文字工作的长期性、特殊性及其在社会生活中的地位和作用，对繁荣民族文化、发展民族教育、提高民族思想道德和科学文化素质，进一步加强业已形成的平等和谐的语言关系，使少数民族语言文字与汉语言文字相辅相成，共同为少数民族地区的物质文明和精神文明建设服务，具有重要的意义。

常言道：没有规矩，不能成方圆。语言文字不统一和不规范，势必影响思想交流，信息的记载、传递和交流，从而直接影响经济发展和社会进步。

民族语言文字是民族的一个重要特征。各民族语言文字都同本民族的发展紧密相连，各族人民在自己生活的一切领域，一刻都离不开自己所熟悉和使用的语言文字，对它怀有浓厚的民族感情。民族语言文字平等是民族平等的重要标志。现阶段，我国许多少数民族还是以母语为主要交际工具。我国《宪法》和有关法律明确规定：各民族都有使用和发展自己语言文字的自由。民族语言文字的规范化、标准化是使用好语言文字的重要条件，也是发展语文文字的重要内容。因此，做好语言文字工作，当然包括做好语言文字的规范化工作，对保障民族平等和维护民族团结有着重要的意义。

民族语言文字工作，关系到少数民族的智力开发和科学文化素质提高。科学实践证明，儿童在接受启蒙教育时，必须通过母语来学习认知未知事物。一个人在掌握双语或多种语文的情况下，认知新事物时，还是通过母语来联想、理解、记忆的。第二语言只是起着辅助作用。因此，重视使用少数民族语言文字，发展民族教育事业，才能打开自然科学和社会科学宝库之门，学习掌握人类文明之优秀成果，促进少数民族思想道德素质和科学文化素质的提高，推动民族地区各项事业的发展。

对科学概念、自然现象，以及人们通过科技活动所创造出来的各种新的物质、新的材料、新的技术的命名，确定规范的称谓和传播应用的标准化和规范化，是一项非常重要的基础性工作，也可以说是一项支撑性的系统工程。如果没有这样一个系统的、规范化的支撑条件，现代科学技术的学习、推广、普及，乃至使科学技术转化为生产力是不可能的。术语标准化是各项标准化的前提和基础。一个地区和一个民族对语言文字规范化工作的重视和民族语言术语标准化程度的高低，是该地区和该民族的社会发展、教育普及和科技进步的主要标志。目前,我们正处在一个高效率的信息时代,社会对语言文字规范化的要求越来越高,信息技术对术语的规范化、标准化的准确性提出了更高的要求。对民族地区来说,民族术语规范化、标准化也是一项基础性工作,它对促进民族语文的规范化、标准化,少数民族地区的信息处理、文献工作、知识传播、技术传递、科技、社会、文化教育、新闻出版的发展,以及消除本民族语文内外的交流障碍都具有非常重要的作用。

语言文字是社会生活的产物。语言文字必须跟上社会前进的步伐,才能适应社会的需要,才能更好地服务于人类社会。现实情况表明,做好民族语言文字的规范化、标准化工作不但重要,而且势在必行。新中国成立以来,民族语言文字的基础研究和应用研究,包括语言文字规范标准的制定和推行,都有了一定的基础,维吾尔语规范化工作取得了一定的成绩,已经出版了《现代维吾尔文学语言正字正音词典》等工具书,在语音和词汇的拼写规范方面迈出了重要的一步,维吾尔语更加系统化、规范化。名词术语的规范工作经过多年的努力,出版了《规范化名词汇集》。培养了一支富有经验和有较高专业水平的专业队伍,他们发挥了重要作用。这些都标志着维吾尔语名词术语的研究工作进入了一个新的发展阶段。过去由于历史条件所限,加之对少数民族语言文字规范化、标准化这项基础工程重视不够,这项工作还有许多事情要做。存在的主要问题是:研究工作跟不上社会的发展和维吾尔语言文字使用和发展的需要;名词术词的审定工作进展较慢;已审定的名词术语还没有得到广泛的应用和正确的使用。

我曾经在 1991 年 12 月 7 日召开的"全国少数民族语言文字工作会议"上讲过:要"研究少数民族语言文字如何进一步规范化,如何和现代科学技术成果紧密结合,使更多的民族文字能进行信息化处理。科学技术的发展,已使人类语言文字的传递、储存、使用发生着巨大的变化,我国民族语言文字的研究应当追赶这个潮流。"时至今日,民族语言规范化,特别是民族语言名词术语规范化、标准化问题已很突出地摆在我们的面前。我们虽然做了很多工作,但远远未能满足社会的需求,更谈不上追上科技发展的步伐。如果不加强工作,就会影响新疆的民族工作、人才培养、科技进步、经济建设和社会进步。也会在技术交流和信息交流活动中,由于概念、体系的不合理而造成大量重复无效的劳动,既浪费人的才干,又旷费时日,而且还会导致"术语的爆炸"和"术语的挑战"。

所以,维吾尔语的规范化、标准化工作是必须认真做好并且要加紧做好的工作。

二、关于维吾尔语名词术语规范化的原则和思路

要进一步做好名词术语规范化、标准化工作,必须按照有关法律的规定,遵照国发〔1991〕32 号文件精神,在民族语言文字工作的总方针指导下,依照民族语言文字工作总任务的要求,进一步明确名词术语规范化的原则。

统一规范名词术语,并不是一个简单的取舍过程,要把握住它的科学性、系统性、实践性,把握现代科学潮流的主流,放眼未来科学发展的大趋势,从民族语言的实际出

发，加以科学的甄别和选择。认真处理好名词术语的科学性、系统性和通俗性之间的关系，主科与副科之间的关系，各学科间交叉的关系。

自50年代新疆维吾尔自治区（以下简称“自治区）成立民族语文工作机构起，就提出了规范新词术语的原则。1985年自治区成立“民族语言名词术语规范审定委员会”时，总结过去工作中的经验教训，确定了名词术语工作的总原则，即“从实际出发，按照语言的内部规律办事，着眼于群众”。从实践来看，这些原则还应当继续坚持。维吾尔语名词术语规范化工作要从实际出发，按照民族语言的规律办事。群众是语言文字的使用者，且语言文字有约定俗成的特点，所以必须着眼于群众。如果不顾群众的使用习惯、不尊重民族语言文字内部结构规律，就会妨碍民族语言文字的发展。

依照名词术语工作的这个总原则，我们规范名词术语，在思路上可以从以下三个方面考虑。

一是挖。口头语言是文学语言的基础，是书面语言得以产生和发展的依据。应继续从方言土语中吸收有生命力的词汇和其他有益的成分，兼容并蓄，不断充实和丰富现有的语言文字系统。随着经济、文化、科学技术的不断发展，新术语在不断出现，一个民族的语言需要不断吸收和消化新术语。要从旧词汇中挖掘一些词，赋予新义，使它获得新的生命力，从而促进语言文字的发展。

二是创。即按语言内在规律创造新词。社会生活是丰富多彩的，新的事物层出不穷。语言文字要适应发展变化的社会生活，除了挖掘外，还必须创造新词，给新事物、新概念以恰当的称谓。这种创造，既适应了社会发展对语言文字的要求，也是语言文字自身不断发展的重要标志。

三是借。世界上没有不与其它语言成分（词汇、语法形式）融合的纯而又纯的语文，必要的借词不但不会导致语言独立性的丧失，相反还会更加丰富本民族语言词汇，加速本民族文化的交流，为民族的发展进步创造有利条件。由于历史、社会和地理环境的原因，各种语言互相渗透、互相影响是自然的，维吾尔语和汉语之间的关系更是如此。从汉语中音译借词，是弥补我们语言中不足的一种有效方法。在我国，汉语中的政治术语和现代科学技术的名词术语主要是通过翻译的方法进入到少数民族语言之中。所以，我们相应地借用一些汉语词汇是很有必要的。如查本民族词语确实不能表达的，应该先从汉语言中借用，当然也还可以从兄弟民族语言中借用。凡已被群众习用的借词，应继续使用。实践证明，一个民族的语言词汇越丰富，语言表达能力就越强，越准确。用借词、转写、音译过来的名词都是一些新术语，因而也是学习和掌握科学技术的途径，对这种途径的作用发挥得越好，我们语言文字的功能就越大。

从外国语言借词主要是借用国际上通用的名词术语。

科技术语是反映科技概念的一种形式与意义结合的语音符号（词或词组）。因此，术语应在概念的基础上产生，这是确定专业术语达到“科学、系统、简练、易懂”要求的核心。根据术语学理论，结合科技名词术语规范化工作的实践经验，在科技术语审定过程中已形成了行之有效的几项原则：按概念定名的原则；单义性、科学性、系统性、简明通俗性和习惯性(即约定俗成)的原则;遵照本民族语言的构词特点来造词或旧词赋予新义的原则;对外来术语以音译为主、意译为辅的原则;吸收国际通用的科学术语,遵守“名从主人、尊重规范、约定俗成、服从主科”的原则;对学科之间交叉重复的术语,实行“副科服从主科、主科尊重副科、民主协商统一”的原则。这些原则可以继续坚持,并加以发展。

这里还有一个需要说明的问题是,我们审定名词术语实际上是对客观事物定名。因此,必须强调规定性、稳定性。一经规定,就必须按规定执行,在实际中应用,而决不能置之不理,更不能各行其是,并且要保持经审定的名词术语的稳定性,不得轻易变更。个别确实审定不准确或审定有误的名词术语在使用中会逐渐被淘汰,必要时也可以个别处理。

维吾尔语里填补新词术语应遵循本民族语言内部规律,沿用已有的构词手段,以创制和挖掘为主,从其它语言中吸收为辅;社会科学领域里以创制和仿译为主,借用为辅;自然科学领域里以转写国际用语为主,意译为辅。维吾尔语是拼音文字,有完整的音位系统,因此,吸收需要的国际通用术语时,按自身的拼写规则,借助音译转写优势直接拿过来,既省劲又对应,而且能保持同专用名词称呼一致,对实现科技术语国际通用化,推动和促进国际科学技术的交流都很有好处。

三、切实加强民族语言文字,特别是名词术语规范化工作的科学研究工作

建国以来,在民族语言文字理论研究和应用研究方面,都取得了丰硕的成果。但我们用现代语言学理论、方法和技术手段研究少数民族语言文字,起步是比较晚的,在一些方面还有相当大的差距,还有许多空白需要填补。这就要求我们,要在马列主义、毛泽东思想和邓小平建设有中国特色社会主义理论指导下,运用现代语言学理论和方法,发扬深入实际的优良作风,坚持严谨的科学态度,深入调查各少数民族语言的历史和现状,对各民族语言的结构和语言文字的使用进行全面、系统、深入的研究,发展具有中国特色的民族语言科学,为民族语言文字的使用和发展,为少数民族地区的“两个文明”建设服务。

名词术语规范化工作是一项科学性很强的工作,它必须建立在科学研究的基础之上。我们在审定和规范名词术语工作中出现的一些问题,大多是与缺乏科学根据有关。要逐步解决这个问题,就要加强这方面的研究。各种语言文字既有自己的特性,又有共同的规律性,因此要十分重视对其他语言文字的研究,借鉴其他语言研究的科学成果,为我所用。同时,在语言文字的研究中,要重视研究方法的开拓和新的研究手段的使用。

语言文字的研究,离不开一支有较高思想素质和业务水平的专业队伍,要十分重视这支队伍的建设,关心他们,支持他们,发挥他们的积极性、创造性,充分调动各有关方面的力量,包括已离退休的专家、学者,共同搞好我们的语言文字规范化、特别是名词术语规范化工作。所有的专家、学者都应以高度的责任感、使命感,兢兢业业,为这项工作贡献自己的聪明才智。

四、全社会都要严格按规范化、标准化要求使用语言文字

语言文字的规范化、标准化是全社会的事,而不仅仅是语言文字工作机构的事情。使用规范化的语言是社会文明、进步的一个象征。世界上一些国家早在二三百年前就已经基本完成了规范化语言文字的普及任务。而我们现在尚未完成工业化时代所需要完成的语言文字规范化任务。世界已进入了信息时代,这对语言文字规范化、标准化的要求更高、更迫切。当前在新疆,既有汉语普通话推广工作,也有各民族文学语文正音正字法的推广工作。《现代维吾尔文学语言正字正音词典》已经出版,自治区人民政府为此专门发了通知,要求推广普及,而且语言与翻译培训测试中心已开始开办维吾尔语正音、正字法培训班,这是推广维吾尔语"普通话"的一件大事,应坚持下去,并取得全社会的支持,以逐步根除社会上使用维吾尔语言文字的混乱现象。哈萨克语正字法、正音法,柯尔克孜语正字法,锡伯语正字法也都已出版发行,希望抓紧推广普及工作,加快各民族语言文字的规范化、标准化进程。

名词术语规范化、标准化是整个语言文字规范化、标准化的重要一环。必须尽快改变在这个问题上各行其是的无序状态。要加大社会用词的检查力度,树立政府职能部门管理语言文字、规范名词术语的权威。凡经名词术语委员会审定规范的名词术语,各级党政机关、新闻、出版、文化、教育、科学技术等部门都应遵照使用,无一例外。中央和地方的各有关单位和工作部门,应在名词术语规范上加强协调,取得一致。要及时为名词术语的规范化提供信息、材料,加强联系,使用新疆名词术语委员会规范审定的词语,推动维吾尔名词术语规范化的进程。

提倡和鼓励各民族互相学习语言文字是党和国家民族语文政策的重要内容。各民族互相学习语言文字对于民族间的相互了解、相互帮助、增强团结、共同进步,促进"两个文明"建设具有重要作用。特别是在科学技术日新月异、信息高度发达的今天,更需要互通语言文字,从而高效率、大容量地学习和接受各类知识和信息。党和政府一贯提倡和鼓励各民族干部和群众互相学习语言文字,早在50年代毛主席就提出:"在少数民族地区工作的汉族干部必须学会当地民族的语言,少数民族干部也应学习汉语。"这一内容已写进了民族区域自治法。从新疆维吾尔自治区的情况看,从50年代开始,提倡各民族互相学习语言文字,经过各族干部群众的努力,取得了显著成效。党的十一届三中全会后,自治区又采取了一系列行之有效的措施,推动各民族相互学习语言文字。现在,少数民族干部中学习和掌握汉语言文字的人越来越多,一部分汉族干部,特别是在基层工作的汉族干部,学会了当地少数民族语言文字。我们要继续坚持各民族互相学习语言文字的方针,并在这种相互学习中,保持和促进语言文字的规范化、标准化。

五、切实加强对民族语言文字工作的领导,充分发挥专门机构的作用

要做好民族语言文字工作,必须加强领导。在新疆维吾尔自治区,世居的13个民

族中，少数民族大都有自己的语言。通用的有维、哈、柯、蒙、锡五种少数民族文字。民族语言文字工作不但重要，而且任务繁重。自治区党委和人民政府历来重视这项工作，比如在机构改革中不仅保留了自治区的语言文字工作机构，而且在自治区人大常委会通过的《新疆维吾尔自治区语言文字工作条例》中明文规定，“自治州、地区（市）设语言文字工作机构。”希望自治区各级党政领导继续重视这项工作，加强领导，按照自治区《语言文字工作条例》，加强民族语言文字工作机构建设，把有事业心和专业知识的人员充实到这个工作部门，为其开展业务创造必需的物质条件。把新疆的民族语言文字工作，特别是名词术语规范化工作扎扎实实地搞好。

在加强领导的同时，要充分发挥专业机构的作用。语言是约定俗成的，名词术语的规范是按语言的内在规律，着眼于群众使用的实际，由该领域的权威机构进行的。自治区民语委是自治区人民政府管理民族语文的职能机构和权威机构。由他们审定规范的名词术语经一定程序后，具有普遍的约束力，任何团体和个人都必须遵照执行。自治区语言文字工作机构必须在自治区党委和政府的领导下，积极地、创造性地开展工作，履行好自己的职责。

从实际情况看，许多新出现常用的名词术语得不到及时的审定与规范，群众在使用上无所适从，产生了一些不该产生的混乱。对于这些问题，语言文字工作者要担负起责任，尤其是语言文字工作的领导机构，要经常性地、及时地组织人员收集、整理、研究、确定新出现的日常用语，以及时满足群众的实际需要和社会发展的迫切需求。

最后，祝大会圆满成功，祝新疆的民族语言文字工作不断取得新的成绩。

高举邓小平理论伟大旗帜
切实加强民族工作

——国务委员兼国家民委主任司马义·艾买提

在全国部分民族工作者学习贯彻十五大精神座谈会上的讲话

1997年9月29日

党的十五次全国代表大会，是在我国改革开放和社会主义现代化建设事业承前启后、继往开来的重要时期召开的历史性会议。她向全世界庄严宣告了我们党带领全国各族人民迈向新世纪的政治宣言和行动纲领。在我们党的前进史上,在我们国家的发展史上,在我国各民族人民的奋斗史上,在中华民族的振兴史上,树立起一座伟大的丰碑,留下了光彩夺目的篇章。全国各族人民对这次大会的成功召开感到无比兴奋;对江泽民总书记所作的报告完全拥护,并将认真学习领会和贯彻执行;对大会选出的以江泽民总书记为核心的新的中央领导集体坚决拥戴。

民族工作战线,要紧紧结合各民族地区的实际,认真学习和贯彻十五大会议精神,按照十五大报告的要求,“切实加强民族工作”,开创我国民族工作的新局面。在民族工作中,坚持党的领导,高举伟大旗帜,把邓小平理论作为民族工作的指南;坚持社会主义初级阶段理论,努力发展民族地区生产力;根据民族工作新的形势和任务,全面贯彻党的民族政策;坚持和完善民族区域自治制度,推进民族法制建设;在有中国特色社会主义的文化建设中,积极发展各民族的文化事业;维护国家统一,巩固和发展社会主义民族关系。通过做好民族工作,促进民族地区的经济发展、社会进步、民族团结,并为全国各族人民在以江泽民同志为核心的党中央的领导下,高举邓小平理论伟大旗帜,把建设有中国特色社会主义事业全面推向21世纪创造良好的社会环境。

一、高举伟大旗帜,把邓小平理论作为民族工作的指南

邓小平理论是马克思主义同当代中国实践和时代特征结合的产物,是指导全党全国各族人民建设有中国特色社会主义的科学理论。作为完整的理论体系,她有着极为丰富的内容,包含着一系列重要的理论观点。正如江泽民同志在十五大报告中所指出的:邓小平理论是“涵盖经济、政治、科技、教育、文化、民族、军事、外交、统一战线、党的建设等方面比较完备的科学体系”。这就明确告诉我们:关于民族方面的理论是邓小平理论体系中重要的、有机的组成部分。

邓小平关于民族问题的理论,丰富了整个邓小平理论的科学体系,内容涉及到民族问题和民族工作的许多方面,其中有:关于实现真正民族平等的理论;关于搞好中华民族大团结的理论;关于维护国家统一的理论;关于坚持民族区域自治制度的理论;关于党必须用最大的努力培养民族干部的理论;关于任何一个民族都需要学习别的民族的长处的理论;关于照顾少数民族利益、着眼于少数民族地区发展的理论;关于一部分人、一部分地区先发展起来,先发展起来的地区带动后发展的地区,最终达到共同富裕的理论,等等。这些理论几乎涉及了我国民族工作所有重大的方面,为我国新的历史条件下的民族团结进步事业提供了科学的指南。

与整个邓小平理论一样,邓小平关于民族问题的理论具有鲜明的特色:实事求是,精辟透彻,是在充分地把握中国民族的实际情况后而得出的科学判断,有着很强的针对性;继承前人,又有发展创新,在很多方面依据我们党处理民族问题的经验,放眼世界风云,结合时代的特点,继承并发展了马克思主义和毛泽东思想的民族理论,提出了一系列新的理论观点;朴实无华,充满活力,对纷繁复杂的民族问题作了本质的揭示,

对如何处理好民族问题作出了科学的回答。

邓小平关于民族问题的理论在马克思主义民族理论的发展史上具有重大的意义。如果说马克思主义民族观与中国革命实际相结合产生了毛泽东思想的民族观，马克思主义民族观与当代中国实际的结合则产生了邓小平关于民族问题的理论。在当代中国，要正确认识和处理好社会主义市场经济条件下的民族问题，要在复杂多变的国际环境中维护国家的统一和各民族的团结，最终实现各民族的共同繁荣，必须认真地把握和能动地运用邓小平关于民族问题的理论，这是实践的结论，也是历史的结论。

邓小平关于民族问题的理论，为我们开创民族工作的新局面提供了强大的思想武器。正如马克思主义既是伟大的理论体系，又是伟大的社会实践一样，邓小平理论既是我们党领导全国各族人民建设有中国特色社会主义的理论体系，也是一场伟大的亿万人民参与的社会实践。认真学习十五大精神，贯彻落实十五大关于民族工作的论述，学习和掌握邓小平关于民族问题的理论，是民族工作者重要而紧迫的任务。各级民族工作部门应当加强学习、深刻领会邓小平民族理论，并在实际工作中切实加以贯彻落实，使实践中产生的这一理论充分服务于实践。

当然，与马列主义、毛泽东思想在革命和建设的实践过程中不断发展一样，我们也要以发展的眼光去理解和实践邓小平理论。我们相信，随着我国各民族团结进步事业的不断发展，邓小平关于民族问题的理论也得到不断发展，在未来的社会主义事业中发出新的光芒。

二、坚持社会主义初级阶段理论，努力发展民族地区生产力

社会主义初级阶段理论，是我们党运用邓小平理论的科学原理，分析我国社会发展的实际水平而得出的正确结论。党的十五大重申了社会主义初级阶段理论，并作了新的阐述。

关于我国还处在社会主义初级阶段的理论完全符合民族地区的实际：民族地区与全国比较，底子更薄，起点更低。新中国建立初期，广大民族地区生产力发展水平极其低下，社会形态几乎包括了人类社会史上所有的发展阶段。建国以来，民族地区的经济发展取得了巨大的进步，面貌发生了历史性的变化，但由于历史的、地理的、社会的等等原因，经济和科技、教育、文化等社会发展事业相对滞后。民族地区的发展很不平衡，民族地区贫困面还比较大。

人民日益增长的物质文化需要同落后的社会生产之间的矛盾，这个贯穿于我国社会主义初级阶段整个过程和社会生活各个方面的社会主要矛盾，在广大民族地区表现更为突出。这就要求我们在民族工作中，要始终坚持以经济建设为中心，自觉地服从和服务于这个中心。

在民族工作中，要进一步解放思想，充分认识“发展是硬道理”。不断深化对“三个有利于”的认识，真正做到把是否有利于发展社会主义社会的生产力、有利于增强社会主义国家的综合国力、有利于提高人民的生活水平作为根本判断标准，大胆探索，大胆

实践，把握机遇，解放生产力，发展生产力。

鉴于民族地区的实际情况，在改革的举措上要更加务实，更加灵活。比如在所有制结构上，考虑到广大民族地区国有经济成份较高、地方经济相对落后的实际，根据十五大报告中关于在所有制问题上“有的地方、有的产业可以有所差别”的论述，所有制水平应当适应民族地区的生产力状况，只要有利于发展生产力，就可以实验，可以探索，努力为欠发达地区经济发展开创新路。要深化市场经济条件下民族地区实情的认识，真正找到民族地区的优势，包括资源优势、地域优势、劳动力价格优势，并通过新的途径和有效形式使这些优势真正得到发挥。

要加强分类指导。由于各民族地区在发展水平、历史传统、文化背景和风俗习惯等方面都有自己的特点，在工作中要注意各个地区、各个民族的特征，努力探索适合各地情况的发展路子，一切从实际出发，而不能对别的地方的发展模式、具体做法简单套用，盲目攀比。同样的办法，适用于发达地区，不一定适用于欠发达地区；即使同是欠发达地区，由于各自具体情况不同，发展的模式和路子也会有所差别。所以必须坚持科学的态度、求实的作风。

民族地区经济的发展，首先依靠自力更生，奋力争先，同时也需要、也会得到国家的扶持和发达地区的帮助。正如十五大报告所提出的那样，一方面国家要发挥宏观调控的功能和能力，加大对中西部地区的支持力度，优先安排基础设施和资源开发项目，逐步实行规范的财政转移支付制度，鼓励国内外投资者到中西部投资。另一方面，东部地区要充分利用有利条件，在推进改革开放中实现更高水平的发展的同时，进一步发展东部地区同中西部地区多种形式的联合和合作。更加重视和积极帮助少数民族地区发展经济。从多方面努力，逐步缩小地区发展差距。通过民族地区各族干部群众的积极努力，加上国家及发达地方的大力支持和支援，民族地区的加快发展是完全可能的，从而实现全国“地区经济合理布局和协调发展”。

三、根据民族工作新的形势和任务，全面贯彻党的民族政策

党的民族政策是做好民族工作的重要保证。在社会主义革命和建设的长期实践中，这些政策得到了有效的贯彻和执行，产生了巨大的政策效应，推动了少数民族和民族地区的全面发展。过去，做好民族工作靠政策；今后，做好民族工作仍然靠政策。我们必须牢固树立政策观念，不断提高贯彻党的民族政策的自觉性，从而做好新形势下的民族工作。

贯彻执行好民族政策，必须适应新的情况。我们党的民族政策的基本原则，如民族平等团结、民族区域自治、培养民族干部、促进各民族共同繁荣等，需要长期坚持。但一些具体的民族经济政策则会随着情况的变化而变化，这种变化是必要的。现在需要重视做的是适应新情况、新形势，按照十五大的要求，“全面贯彻党的民族政策”。根据当前的实际情况，在民族政策工作中，应采取实事求是的态度，对于仍然有效的政策，要切实贯彻好；对于部分有效的政策，要及时进行修改、补充、完善；对于完全失效的政

策，就要予以废止，并制定相应的新的政策，以新代旧。

贯彻民族政策是一项复杂的系统性工作，会涉及许多方面，我们在贯彻落实民族政策时，必须树立全局的观点，既要立足于少数民族和民族地区的实际，又要服从全国的大局，把促进民族地区经济社会发展同国家的发展联系起来，把对少数民族和民族地区的具体政策，同我国转型阶段的政策措施互相衔接和促进，在改革中促进民族政策的落实。

全面贯彻落实党的民族政策，要十分重视调查研究工作。民族政策的存在都有相应的具体条件，在当前社会化大生产进一步发展、社会分工日益精细、科学技术发展突飞猛进、经济日益市场化和国际化的形势下，一定要加强个案的、实证性的研究，把问题放到广阔的社会背景中，有针对性地提出做好民族工作的政策措施。

全面贯彻落实党的民族政策，需要加强协调工作。民族政策的贯彻落实，往往要涉及到许多地区和部门。因而，需要从多方面入手，做好协调工作，以取得有关部门的理解与支持，形成强大的合力，共同推进民族政策的贯彻落实工作。

四、坚持和完善民族区域自治制度，推进民族法制建设

江泽民总书记在十五大报告中，把人民代表大会制度、中国共产党领导的多党合作和政治协商制度、民族区域自治制度一同表述为我国社会主义民主制度的三大形式，明确提出，要“坚持和完善民族区域自治制度”。表明了民族区域自治制度在我们国家体制中的重要地位，也为民族工作提出了明确的要求，指明了方向。

坚持和完善民族区域自治制度，必须认真学习和深刻理解邓小平理论。邓小平同志关于民族区域自治有一系列重要论述，是我们坚持和完善民族区域自治制度的基本方向和重要指针。坚持邓小平理论，就一定能在新形势下不断巩固和完善民族区域自治制度。

坚持和完善民族区域自治制度，必须强化民族区域自治制度本身的功能，推动民族自治地方经济的发展。民族区域自治制度是一种民族政治制度，它对国家的统一与稳定有着重要的作用。当今中国经济建设是各项工作的主题，民族区域自治制度也要顺应社会发展的要求，在充分发挥其政治作用的同时，还应激发其促进经济发展的功能。现实已向民族区域自治制度提出了这种要求。任何政治制度的巩固和发展，都有赖于经济基础的支持。只有把民族地区的经济搞上去，才能推动民族地区的全面发展，才能改善各族人民生活。因此，改革开放，加快发展，这是当前坚持和完善民族区域自治制度最重要的任务。

坚持和完善民族区域自治制度，还必须加强自治机关的建设。要按照十五大关于政治体制改革的部署，“深化人事制度改革，引入竞争奖励机制，完善公务员制度”，根据精简、统一、效能的原则进行机构改革，建立办事高效、运转协调、行业规范的行政管理体系，提高自治机关执行党和国家的大政方针、为各族群众服务的水平。同时，还要坚持公正、公开的原则，完善民主监督机制，从多方面不断加强自治机关的建设。

重视民族干部队伍的建设，这是坚持和完善民族区域自治制度的重要保障。建国以来，民族干部队伍茁壮成长，为党的事业作出了重大贡献。培养民族干部工作的成绩是显著的。但也应该看到，在培养民族干部方面还有许多工作要做。十五大报告从战略高度对此作了明确要求，提出要重视培养少数民族干部。我们要会同有关部门重视和加强民族干部培养工作。同时民族干部也要充分认识自己肩负的历史使命，不断提高自己的素质，在建立社会主义市场经济体制、推进改革和扩大开放的大潮中，解放思想，勇于开拓，建功立业。

坚持和完善民族区域自治制度，必须加强民族法制建设。目前我国基本形成了以《宪法》为基础，以《民族区域自治法》为主干，包括各级行政法规、部门规章和地方性法规等一系列规范性文件组成的民族法规体系。但我国的民族法制建设依然任重道远。无论是制定新的立法、完善法律的配套措施，还是法律的执行和监督机制等方面，都需要不断地探索和完善。要结合贯彻十五大关于"以法治国"的精神，加强民族立法，做好民族法的宣传和落实工作，建立和健全与实施《民族区域自治法》相配套的法规体系，强化法律监督机制，使民族区域自治法得到切实的贯彻落实。

五、在有中国特色社会主义的文化建设中，积极发展各民族的文化事业

十五大报告指出：要加强有中国特色社会主义的文化建设。少数民族文化是整个中华文化的有机组成部分，因此，必须大力发展民族地区的文化事业。民族地区的文化建设，要服从建设有中国特色社会主义文化建设的总方针、总政策、总目标和总战略，但又要从民族地区的实际出发，突出民族地区的特色。

民族地区社会主义文化建设，要致力于提高各民族群众的思想道德素质和科学文化素质，培养有理想、有道德、有文化、有纪律的"四有"新人，为民族地区的经济发展、社会进步提供强大的精神动力和智力支持。

用邓小平理论凝聚人心，统一行动，使建设有中国特色社会主义成为各民族的共同理想，是民族地区文化建设的根本。在民族地区文化建设的整个过程中，要始终高举邓小平理论的伟大旗帜不动摇。要坚持用以为人民服务为核心、以集体主义为原则的社会主义道德教育各族群众，引导各民族群众树立正确的世界观、人生观、价值观。鼓励一切有利于国家统一、民族团结、社会发展的思想道德。大力弘扬各民族爱国主义的光荣传统，广泛宣传各民族在各个时期涌现出的爱国主义杰出人物的事迹，搞好爱国主义基地建设，大力开发各种形式的创建民族团结进步典型活动，努力营造民族团结的社会环境。广泛开展军民共建活动，进一步密切军民关系。大力开展艰苦奋斗的革命传统教育，树立自尊、自信、自强的进取精神。大力倡导广泛存在于各民族之中的尊老爱幼、扶贫助困、公众为先、奉献光荣、热爱劳动、见义勇为等优秀传统道德，使之不断发扬光大。

教育和科技落后是制约民族地区文化建设的突出问题。要大力发展和改革民族教育，完善民族教育体系。做好扫除青壮年文盲工作，使各民族青少年在掌握一定文化知识的基础上提高自身素质，进而提高民族的整体素质。大力普及科学知识，努力形成学科学、用科学的良好风尚。反对各种封建迷信活动。在信教群众比较多的地区，要加强宗教工作，努力引导宗教与社会主义社会相适应。

要大力繁荣各民族的文学艺术和新闻出版事业。发展各民族优秀传统艺术，壮大少数民族作家队伍。充分发挥民族传统节日的教育功能，提倡健康向上、寓教于乐的节日文化活动。繁荣民族出版事业，实施民族文化发展精品战略，多出书、出好书，以满足各民族群众在物质生活水平提高的基础上对精神生活的需要。

六、进一步巩固和发展平等、团结、互助的社会主义民族关系

江泽民总书记在十五大报告中指出，要巩固和发展平等、团结、互助的社会主义民族关系，促进各民族共同繁荣进步。发展社会主义民族关系，理由可以讲出无数条，这里只讲一条，要完成党的十五大提出的各项任务，把有中国特色的社会主义全面推向21世纪，实现我国跨世纪的宏伟目标，需要一个稳定的社会环境，必须有各民族的团结奋斗。和谐的民族关系本身就是构成综合国力的重要因素。建国以来，特别是改革开放以来，我国综合国力的增强，国际地位的提高，不仅得益于经济的大发展，也得益于中华民族的大团结。因此在民族工作中，要始终高举维护民族团结和祖国统一的大旗，为建设有中国特色社会主义事业的顺利进行提供强有力的政治保障。

巩固和发展社会主义民族关系，要切实尊重和维护各民族的平等权利。平等是团结的基础。中国共产党的民族政策之所以受到各民族的衷心拥护，赢得国际社会的广泛赞誉，很重要的一条，就是坚持各民族不论大小一律平等的原则。不仅坚持各民族在政治上的平等，而且致力于各民族在经济、文化等各方面的平等，在市场经济条件下，在迈向21世纪的过程中，我们必须始终坚持民族平等的原则。

巩固和发展社会主义民族关系，要进一步提高解决新问题、新矛盾的能力。在复杂多变的国际环境下，在建立社会主义市场经济体制的进程中，我国的民族关系将进一步发展，但也将经受新的考验。我们一定要以正确的理论，开阔的视野，科学的方法去观察和处理民族问题，掌握新情况，研究新对策，促进新发展。当前，我国的民族关系基本上是劳动人民之间的关系，民族矛盾基本上属于人民内部矛盾，这种矛盾可以通过教育、疏导、协商等手段加以解决。但要看到这种矛盾的特殊性，以及它和其它社会矛盾的互相渗透与影响，努力提高处理民族关系中人民内部矛盾的能力，不断巩固和发展平等、团结、互助的社会主义民族关系。为了维护团结统一，还要坚决反对民族分裂，维护国家统一。

同志们，新的世纪正向我们走来，新的任务已经摆在我们面前。让我们在以江泽民同志为核心的党中央领导下，同心同德，开拓奋进，做好民族工作，为胜利完成十五大确定的各项任务，为各民族的团结进步和共同繁荣努力奋斗！

重要文件

中共中央、全国人大常委会、国务院、全国政协、中央军委关于庆祝内蒙古自治区成立50周年的贺电

1997年7月20日

中共内蒙古自治区委员会、内蒙古自治区人大常委会、内蒙古自治区人民政府、内蒙古自治区政协、内蒙古军区：

值此内蒙古自治区成立50周年之际，中共中央、全国人大常委会、国务院、全国政协、中央军委向内蒙古自治区各族工人、农牧民、知识分子、干部和各界爱国人士，向驻内蒙古人民解放军、武警部队官兵和公安干警，向所有关心和支持内蒙古自治区建设的同志们和朋友们，致以热烈的祝贺和亲切的慰问！

50年前，在人民解放战争的节节胜利中，诞生了我国第一个民族自治区——内蒙古自治区。内蒙古自治区的成立，是中国共产党把马克思主义基本原理同我国的民族实际相结合的一个创举，为在我国实施民族区域自治制度提供了范例。

50年来，尤其是党的十一届三中全会以来，内蒙古各族人民在党中央、国务院及自治区党委、政府的正确领导下，坚持国家利益和中华民族利益高于一切的原则，始终不渝地高举爱国主义和社会主义的旗帜，团结进取，艰苦创业，使社会主义革命和社会主义建设取得了伟大的成就。这主要体现在，建立和巩固了人民政权，各族人民真正当家做了主人；彻底结束了民族歧视和民族压迫的历史，建立了平等、团结、互助的社会主义民族关系；国民经济持续发展，人民群众的物质文化生活水平得到明显提高；改革开放不断深化，形成了对外开放的新格局，社会主义市场经济体制正在逐步建立；社会主义精神文明建设硕果累累，教育、科技、文化、卫生、体育等各项社会事业得到长足发展。今日的内蒙古，政治稳定、经济发展、民族团结、社会进步，呈现出一派兴旺发达的

景象，为全国各民族的大团结，为祖国北部边疆的巩固和安全，为我国的改革开放和现代化建设，都做出了重要的贡献。

内蒙古自治区50年来所取得的巨大成就，是内蒙古各族人民自力更生、艰苦奋斗的结果；是驻内蒙古人民解放军、武警部队官兵和公安干警努力拼搏、无私奉献的结果；是内蒙古各级党委、政府和广大干部锐意进取、勤奋工作的结果。内蒙古自治区的光辉历程充分说明：要保持内蒙古的稳定和发展，就必须坚持马列主义、毛泽东思想和邓小平建设有中国特色社会主义理论，在中国共产党的领导下，坚定不移地走社会主义道路；必须坚持以经济建设为中心，深化改革，扩大开放，集中力量发展社会生产力，促进社会全面进步，不断提高人民群众的物质文化生活水平；必须全面贯彻党的民族政策和宗教政策，坚决维护民族团结、社会稳定和祖国统一；必须坚持解放思想、实事求是的思想路线，把中央的政策同内蒙古的实际结合起来，发挥自身的优势和特色，创造性地开展工作；必须坚持两手抓、两手都要硬的方针，大力加强社会主义精神文明建设，提高各族人民的思想道德素质和科学文化素质；必须依靠各族干部群众，充分调动一切积极因素，自力更生，艰苦创业。

当前，我国正处在一个非常重要的历史发展时期。党的十四届五中全会为我们国家描绘了“九五”时期和到2010年经济与社会发展的宏伟蓝图，也为内蒙古的现代化建设指明了方向。党中央、国务院对内蒙古的发展历来十分重视，今后将继续从各方面给予关心和支持。希望内蒙古自治区各级党委、政府和各族干部群众、驻内蒙古人民解放军、武警部队官兵和公安干警，在邓小平建设有中国特色社会主义理论和党的基本路线指引下，在以江泽民同志为核心的党中央领导下，正确处理改革、发展、稳定的关系，坚持和完善民族区域自治制度，发扬自力更生、艰苦奋斗的精神，抓住机遇、发挥优势、同心同德、开拓进取，加快经济和社会的发展，以崭新的面貌迈向21世纪，为祖国的繁荣富强和各民族的团结进步做出新的更大贡献。

祝内蒙古自治区繁荣昌盛！

祝内蒙古各族人民生活美满幸福！

国家民委关于印发《国家民委1996年工作总结和1997年工作要点》的通知

1997年2月3日

委机关各部门、各直属单位：

《国家民委1996年工作总结和1997年工作要点》已经委党组讨论通过，现印发给你们，请遵照执行。

国家民委1996年工作总结和1997年工作要点

1996年工作总结

1996年是我国实施国民经济和社会发展“九五”计划和2010年远景目标的开局之年，也是我国民族工作取得丰硕成果的一年。一年来，国家民委在党中央、国务院的正确领导下，以邓小平同志建设有中国特色社会主义理论和党的基本路线为指导，认真贯彻党的十四届五中、六中全会精神，围绕稳定、发展、团结、进步的主题，扎实工作，开拓进取，顺利地完成了全年的工作任务。

一、深入贯彻党的十四届五中全会精神，为民族地区实现“九五”计划开好头、起好步做了积极的工作

根据“九五”计划和2010年远景目标纲要对民族工作的要求，召开’96全国民委工作会议，提出了“九五”期间和今后一个时期民委工作的指导思想和基本思路，总结、交流了两年来各地贯彻落实中央政治局常委会关于民族工作重要指示的情况，宣传和推广了湖南、湖北结合实际贯彻中常委指示，促进民族团结进步的经验，促进了全国的民族工作。积极争取有关部门支持，广开资金渠道，合理安排了少数民族贫困地区温饱基金、新增支援不发达地区资金、民族地区乡镇企业贴息贷款等各类资金。加强对少数民族贫困地区的调查研究，探索脱贫途径，加强项目和资金管理，搞好定点扶贫工作，为“八七”扶贫攻坚计划在民族地区的实施做了力所能及的工作。组织有关部门对民族地区经济运行情况定期分析和宏观监测，为民族地区的改革开放和经济发展提供参考依据。开展了一些国际间的经济交流活动，帮助民族地区拓展对外合作领域，更好地对外开放。会同国家体改委进一步研究部署民族地区改革开放试验区的工作，推进民族地区的经济体制改革。

二、落实中央7号文件精神，努力做好维护民族团结和社会稳定的工作

从民委职能和民族工作的实际出发，制定实施了贯彻中央7号文件的措施。国庆期间组织全国少数民族参观团新疆干部团，先后到陕西、北京、江苏和上海等地参观学习，进行革命传统、爱国主义教育，对新疆的稳定和发展起到了积极作用。配合有关部门和地方及时处理了因出版物刊载伤害穆斯林感情的文章引起的风波，维护了民族团结和社会稳定；在社会稳定敏感期和“严打”期间，采取切实措施，加大工作力度，认真做好委机关及系统的稳定工作，及时指导地方民委做好稳定工作。会同有关部门宣传和表彰了为维护祖国统一、民族团结作出贡献的模范人物，与团中央、全国青联共同表彰了为民族地区经济建设和社会稳定作出贡献的先进典型，对增进民族团结和维护社会稳定起到了积极作用。

三、坚持和完善民族区域自治制度，推进民族法制建设

配合有关部门进行民族区域自治法的修改工作，对新形势下贯彻落实民族区域自治政策中出现的新情况进行了调查研究。检查各地贯彻《城市民族工作条例》和《民族乡行政工作条例》的情况。贯彻第四次全国法制宣传教育工作会议精神，制定了《国家民委法制宣传教育第三个五年规划》，研究部署了“三五”普法工作。会同司法部举办民族法律法规师资培训班，为民族地区培训了一批从事民族法律法规教学、科研工作的骨干。通过指导民族自治地方逢10周年庆祝活动，宣传了党的民族区域自治政策，协调有关部门为民族自治地方的经济社会发展办了一些实事。

四、以民族团结进步为主题，加强了民族文化宣传工作

协助《人民日报》、中央电视台等新闻单位办好民族方面的专版和栏目，拓展了宣传阵地。与中宣部、新闻出版署联合召开全国民族出版工作会议，加强了对民族出版工作的管理。会同广播影视部、文化部、中国文联举办第六届全国少数民族题材电视艺术“骏马奖”的评奖、颁奖活动，促进了少数民族题材电视艺术的发展。对全国少数民族古籍工作进行了调查研究和指导，推动了民族古籍工作。开展了少数民族语文工作。组织中央有关新闻单位记者随“国家民委扶贫考察慰问团”分赴内蒙古自治区巴林右旗和广西壮族自治区德保县进行采访。举办纪念红军长征胜利60周年报告会、座谈会、演唱会、书画作品展及慰问老红军等活动，加强爱国主义和革命传统教育，取得了良好的社会效果。

五、贯彻《中国教育改革和发展纲要》，推动了民族教育的发展

根据把握全局，突出重点的原则，制定了《国家民委高等教育事业“九五”计划和2010年发展规划纲要》；与国家教委一起总结研究了新形势下的全国教育对口支援协作工作，巩固了经济发达地区对少数民族贫困地区教育对口支援的成果；配合国家教委抓好民族常识教育的试点工作，并将此项工作扩大到京、津、川、辽、吉、豫、鲁7省市。积极稳妥地进行了委属院校招生收费制度的改革，加大教材工作力度，教材建设取得积极成果。根据民族地区经济社会发展的要求，有计划地推进民族教育的改革，促进了民族教育事业的发展。

六、在少数民族干部的培养选拔、素质提高等方面做了相关的工作

按照中组部、中央统战部、国家民委《关于进一步做好培养选拔少数民族干部工作的意见》，积极配合有关部门做好少数民族干部的培训、交流和挂职锻炼等方面的工作。召开国家民委培养选拔少数民族干部工作经验交流会，总结交流培养选拔少数民族干部工作的经验，探讨了在新形势下如何发挥民委职能作用，进一步做好培养选拔少数民族干部工作的问题。制订了《国家民委1996—2010年人才资源发展规划》，加强了委直属单位领导班子的建设，举办了委系统组织人事干部培训班，逐步完善干部选拔任用机制，加大了培养选拔优秀年轻干部的力度，加强了人才资源的开发和管理。认真实施国家公务员制度，推进人事分类管理制度的建立，加强了干部队伍的建设。

七、从建立社会主义市场经济体制的实际出发，加强了民族理论、民族政策的学习和研究

结合民族地区改革开放的实践，进行了《关于东部地区产业向西部转移问题》、《关于正确处理民族关系中的人民内部矛盾问题》、《民族地区资源开发问题》等课题的研究，完成了《中国民族关系的趋势及展望》、《中国少数民族和民族地区经济社会发展状况评析》、《1996年世界民族问题热点情况分析和综述》等三个综合性研究报告。召开纪念李维汉同志诞辰100周年研讨会、社会主义精神文明建设与民族团结进步研讨会及首都春季民族理论研讨会，对进一步做好新形势下民族理论、政策的研究进行了探讨和部署；采取措施调动社会力量共同推进民族政策的研究，宣传马克思主义民族观和党的民族政策。注意对现实问题的调查和研究，开展了边境地区民族工作调查，并派调查组赴青海、甘肃等省的少数民族贫困地区调查和慰问。

八、开展对外交流，在民族外事工作方面取得了一些新进展

一些多民族国家或因面临比较复杂的民族问题，或因需要制定民族政策，很希望了解和研究中国的民族情况和民族政策，在外交部门的指导下，我委以积极的姿态，开展了与有关国家的交往，先后同俄罗斯、哈萨克斯坦、罗马尼亚、摩尔多瓦、墨西哥、澳大利亚等国政府的民族工作部门开展交流。还分别组团赴美国、德国、法国、英国、瑞典、挪威、瑞士、芬兰、比利时、泰国、马来西亚等进行访问，宣传我国的民族政策和民族工作成就，扩大了我国对外影响。配合有关部门在国际人权领域的斗争，由我委和外交部起草的我国向联合国反对种族歧视委员会提供执行有关公约的报告获得通过，挫败了一些西方国家在联合国第52届人权大会上提出的反华提案。应加拿大政府人权委员会邀请派团访加，为对外宣传我国少数民族和民族地区人权状况起到了积极作用。

为增进中华民族的大团结，组团到台湾、香港、澳门进行了民族文化方面的学术交流。

九、搞好政治理论学习，加强了机关的自身建设

认真贯彻落实江泽民同志关于讲政治的要求，组织干部职工学习十四届五中、六中全会精神，推进精神文明建设，制定了《关于加强全委机关精神文明建设的实施意见》。以党校为依托，加强了党员领导干部的理论培训工作。加强了委机关党的思想建设和组织建设，举办了直属单位党委书记和机关支部书记集训班，提高了贯彻民主集中制的自觉性，增强了党组织的凝聚力和战斗力。搞好纪检、监察和审计工作，深入开展党纪政纪教育，抓领导干部廉洁自律工作，促进了勤政廉政建设。开展文体活动，丰富了机关干部职工的文化生活。关心离退休干部的生活，表彰老干部工作先进集体、先进个人，努力为老干部服务。计划、财务、基本建设和后勤工作得到加强，加快了机关办公楼和职工宿舍楼的建设速度，机关干部职工生活福利有所改善。

1997年工作要点

1997年是我国历史发展上的重要一年，我国将恢复对香港行使主权，迈出和平统一祖国的重要一步，我党将召开第十五次全国代表大会，把建设有中国特色社会主义伟大事业向新世纪全面推进。今年国家民委工作的指导思想和总体要求是：坚持邓小平同志建设有中国特色社会主义理论和党的基本路线，深入贯彻党的十四届五中、六中全会精神，围绕迎回归、迎十五大，积极做好各项工作。进一步从整体上认识和处理好改革、发展、稳定的关系，牢牢把握大局，再接再厉，同心同德，开拓前进。高举爱国主义和民族团结进步的旗帜，增强中华民族的凝聚力，反对民族分裂，维护祖国统一。坚持和贯彻执行党的民族政策，坚持和完善民族区域自治制度，在建立社会主义市场经济体制中，努力探索促进少数民族和民族地区经济社会加快发展的路子。抓大事、办实事，树立典型，分类指导，开创新局面。

一、认真贯彻党的十四届六中全会精神，大力开展爱国主义和马克思主义民族观的宣传教育

从民族工作的实际出发，按照《决议》的要求，积极推进社会主义精神文明建设，在全国范围内深入开展加强民族团结、维护祖国统一和马克思主义民族观的宣传教育。运用各种形式，通过大众传媒、书刊影视、艺术表演、课堂教育等途径，利用重要纪念日、重大活动等时机，大力弘扬爱国主义精神，鼓励和支持一切有利于民族团结、国家统一的思想道德，发展少数民族的文化事业，促进少数民族和民族地区的精神文明建设与物质文明建设协调发展。

二、调查研究民族地区经济社会发展中出现的新情况、新问题，针对不同情况进行分类指导

搞好少数民族和民族地区经济、文化、教育的发展及改革开放、法制建设、民族政策的落实等重大课题的调研工作。继续贯彻落实五中全会精神，加强对民族地区经济运行和社会各项事业发展状况的分析。会同有关部门研究和探索民族地区国有企业改革的路子，总结推广民族地区改革开放试验区的经验，制定能够促进民族地区加快发展的改革措施。开好全国边境地区、贫困地区、牧区民委工作会议，探索和把握这些地区民委工作的规律，使这些地区的民族工作更有特色，更见成效。会同有关部门抓好少数民族和民族地区的扶贫开发，推广扶贫到村、到户的经验。加强委的定点扶贫工作，落实责任制，确保扶贫点如期脱贫。

三、宣传民族区域自治制度的光辉成就，坚持和完善民族区域自治制度

今年是我党确立民族区域自治制度50周年，拟召开纪念民族区域自治50周年座谈会，组织好赴内蒙古参加自治区成立50周年活动的中央代表团和民族地区领导干部参观考察团，并通过各种形式和途径，广泛深入地宣传党的民族政策、民族区域自治制度伟大成就和经验，促进民族区域自治制度更加完善，更加深入人心，在建设有中国特色的社会主义事业中发挥更大的作用。

四、加强民族法制建设，巩固和发展社会主义民族关系

实施《国家民委法制宣传教育第三个五年计划》，认真开展普法工作。会同全国人大民委等有关部门，对民族区域自治法和自治地方的自治条例、单行条例的执行情况进行检查、指导。深入开展民族团结进步创建活动，表彰先进，弘扬正气。会同各省、区、市和中央各部委，搞好国家民委第二次民族团结进步模范表彰活动，表彰先进集体和个人共1 000个左右。妥善处理民族关系中发生的矛盾和问题，坚决打击民族分裂活动，维护国家统一和社会稳定。

五、发展民族教育，积极培养高素质的少数民族干部队伍和各类人才

贯彻《中国教育改革和发展纲要》，推动民族地区"普九"进程，搞好对民族地区职业技术教育的指导。加强委属院校的工作，深化改革，调整结构，提高教学质量和办学效益。以委属院校为依托，开展干部继续教育，大力提高干部队伍素质。按照"三严"、"四自"的要求，加强干部教育管理，加大干部培训力度。认真执行《国家公务员制度暂行条例》，制定委内司局级干部选拔任用暂行办法，抓紧后备干部的培养、选拔工作，搞好班子配备。加强领导班子建设，搞好干部的考核、交流、轮岗。进一步加强对少数民族干部的培养，积极配合中组部、统战部搞好少数民族干部的培养、选拔和交流工作，搞好人才资源的开发。

六、在有关部门指导下，加强民族工作领域对外交流与合作

进一步做好民族工作方面的对外宣传，宣传我国的民族政策和民族地区改革开放的巨大成就，扩大对外影响，树立我国少数民族和民族工作在国际上的良好形象。根据民委职能加强对外交往，提高工作水平。在促进民族地区的外经外贸工作，拓宽利用外资渠道等方面做相应的工作。配合有关部门做好涉及民族问题的国际人权方面的工作。从祖国和平统一大业的需要出发，加强对台交流，配合有关部门做好迎接香港回归的有关工作。

七、做好计划、财务与审计工作

加强协调，统筹兼顾，严格执行各项管理制度，重点抓好国有资产管理和"三产"创收规范管理，加快房改工作步伐。在财力安排使用上，把民委自身建设项目作为重点，加大对委属教育、文化事业单位的投入，提高资金的使用效益。

八、加强思想道德教育和理论学习，搞好机关的自身建设

用邓小平建设有中国特色社会主义理论武装和教育干部职工，树立正确的世界观、人生观和价值观。坚持学习制度，办好党校进修班，深入学习《中共中央关于加强社会主义精神文明建设若干重要问题的决议》，搞好党的建设，发挥党组织的战斗堡垒作用，加强对党员、干部的监督管理，从严治党，搞好党风廉政建设，深入开展反腐败斗争，开展以创三优（优质服务、优良作风、优美环境）文明机关、做人民满意的公务员为主要目标的精神文明创建活动。改进工作作风，提高办事效率，大力压缩会议、精简文件。注意发挥工、青、妇等群众组织的作用。努力做好离退休干部的工作。提高后勤服务工作质量和水平，确保各项工作任务的完成。

国家民委关于授予和贵华同志民族团结进步模范称号的决定

1997 年 3 月 5 日

和贵华,纳西族,中共党员,生前系云南省丽江纳西族自治县公安局刑警队长。1996 年 2 月 3 日,在云南省丽江大地震中,为救护三名儿童,不幸英勇牺牲。

和贵华同志是党培养出来的一名优秀的少数民族干部,他热爱人民,关心群众,帮助各族群众排忧解难。他业务精,作风硬,带领战友破案件,打“团伙”,不畏邪恶,以实际行动保护了人民群众的生命财产,赢得了各族干部群众的赞誉。在平时工作中,他十分珍视民族团结,为民族团结进步事业做出了突出贡献。根据和贵华同志生前表现及他为民族团结进步事业做出的贡献,特决定授予和贵华同志民族团结进步模范称号,希望各族干部群众以和贵货同志为榜样,在以江泽民同志为核心的党中央领导下,开拓进取,扎实工作,为我国的民族团结进步事业做出更大的贡献。

国家民委关于印发司马义·艾买提同志及张左己、陈虹同志在全国边境地区民委工作会议上讲话的通知

1997 年 4 月 21 日

各省、自治区、直辖市、计划单列市、新疆生产建设兵团民委,各省、自治区民语委,本委

各部门、各直属单位：

现将司马义·艾买提同志在1997年全国边境地区民委工作会议上的讲话及张左己、陈虹同志的讲话印发给你们，请结合各地、各单位的实际，认真贯彻执行。

加强民族工作　为建设繁荣稳定的边疆服务

——国务委员兼国家民委主任司马义·艾买提在全国边境地区民委工作会议上的讲话

1997年4月2日

同志们：

这次会议的主要任务是：总结党的十一届三中全会以来边境地区民族工作取得的成绩，广泛交流边境地区民族工作部门所创造的经验，研究部署今后一个时期边境地区的民族工作，适应新的形势，在改革开放中不断加强边境地区的民族工作，进一步维护边境地区的民族团结和社会稳定，建设繁荣稳定的边疆。

我国的陆地边境线有2万多公里，与15个国家接壤。边境地区涉及40多个地、州、市的135个县（市、旗），其中107个是民族自治地方。边境地区居住着30多个民族，且大都与境外同一民族相邻而居。边境地区的民族工作是全国民族工作重要的、很有特色的组成部分。做好边境地区的民族工作，对于促进边境各民族的团结与进步，对于搞好边境地区乃至全国的改革开放和经济建设，对于维护边境的稳定和国家的安全与统一，对于促进我国与周边国家的睦邻友好关系，为我国的现代化建设事业创造一个良好的周边环境，都有着十分重要的意义。

十一届三中全会以后，中央在1979年召开了全国边防工作会议，确定了边疆建设的大政方针和改革措施。从此，边境地区在改革开放中迈开大步，走过了18年壮丽历程，面貌发生了深刻变化，取得了辉煌成就。作为边境工作重要组成部分的边境地区民族工作同样取得了巨大的成绩。

一、民族工作坚持以经济建设为中心，促进了边境地区的经济发展

十一届三中全会后，党和国家把工作重点转移到以经济建设为中心的轨道上来。边境地区民族工作部门服从和服务于全党工作的大局，实现了工作重点的转移，致力于民族地区的经济发展，履行好自己的职责，在工作重点、工作方法、工作手段等方面，都审时度势，体现特点，为边疆经济的发展做出了贡献。到1995年末，全国135个边境县(市、旗)的工农业总产值达到784亿元。地方财政收入连年增加，综合经济实力不断增强。西藏自治区以“一江两河”为龙头的开发取得重大进展，财政收入迅速增加，去年经济增长率达到10%。

各地因地制宜，着力进行生产力布局和产业结构调整。加大农牧业综合开发力度，生产水平不断提高。乡镇企业逐步发展壮大。工业体系初具规模。旅游事业飞速发展。商业服务、邮电通讯、交通运输、金融保险、房地产开发等第三产业均有了长足发展。产业结构日趋合理，经济效益不断提高。像内蒙古自治区，传统的农牧业优势得到发挥，而且已成为我国重要的能源基地。

二、顺应潮流，因地制宜，积极推动边境民族地区的改革开放

改革开放是民族团结进步和边疆振兴的必由之路。各地将改革贯穿于民族工作的各个方面。在改革的各个阶段、各个方面，边境地区民族工作部门都积极参与，密切配合有关部门，按照改革的总目标、总政策，确定适合当地情况的具体政策和措施。边境地区的对外开放经历了一个由内到外，循序渐进的过程。1979年的全国边防工作会议，确定东部发达省市对口支援边境和少数民族地区，从此拉开了边境地区对内开放的序幕。这项工作促进了发达地区资金技术向边疆欠发达地区的转移，加快了边疆建设步伐。1987年中发13号文件，确定了新时期民族工作的指导思想和根本任务，明确指出边疆地区要利用有利条件，积极开展对外经济技术交流与合作，发展边境贸易，兴边富民，巩固边防，有力地推动了边境地区的民族工作。

边境地区充分发挥区位优势，开展边民互市，发展边境贸易。到1995年，边贸总额已达33.35亿美元。增加了边境地区的财政收入，促进了第三产业的发展，扩大了边境市县在国内外的影响，加速了边境地区的产业结构调整，活跃了市场流通，增强了人们的商品意识，加强了我国和周边国家的经贸关系，为国家的经济发展作出了贡献。

1992年，国务院先后批准对外开放黑河、伊宁、凭祥等13个沿边城市，并批准在这13个沿边开放城市设立边境经济合作区，边境地区的对外开放进入了一个新阶段。4年多来，13个沿边开放城市国内生产总值以年均15%的速度递增，到1995年已达47亿元。边境经济合作区的建设也初具规模，加强了与周边国家的经济技术合作。工、贸、旅游多业并进，带动了相邻地区的经济发展，促进了边境地区外向型经济的发展。在对外开放中，广西壮族自治区的发展引人注目，借助沿海、沿边、沿江“三位一体”的优势，以开放为突破口，以联合促开放，以开放促开发，与100多个国家和地区建立了经贸关系，1995年实际利用外资水平居全国第11位。“八五”期间国内生产总值年均增幅达到16.9%，比全国平均水平高出4.9个百分点，在全国经济总量的排位也由

1990年的第17位上升到1995年的第15位。东北、西北地区的对外开放也搞得有声有色，共同构筑了边境地区内外双重、南北双向、东西互补的多层次、全方位开放新格局。

三、坚定地维护国家的统一和边疆的稳定，不断促进民族团结和军民团结

为社会主义现代化建设事业提供一个和平安定的环境，是边境各族人民的光荣职责和长期任务。为此，边境地区民族工作部门把握住边境民族工作的特殊性，在工作中事事处处促团结，促稳定，引导各族群众平等相待，相互合作，取长补短。采取尊重历史，照顾现实，说服教育的方法，及时妥善处理各种纠纷。采取多种多样的形式促团结，促合作，开展团结进步竞赛和军民共建，利用各民族的传统节日和广大群众喜闻乐见的文体娱乐活动，进行马克思主义民族观教育、国防教育和爱国主义教育。努力在万里边疆营造军爱民、民拥军、军民团结如一人，各族兄弟一家亲的良好社会风尚。在今年年初召开的全国双拥模范城（县）命名大会上，丹东、延吉、满洲里、麻栗坡等边境县市被授予全国双拥模范城（县）的光荣称号。

边境地区往往会有一些特殊的危及社会稳定的问题，需要民族工作部门配合其它部门加强工作。比如打击刑事犯罪，扫黄打非，净化文化市场，对不法分子的走私贩毒活动堵源截流，堵截来自境外利用少数民族文字印刷的反动宣传品等等，民族工作部门在这方面做了大量工作。云南等地在禁毒过程中摸索出了一套较好的做法，受到了国际禁毒组织的好评。

边境地区是反对敌对势力进行渗透、分裂活动的前沿阵地。为维护祖国统一和民族团结，必须反分裂、反渗透。民族工作部门全面贯彻党的民族宗教政策，高举爱国主义旗帜，依靠各族干部群众，针对存在的问题，及时采取措施，努力消除各种隐患，挫败了国内外敌对势力的图谋，有力地打击了民族分裂主义分子的破坏活动，巩固了边防，维护了安定团结的大好局面。

四、积极促进各项社会事业的发展，推进边境各民族的全面进步

发展教育事业是提高民族素质的根本途径。国家高度重视发展边境地区教育事业。1979年国务院批准将边境县（市、旗）的中小学民办教师经考核合格后全部转为公办教师，这对边境地区普及义务教育，减轻群众负担，稳定教师队伍起到了重要作用。各地在发展民族教育中开动脑筋想办法，做了大量工作。在基础教育中采取灵活多样的方式提高入学率、巩固率；在牧区山区兴办寄宿制、半寄宿制学校；在宗教影响比较大的地区，执行好有关政策，采取行之有效的方法，保证适龄儿童接受义务教育；在办好基础教育，杜绝新文盲产生的同时，进行青壮年的扫盲工作；开展多层次、多形式的职业技术教育和成人教育，提高普通劳动者的文化素养。边境地区还不断探索适合当地民族生产生活特点的办学形式，改善办学条件，教育成果显著。比如，云南省的西双版纳傣族自治州1995年适龄儿童入学率达到94.18%，巩固率达到96%。

边境民族地区科技事业得到发展。有的地区在科研院所数量，科技人员队伍素质

等方面进入了全国先进行列。比如吉林省的延边朝鲜族自治州，目前拥有科研院所 66 个，每万人中有 69 名科技工作者，每十万人中具有大专以上文化程度的为 3 037 人，是全国平均数的 2.5 倍。边境地区还积极做好科普工作，组织了少数民族科普宣传队，建立了基层科普组织，开展各种科普活动，推广农牧业先进技术，使科技在两个文明建设中发挥了显著作用。

在众多部门的支持、参与下，边境地区的文化建设事业成绩显著。"三馆一所"等硬件设施正在完善，县、乡、村三级群众文化网络初步建成，广播、电视覆盖率进一步提高，少数民族语种和播出时间增加，对宣传党的方针政策，普及科学知识，丰富群众文化生活，提高群众文化素养起到了重要作用。

边境地区医药卫生事业得到发展，逐步健全了卫生防疫、保健和医疗服务综合体系，各族群众的健康水平有了明显提高。

五、通过扎实工作，不断提高边境地区各族群众的生活水平

打好扶贫攻坚战，解决群众温饱问题是改善边境人民生活的重要方面。边境地区民委的同志以高度的责任感和极大的热情投入这项工作。帮助少数民族群众转变观念，增强市场经济意识。多方努力，协助安排资金和项目，落实有关政策。边境地区的扶贫工作取得了很大成绩，已有不少县摘掉了贫困帽子，进入"小康"行列。到 1995 年底，有 21 个边境县的农牧民人均纯收入超过了 2 000 元。边境地区群众生活中的一些具体问题得到解决。在中央领导同志的亲切关怀下，新疆维吾尔自治区累计投入改水资金 4 亿多元，相继建成水厂 524 座，打机井 581 眼，铺设输水管道 12 736 公里，全区 302 万群众告别了喝"涝坝水"的历史。

边境少数民族特需商品的供应受到重视。全国 426 个实行民族贸易政策的县中有 80 多个是边境县，还有不少民族用品定点生产企业在边境县内。各地积极落实民族贸易照顾政策和民族用品生产优惠政策，加强基层民族贸易网点建设和民族用品生产，基本满足了少数民族群众的特殊需要。

边境地区群众的生活方式发生了新的变化，新疆边境牧民 1995 年实现定居的户数已占牧民总户数的一半以上。牧民定居以后，通过建立饲草基地，用棚圈进行牲畜冷季舍饲，发展多种经营，收入成倍增长。定居点的学校、医疗站、文化室满足了牧民就医、入学和文化娱乐的需要，提高了牧民的生活质量。

在充分肯定成绩的同时，还应当看到，边境地区目前还处在一个积蓄力量，准备条件，加速发展的起步阶段。还存在着基础薄弱，投入不足，财政困难，自我积累、自我发展能力差，人才缺乏，扶贫任务艰巨等诸多问题，边境地区的民族工作任重而道远。

改革开放以来，边境地区的民族工作取得了多方面的成就，积累了很多成功经验。云南省将从不同角度介绍他们的经验，我这里试就全国的情况作一些归纳。各地创造的经验主要有以下几个方面：

一、服从大局，服务大局

民族工作是党的工作的重要组成部分。它必须服从和服务于全党工作的大局。做到思想统一于大局，行动围绕着大局。坚定地贯彻邓小平建设有中国特色社会主义理论和党的基本路线，保持理论上的清醒和政治上的坚定，提高执行党的路线、方针、政策的自觉性，为民族地区乃至整个国家的现代化建设创造良好的社会环境。

服从和服务于全党工作的大局，就是一切工作服从于建设有中国特色社会主义，切实把握和处理好改革、发展、稳定三者的关系。服从大局，服务大局，是和做好本职工作紧紧联系在一起的。这就要求边境地区的民族工作要坚持用马克思主义民族观认识民族问题，用社会主义原则处理民族问题，使民族工作在全党工作的大局中找到合适位置，发挥应有作用。

二、坚持团结，力促进步

坚持团结，就是紧紧围绕发展平等、团结、互助的社会主义民族关系开展工作。凡有利于民族团结的事情多做快做，有利于民族团结的经验大力推广。使各民族平等团结，和睦相处，互助合作，为建设现代化国家共同努力奋斗。坚持团结，必须高举爱国主义这面伟大旗帜。我们伟大的祖国是由56个民族共同缔造的，各族人民深深地热爱自己的国家。爱国主义是动员人民、凝聚人心的巨大精神力量。爱国主义和民族团结有着内在的紧密的联系。爱国主义深深扎根于各族人民心中，民族团结就获得了坚实的基础，就有了可靠的保障。民族团结搞好了，各族人民就会更加心系祖国，热爱祖国，坚定地维护祖国统一，反对分裂。

力促进步，就是要始终坚持以经济建设为中心，促进民族地区的改革开放，解放生产力，发展生产力，使边境地区尽快发展起来，让边境地区的人民早日富裕起来，使各族人民以崭新的风貌，意气风发地在社会主义大道上阔步前进。

民族团结与民族进步相辅相成，互相促进。团结是进步的前提，进步是团结的基础。要使经济发展，民族进步，必须维护边境地区各族人民的团结，保持边境地区的稳定，使各族人民心往一处想，劲往一处使，一心一意搞建设。只有经济发展了，才能为边防巩固、民族团结创造坚实的物质基础。

三、因地制宜，扬长避短

我国边境线漫长，地理环境千差万别，边境地区民族众多，经济发展程度参差不齐。这些具体情况决定了边境地区的民族工作必须因地制宜，不能搞一刀切、齐步走。内地的做法不一定适合边境地区；同是边境地区，东面和西面，南边和北边，发展思路和工作方法也不能简单套用。必须从实际出发，因地制宜，扬长避短，突出特色。发挥优势，就能加快发展，走出适合自己、有本地特色的发展路子来。各地的实践充分证明了这一点。有的是发挥了资源优势，合理进行了资源开发利用，促进了经济的发展；有的是发挥了区位优势，大力发展边贸，带动了经济的发展；有的是加强内外合作，取得了积极的成果。

要做到因地制宜，需要加强调查研究工作，不断深化对本地情况的认识，摸清情况，使自己的发展思路、政策措施符合实际。

四、抓住机遇，趁势而上

在改革开放中，边境地区不仅有全国共有的机遇，还遇到过多次边境地区特有的机遇：80年代出现了与相邻国家发展边境贸易的机遇；90年代出现了国务院批准处于边境地区的黑河、绥芬河、珲春、满洲里、伊宁、瑞丽等13个城市为对外开放城市并设立边境经济合作区的机遇。边境地区紧紧抓住这些历史性机遇，深化改革，扩大开放，内引外联，使经济发展充满活力，蓬蓬勃勃。当然，抓机遇，求发展，必须循序而进，量力而行，着眼实效。

要抓住机遇，需要有敏锐的反应能力和洞察能力。机遇一旦出现，就要及时把握，抓住不放，迅速采取行动，变机遇为动力，化机遇为效益。而不能反应迟钝，徘徊观望。否则，机遇稍纵即逝，无法再现，无法补偿。

五、转变观念，勇走新路

发挥优势，把握机遇，离不开解放思想，转变观念。边境民族地区由于历史、地理、社会等原因，发展较为缓慢，人们的思想观念相应受到影响和制约。这就要求在边境地区民族工作中一定要解放思想，转变观念，使思想适应发展变化了的客观情况。思想僵化，观念陈旧，必然导致行动的保守和迟缓。解放思想，更新观念，则会带来经济的发展和面貌的变化。

解放思想，是坚持四项基本原则前提下的解放思想，使主观和客观相一致，理论和实践相统一，摆脱“左”的或右的干扰，坚持正确的世界观和方法论，尊重实践，尊重群众的首创精神。一切从边境地区的实际出发，用三个“有利于”标准衡量是非得失。看准了的，就大胆闯，大胆干。别人没有做过的，只要自己有条件，就勇于实践，敢为天下先，走前人没有走过的路。同时又要坚持科学态度，充分考虑边境地区的客观环境，执行好有关政策，扎扎实实，一步一个脚印地前进。

解放思想，转变观念，永无止境，不能一劳永逸。因为事物永远处在发展变化之中，要使自己的思想和行为适应这种变化，就要不断更新观念，解放思想。回顾这十多年来的历程，边境民族地区每一项成就的取得，都伴随着思想的解放和观念的更新。

六、协调配合，共同推进

边境地区民族工作的重要性和内容的广泛性，决定了仅仅依靠民族工作部门孤军作战是做不好的。必须开阔思路，广辟蹊径，调动一切积极因素，使社会各方面都能热情关心和积极参与边境地区的民族工作，特别要注意发挥那些和民族工作关系密切的部门的作用。

这些年来，各有关部门和边防部队，在加强民族团结，维护边疆稳定方面做了大量卓有成效的工作，特别是在发展边境地区少数民族的经济文化和各项社会事业，搞好边境民族地区的基础设施建设，促进边境民族地区的改革开放，开展军民共建等方面做了大量工作。边境地区民族工作的各项任务，都是在有关部门的共同奋斗下完成的。边境地区民族工作的每一项成就，都凝聚着有关部门、许许多多同志的心血和汗水。

在组织协调各部门参与和支持民族工作的过程中，发挥民族工作部门的职能作用十分重要。民族工作部门要有主动精神、创造精神和协调能力。当好党委的参谋助手，争取党政部门的重视。在有关的工作中，能够想出有见地的主意，提出有价值的建议，拿出切实可行的方案，汇集各方面的力量，推动民族工作。正象有的地方所总结的，“有为才能有位”。

七、苦练内功，奋发图强

在边境地区民族工作中，处理好内力与外力、自力更生与国家扶助的关系具有重大意义。大多数边境地区底子薄、基础差，一些地区还留有战争的后遗症，因而困难更多、更大，还需要国家的大力帮助。但是，我们的国家目前还是一个发展中国家，财力物力有限。所以，要加速边境民族地区的发展，最重要的还是靠边境地区的各族人民发扬自力更生、艰苦奋斗的精神，以自身的智慧和勤劳去建设美好的家园。“等、靠、要”只能贻误时机，有碍发展。群众中蕴含着极大的积极性和创造热情，只要调动起来，焕发出来，就能创造成绩，创造奇迹。

当然，单靠边境地区少数民族的力量，要加快发展是困难的，需要国家的扶助和发达地区的帮助。建设有中国特色社会主义的最终目标是实现各民族的共同发展、共同繁荣，为帮助边境地区的少数民族发展，国家采取了许多有效措施。自力更生，加上国家的扶持和发达地区的帮助，民族地区便可加快发展，这是各地的一条共同经验。

在认识和处理好自力更生与国家帮助的关系时，一个重要方面是要用好国家的政策和帮助。通过出色的工作，使边境地区各个方面的主观能动性得到发挥，内在力量得到激发，使国家的政策切实发挥作用，使国家的帮助真正见到成效。

八、统筹兼顾，兴边富民

在边境地区的民族工作中，要正确处理经济建设、地区发展和人民致富的关系。始终不渝地坚持发展经济，同时不忘兴边富民，有的地方实施了“兴边工程”。国家在边境地区的各项建设，都充分考虑如何带动边境地区的发展，促进各民族群众脱贫致富，努力做到国家利益、地区利益、边民利益三者统筹兼顾。群众富裕起来了，边境地区的各项工作才能有广泛、坚实的群众基础。

兴边富民，就是要心里装着人民群众，想着人民群众，对人民有利的事情，我们就多做多办，不利于人民群众的事情就坚决不做，就制止。在确定经济发展目标、制定各项政策时，都要考虑是否有利于群众生活的改善和提高，以形成地区经济发展、国家财政收入增加、人民生活水平提高的良性互动。

新的形势，新的任务，要求我们把边境地区的民族工作做得更好。今后一个时期边境地区民族工作的总要求是：坚持邓小平建设有中国特色社会主义理论和党的基本路线，把握大局，正确处理改革、发展和稳定的关系，从边境地区的实际出发，全面贯彻党的民族政策，积极推进边境民族地区的改革开放和经济建设，发挥优势，加快发展。加强社会主义精神文明建设，高举爱国主义旗帜，坚持民族团结，加强军政军民团结，认真防范和坚决打击民族分裂活动，为建设繁荣稳定的边境而努力奋斗。使边境地区政治上安定团结，经济上加快发展，教育事业欣欣向荣，文化事业多姿多彩，人民生活不断改善。使我们的边境地区成为捍卫祖国主权和统一的坚固屏障，成为推进我国经济建设和改革开放的重要地带，成为展示我国各民族崭新风貌和伟大贡献的巨大窗口。

在具体工作上，要重点抓好以下几个方面：

一、深入分析和认识边境地区民族工作的特点，实行分类指导

边境地区民族工作作为全国民族工作的一个重要组成部分，有全国民族工作的普遍性，又有自身的特殊性。这些特殊性来源于边境地区的特点，认真分析和认识这些特点，才能更好地做好边境地区的民族工作。我国边境地区的特点归纳起来大致有五个方面：

一是区位特点。边境地区，顾名思义，就是靠近国界的领土，它是直接和邻国发生接触和交往联系的地区，是维护国家统一、捍卫国家主权和领土完整的前哨阵地，是反对敌对势力进行形形色色的分裂、渗透、破坏活动的前沿地带。

二是民族特点。边境地区民族众多，经济、文化各具特点，大都与境外同一民族相邻而居。在全国边境县（市、旗）中，民族自治地方占79%，许多边境地区即是民族地区，边境工作和民族工作密不可分。

三是经济特点。我国幅员辽阔，边境地区的各民族形成了不同的经济类型：有的以渔业为主，有的以牧业为主，有的以农业为主，有的半农半牧。由于历史、地理诸多因素的影响，边境地区各民族的经济发展很不平衡：有的发展程度较高，有的相对较低，有的基本解决了温饱问题，并已开始走上富裕奔小康之路，而有的仍然在为解决温饱而拼搏。

四是文化特点。边境地区地处祖国边陲，特殊的环境使各民族形成了众彩纷呈的文化特点。从宗教信仰看：有信仰基督教的，有信仰东正教的，有信仰佛教的，有信仰伊斯兰教的，有信仰萨满教的；从语言系属上看，有印欧语系，有汉藏语系，有阿尔泰语系，有南亚语系。

五是自然特点。广阔的边境地区自然环境各异，有莽莽的森林，坦荡的平原，辽阔的草原，起伏的丘陵。从气候条件看，有热带、亚热带，也有典型的温带大陆性气候。

这些特点，对我国边境地区的民族关系、经济建设、社会发展有着很大的影响。边境地区的民族工作要把握这些特点，一切从实际出发，实行分类指导。

二、高举爱国主义旗帜，切实维护边境地区的民族团结和社会稳定，维护祖国统一

维护边境地区的民族团结和社会稳定，始终是边境地区民族工作的首要任务。没有团结和稳定，就会一事无成。要在边境地区各族干部群众中广泛深入地开展马克思主义民族观和民族团结教育，使各民族平等相待，互相尊重，友好相处，珍视民族团结，维护民族团结。

在各个不同时期，边境地区涌现出了许许多多民族团结进步先进典型。要像宣传各条战线的英雄模范人物一样，大力宣传边境地区民族团结进步先进典型的事迹，让他们的先进事迹出现在报纸、广播、电视、舞台上和各处文艺作品中，使他们成为大众知晓、受人尊敬、为人仿效的榜样，使民族团结进步之风吹进千家万户，努力营造边境地区民族团结的社会氛围。

要按照十四届六中全会《决议》的要求，继续开展形式多样、生动活泼的创建民族团结进步先进典型活动。实践证明，这项活动是新形势下加强民族团结的一种有效办法。今后要在认真总结以往经验的基础上继续深化这项活动，使这项活动在边境地区的农村、牧区、工厂、学校、部队普遍深入地开展起来，使边境地区的民族团结进步事业建立在更为广泛的群众基础之上。

爱国主义是团结全国各族人民共同建设有中国特色社会主义的一面旗帜。边境地区各民族有着爱国主义的光荣传统，为保卫边疆，建设边疆，维护国家主权和领土完整作出了伟大贡献。近代以来，尽管有帝国主义列强的种种破坏活动，却始终没有动摇边境地区各族人民维护祖国统一的决心和信念。在各个不同的历史时期，边境地区各民族中为捍卫祖国统一而无私无畏、英勇奋斗的英雄人物层出不穷，要很好继承和发扬各民族爱国主义的优良传统，进一步增强中华民族的凝聚力和向心力。

要维护民族团结和国家统一，必须坚定地反对民族分裂活动。要充分认识边境地区反分裂、反渗透斗争的复杂性和艰巨性。西方敌对势力把我国边境地区作为对我进行和平演变和渗透、颠覆活动的重点地区。境内外分裂主义分子在边境地区进行破坏活动，或散发传单，张贴标语，制造分裂舆论，攻击党和政府，甚至成立反动组织，制造骚乱，进行暗杀、爆炸等恐怖活动；或通过宗教活动对我边民进行分化；或利用邻国边民间的往来，从事危害我国家安全的活动。我们要警钟长鸣，采取对策，妥善应对。分裂主义分子是民族的败类，是各民族的共同敌人。反分裂斗争中，要坚定地相信和依靠最广大的各族人民群众。人民群众是经济建设的主力军，也是维护团结统一的主力军。依靠他们，就能掌握主动权，立于不败之地。

三、紧紧围绕经济建设这个中心，为边境地区进一步深化改革，扩大开放多做扎实工作

边境地区经济有了较快的发展,人民生活有了显著提高,但同时必须看到:边境地区与发达地区存在较大的差距。差距问题长期不解决,在一定条件下会成为影响稳定的因素。只有把边境地区的经济建设搞上去,不断改善人民群众的生活,才能更好地保持边境地区的长期稳定。

边境地区的民族工作部门要紧紧围绕经济建设这个中心开展工作。着眼于边境地区优势的发挥,变区位优势、资源优势为经济优势,面向市场,找到切合实际的发展路子。要积极配合有关部门,以实现"两个转变"为核心,不断提高边境地区工农业生产的经济效益。搞好边境地区的产业结构调整,按照边境地区资源结构多样化的特点,建立起发挥优势,运转有序,面向市场的产业格局。要逐步引导各族群众增强市场观念和竞争意识,提高边境地区经济增长的速度和质量,逐步缩小边境地区与发达地区的差距。

基础设施落后是制约边境地区发展的主要因素,国家已确定加大基础设施建设投入,增强边境地区经济发展的后劲。民族工作部门要在这方面做相应的工作,特别要加强制约边境地区经济发展的交通、能源、通讯等基础设施建设,从而优化经济结构,改善投资环境,提高经济效益。

要充分发挥边境地区的区位优势,搞好对内对外的双重开放。继续通过经济技术协作、对口支援等形式,加强同国内发达地区的合作,在合作中共同发展。边境地区地处对相邻和相近国家开放的前沿,有得天独厚的条件。但边境地区又是对外开放起步较晚的地区,区位优势远远没有充分发挥出来。要认真总结过去一个时期对外开放的经验,进一步解放思想,加大工作力度,完善相应政策,重视软件建设,优化开放环境,突出边境特点,使边境地区的对外开放上台阶,上水平。

边境贸易是边境地区对外开放的主要形式之一,也是边境地区对外开放的主要优势。要根据新的情况,因势利导,妥善解决前进中的困难和问题,防止滑坡和萎缩,使边贸有一个新的发展。有条件的地方还要积极开展边民互市。

四、积极参与扶贫开发工作,切实解决边境地区贫困人口的温饱问题

到本世纪末基本解决我国的贫困问题,是党中央、国务院既定的战略目标,是广大贫困群众的强烈愿望,也是全面实现国民经济和社会发展第二步战略目标的基本要求,这项工作有着极其重要的政治、经济和社会意义。边境地区是贫困人口比较集中的地区,是扶贫工作的重点地区之一。贫困解决了,才能有利于发展,有利于稳定。边境地区的民族工作部门,一定要把扶贫开发工作作为自己的一项重要而紧迫的工作,与有关部门一道,打一场边境地区的扶贫攻坚战。

边境地区的扶贫开发工作,要按照中央确定的基本方针和要求,扎扎实实地抓紧抓好。凡是没有脱贫的边境地区,都要把解决群众的温饱问题作为本地区经济建设的中心,作为扶贫开发工作的首要任务;坚持开发式扶贫,把边境地区干部群众自力更生和国家扶持结合起来,组织各民族群众开发边境地区的资源,发展商品生产,增强边境地区自我积累、自我发展的能力。有条件的边境地区,要把大力发展有助于群众解决温饱问题的种植业、养殖业和农副产品加工业作为重点。这些产业家家能干，户户受益，扶贫资金要优先用于开发这些产业。要注意保护和改善边境地区的生态环境，发动群众种树种草，治水改土，山水林田路兼治，改善生产条件，实现可持续发展。要重视发挥科技的作用，把依靠科技进步作为扶贫的强有力手段。要对贫困群众进行便于掌握、见效较快的实用技术培训，扩充群众智慧，提高扶贫效益。要按照有关政策搞好计划生育工作，提高人口素质，减轻人口对扶贫工作的压力。

要十分重视人口较少的少数民族群众的脱贫工作。边境地区小民族比较多，由于人口比较少，相对容易脱贫。这些人脱贫了，就意味着一个民族脱贫了，意义很大。扶贫工作中对这些人口较少的民族要适当倾斜，帮助他们找准脱贫路子，制定发展目标，争取早日脱贫。

边境地区的各级民族工作部门要认真总结参与扶贫工作的经验，务求实效，抓一个是一个。国家民委党组决定，为帮助边境地区人民群众脱贫，国家民委掌握的资金今年向边境民族地区倾斜。

五、全面贯彻党的民族政策，努力保持各项政策的连续性，并在新形势下促进民族政策的完善

做好边境地区的民族工作，必须全面贯彻党的民族政策。有些同志讲得好：政策有时就是钱，就是效益。中央领导同志关于民族工作的重要讲话，党中央、国务院的许多重要文件中，都明确指明或重申了贯彻党的民族政策的重要性，要求全面贯彻党的民族政策。所以，民族工作部门要牢固树立政策观念，认真促进政策的贯彻和落实。

国家还依据边境地区的特殊情况，为促进边境地区的发展制定了一些区域性特殊政策，这是国家政策的有机组成部分，对促进边境地区的发展有着不可忽视的作用。要继续贯彻执行和完善符合边境地区实际、有利于边境地区发展的有关政策。

当前，我国的改革正步步深入。在由计划经济体制向社会主义市场经济体制转变的过程中，一些经济政策已经不能适应变化了的客观形势的要求，一些具体政策的兴废是很自然的事情。政策本是为解决一定的问题而制定的，随着客观情况的变化，有些政策必然会有所变化。但就一些具体的民族经济政策而言，变与不变都要体现党关于民族工作的大政方针，都要有利于各民族的团结进步，所以要注意新旧政策的衔接，重视制定新的政策以适应新的形势。在这方面，边境地区干部群众呼声很高。民族工作部门要认真进行调查、研究、论证，然后在此基础上做相应的工作。边境地区各项政策既要保持连续性和相对稳定性，又要体现发展性、适应性。当前，边境地区的民族工作部门要在如何更好地贯彻、完善民族政策上多做一些工作。

在执行政策的过程中，既要坚持原则性，又要注意灵活性和创造性，注意结合本地区的实际。只有把党和国家的有关政策与本地区的实际紧密结合，才能更好地发挥政策的作用，实现改革和发展的目标。

要重视研究邻国的边境政策。各邻国都会制定一些有别于其他地区的边境政策。

由于各国的国情不同，边境政策也会有所不同，不同边境政策会产生不同的效果。要通过研究邻国的边境政策，为进一步完善我国的边境政策服务。

六、努力培养和壮大三支队伍，增强边境地区的社会发展活力

加快边境地区的发展步伐，必须增强边境地区自我发展和活力。培养和壮大少数民族干部、科技和产业工人队伍是增强边境地区自我发展活力的基础环节。要继续鼓励内地的干部和科技人员到边疆地区建功立业。

建国40多年来，边境地区已经培养起了一支政治上坚定，有广泛群众基础的民族干部队伍，成为维护边境地区社会稳定，推动边境地区社会发展的重要依靠力量。但边境地区的民族干部队伍无论从数量上、质量上，还是结构上都还不能完全适应边境地区改革和建设的需要。民族工作部门要配合有关部门，按照江泽民总书记关于努力建设一支高素质的干部队伍的讲话精神，继续采取各种措施，大力培养少数民族干部，尤其要重视培养跨世纪的少数民族干部。培养少数民族干部要注重思想理论的提高和实践锻炼。可以从边境地区选送少数民族干部到中央国家机关和经济发达地区挂职锻炼，从而磨炼干部，提高干部素质。

少数民族科技干部队伍的数量和质量，是衡量少数民族社会进步程度的重要标志。边境地区农牧业生产中的科技含量很低，与此相关的是科技人员偏少，素质偏低。邓小平同志指出，科学技术是第一生产力。科技队伍是推动边境地区社会发展的重要动力。边境地区的民族工作部门要积极配合有关部门，采取有效措施，调动和保护边境地区现有科技人员的积极性。努力培养和壮大本地区的科技队伍，为把经济发展转移到依靠科技进步的轨道上服务。

少数民族产业工人是新型劳动者，这支队伍的发展壮大，是少数民族从传统的农牧业生产向现代工业生产发展的重要标志，是维护边境地区社会稳定的重要力量。边境地区由于工业基础薄弱，产业工人偏少。随着边境地区工业的不断发展，少数民族产业工人队伍将进一步壮大。要充分调动这支队伍建设边境的积极性，不断提高这支队伍的素质，以促进边疆的发展与稳定。

七、全面推进边境地区的精神文明建设，大力发展各项社会事业

边境地区的精神文明建设要认真贯彻落实十四届六中全会精神，坚持以马列主义、毛泽东思想和邓小平建设有中国特色社会主义理论为指导，大力发展教育和科学文化，加强思想道德建设，提高各民族群众的思想文化素质，促进各民族团结进步。

由于文化基础设施比较落后，严重制约了边境地区的精神文明建设。文化生活贫乏会导致相应社会问题的产生。一些边境地区各种非法活动的产生，一些不利于民族团结进步事情的发生，与当地群众的文化生活贫乏有关。所以，民族工作部门要配合有关部门搞好边境地区的文化基础设施建设，活跃边境地区各族群众的文化生活。要积极发展广播电视事业，进一步扩大广播电视覆盖率，提高收听收视效果。大力开展多种

形式的文化下乡活动，重视解决边境地区少数民族群众看电影难、看戏难、买书难等问题。大力发展有民族特色的群众文化活动，继续搞好各民族优秀文化遗产的搜集、整理和出版工作。要配合有关部门防止外来文化糟粕的侵袭，坚决清除黄、赌、毒的危害，净化边境地区的文化环境。

要配合有关部门大力发展边境地区的民族教育，努力扫除边境各民族群众中的青壮年文盲，提高边境地区各族群众的文化素质。边境地区的民族教育，要从实际出发，努力为边境地区培养合格建设者。大力发展职业技术教育，努力使教育与边境地区的经济发展相结合。

要配合有关部门切实解决好边境地区少数民族群众看病难问题。有条件的地方，要积极发展农村合作医疗，积极扶持民族民间医药的发展。大力开展少数民族传统体育活动，不断增强各族群众的身体素质。

八、加强边境地区民族工作部门的自身建设，开创边境地区民族工作的新局面

搞好民族工作部门的自身建设，对于做好边境地区的民族工作至关重要。要进一步加强民族工作部门的干部队伍建设，不断提高干部队伍素质。认真学习和实践邓小平建设有中国特色社会主义理论，讲学习，讲政治，讲正气，增强大局意识和责任意识，树立正确的世界观和人生观，全心全意为人民服务。努力转变工作作风，密切联系群众，搞好廉政建设。同时要强化工作手段，改善工作条件。

调查研究是各级民族工作部门的一项基础性工作，要进一步加强调查研究工作，提高民族工作决策的科学性。边境地区的民族工作有自己的特点，在建立社会主义市场经济体制和对外开放的过程中，新问题、新情况层出不穷。要掌握新情况，提出新思路，解决新问题，必须加强调查研究。特别要重视对那些重大现实问题的调研，提出相应的对策，为民族工作服务。

民族工作部门要进一步增强服务意识，不断提高服务水平，努力为各民族群众多办实事。通过调研、协调等途径，为各民族的生产和生活服务。进一步增强为相关部门服务的意识，及时反映情况，提出加强民族工作的建议和措施，和有关部门一道共同推进民族工作。

要努力争取各级党委和政府对边境地区民族工作的领导。要积极向党委和政府反映本地区民族工作的情况，按照党委和政府的工作部署开展工作，当好参谋和助手。为了有助于边境地区的民族工作部门改善工作条件，国家民委今年准备为每个边境县的民族工作部门配备一辆吉普车。当然也希望地方党政部门更多的关心民族工作和民族工作部门，解决一些具体困难，充分调动民族工作部门和有关部门的积极性，把边境地区的民族工作做得更好。

我还想借这个机会讲一下国家民委1997年的工作安排。今年总的工作要求是：坚持邓小平建设有中国特色社会主义理论和党的基本路线，深入贯彻党的十四届五中、六中全会精神，围绕迎回归、迎十五大，积极做好各项工作。进一步从整体上认识和处理好改革、发展、稳定的关系，牢牢把握大局，再接再厉，同心同德，开拓进取。高举爱国主义和民族团结进步的旗帜，增强中华民族的凝聚力，反对民族分裂，维护祖国统一，坚持和贯彻党的民族政策，坚持和完善民族区域自治制度，在建立社会主义市场经济体制过程中，努力探索少数民族和民族地区经济社会加快发展的路子。抓大事，办实事，树立典型，分类指导，开创新局面。

今年要重点做好的具体工作主要有：

(一)认真贯彻党的十四届六中全会精神，大力开展爱国主义和马克思主义民族观的宣传教育。鼓励和支持一切有利于民族团结、国家统一的思想道德，发展少数民族的文化事业，促进少数民族和民族地区两个文明建设协调发展。

(二)调查研究民族地区经济社会发展中出现的新情况、新问题，针对不同情况进行分类指导。开好全国边境地区、贫困地区、牧区民委工作会议，探索和把握这些地区民委工作的规律，使这些地区的民族工作更有特色，更见成效。

(三)召开纪念我党实施民族区域自治制度 50 周年座谈会，参与组织好赴内蒙古参加自治区成立 50 周年庆祝活动的中央代表团。

(四)加强民族法制建设，巩固和发展社会主义民族关系。实施《国家民委法制宣传教育第三个五年计划》，认真开展普法工作。搞好国家民委第二次民族团结进步表彰活动，表彰先进集体和个人共 1 000 个左右。妥善处理民族关系中发生的矛盾和问题，坚决打击民族分裂活动，维护国家统一和社会稳定。

(五)发展民族教育，积极培养高素质的民族干部队伍和各类人才。贯彻《中国教育改革和发展纲要》，推动民族教育事业的发展。大力提高干部队伍素质，按照"三严"、"四自"的要求，加强干部教育管理，加大干部教育培训力度。

同志们，今年是我国历史上极为重要的一年，我国将恢复对香港行使主权，我们党将召开第十五次全国代表大会，民族工作部门要围绕这两件大事，做好各项工作。让我们紧密地团结在以江泽民同志为核心的党中央周围，牢记使命，再接再厉，为开创民族工作的新局面，为建设繁荣稳定的边境而努力奋斗。

加强领导　奋力开拓
把民族团结进步事业不断推向前进

——国务院副秘书长张左己在全国边境地区民委工作会议上的讲话

1997年4月3日

同志们：

这次全国边境地区民委工作会议，是经国务院领导同志批准召开的，国务委员司马义·艾买提同志亲临会议并作重要讲话，表明党中央、国务院对民族工作的高度重视。这次会议，既具有一年一度的民委工作会议相同的宗旨和任务，又呈现出不同于往年民委工作会议的重点和特色，是一次别开生面、重点突出、特色鲜明的民委工作会议。我认为，这次边境地区民委工作会议意义非常重大。它首开准备陆续召开的贫困地区、牧区等不同类别民族地区民委工作会议之先，面对民族工作的新形势和新任务，着手分门别类地调查研究民族地区经济社会发展中出现的新情况、新问题，在探索把握全国民族工作普遍性的同时，认真分析和认识不同类别民族地区民族工作的特殊性，从而进一步掌握民族工作中那些带有规律性的东西，使我国的民族工作更有特色，更有成效。这说明，我国的民族工作有了新的更广阔的思路，工作更加深入、细致、扎实。我们对做好新时期的民族工作充满信心。

本来我没有什么话要讲，但几天来，听取了司马义·艾买提同志的重要讲话及云南等地做好边境地区民族工作的经验介绍，受益匪浅。遵司马义·艾买提同志的嘱托，我就做好民族工作谈几点体会和认识，供同志们参考。

一、提高认识，加强领导

民族问题是关系到国家的前途和命运的重大问题，民族工作是我国革命和建设的重要组成部分，党中央、国务院历来高度重视民族工作，始终把民族工作摆在突出的重要位置。以毛泽东、周恩来、邓小平等为代表的老一辈无产阶级革命家先后对民族工作作出重要指示，并在长期的革命生涯中身体力行，亲自抓民族工作，亲自做民族工作，模范地执行党的民族政策，使我国的民族工作不断呈现出勃勃生机。在长期的革命和建设实践中，我们党运用马列主义民族理论的基本原理，结合我国少数民族和民族地区的实际，制定了一系列民族工作的方针、政策，成功地解决了我国的民族问题，积累了正确解决民族问题的经验，丰富了马克思主义民族理论的宝库，受到了国内各民族的拥护和肯定，并赢得了国际上的广泛赞誉。党的十一届三中全会以后，我国的民族工作在改革开放和现代化建设事业中不断取得新进展。1992 年召开的中央民族工作会议，把民族工作推上一个新的发展时期。以江泽民同志为核心的第三代中央领导集体高度重视民族工作，并对新形势下的民族工作作出重要指示，有力地推动了新时期民族工作的向前发展。江泽民总书记曾多次强调，“民族、宗教无小事”，充分说明了民族工作的重要性。今天在建设有中国特色社会主义事业中，更要高度重视民族工作。在新的历史条件下，要正确运用已经积累起来的成功经验，解决现实问题，大胆探索，努力实践，认真研究民族工作的新情况和新问题，不断加强对民族工作重要性的认识，把民族工作真正摆在各级政府的重要议事日程上，切实加强领导，使民族工作不断取得新进展。实践证明，我国民族工作所取得的每项成就，都是在党中央、国务院的正确领导下，在各级党委、政府的高度重视和社会各界的大力支持下，通过民族工作部门的勤奋努力和广大各族干部群众的积极参与下取得的。

边境地区的民族工作是全国民族工作的重要组成部分，也是最具民族特点的一部分，在全国民族工作中有着特别的重要性。由于历史和社会的原因，我国许多边境地区即是民族地区，边境工作说到底，就是民族工作。全国 55 个少数民族 1.03 亿人口中有 30 多个民族近半数以上的人口在边境地区，全国 5 个民族自治区有 4 个是边境省份，全国 121 个民族自治县，在边境地区的就有 107 个。无论从人口和地区来说都占多数。从这个意义上说，抓边境地区民族工作就是抓住了民族工作的重点，做好边境地区民族工作就是做好民族工作。边境地区的民族工作与巩固万里边疆、维护国家统一和领土完整的神圣使命密切相关。在长期的历史发展过程中，边疆各族人民坚守在万里边防线上，为维护国家统一和中华民族的振兴谱写了壮丽的篇章。改革开放为边境地区的发展带来了机遇和挑战，使边境地区既是改革开放的窗口，又是反对国内外敌对势力和民族分裂主义分子进行渗透和分裂活动的前沿阵地，因此，边境地区的各级领导干部和从事民族工作的同志，要不断提高对新形势下民族工作重要性、复杂性、长期性的认识，保持政治上的清醒和坚定，把民族工作放在一个十分重要的位置上，不断开创新局面。

二、加强团结，维护稳定

巩固和发展社会主义民族关系，维护和加强各民族的大团结，是中华民族的根本利益决定的。在长期的历史发展中，各民族平等相待、团结互助、和睦相处在祖国大家庭里，共同创造了悠久的历史和灿烂的文化，共同缔造了伟大的祖国，共同捍卫了祖国的统一和中华民族的尊严，形成了平等、团结、互助的社会主义民族关系。和谐的民族关系，稳定的社会环境，是确保社会主义现代化建设顺利进行的重要前提。毛泽东同志曾经讲过："国家的统一，人民的团结，国内各民族的团结，这是我们的事业必定要胜利的基本保证。"只有各族人民更加紧密地团结一致，才能实现祖国的繁荣和中华民族的振兴。

边境地区是巩固边疆稳定，维护国家统一的前沿地带，边疆的繁荣稳定与全国的发展和稳定密切相关、相辅相成。没有边疆的稳定，就不可能有全国的发展，没有全国的发展，也不可能有边疆的繁荣。因此，边境地区的民族工作要始终把团结各族群众，共同开发和建设繁荣边疆，巩固祖国边防，维护国家统一作为首要任务来抓；要针对国际敌对势力利用民族问题对我进行的各种破坏活动，采取坚决有力的措施予以打击；要动员边境各族干部群众积极投身于建设边疆、保卫边疆的伟大事业中，与人民解放军共同筑起钢铁长城，为祖国的兴旺发达和中华民族的振兴建功立业。

今年是我国历史发展中的重要一年，我国将恢复对香港行使主权，迈出和平统一祖国的重要一步，我党将召开第十五次全国代表大会，把建设有中国特色社会主义伟大事业向新世纪全面推进。面对新的形势和新的任务，边境地区民族工作要围绕迎回归、迎十五大这两件大事，积极做好各项工作，努力促进各民族的大团结，坚持反对民族分裂，坚定地维护祖国统一和社会稳定，创造一个更加和谐、更加繁荣稳定的社会环境。

实现边境地区各民族的团结，必须全面贯彻执行党的民族政策，研究社会主义市场经济条件下民族关系的新情况、新问题，消除一切不利于民族平等和民族团结的因素，使各民族人民团结合作，共创大业。

为了加强边境地区民族团结，必须大力搞好马克思主义民族观和党的民族政策的宣传教育，促进各民族平等相待、团结互助、彼此尊重、互相学习，使民族团结成为良好的社会风尚。加强民族团结，还必须加强爱国主义教育，使各民族人民认识到，国家的利益高于一切，重于一切。教育各族人民要继续发扬爱国主义的光荣传统，在改革开放的新形势下，团结合作，共同奋斗，为社会主义现代化建设事业再立新功。

加强边境地区民族团结，必须要正确区分和处理民族关系中不同性质的矛盾。特别要认真处理好当前我国民族关系中，因经济利益的纠纷及不尊重少数民族风俗习惯而引发的人民内部矛盾。在处理这类矛盾时，要认真贯彻执行党的民族政策，是什么问题就解决什么问题，不把矛盾扩大化，不把个人间的、局部的、民事的矛盾扩大成民族问题或宗教问题，要通过采取说服教育、化解矛盾、消除隔阂的办法来解决。对于一切违法犯罪活动，要坚持依法制裁，无论是什么民族的公民犯了罪，在法律面前都一律平等。要不断加强民族法制建设，坚持运用法律来规范民族工作，调整民族关系，以促进和加强各民族的大团结。

为维护和促进各民族的团结，必须反对民族分裂，团结和依靠各族广大干部群众，坚决打击国内外敌对势力和民族分裂主义分子的破坏活动，广泛、深入地开展争创民族团结进步模范活动，通过各种形式，加大工作力度，把民族团结进步事业不断推向前进。

三、加快发展，共同繁荣

改革开放以来，民族地区各级党委和政府努力探索适合本地实际的发展道路，经济建设取得了令人瞩目的成就，但边境民族地区大多数又是集老、少、边、山、穷为一体的地区，与全国的发展速度相比，依然是比较缓慢的。民族地区与发达地区的差距问题已成为群众关心、中央重视的大问题。缩小差距是摆在各级民族工作部门面前的一项十分紧迫而艰巨的任务，也是建设有中国 特色社会主义的根本要求。差距不缩小，势必影响民族地区的长期稳定，影响建设有中国特色社会主义的全局。因此，这不仅仅是一个经济问题，而且是个重要的政治问题，我们一定要从政治的高度来认识解决这个问题的重要性和紧迫性，按照十四届五中全会精神，切实采取措施，把民族地区的经济搞上去，缩短与发达地区的差距，促进各民族共同繁荣。

加快民族地区的经济建设步伐，要处理好以下几个关系：

一是要正确处理好从本地区的实际出发，充分发挥本地优势与借鉴他人先进经验的关系。这是民族地区经济发展的一条基本经验。民族地区与发达地区之间，民族地区相互之间，情况各异，没有一种现成的模式可以简单套用。每一种成功模式的出现，都是从本地实际出发的结果。会上介绍的各地区经验表明，发展比较快的地区，无一不是从本地实际出发，抓住机遇，加快发展。民族地区有多种优势，如区位优势、资源优势、劳动力价格的优势以及陆地出境通道便捷，对发展边贸有利的优势等等，加快民族地区的经济发展必须重视发挥这些优势。

二是要正确处理好加快速度与提高效益的关系。民族地区广大干部群众急于改变落后面貌的迫切心情是可以理解的。但如果处理不当，就会形成盲目追求高速度，忽视经济效益，从而影响民族地区经济正常发展的被动局面。这种忽视效益的高速度实际上是一种极大的浪费，会给民族地区经济发展带来很大的后遗症。这一点，我们是有深刻教训的。越要加快发展，就越要注重效益。要按照中央经济工作会议提出的实现“两个转变”的根本要求，克服急燥情绪，使民族地区的经济快速稳步增长。

三是要正确处理好自力更生与国家扶持、发达地区帮助的关系。边境民族地区从脱贫致富，到发展腾飞，离不开国家支援和发达地区的帮助。国家依据边境地区的特殊情况，制定了一些区域性的特殊政策，这些政策对促进边境民族地区发展起了十分重要的作用，要继续贯彻执行，并且不断完善充实。要继续通过经济技术合作、对口支援等形式，加强同国内发达地区合作，在合作中共同发展。各地的实践经验证明，除了国家支援，兄弟地区帮助之外，最根本的还是靠边境各民族自力更生、艰苦奋斗。加快民族地区的经济建设步伐，关键在于进一步深化改革，扩大开放。民族地区的广大干部群众要进一步解放思想，更新观念，大胆探索，朝着各民族共同繁荣的目标大步前进。

四是要正确处理好解决眼前困难与照顾长远利益的关系。民族地区，特别是边境民族地区，贫困成为制约当地经济发展的一大难题，有限的资金都用在了解决温饱问题上，无法形成扩大再生产所需的资金积累，眼前利益与长远利益常常发生矛盾。怎样才能既照顾眼前，又顾及长远，需要认真研究，妥善解决。

四、坚持两手，提高素质

民族地区不仅要加快经济建设步伐，更要重视人的发展，努力提高民族素质，大力培养少数民族干部，壮大少数民族产业工人队伍，这是民族地区经济社会发展的内在要求。

加强精神文明建设，提高人的素质，必须大力发展民族教育，努力扫除文盲，提高各民族群众受教育的程度，增强各民族群众认识世界和改造世界的能力；要在民族地区大力宣传普及科学知识，提高各民族群众学科学、用科学的自觉性，增强各民族崇尚科学、追求科学的意识。通过努力培养各民族的科学技术人才，提高少数民族人口中科技人员的比例，努力使科技成为民族地区加快发展的现实生产力；要在民族地区大力开展法律知识宣传教育，增强各民族群众的法制意识，使各民族群众学法、知法、守法，提高依法办事和保护自身合法权益的能力；要通过计划生育宣传教育，提高各民族群众的人口和环境意识；要进一步提高各民族群众区分传统文化中的精华和糟粕的水平，破除影响民族发展的各种陈规陋习，广泛吸收各种先进文化来丰富和发展自身的文化；要进一步增强各民族的时间观念、效益观念和竞争意识。

在信教群众比较多、宗教影响比较大的地方，要认真贯彻党的宗教政策，依法加强对宗教的管理，努力引导宗教与社会主义相适应，调动广大信教群众的积极性，共同建设有中国特色的社会主义。

我国的少数民族主要分布在边疆。边境地区的精神文明建设，内涵更丰富，任务更艰巨，只有切实加强精神文明建设，才能有效防止各种腐朽思想和丑恶现象的侵蚀，净化边境地区的社会环境，打击各种违法犯罪活动。这次会议上，各地都讲了许多很好的经验和做法，很值得大家互相学习借鉴。

同志们，现在做好民族工作的条件很好。党中央、国务院高度重视民族工作，作出了一系列重要指示。全社会关心、支持民族工作的风气正在形成。各级民族工作部门开拓进取，勇于探索，逐步走出了一条有本地特色的发展道路，工作经验不断增多，工作条件不断改善，只要我们提高认识，努力工作，就一定能把我国民族工作继续推向前进。

陈虹同志在全国边境地区民委工作会议上的总结讲话

1997年4月3日

同志们：

我们这次会议名称为全国边境地区民委工作会议，实际上除了研究边境地区民委工作之外，还部署了1997年全国的民族工作。因此，也是全国民委工作会议。我们的会议今天就要结束了。对于这次会议，云南省委、省政府给予了大力支持，云南省民委、西双版纳州委、州政府做了大量工作。经过与会同志们的共同努力，达到了预期目的，取得了圆满成功。

会上，司马义·艾买提同志作了题为《加强民族工作，为建设繁荣稳定的边疆服务》的讲话。讲话以邓小平同志建设有中国特色社会主义理论为指导，回顾了党的十一届三中全会以来我国边境地区民族工作的历程；总结了边境地区民族工作部门取得的成绩和经验；分析了我国边境地区民族工作面临的形势；提出了今后一个时期全国边境地区民族工作的指导思想、工作思路和基本任务，并对1997年全国民委工作做了部署。云南省和志强省长介绍了云南省民族工作经验；云南省民委、西双版纳、德宏、吉林延边等10个州、地、县(市、盟)的代表在大会上介绍了经验。明后天与会代表还要参观考察西双版纳州的经济社会发展状况和各族人民的生活情况。会议期间，大家在西双版纳这块美丽的土地上一直沉浸在民族兄弟的情谊之中。边疆各族人民为了祖国的统一和强盛，在创造和平稳定的环境和幸福生活中做出的巨大贡献，给所有与会人员留下深刻的印象。

方才，国务院副秘书长张左己同志作了很好的讲话。他的讲话站得很高，实实在在，言简意明。对于我们进一步做好民族工作很有指导意义。

下面我讲几点意见：

一、关于这次会议

经国务院批准的这次全国边境地区民委工作会议，是根据司马义·艾买提同志的意见安排的。这次会议时间虽短，但开得很好，很成功。主要有三个特点。

一是主题选得好。去年司马义同志在全国民委工作会议上提出了“民族工作要实行分类指导”的要求。如何实行分类指导？民族工作遍及全国各地，各地都有民族工作的任务。民族工作又有很多类型。只有按不同类型，分类具体指导，工作才会有针对性，才会提高工作水平。在各类民族工作中，边境地区的民族工作具有突出的重要性。江泽民总书记指出，民族工作是关系到国家统一、社会稳定、边防巩固、建设成功的大事。边境地区是国防前线，是维护国家统一，捍卫国家主权和领土完整的前哨，是反分裂、反渗透、反破坏的前沿阵地，而边境地区百分之八十是民族自治地方，民族工作就显得尤为重要。因此，搞好边境地区民族工作，就是抓住了整个民族工作的重点之一。从云南等地介绍的经验来看，也说明了这一问题。同时大家认为，通过召开这样一个会，也为实行分类指导开了个好头。

二是地点选得好，有一批成功的典型经验。大家一致认为云南省委、省政府高度重视边境民族工作，省、地、州、县有一套比较成熟的经验，有一支强有力的边境地区民族工作队伍和工作机构网络。他们把边境地区民族工作放在关系到国家全局的高度来考虑，根据不同历史时期的任务来确定民族工作的重点和方针，收到了显著成效。云南省民委的工作也积极、主动、得力，较好地发挥了省委、省政府参谋助手的作用。大家认为，我们具体研究的是边境地区民族工作，但这种工作思路和做法是具有普遍意义的。

三是有一个好的主体文件。大家认为，司马义·艾买提同志的讲话高屋建瓴，充满着实事求是的唯物主义，又具有强烈的思想性和感召力。大家认为司马义·艾买提同志概括的八条经验和八点要求是符合我国边境地区民族工作实际的。这八条要求是今后一个时期边境地区民族工作的指导思想。周声涛同志说：民族工作就是在邓小平建设有中国特色社会主义理论指导下把各族人民团结起来，组织起来，动员起来，一心一意进行社会主义现代化建设。按照这样去做，民族工作是大有可为的。我相信，只要认真按照司马义·艾买提同志提出的要求去做，边境地区的民族工作一定能不断取得新进展。对于1997年的民族工作，司马义·艾买提同志用简洁的语言，作了全面部署。指导思想明确，重点突出，可操作性强，便于各地贯彻执行。

二、关于学习领会司马义·艾买提同志的重要讲话

同志们对司马义·艾买提同志的讲话给予了高度评价。同时有的还结合几年来司马义·艾买提同志在民委工作会议和不同场合的讲话举一反三。认为理解司马义·艾买提同志讲话，搞好民族工作，要把握几个要点：一是团结进步是民族工作的永恒的主题，必须坚持马克思主义民族观，坚持高举爱国主义旗帜，深入广泛地宣传党的民族政策和民族理论，普及民族知识，巩固和发展平等、团结、互助的社会主义民族关系；二是扎扎实实地贯彻落实党的民族政策，认认真真地帮助少数民族和民族地区发展经济、文化教育和各项事业，提高各族人民的物质文化生活水平；三是实行分类指导，提高民族工作的总体水平。民族自治地方的民族工作，杂散居地区的民族工作，边境地区、牧区、贫困地区、大中城市、沿海开放地区等等，不同地区民族工作既有共同性，也有特殊

性。只有分类指导，才能从实际出发，有针对性地解决问题；四是抓典型，用成功经验指导全盘。去年全国民委工作会议上，指出了学湖南、赶湖北的口号，对全国的民族工作推动很大。相信今年重点推广云南边境地区民族工作经验和云南省民委工作经验，也将在全国产生积极影响。五是把民族工作放在全局中考虑，着力总结党委、政府抓民族工作的经验。民族工作千头万绪，工作千条万条，关键是党政领导的重视。所以这一条十分重要。这次召开边境地区民委工作会议，请地、县人民政府的领导同志参加，还特别邀请边境县多的省、自治区领导同志参加，大家认为非常必要。大家都能应约到会，充分说明了大家对民族工作是高度重视的。边境地区党政领导同志肩负着十分重要的任务。你们把民族工作放在重要位置，高举爱国主义旗帜，认真落实党的民族政策，妥善处理民族关系，站在反"西化"、反"分化"斗争的最前线。你们克服了很多困难，为做好民族工作创造条件，发展平等、团结、互助的社会主义民族关系，保护少数民族的合法权益，尊重和大力培养、选拔、使用少数民族干部，发展少数民族经济和文化教育事业。你们为国家、为人民、为各民族的团结进步事业做出了重要贡献。我们国家民族事务委员会向你们表示诚挚的谢意！

三、关于委员制

我们这次会议有六位部长参加，他们都是国家民委兼职委员。没有部长到会的委员单位也都派代表参加了会议。这是民族工作大家办，各部门都关心支持民族工作的重要标志。与会代表是非常高兴的。实践证明，国家民委的委员制并非虚设，每位委员都发挥了重要作用。这次会议之前，司马义·艾买提同志在北京召开委员会全体会议。对于加强民族工作，各位委员都发表了很多重要和十分中肯的意见。大家的意见和建议归结为一点，就是按照中央政治局常委会议的指示精神，以民族工作为已任，千方百计为少数民族地区的经济与社会发展多办好事，多办实事。他们的发言和设想是令人感动的。司马义·艾买提同志讲话中讲到，国家民委党组决定给边境地区点实际的支持，各委员单位都在考虑如何进一步支持民族地区，特别是边境地区民族工作。大家知道，各个部委的工作对象都是面向全国的，民族工作是全局工作的一部分。他们能时时想着民族工作，在机关内部、领导班子内部宣传民族工作，使民族工作在各个部门都占有一定位置，以便从政策上、措施上向少数民族地区倾斜。他们对民族工作有深厚的感情，他们研究如何帮助民族地区可谓用心良苦。这说明他们对中央关于民族工作的指示精神理解得好，执行得好。我们要向他们致意！司马义·艾买提同志特意要我向他们表示感谢！希望各位委员和委员单位在民族团结进步事业中做出更大的贡献！

四、关于1997年民族工作

司马义·艾买提同志在讲话中已经做了部署。工作要点已经发给各省、市、自治区民委。这里我只强调一点，就是做好民族团结进步表彰活动的组织评选工作。团结进步是民族工作的永恒主题，开展表彰活动是推动民族团结进步事业的重要措施和有效形式。为了搞好这一次表彰活动，有几点建议：

一是把组织评选过程做为深入开展爱国主义教育，宣传党的民族政策，落实社会主义精神文明建设任务的过程。要把宣传教育贯穿于评选活动始终；二是事迹要真实、要典型。被评选出的模范人物和模范单位要有深厚的群众基础，要经得起实践的检验；三是希望各省、市、自治区人民政府同国家民委联合开展这项活动；四是希望模范人物和模范单位要有广泛的代表性。要有工人、农民、人民解放军指战员、武警部队官兵、知识分子，也应有为少数民族、为民族工作做出贡献的各级干部，包括各级委员单位的同志，也包括长年从事民族工作，为少数民族沤心沥血、辛勤服务的民族工作者。

五、关于贯彻这次会议精神

开头我已讲到，这次会议实际上是全国边境地区及全国民委工作会议。因此，会议贯彻要两项内容全面贯彻。当然重点还是边境地区的民委工作。这次全国边境地区民委工作会议，是民族工作实行分类指导的一个具体步骤。今年国家民委还将专门研究贫困地区和牧区的民委工作，希望各地民委深入调查研究，提供典型经验，中肯地反映问题，提出切实可行的措施建议，共同为下两个会议做好准备工作。杂散居地区的民族工作，自治地方的民委工作，大中城市、沿海开放地区的民委工作，都有各自的特点，希望各地根据本地实际情况抓好抓实。

大家回去后，一要认真传达学习司马义·艾买提同志的重要讲话。按照讲话提出的对边境地区工作要求和 1997 年民族工作的总要求，研究确定工作思路和重点，提出贯彻意见和措施。同时，张左己同志的讲话也一样传达贯彻。

二要学习和宣传云南等地的先进经验。同时，注意培养和树立本地的先进典型，总结推广经验，指导面上的工作。

三要向领导汇报会议情况及本地贯彻意见，积极争取领导的重视和各部门的支持。

四要加强民族工作的宣传。新闻宣传单位对民族工作是重视的，可以说是有求必应。问题在于我们各级民委要积极主动。民族工作要有深入广泛地宣传才能取得广泛的了解、理解和支持。

最后，让我们再次向中共云南省委、省政府，云南省民委和中共西双版纳州委、州政府，向所有为开好这次会议付出辛勤劳动的同志们表示衷心的感谢！

谢谢大家。

国家民委关于印发陈虹、塔瓦库勒同志在国家民委系统组织人事工作会议上讲话及会议总结的通知

1997 年 4 月 29 日

委机关各部门、委属各单位：

在 1997 年 4 月召开的国家民委系统组织人事工作会议上，委党组副书记、常务副主任陈虹同志作了重要讲话，委党组成员、人事司司长塔瓦库勒同志作了题为《把握大局，强化服务，为民族工作再做贡献》的工作报告，人事司副司长李建辉同志作了会议总结。现将三位同志的讲话印发给你们，请结合本部门、本单位的实际认真贯彻落实。

国家民委党组副书记　常务副主任 陈　虹 在国家民委系统组织人事工作会议上的讲　话

1997 年 4 月 15 日

同志们：

国家民委系统组织人事工作会议今天开幕了。会议主要任务是深入贯彻中央关于组织人事工作的一系列指示、要求。每年都要开一次会，但会议的任务基本是一个，就

是贯彻落实中央的精神。我们党的干部政策是稳定的，是经过不同历史时期检验的，是长期历史经验的总结，是符合马克思列宁主义和建设有中国特色社会主义理论的。我今天所要讲的，大家都熟悉，没有花样，也不能有花样，我们就是要扎扎实实地贯彻中央的部署，具体措施、办法要结合实际情况，做到认真坚决、切实可行。

下面，围绕中央总的精神和这次会议要着重解决的问题讲几点意见：

一、提高干部队伍素质是当务之急，必须抓紧抓好

提高干部队伍素质，建设高素质的干部队伍是党中央基于对国际国内形势的科学分析、我们党所肩负的历史使命和干部队伍现状而提出来的。大家知道，我们党正面临着中华民族振兴史上前所未有的宏大任务，即坚持党的基本路线，按照党的十四届五中、六中全会的部署，领导全国各族人民为实现跨世纪的宏伟目标而奋斗。实现这一浩大、艰巨而繁重的任务，我们面临着良好的机遇和条件：我们有以江泽民同志为核心的党中央坚强有力的领导，有邓小平建设有中国特色社会主义理论，有党的基本路线和基本方针，有优越的社会主义制度和强大的人民民主专政，有全国各族人民亲如兄弟的团结。在“九五”开局之年，我们发挥这些优势，经济建设和其他各项事业都取得了重大成就，实施“九五”计划和2010年远景目标，加强社会主义精神文明建设都呈现良好势头。但纵观国际国内形势，我们要在复杂的国际环境中占据主动地位，坚定不移地走建设有中国特色社会主义道路，妥善处理改革和建设中出现的矛盾，克服前进中遇到的困难，还必须付出艰辛的努力。总结历史经验，党领导的事业要取得胜利，不但必须有正确的理论和路线，还必须有一支能坚决贯彻党的理论和路线的高素质干部队伍。所以说，提高干部队伍素质，建设高素质的干部队伍，把各级领导班子建设成为忠诚于马克思主义，坚持走有中国特色社会主义道路的坚强领导集体，是实现跨世纪宏伟目标、保证改革和建设事业顺利发展的需要，是保证党和国家长治久安的根本大计。

目前，我们党的干部队伍和各级领导班子的主流是好的，是有战斗力的。但干部队伍中有一部分同志的素质与江泽民同志提出的五条基本要求相比较，还有较大差距，不适应新形势、新任务的要求，如不抓紧解决，将影响党和国家的大局，成为实现伟大历史任务的严重障碍。江泽民同志在纪念建党75周年座谈会上讲话指出：“大力加强干部队伍建设，提高广大干部特别是领导干部的素质，已经成为摆在全党面前的一项刻不容缓的重大任务。”这“刻不容缓”四个字，体现了问题的严重性、艰巨性和紧迫性。这是对我们组织人事部门提出的新命题和基本要求。

从我委系统的干部队伍来看，其状况完全符合江泽民同志对整个干部队伍建设的基本估价。我们的干部队伍是好的，同时存在一些问题，总书记在建党75周年座谈会上的讲话中例举的种种问题，在我委系统干部队伍中程度不同地存在。有的干部脱离群众，官僚主义作风严重，在民族地区形象不佳；有的讲排场比阔气，浪费国家资财；有的不学习不看报，沉溺于吃吃喝喝、拉拉扯扯之中；有的为了追求个人名利，热衷于搞关系串门子，工作敷衍塞责，不思进取，把资产阶级政客作风和市侩习气带到党内和行

政工作中；甚至有的道德颓废；有的贪污腐化，触犯党纪政纪，触犯刑律。这些问题的存在，不仅败坏党的声誉，也影响我们国家民委的形象，容易毁掉一些干部，并使得党组部署的工作在某些地方某些单位不能认真落实，有些单位班子不团结、工作不景气、风气不正，与人的素质关系极大。江泽民同志指出的"严重的问题在于教育干部"是完全符合我委干部队伍实际的。我们一定要牢固树立"坚持党的基本路线一百年不动摇，把建设有中国特色社会主义宏伟事业不断推向前进，关键在党，关键在人"的思想，正视存在的问题，认真分析产生问题的原因，采取相应对策，大力加强干部队伍建设，尽快提高广大干部特别是领导干部的素质，以适应民族团结进步事业的需要。

这里主要是根据江泽民同志在纪念建党75周年座谈会上讲话指出的干部队伍中存在的问题，联系我委实际，分析我们干部队伍中的问题。原来估计国家民委是清水衙门，不管钱不管物，在改革开放大潮中，卷进去的机会不多，但从实际情况看，还必须高度重视，我们也不是清水衙门。前些天我在纪检监察会上讲了，近一段时间来，机关和系统暴露出一些问题，有些问题还相当严重，有的严重违纪，甚至违法。这在国家机关、在干部队伍中是一种腐败现象，这种现象是必须清除的。当然，出现严重违纪违法的，责任主要在于他个人，但各级组织、各单位的领导，对此也要认真思考。在分析干部队伍中出现问题的时候，组织上要吸取教训，加强教育，加强管理，一会儿还要讲这个问题。这里强调的是我们队伍中是有问题的，有些还是严重的，大家要保持清醒的头脑。现在发现的问题虽然是几起，但给我们敲了警钟。反腐败问题不仅是纪检部门的责任，也是各单位党组织、各单位领导的责任。哪个单位出问题，大家都不痛快，如没有查出问题大家都高兴。所以要把干部队伍建设放在十分突出的位置。希望每个单位都认真分析一下自己单位干部队伍的状况，既看到主流，发扬成绩，鼓舞士气，使工作搞得更好，又要分析问题，研究趋势，重视群众反映，及时帮助同志，能拉一把的赶快拉一把。在问题发生前拉一把就过来了，问题发生后拉也拉不过来了，有的就不好拉了，走向反面了。要从爱护的角度有针对性地帮助。没有发生问题前，你拉他，帮助他，教育他，可能听不进去，这没有关系，还是要多帮多拉多敲，否则悔之晚矣。思想教育就是要苦口婆心、诲人不倦。所以关键在教育，要立足于防范，使每个干部都要建起思想道德的防线。这是加强干部队伍建设，提高干部素质的问题，必须高度重视。

二、加强干部教育管理，改进机关作风，把机关的精神文明建设好

六中全会作出了关于加强精神文明建设的决议，联系我委实际，落实六中全会精神，加强精神文明建设显得更为重要和紧迫。李鹏同志指出，中央国家机关精神文明建设状况如何，对全国具有重要影响。我委是国务院主管民族事务的职能部门，肩负着贯彻执行党和国家关于民族工作的方针政策、管理民族事务的重要职能，是党中央、国务院联系少数民族和民族地区的桥梁和纽带，我委精神文明建设直接与少数民族地区精神文明建设密切相关。加强我委精神文明建设，不仅对树立和维护国家民委的整体形象至关重要，也关系到中央国家机关的形象，关系到民族工作任务的完成、方针政策的贯彻落实。社会主义精神文明建设的基本要求与建设高素质的干部队伍的基本要求是一致的，中央关于加强精神文明建设的决议提出的目标任务丰富了新时期组织工作的内容，提出的问题正是干部队伍建设中需要致力解决的问题。因此，我们要把贯彻六中全会《决议》同继续贯彻四中、五中全会精神和江泽民同志“七一”讲话、李鹏同志关于《创三优文明机关，做人民满意的公务员》的讲话结合起来，加强机关干部队伍管理，切实改进工作作风。

加强教育和管理是关心爱护干部、提高干部，使之健康成长的重要措施。从干部成长的规律看，干部素质的提高既需要各级干部自身努力，又离不开组织上的严格教育、严格管理。当前干部队伍中存在的一些问题，特别是个别干部犯错误，给干部本人和单位造成损失，有干部主观上的原因，也与我们监督不力、管理不严、教育不够有很大关系。“严是爱，松是害”，各级党政领导同志特别是主要领导同志，要按照“一岗双责”的要求，在带“班子”、管“队伍”上切实负起责任，加强对干部的管理，做好思想政治工作和职业道德教育。要扭转部分领导同志埋头日常业务工作，忽视干部教育管理，见物不见人，或者在干部管理中重选拔使用轻管理教育的倾向。“亡羊补牢未为晚矣”，但我们要尽量多做教育和防范工作，少做或不做亡羊补牢的事。亡羊补牢是事后吸取教训采取的措施，工作要做在前头。

按照从严治党、从严治政的精神，管好干部队伍，提高干部素质，首先要加强思想教育，对干部严格要求。要根据我委干部队伍状况，采取切实有效的措施，贯彻落实好中央《1996年——2000年全国干部教育培训规划》，坚持不懈地用邓小平建设有中国特色社会主义理论武装干部，深入持久地、扎扎实实地开展理想信念教育、全心全意为人民服务的宗旨教育、纪律法制教育、艰苦奋斗和勤俭办事业教育、党的优良传统和作风教育、社会主义道德教育。教育干部讲究社会公德、职业道德、家庭美德，树立建设有中国特色社会主义的共同理想，学习、实践孔繁森等优秀领导干部的敬业精神和高尚情操。教育问题，中纪委、中组部作过调查研究，现在干部出问题，从根本上讲是失去了共产主义信念。通过很多案例分析，为什么会走向反面，为什么会有那么巨额的贪污、索贿、受贿和其他道德败坏，就是对共产主义失去信心，认为共产党完了，到捞一把的时候了。在这种思想支配下，他就认为是他大显身手的有利时机，混水摸鱼。历史上的叛徒，投敌了，也是失去信念，经济犯罪也是背叛，走向反面了，被金钱收买了。所以还是要加强教育，不要以为一讲共产主义理想教育有的人就听不进去。要在我们单位我们系统形成好的风气，讲学习、讲政治、讲正气，坚定党性，树立共产主义信念，提高免疫力，对歪风邪气和社会上不健康的东西要坚决抵制。教育要采取各种办法，力求从世界观上解决问题。当然学习、教育和引导，如何取得好的效果要研究，但这个方向不能动摇。要通过教育，在机关形成学先进、讲奉献、树正气的良好风尚。要教育干部理论联系实际，言行一致，表里如一，坚决反对言行不一，阳奉阴违，弄虚作假等歪风；特别要教育我们的干部自重、自省、自警、自励，引导干部学理论，学法律，学管理，不断提高思想政治水平和业务能力，做人民满意的公务员。二是要对干部严格日常管理。要进一步健全完善干部届中考察制度和年度考核制度，改变不换届、不提拔、不调整就较少或不考察的状况。通过考察、考核，全面了解干部在政治立场、思想作风和道德品质等方面的真实情况，准确把握干部的思想政治状况。选拔任用干部要严格掌握德才兼备标准，把握和发挥用人上的导向作用。人事司根据中央精神和我委实际，起草了一个《国家民委司处级领导干部选拔任用暂行办法》，这次会议还要认真研究讨论。任用干部要准、管理干部要严，就是严在措施和机制上。请大家集思广益，认真修改，争取搞得比较成熟，早日报党组审议出台，使组织工作进一步规范化。要进一步健全干部谈话制度，发现干部对自己要求不严，有了缺点错误或听到群众反映时及时打招呼，敲警钟，使问题消除在萌芽状态，避免由小错铸成大错，一失足就成千古恨。特别是对群众反映领导干部在政治思想、道德品质、廉政勤政、选人用人等方面的问题，主管领导要高度重视，区别不同情况，采取当面谈话等形式，要求领导干部说清楚。这里的重点是对干部要严，发现问题及时打招呼，有些干部群众有反映了自己还不知道，及时打了招呼，咱们的干部多数是能知错就改的，这是一个方面。另一个方面，现在有个别单位风气不太好，有几个人天天告状，专告领导，不只是告状，而是骂人，把领导骂得一文不值。对此上一级组织要分析，及时提醒，有些说的是有道理的要改，完全是无中生有的要理直气壮，不能听任流言蜚语横行，不能一有人告就不敢工作了。你们是党组任命的干部，是组织要你在那里主持工作，有缺点要改，有的问题可以向党组讲清楚，没有的也可以提出来。前几天有个同志说，由于坚持原则处理了一个干部，结果他天天告。如果为了讨好这个干部不处理也可以，但作为领导应坚持原则。我觉得这个同志做得对，他摆正了位置。党组对大家都是信任的，守土有责，希望在你们管的那个单位出正气，脚正不怕鞋歪，首先自己要正。正的时候也会有不同意见，会有误解，有传闻，对少数无中生有的，不要怕，要挺起腰杆。党组是主持公道的，正确的会支持，缺点当然也不袒护。两个方面都兼顾到，大家工作就主动了。三是要提高认识，对干部严格监督。要强化干部的自我监督，强化各级正职和领导集体对本级领导班子成员的监督责任，强化领导班子内部的相互监督。要严格党内组织生活，党内生活要讲政治性、思想性和原则性，反对好人主义和自由主义，开展积极的批评与自我批评，进一步提高民主生活会的质量。要充分发扬民主，完善以信访和民意测验为主的群众监督体系，建立健全机关党委、纪检监察、组织人事部门的联席会议制度。委机关已经草拟了一个制度，经批准实施后，各单位也要参照执行。这里强调一下对党政“一把手”的监督问题，由于“一把手”在常委班子中处于核心地位，在行政领导班子中处于统帅地位，在决策中处于主导地位，在实施决策中处于指挥地位，在领导活动中处于督导地位，是指挥监督别人的，容易得不到有效监督。对“一把手”的监督要加强班子内部的监督，监督“一把手”是班子内部每个成员义不容辞的责任。为了党的事业，“一把手”有责任带好班子，班子成员也有责任协作和监督“一把手”。班子成员出问题，“一把手”要负监督不力的责任，“一把手”出问题，班子其他成员也要负监督不力的责任。要强化上级组织和领导对“一把手”的监督，发挥上级组织监督的权威。加强“一把手”的监督很重要，可以避免一言堂、家长制、独断专行。强调这个问题的同时，也要发挥“一把手”决策的能动性，“一把手”要择善而从，善于听取班子各方面意见，善于把群众的分散的意见集中起来贯彻下去。这里还有个“一把手”和副手的合作问题，“一把手”要有容人的姿态，容纳副手，容纳副手与自己不同的意见，肚量要大。助手要摆正位置，助手是协助“一把手”，受“一把手”委托或指派负责一部分工作，不能说这是我管的，你“一把手”就不能管了。任何一个单位的“一把手”，都是党组委托你负责那个单位的工作，“一把手”直接对党组负责，责任在“一把手”。“一把手”妥协了，听取不正确的意见，违心地作出不正确的决策，出了问题还是由你负责，不能说我采纳某某的建议。所以“一把手”要掌好舵。监督的用意是使“一把手”更高明、更看得远、更能作出正确决策、更清廉，并不是削弱“一把手”的主导作用。现在有的“一把手”不敢负责，有的副手对“一把手”不够尊重。班子闹不团结，有的“一把手”有责任，没有尊重副手，没有平等待人。毛主席在《党委会的工作方法》中讲，班长也是一票，没有说是全票，但要集中正确的意见。所以要认真学习党历来的工作方法。现在实行首长负责制，要处理好首长负责和集体领导的关系，要严格执行民主集中制。还有学校、企业，企业是经理负责制，是不是就一人说了算？责任上是法人，应该说了算，但决策也要尊重副手的意见，尊重领导集体的意见。这个关系大家要仔细研究，在实践中处理好。这里强调监督，主要是避免“一把手”出问题，“一把手”出问题，影响很大，象北京市陈希同出问题，大家都不光彩。所以大家要维护“一把手”，爱护“一把手”，爱护“一把手”就是爱护自己的单位。四是规范行为，严格执行干部管理制度。干部管理中有很多严格的制度和规章，如领导干部申报个人收入和重大事项制度、思想工作汇报制度、推荐干部责任制度和用人失察追究制度、财务审批监督制度、收受礼品登记制度、离任审计制度等等。委机关还准备根据我委的实际和特点，研究制定《国家民委工作人员守则》，进一步规范约束干部的行为，守则出台后，要认真组织学习，严格执行。对违反制度的人和事，要敢抓敢管，不能怕得罪人，不能遇到问题和矛盾绕着走，使制度形同虚设。五是要加大工作力度，推进干部交流。干部交流既是培养锻炼干部的一种有效途径，也是加强干部监督管理的一项重要措施。通过干部交流可以使干部避免固守一个单位一个部门所带来的种种弊端，在一定程度上可以使干部少犯错误。我们要按照中央关于干部交流、轮岗的精神，进一步加大这一工作的力度。干部交流还有一个重要的方面，就是通过交流增长才干，开阔思路，增加经历。一直在一个单位工作的人同在三个五个单位工作过的人明显不一样，大家可以观察。中组部有规定，当副司长要在两个以上的处担任领导职务，当副部长要在两个三个以上的司担任领导职务。因此干部交流首先要立足于培养干部，同时避免一些弊端，是爱护干部和培养锻炼干部的有效措施。还有一种情况是你在一个地方长了，用起来有难度，比如提拔，在这个单位很难，换个地方有了一片新天地可能就好些。所以干部交流是一种很好的形式。大家不可以为把我交流了是不是有什么问题，不要有这种思想。交流到哪里去，组织部门要细致周到，考虑如何有利于发挥特长，或弥补其所短。但有一点要明确，就是干部要交流。干部交流是培养干部的措施、爱护干部的措施、给你更广阔的天地施展才华的措施。有很多的好处，可以避免很多的坏处，要坚决执行。

三、加强后备干部队伍建设，大力选拔优秀年轻干部

社会主义的巩固和发展，需要一代又一代人坚持不懈地努力奋斗。中央对抓紧培养和选拔优秀年轻干部，努力造就大批能够跨世纪担当重任的领导人才极为重视。党的十四届四中全会将之作为一项重大的战略任务提了出来，之后中央又专门召开了培养选拔优秀年轻干部工作经验交流会，发出了《中共中央关于抓紧培养优秀年轻干部的通知》，提出了明确的目标和硬性的指标要求。最近江泽民同志又明确指出："要把一个稳定的充满发展活力和生机的中国带入 21 世纪，要使我国在 21 世纪中叶基本实现现代化，以社会主义强国的地位屹立于国际社会，取决于党的基本理论和基本路线的长期坚持，归根到底取决于广大青年一代及年轻干部的健康成长。"进一步深刻阐明了培养选拔优秀年轻干部的极端重要性。

做好培养优秀年轻干部的工作，从我委系统的情况看，也应提高认识，采取措施，加大力度。从现在的班子结构来看，一是部分班子不健全，二是年龄老化比较严重。去年对 6 所民族院校领导班子进行了届中考察，只有西北民院领导班子的年龄结构比较合理，其他院校都存在班子老化问题，有的平均年龄已超过 60 周岁。据初步统计和测算，到 2000 年，我委系统将有 37 名司局级领导干部到达退休年龄，占到 1/3。现委系统 30 个司局级班子中还有 12 个没有达到中央关于司局级班子在年龄结构方面的要求，即没有 40 岁左右的领导干部。我委系统培养选拔年轻干部的任务相当繁重。现在不加大力度，就会出现后继乏人的局面，就难以实现中央提出的目标要求，就难以取得班子调整配备的主动权。培养选拔优秀年轻干部的工作是各级领导份内之事，大家一定要从党和国家长治久安、保证我们的事业代代相传、坚持党的基本路线一百年不动摇的高度认识这一工作的重要性，以政治家的宽阔胸怀和远见卓识，将这一事关全局的工作做好。

育人是用人的基础。选拔优秀年轻干部，关键是要着眼于整个年轻一代的健康成长，在培养提高年轻一代干部上下了真功夫，年轻干部的整体素质提高了，德才兼备的优秀人才就能大量成长起来，合格的后备力量雄厚了，选拔任用干部就可以有更广泛的选择余地。坚持和改进后备干部制度，是培养选拔年轻干部的一项重要基础工作，领导班子建设的实践表明，在着眼整个年轻一代的健康成长的基础上，坚持后备干部制度，对培养选拔年轻干部，推进新老干部的合作与交替，发挥着积极的作用，是一条成功经验。因此，我们在培养选拔年轻干部的过程中，要特别强调加强和改进后备干部队伍建设的问题。后备干部工作很重要，但容易流于形式，不要后备干部名单一交，就把这些人忘记了。当然不能机械，不是后备干部就不能用了，但既然有这么个制度，对后备干部就要重点培养，制度才能有效。建议各单位建立起来，实行起来。

后备干部工作的要求和目标是，在现有基础上，结合领导班子换届、调整和日常干部考察工作，经过一两年的努力，基本建立起数量充足、结构合理、门类齐全、素质优良

的处以上党政领导班子的后备干部队伍。所谓数量充足就是既要能保证近期班子建设的需要，又要考虑班子建设的长远需要。其基本要求是后备干部人数要按班子职数的1∶1至1∶1.5确定。结构合理就是后备干部队伍本身的构成要符合班子建设的要求，注意年龄、性别、民族、专业乃至性格等方面的合理搭配。在年龄上，司局级后备干部45岁以下的要占2/3，其中40岁以下的应有一定数量。根据我委的特点，要特别重视少数民族干部和妇女干部、党外干部的培养选拔。门类齐全就是按照“三支队伍”一起抓的要求，既要有党政领导的后备人选，又要有企业、事业单位领导的后备干部，还要有学术、技术带头人的后备人选，以适应各类班子建设的需要。素质优良就是要坚持干部的“四化”方针和德才兼备标准，不仅要考虑年龄优势，还要注重干部基本的德才素质和发展潜力。挑选那些政治思想素质好、工作实绩突出、在群众中有一定威信的干部。

后备干部首先还是德，德是第一位的。德才兼备，无才不行，无德更不行。《东周列国志》里讲，鲍叔牙推荐管仲，管仲有缺点。齐桓公说为什么推荐这么个人，鲍叔牙说管仲是个奇才，分钱多分是家里困难，况且我又不缺钱，打仗不靠前是因为家里有老母亲，何况那战争不一定是正义的战争，齐桓公就启用了。后来在治理齐国中确实发挥了重要作用。这是说人无完人，有缺点没关系。最主要的是他忠于齐桓公，忠于齐国，又是奇才。但德的素质很坏的话，奇才也不能用。缺德的话，本事越大，歪门邪道更多，不能用背道而驰的人。我们讲的德的主要标准就是同党中央保持一致，坚持党的基本路线。所以选拔干部，首先还是要按照党的基本路线，按照党员的基本要求。“才”表现在什么地方？不能表现在口上，口才是才，但更要看实绩，要群众公认。有的干部德也好，才也好，就是有缺点，群众关系差一些。这样的干部在本单位很难提拔怎么办？可以交流，到别的单位去，在新的环境下，重新学习，吸取教训，克服缺点，焕发精神。所以各单位要把后备干部报到委里来，委里首先考虑你们单位的需要，也可统筹考虑全委系统的需要。

后备干部工作要注意的问题是，一要对后备人选实行动态管理，保证质量，保持活力，做到有进有出，保持常数。缺额的要及时补充，相形见绌的要果断地调整出去，新发现的合适人选要及时增补，使后备干部名单真正成为“一池活水”，随时可以好中选优，择用人才。对已经具备担任一定领导职务资格条件的，要及时启用，防止备用脱节。“及时”很重要，本来是年轻干部，备了几年不用也变成“老”干部了。二是对后备人选要加强培养，改变重选拔轻培养的现象。后备人选确定后，要根据领导班子建设和干部的情况，按照缺什么补什么的原则，提出具体的培养措施，理论基础还不够坚实的要送出去培训，缺乏实践经验的要采取下派挂职、轮岗交流等办法加强锻炼，特别要加强日常管理和监督。后备干部的培养要坚持从基层抓起，层层抓好培养选拔工作。三是要注重党政一把手人选的培养和选拔。建设好领导班子，关键是选配好“班长”，这几年在班子建设中感觉最明显的是党政一把手难选，在后备干部中要突出这个重点。四是既要坚持组织干部工作中必要的保密原则，又要正确处理好培养选拔年轻干部与建立后备干部名单的关系，把后备干部选拔建立在群众公认和对一层人一大批人考察了解的基础上，搞好群众推荐，广泛发现人才，防止和克服由少数人在狭小的范围内圈定人选的现象。

四、领导干部和组织人事干部要带头苦练内功，努力提高自身素质

在座的都是各单位、各部门的领导同志和组织人事干部。过去的一年，大家克服困难，努力工作，乐于奉献，为民族工作各项任务的完成做出了积极贡献，应该说，我们的各级领导干部和组织人事干部是经得起改革开放和执政的考验的。但是由于我们所担负工作的重要性和特殊性，必须进一步提高素质，才能更好地适应新的形势和工作的需要。

对领导干部，前面已经强调过要带好班子、管好队伍和培养干部，这里强调一下要管好自己。管好自己，关键是在提高自身素质上下功夫。党的十四届四中全会《决议》和《党政领导干部选拔任用暂行条例》都对领导干部提出了明确要求，江泽民同志在纪念建党 75 周年座谈会上的讲话中又提出了五条基本素质要求。这既是中央对干部特别是领导干部的要求，也是我们领导干部的努力方向和目标。提高干部队伍素质，关键在于领导干部的素质。各级领导既是物质文明建设的组织者，也是精神文明建设的组织者、指导者、执行者和实践者，责任重大，必须自重、自省、自警、自励，以身作则，要求别人做到的自己首先做到，禁止别人做的自己坚决不做，自觉接受党和人民的监督，经受住权力、金钱和美色的考验。必须带头学好党的基本理论，带头学好党章对共产党员和党的干部的各项要求，带头廉洁自律，发扬艰苦奋斗精神，同腐败现象作坚决斗争；带头坚持民主集中制原则，维护党的集中统一；带头在提高自身政治素质、思想素质、作风素质、纪律素质、业务素质等方面狠下功夫，率先垂范，当好排头兵；带头解放思想，实事求是，从实际出发，按照中央关于把握大局、再接再励、同心同德、开拓进取的根本要求，团结广大干部扎实有效地开展工作。

对组织人事干部和组织人事部门，去年我重点讲了一下各级党政领导要信赖、依靠、支持、关心组织人事部门和组织人事干部，加强对组织人事工作的领导的问题，今天不重复了，着重谈一下组织人事部门的自身建设问题。组织人事部门是建设高素质干部队伍的重要施工力量，要提高广大干部的素质，组织人事干部首先要具备较高的理论素养、坚强的党性、一定的工作经验和较强的育人能力，要培养选拔优秀年轻干部，组织人事部门首先要具备较高的德才素质和识别良莠、选贤任能的能力。中央对加强组织人事部门的建设是非常重视的，江泽民同志提出要“树立积极进取、勇于创新、公道正派、清正廉洁的新形象”；胡锦涛同志要求组织人事干部“党性要强、作风要正、工作要实、业务要精”；李贵鲜同志和张全景、宋德福同志在全国组织部长会议和全国人事厅局长会议上都提出了要求，我委系统的组织人事干部要加强学习，努力实践中央领导同志和业务主管部门领导对我们组织人事干部的希望和要求。我要强调的是，要结合六中全会精神的贯彻落实，进一步抓好组织人事部门的职业道德建设，在精神文明建设中作出表率。组织人事部门职业道德建设要坚持以为人民服务为核心,其基本的内涵和要求是任人唯贤、公道正派、廉洁守纪。任人唯贤就是要坚持干部队伍“四化”方针和德才兼备原则,注重社会公论,注重实绩,以对党和人民的事业高度负责的精神,积极发现人才,大胆举荐人才,严格按照组织程序选贤任能,搞“五湖四海”,不搞团团伙伙,不拉小圈子,不以个人好恶或恩怨取人。公道正派就是要有公天下之心,在用人问题上,“一碗水端平”,主持公道,公正地评价干部,准确地推荐干部,合理地使用干部。要敢于抵制、防止和纠正用人上的不正之风,坚持党性原则,模范地执行党的干部人事制度,为人民把好用人关。廉洁守纪就是严守党的政治纪律和组织人事纪律,坚持党的民主集中制,贯彻党委党组的决议,反对自由主义。要保守机密,严禁跑风漏气。要经得起新的形势对我们的考验,在党风廉政建设方面起表率作用。要实现这些要求,必须进一步搞好理论学习,保持思想的先进性,加强党性锻炼,保持政治的坚定性,讲求真抓实干,增强作风的务实性,坚持从严要求,增强律己的自觉性,以全面提高自身素质,更好地履行选贤任能的光荣职责。

去年全国组织部长会议上,张全景部长强调了坚决打击跑官要官、买官卖官的行为。江总书记对用人上的不正之风和腐败现象提出了严肃批评,指出“历史上的腐败,为害最烈的是吏治的腐败”。要求严格整肃,坚决惩治。我们民委系统一定要把好关,坚决杜绝买官卖官等腐败现象的发生。一旦发现坚决查处。

同志们,建设高素质的干部队伍的任务是繁重而紧迫的,希望大家很好地贯彻这次会议精神,把中央对党的建设、对组织人事工作的要求和委党组的部署落到实处,以新的优异成绩迎接香港回归和党的十五大胜利召开。

谢谢大家!

中共国家民委党组
关于国家民委领导干部
报告个人重大事项受理办法的通知

1997年6月28日

委机关各部门、各直属单位:

为进一步加强对我委领导干部的管理和监督,促进党风廉政建设,我委机关各部门、各直属单位要组织副处级以上干部认真学习中共中央办公厅、国务院办公厅《关于领导干部报告个人重大事项的规定》(中办发〔1997〕3号),并按照规定要求认真贯彻落实。现将国家民委领导干部报告个人重大事项受理办法通知如下:

1.国家民委副部级以上领导干部报告个人重大事项,由中共国家民委党组负责受理。

2.国家民委机关担任领导职务和非领导职务的正副处级、正副司级干部报告个人重大事项,由国家民委人事司负责受理。

3.国家民委各直属事业单位副处级或相当于副处级以上领导干部、企业(公司)单位中层以上领导干部报告个人重大事项,由本单位党委(党组)负责受理,没有设党委(党组)的单位由本单位组织人事部门负责受理。

4.领导干部个人重大事项应在事发后一个月内以书面形式向受理部门报告。

5.负责受理领导干部报告个人重大事项的党委(党组)或组织人事部门,每年一月底以前要将本单位上一年度执行《关于领导干部报告个人重大事项的规定》的情况分别向委党组(送人事司)及委纪检监察室综合报告一次。

国家民委关于开展民族团结进步表彰活动的通知

1997年7月14日

各省、自治区、直辖市人民政府,中央、国务院有关部委、直属机构,各民主党派、人民团体,解放军总政治部,新疆生产建设兵团:

为了切实贯彻党的十四届五中、六中全会精神,加强社会主义精神文明建设,进一步巩固和发展平等、团结、互助的社会主义民族关系,推动我国的民族团结进步事业不断发展,努力实现我国国民经济与社会发展“九五”计划和2010年远景目标,总结、交流国务院第二次全国民族团结进步表彰大会以来,各地、各部门贯彻党和国家的民族政策、促进各民族团结进步的成就和经验,表彰为维护祖国统一、民族团结和发展民族经济文化方面做出突出贡献的模范集体和模范个人,国家民委定于1997年至1998年在全国范围内开展民族团结进步表彰活动,现将有关事宜通知如下:

一、表彰活动的组织领导

1. 这次表彰活动由国家民委组织开展，以国家民委与各省、自治区、直辖市人民政府名义联合进行表彰。

2. 国家民委设立民族团结进步表彰活动办公室，负责表彰活动的具体日常工作。

二、表彰活动起止日期

民族团结进步表彰活动从1997年7月开始至1998年底结束。

三、表彰名额

此次民族团结进步表彰活动将表彰民族团结进步模范集体和模范个人1 000个左右，其中模范集体和模范个人各占50%。

四、表彰方式

1. 各省、自治区、直辖市评选出的模范集体和模范个人，由各省、自治区、直辖市人民政府在当地召开表彰大会，以国家民委与各省、自治区、直辖市人民政府名义联合进行表彰，届时国家民委领导将出席表彰大会，并向获奖代表颁奖。

2. 中央、国务院有关部委、直属机构，各民主党派、人民团体，解放军和武警部队评选出的模范，在北京的参加由国家民委召开的中央国家机关民族团结进步表彰大会，在地方的参加地方的表彰大会。

五、模范集体、模范个人的评选条件

1. 认真学习和实践邓小平建设有中国特色社会主义理论，坚持党的基本路线，在政治上、思想上、行动上同党中央保持一致。

2. 坚定地维护祖国统一，保持社会稳定，坚决反对民族分裂主义，努力促进各民族大团结。

3. 认真贯彻执行党的民族政策，致力于各民族的共同繁荣，坚持改革开放，积极发展少数民族和民族地区的经济建设和科技、教育、文化、体育、卫生等各项社会事业，促进各民族的全面进步。

4. 大力加强社会主义精神文明建设，成绩突出；长期坚持为民族地区和少数民族服务，做出重要贡献；在加强边防建设、增进军民团结、警民团结方面做出显著成绩。

六、模范集体、模范个人评选要求

1. 评选民族团结进步模范一定要紧紧围绕民族团结进步、稳定发展这一主题。模范集体、模范个人要具有广泛性、代表性、方向性和典型性。

2. 评选中要坚持群众路线，充分进行协商。既要注意评选为维护祖国统一、保持社会稳定、加强民族团结做出重要贡献的先进典型，又要注意评选为发展少数民族和民族地区经济文化等各项事业做出突出贡献的先进典型；既要评选促进本地民族团结进步事业的模范，又要注意评选做好少数民族流动人口工作，成绩突出的单位和个人。

3. 中央、国务院各部委及东南沿海经济发达地区，在评选民族团结进步模范集体时，要把积极扶持帮助民族自治地方和少数民族不发达地区发展经济文化等各项事业做出突出成绩的部门、企业和单位作为重点，给予优先考虑。

4. 独有民族所在地区要注意产生该民族的代表。评选的模范个人中，既要有少数民族又要有汉族，要兼顾不同地区、各个行业，同时要注意有一定数量的妇女代表，其比例要占 15%以上。

5. 分配给各地的表彰名额中，模范集体、模范个人各占 50%左右。民族团结进步模范事迹材料(各一式 10 份，每份约 3 000 字左右，事迹特别突出的字数可以多些。)连同代表登记表(各一式 5 份)经各省、自治区、直辖市人民政府审批同意后，于今年底报国家民委民族团结进步表彰活动办公室。各地区、各部门上报材料时，请将本地区、本部门民族团结进步模范名单，以各省、自治区、直辖市人民政府及各部门党组名义，用红头文件形式报国家民委。

6. 请各级人民政府切实加强对这项工作的领导，具体组织工作由各省、自治区、直辖市民委(民宗委、局、厅)负责，认真细致地做好模范集体、模范个人的评选和表彰大会的组织筹备工作。

7. 省部级领导干部、省部级党政机关单位及人大、政协机关单位不参加此次表彰活动的模范个人和模范集体的评选；各省、自治区、直辖市党委、政府、人大、政协的职能部门，中央、国务院有关部委、直属机构的职能部门可以参加评选。

8. 1988 年、1994 年受到国务院第一次、第二次全国民族团结进步表彰大会表彰的模范集体和模范个人，已属国家级表彰，不再参加此次评选；1990 年受国家民委表彰的模范集体和模范个人，可以继续参加此次表彰活动的评选。

七、表彰活动的宣传工作

各地区、各部门和新闻单位要认真做好这次民族团结进步表彰活动的宣传工作，通过开展评选民族团结进步模范活动，对全国各族人民进行一次马克思主义民族观和党的民族理论、民族政策以及民族法规的再教育，大力宣传民族团结进步模范的先进事迹，总结推广他们的经验，要使评选民族团结进步模范的过程成为检验改革开放以来民族团结进步事业成果的过程，成为推动民族团结进步事业不断发展的过程，使民族团结进步成为强大的社会舆论和良好风气。

八、名额分配说明

1. 此次表彰活动的名额分配是参照 1994 年国务院第二次全国民族团结进步表彰大会的分配名额进行分配的。同时考虑到要积极鼓励中央、国务院各部委及东南沿海经济发达地区大力扶持和帮助少数民族和民族地区发展经济文化等各项事业，对在这方面做出突出贡献的单位和企业要给予表彰，这些地区和部门的表彰名额此次有所增加。

2. 中央、国务院有关部委、直属机构，各民主党派、人民团体，解放军和武警部队，新疆生产建设兵团的模范集体、模范个人由各部门、各单位自行评选，其中分配到地方的名额，要及时通知地方民委（民宗委、局、厅），以便参加地方表彰大会。

九、各地区、各部门要尽快将负责此次表彰活动的单位、联系人、联系电话报国家民委表彰活动办公室

国家民委、四川省人民政府关于授予中共甘孜县委等单位和阿称等同志民族团结进步模范称号的决定

1997 年 10 月 17 日

为贯彻党的十五大精神，加强社会主义精神文明建设，不断巩固和发展平等、团结、互助的社会主义民族关系，促进少数民族和民族地区的经济和社会事业的发展，推动民族团结进步事业不断前进，国家民委、四川省人民政府决定联合对四川省在民族团结进步事业中做出突出贡献的集体和个人进行表彰，授予中共甘孜县委等 21 个单位民族团结进步先进集体称号，授予阿称等 24 位同志民族团结进步模范称号。

希望荣获民族团结进步模范称号的集体和个人，戒骄戒躁，再接再厉，不断取得新成绩，希望全省各族人民以民族团结进步模范为榜样，为维护祖国统一，增进民族团结，促进各民族共同繁荣，推动我国民族团结进步事业做出更大贡献。

民族团结进步模范集体、模范个人名单

一、模范集体(21 个)

中共甘孜县委
甘孜州卫生学校
甘孜州养路段
中国人民银行阿坝藏族羌族自治州分行
阿坝州金川县东方红小学
凉山州民政局
凉山州扶贫开发两项资金办公室
凉山州民族中学
中共乐山市委
攀枝花电业局
绵阳市财政局
宜宾经济技术开发区管委会
泸州市民委
雅安地区水电局
广汉市人民政府
广元市财政局
四川省卫生厅
四川省民政厅
中共四川省委办公厅
四川省民族事务委员会
阿坝师范专科学校

二、模范个人(24 名)

阿　　称	男	藏	甘孜州人民政府州长
古学达吉	男	藏	康定县人大常委会副主任
李崇喜	男	汉	中共阿坝州委书记
黄明友	男	藏	中共理县县委书记

代文杰	男	羌	阿坝州公路局局长
沈树德	女	汉	汶川县蔬菜站顾问
肖光成	男	汉	中共凉山州委书记
高　勇	男	回	凉山州人民政府副州长
张中由	男	汉	中共宁南县委书记
阿卓哈布	男	彝	农行凉山州分行行长
马国刚	男	彝	乐山市金口河金刚公司总经理
蔡　明	女	回	犍为县罗城镇幼儿园园长
谷万权	男	傈僳	攀枝花市盐边县金河乡苏家坪煤矿矿长
李安发	男	羌	绵阳市北川县人民政府县长
龚锦华	男	汉	成都卷烟厂厂长
杨兴理	男	汉	宜宾市珙县人民政府县长
罗文庆	男	苗	泸州市古蔺县民族宗教办主任
杨水源	男	汉	中共雅安地委书记
李开杰	男	回	达川市文化局局长
刘中山	男	汉	四川省交通厅厅长
刘云夏	男	汉	四川省委组织部党政处、民干处副处长
黄工乐	男	汉	四川省财政厅厅长
张居平	男	汉	四川省邮电管理局局长
杨志发	男	彝	中共西昌农业专科学校党委书记

国家民委关于授予云焕焕等同志全国民族团结进步模范称号的决定

1997年11月5日

为深入贯彻落实党的十五大精神，促进少数民族和民族地区社会主义精神文明建设，决定授予出席第五次全国人民群众见义勇为与犯罪分子作斗争先进分子表彰大会的云焕焕（蒙古族）、赵宝芹（满族）、张力华（回族）、蔡勇杰（朝鲜族）、王杰（苗族）、龙化伟(壮族)、刘全召(侗族)、石勒丁(景颇族)、李光富(傈僳族)、旺青(藏族)、小罗布(藏族)、托尕(藏族)、史苍(满族)、克然木·吾加(维吾尔族)同志“全国民族团结进步模范”称号。

希望荣获“全国民族团结进步模范”称号的同志再接再厉,为维护社会稳定,增进民族团结,促进各民族共同繁荣再立新功。

中共中央组织部、中共中央统战部、国家民委关于印发王兆国同志和李铁林、陈虹同志在1997年挂职锻炼少数民族干部培训班上的讲话的通知

1997年12月24日

各省、自治区、直辖市和各副省级城市党委组织部、统战部、政府民委,中央和国家机关各部委、各人民团体干部(人事)司(局):

现将全国政协副主席、中央统战部部长王兆国同志和中央组织部副部长李铁林、国家民委常务副主任陈虹同志在1997年挂职锻炼少数民族干部培训班上的讲话印发给你们,请结合本地本部门的实际,认真贯彻执行。

王兆国同志在1997年挂职锻炼少数民族干部培训班上的讲话

1997年10月31日

同志们：

这一期少数民族干部挂职锻炼活动就要结束了。在挂职锻炼结束前，举办这个培训班，总结经验，交流情况，进一步巩固锻炼成果，很有意义。我代表中央统战部对各位取得的成绩表示热烈的祝贺！

这次挂职锻炼虽然只有半年的时间，但时机很好，收获很大，概括起来至少有四个方面的收获。

第一，有利于学习、领会和贯彻党的十五大精神。这次挂职锻炼期间，适逢党的十五大召开，大家都认真参加了所在单位组织的学习讨论。目前，各地区、各单位都在研究、部署如何结合各自的实际，贯彻落实十五大精神，大家也都参与了。在这几天的培训班上，大家还听了一些重要的辅导报告。这对于大家回去之后，结合本地实际，深入学习和贯彻落实党的十五大精神，会有很大帮助。

第二，有利于大家开阔视野，转变观念。民族地区脱贫致富，发展经济，首先有一个解放思想、转变观念的问题。十五大期间，我在云南代表团。云南的同志介绍，在一些少数民族地区，很多人缺乏最基本的商品意识。有一个人开饭馆，买了500多块钱的酒。按当地习惯，谁家办事，大家都要来吃喝，结果，500多块钱的酒最后就卖了1块钱。有的地方的农民把自己家里多余的东西摆在路口与别人交换，自己还要隐藏起来。这两个例子虽属个别，但也生动地说明在一些地区观念落后的问题确实是存在的。最近，我们组织的光彩事业，帮助一个地区脱贫，采取了招工扶贫的方式，每一户招一人到深圳等沿海地区做工。一个人出去打工，就能帮助全家脱贫，这样的好事，动员起来却相当难啊！很多家庭宁愿受穷，就是不让孩子出去。这都是观念上的问题。要使少数民族群众转变观念，首先是干部要转变观念。大家通过这次到中央国家机关各部委和一些经济发达的省市挂职锻炼，到了一个崭新的环境，接触到不少新的东西，学到了不少新的知识，开阔了视野，丰富了经验。我相信，通过这次挂职锻炼，同志们的思想观念都会有较大程度的转变。

第三，有利于密切民族地区与中央国家机关和经济发达地区的联系。通过挂职锻炼，同志们与中央国家机关和有关省市建立了比较密切的联系。这对于各部委和经济发达地区支持少数民族地区发展经济和其他各项事业都会大有帮助。上一期有位在某部委挂职的同志，主动向部委领导汇报当地的情况，引起高度重视，他那个地区获得投资几千万元，建起了一个工厂。所以，挂职锻炼是同有关部门建立联系的好机会。这些联系、友谊，是一种资源、一笔财富。

第四，有利于增进民族团结。大家来自不同的民族和地区，在挂职锻炼、集中培训过程中，不同民族、不同地区的干部互相学习，加深了感情，结下了深厚的友谊。这有利于加强民族团结，巩固和发展平等、团结、互助的社会主义民族关系。在当今世界上，我国各民族之间的关系处理得最好，团结和睦、互相帮助。为什么会这样呢？一个重要的原因就在于我们有一大批优秀的促进民族团结的少数民族干部。

同志们，组织少数民族干部到中央国家机关和经济发达地区挂职锻炼已经进行了8年。这项工作始终受到有关部门的高度重视，规模逐年扩大，效果越来越好。参加挂职锻炼的人数由最初每年50名发展到每年100多名。接受挂职锻炼的有关部委和省市对这项工作都非常重视，有意识地给同志们交任务、压担子。有的部委主要领导同志还亲自找挂职的同志谈话、谈心，尽力为同志们创造比较好的工作、生活条件。同志们在挂职期间之所以能取得好的成绩，同接受挂职的部委和省市高度重视、热情支持是分不开的。借此机会，我们对给予少数民族干部挂职锻炼工作高度重视、支持和关心的中央国家机关各部委、各省市表示衷心的感谢！

党中央历来十分重视少数民族干部的培养工作。选派少数民族干部进行挂职锻炼，是贯彻党中央有关指示精神，培养优秀少数民族干部的一项重要措施。党中央、国务院都非常重视少数民族地区的经济发展、社会进步、民族团结和社会稳定。党的十五大报告，特别强调民族工作的重要性，提出要更加重视和积极帮助少数民族地区发展经济，要从多方面努力，逐步缩小地区发展差距；要全面贯彻党的民族政策，坚持和完善民族区域自治制度，巩固和发展平等、团结、互助的社会主义民族关系，促进各民族共同繁荣进步。方针政策确定之后，干部就是决定因素。要贯彻落实好党的十五大精神，完成党和国家确定的发展少数民族地区经济、文化等艰巨任务，关键要靠一支高素质的少数民族干部队伍。少数民族地区经济发展落后，有自然的、地理的、气候的原因，也有历史的原因。但必须承认，同样的自然环境，领导干部的素质不同，情况也会大不一样。十五大期间，电视报道介绍了广西壮族自治区一个山村的党支部带领群众修路的故事，非常感人。为了修通一条路，脱贫致富，党支部带领群众干了22年。有一位支部书记，5年春节没有回家。有这样的党组织，有这样的干部，再贫穷落后的地方，也会改变面貌。所以，要改变少数民族地区的落后面貌，加快经济、文化等各方面发展，说到底要依靠少数民族地区的党政领导带领广大群众去实现。

同志们很快就要返回原来的工作岗位了。希望你们回去后，把学到的知识，取得的经验，建立的联系，充分运用于本地区的经济建设和社会发展，使少数民族地区在经济发展、社会进步、民族团结、社会稳定等方面取得更大的成绩。希望你们认真学习贯彻党的十五大精神，带领各民族的广大干部群众，紧密地团结在以江泽民同志为核心的党中央周围，高举邓小平理论的的伟大旗帜，把我们国家建设得更加繁荣昌盛。

李铁林同志在1997年挂职锻炼少数民族干部培训班上的讲话

1997年10月31日

同志们：

在1997年少数民族干部挂职锻炼即将结束的时候，中央组织部、中央统战部和国家民委把大家集中起来办培训班，学习贯彻十五大精神，交流挂职锻炼的体会，请中央国家机关有关部门的领导同志作学习十五大文件精神辅导报告，同时，讲一讲国内外形势和有关专题，目的是帮助大家深刻领会十五大精神，了解全局，拓宽思路，进一步巩固锻炼成果。

下面，我讲几点意见。

一、通过各方面的共同努力，今年少数民族干部挂职锻炼工作取得了较好的成效

选派少数民族干部到中央、国家机关和经济相对发达地区挂职锻炼，是中央组织部、中央统战部和国家民委贯彻中央的指示，为民族地区和少数民族培养领导骨干所做的一项重要工作。这项工作从1990年开始做起，八年来，共安排了700名少数民族干部参加挂职锻炼。今年挂职干部总数为171名，分别来自17个省区，31个民族。其中，到中央、国家机关(55个单位)挂职的101名，到4个直辖市、15个副省级城市挂职的50名，到“全国农村经济综合实力百强县”挂职的20名。这171名干部中，有地(厅)级干部38名，县(处)级干部133名；有妇女干部35名，非中共党员干部12名。

中央两部一委对少数民族干部挂职锻炼工作一贯很重视。为了做好今年的少数民族干部挂职锻炼工作，两部一委专门召开了两个会议，进行了安排部署。一个是3月6日在成都市召开了17个派出干部省区协调会，针对近年来干部挂职期间出现的一些问题，突出强调保证选派干部质量，在挂职干部的选配、管理以及加强对这项工作的领导、落实责任制等方面，对各省区提出了明确的要求。另一个是4月22日在北京召开了接收单位协调会，要求各接收单位在热情关心和照顾的同时，进一步加强对挂职干部的教育和管理。

经过各方面的共同努力，今年少数民族干部挂职锻炼的工作，在过去基础上又有新的进步。

第一，各省区认真落实成都会议精神，注意改进挂职干部的选派工作，严格审查把关，不符合条件的坚决不予选派。因此，今年参加挂职锻炼的干部大都是比较优秀的中青年干部，整体素质比较好。多数省区还按照会议要求对派出挂职的干部进行了岗前教育，讲清挂职的目的、意义和要求；在挂职期间，注意同接收单位和干部本人保持经常性的联系，及时沟通信息，加强对挂职干部的管理。

第二，挂职干部自身更加努力。同志们大都来自民族地区，生活条件发生了很大变化，不同的气候、饮食、习俗等方面的差异，从客观上造成了不少困难。但是，同志们以事业为重，以学习锻炼为重，努力适应工作环境的变化，尽快找准位置，虚心学习，表现出了很高的工作热情和勤于学习 、顽强进取的精神。绝大多数同志能够严格要求自己，认真按照派出省区和接收单位的要求去做。有的同志出差时，本想顺路回家，但考虑到挂职时间有限，为了抓紧时间多学习，便放弃了回家的念头，按计划返回挂职单位；有的同志确因工作需要回原工作单位，也能够抓紧时间，处理完问题立即回来；有的同志为了不影响学习锻炼，家里有困难也不向组织开口，自己克服了困难。可以说，大家的每一点收获，都凝聚着自己辛勤的汗水和心血。

第三，各接收单位在严格要求、严格管理方面做了大量工作。中央有关部门和有关省市，把接收少数民族干部挂职锻炼作为一项政治任务来对待，精心安排，悉心指导，热情关心，表现了强烈的政治责任感和高度负责的精神。在学习安排方面，大都为挂职干部制定一个很好的锻炼计划。在生活方面，充分尊重少数民族干部的生活习俗，尽可能地创造了较好的条件。在组织纪律方面，要求挂职干部要和在职干部一样，严格遵守政治纪律、组织纪律和工作纪律，遵守有关规章制度；挂职期间不得随意离开挂职岗位；无特殊情况干部本人和家属均不安排探亲；有事要请假等。在日常管理方面，要求挂职的党员干部认真参加所在单位党组织的组织生活或民主生活会，定期向党组织汇报思想和工作情况；领导同志经常了解挂职干部的思想状态、工作表现、作风纪律等方面的情况；注意同派出单位保持联系，及时通报情况，交流信息。有关省市和部委党委（党组）及组织人事部门，还定期对少数民族干部挂职锻炼工作进行检查，看具体接收单位是否给挂职干部及时分工定位，是否承担起了管理教育责任，是否提供了基本的工作和生活条件等。可以说，没有各接收单位的大力支持和认真细致的工作，少数民族干部挂职锻炼工作就不可能取得良好效果。

总体上看，通过半年的学习锻炼，绝大多数挂职干部思想政治素质进一步提高，工作思路进一步拓宽，发展民族地区各项事业的紧迫感进一步增强，民族地区与中央和经济相对发达地区的联系进一步紧密。实践证明，选派少数民族干部到中央和经济相对发达地区挂职锻炼，对于加强民族地区领导班子和干部队伍建设，促进民族地区经济和各项事业的发展，增进民族团结，帮助中央、国家机关了解下情、转变工作作风，都起到了很好的作用。因此，这项工作还应当坚持下去，并不断地改进和加强。

二、适应跨世纪的战略需要，继续为建设高素质的少数民族干部队伍而努力工作

跨世纪的伟业，需要跨世纪的高素质的干部队伍。认真做好少数民族干部挂职锻炼工作，对于建设一支高素质的少数民族干部队伍，保证党的十五大精神在民族地区的贯彻落实，具有十分重要的意义。

党的十五大是在世纪之交，我国社会主义改革开放和现代化建设承前启后、继往开来重要时期召开的一个历史性会议，是保证我们党继承邓小平同志遗志，把建设有中国特色社会主义伟大事业全面推向21世纪的动员大会，是我们党和我国社会主义现代化建设历史上的一个极其重要的里程碑。江泽民同志在十五大所作的报告，高瞻远瞩，高屋建瓴，全面、系统地回答了在世纪之交，中国共产党人举什么旗帜、走什么道路、树什么形象等重大问题，是我们党第三代领导集体带领全国各族人民迈向新世纪的政治宣言和行动纲领。江泽民同志在报告中既回顾了中国人民百年来的奋斗历史，又展望了下世纪50年的发展前景；既总结了我国改革开放近20年特别是十四大以来5年所取得的巨大成就和实践经验，又对我国社会主义现代化建设跨世纪发展的宏伟目标作出了战略部署。这对于我们胜利实现本世纪末的奋斗目标，进而在下一世纪开创更加壮丽、更加辉煌的前程将产生极其重大而深远的影响。

江泽民同志在十五大报告中明确指出："按照革命化、年轻化、知识化、专业化方针，建设一支适应社会主义现代化建设需要的高素质干部队伍，是我们的事业不断取得成功的关键。"现在，我们正处在社会主义事业承前启后、继往开来的重要时期，能不能抓住机遇，迎接挑战，加快改革开放和现代化建设步伐，顺利实现十五大提出的宏伟目标；能不能始终坚持党的基本理论、基本路线和基本方针不动摇，保持国民经济持续健康发展和国家长治久安，使我国以崭新的姿态跨入21世纪，在未来的世界格局中占据主动地位，关键在党，关键在人，关键在于各级领导干部。

少数民族干部是党的干部队伍的重要组成部分。少数民族干部工作是党的干部工作的重要组成部分。从一定意义上讲，建设高素质的干部队伍，就是要建设一支高素质的包括汉族和少数民族在内的各民族干部队伍。如果离开了广大少数民族干部素质的提高，建设高素质干部队伍的工作就是不全面的，这项战略任务也是完成不好的。不仅如此，由于广大少数民族干部在把党的十五大精神落实到民族地区的过程中，在维护国家统一和民族团结、繁荣民族地区经济和文化等各项事业中，有着特殊重要的作用，对少数民族干部的素质，在一些方面还应当有特殊的、更高更严的要求。因此，我们在少数民族干部工作中，必须坚决地、全面地贯彻十五大精神，在提高少数民族干部素质上狠下功夫。

所谓高素质，最重要的一条就是高举邓小平理论伟大旗帜不动摇，在思想上和工作中牢固确立邓小平理论的指导地位。旗帜问题至关紧要。理论的旗帜是实践的向导，

没有正确的理论，就没有正确的行动，没有伟大的理论旗帜来指引，就没有中国革命和建设的伟大胜利。把几年来我们所熟悉的“邓小平建设有中国特色社会主义理论”概括为“邓小平理论”，把邓小平理论确定为党的指导思想，写入党章，具有重要的理论意义和实践意义，说明我们党在实践中对邓小平理论认识的深化，表明我们党第三代领导集体高举邓小平理论伟大旗帜的坚定信念，也反映了全国各族人民的共识和心愿。实践证明，邓小平理论是伟大的旗帜，光辉的旗帜，胜利的旗帜。在当代中国，只有邓小平理论，能够解决我国社会主义的前途和命运。高举邓小平理论伟大旗帜不动摇，实际上就是继续坚持十一届三中全会以来的路线不动摇，即坚持党的基本路线不动摇。为此，江泽民同志强调指出：“在社会主义改革开放和现代化建设的新时期，在跨越世纪的新征途上，一定要高举邓小平理论的伟大旗帜，用邓小平理论来指导我们整个事业和各项工作。这是党从历史和现实中得出的不可动摇的结论。”

建设高素质的少数民族干部队伍，要做的工作很多，其中重要的一项就是切实抓好培养选拔少数民族优秀年轻干部工作，大力提高少数民族年轻干部的政治业务素质。随着时间的推移，干部队伍和领导班子不可避免地要进行新老交替，这是一个不断进行、永无完结的历史过程，是由自然规律决定的。我国是一个统一的多民族的国家，有5个民族自治区、30个民族自治州、121个民族自治县。这一基本国情决定了我国民族干部工作的特殊重要性。我们能不能把一批又一批的少数民族年轻干部培养教育好，把民族地区的各级领导班子选拔配备好，不仅直接关系到民族地区的发展和稳定，而且关系到全国改革、发展、稳定的大局，关系到建设有中国特色社会主义事业的兴衰成败，关系到21世纪中国的前途命运。组织少数民族干部到中央国家机关和经济相对发达地区挂职锻炼，是培养少数民族年轻干部的一项重要措施。我们就是要站在这样的高度，提高对做好少数民族干部挂职锻炼工作重要性的认识，增强做好工作的责任感和紧迫感。

今后几年，要继续努力，保证实现中央两部一委商定的，到2000年使挂职干部总数达到1000名左右的目标。根据十五大精神和加强民族地区干部队伍建设的需要，少数民族干部挂职锻炼工作要进一步改进。具体如何改进，需要各有关方面积极探索，总结经验。根据目前的形势和任务，我考虑，从明年起，少数民族干部挂职锻炼工作在以下几方面应当有所改进。

一是要重点选派地（州市）或县（市区）党政领导班子成员，特别是党政正职参加挂职锻炼。在前几年的挂职锻炼干部中，人员来自方方面面，这当然是必要的，但党政领导班子成员参加的不多，特别是地（州市）、县（市区）党政正职更少。虽然每个参加挂职的同志都有各自的收获，回去以后也都可以发挥各自的作用。但是，应当说，党政领导班子成员，特别是党政正职经过挂职锻炼后，发挥的作用会更大一些。实践表明，通过一个人思想的解放、工作能力和领导水平的提高，往往可以带动一个班子，影响一批干部，进而促进民族地区经济及各项事业的发展。因此，今后几年选派挂职干部，要保证重点。各省区要舍得选派党政领导班子成员，特别是党政正职参加挂职锻炼。争取用三年左右的时间，使30个民族自治州、121个民族自治县党政领导班子中没有参加过两部一委组织的专门培训的干部，全部挂职锻炼一次。同时，要注意从部分省(区)、地(州市)共青团组织中，选派一定数量比较优秀的处级以上少数民族领导干部参加挂职锻炼。

二是要强化理论武装，解放思想，转变观念。要高举旗帜，就要正确地认识旗帜，牢牢地掌握旗帜。邓小平理论内容极为丰富，要领会其精神实质，不是通过一遍两遍甚至一年两年的学习，就能够做到的，一定要联系改革和建设的实际去学习、去思考，在对现实问题的思考中理解和掌握这个科学理论。由于自然、历史和社会的原因，不少民族地区与经济相对发达地区存在着一定差距，从一定意义上说，主要是思想观念上的差距、对邓小平理论的理解和实际运用上的差距。因此，少数民族干部挂职锻炼期间，必须结合实际认真学习邓小平理论。要让少数民族干部在改革开放和现代化建设的实践中，亲身体会发达地区是如何运用邓小平理论去分析问题、解决问题，从而推动改革开放和现代化建设的。通过对比，加深对邓小平理论的理解，进一步解放思想，更新观念，把各地好的经验运用到民族地区改革和建设的实践中去。在方法上，除了参加挂职单位的集体学习外，对挂职干部，要指定必读篇目，明年挂职结束前的培训班，可以增加交流学习成果的内容。要求每个挂职干部都要结合实际写一篇学习邓小平理论的体会文章。

三是要注重提高少数民族干部的工作能力和领导水平。接收单位要尽可能给挂职干部交任务、压担子，让他们在实际工作中解放思想，开阔视野，积累工作方法和经验，拓宽工作思路，提高实际工作能力。特别是对挂职的党政主要领导干部，在职务安排上要优先考虑，安排重要部门、重要岗位，使他们能够真正得到锻炼，进一步提高驾驭社会主义市场经济的能力、统揽全局的能力、组织协调的能力、知人善任的能力和处理突发事件的能力，更好地担负起促进民族地区经济和各项社会事业发展的重任。

四是要进行跟踪考察、继续培养。培养选拔一个年轻干部，需要付出很大的努力，做大量工作。一次挂职不能一劳永逸。派出干部省区对经过挂职锻炼的干部，要采取其他培养措施，继续对他们进行再培养、再提高，使那些整体素质较好、有发展潜力、比较优秀的年轻干部尽快成长起来，进入各级领导岗位，真正担负起跨世纪的重任。明年，各派出干部省区要对前几年参加挂职锻炼的少数民族干部逐人进行一次摸底调查，看一看他们现在发挥作用的情况如何，组织上继续培养和使用的情况如何，有哪些经验和典型，存在哪些问题以及如何改进，向两部一委写出专题调查报告，以便在今后的工作中加以借鉴。中央两部一委也应加强对这项工作的督促检查。

三、经过挂职锻炼的少数民族干部，要为促进民族地区经济和各项事业的发展作出更大的贡献

十五大的主题高举邓小平理论伟大旗帜，把建设有中国特色社会主义事业全面推向21世纪。贯彻十五大精神，必须牢牢地把握社会主义初级阶段的主要矛盾，紧紧扭住经济建设这个中心，一心一意发展社会生产力。发展才是硬道理，中国解决所有问题的关键在于依靠自己的发展。加快民族地区改革开放和经济建设，促进地区经济合理布局和协调发展，是十五大提出的目标，是民族地区的中心任务，是各民族干部的共同责任。经过挂职锻炼的同志，应当在促进民族地区改革开放和经济发展方面，发挥更大的作用。当前，要特别注意做好以下几点：

第一，要审时度势，抓住机遇而不可丧失机遇。江泽民同志强调，“能否抓住机遇，历来是关系革命和建设兴衰成败的大问题。”在世纪之交，党中央响亮地提出机遇问题，振聋发聩。广大少数民族干部一定要增强机遇意识，增强时代的紧迫感，抓住机遇，加快发展步伐。江泽民同志在十五大报告中还指出，要“更加重视和积极帮助少数民族地区发展经济，从多方面努力，逐步缩小地区发展差距。”并提出“国家要加大对中西部地区的支持力度，优先安排基础设施和资源开发项目，逐步实行规范的财政转移支付制度，鼓励国内外投资者到中西部地区投资。进一步发展东部地区同中西部地区多种形式的联合和合作。”对于民族地区来说，这是一次难得的发展机遇。机遇就是有利的客观环境和条件，但机遇是稍纵即逝的。无数事实证明，谁能抓住机遇，谁就能争取时间，赢得加快发展的主动权。能否抓住机遇，加快民族地区的经济发展，无论是对于中西部地区的现代化建设，还是对全国区域经济的协调发展，都将产生重大影响。希望同志们增强事业心和责任感，团结带领广大群众，抓住机遇，迎接挑战，为把民族地区经济和各项事业搞上去而努力奋斗。

第二，要解放思想，开拓进取而不可因循守旧。十五大报告冲破了对所有制结构和实现形式的传统认识，提出公有制要有多种实现形式。这一理论上的飞跃和突破，必将推动我国经济的大发展，出现新一轮改革开放和经济发展的热潮。能否抓住本世纪最后一次机遇，跟上时代发展的步伐，对民族地区的广大干部是一次严峻的考验。加快中西部地区改革开放和经济发展，不可避免地会遇到这样那样的困难和问题，有可能还会遇到一些风险，如果没有一点闯的精神，没有一点冒的精神，就走不出一条好路，就干不出新的事业。因此，必须进一步解放思想。思想不解放，就缺乏发现和利用机遇的能力，就会和千载难逢的发展机遇失之交臂。要缩短同发达地区的差距，因循守旧不行，行动迟缓也不行，必须思想更解放一点，胆子再大一点，步子再快一点。希望同志们以十五大精神为强大动力，来一个思想上的大解放，从本地区本单位的实际出发，不要搞无谓的争论，把精力集中到发展生产力、加快改革开放步伐上来，只要符合“三个有利于”的标准，就大胆闯、大胆试，力求在各自改革的重点难点问题上取得新的突破。

第三，要励精图治、自强不息而不可怨天尤人。加快民族地区的经济发展，国家和经济相对发达地区的支援和帮助是必要的，但最根本的还是要依靠当地各级干部带领广大群众自力更生，脚踏实地地工作。由于历史和客观的原因，民族地区与经济发达地区相比还存在一定的差距。特别是一些贫困地区，生存条件十分恶劣，交通不便，信息闭塞。这样的客观环境造就了人们特别能吃苦、特别能忍耐的顽强性格，有时也会形成望贫兴叹、不思进取、“等靠要”等封闭保守的观念。要脱贫，先立志。改变落后面貌首先要振奋精神，改变那种听天由命、安贫乐道的精神状态，树立起自强不息、艰苦奋斗的坚强意志。这就特别需要大家带头发扬艰苦奋斗、奋发图强的精神，象党的好干部孔繁森、陈金水等同志那样，任何时候，都要以党的事业、人民的利益为重，为国家、为人民奋不顾身地工作。希望同志们把半年来在挂职锻炼过程中学到的好的经验和做法，创造性地运用到实际工作中去，带领广大干部群众振奋精神，励精图治，顽强拼搏，为改变贫困地区的落后面貌，为促进民族地区经济和社会发展作出新的贡献。

第四，要顾全大局，维护团结而不可有碍团结。改革开放和经济建设需要一个稳定的社会环境。没有一个好的社会环境，什么事也干不成。各民族干部都要树立全局观念和大局观念，自觉维护改革、发展、稳定这个全党工作的大局。在工作中，要正确处理局部利益和全局利益的关系，地方利益、部门利益与国家利益的关系。要牢固树立马克思主义民族观、宗教观，善于运用马克思主义的立场、观点和方法认识、处理新形势下的民族问题，提高做好民族工作的本领；熟悉和正确执行党的民族政策和干部政策，正确处理好自治民族与其他民族的关系，既要反对大民族主义，也要反对地方民族主义；要坚持“两个离不开”的原则，少数民族干部和汉族干部要相互理解、相互信任、相互支持；要以大局为重，在坚持党的基本理论、基本路线的基础上，自觉维护民族团结。当前，境外敌对势力利用民族、宗教问题大做文章，妄图破坏我国的民族团结，最终达到颠覆我国的罪恶目的，大家要带头同他们作斗争。一些不明真相的人容易受到欺骗和蒙蔽，希望同志们充分发挥与本民族干部群众联系广泛密切的优势，理直气壮地大力宣传党的民族、宗教政策，解疑释惑，化解矛盾，为维护各民族的团结尽自己的一份力量。

同志们在中央、国家机关和经济相对发达地区挂职锻炼的过程就要结束了，但锻炼自己、提高自己、丰富自己、完善自己是永无止境的。对参加挂职锻炼的同志来讲，无论是两部一委，还是选派地区和接收单位的党组织，都对大家寄予很高的希望。中央两部一委在看着你们，大家曾经工作过或即将去工作的地区和部门的干部群众也会看着你们。同志们肩上的任务很重，脚下的路很长。我们相信你们当中的绝大多数同志，会以今后的实际行动，向党和人民交出一份满意的答卷。

最后，希望大家按照两部一委的要求，认真搞好这次挂职锻炼的总结和回去后的汇报工作。各派出单位和接收单位的党组织，要对挂职干部的思想表现和工作情况进行考察，认真负责地做出组织鉴定。这次培训班结束后，同志们很快就要分赴各自的工作岗位，祝大家一路平安，工作顺利！

陈虹同志在1997年挂职锻炼少数民族干部培训班上的讲话

1997年10月31日

同志们：

正当全国各族人民深入学习、贯彻党的十五大精神之际，中央组织部、中央统战部和国家民委把大家集中在一起，举办1997年挂职锻炼少数民族干部培训班。开班4天来，大家认真学习了党的十五大文件，听取了中央和地方有关部门负责同志的学习辅导报告和国内外形势专题报告，总结交流了挂职锻炼的收获和体会。今天几位同志发言都很好，听后很受启发和教育。

中央组织部、中央统战部、国家民委选派少数民族干部到中央、国家机关和经济相对发达地区挂职锻炼工作已经进行了8年。实践证明，选派少数民族干部挂职锻炼，是培养提高少数民族干部素质的一种有效方式，受到了民族地区的领导和少数民族干部的热烈欢迎，也得到了中央领导同志的充分肯定。几年来，这项工作取得了比较明显的成效。今年少数民族干部挂职锻炼，有以下几个特点：

第一，领导重视，要求明确。今年，三部委首先在成都召开了少数民族干部选派省区协调会议，接着又在北京召开了少数民族干部挂职锻炼接收单位协调会，对派出干部省区和接收单位如何做好对挂职干部的培养和管理工作提出了明确的要求。各有关省区对此项工作都非常重视，在繁忙的工作中，下决心选派了一批优秀中青年干部。接收单位的领导也非常重视，精心安排他们挂职工作，并在生活上给以关照。许多单位领导包括一些兼任部委领导职务的党和国家领导人，在百忙中接见挂职的民族干部，对他们提出要求和希望。各级组织、统战、民委等工作部门综合协调，密切合作，共同做好选派少数民族干部工作。

第二，这期挂职人数多，范围广，层次高，挂职实。今年选派的171名少数民族干部挂的基本是实职。这就使得挂职的同志在所任职务上，有职有权有责任，能身临其境，身体力行，可以在干中学，学中干，锻炼与实干融为一体，便于发挥才能，也利于增长才干。

第三，挂职的同志收获大，体会多，感触深。同志们普遍感到挂职时间虽然不长，但收获很大，进一步解放了思想，转变了观念，增强了改变民族地区面貌的紧迫感和责任感。在中央、国家机关挂职锻炼的同志，通过参与领导机关某些决策的酝酿直至形成过程，提高了政策水平和宏观管理能力，也增强了全局意识。在经济发达地区挂职锻炼的同志，通过亲自参与经济发达地区的改革开放和经济建设，耳闻目睹发达地区的变化，感到少数民族地区与经济发达地区在思想观念、人的素质上的差距。对邓小平同志关于“解放思想，转变观念”、“发展才是硬道理”等论述有了更深刻的理解和认识。同时，通过挂职锻炼增进了各民族团结，密切了民族地区与中央国家机关和经济发达地区的联系。民族干部利用挂职机会，虚心学习，大胆参与工作，学到了很多新思路、新方法和新经验，开阔了眼界，增长了才干，提高了工作能力，密切了发达地区同民族地区的感情。中央国家机关和经济发达地区的同志，也从少数民族干部身上学习到了许多好思想、好作风、好品质，也了解了民族地区的情况，增强了为少数民族和民族地区服务的责任感。挂职同志中，不少同志是带着任务和问题来学习锻炼的，一方面积极宣传民族地区的资源优势和优惠政策，寻求合作伙伴；另一方面积极收集信息资料、学习各种经验和方法。不少地方和单位为民族地区引进项目、资金、技术、人才和劳务输出，并在建立经济协作关系等方面办了不少实事，增进了各民族同胞间的感情。

下面，我结合学习贯彻十五大精神，就提高少数民族干部自身素质有关问题讲几点意见：

一、高举旗帜，认真学习邓小平理论和十五大精神

高举邓小平理论的伟大旗帜，是十五大的灵魂，也是我们行动的指南。近二十年改革开放和社会主义现代化建设的成功实践证明，邓小平理论是毛泽东思想的继承和发展，是马克思主义在中国发展的新阶段，是当代中国的马克思主义。邓小平理论开创了建设有中国特色社会主义的新道路，是指导中国人民在改革开放中胜利实现社会主义现代化唯一正确的理论。高举这面旗帜，对于统一思想、统一认识具有重要的意义。因此，我们要深刻理解邓小平理论的精髓，深刻理解邓小平理论的历史地位、指导意义，增强高举邓小平理论旗帜的自觉性。认真学习，就要深刻领会精神实质。深刻领会和理解邓小平理论关于坚持解放思想、实事求是，在新的实践基础上继承前人又突破陈规，开拓了马克思主义的新境界；深刻领会和理解邓小平理论坚持科学社会主义理论和实践的基本成果，抓住什么是社会主义，怎样建设社会主义的根本问题，深刻揭示社会主义本质，把对社会主义的认识提高到新的科学水平；深刻领会和理解邓小平理论对当今时代特征和总体国际形势的正确分析和新的科学判断。总之，要深刻领会和理解邓小平理论所形成的新的建设有中国特色社会主义理论的科学体系。

小平同志关于民族方面的理论是邓小平理论重要的组成部分。江总书记在十五大的报告中，多处阐述了邓小平理论关于民族工作的光辉思想。如：把民族区域自治制度列为国家三大政治制度之一；强调要进一步帮助和促进少数民族和民族地区发展经济

和各项社会事业；更加明确了新时期解决民族问题的任务和要求；并把“民族团结”列入普遍性思想道德建设的主要内容，等等。所以我们在深入学习十五大精神过程中，要结合民族工作实际，认真学习邓小平关于民族问题的理论，把民族工作提高到一个新的水平。

二、认真学习社会主义初级阶段理论，坚持实事求是的思想路线

社会主义初级阶段理论是我们党运用邓小平理论的科学原理，正确分析国情和社会发展的实际水平而得出的重要结论。十五大重申了这一理论并作出新的阐述。我国现在正处于社会主义初级阶段，这是我国最基本的国情，是制定党的基本路线、纲领、方针、政策的依据和出发点。社会主义初级阶段的理论完全符合民族地区实际，民族地区与全国比较，底子更薄，起点更低。新中国建立初期，广大民族地区生产力发展水平极其低下，社会形态几乎包括了人类社会史上所有的发展阶段。像我国这样在同一时间内活生生地并存着人类社会的几乎所有发展阶段的现象，世界上也是罕见的。不同历史发展阶段并存，自然就出现了不平衡。这种不平衡，首先表现为各民族社会生产力发展上的差距，显然这种差距不是几年、几十年间形成的，造成这种状况的时间相当久远。因此要改变这种状况也必须有一个艰苦的过程，必须付出极大的努力。这个特点决定了我们中华民族在建设社会主义和实现现代化的进程中，将会遇到这样那样的特殊问题和困难，也就是说，社会发育上的差距，将会在现代化建设的进程中存在相当长的的时间，并将产生不容忽视的滞后作用。对这些问题，我们必须用社会主义初级阶段的理论去认识，在这个理论指导下，研究切实可行的政策措施。

人民日益增长的物质文化需要同落后的社会生产之间的矛盾，是贯穿我国社会主义初级阶段整个过程和社会生活各个方面的社会主要矛盾。这个矛盾，在广大民族地区表现得更为突出。这就是要求我们在改革的举措上，在工作指导上，要进一步深化对“三个有利于”的认识，把握社会主义初级阶段理论，坚持以经济建设为中心，以“三个有利于”为标准，采取有效措施，发展民族地区经济。要进一步解放思想，一切有利于发展民族地区经济的办法、措施，一切有利于加强民族团结、社会稳定的政策、措施都应加以探索和试验。做到这一点就要坚持我们党的实事求是的思想路线，用马列主义、毛泽东思想、邓小平理论观察、分析、处理现实问题。在把握客观实际上下功夫，切实做到主观与客观相统一。要努力使本地区、本单位形成一种实事求是、说实话、办实事，反对浮夸作风、反对弄虚作假的政治环境，形成一种良好的社会氛围。只有这样，才能确保我们党的实事求是思想路线和各项方针政策落实到基层。

由于各民族地区在发展水平、历史传统、文化背景、风俗习惯等方面都有自己的特点，我们在工作中一定要把握这些特点，有的放矢，加强针对性。坚持一切从实际出发，努力探索适合本地实际的发展路子。他山之石，可以攻玉。外地经验会给人以启发、借鉴，是重要的财富。只有善于学习的人才能从外地经验中吸收营养发展自己。这次同志们都从不同侧面学到了一些好的经验。但对经验也应采取科学求实的态度。不能对别

的地方的办法照抄照搬，简单套用。只有找准结合点，创造性地开展工作，才能把政策和经验变为物质力量。

三、振奋精神，知难而上，努力缩小差距

关于东西部差距问题，各方面议论比较多。应该承认，民族地区与东部沿海发达地区在经济和社会发展上确实存在着明显的差距。面对这种差距，有两种态度：一是消极退缩，怨天尤人；二是正视现实，知难而上，正确认识差距，寻找造成差距的原因，寻求缩小差距的办法，努力工作，去争取逐步缩小这种差距。多数同志是后一种良好的精神状态。

前不久，国家民委的同志下去调研，遇到一位党外藏族干部，叫华尔丹，少年时曾被认定为活佛，现任四川阿坝藏族羌族自治州经委副主任。这位同志在谈到他去年赴山东挂职体会时说：通过挂职锻炼深刻感到我国西部与东部的发展差距，尤其是经济上的差距。可是他认为，这种差距并不可怕，只要有党的领导和关怀，有全社会的支持和我们的自身努力，是一定能使西部地区得到快速发展，逐步缩小这种差距的。然而，还有一种差距应该引起我们西部人的重视和忧虑，就是在真抓务实的精神上，在勤奋学习、团结协作和工作斗志上与东部地区的人们存在相当的差距。这一点越到基层感觉越明显。山东与我们阿坝同样是老区，那里的人们敬业，作风实在，文明境界高，勤奋好学，平时见不到打台球、搓麻将的，而我们这里经济比人家落后，文化不如人家繁荣，人民生活没人家富裕，可勤奋精神和工作斗志远远不如人家，打台球、搓麻将、喝闲酒却明显地比人家盛行。似乎我们落后，在发展上采取"等靠要"的态度是理所当然的。这种精神上的、境界上的、隐形的差距才是最可怕的差距。对比起来，还是小平同志指出的"关键在人"的问题。这个问题不解决，东西部发展差距问题无法消除。作为年轻干部，我们一定要按照江总书记赠予的四句话"刻苦学习，勤奋工作，勇于创造，自觉奉献"严格要求自己。

我觉得，华尔丹同志的体会很深刻。也反映了大多数中青年少数民族干部的思想、心态。希望大家通过挂职锻炼，也能找准差距，正确认识差距，从而振奋精神，增强信心。

四、努力提高少数民族干部自身素质，以适应社会主义市场经济需要

今后15年是建立比较完善的社会主义市场经济体制的重要时期。在这一时期，将全面实现第二步战略目标，向第三步战略目标迈进，为下世纪中叶基本实现现代化打下坚实基础。目前随着社会主义市场经济体制的初步建立和改革开放进一步深入，少数民族地区在经济、社会发展的各个方面出现了令人可喜的局面。与此同时，新的市场经济形势，也给我们广大民族干部提出了更高的要求，要求我们认真学习马列主义、毛泽东思想，尤其是学好邓小平理论，坚持正确的政治方向。江泽民同志反复要求我们要讲学习、讲政治、讲正气，尤其是党的各级领导干部一定要讲政治。什么是讲政治？我体

会,第一位的就是同以江泽民同志为核心的党中央保持一致,把全党利益、国家利益、中华民族的整体利益放在第一位。现在世界上一些地方民族主义思潮泛滥。而西方敌对势力也总是利用民族宗教作为向我实施“分化”、“西化”战略的突破口。所以认真贯彻党的民族政策,增强民族团结,维护祖国统一,是全国各族人民的共同责任,也是全国各族人民的根本利益。在增强民族团结、维护统一大业中,民族干部肩负重要责任。所以我们少数民族干部要充分认识自己的历史使命,要有强烈的使命感、高度的责任感。

全心全意为人民服务是中国共产党人的宗旨。在建立社会主义市场经济体制的过程中,民族地区所面临的任务更加艰巨,民族干部更应牢记并坚持这一宗旨。我们要带头转变作风,深入基层和实际,多到条件差和问题多的地方去,倾听群众意见,了解群众疾苦,解决他们的实际困难,依靠党的政策和群众的智慧与力量去解决面临的问题。李瑞环同志在1994年首都少数民族知名人士座谈会上曾深刻指出:“我们的党是为人民谋利益的党,对于群众的疾苦我们理应坐卧不宁、寝食不安,我们发展经济的最终目的是为了改善人民的生活,也只有在动员群众艰苦创业的过程中,使群众得到看得见的利益,群众才有劲头,领导才有威信。领导的威信从哪里来?靠上级封不出来,靠权力压不出来,靠宣传吹不出来,靠耍小聪明骗不出来,只能在全心全意为各族人民服务、关心群众疾苦、切实为群众排忧解难的实践中树立起来”。在座的都是各级领导同志,大家都年富力强,任重道远,肩负着带领几十万、几百万人向社会主义现代化进军的重任。所以我们要时刻牢记自己的使命,自强、自信、自励,靠科学、靠能力、靠实践,去赢得群众的信任和尊重。要达到这个要求和境界,我们要付出更多的辛苦、作出更大的努力。

同志们!这次挂职锻炼生活就要结束了。希望同志们返回各自工作岗位后,在十五大精神指引下,把挂职锻炼的收获与本地实际结合起来,以崭新的精神面貌,积极进取,开拓创新,在本地区发挥更大的作用,为把建设有中国特色社会主义伟大事业全面推向21世纪作出新的更大的贡献。

国务院关于“九五”期间民族贸易和民族用品生产有关问题的批复

1997年6月10日

国家民委:

你委《关于民族贸易和民族用品生产近期情况及优惠政策调整意见的报告》(民委

〈经〉字[1996]265 号)和《关于请国务院办公厅协调民族贸易和民族用品生产有关政策调整问题的请示》(民委〈经〉字[1996]92 号)收悉。现批复如下:

一、"九五"期间,对民族贸易和民族用品定点生产企业的正常流动资金贷款利率实行月息低 2.4 厘的优惠政策,利差由人民银行补贴,再由中央财政相应扣减人民银行上缴收入。

二、"九五"期间每年由人民银行安排 1 亿贴息贷款,用于民族贸易网点建设和民族用品定点生产企业的技术改造,利息补贴由中央财政和地方财政各承担一半。具体贴息办法由财政部商人民银行和你委另行制定。

三、原则同意对民族贸易和民族用品定点生产企业实行税收优惠政策,具体请财政部商有关部门研究落实。

四、"九五"期间要加快民族贸易和民族用品生产企业的改革步伐,切实实现两个根本性转变,积极探索在社会主义市场经济条件下企业为少数民族群众生产和生活的特殊需要服务的新路子。

五、全国民族贸易和民族用品生产联席会议要进一步发挥指导、协调、监督、服务作用,及时解决工作中的问题。同意增加国家经贸委、国家体改委、外经贸部、供销总社为联席会议成员单位。

六、国发[1991]16 号文件确定的边销茶储备、运费补贴、专项原材料等项扶持政策,继续由联席会议协调落实。

国家民委关于同意在山东省日照市设立国家民委扶贫开发试验区的批复

1997 年 8 月 9 日

山东省民族事务委员会:

你委《关于在山东日照设立"国家民委民族经济发展试验区"的报告》(鲁民发[1997]13 号)收悉。经研究,同意在山东省日照市设立"国家民委扶贫开发试验区"。试验区的试验方案、建设规划和组织管理由你委和日照市人民政府负责,有关优惠政策根据相应的权限由当地人民政府审批,并应报请山东省人民政府予以支持,我委将对试验区工作给予指导。希望你们充分发挥自身经济及区位优势，带动内陆、边疆少数民族地区，特别是沿“亚欧大陆桥”民族地区的经济发展，为异地扶贫开发探索成功的经验。

国家民委、中国轻工总会、中国纺织总会、国家中医药管理局关于重新核定民族用品定点生产企业的通　知

1997年10月8日

有关省、自治区、直辖市民（宗）委（厅、局）、轻（纺）工业厅（局、总会、总公司）、医药局（总公司、医药办）：

为贯彻《国务院关于“九五”期间民族贸易和民族用品生产有关问题的批复》（国函[1997]47号文件）精神，经商财政部、中国人民银行、国家税务总局等部门同意，现就依照《1997年少数民族特需用品目录》（以下简称《目录》）重新核定民族用品定点生产企业的有关事项通知如下：

一、《目录》是按照少数民族特需用品定义“反映目前少数民族群众生产生活特殊需要的、具有一定历史文化传统特色的用品”，参照“八五”以来各地执行的目录，以各地近期重新核报的少数民族特需用品目录为基础，经有关方面专家组确认并吸取各地的反馈意见而形成的。该《目录》是这次重新核定民族用品定点生产企业的依据。

二、此次核定工作，由省、自治区、直辖市民（宗）委（厅、局）会同行业主管部门负责。可由民（宗）委（厅、局）、行业主管部门和财政、银行、税务等部门临时组成企业核定小组，严格依据《目录》核定企业，核定后的企业个数不得突破原各省（自治区、直辖市）定点企业的数量。

三、请各地于1997年10月30日前将核定后的企业名单和各企业按《目录》生产的少数民族特需用品名称，报全国民族贸易和民族用品生产联席会议办公室及行业主管部门。

四、企业名单报出后，请各地尽快组织企业填报企业情况调查表，于1997年12月

15日前寄送全国民族贸易和民族用品生产联席会议办公室及行业主管部门。

附件:《1997年少数民族特需用品目录》及说明

关于《1997年少数民族特需用品目录》的说明

为更好地落实国函[1997]47号文件的有关优惠政策,严格界定政策优惠范围,我委整理并拟定了《1997年少数民族特需用品目录》(以下简称《目录》)。为使各地能够全面、合理、准确地按《目录》核定民族特需用品生产企业,特对《目录》作如下说明:

一、关于“少数民族特需用品”的定义

少数民族特需用品是指反映目前少数民族群众生产生活特殊需要的、具有一定历史文化传统特色的用品。

1.“目前”是指当前正在使用的,已被历史淘汰的不予考虑。含某些体现社会进步的特需用品的替代品。

2.“少数民族”是指我国除汉族外的55个少数民族。

3.“特殊需要”是专指少数民族特殊生产生活需要。

4.“特色”是指具有鲜明的少数民族历史文化传统风格的、必须适合少数民族生产生活特殊风俗习惯。

5.使用“用品”一词,是为了与一般商品相区别,不含食品、奢侈品。侧重少数民族特殊生产生活所用。

二、制定《目录》的原则

《目录》以切实体现为少数民族群众特殊生产生活需要服务为宗旨,按照重特殊、重现时、宜粗不宜细、个别与一般相结合的原则核定。

三、关于《目录》的大类和品种的具体说明

《目录》共分为10个大类,计500余个品种。

1.日用杂品类:为区别汉民族用品,在有些品种前面加上“民族”字样,如“民族特色木碗、民族婚礼箱、民族细磁碗等”。

2. 药类：对少数民族成药的界定，蒙、藏、维、傣医药是国家承认的、有独立的药理、医理科学体系的少数民族医学的组成部分，在《目录》中明确标出。其它少数民族成药特指一定区域内的少数民族专用的。

3. 生产工具类：所列是具有少数民族特色的、特殊区域使用的、符合少数民族生产习惯的生产工具，一些全国普遍使用的、大众化的、机械化的工具不列入。

4. 边销茶：专指紧压茶或砖茶，指在茶区生产在边疆民族地区销售的砖茶。

5. 我国少数民族分布地域广，生产生活方式和习惯存在着差别，特别是在生产生活特殊需要方面，个别的虽属同一个民族，用品也存在差异，这些差别是历史形成的，应给予尊重。为防止遗漏和不全面，我们在各类别的项目后加"等"字，是为不遗漏其它符合定义的用品。

四、关于食品类暂不列入《目录》的说明

本《目录》以用品为限，食品暂不列入。少数民族特色食品种类繁多，认定和界定难于统一标准。为不影响其它用品的核定，此次暂不列入，待适当时机考虑。

五、关于在目录前冠以"1997年"字样

考虑到认定工作涉及面广、品种多、时间短，难免出现疏漏或不准确，并且随着少数民族群众生产生活水平的提高，有可能出现新的、被替代或被淘汰的用品，为便于在实际操作中逐步完善，我们将目录前冠以"1997年"字样，以便在必要的时候进行修订。

六、《目录》的修改和解释

《目录》由国家民委负责修改和解释。

1997年少数民族特需用品目录

一、纺织类

1. 少数民族手工地毯、壁(挂)毯，提花带穗线毯，伊斯兰拜毯(垫)，大红棉毯，壮族线毯，帕拉孜织毯，开克子，坑毯，马鞍座垫毯，卡垫，蒙古包大毡，柯尔克孜花毡，哈萨克族花毡，毛毡，毡房，马塔子，氆氇，氆氇被面等。

2. 红阳绸，新华绸，经花绸，明朗绸，争春绸，新春绸，七星绸，寿字绸，伊人绸，迎春绸，新元绸，邮筒绸，金边绸，袖边绸，腰带绸，条花绸，花罗纹绸，艾德丽丝绸，膨涤绸，交织棉绸，真丝交织绸，织锦绸，新疆各种土绸；朝阳缎，克利缎，七星缎，幛缎，上三纺缎，苏锦缎，苏艳缎，修花缎，丁香缎，金玉缎，彩霞缎，花软缎，九霞缎，花累缎，花线缎，真丝花软缎，桑花缎，向阳缎，素软缎，新霞缎，绒面缎，古香缎，各类花缎，花库缎，春霞缎，素库缎，绢丝库缎，壮绉缎；九霞光，金宝地；花粘绫，彩芝绫；民族织锦（云锦，宋锦，侗锦，傣锦，壮锦，洋莲花库锦，彩库锦，梅花锦，布依织锦，土家织锦等）；云巾绉，缎被绉，留香绉，二五绉，广壮绉，土蚕丝广壮绉；荷平绢，天香绢；烂花乔其绒，金丝绒，金丝立绒，苏立绒，卡丹绒，漳绒，藏呢绒；花塔夫，花线春，交织花线春，光霞羽纱，明华葛，文尚葛，腊线绨，烂花乔其纱，腊羽纱，金银条，印花富春纺，人丝条纺，复兴纺，银光扁，瑶族绣花布，白棉布，扎染品，蜡染品，西兰卡普系列，民族红兰布、毛兰布，傈僳族条花布，苗族裙子麻布，育苗布，少数民族彩条布，瑶族长纱布、包头布等。

3. 哈达，花边，花线，少数民族用针织带、婚被、枕头套、墙单，三吃少年袜，白绸巾，藏被，靠被，手工毛线，哈尼族头线，谢玛（藏），少数民族冬袜，套袜，棉烟袋，瑶族背包，背带，头饰织品，瑶族八宝被，侗族被单，少数民族织带，少数民族花纥，绣花枕头，绣花背娃带，盖头，少数民族头巾，少数民族绣（刺绣）品，抱褛，瑶、苗锦袋，民族筒帕，民族包、袋等。

二、服装类

1. 少数民族服装（含民族皮手套、水獭皮成品等）。

2. 少数民族特殊用途服装：舞台装、哈达剧装等戏剧戏曲服装；礼服，丧服，迎宾服；法衣，袈裟，礼拜服等。

三、鞋帽类

1. 少数民族帽（回族帽，毡帽，乌克兰帽，金丝草帽，帽缨子，土家族帽，苗族帽，土族帽，花帽，活佛帽，礼帽，号帽等）。

2. 少数民族靴鞋（蒙古族靴，满族靴，朝鲜族鞋，马靴，毡靴，藏鞋，回族鞋，哈萨克族鞋，藏靴，土家族鞋，苗族鞋，绣花鞋，钉鞋，民族雪地鞋，桃缝鞋，马革鞋，民族胶套鞋，毡窝子，毡筒，毛毡袜，满赛，皮袜子，开不开，乔鲁克，库拉克切等）。

四、日用杂品类

宽沿铸铁锅，铜锅，蒙古蒸锅，四耳铁锅，套锅，奶锅，糌粑锅，炒青稞锅，球型铁顶锅，苗锅，清锅酒锅，民族无耳锅，炖锅，羌族酒锅，高压锅，银碗，龙碗，苦碗，民族特色木碗，根木盘，铸铁火盘，烤盘，民族煎盘，挂盘，糯饭蕉盘，托盘，铜（铝）饭勺，木勺，吊罐，鼎罐，汤瓶，奶大盆，铜（铝）瓢，铜（铝）水舀，奶酒蒸屉，炒米匣子，奶饼模子，铝茶壶，铜制奶茶荷叶壶，二用壶，酥油壶，酥油（茶）桶，酥油盒，酥油勺、碗，糌粑盒，提环，朝鲜族锅、瓢、盆、餐具，蒙古族炊具，蒙古刀，新疆各种民族刀，藏刀，景颇刀，保安刀，佤、傣、傈僳族刀，户撒刀，吊刀，腰刀，刀穗，牛耳尖刀，刮田刀，砍田刀，烟嘴，烟管，铜烟锅，银烟锅，虎皮烟杆，烟火盅，烟火勾，鼻烟壶，民族火炉（蒙古炉子、粪炉等），彝族火盆，火剪，烤肉槽，农用提桶，斜水桶，背水桶，家用铁木桶，（挤）奶桶，奶罐，铁皮洗手壶，洗手刷，鄂伦春水口袋、酒壶，褡裢，脚蹬，股子皮，马搭子，牧民雨衣，毡雨衣，铜脸盆，蒙古族龙墩，民族婚礼箱，兜包，民族镜，炕琴镜，铜沙马瓦，铜巧功，阿不都拉，其拉不其，竹编器，竹木生活用具，对臼，清真香皂、肥皂，鸟包，背篓，三脚架，金斗，食兰，粉托，竹叶兰金帮，铜铃，玩桌，牛皮袋，汽灯，腰包，高丽瓦，柳编品，扣门绳，蒙袍扣，五珠线，五彩线，扎头绳，排须，挂须，灯须，草垫，民族油布，纺织木梭，瓷鼓，木制脚盆，水银珠，胡镊子，蒙古钉子，手摇缝纫机等。

具有少数民族风格的陶瓷：少数民族缸、罐，园林瓷，石榴汤碗，法口碗，49头维吾尔餐具，42头藏族餐具，石榴饭碗，矮子饭碗，大肚盅，法口盅，藏族罗汉盅，穆斯林花面餐具系列，咸菜缸，搪瓷系列盖碗，民族花碗，民族茶盘，抓饭盆、盘，气球壶，手把壶，民族茶壶，焖罐，洗手壶，高脚果盘，藏式土陶制品，傣陶，伊斯兰教嘟阿碑，伊斯兰教规图案各种茶具，伊斯兰教中堂对子，民族细磁碗等。

五、家具类

少数民族家具（蒙古族酒柜、炕桌，炕柜，朝鲜族老人桌，炕琴，八仙桌，腿桌椅，藏柜，藏桌，藏铁皮箱，回式桌柜，睡柜，银柜，领架，晃车，壮锦衣箱，壮族特柜，葫芦床，摇床，花木箱等）。

六、文体、宗教用品类

1．文体用品：少数民族乐器（马头琴，胡拨思，四弦胡，少数民族鼓、笛、号、芦笙，冬不拉，伽耶琴，上帽，热瓦甫，库姆孜，卡龙琴，皮皮，弹拨尔，苏那依，纳格拉，萨它尔，维吾尔扬琴，达甫，艾捷克，柯布孜，克亚克，那艺，民族铜铃、铜锣，高边锣、铜鼓，月琴，口弦，独弦琴，巴乌，铜响器等），少数民族戏曲戏剧用品，少数民族象棋，各少数民族文字日记本、信纸、日历、作业本，摔跤服，赛马弓箭等。

2．宗教用品：藏香，民族宗教艺术装饰用品，宗教、卫生用香，宗教神佛像、法器，法鼓，民族祭器制品，佛柜、神柜，佛珠，香炉，仿古仿旧民族文物及民族建筑装饰等。

七、工艺美术品类

1．具有少数民族特色的金、银、铜、玉、珠宝等饰品。

2．椰雕，角雕，皮雕，骨雕，漆器工艺品，伊斯兰、华夏、佛教系列景泰兰制品，雕刻葫芦，金银雕刻茶盖茶架，银雕木碗，民族花丝工艺摆件，宝石花漆筷，镜屏，绣球，荷包，香包，金线，银线，金银箔等。

八、药类

少数民族成药（蒙、藏、维、傣等少数民族成药）。

九、生产工具类

蒙古包构件，蒙古包门，各少数民族帐蓬，羊毛刷子，浴羊槽，饮水槽，水车，水斗，拉水箱，驮水箱，牛奶分离器，冰镩，半圈锹，羊绒抓子，羊毛剪子，弹毛机，除雪木铣，刮雪扒子，阿篓，粪叉，割草机，搂草机，搂草扒，草叉子，套马杆，套马杆稍，弓弦，芟刀、芟刀杆，少数民族用渔船、渔网具，马上用具（驼驮鞍、驼篓、马鞍垫、泡钉、马鞍捎绳眼、马鞍条、马鞍屉、马镫、马嚼环、藤马棒、肚带环、马镫钎、马毡），车类（敖登车、勒勒车、蓬车），冷面机，民族稻镰，水井头，草绳机，水田步犁，铧子，坎土镘，坎坎子，牛鞍具，藏式铧耙，贝母锄，板锄，月亮锄，山区用微型碾米机，粉碎机，微型小轮发电机，木制榨油机，木制打谷机，马钉马掌，铁丝，剪毛机，牛马挽具，驼鞍，活动羊圈，网围栏，三角铧口，行克里，少数民族猎具（需经有关部门同意生产、销售和使用）等。

十、边销茶（紧压茶）

国家民委、国家经贸委、国家体改委、财政部、中国人民银行关于加强民族贸易和民族用品生产工作的通知

1997 年 10 月 10 日

有关省、自治区、直辖市人民政府：

为贯彻落实《国务院关于“九五”期间民族贸易和民族用品生产有关问题的批复》（国函[1997]47 号）精神，经全国民族贸易和民族用品生产联席会议决定，并商国家计委、内贸部、外经贸部、税务总局、轻工总会、纺织总会、供销合作总社、医药局、中医药局、工商银行、农业银行原则同意，现就有关事项通知如下：

一、政策贯彻的根本宗旨和对象

“九五”期间民族贸易和民族用品生产优惠政策，必须体现为广大少数民族群众生

产生活服务的根本宗旨。

优惠政策适用于省、州级民族贸易公司经营少数民族特需用品、生产生活必需品、药品、书籍下乡、收购少数民族农牧副产品的经销活动;民族贸易县内的国有商业、供销社、医药公司、新华书店经营上述商品和乡镇以下的民族贸易企业的经销活动;生产《少数民族特需用品目录》中所列商品的民族用品生产企业。

二、企业改革和试点工作

"九五"期间,要加快民族贸易和民族用品生产企业改革,按照实现两个根本性转变的要求,积极探索在市场经济条件下为少数民族群众生产生活特殊需要服务的新路子。企业改革应与地方企业改革相配套。联席会议办公室每年确定一批改革试点企业,并集中资金支持试点企业的技术改造和网点建设。试点企业享受民族贸易和民族用品生产的优惠政策,享受国家和地方给予的国有中小型企业改革的有关优惠政策。

企业改革试点的推荐工作要在各级政府的指导下进行,各地民委和有关部门要按照中央对国有中小型企业改革的要求,结合本地实际,选择在改革方面取得一定成效的各级民族贸易企业、民族用品生产和经销企业、边销茶生产和经营企业、少数民族药生产企业作为推荐对象。

推荐程序。由企业提出申请,经当地民委和行业主管部门,会同经贸委、体改委逐级审查推荐,由省级民委会同有关部门综合评估后,抄送国务院行业主管部门提出意见,报全国民族贸易和民族用品生产联席会议办公室核定。实行一年一总结、一年一确认。试点企业的申报材料应包括企业的基本情况、近三年企业的经营效绩情况、企业改革试点方案和政府有关部门的审查推荐意见。第一批推荐试点企业的工作于 1997 年 10 月 30 日前结束。

三、投资政策和扶持重点

继续完善民族贸易和民族用品生产的"九五"行业规划,民族贸易基层网点建设和民族用品生产企业的技术改造以地方投资为主,各地应给予专门安排。国家投资将本着保证试点、效益优先、择优扶持、部门和地方配套的原则安排,人民银行在"九五"期间每年安排的 1 亿元贴息贷款,重点用于全国民族贸易和民族用品生产的改革试点企业的技术改造和网点建设。专项贷款中央贴息部分已列入预算,地方贴息部分,请有关省区财政列入预算,保证及时到位。请各地严格把关,严禁把国家和地方用于民族贸易和民族用品生产的资金挪作他用。

四、利息优惠政策

"九五"期间,中国工商银行、中国农业银行继续对民族贸易和民族用品生产企业的贷款实行比正常的一年期流动资金贷款利率低 2.88 个百分点的优惠政策,利差由中国人民银行补贴。优惠贷款额度的确定,由贷款企业经当地民委会同有关部门审核后向贷款银行提出申请，贷款银行按信贷原则发放。凡优惠贷款利率，一律不许上浮；利息优惠部分的70%以上必须用于补充企业自有流动资金。

请各级各类银行积极支持民族贸易和民族用品生产工作，在当地政府的协调和各级民委及有关部门的配合下，具体落实各项政策措施，严格执行政策优惠的范围，不得随意扩大和缩小。

五、税收优惠政策

各地要严格执行财政部等有关部门提出的税收优惠办法。

六、规范边销茶产销市场和加强储备管理

逐步改革边销茶产销体制。边销茶定点生产企业和主营单位每年由联席会议办公室组织审核一次，同时选择几家产品质量好的边销茶生产企业在规定地区进行定量试销。

边销茶产销市场的管理，由当地政府负责。边销茶的生产经营单位对边销茶商品的营销要单独列帐、单独核算。对挤占、挪用边销茶营销款和生产经销假冒伪劣产品的企业，一经发现应取消其生产经营资格。

国家将对边销茶国家储备结构进行适当调整，使储备切实起到以丰补欠、保障供给的作用。联席会议办公室每年组织对储备情况进行检查，如发现违反储备管理规定的现象，要追究有关单位及人员的责任。

七、继续执行国发[1991]16号文件有关优惠政策

对国务院[1991]16号文件确定的有关优惠政策在“九五”期间要继续执行。如各地“八五”以来实行的对特殊商品的价格补贴、对各级民族贸易和民族用品生产企业送群众生产生活必需品下乡到边远落后地区的运费补贴、专项原材料供应、利用各项资金扶持企业网点建设和技术改造、对城市民族用品专营商店和柜台给以照顾等措施，在“九五”期间要继续实行。

各级政府和有关部门在“八五”期间制定的行之有效的、受到群众欢迎的各项优惠措施，要在继续执行的基础上，依据新的情况和问题进行必要的补充和调整。

八、组织领导

遵照国务院批复要求，全国民族贸易和民族用品生产联席会议将进一步发挥指导、协调、监督、服务的作用。建议各地特别是少数民族聚居的省区，参照国务院责成国家民委牵头、有关部委组成联席会议的方式，加强对这项工作的组织和协调。

各级民委要在当地政府的领导下，切实负起牵头的责任，组织有关部门对优惠政策的落实进行监督、检查，及时解决工作中的问题。

搞好“九五”期间的民族贸易和民族用品生产工作，是党在社会主义市场经济条件下维护平等、团结、互助新型民族关系的具体体现，关系到少数民族群众在实现扶贫攻坚和奔小康目标进程中的切身利益，政策性强，意义重大。请各地各有关部门从大局出发，切实按照国务院批复和本通知精神，抓紧制定具体贯彻办法，狠抓落实并及时将有关情况报告全国民族贸易和民族用品生产联席会议办公室。

国家民委关于授予《非线性量子力学理论》等项目科技进步奖的决定

1997 年 10 月 21 日

为进一步推进我委科技工作的深入开展，根据国家有关科技成果奖励办法的要求，国家民委科学技术奖励委员会于 1996 年底组织有关专家对委属单位推荐申报的科技成果进行了认真严格的评审。国家民委决定授予《非线性量子力学理论》等 9 个项目“1996 年度国家民委科技进步奖”，并予以表彰。

1996 年度国家民委科技进步奖项目如下：

一等奖(1 项)

1.《非线性量子力学理论》

完成单位：西南民族学院　　完成人：庞小峰

二等奖(6 项)

2. 藏山羊的种质特性及其应用研究

完成单位：西南民族学院　　完成人：王杰等

3. 中国不同民族的人发中微量元素的测定和比较研究

完成单位：中央民族大学　　完成人：杨若明等

4. ME—8000 动态脑电系统

完成单位：中南民族学院　　完成人：陈亚光等

5. 电子、离子、原子对撞中激发态研究

完成单位：中央民族大学　　完成人：李大万等

6. 哈密顿系统的周期解问题

完成单位：中央民族大学　　完成人：李成岳

7. MC75A 大功率脉冲电源

完成单位：中南民族学院　　完成人：孙奉娄等

三等奖(2 项)

8. 计算机控制输油管道自动加热卡

完成单位：西南民族学院　　完成人：杨宪泽等

9. 鄂西南山区山楂引种及其丰产栽培技术研究及应用

完成单位：中南民族学院　　完成人：刘学群等

中国人民银行关于民族贸易和民族用品生产贷款继续实行优惠利率的通知

1997 年 10 月 24 日

中国人民银行各省、自治区、直辖市分行，深圳经济特区分行；中国工商银行，中国农业银行：

根据《国务院关于"九五"期间民族贸易和民族用品生产有关问题的批复》(国函[1997]47 号)精神，"九五"期间，对民族贸易和民族用品生产贷款继续实行优惠利率。现就有关问题通知如下：

一、优惠利率贷款的范围

民族贸易贷款实行优惠利率的范围，限于民族贸易县内国有商业企业、供销社、医药公司和新华书店经销少数民族特需用品、生产生活必需品、药品、书籍及收购少数民族农牧副产品所需要的流动资金贷款；民族贸易县乡镇以下的基层民族贸易网点、医药公司、新华书店所需要的流动资金贷款；经审查批准的担负民族贸易县供应任务，并列入国家民委指定的送工业品下乡(县以下乡镇)的省、州级民族贸易公司所需要的流动资金贷款。民族用品生产贷款实行优惠利率的范围，限于按少数民族特需用品目录进行生产的民族用品定点生产企业所需要的流动资金贷款。

二、优惠利率的管理

中国工商银行、中国农业银行对民族贸易和民族用品生产贷款实行比正常的一年期流动资金贷款利率低 2.88 个百分点的优惠利率政策。优惠利率贷款由贷款企业经当地民委审核后向贷款银行提出申请，贷款银行按信贷原则的要求确定和发放。凡优惠贷款利率，一律不准上浮；享受优惠利率政策的企业，其利息优惠部分的 70%以上应用于补充企业自有流动资金，对不按规定补充自有流动资金和有弄虚作假行为的企业，不再实行优惠利率。

三、利息补贴的程序

中国人民银行对中国农业银行发放的上述贷款按年利率 2.88%给予补贴，并纳入中国人民银行年度财务支出预算。具体程序是：贷款银行按季向当地中国人民银行分支行申报贴息，并填报一式三联计息清单，一联备查，一联送人民银行，一联抄送当地民委，中国人民银行支行审核后将贴息补给贷款银行，然后附贴息清单将补贴款项逐级汇总上划至中国人民银行总行营业部。

对中国工商银行 1998 年 1 月 1 日后新发放的上述贷款，中国人民银行也给予年利率 2.88%的利息补贴，补贴手续同上。此前发放的此类贷款不予补贴。

国家民委关于印发 1997 年少数民族特需用品目录（修订）的通知

1997 年 10 月 30 日

有关省、自治区、直辖市民（宗）委（厅、局）：

国家民委、中国轻工总会、中国纺织总会、国家中医药管理局《关于重新核定民族用品定点生产企业的通知》（民委〈经〉字[1997]266 号）发出以后，有关省区和部门对文件所附目录提出了一些修改建议。经反复征求有关方面的意见，我们对《1997 年少数民族特需用品目录》进行了修订，现将该目录印发你们，请在工作中以此目录为准贯彻执行。《关于重新核定民族用品定点生产企业的通知》（民委〈经〉字[1997]266 号）的其它内容继续有效。

特此通知。

附件：《1997 年少数民族特需用品目录（修订）》

1997年少数民族特需用品目录(修订)

一、针纺织类

1. 少数民族手工地毯、壁(挂)毯,提花带穗线毯,礼拜毯(垫),大红棉毯,壮族线毯,帕拉孜织毯,开克子,坑毯,马鞍座垫毯,卡垫,蒙古包大毡,柯尔克孜花毡,哈萨克族花毡,毛毡,毡房,马塔子,氆氇,氆氇被面等。

2. 红阳绸,新华绸,经花绸,明朗绸,争春绸,新春绸,七星绸,寿字绸,伊人绸,迎春绸,新元绸,邮筒绸,金边绸,袖边绸,腰带绸,条花绸,花罗纹绸,艾德丽丝绸,膨涤绸,交织棉绸,真丝交织绸,织锦绸,新疆各种土绸;朝阳缎,克利缎,七星缎,幛缎,上三纺缎,苏锦缎,苏艳缎,修花缎,丁香缎,金玉缎,彩霞缎,花软缎,九霞缎,花累缎,花线缎,真丝花软缎,桑花缎,向阳缎,素软缎,新霞缎,绒面缎,古香缎,各类花缎,花库缎,春霞缎,素库缎,绢丝库缎,壮绉缎;九霞光,金宝地;花粘绫,彩芝绫;民族织锦(云锦,宋锦,侗锦,傣锦,壮锦,洋莲花库锦,彩库锦,梅花锦,布依织锦,土家织锦等);留香绉,云巾绉,缎被绉,二五绉,广壮绉,土蚕丝广壮绉;荷平绢,天香绢;烂花乔其绒,金丝绒,金丝立绒,苏立绒,卡丹绒,漳绒,藏呢绒;花塔夫,花线春,交织花线春,光霞羽纱,明华葛,文尚葛,腊线绨,烂花乔其纱,腊羽纱,金银条,印花富春纺,人丝条纺,复兴纺,银光扁,瑶族绣花布,白棉布,扎染品,蜡染品,西兰卡普系列,民族红兰布、毛兰布,傈僳族条花布,苗族裙子麻布,育苗布,少数民族彩条布,瑶族长纱布、包头布等。

3. 哈达,花边,花线,少数民族用针织带、婚被、枕头套、墙单,三吃少年袜,白绸巾,藏被,靠被,手工毛线,哈尼族头线,谢玛(藏),少数民族冬袜,套袜,棉烟袋,瑶族背包,背带,头饰织品,瑶族八宝被,侗族被单,少数民族织带,少数民族花纥,绣花枕头,绣花背娃带,盖头,少数民族头巾,少数民族绣(刺绣)品,抱褛,瑶、苗锦袋,民族筒帕,民族包、袋等。

二、服装类

1. 少数民族服装(含民族皮手套、水獭皮成品等)。

2. 少数民族特殊用途服装:少数民族舞台、戏剧戏曲服装等。

三、鞋帽类

1. 少数民族帽(回族帽,毡帽,乌克兰帽,金丝草帽,帽缨子,土家族帽,苗族帽,土族帽,花帽,礼帽等)。

2. 少数民族靴鞋（蒙古族靴，满族靴，朝鲜族鞋，马靴，毡靴，藏鞋，回族鞋，哈萨克族鞋，藏靴，土家族鞋，苗族鞋，绣花鞋，钉鞋，民族雪地鞋，桃缝鞋，马革鞋，民族胶套鞋，毡窝子，毡筒，毛毡袜，满赛，皮袜子，开不开，乔鲁克，库拉克切等）。

四、日用杂品类

宽沿铸铁锅，铜锅，蒙古蒸锅，四耳铁锅，套锅，奶锅，糌粑锅，炒青稞锅，球型铁顶锅，苗锅，清锅酒锅，民族无耳锅，炖锅，羌族酒锅，高压锅，银碗，龙碗，苦碗，民族特色木碗，根木盘，铸铁火盘，烤盘，民族煎盘，挂盘，糯饭蕉盘，托盘，铜（铝）饭勺，木勺，吊罐，鼎罐，汤瓶，奶大盆，铜（铝）瓢，铜（铝）水舀，奶酒蒸屉，炒米匣子，奶饼模子，铝茶壶，铜制奶茶荷叶壶，二用壶，酥油壶，酥油（茶）桶，酥油盒，酥油勺、碗，糌粑盒，提环，朝鲜族锅、瓢、盆、餐具，蒙古族炊具，蒙古刀，新疆各种民族刀，藏刀，景颇刀，保安刀，佤、傣、傈僳族刀，户撒刀，吊刀，腰刀，刀穗，牛耳尖刀，刮田刀，砍田刀，烟嘴，烟管，铜烟锅，银烟锅，虎皮烟杆，烟火盅，烟火勾，鼻烟壶，民族火炉（蒙古炉子、粪炉等），彝族火盆，火剪，烤肉槽，农用提桶，斜水桶，背水桶，家用铁木桶，（挤）奶桶，奶罐，铁皮洗手壶，洗手刷，鄂伦春水口袋、酒壶，褡裢，脚蹬，股子皮，马搭子，牧民雨衣，毡雨衣，铜脸盆，蒙古族龙墩，民族婚礼箱，兜包，民族镜，炕琴镜，铜沙马瓦，铜巧功，阿不都拉，其拉不其，竹编器，竹木生活用具，对臼，以牛羊脂为原料的香皂、肥皂，鸟包，背篓，三脚架，金斗，食兰，粉托，竹叶兰金帮，铜铃，玩桌，牛皮袋，汽灯，腰包，高丽瓦，柳编品，扣门绳，蒙袍扣，五珠线，五彩线，扎头绳，排须，挂须，灯须，草垫，民族油布，纺织木梭，瓷鼓，木制脚盆，水银珠，胡镊子，蒙古钉子，手摇缝纫机，藏香，民族艺术装饰用品，卫生用香，仿古仿旧民族文物及民族建筑装饰等。

具有少数民族风格的陶瓷：少数民族缸、罐，园林瓷，石榴汤碗，法口碗，49 头维吾尔餐具，42 头藏族餐具，石榴饭碗，矮子饭碗，大肚盅，法口盅，藏族罗汉盅，咸菜缸，搪瓷系列盖碗，民族花碗，民族茶盘，抓饭盆、盘，气球壶，手把壶，民族茶壶，焖罐，洗手壶，高脚果盘，藏式土陶制品，傣陶，穆斯林图案各种茶具、餐具系列，民族细磁碗等。

五、家具类

少数民族家具（蒙古族酒柜、炕桌，炕柜，朝鲜族老人桌，炕琴，八仙桌，腿桌椅，藏柜，藏桌，藏铁皮箱，回式桌柜，睡柜，银柜，领架，晃车，壮锦衣箱，壮族特柜，葫芦床，摇床，花木箱等）。

六、文体用品类

少数民族乐器（马头琴，胡拨思，四弦胡，少数民族鼓、笛、号，芦笙，冬不拉，伽耶琴，上帽，热瓦甫，库姆孜，卡龙琴，皮皮，弹拨尔，苏那依，纳格拉，萨它尔，维吾尔扬琴，达甫，艾捷克，柯布孜，克亚克，那艺，民族铜铃、铜锣，高边锣、铜鼓，月琴，口弦，独弦琴，巴乌，铜响器等），少数民族戏曲戏剧用品，少数民族象棋，各少数民族文字日记本、信纸、日历、作业本，摔跤服，赛马弓箭等。

七、工艺美术品类

1. 具有少数民族特色的金、银、铜、玉、珠宝等饰品。

2. 椰雕，角雕，皮雕，骨雕，漆器工艺品，民族系列景泰兰制品，雕刻葫芦，金银雕刻茶盖茶架，银雕木碗，民族花丝工艺摆件，宝石花漆筷，镜屏，绣球，荷包，香包，金线，银线，金银箔等。

八、药类

少数民族成药（蒙、藏、维、傣等少数民族成药）。

九、生产工具类

蒙古包构件，蒙古包门，各少数民族帐蓬，羊毛刷子，浴羊槽，饮水槽，水车，水斗，拉水箱，驮水箱，牛奶分离器，冰镩，半圈锹，羊绒抓子，羊毛剪子，弹毛机，除雪木铣，刮雪扒子，阿篓，粪叉，割草机，搂草机，搂草扒，草叉子，套马杆，套马杆稍，弓弦，芟刀、芟刀杆，少数民族用渔船、渔网具，马上用具（驼驮鞍、驼篓、马鞍垫、泡钉、马鞍捎绳眼、马鞍条、马鞍屉、马镫、马嚼环、藤马棒、肚带环、马镫钎、马毡），车类（敖登车、勒勒车、蓬车），冷面机，民族稻镰，水井头，草绳机，水田步犁，铧子，坎土镘，坎坎子，牛鞍具，藏式铧耙，贝母锄，板锄，月亮锄，山区用微型碾米机，粉碎机，微型小轮发电机，木制榨油机，木制打谷机，马钉马掌，铁丝，剪毛机，牛马挽具，驼鞍，活动羊圈，网围栏，三角铧口，行克里，少数民族猎具（需经有关部门同意生产、销售和使用）等。

十、边销茶（紧压茶）

中国工商银行转发人民银行《关于民族贸易和民族用品生产贷款继续实行优惠利率的通知》的通知

1997 年 11 月 7 日

各省、自治区、直辖市分行，计划单列市分行：

现将人民银行《关于民族贸易和民族用品生产贷款继续实行优惠利率的通知》(银发[1997]437号)转发给你们,请认真遵照执行。执行中遇到的问题,请及时向总行反映。

国家民委关于做好民族贸易和民族用品生产流动资金贷款实行优惠利率有关工作的通知

1997年11月13日

有关省(自治区、直辖市)民(宗)委(厅、局):

中国人民银行《关于民族贸易和民族用品生产贷款继续实行优惠利率的通知》(银发[1997]437号)(以下简称《通知》)已经下发到有关省区中国人民银行分行,请你们及时与当地人行分行、工商行分行、农行分行联系,按照《通知》要求认真执行并积极配合有关银行做好各项政策的落实工作。

(一)各级民委要在当地政府的领导下,协调有关部门,严格监督受惠企业执行中国人民银行对优惠利率贷款的有关规定。

(二)受惠企业享受优惠利率流动资金贷款,必须符合《通知》规定的优惠利率贷款范围。

各级民委对优惠利率贷款的范围要严格把关,严禁假报和非受惠企业搭车享受民族贸易和民族用品生产的优惠利率政策。

(三)承担民族贸易县供应任务并申请列入国家民委指定的送工业品下乡(县以下乡镇)的省、州级民族贸易公司,待我委审查批准后另行通知。

(四)各地民委要认真了解情况,及时协调解决工作中的问题并及时向当地民族贸易和民族用品生产领导小组或联席会议汇报,必要时向上级民委报告。

各受惠企业得到优惠利率的流动资金贷款后,未按送货下乡、正当经营销售、收购农副产品及生产《1997年少数民族特需用品目录》中的用品等使用原则使用贷款,或弄虚做假,或未将优惠利率70%以上部分补充企业自有流动资金,一经发现,由属地民族贸易和民族用品生产领导小组或联席会议办公室经省级领导小组或联席会议办公室，报全国民族贸易和民族用品生产联席会议办公室批准，取消其享受各项优惠政策的资格，并可建议企业开户行按享受的优惠利率加倍处罚。

（五）各地民委接到贷款银行按季向当地中国人民银行分（支）行申报贴息填报的计息清单的抄送联后，要确认开户行实际贷款和利息补贴数额与贷款企业申请的贷款数额相一致，并将实际贷款和利息补贴及时汇总，逐级上报。省级民委汇总本省区的贴息数额后，及时报送全国民族贸易和民族用品生产联席会议办公室。

中国农业银行关于转发《关于民族贸易和民族用品生产贷款继续实行优惠利率的通知》等三个文件的通　知

1997年12月1日

各省、自治区、直辖市分行，各直属分行：

现将中国人民银行《关于民族贸易和民族用品生产贷款继续实行优惠利率的通知》（银发[1997]437号）、国家民委《关于重新核定民族用品定点生产企业的通知》（民委〈经〉字[1997]266号）和《关于加强民族贸易和民族用品生产工作的通知》（民委〈经〉字[1997]269号）转发给你们，并就有关事项通知如下：

（一）发放民族贸易和民族用品生产企业贷款，要严格按照人民银行和有关文件界定的享受优惠利率政策的范围，不得随意扩大和缩小。

（二）要坚持信贷原则，搞好审查，重点支持改革成效显著、经济效益好、有还款能力的民族贸易企业、民族用品生产和经营企业、边销茶生产和经营企业、少数民族医药生产试点企业。

（三）农业银行按贷款管理程序和条件自主审查发放优惠利率贷款。对于符合贷款条件的企业，要在企业所上项目自筹资金30%到位后，方可发放贷款，贷款期限最长不得超过1年。

（四）对享受优惠政策的企业，根据中国人民银行《关于民族贸易和民族用品生产贷款继续实行优惠利率的通知》(银发[1997]437号)的有关规定,按比正常的一年期流动资金贷款利率低2.88个百分点的利率计收利息,优惠部分由人民银行给予补贴。

(五)对优惠利率贷款,不准实行利率上浮。逾期贷款和挤占挪用贷款的罚息按有关规定执行。

(六)各行要全面加强对优惠利率贷款的管理,定期或不定期对借款人执行借款合同情况及生产经营情况进行检查,发现问题,及时采取防范措施。

(七)督促和监督企业将其贷款利息优惠部分的70%以上用于补充自有流动资金。

国家民委关于印发《民族地区改革开放试点工作座谈会纪要》的通知

1997年12月2日

内蒙古、吉林、湖南、四川、贵州、甘肃、新疆、青海省(自治区)民委、体改委;呼伦贝尔盟、乌海市、临夏回族自治州、伊犁哈萨克自治州、黔东南苗族侗族自治州、格尔木市、延边朝鲜族自治州、西昌市、吉首市人民政府:

现将《民族地区改革开放试点工作座谈会纪要》印发给你们,望你们根据会议精神,结合本地实际,进一步做好民族地区的改革开放试点工作。

民族地区改革开放试点工作座谈会纪要

1997年9月9日至11日,国家民委和国家体改委在广东省珠海市召开了“民族地区改革开放试点工作座谈会”，参加会议的有内蒙古、吉林、湖南、四川、贵州、甘肃、新疆、青海省（自治区）民委、体改委的有关同志；有改革开放试点所在的呼伦贝尔盟、乌海市、临夏回族自治州、伊犁哈萨克自治州、黔东南苗族侗族自治州、格尔木市、延边朝鲜族自治州、西昌市、吉首市政府和有关部门的负责同志；国家经贸委、外经贸部、国务院特区办、国家税务总局以及山东省诸城市的代表应邀参加了会议。与会代表60余人。会议对民族地区改革开放试点工作进行了系统的回顾，总结交流了民族地区改革开放试点经验和成果，研究了在新形势、新条件下如何进一步推动试点工作。国家体改委综合规划和试点司司长吴天林同志在开幕式上就我国经济体制改革形势、西部地区经济发展与民族地区改革开放试点问题发表了讲话。国家民委专职委员、经济司司长王福临同志作了总结讲话，并部署了下一阶段工作。9个试点地区的代表介绍了本地的试点工作情况，山东省诸城市、广东省顺德市的同志在会上分别介绍了本市在国有企业改革、资产重组、小城镇自我发展建设方面的成功经验。

会议认为，自1994年初，国家民委、国家体改委批准呼伦贝尔盟等7地州为改革开放试点以来，经过近4年的艰苦努力，各试点地区在企业改革、社会保障制度改革、综合配套改革、对外开放与经济发展等方面都取得了阶段性的成果，初步摸索出了适合各自特点的改革路子和发展模式。大家一致认为试验第一阶段的任务基本完成。主要成果有：

一、建立了机构，完成了总体方案的制定

各试点地区成立了由当地党委、政府领导亲自挂帅的试点试验方案制订小组，下设办公室，广泛征求各方面的意见，制订出改革开放试验总体实施方案，上报省（区）党委、政府。大部分的试验方案很快得到了批准。

二、全面推进各种类型的企业改革，转换企业经营机制，建立现代企业制度

根据“产权清晰、责权明确、政企分开、管理科学”的要求，各试点地区在大中型国有企业中进行现代企业制度改革试点，进行了国有独资公司、股份有限公司等形式的改革。并且，9个试点地区已有6家上市公司。目前，仍有一批有实力的企业正在进行改制上市的操作。

各地从实际出发，扶持地区骨干企业，实施大公司、大集团战略。仅呼伦贝尔盟、乌海市、格尔木市、延边州就组建集团公司25个，探索了转换机制、盘活资产、优势互补、搞活企业的新路子。延边州的8个大企业集团，1996年工业产值23.6亿元，占全州工业总产值的28.1%，实现利税4.2亿元，占全部独立核算工业企业的86.3%。

以搞活国有小企业为中心进行多种形式的试验。如临夏州全州146户国有企业中，改组为股份制、股份合作制的企业10户，承包的25户，租赁的1户，兼并的3户，国有民营的9户，实行目标责任制的86户，其余14户正准备兼并、破产、拍卖。延边州

中小企业改制累计完成70%多。乌海市截至1996年7月底，已通过股份合作制38户、整体转让5户、兼并联合17户、嫁接改组6户、抵贷返租3户、宣告破产4户、拟破产5户，企业的转制面达到65.3%。

与企业改革相适应，各试验区均建立了国有资产运营公司，试行国有资产委托经营，探索国有资本的运营方法。

三、综合配套改革不断深入

各试验区抓紧建立和完善社会保障体系，养老保险、失业保险、医疗保险制度的改革在逐步深化。如格尔木市参加统筹的国有企业和职工分别占总数的99.3%和98.7%。

城镇住房制度的改革也迈开了步伐，住房改革起步较早的延边州到1996年底已有1 000多户企业推行了住房公积金制度，住房私有率达到85%以上。

四、加快开放步伐

各地普遍认识到加快对外开放是促进改革与发展的重要途径，加强了对内、对外宣传的力度，主动参加或召开各种形式的经贸洽谈会，广泛建立与国内外城市、经济组织的友好关系，扩大地区的知名度，拓宽了招商引资的渠道。

此外，各试点地区在建立和培育市场体系、深化农村牧区改革、加快科技教育改革等方面均取得了一定的成果。

近4年的试验表明，各试点地区经过不懈的努力，全面探索，重点突破，已积累了宝贵的经验，走出了以乌海、格尔木市为代表的优化资源配置、强化资源转换型；以延边州、呼伦贝尔盟、伊犁州为代表的对外开放带动型；以临夏州为代表的民营经济推动型；以黔东南州为代表的盘活农业资产型的各具特色的发展之路，为少数民族地区的改革与发展做了有益的探索。

1997年批准为试点的西昌、吉首市立足本地优势，制订试验方案，改革开放试点工作已全面展开。

通过交流情况，总结经验，与会代表统一了对试点工作的认识，明确了今后试点工作的方向：

(一)民族地区的改革开放试验应当适应市场经济的要求，按市场经济规律办事，抓住机遇，以自立更生为主，立足于苦练内功，自费试验，以成果、实绩来推动改革开放试验再上新的台阶。两委也将尽最大的努力帮助试验区争取多方面的扶持。

(二)进一步提高对试点工作的认识。改革已进入攻坚阶段，要进一步解放思想，更新观念，坚持以邓小平理论为指导，以“三个有利于”为标准，大胆实践，求实创新。

(三)进一步加大改革力度。将重点放在建立对资源配置发挥基础性作用的市场机制上，特别注意在资本运营方面的超前试验，真正利用市场手段，盘活资产，加快资产流动重组。

(四)加快结构调整的步伐。当前,经济结构不合理已成为阻碍试点地区经济发展的重要因素,对此需予以高度重视。一要形成合理的与生产力发展水平相适应的产权结构。二要调整产业结构。试点地区应加大农业产业化的力度。大力发展具有地方优势的特色经济。

(五)继续扩大对外开放。要加强与周边地区的经济技术合作。通过各种方式发展与东部发达地区的经济联合与协作。全面推进资源开发、农牧业开发、老工业基地改造、引资扶贫等多项工作。

(六)在当地政府的领导下,充分发挥试点办公室的作用。试点所在省(区)和试点地区的各级民委、体改委要发挥各自的优势,互相协作,帮助试点地区协调解决试点中的实际问题。要加大对试验工作宣传的力度,提高各方面对民族地区改革开放试点工作重要意义的认识,争取得到更多部门的理解和帮助。

(七)加强交流与培训。国家民委、国家体改委帮助试点地区及时了解全国经济发展形势和体改动态、信息、经验,并为试点地区的干部提供形式多样的培训、考察机会。各试点地区之间要加强交流,互相通报情况,互相学习,并将试点工作进展及时向两委报告。

(八)建立顾问组。成员包括有关专家、学者、政府工作人员等。顾问组的主要职责是:为试点地区的发展方向、工作计划提供咨询,利用各种渠道帮助试点地区反映情况,争取支持,解决实际困难,使试点工作更顺利的展开。

(九)筹建经济合作发展中心。中心的主要任务是帮助试点地区加强与东部地区及港澳台的经济合作。中心以企业行为为主,政府予以协调,采用会员制,自愿参加。中心为会员提供信息,开展咨询,为招商引资牵线搭桥。

(十)会后将形成一个民族地区改革开放试点情况报告,并报有关领导部门。

目前,呼伦贝尔盟等7个地区的改革试点已进入第二阶段,西昌、吉首两市的试点工作起步势头良好。各地今后要认真贯彻党的"十五大"精神,勇于探索,再接再厉,在试验区内率先建立起适应社会主义市场经济体制的经济运行机制,为全国民族地区扩大改革开放,加快脱贫步伐,缓解与发达地区的发展差距,促进经济和社会的全面发展创造和积累经验。

财政部、国家税务总局关于民贸企业有关税收问题的通知

1998 年 1 月 7 日

各省、自治区、直辖市、计划单列市财政厅(局),国家税务局:

根据《国务院关于"九五"期间民族贸易和民族用品生产有关问题的批复》(国函[1997]47 号)精神,为扶持和发展民族贸易,促进民族地区经济发展,现对民族贸易企业增值税、所得税问题通知如下:

(一)关于增值税。在 2000 年年底以前,对民族贸易县县级国有民贸企业和供销社企业销售货物,按实际缴纳增值税税额先征后返 50%,具体返还办法由财政部驻各地财政监察专员办事机构按财政部、国家税务总局、中国人民银行(94)财预字第 55 号文件的规定执行;对县以下(不含县)国有民贸企业和基层供销社销售货物免征增值税。

(二)关于企业所得税,根据现行《中华人民共和国企业所得税暂行条例》规定,民族自治地方的民族贸易企业,需要照顾和鼓励的,经省级人民政府批准,可以实行定期减税或者免税政策。

(三)上述减免和返还的税款按照现行财政体制,由中央财政和地方财政分别负担。在此期间,国家如果对民族贸易县进行重新调整认定,按调整后的民族贸易县范围执行。

本通知自 1998 年 1 月 1 日起执行。

国家中医药管理局、国家民委关于印发《关于进一步加强民族医药工作的意见》的通知

1997年2月19日

内蒙古、辽宁、吉林、黑龙江、福建、湖北、湖南、广东、海南、广西、四川、贵州、云南、西藏、新疆、青海、甘肃、宁夏等省(区)卫生厅、中医(药)管理局、医药管理局(总公司)、民族事务委员会：

为了贯彻全国卫生工作会议的精神，进一步做好民族医药工作，保障各族人民的健康和繁荣祖国医药学，适应民族地区经济建设发展的需要，现将《关于进一步加强民族医药工作的意见》印发给你们，请结合本地区的实际，认真贯彻落实。

关于进一步加强民族医药工作的意见

1984年卫生部与国家民委联合召开了第一届全国民族医药工作会议，并在会后由国务院办公厅转发了《关于加强全国民族医药工作的几点意见》，引起了有关地区与部门的高度重视，极大地推动了民族医药事业的发展。到目前为止，民族医医院已发展到121所，建立了一批民族医专科医院和门诊部，民族地区的许多综合医院和乡卫生院也建立了民族医科。全国民族医床位数达到6 090张，民族医药人员达10 442人。西藏、内蒙古、新疆分别建立了高等藏医、蒙医、维医院校，并已培养出近3 000名毕业生。15所独立的县级以上民族医药科研机构相继成立，为促进民族医药的学术发展做

出了重要贡献。各民族地区普遍开展了当地民族药物资源的专题考察，并在民族药的标准化管理方面开展了一系列工作。民族药的生产手段逐步改进，现已能生产十几种剂型的藏药350个品种、蒙药3 000个品种、维药190个品种。

尽管民族医药事业取得了较大的发展，但存在的问题还相当突出，主要是：某些地区或部门的负责同志对民族医药工作的重要性认识不足，政策不落实；已经建立的民族医药机构设施条件差、功能不完善，处于濒临倒闭的边缘；民族医药继承工作抓得不够，一些宝贵的民族医药遗产面临被断送的危险；院校教育的教学内容比较单一，培养出来的学生独立开展工作的能力较差，高水平的科研成果很少；民族药物的供销渠道尚不畅通。

为了贯彻刚刚召开的全国卫生大会精神，进一步做好民族医药工作，保障各族人民的健康和繁荣祖国医药学，适应民族地区经济建设发展的需要，必须努力发掘、整理和提高民族医药学遗产。当前，应着重解决好以下几方面的问题。

一、提高认识，加强领导，开创民族医药工作的新局面

民族医药是我国传统医药的重要组成部分，也是中华民族优秀文化的重要方面，几千年来为我国各族人民的健康和繁衍昌盛作出了重要的贡献。它不仅在过去和现在为民族地区各族人民的卫生保健事业，发挥过和正在发挥着重大的作用，而且经过发掘、整理和提高，必将继续为我国各族人民的卫生保健事业做出积极的贡献，是建设具有中国特色的社会主义卫生事业的重要内容之一。民族医药源于少数民族人民的智慧，又因地制宜直接为各民族人民的健康服务，与当地群众紧密相连，深受欢迎。我国《宪法》明确规定："国家发展医疗卫生事业，发展现代医药和我国传统医药"。党中央、国务院最近通过的《中共中央国务院关于卫生改革与发展的决定》中明确指出："各民族医药是中华民族传统医药的组成部分，要努力发掘、整理、总结、提高，充分发挥其保护各族人民健康的作用"。发展民族医药，不仅是一个重要的学术问题，而且是提高民族自尊心，继承发展民族文化的重要内容。对增进民族团结、保持政治稳定、巩固国防建设、发展经济、富国强民都有积极的意义。

发展民族医药，要以保持民族医药特色和优势为前提，以继承、挖掘、整理民族医药遗产为基础，以民族医药理论为医疗、教学、科研的指导原则，以提高民族医药的临床疗效与学术水平为目的，同时，要充分利用先进的科学技术和现代化手段促进民族医药的发展。

各级卫生（或中医）、医药、民族事务主管部门，都要加强对民族医药工作的领导，作出长远规划和近期安排，制定具体措施。国家中医药管理局拟与有关部门一道，成立全国民族医药工作领导小组，针对有关民族医药的重大问题经常地进行专题研究，加强领导与协调。在有关部委的支持下，国家中医药管理局在"九五"期间将与地方主管部门互相配合，发挥地方与中央两方面的积极性，努力抓好全国民族医药重点基地建设。建议有条件而又需要的地区，在卫生（或中医）行政部门内设立专门管理机构，一时条件还不成熟的，要配备专职管理干部。

各级卫生（或中医）行政部门、中药行政管理部门要切实把发展民族医药工作提到议事日程上来，纳入本地区发展总体规划，统筹安排，增加投入。从本地区的实际出发，加强领导，有计划、有步骤地发展民族医药事业。充分利用民族地区传统的医药卫生资源，适应民族地区人民医疗保健的实际需要，进一步继承、发扬、开发利用民族医药，巩固、充实现有的民族医医疗、教育、科研及生产、经营机构，加强内涵建设，积极培养人才，大力开展科学研究。在互惠互利的前提下，鼓励各地在技术、设备、资金等多方面，加强国际合作，改善服务设施，完善服务功能，为民族医药走向世界打下良好的基础。

民族医医院应与当地同级综合医院享受同等待遇。对民族医药人员的职称评定、药品生产、医院经费的补助、民族医药教育和科研工作等事宜，以及在医疗保障制度改革等方面，各级政府要制定相应的优惠政策。民族医药机构要选拔坚持四项基本原则、执行党的民族医药政策、热爱民族医药事业、熟悉民族医药业务、具有组织能力、年富力强的人担任领导，以提高民族医药机构的科学管理水平。

经过“九五”期间的建设，要在各民族地区形成一批基础扎实、设施配套、功能较为齐全、特色与优势突出，效益显著的民族医药重点基地，带动整个民族医药事业的发展。到 2010 年，在区域卫生统一规划下，力争建立一个基本适应民族地区人民医疗保健需求、有较强的竞争能力、结构与布局较为合理的民族医疗保健网络，形成人才培养体系比较健全、学术水平不断提高、药品产供销渠道畅通、能为人民健康作出显著贡献的格局。

二、合理规划，以点带面，建设好一批重点民族医药基地

发展民族医药事业，应该遵循按需发展、合理规划、突出重点、带动一般的原则，集中有限的资金，在现阶段努力建设好一批民族医药重点基地，充分发挥这些基地的“龙头”作用，培训人员，指导基层，推动整个民族医药事业的发展。

为此，国家中医药管理局将组织实施“316 工程”，在“九五”期间从政策、技术、资金等方面重点扶持好一批民族医药医、教、研机构，培养一批跨世纪的民族医药骨干人才，抓好一批民族药产供销基地。“316 工程”中的“3”是指在全国筛选 30 个民族医的医、教、研机构，进行重点建设。基地的确定是以现有机构为基础，制定入选条件，提出建设目标，本着宁缺勿滥的原则严格把关。建设的重点在加强内涵，关键是培养人才。“1”是指培养 100 名在各自学科领域里处于先进水平的民族医药临床和技术骨干，作为学科带头人。“6”是指民族药方面确定 60 个基地，包括民族药材的生产、采购，民族药品的生产、销售，积极争取优惠政策，提高管理水平，充分发挥其功能。民族地区的各级卫生（或中医）行政部门、中药行政管理部门也应该把建设的重点与“316 工程”相衔接。

三、抓住关键，培养人才，造就一支高素质的民族医药队伍

人才培养是发展民族医药事业的关键，各级卫生（或中医）行政部门、中药行政管

理部门务必从战略高度抓好这项工作。民族医药人才梯队建设，要通过院校教育与自学考试相结合，在职提高、遴选“拔尖”人才与名师带高徒相结合，继续教育与岗位培训相结合，进修学习与对口支援相结合的方法来实现。要充分发挥内蒙古、西藏、新疆和青海等省（区）已经建立的蒙医、藏医、维医人才培养基地的主渠道作用，面向确有需求而本地区又无力培养的省（区）招生，毕业后分配回所在地工作。要采取多种形式适度发展中专层次的民族医药教育。高、中等民族医药院校（系），要根据各地的实际，做好人才需求预测，调整专业结构与课程设置，修订好教学计划和教学大纲，搞好教材建设，充实教师力量，努力提高教学水平，搞好民族医药的学历教育。有条件的省（区）在征得国家有关部门同意后，开展自学考试。要有计划地办好师资班、职工中专和专科培训班。同时，继续采取名师带高徒、在职教育，以及与内地人才培养基地联合协作、对口支援等多形式、多层次、多渠道培养民族医药人才，建设一支专业齐全、结构合理、业务技术和管理水平较高的民族医药队伍。

在人才培养方面，“九五”期间除培养100名临床与技术骨干之外，还要培养出300名民族医临床专科专病技术骨干，并遴选30位名老民族医药专家作为学术继承指导老师，为每人配备1～2名学术继承人。这些方案将分别纳入“九五”期间国家中医药管理局实施的人才培养计划和名老中医药专家经验继承工作。名老民族医药专家是民族医药事业的宝贵财富，继承他们的经验是我们的历史责任。希望各级卫生（或中医）行政部门和民族医药机构都要高度重视，要在经费、工作与生活条件等方面给予适当的支持和保证。

民族医药人才培养的关键，在于重视和提高民族医药学科带头人和技术骨干的科研工作能力。要选拔思想品德高、热爱民族医药事业、德才兼备的人才作为培养对象。同时，要高度重视为边远山区和农、牧区培养、输送一大批“留得住，用得上”的实用型人才，充分发挥民族医药的作用，解决那里缺医少药的问题。

民族医药人员的技术职称要纳入卫生技术人员职称系列范围，定职晋升要实行同行评定，这是建设一支数量相对稳定的民族医药队伍的必要条件。在职称评定过程中，应按照有关要求，结合各地民族医药的实际情况，合理评定。

四、突出优势，健全功能，加强民族医医疗机构的内涵建设

对民族医医院的管理，要实行分类指导。对已具备条件、自成体系、初具规模的蒙医、藏医、维医的医疗机构可逐步实行分级管理。蒙、藏、维医机构要遵照全面规划、重点突出、配套建设、逐步完善的发展原则，做好系统管理。省、地、县各级民族医医院的床位、门诊临床科室设置及医疗设备总值要有一个基本的要求，各级各类人员的比例，参照中医医院的编制比例执行。民族医疗机构要尽早实现规范化、标准化管理。

对民族医药的理论体系尚不完善，或医疗、教学、科研功能不健全，机构建设发展不配套的民族医机构，要根据现有的布局和可能提供的人力、财力、物力，采取综合小型、集中使用的方针，在现有的基础上先办好一所医院，兼搞教学和科研，或在现有的科研机构内设置病床，开展医疗和科研工作。机构的规模不宜太大，力量不宜分散，尽快完善配套建设。

民族医医疗机构，必须坚持突出民族医特色，提高民族医药治疗率；重视专科特长，办好优势突出、疗效显著的专科、专病诊室；要同现代科学技术相结合，利用现代科学技术和先进设备发展民族医药。同时，要加强急诊科室建设，地级以上的民族医医院要设立急诊科（室），县级民族医医院也应开设急诊室，并配备必要的急诊设备。使民族医医院进一步健全和扩大医疗服务功能，提高医院的竞争和生存能力。

少数民族聚居区的乡（镇）卫生院，要根据需要配备民族医药人员。依照《医疗机构管理条例》的有关规定，支持符合条件的民族医个体开业行医，合理配置医疗资源。民族医药人员要积极参与初级卫生保健工作，发挥民族医药在防病、治病、康复、保健中的作用。

五、科技先行，加强协作，促进民族医药科研工作的稳定发展

各有关省（区）要根据本地的实际情况，加强科研工作的领导，力争建立专项基金，增加对民族医药科研工作的投入。

要继续做好理论体系比较完整的民族医药古籍、文献的搜集、整理、翻译、出版工作，也要加强对理论体系尚不完整的民族医药的调查研究，深入发掘，系统整理，做好基础工作。制定民族医药的继承、发展方案，有计划地对其学术理论、疗效经验等进行探索和总结。对于那些确实具备一定的民族医药源流和基础的少数民族地区，尽管尚未形成民族医药理论，也应该组织力量发掘整理，可以继续从搜集民间单方验方等做起。同时，加强管理，建立健全保密制度，防止因制度不健全而造成民族医药宝贵遗产和科技成果的流失。

建立全国性的民族医药学术组织，开展切实有效的学术活动，加强地区之间和国际之间的学术交流。各民族医药之间，中医药、西医药和民族医药之间也要加强团结，互相学习，充分认识并善于吸收不同医学的长处，在比较中求发展，在结合中创优势。积极利用民族医药学术刊物，交流各民族医药学术经验，展示民族医药学术成就。提倡和鼓励百花齐放，百家争鸣。

为了克服民族地区科研设备简陋、技术落后、人才不足的困难，加快民族医药科研速度，缩短科研周期，提高科研质量，各地要积极支持本地区的民族医药机构，尤其是科研机构，充分利用现有的宝贵资源，积极组织和协调各方面的力量，开展多学科、多层次、多方位、跨部门、跨行业、跨省区的综合研究和协作攻关；内地的医药科研基地要发挥其设备、技术、人才的优势，帮助和促进民族医药整体水平的提高，搞好对口支援工作，发挥和利用整体优势，共同为人民健康服务。协作攻关和对口支援是交流经验、互相促进、共同提高的有效方式，应大力提倡。在方式上，鼓励进行义务协作和支援，也可以采取共同投标研究课题或联合开发、利益共享等途径；在步骤上，先抓好“316 工程”中重点建设机构的协作攻关和对口支援工作，总结经验，再逐步推开。

六、加强管理，畅通渠道，重视民族药物的开发利用

各地医药部门，要把民族药（含成药）的种植、生产、收购、供应纳入经营管理范围，兼顾民族医的需要，特殊药品要特殊供应，采取多种渠道解决民族医的用药问题。卫生部门要从民族医药需求的实际情况出发，加强民族药品监督管理。有条件的民族医医院要积极开展临床药学研究，保证用药科学、合理、有效；开展剂型改革和新药的开发研究，努力研制高效、速效、安全、给药方便的新制剂，使制剂向科学化、标准化方向发展，以满足临床用药需求。

加强民族药厂技术改造，以满足实际需要，实现规模经济，为民族药尽快进入市场创造必要的条件。民族药的生产必须适应社会主义市场经济运行机制，以需定产，对市场需求较大、疗效确切、已经批准生产的，可组织工业化生产。同时，加强对民族医医院制剂工作的管理。鉴于民族药品的新药开发较晚，目前市场流通的民族药品种极少，满足不了临床需要等原因，对本医院的临床急需品种可以院内制剂形式满足供应。

要重视民族药材资源的合理利用和保护，健全法制，保护民族药材的珍稀、名贵品种，并积极开展引种、驯养、栽培及代用品的研制等工作。

要建立销售网点，如专售柜台等，合理布点，定点销售，结合各地实际，畅通民族药的产供销渠道。

中国作家协会、国家民委关于举办第五届全国少数民族文学创作奖评奖的通知

1997 年 2 月 25 日

各省、自治区、直辖市作协、民委：

全国少数民族文学创作评奖创办于 1981 年，至今已连续举办了四届（每 4 年评选一次）。此奖设立以来，已成为全国少数民族文学奖中最具权威和影响的国家级文学奖，在国内外享有很高的声誉，所评出的作品以其较高的思想性和艺术性在国内外产生了很大的影响，获得了广泛的好评。通过这一奖项的评选，使一大批少数民族获奖作

者走向全国，有的已成为国内外知名的作家。通过这一奖项的评奖，体现了党的民族政策，促进了中华各民族的团结，加强了各民族文学的交流互补，推进了各民族文学的共同繁荣，对我国的改革开放和祖国的统一也起着积极的推动作用。中国作家协会和国家民族事务委员会决定于 1997 年举办第五届全国少数民族文学创作评奖。

现将此次评奖的有关事项通知如下：

一、范围

1. 凡在 1992—1995 年 4 年内全国各地（不包括港、澳、台）地、州以上出版社出版的少数民族作者用汉文或少数民族文字创作的长篇小说、中篇小说集、短篇小说集、诗集、散文集、报告文学集、评论集、儿童文学集等均可参加此次评奖。

2. 凡在 1992—1995 年 4 年内使用国内各种民族文字翻译发表当代少数民族文学作品，翻译数量较多、文学质量较高者（不限民族成份），都可作为此次评奖的翻译奖参评人选。

3. 10 万人口以下民 族（以国家 1990 年人口普查公布的统计数字为准）的少数民族作者，可以单篇作品（省以上报刊发表的小说、诗歌、散文、评论）参评，年限可适当放宽。

二、标准

1. 这次评奖的文学作品，应具有较高的思想性和艺术水准及良好的社会效果，并在广大读者中有较大的影响。

2. 这次评奖的评论作品，应具有较高的学术水平，对少数民族文学创作具有一定的指导意义。

3. 这次评奖的民族文学翻译人选，应在翻译当代少数民族文学作品中有一定的创造性，翻译数量多、质量高。

三、办法

1. 由各省、自治区、直辖市作协会同民委，组织本地（包括部队）出版社及有关报刊等单位推荐评奖篇目和翻译人选。推荐截止日期为 1997 年 6 月 1 日。

2. 具体评奖工作由本届评奖委员会负责，日常工作由中国作协民族文学处负责。

3. 评选推荐作品由文学评论工作者、文学编辑、少数民族文学翻译及有关人员组成初评小组，在阅读、评议基础上，提出初选篇目和翻译奖名单。

4. 本届评奖委员会委员由各民族作家、评论家、翻译家及各省、自治区、直辖市作协和中国作协、国家民委有关领导组成，在对初选作品进行审读基础上经投票最终产生本届评奖的获奖篇目。

5. 评奖结果于 1997 年秋公布，并举行颁奖大会。授予获奖者证书和奖金。

6. 各省、自治区、直辖市作协在推荐作品时请附上作者的简介和推荐意见。用少数民族文字创作的作品，除送上原文作品外，请附上汉译版，没有汉译版请附上汉译内容简介。

7.推荐作品时，每位作家原则上不超过两个门类，每门类作品两部(篇)为限，每部作品送两本书。

8.推荐翻译人选，因只评人不评作品，请附上翻译人选的翻译目录、主要翻译作品和翻译个人的文学、翻译业务简介。

第五届全国少数民族文学创作奖获奖篇目

长篇小说

《无性别的神》	藏族	央　珍(女)
《太阳树》	白族	张　长
《落日之战》	满族	庞天舒(女)
《太阳部落》	藏族	梅　卓(女)
《雾霭漫漫的草原》(蒙古文)	蒙古族	韩·涛高
《麻赫穆德·喀什噶里》(维吾尔文)	维吾尔族	帕尔哈提·吉朗
《水准线》(哈萨克文)	哈萨克族	吾马尔哈孜·阿依坦
《春情》(朝鲜文)	朝鲜族	李元吉

小说集

《苦土》	回族	石舒清
《箫声曼》	苗族	肖仁福
《关仁山小说选》	满族	关仁山
《双眼井之恋》	彝族	张昆华
《沙狼》	蒙古族	郭雪波
《卡领传奇》	苗族	伍　略
《乡邻乡亲乡人》	满族	林和平
《赵剑平小说选》	仡佬族	赵剑平
《两匹马的草原》	蒙古族	哈斯乌拉
《白骨岩》(蒙古文)	蒙古族	嘎·希儒嘉措

《黑风中的雄鹰》(藏文)	藏族	其美多吉
《姑娘别流泪》(维吾尔文)	维吾尔族	阿力木江·司马义
《飘落的绿叶》(朝鲜文)	朝鲜族	李惠善(女)
《萨力克特达坂之歌》(蒙古文)	蒙古族	道尔吉·乃岱

诗集

《阳关在前》	满族	华　舒
《大自然与我们》	彝族	倮伍拉且
《孤独的旅程》	藏族	列美平措
《母语》	哈尼族	哥　布
《孤独的太阳》	土家族	喻子涵
《太阳雨》	满族	牟心海
《灵魂家园》	蒙古族	查　干
《大西北放歌》	回族	杨少青
《蜜蜂乐园》(藏文)	藏族	伦珠朗杰
《被爱的年代》(维吾尔文)	维吾尔族	依明·艾合买提
《沙洲地》(哈萨克文)	哈萨克族	胡里木汗·艾合买提
《一颗思念的心》(朝鲜文)	朝鲜族	赵龙男
《生活的风浪中》(柯尔克孜文)	柯尔克孜族	依布拉衣·买买提

散文集

《一本打开的书》	满族	赵　玫(女)
《郭风散文选集》	回族	郭　风
《善良是一棵矮树》	蒙古族	鲍尔吉·原野
《回眸》	回族	梁　琴(女)
《琴心集》	仫佬族	潘　琦
《远离天堂》	壮族	黄　堃
《省城轶事》	彝族	龙志毅

评论集

《阿拜研究文集》	锡伯族	哈　拜
《文学价值与文学选择》	回族	纪　众
《文苑沉思录》	蒙古族	扎拉嘎胡
《八十年代蒙文小说现象》(蒙古文)	蒙古族	乌恩巴雅尔

报告文学集

《地火天光——中国常规兵器试验纪实》	满族	马成翼

《艾思奇传》	白族	杨　苏
《血线——滇缅公路纪实》	回族	白　山(女)

儿童文学集

《螃蟹为什么横行》	回族	海代泉

新人新作

《最后一封情书》(小说)	佤族	袁智中(女)
《清明茶》(散文)	土家族	阿　多
《阳坡花》(小说)	彝族	巴久乌嘎
《故乡那高高的粘枣树》(散文)	阿昌族	曹先强
《胯门》(小说)	哈尼族	黄　雁(女)
《年年花开》(诗)	布依族	罗　莲(女)
《金沙江》(外三首)(诗)	普米族	鲁若迪基
《奇怪的囚犯》(小说、哈萨克文)	塔塔尔族	穆斯力木·那毕
《珞巴族人民喜迎香港回归》(散文)	珞巴族	林卫华
《基诺山我的故乡》(诗)	基诺族	罗向明

翻译

田希宝(汉族)　张宝锁(蒙古族)　金莲兰(女、朝鲜族)

中共中央宣传部关于全国性评奖立项的批　复

1997年3月7日

国家民族事务委员会、广播电影电视部、文化部、中国文学艺术界联合会、中国作家协会：

根据中央办公厅、国务院办公厅《关于加强全国性文艺新闻出版评奖管理工作的通知》(中办发[1996]28号)精神，经我部部务会议研究，同意你们设立“骏马奖”(“全国少数民族题材电视艺术'骏马奖'"、"全国少数民族题材电影'骏马奖'"和"全国少数民族文学创作'骏马奖'")。

请对评奖活动加强管理，把社会效益放在首位，努力提高评奖的科学性和权威性，发挥正确导向和示范作用，为全党全国工作大局服务。

特此批复。

国家教委、国家民委关于认真贯彻中央扶贫工作会议精神，进一步加强对口支援民族和贫困地区发展教育事业的通知

1997年4月22日

各省、自治区、直辖市及计划单列市教委、教育厅、民委、民宗委(局)，广东省高教厅：

为贯彻中央扶贫工作会议精神，1996年11月，国家教委、国家民委联合在深圳召开了全国教育对口支援协作第二次工作会议。总结交流了1993年以来全国开展教育对口支援协作工作的经验，调整了教育对口支援协作关系，部署了下一步工作，现将有关要求通知如下：

一、提高认识，统一思想

到本世纪末，基本解决全国贫困人口温饱问题，逐步缩小东西部的发展差距，最终实现全国各族人民的共同富裕和繁荣，是党和国家作出的重大战略决策。我国贫困地区中大多是革命老区、少数民族地区和边疆地区，这些地区为新中国的建立、保卫祖国边疆、支援全国发展作出了巨大的贡献和牺牲。如这些地区的贫困状况长期得不到改变，势必影响民族的团结、国家的统一和边疆的巩固，还会影响整个社会的稳定和发展。加快贫困地区的发展步伐，不仅仅是经济问题，而且是关系国家长治久安的政治问题，是治国安邦的大事。必须从战略全局的高度，充分认识打好扶贫攻坚战的重大意义。贫困地区落后的一个重要原因，就是科技教育滞后，劳动者素质偏低。贫困地区要

尽快解决温饱，改变落后面貌，关键是要加大教育科技的扶贫力度，把扶贫开发转移到依靠科技进步，提高劳动者素质的轨道上来。组织沿海发达地区对口支援贫困地区发展教育事业，是全面贯彻中央开发式扶贫方针的重大措施。发展贫困地区的教育事业，除了当地自力更生、艰苦奋斗和国家的大力扶持外，还需要沿海发达地区给予积极支援和帮助。各省、自治区、直辖市、有关计划单列市教育和民族工作部门要认真学习和积极贯彻党和国家关于扶贫工作的重要精神，充分认识教育扶贫工作的重要性、艰巨性和紧迫性，发扬社会主义大协作精神，在已取得成绩的基础上，加大帮扶力度，努力为我国贫困地区教育事业的发展作出应有的贡献。

二、对口支援民族贫困地区的任务和方式

对口支援的任务主要有：

（一）当前贫困地区教育发展面临的困难较大，支援主要根据可能与需要相结合的原则，从资金、物资、教学仪器设备和图书资料等方面支援贫困地区，特别是帮助贫困地区改善基础教育、职业教育、扫盲和成人技术培训的办学条件和管理手段，提高办学水平，救助失学儿童。

（二）为贫困地区做好县级教育的综合规划和各类教育发展计划提供咨询和帮助，提高教育资源配置效益。积极向贫困地区输送教育改革、教育管理的经验和信息，促进教育与当地群众脱贫致富、技术推广和精神文明建设的迫切需要相结合。

（三）支援方可根据自身优势，为贫困地区培养和培训师资、教育行政管理干部、实用科技和企业管理人员。

（四）贫困地区有丰富的矿产、旅游、农林等资源优势，随着国家开发式扶贫方针的全面实施，贫困地区将成为国内外关注的大市场，有巨大的发展潜力。但目前贫困地区勤工俭学和校办产业基础薄弱，没有能力和条件充分发挥自身的优势。支援方可根据优势互补、互利互惠、长期合作、共同发展的原则，与贫困地区合作兴办投资少、效益好、具有市场竞争力的校办产业，开展信息交流和技术转让，帮助贫困地区教育增强自我发展能力，对贫困地区经济发展起到引导和示范作用。

教育对口支援要落实到县，采取支援方较发达的几个市、县、区联合对口贫困地区一个县（旗）或一对一帮扶的方式进行。要把革命老区、边远、高寒山区和牧区贫困县（旗）作为重点加以扶持。对口支援的形式要因地制宜，灵活多样，并在实践中积极探索，不断创新。

三、对口支援民族贫困地区工作的实施和管理

全国教育对口支援民族贫困地区的工作，由国家教委、国家民委负责宏观组织协调、经验交流和表彰等项工作；支援方有关省、市要把教育对口支援民族贫困地区的工作纳入政府行为，列入议事日程，在政府扶贫机构的统一领导下，由教育部门牵头负责本省、市对贫困地区教育支援工作的计划制订、组织协调和支援项目的监督落实；受援省、自治区的教育部门负责教育受援工作的计划制订、组织协调和实施，民族工作部门予以配合。对口双方每年向国家教委民族教育司和国家民委教育司报送工作进展情况。

教育对口支援工作，采取一年一定或数年一定、分步实施的办法。教育对口支援计划，由对口双方本着实事求是、积极主动、尽心尽力的精神商定。并将商定的计划和项目报国家教委备案。

贫困地区要高度重视和珍惜来自各方的支援项目和提供的条件，切实加强项目管理，受援方有关省、自治区应就此制定具体的管理办法，努力提高效益。对口支援的资金、物资、仪器设备、图书资料等，由受援省、区贫困县教育部门负责管理，按照支援计划的要求用在指定的建设项目上，严禁挪作它用。项目完成后，应将结果及时反馈支援方。

四、其他有关工作

（一）根据中共中央[1996]12号文件的安排，为便于统一组织协调，将教育对口支援纳入政府经济、科技扶贫计划，开展全面扶贫，现对民族地区教育对口支援关系作一相应调整：北京帮内蒙古，天津帮甘肃，上海帮云南，广东帮广西，江苏帮陕西，浙江帮四川，山东帮新疆，辽宁帮青海，福建帮宁夏，深圳、青岛、大连、宁波帮贵州，全国支援西藏。原结对省、自治区、直辖市与本《通知》的安排一致的，继续做好对口支援工作，与新的安排不一致的，按本《通知》的要求，尽快转到新的对口帮扶关系上来。暂时不能中断对口关系的，可继续保持一段时间，做好善后工作，逐步脱钩。其他省、市的贫困县，由所在省、市按上述有关要求，组织本省、市较发达地区开展教育对口支援。

（二）各省、自治区、直辖市和有关计划单列市的教育部门接到本《通知》后，请于今年5月底前将负责此项工作的机构、联系人及联系电话等书面报国家教委民族教育司。

（三）对口双方按本《通知》的有关要求，抓紧开展互访考察，商定今年的教育对口支援计划和项目，条件成熟的可尽早启动。

文化部、国家民委、中国文学艺术界联合会、中国社会科学院关于表彰全国《格萨(斯)尔》工作先进集体、先进个人的决定

1997年5月10日

甘肃、青海、西藏、四川、云南、内蒙古、新疆等省、区文化厅、民委、文联、社科院：

英雄史诗《格萨(斯)尔王传》广泛流传在我国藏、蒙古等民族地区，千百年来被人们世代传诵，深受人们喜爱。她是中华民族灿烂文化的重要组成部分。

党的十一届三中全会以来，在党和政府的大力支持下，对这部史诗展开了大规模的抢救工作，并于1986年5月在北京由中国社会科学院、文化部、国家民委、中国民间文艺研究会共同主持召开了《格萨(斯)尔》工作总结、表彰大会。此次会议产生了深远的影响，推动了全国史诗抢救工作的顺利进行。11年来，在全国《格萨(斯)尔》工作领导小组的组织与协调下，经过甘肃、青海、西藏、四川、云南、内蒙古及新疆七省、区基层同志的共同努力，该史诗的抢救工作已经基本完成，并取得了举世瞩目的成就。为了总结这一抢救工作，表彰先进，推动史诗《格萨(斯)尔》的整理、出版及研究工作的深入进行，中国社会科学院、文化部、国家民委及中国文联决定于1997年6月18日在北京召开全国《格萨(斯)尔》工作总结、表彰大会。会期3天，规模60人。会议期间将组织先进事迹报告及成果展览。

此次会议经费由4部委共同承担。对于受表彰的单位和个人颁发由四部委共同签发并盖章的荣誉证书，对先进个人适当予以物质奖励。

现将1997年全国《格萨(斯)尔》工作先进集体、先进个人名单公布如下：

一、荣誉奖

王沂暖(西北民院教授、著名翻译家、史诗专家)

齐木道古(内蒙古社科院研究员、史诗专家)

土登尼玛（四川省民族研究所研究员、史诗专家）

欧泽高（四川省副省长、格萨尔领导小组组长）

扎西泽仁（全国政协委员、四川省格萨尔领导小组顾问）

格桑多杰（青海省人大副主任、格萨尔领导小组组长）

拉巴平措（西藏自治区副主席、格萨尔领导小组组长）

平措次仁（西藏社科院院长、格萨尔领导小组副组长）

杨作林（甘肃省政法委副书记、格萨尔工作领导小组组长）

马麒麟（西北民院院长、格萨尔工作组织领导者）

李缵绪（云南社科院民研所名誉所长、格萨尔组织领导者）

赵志宏（甘肃省委副书记、格萨（斯）尔工作组织领导者）

巴岱（全国政协常委、格斯尔工作组织领导者）

旦白尼玛（青海果洛格萨尔狮龙宫殿负责人、活佛）

班玛登保（青海果洛玛域格萨尔文化中心负责人、活佛）

参布拉敖日布（蒙古族说唱家，已故）

昂亲多杰（青海果洛格萨尔组织领导者、史诗专家，已故）

二、先进集体

西藏大学《格萨尔》研究室、西藏社科院《格萨尔王传》抢救办公室、西北民族学院《格萨尔》研究所、四川省《格萨尔》工作办公室、青海省《格萨尔》研究所、青海果洛州《格萨尔》抢救办公室、内蒙古《格斯尔》工作领导小组办公室、内蒙古赤峰市巴林右旗沙布日台苏木人民政府、北京民族出版社。

三、突出贡献的先进个人

西藏：桑珠（说唱家）、益西旺姆、玉梅（说唱家）、登真、洛桑顿旦、平措、扎西旺堆。

甘肃：王兴先、何天慧、马进武、王永福（说唱家）、索代、赵兰泉。

四川：邓珠拉姆、陈宗祥、益邛、仁孜多吉（说唱家）、更登、巴加。

云南：徐国琼、和建华。

青海：角巴东主、才让旺堆（说唱家）、赵秉理、布特尕（说唱家）、吉玛、诺尔德、格日尖参（说唱家）、昂日（说唱家）。

内蒙古：索德那木拉布坦、格日勒扎布、格日勒图、龙梅、额敦桑布、罗布桑（艺人）、却日勒扎布。

新疆：卓日格图、加·朱乃（艺人）。

北京：降边嘉措、杨恩洪、斯钦孟和。

四、表彰

西藏：唐本次多、李彬、格桑益西、索南格列、罗丹、仁增、丹巴热杰、次仁占堆（说唱家）、曲扎（说唱家）、土登（说唱家）。

甘肃：米力克·阿吉、多识、钟福祖、尕藏才旦、王振华、兰却加、坚赞才让、王国明、贾东风、智华、韩德明、张瑞民、徐亚荣、杨文炯、贡却才旦、玛·乌尼乌兰。

四川：王雨顺、周锡银、周巴、周锡和、古正熙、木兰、曲尼、韩晓红、李学琴、魏树德、马成富、梁瑛、格桑曲批、段英、扎西次仁、王永平、昂旺丹增、阿旺措成、扎加、李述唐、拉措、杨元芳、谢德均。

云南：王晓松。

青海：达日县格萨尔狮龙宫殿、甘德县玛域格萨尔文化中心、甘德县夏仓格萨尔藏戏团、甘德县大云格萨尔藏戏团、久治县德合龙格萨尔藏戏团、班玛县灯塔格萨尔艺术馆、班玛县多贡麻格萨尔藏戏团、玛多县卡科格萨尔藏戏团、玛沁县昌查玛格萨尔藏戏团、贵德县罗汉堂格萨尔藏戏团。杨富华、居·更德、群排、吉德、扎保、仁内、郜丽君、才旦多杰（说唱家）、土布龙（艺人）、李庆、多吉才让、黄智、高宁、索南卓玛、娘吾才让（艺人）、黄金花、何峰、恰嘎·旦真、索南才让、多吉才郎、丹巴尖措（说唱家）、扎格（艺人）、李加（盲艺人）、才让索南（艺人）、达哇扎巴（艺人）、扎西达结、秋君扎西、金迈、索洛、曲江才让、关却杰、李友楼、李克郁、李生全（艺人）、王歌行、吴均、郭晋渊。

内蒙古：韦弦、周秉建、新巴雅尔、哈达、李文华、道荣嘎、乌云巴图、布和朝鲁（赤峰）、托娅、巴图、岱钦、查嘎呼、那·宝音贺希格、宝音德力格尔、布和朝鲁、那奇、那日苏、布任巴雅尔、乌恩巴雅尔（艺人）。

新疆：娜仁花、阿木尔达赖、尼玛。

北京：丹珠昂奔、乌力吉、王克勤、谢继胜、巴雅尔图。

文化部、国家民委关于举办第七届孔雀奖少数民族舞蹈比赛的通知

1997年6月3日

各省、自治区、直辖市文化厅（局）、民委（局），新疆生产建设兵团文化广播电视局，解放军总政文化部、武警总部文化部，中央各部（委）所属文化团体：

为贯彻党的十四届六中全会精神和江泽民总书记在文代会、作代会上的讲话精

神，进一步繁荣少数民族舞蹈艺术，多出精品，多出人才，促进少数民族文化艺术事业的发展，文化部、国家民委决定于今年12月在重庆市举办第七届孔雀奖少数民族舞蹈比赛。现将有关事项通知如下：

一、组织领导

（一）由文化部、国家民委、重庆市人民政府联合主办，重庆市文化局承办。

（二）由主办单位有关负责人组成“比赛”组织委员会，中宣部副部长、文化部部长刘忠德任名誉主任，文化部副部长徐文伯、国家民委副主任李晋有、重庆市一位副市长（待定）担任组委会主任。

（三）聘请国内著名舞蹈专家及有关人员组成评奖委员会，负责评选活动。

二、比赛方式

比赛分两个阶段进行，第一阶段，录像预赛；第二阶段，现场决赛，由录像预赛选出的节目参加。

三、参加比赛人员及节目要求

（一）本届孔雀奖少数民族舞蹈比赛限于单人舞、双人舞、三人舞参赛。

（二）参加比赛的节目，必须是党的十四大以来新创作的少数民族单人舞、双人舞、三人舞，具有浓郁的民族风格，鲜明的时代精神，内容健康。每个节目限在六分钟以内。

（三）参加比赛的表演人员必须是专业艺术表演团体人员，年龄限于16岁至35岁。单人舞表演者必须是少数民族演员，双人舞表演者须最少一人是少数民族演员，三人舞表演者最少二人是少数民族演员。

（四）根据比赛的总规格，确定分配给各省（自治区、直辖市、部门和单位）报送参加录像预赛的节目（具体数额见附件一）。

四、设奖

（一）评奖项目：表演奖、编导奖、作曲奖。

（二）各项奖金分设一、二、三等奖若干名；优秀奖若干名。

（三）获奖者分别发给证书；获一、二、三等奖者发给奖杯和奖金若干。

五、参赛办法

（一）凡符合条件的少数民族和汉族舞蹈表演者及舞蹈节目均可参加比赛。

（二）由有关省、自治区、直辖市文化厅（局）会同民委负责本地区的预选工作；解放军总政治部、武警总部、新疆生产建设兵团负责本系统的预选工作；中央部委所属文艺团体，通过主管部委报送。

（三）各地各单位经预选推荐出参赛人员及节目后，统一用大1/2录像带录制，连同每个节目的名称、内容简介、表演时间和表演、编导、作曲人员的姓名、年龄、民族及艺术简历的文字材料，一并于今年10月20日前报送文化部少数民族文化司(邮寄以当地邮戳时间为准)。

(四)录像预赛结束后，入选参加在重庆市进行现场决赛的节目及演员将另行通知。

六、经费

(一)比赛所需经费采取国家财政拨款和社会集资办法解决。

(二)各地组织预选工作所需经费，请各文化部门和民委协商共同负担。

(三)参加现场决赛人员的往返差旅费及其它费用，由推荐单位或演员所在单位负责，比赛期间的食宿交通费用由组委会负责。

文化部、国家民委、广播影视部关于公布中国少数民族艺术孔雀奖声乐大赛(民族唱法)获奖名单的通知

1997年5月19日

各省、自治区、直辖市文化厅(局)、民委(局)、广播影视厅(局)，新疆生产建设兵团文化广播电视局，解放军总政治部文化部、武警总部文化部，中央有关部(委)属文艺团体、艺术院校：

由文化部、国家民委、广播电影电视部和广西壮族自治区人民政府联合主办的“中国少数民族艺术孔雀奖声乐大赛(民族唱法)”于1997年4月7日至10日在广西南宁市举行。此次大赛共有25个省、自治区、直辖市和解放军总政文化部、武警总部文化部、新疆生产建设兵团及中央部委所属艺术院校、文艺团体等单位选送了来自35个民族的180名选手参赛。通过3月14日至18在北京举行的录音预赛，4月7日至10日在广西南宁市举行的现场复赛和决赛，大赛评委会共评选出一等奖4名，二等奖9名，三等奖16名，特别奖1名，优秀演唱奖10名，演唱奖43名。现将获奖名单公布如下：

一等奖(4名)

中国音乐学院	杨曙光	女	土家族
中国音乐学院	曲学选	男	满　族
西藏自治区	丹　增	男	藏　族
广西壮族自治区	黄春艳	女	壮　族

二等奖(9名)

内蒙古自治区	朝　鲁	男	蒙古族
河北省	于丽娜	女	满　族
贵州省	阿　依	女	苗　族
中央民族歌舞团	舒舒觉罗·卢婕	女	满　族
湖北省	于惠承	女	土家族
上海音乐学院	阿依吉斯	女	裕固族
云南省	戴　梅	女	哈尼族
广西壮族自治区	贾双飞	男	满　族
中国音乐学院	马　贤	女	回　族

三等奖(16名)

内蒙古自治区	阿拉坦其其格	女	蒙古族
广西壮族自治区	马定和	男	回　族
总政文化部	苏雅拉	女	蒙古族
总政文化部	夏米力	男	维吾尔族
新疆生产建设兵团	嘎莉娅	女	俄罗斯族
上海市	钱慧萍	女	回　族
总政文化部	拉姆措	女	藏　族
湖南省	张时翠	女	土家族
新疆维吾尔自治区	库曼别克	男	哈萨克族
广西壮族自治区	韦丽萍	女	壮　族
西藏自治区	格桑曲珍	女	藏　族
广东省	赵云天	男	瑶　族
吉林省	朴春姬	女	朝鲜族
云南省	何家林	男	彝　族
中央民族乐团	魏　飞	女	回　族
吉林省	任香淑	女	朝鲜族

特别奖(1 名)

广西壮族自治区	郭　进	女	汉　族

优秀演唱奖(10 名)

中央民族乐团	陈延杰	女	汉　族
云南省	范汝义	男	纳西族
黑龙江省	安艳华	女	达斡尔族
新疆维吾尔自治区	热孜万姑丽	女	塔吉克族
中央民族歌舞团	苏都阿洛	女	彝　族
西藏自治区	白玛央宗	女	藏　族
上海市	李鹤飞	男	壮　族
广西壮族自治区	钟恒金	男	京　族
云南省	卓玛拉初	女	藏　族
中央民族大学	雷桂蓉	女	畲　族

演唱奖(43 名)

甘肃省	仁　考	男	藏　族
内蒙古自治区	郭丽茹	女	达斡尔族
云南省	杨宏秀	女	傣　族
新疆维吾尔自治区	古力夏提	女	维吾尔族
黑龙江省	李用云	男	朝鲜族
广西壮族自治区	练风英	女	壮　族
甘肃省	黄培琴	女	裕固族
新疆维吾尔自治区	阿孜古丽	女	柯尔克孜族
广西壮族自治区	苏燕玲	女	壮　族
中国音乐学院	李艳红	女	彝　族
四川省	杨晓方	女	羌　族
内蒙古自治区	胡格吉勒图	男	蒙古族
总政文化部	于秋颖	女	赫哲族
宁夏回族自治区	王晓春	女	满　族
甘肃省	马永华	男	东乡族
西藏自治区	次仁白珍	女	藏　族
上海市	杨　徐	女	白　族
宁夏回族自治区	安　然	女	回　族
湖北省	秦忠健	男	苗　族

内蒙古自治区	斯琴嘎	女	蒙古族
辽宁省	郑冬花	女	朝鲜族
海南省	陈　忠	男	黎　族
海南省	林　香	女	黎　族
四川省	格桑志玛	女	藏　族
广东省	丁　义	男	满　族
新疆维吾尔自治区	古力俭那提	女	维吾尔族
青海省	香毛措	女	藏　族
甘肃省	李亚红	女	汉　族
云南省	孔秀芬	女	景颇族
总政文化部	周彦青	女	布依族
四川省	陈剑波	男	土家族
青海省	才仁卓玛	女	蒙古族
湖南省	满江红	女	苗　族
云南省	李淑英	女	傈僳族
福建省	杨桂萍	女	侗　族
云南省	和英贤	男	普米族
吉林省	伯　拉	男	蒙古族
宁夏回族自治区	马爱学	男	回　族
新疆维吾尔自治区	佟福华	女	锡伯族
青海省	斯日古楞	男	蒙古族
新疆维吾尔自治区	古丽娜尔	女	维吾尔族
广西壮族自治区	梁姚姚	女	壮　族
辽宁省	巴　特	男	蒙古族

颁奖会已于 1997 年 4 月 11 日在广西南宁市隆重举行。

国家民委、国家体委
关于印发李晋有、刘吉同志在第六届全国民运会第一次筹备会上的讲话的通知

1997 年 10 月 27 日

各省、自治区、直辖市、新疆生产建设兵团民委、体委，总政文化部：

现将李晋有、刘吉同志在第六届全国民运会第一次筹备会上的讲话印发给你们，请认真领会精神并贯彻执行。

国家体委副主任　刘　吉
在第六届全国少数民族传统体育运动会第一次筹备会议开幕式上的讲话

1997 年 8 月 16 日

同志们：

首先我代表国家体委和国家民委向来到高原拉萨出席这次会议的同志们表示欢迎并致以亲切的问候！

经国务院批准，由国家民委和国家体委主办、北京市人民政府承办，同时在西藏设

分赛场的第六届全国少数民族传统体育运动会将于1999年举行。

全国少数民族传统体育运动会，是我国每4年举办一次的高水平、大规模的全国性民族体育盛会。它的宗旨是发展民族体育，加强民族团结，增强民族体质，振奋民族精神，为社会主义物质文明和精神文明建设服务。举办民运会，从民族角度讲，对于继承和发展少数民族传统体育文化，实施《体育法》和《全民健身计划纲要》具有重要意义。民族传统体育有着悠久的历史、鲜明的民族特色，内容丰富多彩，形式多种多样，既是各族人民强健体魄的重要方式，也是各族人民沟通情感、加强交流的有效途径，已成为群众体育的重要内容。实践证明，少数民族传统体育运动会不仅成为民族地区推行全民健身的一种很好的方式，而且已成为社会主义体育事业的社会主义精神文明建设的重要方面。

办好第六届全国民运会，有着极其重要的政治意义。特别是由于北京和西藏地理位置的特殊性，第六届全国民运会又在1999年本世纪最后一年，适逢共和国建国50周年大庆，其意义就更特殊了。北京作为祖国的首都，党中央、国务院所在地；西藏位于世界屋脊，又适逢西藏自治区民主改革40周年，为世人所瞩目。在进行建国50周年大庆的前夕安排这次大规模运动会，就必须和党中央、国务院的庆祝活动统一协调起来。我们一定要办好本届民运会，充分体现我国各族人民在中国共产党的领导下，高举民族团结的旗帜，共同迈向21世纪的精神风貌，把第六届全国民运会办成向建国50周年大庆献礼，促进各民族大团结、大交流、大进步的盛会。

到目前为止，我们已成功地举办了五届全国民族运动会，少数民族体育事业得到了迅速发展，取得了举世瞩目的巨大成就。这些成就的取得，是小平同志建设有中国特色社会主义理论指引的结果，是党中央正确领导的结果，是全国人民大力支持的结果，是各民族的同志努力奋斗的结果。

在第五届全国民运会举办期间，一些省、自治区、直辖市的同志就对如何搞好第六届全国民运会提出很多很好的意见和建议。第五届全国民运会刚结束，国家民委、国家体委职能司处的同志，就着手对下一届民运会进行了规划和设计。(1)两委在北京共同召开了筹备第六届民运会座谈会，请来了曾经举办过全国民族运动会的政府和民委、体委的代表，与北京和西藏的同志共同交换意见，同商共议。(2)两委还共同举办了民运会表演项目座谈会，对民运会表演项目的表演办法和评判办法进行了研究和修订。(3)两委曾先后共同召开了民运会竞赛项目设置论证会和部分竞赛项目规划修改工作会议，从而拿出了这次提交大会讨论的12个竞赛项目和表演项目规程来。(4)此前，两委还就民运会的筹备工作与北京和西藏同志举行了座谈会，商议两地的活动安排、宣传工作意见和筹备工作的有关问题。以上几项活动为召开这次筹备工作会议，为整个民运会的筹备工作打下了一个良好的基础。

今天，我们在这里召开了第六届全国民族运动会筹备工作会议，这是两委落实党的民族政策、执行《体育法》、贯彻实施《全民健身计划纲要》的一项举措和实际步骤，使我们在本世纪末举办的这届全国少数民族的体育盛会，能够做到抓得早、抓得准、抓得实。这次会议标志着第六届民族运动会全国的筹备工作开始启动。在这之前，北京、西藏在接到承办任务后，先期做了大量筹划、设计和准备工作。目前，他们在资金筹措、场馆建设、舆论宣传、大型活动的设计等多项工作都已经展开。北京西藏筹备小组的工作做得认真扎实，为办好第六届全国民运会打下了坚实的基础，开了个好头，两委对此是满意的。借此机会，请允许我代表两委向北京市委、市政府，向西藏自治区党委、区政府以及关心和支持这项工作的各级领导和为筹备这次民族盛会做了大量工作的同志们表示衷心的感谢！

这次筹备会我们请两委主管同志都来，应该说两委是非常重视的。这次会议的主要议程是听取北京和西藏的同志对承办第六届全国民运会的整体构想及前期筹备工作情况，研讨总规程、各单项规程和大型活动和宣传工作的方案设想等，听取各位到会同志的意见和建议。为使第六届全国民运会的筹备工作能尽快顺利开展，同志们有什么想法，工作中有什么困难和问题都可以展开来说，我们将认真听取对各项筹备工作的意见，和同志们一起来商量如何办好民运会。大家实事求是地分析形势，共同寻找解决问题、克服困难的最佳方案，研究如何能使我们的少数民族体育运动会越办越好，水平越来越高，综合效果越来越显著，国内外影响越来越大，为 1999 年顺利成功举办第六届全国民运会打下良好基础。

这次提交大会讨论审议的总规程，是两委在总结前几届民运会的经验，并做了一些调查研究之后修订的。其中规模将略超过上届，项目做了一些调整，并首次允许少数汉族运动员参加龙舟的比赛，使我国 56 个民族都能参加到这一民族盛会当中来。这届民运会除仍将邀请台湾省少数民族代表团外，还将邀请香港特别行政区代表团、澳门代表团参加或参观。表演项目在总结前几届评比工作的基础上，为其项目的规范化、科学化，也象竞赛项目一样拿出了一个规程和规则来。希望大家讨论研究，进一步把它完善。竞赛项目的设置基本上保留上届的大部分项目，如珍珠球、抢花炮、赛马、射弩、秋千、毽球、龙舟、武术、民族式摔跤和打陀螺。木球的规则和器材要做必要的修改，这一届先放一下，暂不列为竞赛项目。拟新增加北京推荐的“蹴球”，西藏推荐的“那加”(大象拔河)，有的地区也叫“格吞”。合计共 12 个大项，其中一些单项规程做了补充和调整，如秋千打高和触铃分开获奖，武术由上届的 6 项增加到 15 项，龙舟增加了一个混合赛，毽球增设了花毽单踢内容等，扩大了奖励面，金牌由上届的 64 枚增至 97 枚。这些小项的设置是否科学、合理和实际，请大家再作研讨。总之，现在的总规程和各单项规程还只是一个征求意见稿，此前，我们已征求过一些省、自治区的意见，现在拿到会上来，请同志们从全局出发，结合本地区少数民族体育工作的实际，统盘考虑，认真审议，提出修改意见，使这个作为民运会的总规程更完善、更科学。

同志们，全国少数民族传统体育运动会既不同于全运会，又不同于其他综合性运动会，它具有其它运动会所不能包容的内涵和特点。第六届全国民运会仍然是竞赛与表演并重，因为民运会参赛项目和表演项目多是挖掘整理少数民族地区、少数民族民间流传的传统体育项目，这样做有利于继承发扬少数民族的体育传统，有利于提高民族体育素质，有利于发现、培养少数民族体育人才，也有利于增强民族的凝聚力。

这次会后，两委还要组织召开部分竞赛项目规则修订整理工作会议，组织裁判培训班及单项邀请赛等活动，来进一步检查各项规则和规程，使民运会的表演、竞赛项目的竞技水平更高，项目更科学、更规范，更具吸引力。大家要求把第六届全国民运会办成高水平的组织、高水平的表现和高水平的效果。因此，需要大家统一认识，团结一致，同心协力，集思广益，出谋献计，并重视几个方面的工作：

（一）筹备和举办民族运动会的过程是贯彻、实施《全民健身计划纲要》的重要步骤和举措。

《全民健身计划纲要》是一项功在当代、利在千秋的跨世纪长期规划，是一项依托社会、全民参与的宏大社会系统工程，是一项提高劳动者素质、增强国民体质的基础性建设。实施《全民健身计划纲要》，是事关我国社会发展和亿万人民群众利益的大事，标志着我国全民健身事业进入了一个新的发展时期。正在奔向小康生活的广大人民群众，对体育健身的需求不断增长，社会主义精神文明和物质文明建设对人民的体魄提出了新的更高要求。搞好全民健身工作从来没有像现在这样迫切重要。要把深入体育改革、大力推进体育社会化进程、探索新时期体育管理体制和运行机制、处理好改革、发展、稳定的关系，作为推行全民健身计划的一条主线。通过我们的艰苦努力，不断提高我国全民健身事业的整体水平，使体育工作全面、健康地发展，逐步实现体育的生活化、普遍化、社会化、科学化、产业化和法制化，建立与社会主义市场经济体制相适应的全民健身新模式和新格局。我国目前有少数民族九千多万，绝大部分居住在边疆、边境地区，提高民族地区广大人民群众的身体心理素质，是提高思想道德素质和科学文化素质的基础，是发展社会生产力的基础。一个民族的身心素质是一种物质资源，是综合国力的重要指标，对于一个国家的现代化进程有着不可忽视的影响，也是一个国家社会进步程度与文明程度的重要标志。通过筹备和举办第六届全国民族运动会，推动全民健身计划工作在民族地区的贯彻实施，增强少数民族体魄，提高民族身心素质意义十分重大。希望在座的各位同志，抓住当前的有利时机，加强对全民健身计划组织实施工作的指导和协调，发挥各部门、行业、系统、各群众组织和社会团体的各自优势，结合自身的特点，创造性的做好实施工作。体育系统要在这方面做出榜样，带好头，为少数民族群众参与体育健身活动创造条件。

（二）统一思想，一致行动。

我们只有把对开好第六届全国民运会的重大意义、特点的认识统一起来工作才会齐心协力。要通力协作，把办好民运会作为我们共同的任务来完成。这届民运会承办单位是北京市人民政府、西藏自治区人民政府。组织工作如何是成功与否的关键。但组织工作再好，参赛团队的水平不高，民运会的整体水平也高不了。在现阶段，有许多工作需要大家共同来完成，没有全国各地的共同努力，光靠北京和西藏是很难做好的，因此在这次会议期间，特别是曾组织和举办过民运会的同志们要多提建议，多出主意，多想办法，提倡协作精神，同舟共济，为了一个共同的目标而努力。

（三）要把第六届全国民运会办得比前几届更好，提高运动会的质量。

在总体设计上，要注意把浓郁的民族风情与鲜明的时代特征结合起来。突出改革开放中各少数民族的崭新风貌，从而体现我国各民族大团结的兴旺局面。各项设计方案要有新意，要有特色和民族风格。从实际出发，结合北京和西藏的地理、气候和特点，设计一套最佳的、科学的方案，这次会议后就投入准备和实施。

（四）民运会筹备工作的过程，是宣传党的民族政策、民族团结的过程。

由于民运会政策性较强，这就要靠我们的工作人员模范执行党的民族政策，维护民族团结，尊重各族人民的宗教信仰、风俗习惯。整个宣传工作，一定要以邓小平同志建设有中国特色的社会主义理论为指导，坚持“平等、团结、进步、繁荣”的原则，自始至终要把促进民族团结作为第六届全国民运会宣传的首要任务，充分体现我国各族人民在中国共产党领导下，高举民族大团结的旗帜，共同迈向21世纪的精神风貌，把第六届全国民运会办成各族人民大团结的盛会，这点李晋有副主任在第五届全国民运会筹备会上就强调过。一切都要把民族团结作为我们工作的立足点、出发点和归宿。这是一个很重要的指导思想，其它问题都要根据这个指导思想来处理、解决。

（五）筹办全国性民运会是一项庞大的系统工程，需要相当的财力来保证。因此，除政府拨给需要的一定数额经费外，还需要社会各界的支持。

目前，国家的中心任务是经济建设。北京、西藏承办这个运动会，要为国家、为民族、为其他各个地方做出贡献，各地也要支持他们的工作，帮助他们解决问题，克服困难，同时希望北京和西藏抓住这个机会发展本地区的经济和社会事业，现在整个国家经济体制正在由计划经济向社会主义市场经济体制转换，举办民运会还是国家行为、政府行为。但在运行机制上，要适应社会主义市场经济体制的运行方式，比如无形资产的开发、彩票的发行、企业的赞助、社会的集资，这些已经被广泛地引入大型运动会举办的过程中来了。

同志们，我们筹备民运会工作的指导方针应该遵循全国工作的总的指导思想，就是“统一思想，总揽全局，加强协调，扎实工作”。设计一套好的方案，建立好一个体制，搞好一个机制，成功的条件就基本具备。所以只要出好点子，理顺关系，扎实办事，我们的工作就能够顺理成章、做出成效来。我们要拿出更大的热情，以积极的态度投入到民运会筹备中去。在实施工作中，统一认识，统一步调，精心组织。既要把握时机、创造条件，克服困难、积极推行，又要坚持从实际出发，慎重稳妥，精心操作，搞好运动会的各项筹备工作，以实际运行迎接党的第十五次全国代表大会的胜利召开！

预祝这次筹备工作会议圆满成功！

国家民委副主任　李晋有
在第六届全国少数民族传统体育运动会第一次筹备会议闭幕式上的讲话

1997年8月20日

同志们：

本次筹备会议今天就要闭幕了。下面我就会议情况做个简短的报告。

这次筹备会议，是在高原缺氧的情况下进行的，我们与会的125名同志，经过5天的适应，总体还是不错的。有的同志尽管有一些反应，也是比较正常的。在这种情况下，大家都积极投入会议的讨论和各项活动，对会议文件、提案的研究是非常认真的。总体看，会议达到了预期的目的。

这次会议，有以下五个特点：

第一，大家对刘吉同志代表两委的讲话，对北京和西藏两地筹委会提交的各项筹备工作方案，对两委提出的第六届全国民运会的总规程和单项规程均作了认真、细致的讨论。在高原缺氧的环境下，大家能以认真负责的态度，投入极大的热情和精力，这是难能可贵的。

第二，大家对第六届全国民运会的总规程、单项规程、北京和西藏两地筹委会提交的各项方案，通过讨论统一了思想，在大的原则性问题上形成了共识，这为我们办好第六届全国民运会打下了良好的基础。

第三，在讨论的基础上，也提出了许多很好的意见和建议。把大家请来，集中在一起讨论，就是为了集思广益，提出意见和建议，完善我们的总体方案和各项筹备工作。经过同志们认真讨论，在一些问题上取得了共识，也就一些问题提出了不同的看法。这些不同看法和建议，是为事业的发展和繁荣献计献策，许多意见值得我们思考和研究。

归纳起来，大致提出了以下几个问题：

1. 关于运动员资格问题，也就是允许少量汉族公民参加龙舟集体竞技项目的问题。大家在讨论时，提出各种看法。这不是一个原则性问题，而是运动员资格的问题。

“少数民族传统体育运动会”是从运动性质来讲的，考虑问题应从少数民族传统体育项目出发，也要考虑少数民族传统体育的普及、参与和提高程度。第六届全国民运会，我们将邀请香港特别行政区组队参加，如果运动员资格审查不考虑特殊情况，问题不太好办。既然大家意见不一致，我们商量，还是依照历届民运会对于运动员资格的审查方法来办。

2. 关于射弩、打陀螺项目的器材问题。大家提出器材及制作工艺的不同，导致竞赛的不公平。这个问题的解决简单：由承办单位统一制作，用于比赛。

3. 关于取消木球比赛项目的问题。木球是宁夏回族自治区挖掘整理出来的回族有代表性的传统体育项目。在讨论中，个别省区特别是宁夏的同志对取消此项目执有不同的看法。我可以负责的态度讲，木球主要问题在于木球的器材和竞赛规则不太规范、完善，容易伤人，绝没有其它想法。希望宁夏的同志在认真对器材和竞赛规则进行修改之后再商议。

4. 关于马上项目。17日晚上准备报名参加马上项目的各代表团进行了专题座谈，这个座谈会开得很成功。代表们都站在全局的角度思考问题、讨论问题，第二期简报总结得很清楚，大家可以参考。

第四，与会代表们加深了对西藏的了解，增进了同藏族同胞的友谊。昨天下午，我们参加会议的民委、体委同志分别拜访了西藏自治区民族宗教事务委员会和西藏自治区体育运动委员会，互相介绍了情况，进行沟通，这种形式非常好，增进了了解，加深了友谊，感情和气氛非常融洽。

第五，我们的会议之所以取得成功，是由于西藏自治区党委和人民政府予以极大的重视和关心。我们一到，自治区政府主席江村罗布同志和区党委郭金龙副书记就来宾馆看望我们，自治区政府副主席吉普·平措次登和向阳同志在会议期间自始至终地陪同我们，这说明了自治区党委和政府对我们会议的重视程度。自治区体委、民委又做了具体、周到、细致的安排，使我们在会议期间既讨论了问题，又领略了独特的雪域风情。大家的体会很深刻。有位代表说，我们在世界最高处受到了高规格的接待，开了一次高水平的会议，说得就挺形象。通过这次会议，大家也能理解全国支援西藏的意义，也表示要主动为西藏的发展做出贡献。这次参加会的解放军同志在拜访西藏体委时主动表示，愿意免费为西藏培养高质量的体育人才。

由于以上特点，我们的会议开得很成功。但我们应该清醒地看到，我们还面临着许多困难。第六届全国民运会在北京和西藏同时举办，意义极为重大。北京是祖国的首都，拉萨是高原的明珠，这两个地方都是世人瞩目的地方。选择这两个城市举办第六届全国民运会是不同寻常的，来不得半点含糊。第六届全国民运会期间，无论在哪个赛场出现任何问题，都可能在世界上引起反响。所以准备工作必须做得细而又细，扎实再扎实，才能圆满地完成第六届全国民运会的各项赛事。

第一，运动会设立分赛场，按以往的惯例，分赛场气氛比较淡。但在西藏设立分赛场，我们的总体构想是要分而不淡，浓而适度。要在高原上展示民族传统体育的风采，气氛不应过淡，但要浓得适度。这是我们今后举办民运会都须认真考虑把握的问题。姬嘉同志在代表西藏自治区所做的筹备工作报告中讲得很具体，总体方案是可行的，但目前仅仅是设想。西藏赛区必须考虑各代表团的选项、报项情况，报名落实之后，才能完全了解分赛场的总体情况。可能会很复杂，我们必须及早协调处理好。

第二，按国务院的指示，第六届全国民运会是由两委主办，北京承办，在西藏拉萨市设分赛场。这两个地方既有共同点，又有不同点，有些事情可以独立解决和完成，有些事情需双方互相协调配合。作为一个整体予以把握，需要两地经常沟通、理解、支持和协调。这增加了组织工作的难度，需要我们做好准备，认真以待。

第三，我们之所以将第六届全国民运会放在北京，是考虑到中华人民共和国成立50周年大庆前夕，在祖国首都展示中华大家庭各民族的风采，展示建国50年来民族团结、社会稳定、经济发展这一伟大成就。第六届全国民运会能否纳入国庆50周年大庆活动的系列，这是我们需要认真争取的事情，是我们努力的方向。

第四，去年我们在讨论民运会问题时，提出了一个原则：不求规模最大，但求效果最佳。两地之间举办民运会，运动员队伍势必要扩大，但观摩团如何考虑？是否两地都接待观摩团？我们的想法是，观摩团一般都由老同志组成，去首都北京机会很多，能不能只在西藏分赛场接待观摩团，北京就不再组织，希望大家考虑一下。

第五，西藏分赛场运动员的报到问题。大家都提出为适应高原环境，运动员能否提前5天报到，西藏的同志对此表示理解。问题是马上项目，应有两个层次，一是运动员的高原适应性，二是运动员与马匹还有个协调磨合问题。这就提出了在时间上有特殊要求。西藏体委同志理解这个要求，但参赛队及队员需要认真、细致、全面地考虑这个问题，报到时间要定到什么时候，牵涉到经费、接待等各方面的困难，提醒大家注意。

第六，关于民运会表演项目。有的省只有一个表演项目，是到北京还是到拉萨，还是先到拉萨再到北京，这是关系到各省、市、区的旗帜，能否在两地都展现出来的问题。这是需要我们考虑研究的问题。

第七，在西藏分赛场获得奖牌和名次的运动员是否也要到北京参加颁奖，这也是需要我们考虑的问题。

第八，各个代表团共同面临的问题是经费问题，两地比赛使运动员人数增加，这需要各代表团想办法解决。

上面谈到的只是主要的大问题和我想到的问题，在筹备过程中，还会有许多困难和新的问题逐渐暴露出来，需要我们不断地加以解决。

既然我们面临着许多困难和问题，我们今后的工作就必须抓主要环节，才能使民运会工作扎实、有效，最终使第六届全国民运会办得圆满成功。

对此，刘吉同志在代表两委讲话中，提出了五点要求，第五点要求很重要，很及时，希望大家认真学习，深刻领会，贯彻执行。这里，我再重复强调一下，向大家提出六点要求：

第一，认识要到位。第六届全国民运会是本世纪举行的最后一届民运会，适逢建国

50周年，又是我党实施历史性转变的20周年。在此时召开第六届全国民运会，其意义和影响是深远的。此次民运会同历届民运会相比，有共同点，又有不同点，我认为需要从以下几方面认识其重要意义：

（一）本届民运会就是要展示各民族人民在以江泽民同志为核心的党中央领导下，高举邓小平同志建设有中国特色的社会主义理论的伟大旗帜，坚持党的基本路线，所取得的经济发展、社会进步、民族团结的举世瞩目的伟大成就，有力地回击西方对我们的西化和分化的图谋。（二）开展少数民族传统体育活动是贯彻落实《体育法》和《全民健身计划纲要》的好形式，我们筹备的过程就是贯彻落实纲要的过程，少数民族传统体育是少数民族在其生存、生活、生产条件下产生和发展起来的，在少数民族地区是经常化和群众化的。我们的筹备过程，不能将眼光仅放在运动会本身上，而应该放到发展民族体育和全民健身运动这个大背景中。（三）从弘扬民族传统文化角度看，少数民族传统体育运动会也是继承和发扬少数民族优秀传统文化的一种很好方式。对各民族的传统文化，我们一要尊重，二要支持，三要相互交流和提高。尊重就要支持，有了相互支持，才有交流、汲取、提高，使民族文化建立在一个新的起点上，最终达到中华民族文化整体的提高。通过少数民族传统体育运动会这个形式，让各民族农牧民同胞欢聚在一起，互相交流、提高，目前还是最好的方式之一。各民族互相尊重、平等交流、共同提高，只有我们的民运会才能做得到。在拉萨设立分赛场，更有利于继承、发扬、光大藏民族传统文化，回击达赖集团的一切污蔑、造谣的不实之词。解放前，少数民族传统体育散落在各少数民族聚居区，散落在偏远地区。解放后，由于党和政府的重视，才使得民运会每4年举办一次，这是党的民族政策光辉的体现。

我们必须正确认识此次民运会的重大意义，各级党政干部也要正确认识，只有这样，我们的工作才有可能做好，我们的民运会才能举办得圆满成功。

第二，准备要充分。准备工作，大的方面，从两委来讲，就是总规程和单项规程的制定和完善；从各省、市、区来讲，首先就是北京和西藏的各项筹备工作的展开以及各省、市、区和北京、西藏的联系、协商等。

第三，协调要及时。协调有几个层次。首先，两委之间的协调，在历届民运会过程中，两委历来是协作密切、配合默契的，第六届全国民运会筹备之初就已经体现了这个传统。其次是两委对国务院经常请示、汇报，取得支持和指导。再就是北京和西藏两地经常性的沟通和协商。最后是各省、市、区的选项、报项，运动员的选拔等，也有一个同当地党委、政府之间的协调问题。协调好了，我们的工作也就好做了。

第四，舆论要先行。民运会的筹备过程，也就是宣传党的民族政策、宣传民族团结进步的过程。这个宣传一定要先行，一定要到位，一定要及时。希望新闻单位从现在起就开始宣传第六届全国民运会的筹备工作。从现在开始，认真组织好两、三个回合的宣传高潮。第五届全国民运会最后一个回合的宣传搞得不错。我们应该借鉴以往成功的经验，使宣传工作更上一层楼。

第五，政府要支持。政府支持是办好民运会的一个关键，离开政府的支持，我们的任何工作都会寸步难行。第六届全国民运会涉及两个赛场，开支较大，政府的支持是必需的，包括运动员的选拔、选项、参赛，都需政府的支持。希望我们各省、市、区在此问题上多向当地党委和政府请示、汇报。政府是否支持，支持程度如何，主要看我们自己的工作做得如何，是否做出了成绩。这就对我们的工作提出了更高的要求。

第六，领导要加强。要加强对整个民运会筹备工作的领导。我们两委的领导工作一定要做细、做扎实，才能把整个筹备工作搞好。

以上提出的几个要求，供同志们参照执行。

我们为期 5 天的会议就要结束了，会议的圆满成功归功于西藏自治区党委和政府、西藏自治区体委和民委给我们提供了便利的条件。到会同志们适应性拉练的结果是令人满意的，希望大家得出一个客观的、准确的对高原反应的认识，也希望大家回去之后，积极、主动地为在拉萨分赛场的选项、报项工作做出贡献。

最后，请允许我代表两委、代表与会的全体同志，对西藏自治区党委、政府，对西藏自治区体委、民委对此次会议的重视和所提供的便利条件再一次表示衷心的感谢！

谢谢大家。

国家民委、国家体委
关于印发《第六届全国少数民族传统体育运动会第一次筹备会议纪要》的通知

1997 年 10 月 27 日

各省、自治区、直辖市、新疆生产建设兵团民委、体委、总政文化部：

现将《第六届全国少数民族传统体育运动会第一次筹备会议纪要》印发给你们，望根据会议精神积极认真地做好第六届全国少数民族传统体育运动会筹备工作。

第六届全国少数民族传统体育运动会第一次筹备会议纪要

一

第六届全国少数民族传统体育运动会(以下简称第六届全国民运会)经国务院批准,定于1999年在北京举行,同时在西藏自治区首府拉萨市设立分赛场。为筹备好这届具有特殊意义的全国民运会,国家民委和国家体委于1997年8月16日至20日在拉萨市召开了第一次筹备会议。会议代表125人(其中司局级领导44人),分别来自全国各省、自治区、直辖市和新疆生产建设兵团民委、体委,以及解放军总政治部文化部。国家民委副主任李晋有同志主持了开幕和闭幕大会,因身体欠佳未能出席会议的国家体委副主任刘吉同志委托群体司司长谢亚龙代表两委讲了话,李晋有同志代表两委作了会议总结。西藏自治区副主席吉普·平措次登同志、向阳同志也到会讲了话。

与会代表对国家民委、国家体委提交大会的总规程和单项规程(草案)进行了讨论,总体上比较满意,认为两委在这两年做了许多工作,准备比较充分;表演项目的规程较前几届也有规范和提高,说明民运会更加成熟。

会议听取了北京市政协副主席、市长助理、第六届全国民运会筹备小组组长万嗣铨同志汇报的主赛场筹备工作情况;听取了西藏自治区体委主任、第六届全国民运会拉萨分赛场筹委会副主任兼秘书长姬嘉同志汇报的分赛场筹备工作情况。与会代表充分肯定了北京主赛场和西藏分赛场的筹备班子为筹办好第六届全国民运会所做的准备工作,认为两地筹备班子工作扎实,很有成效,为筹备好第六届全国民运会奠定了良好的基础。

与会代表通过热烈讨论,统一了思想,在大的原则性问题上达成了共识。会议圆满完成了各项议程,达到了预期的目的。

二

会议代表一致谈到了第六届全国民运会的重要性和特殊意义。大家认为,国务院批准第六届全国民运会于1999年在北京举行,同时在拉萨设分赛场,充分体现了党和国家对民族工作的重视和支持。从运动会的举办时间来看:1999年是中华人民共和国建国50周年,是西藏自治区民主改革40周年,又是本世纪的最后一年;这一年还将迎接澳门回归。从运动会的举办地来看:北京是祖国的首都,是经济、政治、文化的中心;西藏是“世界屋脊”,是我国典型的边疆民族自治地区,又是世界各国关注的热点地区。50 周年国庆时 56 个民族聚会首都并一展雄姿,不但为大庆增添绚丽的风采,更重要的是将向国内外展示中国各民族的大团结,改革开放以来经济、政治、文化各方面的大好形势;表达我国各族人民团结在以江泽民同志为核心的党中央周围,高举邓小平理论的伟大旗帜,把建设有中国特色社会主义事业全面推向 21 世纪的决心。而 56 个民族在拉萨分赛场聚会和拼搏,将向世界展示我国改革开放和党的民族政策给西藏带来的繁荣发展、社会稳定和民族团结,这对达赖集团、对国际上利用西藏问题进行反华的势力是个有力的回击。

代表们也充分认识到,第六届全国民运会在两地举办所带来的人力、财力以及组织工作等方面的困难。要举办好本届民运会必须解决许多问题,克服许多困难。首先是经费问题,分两地组两团自然增加了开支。其次为使拉萨分赛场不冷落,保证北京主赛场更隆重热烈,各地需要精心组团。再次是拉萨分赛场路途遥远、高原缺氧,更多了一层心理压力和具体问题。此次会议所以选在拉萨开,就是让主管的同志有个亲身感受。事实证明,绝大多数同志经历两三天正常反应后,都能适应。而拉萨分赛场项目除赛马外,都不是剧烈运动项目,对于身体素质较好的运动员来说问题都不大。会议认为,第六届全国民运会也是 50 周年大庆在首都展示各地少数民族精神风貌的难得机会,希望各省(区、市)政府、主管领导要充分认识第六届全国民运会的政治意义,给予充分的重视和支持。各地要从全局的角度出发,克服一切困难,既要保证北京主赛场隆重、热烈,也要保证拉萨分赛场的规模和热烈气氛。各地必须从报名工作开始,每一个环节都要慎重、认真对待,绝不能影响运动会整体进程。

三

第一次筹备会议还讨论了一些具体问题,并取得共识:

1. 第六届全国民运会于 1999 年 9 月 24 日至 30 日在北京举行,拉萨分赛场的举办时间为 1999 年 8 月 18 日至 28 日。代表们认为这样安排既选择了拉萨的黄金季节,又兼顾到了首都的国庆 50 周年庆典。

2. 关于拉萨分赛场的报到日期。代表们认为,要考虑高原适应期问题,报到日期应较惯例提前为宜。

3. 关于运动员资格问题。本届民运会运动员的资格仍依照历届民运会对于运动员资格的审查办法进行。

4. 关于射弩、打陀螺项目的器材问题,大家同意比赛用的弩、箭由赛事承办单位统一制做,以维护竞争的公平性。

5. 关于本届民运会拟取消木球项目的问题,主要原因在于木球的器材和竞赛规则尚不规范、完善,容易伤人,待器材和规则修改之后再予以考虑。

6. 由于马上项目竞赛难度较大,17 日晚,准备报名参加马上项目的省、自治区、直辖市、解放军和新疆生产建设兵团的代表一起进行了座谈，达成共识如下：

A. 北京主赛场马上项目参赛马匹由参赛队自备；拉萨分赛场马上项目参赛马匹由承办单位提供。

B. 由于北京和拉萨的地理环境不同，北京主赛场设速度赛马1 000米、2 000米、3 000米、5 000米、10 000米，走马1 000米、2 000米、5 000米，跑马射击、射箭、拣哈达；拉萨分赛场设速度赛马1 000米、2 000米、3 000米、5 000米，走马1 000米、2 000米、3 000米，跑马射击、射箭、拣哈达。

四

会议要求，要继续做好民运会各项筹备工作。第六届全国民运会的大盘子已经基本确定，本次筹备会议标志着第六届全国民运会的筹备工作已全面展开，国家民委、国家体委将根据大家提出的意见和建议尽快修改补充总规程和单项规程，争取早日发到各地。

会议要求，第六届全国民运会的承办单位要尽快投入具体的筹备工作，班子要落实，人员要到位，要制定切实可行的筹备计划。各省（区、市）要从实际出发，加强领导，团结协作，做好第一阶段的筹备工作。要重视民运会的宣传工作，要把宣传民运会与宣传党的民族政策结合起来，通过宣传，让国内外广泛了解我们党的民族政策，了解我国少数民族优秀的传统文化，了解改革开放以来我国少数民族团结奋进的精神风貌。

会议代表一致表示，回去以后，要把筹备民运会的工作提到议事日程上来，认真领会李晋有、刘吉同志的讲话和会议精神，尽快向政府主管领导汇报，积极争取支持，在当地政府的领导下，在总结前几届民运会筹备经验的基础上，做好第六届全国民运会的筹备工作，为我国的民族团结进步事业做出新贡献。

国家教委、国家体委、卫生部、国家民委、国家科委关于对1995年全国学生体质健康调研工作进行总结表彰的通知

1997年11月26日

各省、自治区、直辖市教委（教育厅）、体委、卫生厅（局）、民委、科委：

1995年全国学生体质健康调研是继1985年全国大规模学生体质健康调研工作之后的又一次大规模的学生体质健康调研，该调研工作对促进学校体育卫生工作的科学化，推动全民健身计划的实施发挥了重要作用。为了总结1995年全国学生体质健康调研工作，充分肯定广大教育、体育、卫生工作者在学生体质健康调研工作中所做的大量工作，进一步推动学生体质健康调研工作的开展。经研究，决定在各地总结调研工作的基础上，于今年底对全国学生体质健康调研工作进行总结表彰。现将有关事宜通知如下：

（一）表彰与推荐名额：

（1）调研先进单位：贵州、云南、新疆不超过9个；广西、宁夏、四川、甘肃、吉林、海南不超过8个；其余省（自治区、直辖市）不超过7个。

（2）调研先进个人：贵州、云南、新疆不超过15名；广西不超过13名；宁夏、四川、甘肃、吉林、海南不超过12名；其余省（自治区、直辖市）不超过11名。

（3）各地的评选推荐工作由各省（自治区、直辖市）学生体质健康调研协调小组或领导小组负责。

（二）各省（自治区、直辖市）学生体质健康调研协调小组或领导小组应在认真总结调研工作的基础上，按照分配名额评选调研工作先进单位和个人，填写先进单位和先进个人申报表，并于1997年12月3日前将申报表及1995年学生体质健康调研工作总结报中国学生体质健康调研协调小组（地址：国家教委体育卫生与艺术教育司）。

（三）表彰形式：不召开专门的表彰大会，五部委将以通报的形式进行表彰，并给先进单位颁发奖牌、先进个人颁发证书。

（四）要通过对学生体质健康调研工作的总结表彰，宣传体质健康调研工作的重要意义及调研工作中涌现的先进事迹，推动学生体质健康调研工作的深入开展，进一步促进学生体质健康调研工作的制度化。

文化部、国家民委关于公布第七届孔雀奖少数民族舞蹈比赛获奖名单的通知

1998年1月20日

各省、自治区、直辖市文化厅（局）、民（宗）委（厅、局），新疆生产建设兵团文化广播电视

局，解放军总政文化部、武警政治部，中央有关部（委）所属文艺团体、艺术院校：

由文化部、国家民委和重庆市人民政府联合主办的“第七届孔雀奖少数民族舞蹈比赛”决赛于1997年12月25日至29日在重庆市举行。此次大赛共有20个省、自治区、直辖市和新疆生产建设兵团、解放军总政文化部、武警政治部及中央部委所属文艺团体、艺术院校等13个部门（单位）选送了来自30个民族的146个节目参赛，其中独舞78个，双人舞36个，三人舞32个。通过1997年11月7日至12日在北京举行的录像预赛，12月25日至29日在重庆市举行的现场决赛，大赛评委会共评选出独舞表演一等奖4个，二等奖7个，三等奖12个，优秀表演奖12个；独舞编导一等奖3个，二等奖8个，三等奖12个，优秀编导奖12个；双人舞表演一等奖2个，二等奖4个，三等奖7个，优秀表演奖4个；双人舞编导一等奖2个，二等奖4个，三等奖6个，优秀编导奖5个；三人舞表演一等奖1个，二等奖3个，三等奖5个，优秀表演奖5个；三人舞编导一等奖1个，二等奖3个，三等奖5个，优秀编导奖5个；作曲一等奖1个，二等奖2个，三等奖3个，优秀作曲奖10个。现将获奖名单公布如下：

独舞表演一等奖

北京舞蹈学院　《祈福》　金美红（朝鲜）
广东省　《云之南》　杨云涛（白）
云南省　《弹》　杨旭康（白）
内蒙古自治区　《多彩的节奏》　千娅丽（蒙古）

独舞表演二等奖

西藏自治区　《韵》　江　东（藏）
内蒙古自治区　《飞鬃马》　娜　娜（蒙古）
中央民族大学　《西风烈》　察　骞（土家）
内蒙古自治区　《乳香飘》　高　娃（蒙古）
二炮文工团　《春歌》　石梦娜（土家）
内蒙古自治区　《圆之韵》　单迎春（蒙古）
中央民族歌舞团　《山鼓》　赵　湘（瑶）

独舞表演三等奖

中国煤矿文工团　《云》　金美花（朝鲜）
中央民族大学　《追寻太阳的人》　孙　乐（回）
内蒙古自治区　《盘羊》　鲍丽玛（蒙古）
北京舞蹈学院　《雪域素描》　央金卓玛·李丽（藏）
中央文化管理干部学院、新疆维吾尔自治区
《撒巴》　亚生江（维吾尔）

云南省	《斑色花》	胡薇薇(回)
新疆维吾尔自治区	《冰山之子》	再比江(维吾尔)
广西壮族自治区	《秋歌》	王　韦(壮)
内蒙古自治区	《养驯鹿的乌娜吉》	爱　红(达斡尔)
东方歌舞团	《心灵之声》	宝尔基(蒙古)
重庆市	《草原春韵》	杨　柳(土家)
海南省	《寿》	陈丹娅(黎)

独舞优秀表演奖

中央民族歌舞团	《圣火女》	徐姗姗(土家)
中央民族歌舞团	《阿咪子》	郭晓莉(回)
武警政治部文工团	《我心中的哈达》	谭　香(壮)
内蒙古自治区	《心中的纳文江》	白　昆(蒙古)
中国铁路文工团	《天池印象》	金海英(朝鲜)
青海省	《金鼓》	英　措(藏)
中央民族大学	《马头琴之恋》	赵　梁(蒙古)
中央文化管理干部学院、新疆维吾尔自治区	《恋草原》	加衣那匀(哈萨克)
中央民族歌舞团	《戛伦》	阮　芳(瑶)
中国歌舞团	《大漠古韵》	薛东强(蒙古)
武警政治部文工团	《小牧骑》	赵　峪(满)
云南省	《蝶影》	范绍燕(白)

独舞编导一等奖

中央民族大学	《西风烈》	马　跃(回)
云南省	《弹》	张来善(汉)
西藏自治区	《韵》	郭　磊(汉) 江　东(藏)

独舞编导二等奖

广东省	《云之南》	孙跃颉(壮)
二炮文工团	《春歌》	余大鸣(土家) 邓锐斌(壮)
北京舞蹈学院	《祈福》	韩贤杰(朝鲜)
内蒙古自治区	《飞鬃马》	高保军(汉) 杨大宝(蒙古)

中央民族大学	《追寻太阳的人》	慈仁桑姆(藏) 旦周多杰(藏)
内蒙古自治区	《乳香飘》	哈斯其其格(蒙古)
重庆市	《草原春韵》	姜小平(藏)
武警政治部文工团	《我心中的哈达》	马承魁(回) 胡玉琴(汉)

独舞编导三等奖

中央文化管理干部学院、新疆维吾尔自治区	《撒巴》	海力切木·斯迪克(维吾尔)
北京舞蹈学院	《雪域素描》	满运喜(回)
中国煤矿文工团	《云》	马　跃(回)
内蒙古自治区	《盘羊》	杨大宝(蒙古)
内蒙古自治区	《多彩的节奏》	道尔吉(蒙古) 千娅丽(蒙古)
新疆维吾尔自治区	《冰山之子》	王小云(汉)
中央民族歌舞团	《圣火女》	邓兰英(土)
云南省	《斑色花》	马文静(回) 刘太平(汉)
青海省	《金鼓》	齐美德(蒙古)
内蒙古自治区	《养驯鹿的乌娜吉》	孙培珍(汉)
内蒙古自治区	《心中的纳文江》	朱朝霞(满)
海南省	《寿》	武亚安(汉)

独舞优秀编导奖

中国铁路文工团	《天池印象》	马　跃(回)
广西壮族自治区	《秋歌》	韦　娜(壮)
内蒙古自治区	《圆之韵》	杨大宝(蒙古)
中央民族歌舞团	《阿咪子》	杰　克(彝)
中央文化管理干部学院、新疆维吾尔自治区	《恋草原》	海力切木·斯迪达(维吾尔)
东方歌舞团	《心灵之声》	宝尔基(蒙古)
中央民族大学	《马头琴之恋》	旦周多杰(藏) 慈仁桑姆(藏)
云南省	《蝶影》	杨晓帆(白) 杨　华(回)

中央民族歌舞团	《戛伦》	丁瑞玲(回)
中国歌舞团	《大漠古韵》	刘　江(汉)
武警政治部文工团	《小牧骑》	崔春梅(蒙古)
中央民族歌舞团	《山鼓》	丁　伟(汉)

双人舞表演一等奖

四川省	《阿惹妞》	李　青(满) 姜铁红(朝鲜)
云南省	《光》	李剑超(白) 洪　红(拉祜)

双人舞表演二等奖

成都军区战旗歌舞团、四川省	《阿月与海娃》	李　青(满) 张　松(彝)
北京舞蹈学院	《圆梦》	金美红(朝鲜) 雷　鸣(汉)
新疆维吾尔自治区	《刀郎人》	木卡代斯(维吾尔) 阿斯卡尔(维吾尔)
云南省	《咬手恋》	何　军(壮) 马志红(哈尼)

双人舞表演三等奖

北京舞蹈学院	《山野情》	张玉华(彝) 李少丹(彝)
广东省	《卓玛·卓玛》	阿　康(藏) 聂　娜(彝)
云南省	《猴子掏蜂蜜》	扎　列(拉祜) 耶　突(哈尼)
重庆市	《太阳红》	李志军(土家) 夏阳红(汉)
中国歌舞团	《阿诗玛随想》	李卫红(满) 焦明杰(满)
新疆维吾尔自治区	《憨哥哥顶灯》	李洪升(回) 马柯湘(回)
宁夏回族自治区	《花儿情》	马　滔(回)

		于鹏娟(回)

双人舞优秀表演奖

云南省	《阿里·阿卜》	钱学涛(彝)
		李　娜(壮)
中国煤矿文工团	《红丝带》	王　韧(满)
		刘　勇(汉)
四川省	《新靴子》	益　呷(藏)
		泽仁拥措(藏)
福建省	《穿担情》	钟林荔(畲)
		雷胜辉(畲)

双人舞编导一等奖

四川省	《阿惹妞》	马　琳(彝)
成都军区战旗歌舞团、四川省	《阿月与海娃》	苏冬梅(汉)
		邢　舰(汉)

双人舞编导二等奖

云南省	《光》	钱东凡(哈尼)
		歹　磊(哈尼)
云南省	《咬手恋》	王佳敏(苗)
重庆市	《太阳红》	梅永刚(羌)
北京舞蹈学院	《山野情》	郭　田(汉)

双人舞编导三等奖

广东省	《卓玛·卓玛》	高　波(汉)
		袁　媛(汉)
新疆维吾尔自治区	《刀郎人》	提力曼(维吾尔)
云南省	《猴子掏蜂蜜》	张晓东(汉)
福建省	《穿担情》	钟林荔(畲)
		雷胜辉(畲)
云南省	《阿里·阿卜》	刘　玲(白)
		杨万宝(傣)
宁夏回族自治区	《花儿情》	祖莉哈(回)

双人舞优秀编导奖

北京舞蹈学院	《圆梦》	韩贤杰(朝鲜)
中国歌舞团	《阿诗玛随想》	邓　林(汉)
新疆维吾尔自治区	《憨哥哥顶灯》	王　文(汉)
四川省	《新靴子》	泽仁友珍(藏)
		益　呷(藏)
中国煤矿文工团	《红丝带》	邓　林(汉)

三人舞表演一等奖

中国文化管理干部学院、新疆维吾尔自治区		
	《顶碗舞》	热依汉古丽(维吾尔)
		贾孜拉(哈萨克)
		祖力皮牙(维吾尔)

三人舞表演二等奖

云南省	《小伙·四弦·马樱花》	钱学涛(彝)
		王伟军(白)
		杨　洲(汉)
中央民族大学	《牛背摇篮》	隋俊波(俄罗斯)
		崔　涛(壮)
		万马尖措(藏)
二炮文工团	《绣球的传说》	陶　蕾(满)
		孟　可(汉)
		黄文利(蒙古)

三人舞表演三等奖

甘肃省	《牦牛舞》	高　林(裕固)
		刘海燕(回)
		万代卡(藏)
广西壮族自治区	《出寨》	韦志坚(壮)
		黄小欧(壮)
		黄觉光(壮)
湖南省	《踩瓦泥》	李　波(土家)
		麻晓玲(苗)
		黄国强(土家)

内蒙古自治区	《山果熟了》	爱　红(达斡尔)
		齐　虹(达斡尔)
		陈　宁(汉)
内蒙古自治区	《驼兵的风采》	任艳茹(满)
		马　宁(回)
		鲍丽玛(蒙古)

三人舞优秀表演奖

广西壮族自治区	《瑶山孕》	黄纯军(壮)
		欧　红(壮)
		温海夫(汉)
西藏自治区	《高原雄鹰》	边巴扎西(藏)
		边玛次仁(藏)
		加央江村(藏)
黑龙江省	《蒙古人》	敖其尔(蒙古)
		金玉峰(蒙古)
		南　崴(朝鲜)
青海省	《袖》	娜尔斯(蒙古)
		才项措(藏)
		才毛卡(藏)
贵州省	《阿妹乐》	王承丽(苗)
		金　莉(苗)
		潘春燕(苗)

三人舞编导一等奖

云南省	《小伙·四弦·马樱花》	陶　春(布朗)

三人舞编导二等奖

广西壮族自治区	《出寨》	黄汉雄(壮)
湖南省	《踩瓦泥》	胡明珠(土家)
		吴京球(苗)
中央文化管理干部学院、新疆维吾尔自治区	《顶碗舞》	海力切木·斯迪克(维吾尔)

三人舞编导三等奖

中央民族大学	《牛背摇篮》	苏自红(回)

		色　尕(藏)
二炮文工团	《绣球的传说》	邓锐斌(壮)
		余大鸣(土家)
甘肃省	《牦牛舞》	道　路(藏)
广西壮族自治区	《瑶山孕》	温国鸣(汉)
内蒙古自治区	《山果熟了》	孙培珍(汉)
		房承礼(汉)

三人舞优秀编导奖

内蒙古自治区	《驼兵的风采》	包玉荣(蒙古)
西藏自治区	《高原雄鹰》	群　培(藏)
青海省	《袖》	王国栋(汉)
黑龙江省	《蒙古人》	敖其尔(蒙古)
		初古拉(蒙古)
贵州省	《阿妹乐》	朱江群(苗)

作曲一等奖

云南省	《弹》	万　里

作曲二等奖

中央民族大学	《西风烈》	高尔棣
四川省	《阿惹妞》	林幼平、宋小春

作曲三等奖

云南省	《小伙·四弦·马樱花》	钱康宁
新疆维吾尔自治区	《刀郎人》	艾克木·艾山
成都军区战旗歌舞团、四川省	《阿月与海娃》	董炳常

优秀作曲奖

重庆市	《草原春韵》	姜祥仲
二炮文工团	《春歌》	李晓琦
内蒙古自治区	《多彩的节奏》	叶尔达
中国铁路文工团	《天池印象》	赵仁吉
北京舞蹈学院	《山野情》	张　朝
西藏自治区	《韵》	边　洛

云南省	《咬手恋》	万　里
二炮文工团	《绣球的传说》	于宝玉
云南省	《阿里·阿卜》	向美庆
中央民族大学	《牛背摇篮》	王　勇、孟卫东

颁奖大会已于1997年12月29日在重庆市隆重举行。

第二部分
国家民族工作概况

PART Ⅱ SURVEY OF CENTRAL ETHNIC WORKS

第二部分

国家民族工作论文

PART II SURVEY OF CENTRAL ETHNIC WORKS

1997年民族自治地方国民经济和社会发展综述

1997年，我国民族自治地方的各民族人民，在各级党委和政府的领导下，紧紧把握“抓住机遇，深化改革，扩大开放，促进发展，保持稳定”的大政方针，认真贯彻中央关于加强和改善宏观调控的一系列重大决策，团结奋斗，开拓进取，使国民经济和社会发展取得了新的成就。社会总供需基本平衡。农牧业生产在历史上少见的干旱、洪涝和风雪等多种灾害面前，抗灾、救灾、减灾，农牧业生产仍取得了丰收。工业生产实现了稳定增长，平稳发展。在调整投资结构、重点发展的前提下，一批重点建设项目投产。城乡市场购销两旺，物价得到了有效控制，人民生活进一步得到改善。教育、科技、文化、卫生、体育等各项事业也取得了新的成果。

截至1997年末，我国民族自治地方共有155个，包括5个自治区、30个自治州和120个自治县(旗)。总人口达16 407.9万人，占全国总人口的13.6%。其中，少数民族人口7 451万人，占民族自治地方总人口的45.4%。民族自治地方总面积达613.7万平方公里，占全国总面积的63.9%。

一、国民经济继续保持平稳发展，经济实力进一步增强，产业结构不合理问题仍比较明显

据统计，1997年，民族自治地方国内生产总值完成6 333.3亿元，比上年增长10.7%(各项产值指标均按当年价格计算，指数按可比价格计算，下同)，高于全国1.7个百分点。占全国比重份额仍与上年相同为8.5%。其中，第一产业完成2 047.9亿元，增长8.4%；第二产业完成2 320.2亿元，增长12.7%；第三产业完成1 965.1亿元，增长10.6%。

从结构来看，一二三产业三足鼎立的格局基本不变，其构成为32.4：36.6：31，同1996年相比，第一产业下降0.8个百分点，第二产业上升0.8个百分点，第三产业与上年持平。1997年，全国一二三产业结构构成为18.7：49.2：32.1，其“二三一”结构表明，工业化程度进入较为成熟的中晚期，相比之下，民族自治地方工业化进程仍未走出中初期阶段。

从增长量的结构来看，全国的第一产业提供了1.8%的增量贡献，第二产业提供了45.8%，第三产业提供了52.4%，经济增长主要由第三和第二产业推动。民族自治地方第一产业提供了25.4%的增量贡献，第二产业提供了43.3%，第三产业提供了31.3%，第一产业的增量贡献大大高于全国水平，第二产业略低于全国水平，第三产业则大大低于全国水平。

民族自治地方工农业总产值达到8 412.8亿元，比上年增长10.7%，其中农业增长8.7%，轻工业增长0.9%，重工业增长21.4%。农、轻、重的结构为37.7：23.4：38.9，仍保持“重农轻”格局。同1996年相比，农业比重与上年相当，轻工业下降了3.2个百分点，重工业上升了3个百分点。从增量贡献来看，农业提供了37.5%的增量贡献，轻工业提供了1.7%，重工业提供了60.8%。同上年相比，农业、轻工业的增量贡献位置发生了变换，民族自治地方以资源型的农业、重工业作为经济发展主要推动力的特点极为明显。

二、农业大灾之年又获丰收，农林牧渔业继续发展

1997年，民族自治地方各级政府加强了对农业的领导，形成了重视农业的大气候，狠抓了各种行之有效的增产措施，从各方面增加了对农业的人力、资金、物力、科技等投入，尽管有些地区遇到了不同程度的洪涝等自然灾害，大多数地区农业生产仍获得了较好的收成。农业总产值完成3 175.1亿元，比上年增长8.7%，其中，农、林、牧、渔业分别比上年增长8%、2.1%、10.6%、18.3%。粮食总产量6 766万吨，比上年增长12.7%。除糖料、油料等产品由于主产区受灾和调整种植结构影响有一定减产外，其他主要经济作物生产都有较大幅度增长。

主要经济作物产量如下：

	1997年产量	比1996年±%
棉花	115.9万吨	22.0
油料	255.2万吨	1.0
糖料	5 190.4万吨	13.8
烟叶	156.9万吨	74.7
麻类	6.8万吨	11.5
茶叶	8.9万吨	7.2
水果	583.1万吨	28.0

畜牧业生产稳定发展，肉禽蛋奶继续增产。主要畜产品产量和牲畜存栏数如下：

	1997年产量	比1996年±%
猪牛羊肉	750.6万吨	13.1
奶类	216.9万吨	7.9
羊毛	17.9万吨	6.2
猪年末头数	7 517.7万头	5.3
羊年末只数	12 690.0万只	3.9
大牲畜年末头数	5 636.8万头	—22.4

渔业生产继续发展，水产品产量全年达228万吨，比上年增长44.1%。

农业增加投入，生产条件继续改善。1997年末，民族自治地方拥有农业机械总动力5 166.3万千瓦，比上年增长2.2%；农村用电量123.8亿千瓦小时，比上年增长8%；全年化肥施用量（按折纯量计算）501.2万吨，农药使用量8 764.9吨，有效灌溉面积879.69万公顷。农田水利建设进一步加强，在兴建和整修各类水利工程、治理盐碱、防渗节水、平整田地等方面均取得了较大成绩。

三、工业生产在克服严重困难中继续前进，能源、原材料生产稳定增长

1997年，民族自治地方加大企业改革力度，认真贯彻中央的各项经济体制改革政策，通过简政放权和转换企业经营机制，增强了企业活力，工业生产继续保持稳定增长的势头。1997年，民族自治地方全部工业企业单位达51.3万个，其中乡及乡以上工业企业单位5.54万个。工业总产值完成5 237.6亿元，比上年增长11.6%，继1996年之后，继续保持稳定增长的势头。在工业总产值中，乡及乡以上工业总产值为3 655.3亿元，仅比上年增长3.6%。在工业总产值中，轻工业完成1 966.1亿元，增长0.9%；重工业完成3 271.5亿元，增长24.1%，轻重工业比例为37.5∶62.5。能源、原材料等基础产业继续得到加强，部分轻纺工业产品结构调整开始起步，花色品种增加。但工业内部结构性矛盾和部分产品不适应市场需求的矛盾仍较突出。

随着工业发展速度的加快，民族自治地方企业经济效益有所改善。1997年，国有独立核算工业企业实现利税284亿元，比上年增长61.7%；平均每百元固定资产原值实现的工业

总产值73.9元(按1990年价格计算),比上年增长194.6%;每百元工业总产值实现利税8.3元,比上年下降37.1%。但是部分产品质量不够稳定,企业亏损面达26.4%,比上年下降8.8个百分点。

主要工业产品产量如下:

	1997年产量	比1996年±%
生铁	1 041.3万吨	56.7
钢	633.7万吨	-12.2
原煤	19 038.4万吨	10.7
原油	2 003.1万吨	10.5
天然气	23.8亿立方米	49.7
发电量	1 230.4亿度	0.1
原盐	174.4万吨	-18.7
木材	1 894.5万立方米	-45.1
纱	36.5万吨	10.9
布	6.9亿米	10.1
糖	414.0万吨	32.5
卷烟	458.9万箱	69.0
水泥	4 453.7万吨	6.5
平板玻璃	707.1万重量箱	-7.8
机制纸及纸板	169.0万吨	-2.2
农用化肥(折纯)	227.5万吨	20.0

四、固定资产投资有较大幅度增长,重点建设进展比较顺利

1997年,民族自治地方全社会固定资产投资1 791.3亿元,比上年增长54.3%。其中,基本建设投资自年初累计完成919.5亿元,比上年增长10%;更新改造投资自年初累计完成276亿元,比上年增长25.4%。

内蒙古全年在建的大中型基本建设项目25个,其中全部建成投产项目5个,国家重点项目准格尔煤田、元宝山露天煤矿、达拉特电厂二期工程、伊敏煤电工程等,资金到位情况良好。西藏62项大庆建设项目,除沃卡电站、满拉水利枢纽工程仍在抓紧建设外,其余项目均已建成。宁夏13个重点建设项目完成投资额24.2亿元。新疆29个重点项目完成投资132.8亿元,已有6项全部建成投产,棉花基地建设、乌鲁瓦提水利枢纽工程和南疆铁路延伸工程进展顺利。

五、运输、邮电事业有所发展

交通运输部门在治理整顿中不断改善运输条件,挖掘潜力,提高运输能力,保证了民族自治地方重点物资的调出和调入。

1997年,民族自治地方铁路营业里程1.3万公里,公路通车里程35.4万公里。

1997年,各种运输量完成情况如下:

货物周转量	
铁路	1 480.0亿吨公里
公路	904.3亿吨公里
旅客周转量	
铁路	212.8亿人公里
公路	585.1亿人公里

邮电事业得到较大发展,全年完成邮电业务量110.4亿元(按当年价格计算),比上年增长35.1%;邮路及农村投递线路总长度100.4万公里,比上年减少7%;市内电话机总数达506.1万部,比上年增长31.8%;农村电话机总数达93.5万部,比上年增长43.9%。

六、城乡市场货源充裕,商品销售逐渐回升

1997年,民族自治地方社会商品销售总额3 455.3亿元,比上年增长23.9%。社会消费品零售总额达2 063.7亿元,比上年增长10.5%。在各种经济类型的社会消费品零售总额中,国有经济下降5.2%,集体经济增长9.7%,私营

和个体经济增长 17.3%，联营和股份制经济增长 9.3%，外商及港澳台投资经济下降 6%。

七、市场物价基本稳定，人民生活继续得到改善

1997 年，民族自治地方城乡居民的收入有不同程度的增加。农民人均纯收入 1 463 元，比上年增长 12%；从业人员劳动报酬总额 892.7 亿元，比上年增长 5.9%。在从业人员劳动报酬中，国有经济单位 780.5 亿元，城镇集体单位 82.8 亿元，其他各种经济单位 29.4 亿元，分别比上年增长 6.7%、—3.2%和 28.4%。

城乡居民储蓄继续增加，1997 年末，民族自治地方城乡居民储蓄存款余额达 3 473.5 亿元，比上年增长 19.5%。其中，城镇居民储蓄 1 817.7亿元，农村居民储蓄 300.7 亿元。

八、财政收入持续增长，但收支差额缺口加大

1997 年，民族自治地方财政收入为 355.7 亿元，支出为 774.9 亿元，分别比上年增长 5% 和 10.5%，差额高达 419.2 亿元，差额比上年扩大 15.7%，为当年财政收入的 1.18 倍，财政自给率仅为 45.9%。

九、民族教育稳步协调发展

1997 年，民族自治地方各级政府认真贯彻巩固、充实、发展的方针，民族教育事业更加协调地发展，办学条件得以改善，教育质量提高。1997 年，民族自治地方小学校 9.1 万所，招生 354.6 万人，在校生 2 061.8 万人，毕业生 278.7 万人；教职工 99.4 万人，其中专任教师 88.6 万人。普通中学 1.2 万所，招生 270 万人，在校学生 721.8 万人，毕业生 187.7 万人；教职工 58.2 万人，其中专任教师 44.7 万人。中等专业学校 579 所，招生 13.8 万人，在校学生 43.4 万人，毕业生 11.3 万人；教职工 6.8 万人，其中专任教师 3.6 万人。职业教育进一步充实发展，1997 年，职业中学达 1 401 所，招生 22.6 万人，在校学生 54 万人，毕业生 14.7 万人；教职工 5.7 万人，其中专任教师 4.1 万人。各类普通高等学校 92 所，招生 6.5 万人，在校本专科学生 20.5 万人，在校研究生 3 766 人，毕业生 5 万人；教职工 6.3 万人，其中专任教师 2.9 万人。

1997 年，民族自治地方从事科技活动的机构有 2 033 个，从事科技活动的人员达 14.34 万人，其中科学家及工程师 7.04 万人，其他科技人员 2.7 万人。

十、文化事业繁荣发展

1997 年，民族自治地方有艺术表演团体 526 个，工作人员 2.17 万人；少数民族歌舞团 59 个，人员 3 801 人。各民族自治州、县举行了多种艺术门类的比赛和演展，创作了一批具有民族特色的优秀作品和节目。群众的文化事业蓬勃发展，现有群众艺术馆 80 个、文化馆站 7 787个，人员分别达 1 897 人和 1.86 万人。

图书馆、博物馆建设取得新成就。现有图书馆 596 个、博物馆 134 个，人员分别达 7 311 人和 2 099 人。电影制片厂 5 家，共摄制完成民族语故事片 7 部本，民族语翻译片 889 部本。有电影放映单位 9 201 个。

1997 年，民族自治地方有广播电台 202 座，节目套数达 310 套；有电视台 189 座，节目套数达 428 套，电视发射台和差转台 6 899 座，卫星电视地面站 48 107 站。电视、广播收视（听）率和覆盖面积也有所发展。

1997 年，民族自治地方出版图书 8 417 种，4.6 亿册；杂志 559 种，0.8 亿册；报纸 322 种，11.6 亿份。

十一、卫生事业取得新的成就

1997 年，民族自治地方医疗防疫工作得到进一步加强，城乡人民的医疗条件有了一定的改善。各类医疗机构达 1.6 万个，床位 37.9 万张，其中医院床位 26.1 万张。专业卫生队伍进

一步壮大,专业卫生人员达60.2万人。其中,卫生技术人员47.6万人,医生22.1万人。民族自治地方每千人口有医院床位2.61张、卫生技术人员3.48人、医生1.63人。民族自治地方少数民族医务人员队伍不断扩大,专业卫生人员中少数民族占30.5%,卫生技术人员占32.8%,医生占33.5%。民族自治地方有乡村医生和卫生员16.6万人,其中少数民族7.1万人,占42.9%。民族自治地方有卫生机构的村数达7.9万个,占村总数的79.4%。农村接生员达8.7万人。由于少数民族地区地广人稀,医疗机构分散面不均,医疗水平比一般地区存在着差距,尤其是交通不便的边、牧、山、穷区,缺医少药的情况仍较严重。

1997年,民族自治地方的国民经济和社会发展虽然取得了很大的成就,但是仍存在着不可忽视的问题,经济生活中的深层次矛盾依然存在,产业结构、产品结构不尽合理;在资源和劳动力的开发中,暴露出的资金不足、财政困难、基础设施薄弱、投人不足、效益低下等问题,将长期困扰着经济的发展。民族自治地方的经济发展,还需要在经济体制转轨,在全国特别是东部发达地区的支持和优惠政策的倾斜下,才能够保持良好的经济发展环境并取得更大的丰硕成果。

撰稿:若　仆

审稿:曲木林古

国家民委办公厅

【全国边境地区民委工作会议】1997年4月2日至3日,全国边境地区民委工作会议在云南省西双版纳傣族自治州景洪市召开。参加会议的有全国边境地区的地、州(市、盟)及部分县(旗)的负责同志,各省、自治区、直辖市、新疆生产建设兵团民委主任和国家民委委员单位的代表,中央国家机关、中央军委有关部门的负责同志,共约200人。

会议总结了党的十一届三中全会以来我国边境地区民族工作取得的成绩和经验,分析了我国边境地区民族工作面临的形势,提出了今后一个时期边境地区民族工作的指导思想、工作思路和基本任务,部署了1997年的工作。会议确定,今后一个时期,全国边境地区民族工作的总的要求是:坚持邓小平建设有中国特色社会主义理论和党的基本路线,把握大局,正确处理改革、发展和稳定的关系,从边境地区的实际出发,全面贯彻党的民族政策,积极推进边境地区的改革开放和经济建设,发挥优势,加快发展。加强社会主义精神文明建设,高举爱国主义旗帜,认真防范和打击民族分裂活动,为建设繁荣稳定的边疆而努力。使边境地区成为捍卫祖国主权和统一的坚固屏障,成为推进我国改革开放和经济建设的重要地带,成为展示我国民族大团结的重要窗口。

国务委员兼国家民委主任司马义·艾买提作了题为《加强民族工作,为建设繁荣稳定的边疆服务》的报告。中共云南省委副书记、省长和志强代表省委、省政府向与会代表介绍了云南省边境地区民族工作取得的成绩和经验。吉林省延边、云南省西双版纳、德宏等10个地、州(市、盟)、县的代表在大会上交流了边境地区民族工作的经验。国务院副秘书长张左己在会议结束时作了讲话。国家民委常务副主任陈虹作了总结讲话。

【全国部分民族工作者学习贯彻十五大精神座谈会】9月29日，国家民委在京西宾馆召开全国部分民族工作者学习贯彻十五大精神座谈会。全国人大副委员长程思远、国务委员兼国家民委主任司马义·艾买提、全国政协副主席阿沛·阿旺晋美出席了座谈会。司马义·艾买提同志作了题为《高举邓小平理论伟大旗帜，切实加强民族工作》的讲话，全国人大民委副主任伍精华等同志作了发言，国家民委常务副主任陈虹主持了会议，中央国家机关有关部门负责人，北京、天津部分民族工作者及全国少数民族参观团的成员共200余人参加了座谈会。

【庆祝内蒙古自治区成立50周年座谈会】为庆祝内蒙古自治区成立50周年，中央统战部、全国人大民委、国家民委、全国政协民族和宗教委员会于7月15日在人民大会堂联合举行了庆祝内蒙古自治区成立50周年座谈会。参加座谈会的国家领导人有全国人大副委员长布赫、程思远、铁木尔·达瓦买提，国务委员兼国家民委主任司马义·艾买提，全国政协副主席、中央统战部部长王兆国和全国政协副主席赛福鼎·艾则孜。中央国家机关有关部门的负责同志及在京各民族人士共约150人参加了座谈会。全国人大副委员长布赫，全国政协副主席、中央统战部部长王兆国在座谈会上讲话，国务委员兼国家民委主任司马义·艾买提主持会议。中共中央统战部原副部长李贵，国家民委原副主任洛布桑，国家民委专职委员、政法司司长杨侯第，国家民委民族语文翻译中心主任哈图卓日克等在座谈会上发言。

【'97全国少数民族参观团】为培养提高少数民族贫困县领导干部的素质，开阔眼界，增长知识，增强脱贫致富的信心，国家民委组织了以全国92个国家重点扶持的少数民族贫困县的领导干部为主的'97全国少数民族参观团。参观团于9月28日在北京组成，由国家民委副主任文精任团长，经济司副司长曲木林古任秘书长，团员包括16个省、市、区、新疆生产建设兵团的102名同志，有22个民族成份。参观团于9月29日开始在北京参加国庆观礼活动，10月2日，前往浙江省杭州市、温州市、宁波市和上海市参观考察，10月12日在上海市结束，历时14天。

这次组织参观团，一是时机好，正值党的十五大刚刚闭幕，全国上下深入学习贯彻党的十五大精神；二是起点高，参观团在组成的当天就出席了"全国部分民族工作者学习贯彻十五大精神座谈会"；三是接待规格高，全国人大副委员长布赫、程思远，国务委员兼国家民委主任司马义·艾买提，全国政协副主席阿沛·阿旺晋美等国家领导人接见了参观团成员，参观团成员还出席了首都国庆观礼活动和在上海举行的第八届全国运动会开幕式；四是参观内容丰富，先后参观考察了城市、农村、企业、学校、港口、开发区等。

【民委办公室主任业务培训班】为提高各地民委办公室的管理水平，增强改革开放新形势下做好民族工作的能力，4月15日至22日，国家民委在深圳南方管理培训中心举办了各省、自治区、直辖市民委办公室主任业务培训班。参加培训班的有26个省、自治区、直辖市民委的办公室主任及国家民委办公厅的部分工作人员。国家民委副主任江家福在开班典礼上讲话，要求全体学员珍惜机会，认真学习，积极思考，相互交流，学有所成，更好地为民族工作服务。国家民委办公厅副主任赵显人主持了开班式，广东省民委主任刘文炎介绍了广东省民族工作情况。

培训分为专家授课和参观考察两部分。主要学习了邓小平社会主义市场经济理论及其在深圳特区的实践，香港、新加坡的公共管理，市场经济条件下的宣传思想工作等，参观了高新技术产业和国有大型企业。

撰稿：李万瑛
审稿：普永生

国家民委经济司

【十四大以来民族自治地方经济发展简析】党的十四大以来，全国民族自治地方国民经济发展取得了非常显著的变化。经济结构日趋合理，经济发展水平稳步提高，具备了一定的自我发展能力。

一、经济总量持续增长，产业结构日趋合理。经过十四大以来5年的发展，到1996年，民族自治地方的国内生产总值达到5 658.4亿元（绝对值按当年价格计算，指数按可比价格计算，下同），比1991年增长85.7%，年平均递增13.2%，比全国的年均增长速度高1.1个百分点。按同口径计算，第一、二、三产业的年均递增速度分别达到7.4%、16.6%、16.4%。三次产业结构也由1991年的40.7∶32.7∶26.6转变为1996年的33.2∶35.8∶31，由1992年的第一产业大，第二、三产业较小的产业结构转变为"二、一、三"的产业结构次序，第二产业和第三产业所占比重分别提高3.1和4.4个百分点，第一产业所占比重下降了7.5个百分点。5年来，各产业的贡献率分别是20.5、44.1、35.4。产业结构日益趋于合理，表明民族自治地方经济以农牧业单一产业的增长作为主体增长的旧有增长方式有了根本性的改变，经济结构已由农业化逐步向工业化过渡，尤其是第三产业增长很快，经济类型开始向多元化发展。由于经济结构的转变和第二、三次产业的长足发展，为民族自治地方开辟了新的财源，使地方财政收支格局发生了新的变化，财政收入由1991年的210亿元增加到了1996年的338.7亿元，5年内增长了67%，平均每年递增11%，累计实现财政收入1 350.42亿元。

二、农村经济持续稳定增长，内部结构进一步优化。十四大以来，民族自治地方农业生产条件有了极大改善。1996年农业机械总动力达到5 053万千瓦，是1992年的1.4倍，灌溉面积达到989.6万公顷，是1992年的1.2倍，农村用电量和化肥施用量也分别增长了66%和65%。在农业生产条件不断得到改善的情况下，农村经济持续稳定增长，1996年完成农业总产值2 947.2亿元，比1991年增长了43.4%。平均每年递增7.4%。

民族自治地方积极调整种植业结构，注意发展高产高效优质经济作物，农村经济内部结构进一步优化。粮食生产保持了较为平稳地发展势头，粮食总产量1996年为6 799.1万吨，比1991年增长了23%，平均每年递增4.3%。而全国同期每年仅递增2.4%。在大力发展粮食生产的同时，烟糖优势进一步得到发挥，其中烤烟生产又有明显增长。1996年烤烟总产量75万吨，比1991年增长44%，平均每年递增7.6%；甘蔗总产量3 837.8万吨，比1991年增长40%，平均每年递增7%。棉花、油料等产品的产量也有大幅度增长。传统产业畜牧业生产，5年来也有很大的发展，肉类等主要畜产品的产量有较大增长。1996年，民族自治地方肉类总产量达到598万吨，比1991年增长98%，平均每年递增15%。1991年民族自治地方的肉类总产量占全国总产量的8.8%，到1996年为

10.1%，上升了1.3个百分点。牛奶、羊毛产量也有不同程度的增加。其中尤为突出的是新疆维吾尔自治区，到1996年，新疆的农业生产已经连创18个丰收年，主要农业产品产量都完成或超额完成计划，其中棉花最为突出，总产、单产水平均有大幅度提高。棉花总产量1991年为64万吨、1992年为66.8万吨、1993年为68万吨、1994年为88.2万吨、1995年为92.5万吨，1996年达到94万吨，超额完成“八五”计划总目标85万吨的任务，1996年比1991年增长47%，年平均递增8%。从1994年起，棉花单产、总产、品级、人均占有量均雄居全国第一，成为名符其实的全国最大的商品棉生产基地。

乡镇企业迅速发展。农村乡镇企业的发展对解决农村剩余劳动力和增加民族自治地方财政收入都起着重要作用。到1996年末，乡镇企业达到342万个，营业收入达4 956亿元，实际缴纳税金125亿元，税后利润净额344亿元。乡镇企业的发展增加了农民收入，成为农民收入来源的重要组成部分。云南省民族自治地方抓住机遇、依靠资源优势，发展了大批以资源开发为基础的矿产业，以农副产品为原料的食品加工业和农村建筑业、运输业。1996年云南省民族自治地方乡镇企业达到53万个，从业人员139万人，总收入达287.3亿元，比1991年增长7.9倍。十四大以来，云南省民族自治地方乡镇企业实现利税累计达51亿元，其中1996年实现利税总额达20.3亿元。

三、工业结构有所调整，工业化水平明显提高。十四大以来，民族自治地方以市场为导向，以效益为目标，继续调整工业结构，大力发展工业生产，工业化水平明显提高。1996年工业总产值完成4 858亿元，是1991年的2.3倍，平均每年递增18%。少数民族地区利用水能、有色金属和建材等自然优势，有计划、有重点地发展了食品、电力、有色金属、建材、纺织等行业，并带动了相关的机械、煤炭、钢铁、电子、化学工业和其他轻工业。轻重工业比例也有调整。1991年轻重工业比为47.6∶52.8，1996年为45.9∶54.1，重工业比重上升了1.3个百分点，这个比重变化说明民族自治地方以资源开发带动经济发展的战略已经开始取得成效。

主要工业产品产量稳定增长。1996年生铁为663.7万吨，比1991年增长76%，平均每年递增12%；钢产量达到722.1万吨，比1991年增长74%，平均每年递增11.8%；发电量为1 229亿千瓦小时，比1991年增长72%，平均每年递增11.5%；水泥产量4 181.5万吨，比1991年增长76%，平均每年递增12%。

四、基础设施得到加强，增强了经济发展后劲。十四大以来，民族自治地方累计国有经济固定资产投资达4 378亿元，平均每年递增25.9%。其中更新改造投资累计1 007.3亿元，平均每年递增24.7%。投资的大量增加，改善了基础设施状况，运输、邮电得到大力发展。民族自治地方新增铁路营业里程3 900公里、公路通车里程3.8万公里、邮路及农村投递线路18.8万公里，新增邮电所640个、电话243万部，其中，农村电话机为31万部。

5年来民族自治地方加大重点建设项目投资力度，在建设资金紧张的情况下，积极采取措施，保证重点建设工程的资金供给和施工进度。5年来一批重点骨干工程相继竣工投入使用，其中有：京呼银兰光缆工程、宝中铁路、南昆铁路、昆玉铁路、青铜峡渠首电站、科尔沁油田、阿里朗九地热电站恢复工程等。

五、人民收入增加，生活水平提高。随着经济发展，民族自治地方的居民生活水平也有较大提高。1996年，农村居民人均纯收入为1 306元，比1991年的555元增长1倍多；从业人员年平均工资1996年5 268元，而1991年为2 214元；农民人均收入水平2 500元以上的县、市达23个，其中内蒙古自治区的额尔古纳市人均收入6 746元。居民储蓄意识增强，1996年城乡居民储蓄存款年末余额为2 906亿元，比1991年791亿元增加了3.7倍。其中城镇储蓄2 440亿元，农户储蓄466亿元，分别增长3.8和3.2倍。

随着居民收入的增加和城镇居民5天工作日的实施，民族自治地方居民消费水平不断提高，消费结构和消费层次有所改善，消费领域不断拓宽，吃、穿、住、用、行等生活环境和质量有所提高，卫生保健和身体健康状况等方面均有新的提高。在物质生活水平不断提高的基础上，文化精神生活日益丰富。

总之，十四大以来，是民族自治地方历史上经济发展最好最快的时期之一，经济发展能力和经济实力都有很大提高，经济结构也在发生着较大地转变，社会安定、边防巩固、民族团结、人民生活水平提高，为“九五”和21世纪的更快发展奠定了坚实的物质基础。并且在党的十五大精神指导下，民族自治地方将结合自身实际情况，坚持和完善社会主义市场经济体制，发挥市场在国家宏观调控下对资源配置的基础作用，加快国民经济市场化进程和经济增长方式的转变。

撰稿：于文华

审稿：曲木林古

【“九五”期间民族贸易和民族用品生产优惠政策出台】党中央、国务院历来十分重视民族贸易和民族用品生产工作，在不同的历史时期都制定了相应的政策和措施予以扶持。为了适应经济形势的发展和继续落实“八五”期间民族贸易和民族用品生产优惠政策，国务院又出台了《国务院关于“九五”期间民族贸易和民族用品生产有关问题的批复》(国函[1997]47号)。在此基础上，又陆续出台了有关的配套文件，主要体现了以下几条优惠政策，即：优惠利率、税收减免、专项投资。

“优惠利率”政策是指在“九五”期间，中国工商银行、中国农业银行继续对民族贸易和民族用品生产企业的贷款实行比正常的一年期流动资金贷款利率低2.88个百分点的优惠政策，利差由中国人民银行补贴。

“税收减免”政策是指在2000年年底以前，对民族贸易县县级国有民贸企业和供销社企业销售货物，按实际交纳增值税税额先征后返50%；对县以下(不含县)国有民贸企业和基层供销社销售货物免征增值税；对于所得税，民族自治地方的民族贸易企业，需要照顾和鼓励的，经省级人民政府批准，可以实行定期减税或者免税政策。

“专项投资”政策是指在“九五”期间每年由中国人民银行安排1亿元贴息贷款，重点用于全国民族贸易和民族用品生产的改革试点企业的技术改造和网点建设，利息补贴由中央财政和地方财政各承担一半。

除了以上三条主要的优惠政策以外，“八五”期间确定的边销茶储备、运费补贴、专项原材料等项扶持政策，继续由联席会议协调落实。

“九五”期间民族贸易和民族用品生产优惠政策的出台，体现了中央对少数民族和民族地区积极扶持的一贯政策，意义重大，影响深远。为民族贸易和民族用品生产企业在“九五”期间的发展制定了方针政策，为加快民族贸易和民族用品生产企业改革，实现两个根本性的转变起到了理论上的指导作用，是促进民族地区社会经济进一步发展的重要措施，也是中央进一步帮助民族地区实现国家“八七”扶贫攻坚规划的一项举措。这些政策的落实，必将对民贸工作、乃至民族地区的社会经济发展起到重要的推动作用。

【“九五”期间民贸县确定工作】有关民族贸易县(以下简称民贸县)的政策是党的民族政策的重要组成部分，体现了党中央、国务院积极支持民族地区社会经济发展和对少数民族群众生产生活的关怀，一直受到广大干部群众的衷心拥护和欢迎。

民贸县是随着50年代“民族贸易”政策的形成，于1963年正式产生的。“八五”期间，经全国民族贸易和民族用品生产联席会议建议并报国务院批准，在全国确定了426个民贸县。

根据《国务院关于“九五”期间民族贸易和民族用品生产有关问题的批复》(国函[1997]47

号)精神,按照司马义·艾买提同志7月7日在全国民族贸易和民族用品生产联席会议上关于"以'八五'期间国务院确定的民贸县为基础,已具备一定经济实力的县,可不再享受民贸县的待遇"的指示要求,结合原民贸县的实际情况和各地的要求,经研究并报国务院批准,全国民族贸易和民族用品生产联席会议对原有民贸县进行了调整。此次确定民贸县的工作,是以"八五"期间国务院国发〔1991〕16号文件中规定的"既是民族自治地方县,又是国家级贫困县"为标准进行的。为体现倾斜,保证重点,对有一定经济实力并已撤县建市(区)或升格为地级市的原非国家重点扶持贫困县的民贸县做了调整;对既是民族自治地方县,又是国家重点扶持的贫困县做了增补。现确定"九五"期间民贸县428个。

【全国民族用品定点生产企业确定工作】 1997年6月,国务院颁布了《国务院关于"九五"期间民族贸易和民族用品生产有关问题的批复》(国函〔1997〕47号文件)。根据文件精神,国家民委牵头组织有关部门开始确定民族用品定点生产企业工作。

7月,国家民委邀请有关专家、学者并商有关部门同意,拟订了《1997年少数民族特需用品目录》(以下简称《目录》),之后又进行了修订并下发。

10月,国家民委、中国轻工总会、中国纺织总会和国家中医药管理局联合下发了《关于重新核定民族用品定点生产企业的通知》,要求各地在"八五"期间民族用品定点生产企业的基础上,严格依据《目录》重新核定企业,且核定后的企业数量不得突破原各地定点企业的数量。

对各地上报企业名单,进行了几上几下反复审核后,国家民委会同有关行业主管部门对上报企业汇总、整理并逐一进行审核,根据"谁服务,谁受益"的原则,以《目录》为依据,以最终产品的生产企业为对象,兼顾地区和行业分布,对集中连片、产业趋同、产品类似的生产企业,择优确定;对大型企业或集团企业,只认定分厂或车间;对不符合国家产业政策的企业一律不予确定。

经报国务院同意,拟确定全国民族用品定点生产企业1 855家,其中轻纺系统1 805家、边销茶16家、中医药34家。

【全国民族贸易和民族用品生产改革试点企业】 根据《国务院关于"九五"期间民族贸易和民族用品生产有关问题的批复》(国函〔1997〕47号)精神,为切实落实好国家民委等5部委《关于加强民族贸易和民族用品生产工作的通知》,在多方商议、充分论证的基础上,全国民族贸易和民族用品生产联席会议办公室组织国务院有关部委确定了32家企业为1997~1998年度全国民族贸易和民族用品生产改革试点企业,其中内贸系统8家、供销系统7家、轻工系统10家、纺织系统5家、中医药系统2家。

确定试点企业的主要目的,是在"九五"期间,要全面推进民族贸易和民族用品生产企业改革,按照实现两个根本性转变的要求,积极探索在市场经济条件下为少数民族群众生产生活特殊需要服务的新路子。鼓励以骨干企业和名牌产品为龙头的跨行业、跨地区企业的联合和兼并;鼓励企业在国家的政策法规指导下,进行资产的优化配置和重组,提倡对现有企业进行投资主体多元化改革和债务结构的调整,推进小型国有企业的股份合作制改革;鼓励企业经营方式的多样化和多角化,在原有民族用品生产厂的基础上,提倡走多厂企业的联合之路;鼓励就地生产、就地供应,以少数民族生产生活必需品为主,形成适应市场需要的系列化生产规模,发挥整体效益;鼓励生产和流通企业间的联合,提倡流通企业的联购分销、连锁经营和送工业品下乡等直供直销方式;鼓励企业按照市场的经济规律,向外向型发展和进入国际市场;鼓励企业完善内部的科学管理机制;鼓励现有的有一定规模的民族贸易和民族用品生产企业按照《公司法》的要求进行公司制改造。试点企业享受民族贸易和民族用品生产的优惠政策，享受国家和地方给予的国有中小型企业改革的有关优惠政策，并集中资金支持试点企业的技术改造的网点建设。

企业改革试点的推荐工作在各级政府的指导下进行，各地民委和有关部门按照中央对国有中小型企业改革的要求，结合本地实际，选择在改革方面取得一定成效的各级民族贸易企业、民族用品生产和经销企业、边销茶生产和经营企业、少数民族药生产企业作为推荐对象。

推荐程序是由企业提出申请，经当地民委和行业主管部门，会同经贸委、体改委逐级审查推荐，由省级民委会同有关部门综合评估后，同时抄送国务院行业主管部门提出意见，报全国民族贸易和民族用品生产联席会议办公室核定。实行一年一总结，一年一确认。试点企业的申报材料应包括企业的基本情况、近三年企业的经营效绩情况、企业改革试点方案和政府有关部门的审查推荐意见。

【全国民委系统民族贸易和民族用品生产工作培训班】为了更好地贯彻《国务院关于"九五"期间民族贸易和民族用品生产有关问题的批复》(国函[1997]47号)，认真落实国家民委等5部委《关于加强民族贸易和民族用品生产工作的通知》(民委〈经〉字[1997]269号)文件精神，国家民委经济司于1997年10月15日～10月18日在江苏省苏州市举办了全国民委系统民族贸易和民族用品生产工作培训班。共有28个省、市、自治区民委主管经济工作的副主任和财经处处长参加了此次培训班。

此次培训班的举办，为各地民委在"九五"期间更好地贯彻执行好新一轮的民贸、民品优惠政策起到了工作上的指导作用，并为有关配套优惠政策的出台做好了前期工作。各地民委的同志通过学习，对新政策的内容和具体操作方式有了充分的认识和理解，充分认识到"九五"期间民族贸易和民族用品生产的重要性，并对有关配套优惠政策的制定提出了一些建设性的建议。

国家民委领导十分重视此次培训班的举办。国家民委副主任文精同志到会做了重要指示，国家民委专职委员、经济司司长王福临同志做了会议总结。国家体改委和银行系统的同志就优惠政策的有关具体问题也做了说明。

【中央财政对民族地区实行政策性转移支付】1995年以来，中央财政为配合分税制财政体制实行了与体制相配套的《过渡期转移支付办法》，并在其中设置了针对民族地区的"政策性转移支付"专项，支付对象主要是民族八省区和辖有民族自治州的省，政策受惠面覆盖了主要的民族地区。几年来，这一专项的确定和运转基本正常，转移支付金额逐年增加。此专项的设立和正常运转，体现了党和政府对民族地区社会经济发展的关心和照顾，对缓解民族地区财政困难，解决财政特殊支出需要，起到了重要作用，受到民族地区干部群众的欢迎。

按照国务院1994年1月1日实行的分税制财政管理体制的规定，在合理划分中央和地方事权的基础上，将税制改革后的税种划分为中央税——增值税、消费税及中央直属企业所得税，其它税种为地方税。在税务系统分立为国家税务局和地方税务局两套机构的基础上，对相应的税收管理权限做了明确规定。同时，中央赋予了地方政府相应的财权。按照分税制财政体制的要求，在"税收返还"的计算上，由于民族地区的税基及结构的特殊性，中央财政在核定地方允许中央财政对民族地区的"政策性转移支付"专项，是在正常的一般性的转移支付的同时，给以民族地区的特殊的财力支持。

据统计，中央财政1995年在中央收入增量部分中安排了对民族地区政策性转移支付额20.07亿元，1996年安排了34亿元左右，1997年安排近50亿元。

撰稿：朱振军

审稿：曲木林古

【民族地区经济体制改革概况】1997年，民族地区的经济体制改革在一些领域又取得了新的进展。特别是党的十五大以后，各地进一步调整了改革思路，明确了改革方向，改革的步伐加快，力度加大。

一、探索公有制经济多种有效实现形式取得重要进展。现代企业制度试点取得了阶段性的成果，大部分地区的试点方案均已经过审批，进入了运作阶段。试点工作呈现出以下特点：一是以公司制为主体的现代企业制度框架已基本形成。以宁夏为例，已改制的16户企业组织形式多种多样，实行公司制改制企业占85.4%，其中股份有限公司占24.4%，有限责任公司占34.2%，国有独资公司占26.8%。未实行公司制的国有独资企业占4.6%。二是法人管理机构的职能作用初步发挥，任免逐步规范化，绝大多数企业领导权落实较好。三是科学领导体制和组织管理制度初步建立，企业机制逐步规范化。四是在一定程度上实现了投资主体的多元化。宁夏改制后企业实收资本金中国家占87.1%，集体占0.8%，法人占5.2%，个人占6.2%，外资占0.6%。五是优化组合程度得以提高，分流工作有所突破。试点企业分离出的社会服务性机构及分流人员绝大部分流向了非国有经济单位。六是增资减债工作取得成效。企业负债率得以降低。七是试点的企业生产效益优于工业企业的平均水平。1997年，宁夏16户试点企业实现工业总产值(不变价)比上年增长2.56亿元，销售收入增长31.92亿元，资产总额增长63.75亿元，工业增加值增长23.9%，利润总额增长0.42亿元。

股份制企业发展迅速。在进一步规范原有股份制公司的基础上，各地因企制宜，对于符合国家上市公司条件并提出上市申请的企业予以积极扶持。通过发行新股、配股等方式不仅募集了大量资金，改善了企业资产结构，增强了发展实力，更重要的是使“产权明晰、权责明确、政企分开、管理科学”的现代企业制度的基本特征得到落实，绝大部分上市公司的利润有了显著的增长。

实施大公司、大集团战略，着力组建和发展企业集团。以广西为例，南宁市组建了化工集团、糖业集团，其中糖业集团联合了南宁市所属6家糖厂，已成为全区目前资产总量、生产能力和利税总额最大的制糖企业；柳州市重点组建、扩张和发展柳工、五菱、纺建、两面针和中百集团；梧州市组建了卓越、奥奇丽、锅炉集团等……仅1997年上半年，全区共组建企业集团27家，涉及资产总额70多亿元。

国有小企业改革步伐加快。各地区大胆创新，以股份合作制、公司制、租赁经营、托管经营、兼并、出售、破产等多种形式进行小企业改革。产权制度改革逐步成为小型企业改革的重点，股份合作制正在成为小型企业改革的主要形式。截至1997年底，宁夏全区1 177户独立核算小型企业中，已采取了各类形式改革的774户，其中涉及产权制度改革的560户，占47.6%。贵州省国有小企业的改革改制面达到了60%，15个试点县的改革改制面达到90%，改革改制形式有16种之多。通过多种形式的改革，促进了小企业的资产流动和重组，盘活存量资产，实现了产权的多元化，实现了企业增资减债。

二、调整所有制结构步伐加快。各地认真贯彻十五大的精神，调整所有制结构，把大力发展非公有制经济作为一项重要工作来抓。在政府的鼓励引导支持下，私营民营企业得到了健康发展，经济实力明显增强，经济规模不断扩大，经营领域不断拓宽，已由初期的小商小贩向生产、加工、科技等领域扩展。不少国有企业的下岗职工也成为个体私营大军中的一员。1997年，青海省国民生产总值中，非国有经济的比重达40%以上，在第二产业中，非国有经济的比重为27%；在第三产业中非国有经济的比重为22%。全省现有“三资”企业139户；个体工商户6.95万户、从业人员10.28万人，注册资金5.26亿元；私营企业2 349户，从业人员2.80

万人，注册资金 15.53 亿元。

三、社会保障体系进一步完善。以职工养老、医疗、失业保险为主的社会保障制度覆盖面进一步加大。随着国有企业改革的深化和国有经济的结构调整，下岗失业的职工人数增多，搞好解困、再就业工作和建立健全社会保障体系，受到各级领导的高度重视，受到社会方方面面的关心与支持。新疆不仅专门成立了领导小组和办事机构，还通过各方面的积极努力，建立了帮困基金，加上在主要城镇建立居民最低生活保障制度，基本形成了企业职工最低工资线、下岗职工基本生活保障线和城市居民最低生活保障线三道防线，形成了下岗分流——职业培训——再就业服务的社会服务体系。据劳动部门统计，全区 252 个职业介绍所为 101 万人次提供了职业介绍服务，232 个就业培训机构对 29.5 万人进行了再就业的培训，失业保险为 18.08 万失业职工和特困企业职工提供了生活救济。

四、构造新型流通组织形式，加快市场体系的培育。在流通体制方面，对大型骨干企业积极培育，发展企业集团。在小型商贸企业中推行股份合作制，发展新的营销形式。各类商品市场进一步发展，服务功能逐步完善，市场中介及服务组织发展迅速，市场体系已初具规模。不少地区加强了证券市场的监管力度，规范了上市公司的信息披露制度，并对上市公司资金运用进行全面跟踪调查，对于违规的上市公司和证券公司进行了查处，维护了证券市场秩序，保护了投资者的利益。

撰稿：张　迎
审稿：杨　帆

【“八五”期间温饱基金项目实施成效显著】为加快少数民族地区脱贫步伐，1989 年，国务院决定设立“少数民族贫困地区温饱基金”，专项用于扶持全国 257 个民族自治地方的国定贫困县，解决少数民族贫困群众的温饱问题。从 1990 年开始，“少数民族贫困地区温饱基金”由国家民委会同有关部门共同按项目管理使用。这项资金由两部分组成：一部分是国家财政安排的“少数民族贫困地区温饱基金”，简称“温饱基金财政借款”。由国家民委和财政部根据效益到户、有偿使用、集中使用、分批解决的原则，共同按项目进行管理。从 1990 年至 1993 年，每年安排2 500万元，自 1994 年开始滚动使用，1997 年安排2 000万元。另一部分是中国人民银行每年从大跨度联合开发扶贫专项贷款中，安排部分“少数民族贫困地区温饱基金”，简称“温饱基金扶贫贷款”。由国家民委和人民银行共同按项目管理。从 1990 年至 1993 年，每年安排2 000万元扶贫贷款，到 1994 年这项业务由人民银行转交中国农业发展银行办理，管理使用办法不变，其规模逐年增加，至 1997 年达到8 000万元。温饱基金主要用于安排能够带动千家万户贫困户解决温饱问题的种、养业项目，群众易于掌握、经济效益显著、能带动大批贫困户增产增收的农牧业实用科技推广项目等。几年来，国家民委会同有关部门努力做好温饱基金项目的实施工作，加强对项目的管理，提高资金使用效益，为少数民族地区的扶贫攻坚增添了一份力量，取得了一定的成效。

“八五”期间，少数民族贫困地区温饱基金共安排项目 330 个，投入温饱基金32 035万元。其中，扶贫贷款安排项目 145 个，资金15 062万元；财政借款安排项目 185 个，资金16 973万元。温饱基金安排的项目和资金在“八五”期间逐步增长，1995 年与 1991 年相比，资金总额增长 47.1%，安排的项目个数增长 52.6%。项目安排覆盖了河北、内蒙古、浙江、湖北、湖南、广西、海南、四川、贵州、云南、甘肃、青海、宁夏、新疆 14 个省区的 140 个国家重点扶持的民族自治地方贫困县，占民族自治地方国家重点扶持贫困县总数的 54.5%。这些项目中，新建项目 169 个，占项目总数的 51.25%；续建项目 66 个，占项目总数的 20%；技改项目 95 个，占项目总数的 28.8%。温饱基金项目有半数以上是新建项目，投入的温饱基金也占总额的 50%以上。温饱基金所扶持的项目有60%以上为加工业项目(包括农产品加工、轻工、轻纺、医药、食品、化工、机电、建材、冶金等行业),其投入的温饱基金也超过了总额的60%,有近20%的项目为种养业项目,其次是采掘业、能源行业和商贸业,这些行业的项目所占比重分别为6.4%、5.4%和3.3%。以上数字表明,温饱基金所扶持的项目有80%以上安排的是与农牧业生产、农牧产品加工直接相关的生产性项目。

“八五”期间涉及14个省区、140个国家重点扶持民族自治地方贫困县的330个温饱基金项目,全部投产后,实现年产值162 817万元,年利税45 513万元。这些温饱基金项目覆盖了千家万户少数民族贫困群众,据不完全统计,可以帮助少数民族贫困人口就业10余万人,扶贫效益辐射面达到30多万户,解决160多万少数民族群众的温饱问题。项目的实施促进了贫困地区农牧业的发展,提高了贫困地区农牧业科技水平,改善了农牧业生产条件,为解决贫困人口温饱问题打下了良好的基础。温饱基金所扶持的农牧产品加工业项目,使农牧业初级产品通过加工得到增值,带动了农牧区从业人员增收,实现脱贫目标。温饱基金的投入,促进了从“救济式”扶贫向“开发式”扶贫的转变,使少数民族贫困地区坚定地走上开发式扶贫的路子,促进了当地经济的增长和支柱产业的形成。各级民委在参与温饱基金项目管理和实施工作中,转变了思想观念,开拓了视野,提高了政策水平和业务素质,培养和锻炼出一批能够适应社会主义市场经济发展的管理人才。温饱基金的使用对改变少数民族贫困地区落后面貌起到了很大的促进作用,极大地改善了少数民族贫困地区的基础设施和基本生产条件,有效地带动了少数民族贫困群众解决温饱问题,促进了少数民族贫困地区的脱贫致富。

撰稿:袁　彦

审稿:曲木林古

【经济发展平稳,改革步伐加快——1997年民族地区经济运行情况分析】1997年,在中央经济工作会议和党的十五大精神的指导下,民族地区认真贯彻落实党中央、国务院确定的“稳中求进”的总体要求和各项方针政策,经济继续保持持续、平稳、健康的发展,经济运行呈现“增长平稳、通胀回落”的良好态势。1997年,民族地区(5个自治区及云、贵、青3省)累计实现国内生产总值7 000多亿元,比上年增长9%左右。

一、经济运行的基本情况。农业持续增长,粮食生产实现全年丰收,棉花、糖料及肉类总产量也比上年有所提高。民族地区粮食总产量超过6 650万吨,比大丰收的1996年增长1%左右;棉花再获丰收,总产量达到115万吨,比上年增长21%以上;糖料、烤烟、肉类总产量的增长水平分别达到4%、9%和8%以上。农业生产和农业经济发展继续保持高于全国平均水平的增幅,农林牧渔业总产值比上年增长6%以上。

工业生产平稳,产销率有所提高。民族地区实现乡及乡以上工业总产值3 170亿元(1990年不变价格),比上年增长8%,比全国平均增长幅度低5个百分点,其中,轻、重工业总产值分别达到1 310亿元和1 859亿元,增长幅度分别为6%和9%。原煤、化肥、水泥、钢材、发电量等主要工业产品产量分别比上年有不同程度提高,增长幅度分别达到7.5%、9%、5.3%、10.4%和3.7%。全年工业产品产销率达到95.25%,比上年提高0.1个百分点,其中,轻、重工业产品产销率分别达到94.15%和95.86%。

重点建设捷报频传,固定资产投资继续增长。1997年,民族地区一大批国家、地方重点建设项目进展加快,捷报频传。被李鹏总理喻为“最大的扶贫项目”的南昆铁路12月2日全线建成投入运营。1997年民族地区全社会固定资产投资超过2 200亿元,增幅达18%左右,仍高于全国平均水平。

物价继续回落,市场稳中见淡。1997年以来,民族地区商品价格指数和居民消费价格指数平稳回落，全年零售物价指数102.2，上涨幅度比上年下降了4个百分点。消费品市场增长缓慢、稳中见淡，社会消费品零售总额增长8%左右，实现社会消费品零售总额1 990多亿元。

财政收入继续增长，人民生活水平有所提高。1997年，民族地区地方财政仍保持较大幅度的增长，1月～9月累计实现地方财政收入270亿元，比上年同期增长19.5%，加上国家开始实施过渡时期财政转移支付措施，民族地区财政困难状况进一步得到缓解。随着经济持续稳定增长，民族地区城乡居民生活水平有所改善，增长幅度有所提高，农民收入增长幅度高于城镇居民。全年民族地区城市居民人均生活费收入比上年增长8%左右，农牧民人均纯收入比上年增长10%以上。

二、经济运行的特点和问题。建立现代企业制度试点取得明显成效，经济体制改革总体推进；但改革成本紧缺，越是困难的地区和企业的改革难度越大。国有经济比重过大、结构不合理是长期制约民族地区经济发展的难点问题。1996年，民族地区工业经济中国有经济的比重高达72%，比全国平均水平高出28个百分点。1997年，民族地区根据市场需求和自身实际加大改革力度，打破所有制限制，不求其纯，但求其佳。对国有大中型企业以增强国有经济的控制力和竞争力、建立现代企业制度为目标，以存量资产重组和企业内部管理为重点；对中小企业改革强调面向市场，以产权制度改革为突破口，从实际出发，一企一策，改制与资产运作、资本经营相结合，都取得明显突破。如内蒙古自治区在过去的一年里，依托骨干企业，加大兼并联合，进行资产重组，成效卓著。到1997年底，全区通过购买、兼并、资产划转、强化联合，形成近百个具有较大规模的企业集团，近30亿元的国有资产得到优化配置。在改革的推动下，工业运行速度加快，效益明显好转。1997年，全区工业品产销率达97.32%，高于全国平均水平，比上年提高了1.68个百分点，列全国第5位，比上年前移了6位。全区独立核算工业企业的利润总额增长幅度、亏损额下降幅度均名列全国前列。

但是，由于经济实力弱小，地方财政困难，政府缺少推动改革的必要成本和启动资金，制约了地方企业的改革改制。特别是在民族地区占有很大比重的原材料工业企业，历年积累的问题很多，企业亏损严重，负债率高，相当一部分企业早已是资不抵债，既没有改革安置职工和支付债务的能力，兼并也难以找到对象。这部分企业成为改革的难中之难。在企业改革中，大量存在的现实是干部观念没有真正转变，仍寄希望于政府的扶持和行政保护度日。还有一部分改制后的企业发展方向不明确，缺乏名牌产品，市场开拓能力弱，资金、技术、管理和市场销售没有根本改变。

传统产业焕发生机，新兴产业成长步伐加快，但是工业生产低速低效状况没有根本性扭转，市场约束越来越明显。民族地区在实践中越来越清楚地认识到，在激烈竞争的市场中想要占据有利地位，必须认真研究和发挥自身优势，扬长避短，立足特色经济、优势经济，改造传统产业，建立新兴产业。农业这个在民族地区经济中占据着十分重要地位的古老的传统行业，正发生着巨大的变化，一个以现代化为目标的产业结构调整已经开始显现出巨大的潜力和蓬勃的生机。1997年，民族地区第一产业的增长速度仍然保持了远远高于全国的增长态势，是经济发展的主要动力之一。广西壮族自治区农业生产从规模扩张向以效益为主转化，以发挥资源优势、建立全国优质水果基地为目标，以产业化为龙头，大力调整农业产业结构，推动农业综合开发，1997年全区水果大丰收，总产量达到318万多吨，比去年增产三成以上，创全区水果生产历史最高纪录，其中荔枝、龙眼、沙田柚、芒果等优质水果面积1 000多万亩，产量达312万多吨，分别占全区水果面积和产量的95%以上。云南省加快了建立生物、矿产及旅游三大新的支柱产业步伐，“八五”以来，全省旅游业实现连续5年以40%以上的速度快速增长，1997年前三季度旅游收入就超过了1996年全年,丰富的旅游资源正在成长为云南新兴的支柱产业。

但是,在民族地区经济总量中占绝大部分的工业经济在困难中运行,低速、低效的状况没有根本性扭转。1997年,民族地区工业总产值比全国平均增幅低5个百分点,民族地区中除贵州以外增长幅度均低于全国平均水平,云南与全国平均增幅差距达9.38个百分点。尤其是轻工业在激烈的市场竞争中处境十分困难,民族地区的增长幅度仅是全国平均水平的46%,其中青海省的轻工业全年累计增长幅度仅有0.15%。民族地区自身市场容量狭小,面向全国市场又受到市场信息、交通运输条件的制约,真正要把资源优势转化成经济优势困难很大。如广西在水果丰收的同时出现了严重的卖难问题就十分典型。为增强市场竞争能力,民族地区加大了立足资源优势的产品结构调整力度。但是需重视的是,在对老的结构进行艰难调整的同时,又出现新一轮的重复建设问题,为民族地区优势产业的发展埋下隐患。内蒙古全区近百家的羊绒生产企业已经开始出现严重的原料竞争和产品销售市场竞争问题,这一新兴产业刚刚起步就面临着调整的难题。"两烟"是西南民族地区的重要产品,是民族地区地方财政收入的支柱之一,地方政府为发展"两烟"生产付出了多年艰苦的努力。但是,"两烟"的生产、销售在坚持国家专卖的前提下,如何发挥市场的作用,用市场经济的手段和办法进行调控,还没有得到很好解决。在地方财政、烟农收入和市场饱和等多种矛盾交织和重压下,问题日益突出,矛盾激化。收购压级压价,白条突出,农民收入不能增加;商业企业库存大增,资金占用严重,亏损大增,欠税严重;地方政府无力调控,个别地方甚至出现烟农冲击政府机关的事件。

对内对外开放取得新的进展,但是政府职能转变尚不能适应发展的需要。1997年,民族地区内以资产重组为纽带,攀高亲,接优势,外以大胆开拓开放取得新的突破。制约青海吸引外资的城市基础设施,如今却被外商看好,成为吸引外资投入继资源开发之后青海集中利用外资的新热点。青海省提出基础设施商品化的城建思路,于年初出台了《西宁市鼓励吸引外商投资的若干规定》,提出一批有吸引力的项目供外资选择投入。仅西宁市东出口道路经营权实行有偿转让一个项目,就引来十多家外商前来洽谈,最后以5 000万元的标价签约。先后还有旧城改造、水源工程等上千万的项目由港商或者外资投入,进入了正式施工阶段。近几年来,西藏自治区积极利用国内外贷款加快了通信建设步伐,先后利用澳大利亚政府贷款、加拿大政府混合贷款等,完成了拉萨、林芝、昌都、阿里等地市的程控电话、卫星通信等建设项目。自治区还积极利用国内融资渠道引进资金,有效地保证了全区邮电通信建设项目的顺利进行。1997年,全区邮电业务总量、邮政业务总量的增长幅度分别超过40%和20%。

但是民族地区扩大对内对外开放的软环境建设不能适应发展的需要,特别是政府职能转变滞后问题十分突出。民族地区政府机构相对庞大,"冗员"严重,对企业正常经营干预过多,内、外资进入对此忧心忡忡。企业虽然进行了改制,但政府部门对企业的管理没有改变,改制后企业的经营仍然受到各方干预;劳动用工制度没有真正放开,不但企业自主选择用工和确定分配方面的权利难以落实,不少地方行政部门仍然强行向企业安置人员,增加企业负担,严重伤害了企业改革的积极性。

三、进一步推动民族地区经济发展。1997年,民族地区经济社会发展取得了很大的成绩,为"九五"计划的顺利执行创造了良好的条件。1998年,民族地区经济发展将在党的十五大精神的指引下,全面贯彻落实中央经济工作会议精神,不断深化改革,加大开放力度,保持经济持续、稳定、健康发展。预计,1998年民族地区经济增长速度仍将保持在8%以上。要实现这个目标,我们认为,民族地区经济发展还需要注意以下几个方面的工作:

继续保持对民族地区基础设施建设的投资

力度，加快改变民族地区基础设施落后的步伐，以增量资产推动存量资产的调整和重组，以基础设施建设带动整个经济的发展。国家要继续优先重点安排民族地区的基础设施建设项目，民族地区也要千方百计组织落实各项建设资金，使民族地区的总投资增长幅度不低于1997年增长水平。

民族地区在建设中要严格控制新上项目的审批，最大限度地把握好有限资源的配置，把发挥自身优势，培育能够占领市场的国家级、世界级的名牌产品列为首选目标，下决心控制不必要的重复建设。

扩大在民族地区进行优化资本结构试点范围，在民族地区选择具备条件的城市进入全国优化资本结构的试点行列。在人民银行的破产准备金中划出一定额度，专门用于支持民族地区资本结构优化试点工作。

进一步推动民族地区的经济体制改革和政府职能转变试点。在现有的9个少数民族改革开放试点地区选择1～2个进行综合改革试点，力争有所突破。

撰稿：胡毅力
审稿：杨　帆

【**1997年少数民族地区扶贫攻坚情况综述**】1997年，少数民族地区各级党委、政府认真贯彻落实中央关于扶贫开发的方针、政策，采取有效措施，加大扶贫攻坚力度，积极探索符合本地实际的扶贫开发路子，扶贫攻坚的进程明显加快，扶贫开发工作取得很大成绩。

一、加强领导，加大投入。自1996年中央召开扶贫开发工作会议以来，各省、自治区、地州、县(市)都自上而下认真贯彻落实中央扶贫开发工作会议精神，调整和加强了对扶贫开发工作的领导，普遍实行了党政一把手扶贫目标责任制，层层签订责任状，把完成扶贫攻坚任务纳入各级党政领导任期内政绩考核的主要内容，增强了各级领导干部的责任感，有力地促进了民族地区扶贫攻坚的顺利开展。

广西壮族自治区党委、政府制定了关于贯彻落实《中共中央、国务院关于尽快解决农村贫困人口温饱问题的决定》意见，实行任务、责任、资金指标、项目审批权四到县，选拔和配备好贫困地区的49个贫困县(市)级领导班子，明确了各级党政一把手是扶贫攻坚的第一责任人，负总责，亲自抓。哪一级完不成任务就追查哪一级责任。1997年共投入扶贫资金17亿多元，比上年增加一倍多，其中区地县三级配套资金8.2亿元。

宁夏回族自治区及时调整选配了山区八县党政班子，各县也结合乡镇党委换届，对乡一级班子进行调整加强，选派了年富力强的干部担任书记。1997年3月13日，自治区政府作出《关于尽快解决南部山区农村贫困人口温饱问题的决定》，为确保到本世纪末实现《宁夏双百扶贫攻坚计划》，从目标任务、政策措施、组织领导等方面作出了新的安排。

云南省1997年共投入各类扶贫资金22亿元，比上年增加6.8亿元，增长45%；贵州省共投入各类扶贫资金17.6亿元，其中地方配套4.2亿元；内蒙古自治区投入扶贫资金5.98亿元；西藏自治区共投入6.7亿元，其中地方配套资金达5.17亿元。这些资金大都投向能直接解决群众温饱问题的种、养、加项目，以及改善生产生活条件的农村基础设施建设。

二、明确主攻方向，扶贫攻坚到村到户。根据党中央、国务院关于扶贫工作要到村到户的指示精神，民族地区扶贫开发已转入以贫困乡村为主战场，以解决贫困群众温饱问题为主攻目标的轨道。

新疆维吾尔自治区1997年投入的各类扶贫资金覆盖30多个贫困县市、353个乡、2 715个村，惠及10.5万户、48万余人，是扶贫开发11年来覆盖面积最广、受益人口最多的一年。截止到1997年底，共有5 000多个单位20余万人参与结对子帮扶行动，其中有7万余人是党政机关和企事业单位的干部，帮扶25.2万个贫困户，占全区贫困户总数的80%以上。由于各项到村到户形式如建档立卡到户、挂牌到户、帮扶到户、项目覆盖到户、优惠政策到户、科技培训和推广到户、移民搬迁落实到户等,彼此交叉,互相促进,形成了一条具有全区特色的扶贫新路子。

从1997年开始,宁夏回族自治区党委、政府已将包乡扶贫改为包村扶贫,扶贫工作做到了五到户:领导精力到户、建档立卡到户、项目覆盖到户、科技推广到户、扶持措施到户,真正做到"穷在深山有人问"。

云南、广西积极推行向贫困户发放小额信贷的做法。1997年,小额信贷扶贫试点已取得明显效果。云南省在25个县中每县选择一个贫困乡进行试点,贷款农户达15 602户,累计发放贷款1 242.87万元,按期收回贷款285.6万元,还贷率达到100%。广西在隆安县和环江县进行农村妇女小额信贷扶贫试点,按照严格的贷款程序,直接将扶贫贷款发放给农村贫困妇女发展种养业。隆安县爱华村的小额信贷,资金投入户率达100%,贷款项目成功率达95%。

多年的扶贫开发实践,民族地区涌现出一批扶贫到村、到户的好典型。如内蒙古自治区巴林右旗的家庭小草库伦建设,实行水(井)、草(场)、林(种树)、机(抽水机)、料(青贮饲料)五配套,保证人畜安全过冬,并起到保护和恢复生态的作用。四川省凉山彝族自治州实施"形象扶贫"工程,针对当地少数民族的生产生活状况和特点,从改造住房和居住环境入手,逐步改变旧的传统观念和不良生活习俗,塑造社会主义时期凉山农牧民的新形象。海南省少数民族地区通过民房改造,形成了生产—交换—积累—建房—致富这样一个链条,在帮助农民建房的过程中,实现农民思想观念的改变和生产技术的提高,达到脱贫致富的目的。云南省宁蒗彝族自治县电脑农业专家系统在贫困县的农民中推广,帮助贫困农民解决种植、养殖方面的技术难题,达到增产增收的目的。宁夏、广西、云南、贵州等民族地区,针对"一方水土养活不了一方人"的情况,实行移民搬迁或异地开发扶贫,收到较好的效果。湖南省湘西土家族苗族自治州吉首市的"公司+农户"、内蒙古自治区锡林郭勒盟的"流动畜群"等都是很好的扶贫到户的经验和模式。

三、广泛动员社会力量,开展对口帮扶,进一步加大了社会扶贫工作力度。广西各大中城市、经济较发达地区以及党政机关、民主党派、群众团体、人民解放军、武警部队、工商企业、科研院所、大专院校都以扶贫为己任,各尽所能,为贫困地区献爱心、送温暖、作贡献,形成了全社会扶贫济困的良好氛围。1995年以来,全区共抽调2.6万名干部进驻1.2万个村挂钩扶贫,各包村单位通过各种渠道筹措近1.09亿元,作为发展村级经济和扶持贫困户发展生产的资金,共兴办3 675个村级集体经济项目。

内蒙古自治区参加50个贫困旗县扶贫工作的包扶单位8 419个,参加包扶的自治区、盟市、旗县干部10万人,包村率100%,贫困户包扶82%,特困户全部得到包扶。全区已有28对旗县、125对乡苏木、1 388对嘎查村、6.4万对农户结成"富帮贫"的对子。投入社会扶贫资金2.4亿元,扶贫物资折款5 747万元,引进资金1.89亿元。巴林右旗实施四个"一帮一"扶贫工程,即一个党政机关帮扶一个贫困嘎查(村),一个效益好的企业单位帮扶一个贫困乡村企业,一名干部职工帮扶一个贫困户,一名教师帮扶一名贫困学生,取得了明显成效。

1997年,贵州共有5 656个帮扶单位、32 628名干部到48个贫困县、486个贫困乡镇、3 764个贫困村开展帮扶工作。全省各级各部门全年直接投入1.17亿元用于帮扶乡村。帮助引进资金1.19亿元,上项目913个,引进各类人才953名,引进技术109项。

四、发扬自力更生、艰苦奋斗精神,采取多种形式,加快贫困地区群众自我脱贫步伐。在获得国家和经济发达地区扶持帮助的同时,民族地区各级党委、政府始终把思想教育放在首位,激发贫困地区干部群众发扬自力更生、艰苦创业精神,采取多种形式,改善生产生活条件,调整产业结构，依靠自己的努力改变贫困面貌。

广西近三年实施以工代赈，修建山区公路5 000多公里，建人畜饮水工程2万处，解决了140多万人、110万头牲畜的饮水问题，在这些工程的实施中，国家只补助炸药、雷管、水泥、钢筋等约占工程总投资三分之一的经费，其余都是群众投工投料。

1997年，新疆30个贫困县市当年新增基本农田面积38.5万亩，新增经济林面积11.9万亩；当年通公路里程数达669公里；当年新增输变电线路1 083公里；同时，基本完成了三年防病改水任务，解决了105万人和398万头牲畜饮水问题。

1997年，贵州着力抓好以坡改梯和“三小”为中心的农田基本建设，共完成坡改梯工程62.4万亩，配套建设小水窖、小水池、小山塘5 457个。

五、移民搬迁，解决生存环境恶劣的少数民族贫困群众的温饱问题。“移民搬迁”是近几年少数民族地区针对生态环境恶劣，缺乏生产、生活基本条件的极端贫困农户，所采取的一种带根本性的扶贫措施。

广西从1993年以来，全区共建立了122个异地安置点，从22个石山贫困县村屯移出2万多贫困户、10.2万人到安置点从事农业综合开发。绝大多数搬迁户基本实现当年搬迁当年解决温饱，目前部分已甩掉贫困帽子，开始走上致富之路。

云南省异地开发扶贫从1996年底在7个开发区试点实施，1997年共投资1.8亿元，新开和复垦地6.5万亩，转移人口21 229人。开发区种植的粮豆、甘蔗、茶叶、咖啡等作物总产值达474万元。

1997年，新疆的哈密、塔城、阿克苏、和田、喀什、阿勒泰等地开始了大规模的异地搬迁，共有3 280户、16 400多人实现异地搬迁。

宁夏对生存条件恶劣的贫困山区，有计划、有组织地进行了大规模移民搬迁，现已创办移民基地21处，开发土地41.3万亩，移民25万人。目前，移民基地有80%的农户人均纯收入超过了1 000元，基本上实现了1年定居、3年脱贫、5年致富。

六、开展科技扶贫，成效显著。民族地区各级党政和科技部门，围绕解决贫困人口温饱问题这一首要任务，加大农牧业等实用技术的培训和推广力度，在实现农业增长方式的转变上下功夫，立足于现有的水土资源，实现增产增收，解决温饱，进一步加快了贫困地区群众脱贫致富的步伐。

1997年，新疆的地膜玉米栽培、棉花高产攻关、暖棚养殖等增产技术在贫困地区推广较快。全区30个贫困县种植地膜玉米已达68万亩，比1994年增加了6倍，地膜玉米增产效果十分明显，平均单产增产5成以上。

西藏通过向贫困县选聘科技副县长和开展科技人员异地交流、推广使用农业技术等科技扶贫措施，在提高区域人口科技文化素质，加快科技转化为生产力等方面取得了显著的成效。如那曲地区忠义乡仅推广良种一项实用技术，当年粮食总产量便实现翻番，全乡贫困人口的温饱问题基本得到了解决。

从1996年开始，云南省全省实施了百万人培训和百项实用技术推广的“双百”科技扶贫规划，两年来共举办各类培训班15万期，培训240万人次；共选派7 675名科技人员到506个攻坚乡帮助开展科教扶贫工作；共建科技扶贫示范点102个，科技扶贫示范乡100个。省在农业科技推广经费和项目安排上继续向贫困地区倾斜，重点推广了杂交玉米地膜覆盖技术和脱毒马铃薯技术。

青海省把依靠科技进步和提高农牧民素质作为扶贫开发工作的重点，加大了科技扶贫的力度。一是加强了实用技术培训；二是大力推广实用技术。在东部农业区开展了雨水集流、旱作农业技术的试点工作，在青南牧区主要加强了以“四配套”为中心的抗灾基地建设，优化畜种和畜群结构，大搞畜疫防治和草原灭鼠，从而提高了科技含量和牧畜出栏率、商品率，加快了群众脱贫致富的步伐。

七、努力拓宽劳务输出渠道，增加农民收入。为充分发挥少数民族贫困地区劳动力资源丰富的优势，帮助贫困农户脱贫致富，各少数民族贫困地区大力开展劳务输出，劳务输出已成为一项新兴的产业。劳务输出采取政府组织和群众自愿相结合的办法，劳务输出管理机构广泛动员、多方联系，全方位、多渠道组织劳务输出。

1997 年，宁夏南部山区 8 县共输出劳务达 58.7 万多人，劳务收入达 3.6 亿多元，人均 627 元。目前 8 县已在北京、上海等 8 个城市建立劳务输出点 500 多个。

据不完全统计，青海省 1997 年跨地区流动就业 15 万余人，创收 1.5 亿元。在跨地区流动就业中，向省外输出 4 万余人。不少农民通过外出务工解决了温饱，摆脱了贫困。

贵州省毕节市小吉场镇，10 年间输出劳务人员9 980人，占全镇劳动力总数的 37%，外出务工人员通过邮局寄回的现金达1 600多万元，相当于该镇财政收入的 10 倍。劳务输出使小吉场镇改变了贫穷落后面貌。全镇10 602户中，靠劳务输出，有2 475户贫困户摘掉了贫困帽子，2 634户将原来的茅草房改建为楼房或平房，安装了 23 套卫星电视接收设备，97%的村寨能收看电视。改造了人畜饮水设施，村村通上了自来水。修通了吉场到八堡的乡村公路，彻底告别了人挑马驮的历史。同时，一批又一批的返乡人员，给当地的经济发展带回了更多的资金、技术、信息、管理经验和市场经济的气息。

八、跨地区扶贫协作初见成效。国办发[1996]26 号文件下发以后，民族地区各级领导非常重视扶贫协作工作，积极主动与对口协作省市联系，广泛开展扶贫协作，取得明显的成效。由省、市、县、乡镇之间的结对帮扶已经发展到企业、社团和民间组织的共同协作阶段，合作的范围由扶贫济困、资助办学、干部培训、劳务输出向独资、合资办企业、技术交流、商品贸易等更广泛的领域发展。

广东与广西的协作扶贫全面开展。1997 年，广东无偿支持广西6 000万元资金，用于百色、河池两地区异地安置4 000特困农户 2 万人口。另外，广东帮助广西贫困地区安排富余劳力 8 万人，培训扶贫干部 100 人，1997 年，两省区在广州召开合作项目招商洽谈会，共签订合作项目 60 个，项目总投资额 17.55 亿元。

对口协作贵州省的深圳、宁波、青岛、大连已向贵州的 48 个贫困县捐赠扶贫资金、救灾款 1.43 亿元，捐助希望工程及助学款8 000万元，建希望小学 194 所，捐赠了折款7 600多万元的物资。正式签约项目 66 项，总投资接近 4 亿多元。

福建与宁夏扶贫协作有了突破性进展。双方成功举行两次联席会议后，合作的步伐明显加快。福建为宁夏南部山区培训县乡干部 55 人；投资工业项目 4 项，共投资 1.23 亿元；福建省拿出1 500万元，扶持宁夏山区 8 县修旱作三田、打井打窖、建希望小学；签订协议性项目 69 个，项目总投资 8.7 亿元，目前已引资到位 6 716万元；福建为宁夏安置劳务人员1 600多人，并代培卫生人员 8 人。

辽宁省对青海省捐赠物资折价和项目资金合计2 155.78万元。同时辽宁省还安排青海省贫困地区 26 名干部挂职锻炼，帮助培训各类业务人员 160 人，代培学生 130 名，并为他们提供了许多方便条件。辽宁省还派了 7 名干部到青海省挂职。

北京对内蒙古 18 个旗县无偿捐赠帮扶资金2 548万元，捐赠各类物资折合人民币1 877 万元，共开发建设帮扶项目 125 个，当年全部见效，使 45 万贫困人口直接受益。

上海对口帮扶云南全面启动，上海社会各界共投入帮扶资金6 091万元，建希望小学 116 所，帮助失学儿童13 321名，为云南培训各类人才4 324名，并派出 12 名干部到 3 个地州挂职帮扶，投资 900 万元的 3 个培训中心和投资 1 000万元的农业示范基地已相继开工。

跨地区扶贫协作不仅对贫困地区给予了资

金、物资方面的扶持，更重要的是帮助贫困地区干部群众解放思想、更新观念、树立信心、开拓思路，加快了脱贫致富的步伐。

九、扶贫工作的成效。1997 年，少数民族贫困地区农牧民人均收入明显提高，未解决温饱的人口数量逐年下降，部分少数民族国定贫困县已开始摆脱贫困。据统计，1997 年，8 个民族省区共解决 599.3 万人的温饱问题，占全国同期解决温饱问题人口的 74.9%。共有 66 个贫困县（旗）宣布摘掉贫困的帽子（其中国定贫困县 31 个，省定贫困县 35 个）。1997 年，内蒙古自治区已基本解决温饱的贫困人口达 110 万人，是扶贫攻坚前三年平均数的 3 倍，这些贫困人口的人均纯收入农区达到1 161元，牧区达到1 735 元，人均粮食 660 公斤，全区共有 28 个贫困县宣布基本解决了绝对贫困人口的温饱问题。宁夏有 24 万人越过温饱线，有一个国定贫困县率先摘帽。新疆有 42.5 万人越过温饱线，比 1996 年增加 14.1 万人，增长 49%，是扶贫开发 11 年来脱贫人口最多的一年。广西解决了 120 万贫困人口的温饱问题，脱贫县有 21 个，其中国定贫困县 2 个。西藏有 12 万农村贫困人口基本解决温饱问题，有 4 个县摘掉贫困帽子。云南有 100 万农村贫困人口解决温饱问题。贵州有 174 万农村贫困人口解决温饱问题，共有 12 个贫困县基本解决温饱问题。青海基本解决了 16.8 万农村贫困人口的温饱问题，贫困地区人均纯收入 839.12 元。

少数民族地区的扶贫工作虽然取得了很大成绩，但由于多种原因，目前少数民族地区约有2 000万人的温饱问题尚未解决，少数民族地区扶贫工作任重而道远。今后扶贫工作的重点应该向少数民族贫困地区延伸，通过深入调查研究，制定特殊的、有针对性的政策、措施，才能较快较好地解决少数民族群众的温饱问题。

撰稿：乐长虹、冯常海

审稿：曲木林古

【狠抓落实，定点扶贫工作再上新台阶】

1997 年，国家民委在积极参与民族地区的扶贫攻坚中，特别是在本部门的定点扶贫工作中，认真落实《国家民委定点扶贫工作座谈会纪要》，不断开拓创新，迈出了坚实的步伐，取得可喜的成绩。

一、统一领导，明确责任，加强联系。在定点扶贫工作中，国家民委认真贯彻落实中央扶贫开发工作会议精神，进一步加强对定点扶贫工作的统一领导。首先，明确要求委机关各司室和委属各单位有一名领导同志负责定点扶贫工作，并确定一名联系人负责日常工作。其次，实行定点扶贫四级民委负责制，落实了国家、省（区）、地（州）、县（旗）民委分管领导和联系人员名单，明确分工，充分调动地方各级民委的积极性。委属各单位和有关省（区）、地（州）、县（旗）民委，在参与定点扶贫工作中，协调配合，各负其责，共同抓好国家民委定点扶贫工作。1997 年，国家民委有关委、司领导多次深入扶贫点调查研究和指导定点扶贫工作。德保县、巴林右旗、和田市也先后派出分管领导或派专人到国家民委汇报扶贫工作进展情况，加强了国家民委与定点扶贫县的工作联系和信息沟通，促进了点上扶贫工作的深入开展和扶贫项目、资金的尽快落实。

二、落实纪要见行动，定点扶贫争贡献。自 1996 年国家民委定点扶贫工作座谈会以来，委机关各部门、委属各单位认真贯彻落实会议纪要，为定点扶贫县做了许多实事，可谓处处开花，硕果累累。

1997 年春节刚过，机关党委就组织机关各司室、委属各单位开展“定点扶贫献爱心，精神文明见行动”的捐助活动。全委系统广大职工、家属积极响应党委号召，纷纷捐款、捐物，以自己的实际行动为扶贫点献爱心。这次捐助活动共收到捐款 37.42 万元（其中单位捐款 33 万元，个人捐款 44 202 元），文具 13 915 件，书 15 833册，文体器材 742 件。所捐款项用于德保县、和田市、巴林右旗各建立一所希望小学，以加强贫困县的基础教育工作，培养未来的合格人才。所捐物品在京举行了捐助仪式，国家民委副主任李晋有同志出席捐助仪式并讲话。会后，由机关党委常务副书记郭玺来同志带队，将所捐物品送交巴林右旗。

机关党委、外事司组织了巴林右旗优秀学生夏令营活动，得到有关司室和委属单位的大力支持和配合。来自巴林右旗21所中学的42名优秀学生及部分优秀教师来京参加了为期5天的夏令营活动。丰富多采的夏令营活动开阔了孩子们的视野，增长了知识，参观升旗仪式使他们接受了一次生动的爱国主义教育。全国人大副委员长布赫同志为夏令营书写了营名，国务委员兼国家民委主任司马义·艾买提同志还为夏令营题词“巴林右旗的希望”。这些都是对孩子们的极大鼓舞和鞭策。夏令营活动给孩子们留下了深刻的印象和许多美好的回忆，令他们终身难忘。他们纷纷表示回校后将更加刻苦学习，将来以自己的实际行动报答党和人民的关怀和嘱托，为改变家乡面貌作出贡献。

办公厅努力做好定点扶贫工作的综合协调，在安排1997年少数民族参观团名额时，对3个扶贫点给予充分的照顾，并主办了德保县来国家民委汇报扶贫点工作等事宜，安排了德保县定点扶贫工作成果汇报展。人事司会同教育司选派直属民族院校讲师到扶贫点支援基层教育，每个县各派2名讲师，帮助扶贫点培训师资，提高基层教学水平。教育司协调直属民族院校支援扶贫点教学设备。文宣司扶持德保县壮剧团2万元，有力地支持了地方少数民族文化事业的发展。古籍办公室为支持3个扶贫点加强少数民族古籍整理工作，从本室经费中划拨9万元扶持资金。计财司为扶贫点落实20万元用于配置办公设备。政研室为3个扶贫点各捐助了3 000元书籍款，支持点上的民族中学充实教师教学参考用书。外事司积极为扶贫点引进外资，为巴林右旗争取到新西兰大使基金4.6万元人民币，安排旗民宗局小草库伦建设项目；为和田市争取到新西兰大使基金5万元人民币，安排古江巴克乡妇女手工地毯编织项目。经济司在资金安排上对3个扶贫点给予倾斜，共安排温饱基金160万元，项目2个；新增发展资金100万元，项目2个；委机动金13万元，项目3个。这些扶持项目对发展地方经济、带动当地脱贫致富起到了促进作用。经与中央统战部联系，为德保县争取到光彩事业经费20万元用于修建学校，并赠送一台电脑及应用软件一套。经济司还为3个扶贫点各赠订50份《经济参考报》，给县民委各配备一辆北京吉普车。

国家民委所属各单位积极参与1997年的定点扶贫工作，各尽所能，全力以赴。中民信公司大力支持扶贫点办教育，在参加机关党委组织的为扶贫点献爱心捐助活动中，捐款30万元为和田市和德保县各建立一所希望小学。中民国际合作公司在参加机关党委组织的捐助活动中，向巴林右旗幸福之路苏木关乃英格日嘎查第四小组小学捐款2万元修建校舍，并建立了长期的对口支援关系。中国民族旅行社也在参加机关党委发起的捐助活动中，向德保县捐款1万元办教育。中央民族大学向巴林右旗捐赠图书3 400册和电脑等教学设备，支援扶贫点教育。中央民族歌舞团向刚刚恢复组建的德保县壮剧团捐赠一套价值上万元的舞台音响灯光设备，解决他们的燃眉之急。中央民族歌舞团舞美队党支部还将上级党组织奖励的500元钱捐给巴林右旗的学校。民族画报社发挥本社优势对3个扶贫点开展文化扶贫，根据3个县的民族分布特点，按月向3个县分别寄送不同文版的画报各50份。民族团结杂志社也为德保县赠送了50份《民族团结》杂志。其他委机关各部门和委属单位，也都尽力作出了自己的贡献。

三、强调扶贫到村、到户，抓好扶持项目的实施管理工作。1997年，在有关部门的大力支持下，国家民委为3个扶贫点共落实扶持资金371.97万元。其中有偿资金260万元，安排生产性建设项目4个；无偿资金111.97万元，安排各类项目20个。在有偿资金扶持项目的实施中，加强项目管理，强调扶贫到村、到户，项目的安排实施始终围绕解决少数民族贫困群众温饱这一首要问题，带动了地方的脱贫致富。如德保县投入温饱基金100万元开采重晶石项目，充分发挥当地资源优势，覆盖面较广，可以带动贫困群众从采掘矿石中增收脱贫，项目投产后，年新增产值165万元，新增利税61万元。巴林右旗使用新增发展资金50万元开发围封麻黄基地项目，立足基地建设生产嫩枝麻黄草，不仅合理利用了地方资源，实现资源转换，获得更大的经济效益，还使项目区农牧民从种植麻黄草中提高收益2～3倍，在实现温饱的同时地方财政收入也有所增加，促进了全旗的经济发展。和田市实施的新西兰大使基金项目，使用无偿资金5万元，在古江巴克乡发展“妇女手工编织地毯项目”。项目虽小，却真正做到了扶贫效益直接到户，项目实施使50户贫困户当年实现增收，脱贫效果很好，首批受益的贫困户在贫困村周围起到示范带头作用。实施该项目的意义还在于，参与项目的贫困户妇女将积累更多的生产经验，树立了摆脱贫困的信心，在她们心中已经描绘出充满希望的美好前景。

四、坚持干部挂职锻炼与定点扶贫相结合，促进定点扶贫工作的开展。1997年，国家民委继续选派年轻干部到定点扶贫县挂职锻炼，将培养跨世纪中青年干部与做好本委定点扶贫工作相结合。这一年，人事司派出3名机关科、处级年轻干部到德保县、巴林右旗挂职锻炼。在一年的锻炼期间，他们吃苦耐劳，辛勤工作，虚心学习，锻炼思想，收获很大。他们到岗后深入乡村调查研究，与基层干部和农牧民交朋友，从中学到许多坐在机关里学不到的东西，认识到基层工作的艰苦性和复杂性，加强了对社会的感性认识和了解。他们在基层工作中独挡一面，通过处理、解决各种实际问题，进一步锻炼了综合协调和处理实际问题的能力，提高了政策水平。正如一位挂职干部在总结中所讲：“从基层工作中汲取营养，丰富知识，提高素质，是年轻干部的必修课。”在扶贫点上挂职锻炼的几位同志，从各自的业务角度积极为当地牵线搭桥，做了大量争取项目、资金的具体工作，办了很多实事，受到当地领导和群众的一致好评。其中郭伟同志被内蒙古自治区评为1997年度定点扶贫先进工作者。

1997年，是国家民委定点扶贫工作取得全面丰收的一年。在新的一年里，委定点扶贫工作要在巩固阶段成果的基础上；加强调查研究，认真总结经验，为定点扶贫县的早日脱贫继续努力，再接再厉，再建新功。

撰稿：乐长虹　袁　彦

审稿：曲木林古

国家民委政法司

【内蒙古隆重庆祝自治区成立50周年】 1997年7月18日至25日，我国最早成立的省级民族自治地方——内蒙古自治区隆重举行了自治区成立50周年的庆祝活动。内蒙古自治区各族人民以各种形式，隆重、热烈地庆祝了全区各族人民的这一盛大节日。为进一步实现党中央、国务院对民族地区和少数民族的亲切关怀，体现全国各族人民对自治区的深情厚谊，中央派出了以中共中央政治局委员、国务院副总理邹家华同志为团长，全国人大常委会副委员长布赫，国务委员兼国务院秘书长罗干，全国政协副主席万国权，中央军委委员、中国人民解放军总后勤部部长王克同志为副团长，有中央国家机关和国务院有关部门61个单位负责同志、与内蒙古自治区社会经济来往密切的21个省、自治区、直辖市领导同志及香港特别行政区代表梁爱诗女士参加的88人的中央代表团，赴内蒙古自治区参加自治区成立50周年庆祝活动。中共中央、全国人大常委会、国务院、全国政协、中央军委致电祝贺。

内蒙古自治区成立50周年庆祝活动期间，中央代表团在呼和浩特市参加了自治区成立50周年干部大会、群众庆祝大会和“双模”表彰大会、那达慕大会等活动，邹家华同志代表中共中央、全国人大常委会、国务院、全国政协、中央军委和中央代表团在干部大会、群众庆祝大会上讲话。中央代表团除在呼和浩特市参加自治区组织的有关庆祝活动外，邹家华同志还率领中央代表团部分成员到巴彦淖尔盟、赤峰市视察慰问。中央代表团其他成员与中央艺术团组成3个分团，分别由布赫、万国权和王克同志率领，分赴内蒙古中部、西部和东部进行慰问，深入到19个盟、市、旗，行程万里，访问了近百个单位和群众家庭，深入到田间牧场、工厂车间、学校课堂、海关口岸、边防哨所，慰问战斗在第一线的各族工人、农牧民、教师、科技人员、驻内蒙古部队指战员、武警部队官兵及公安干警，向他们转达了以江泽民同志为核心的党中央的亲切关怀和慰问，了解他们的生活、休息、工作情况，认真听取了他们的意见和建议，中央代表团的慰问活动受到了内蒙古自治区各族人民发自内心的欢迎。中央代表团赴内蒙古自治区的活动，起到了宣传党的路线、方针、政策，宣传党的十四届六中、七中全会精神的作用；起到了为内蒙古各族人民送温暖、送关怀，向内蒙古各族人民学习，密切党和政府与内蒙古各族人民关系的作用；起到了推进内蒙古民族团结、社会稳定和经济发展的作用。代表团成员也受到了深刻的教育，加深了对内蒙古的了解，都表示要千方百计为内蒙古多办实事、好事，为内蒙古的发展和稳定服务。

由于自治区党委、政府的充分准备，周密组织，内蒙古自治区成立50周年庆祝活动取得了圆满成功，做到了“隆重、热烈、务实、节俭”，在自治区内外产生了积极的社会反响。通过这次庆祝活动，展示了内蒙古自治区成立50年来，特别是党的十一届三中全会以来，改革开放和社会主义现代化建设事业取得的伟大成就；极大地激发了全区各族人民“热爱内蒙古、建设内蒙古”的政治热情和信心；表现了内蒙古各族人民维护民族团结、社会稳定和祖国统一的坚强意志；打击了国内外敌对势力对我“西化”、“分化”的图谋；展示了民族区域自治制度的强大生命力，说明了这一根本制度有利于民族团结、经济发展和社会进步，在内蒙古各族人民心中深深扎下了根；展示了内蒙古自治区改革开放的丰硕成果；介绍了内蒙古的政策优势、地缘优势、资源优势和经济社会发展战略；促进了全国乃至世界对内蒙古的了解和认识，对扩大内蒙古的对外开放起到了积极而重要的作用。

撰稿：田联刚　郎晓东

审稿：杨侯第

【国家民委与内蒙古自治区党委、政府联合召开民族团结进步表彰大会】1997年7月19日，国家民委、内蒙古自治区党委、自治区人民政府在呼和浩特市隆重举行民族团结进步表彰大会。中共中央政治局委员、国务院副总理、庆祝内蒙古自治区成立50周年中央代表团团长邹家华，全国人大常委会副委员长、代表团副团长布赫，国务委员兼国务院秘书长、代表团副团长罗干，全国政协副主席、代表团副团长万国权，中央军委委员、总后勤部部长、代表团副团长王克和内蒙古自治区党政军主要领导刘明祖同志等出席了表彰大会并向模范集体和模范个人代表颁奖。布赫同志代表中央代表团向大会表示热烈的祝贺并发表了讲话，国家民委副主任、中央代表团副秘书长文精同志在会上宣读了《国家民委、内蒙古自治区党委、政府关于联合表彰内蒙古自治区民族团结进步模范集体、模范个人的决定》。区党委书记刘明祖同志代表区党委、区人民政府发表了总结讲话。

在这次大会上，国家民委和内蒙古自治区党委、人民政府联合表彰了100个模范集体和模范个人(此次联合表彰分两次进行，首批表彰55个模范集体和模范个人，第二批45个则后续至1998年进行)。此次受到表彰的代表们，来自不同民族，他们工作在各条战线，具有广泛的代表性，为维护祖国统一、社会稳定和民族团结，为自治区的改革开放和各项建设事业的发展，都做出了突出贡献。

与会同志认为，这次大会是一次民族团结进步之花盛开的历史盛会。内蒙古过去50年中取得了伟大成就，这是在党和国家的民族政策指引下实现的，内蒙古的未来充满希望。大家相信，全区2 300万各族人民在邓小平建设有中国特色社会主义理论的伟大旗帜指引下，紧密团结在以江泽民同志为核心的党中央周围，全面贯彻党的民族政策，一定能够开创明天的辉煌，以崭新的风貌跨入21世纪。

大会开幕之前，邹家华、布赫、罗干、万国权、王克等中央领导同志和自治区领导同志一起，亲切会见了出席表彰大会的模范集体和模范个人代表，并同他们合影留念。

撰稿：刘育深

审稿：杨侯第

【国家民委授予和贵华同志民族团结进步模范称号】和贵华同志是云南省丽江纳西族自治县的一名公安干警，在1996年2月云南省丽江大地震中，为保护3名儿童英勇献身。和贵华同志是党培养出来的一名优秀的纳西族干部，他热爱人民，关心群众，帮助各族群众排忧解难。他业务精，作风硬，带领战友破案件，打“团伙”，不畏邪恶，以实际行动保护了人民群众的生命财产，赢得了各族干部群众的赞誉。在平时工作中，他十分珍视民族团结，为民族团结进步事业做出了突出贡献。根据和贵华同志生前表现及他为民族团结进步事业做出的贡献，国家民委于1997年3月12日作出决定，授予和贵华同志民族团结进步模范称号。

撰稿人：张若璞

审稿人：杨侯第

【国家民委与四川省人民政府联合召开民族团结进步表彰大会】1997年10月24日至25日，国家民委、四川省人民政府在成都市联合召开民族团结进步表彰大会。国家民委领导，中共四川省委、省人民政府、省人大和省政协的主要领导出席了大会。国家民委党组副书记、副主任江家福同志，省委书记谢世杰同志，省委副书记、省民工委书记杨崇汇同志，省委副书记、常务副省长张中伟同志及副省长欧泽高同志等在会上讲了话。

在这次大会上，国家民委和四川省人民政府联合表彰了21个民族团结进步模范集体和24个模范个人。受到表彰的代表，包括藏、汉、羌、回、彝、傈僳、苗、蒙古、纳西、布依等民族。他们来自各行各业，具有广泛的代表性，为维护祖国统一、保持社会稳定、加强民族团结、推进民族地区的改革开放和经济建设做出了突出成绩。

这次大会隆重、热烈、务实，效果很好。与会代表一致认为，这次大会是在党的十五大精神指导下召开的，是四川省民族工作的盛会和促进民族团结进步事业的“群英会”。大家表示要紧密团结在以江泽民同志为核心的党中央周围，高举邓小平理论伟大旗帜，认真贯彻党的十五大精神，结合四川省少数民族和民族地区的实际，落实好这次大会的精神，努力开创民族团结进步事业的新局面。

撰稿：刘育深

审稿：杨侯第

【国家民委授予云焕焕等14位同志“民族团结进步模范”称号】为深入贯彻落实党的十五大精神，促进少数民族和民族地区社会主义精神文明建设，1997年11月5日，国家民委在北京召开大会，决定授予出席第五次全国人民群众见义勇为与犯罪分子作斗争先进分子表彰大会的云焕焕（蒙古族）、赵宝芹（满族）、张力华（回族）、蔡勇杰（朝鲜族）、王杰（苗族）、龙化伟（壮族）、刘全召（侗族）、石勒丁（景颇族）、李光富（傈僳族）、旺青（藏族）、小罗布（藏族）、托尕（藏族）、史苍（满族）、克然木·吾加（维吾尔族）等14位少数民族同志"民族团结进步模范"称号。

国家民委党组副书记、常务副主任陈虹同志，党组副书记、副主任江家福同志，副主任图道多吉同志以及委机关和直属单位300多人参加了大会。会上，图道多吉同志宣读了"国家民委关于授予云焕焕等14位同志为民族团结进步模范的决定"。陈虹同志在会上讲了话，他指出，维护社会稳定，保障社会主义现代化建设事业顺利进行，是各族人民群众的神圣职责。希望各族群众以英雄为榜样，学习他们为国家、集体和人民的利益，见义勇为、不怕牺牲的高尚品质，为维护社会稳定，增进民族团结，促进各民族共同繁荣而努力奋斗。

撰稿：杨基策

审稿：杨侯第

【国家民委社团清理整顿工作会议】1997年6月19日，"国家民委社团清理整顿工作会议"在北京召开。国家民委所属的各社团法人代表、秘书长及委机关各司、室、厅的负责社团工作的领导约30人出席了会议。国家民委副主任图道多吉同志传达了党中央、国务院关于加强社团管理的有关文件，并就社团清理整顿工作的意义和要求做了重要讲话。国家民委专职委员、政法司司长杨侯第同志就社团清理整顿工作中应注意的几个问题做了说明。国家民委政法司金春子同志介绍了国家民委社团清理整顿工作的实施方案及具体安排。

党中央、国务院领导高度重视社团的管理工作。1996年7月，中央办公厅、国务院办公厅联合下发了《关于加强社会团体和民办非企业单位管理工作的通知》，要求对社会团体普遍进行一次检查、清理和整顿。1997年4月，国务院办公厅又批转了民政部《关于清理整顿社会团体的意见》，明确了社团清理整顿的指导思想、原则及具体步骤。根据中央文件精神和委领导的指示，并结合委属社团的状况，政法司对社团清理整顿问题进行了认真研究，提出了国家民委关于清理整顿社团工作的实施方案，并经委领导原则同意。之后，成立了国家民委社团清理整顿工作领导小组，领导小组组长由副主任图道多吉同志担任，副组长由委党组成员、人事司司长塔瓦库勒同志和委专职委员、政法司司长杨侯第同志担任，领导小组成员由政法司、办公厅、机关党委等部门的同志组成。领导小组下设社团清理整顿办公室。

在社团清理整顿工作会议上，图道多吉副主任强调指出，要充分认识社团清理整顿的重要性，增强工作的自觉性，在社团清理整顿中坚持"从严把关，从严审查"的原则，切实把这项工作搞好。为此，他提出了四点要求：一是认真学习中央有关文件，严格按照文件精神办事。在学习中，要突出对强化管理、严格审查的理解。同时，要把握清理整顿与发挥社团作用的辩证关系。清理整顿的目的在于确保社团的健康发展，进一步发挥其在社会主义市场经济中的积极作用。二是要加强领导，周密布置，确保清理整顿工作顺利进行。同时，还要与民政部紧密配合，及时沟通信息，通报情况。三是按照有关文件要求，社团的业务主管部门要帮助社团建立党组织，以保证党的政策和国家各项法律法规的贯彻执行。要利用清理整顿的机会，依照党章有关规定，在各社团中建立党组织，以加强社团领导班子建设。四是及时总结社团管理经验，对存在的问题要认真总结分析，提出解决措施，进一步完善自律机制。杨侯第同志在讲话中，针对一些社团缺少必要的经费，无固定办公地点和专职工作人员，难以开展正常的业务活动；社团领导人年龄偏大，不能坚持工作；部分社团不能独立承担民事责任等问题，指出必须严格按照规定，凡是未达到保留要求的，要限期整改，在规定的时间内仍达不到整改要求的要予以撤销。杨侯第同志还就业务主管部门和挂靠单位的职责，全国性社团日常办事机构、分支机构、派出机构的认定问题，社团的财务审计问题，办公地址设在外地的全国性社团和跨省、自治区、直辖市社团的清理整顿等问题进行了具体说明。

会上，中国朝鲜族史研究会等社团的负责同志都表示，要认真贯彻党中央、国务院关于社团清理整顿文件精神，积极搞好这次社团清理整顿。会议还对有关清理整顿的一些问题进行了座谈讨论。

撰稿人：金春子

审稿人：杨侯第

【中国都市人类学会第二届会员代表大会】1997 年 8 月 29 日，中国都市人类学会第二届会员代表大会在北京召开。来自北京、广东、广西、山东、吉林、内蒙古、四川等省区和直辖市的 70 多位会员代表和中央人民广播电台等新闻单位的记者参加了大会，国家民委副主任图道多吉同志到会祝贺并讲话。黄凤祥秘书长向会员代表做了第一届理事会工作报告，总结了学会自 1992 年 6 月成立以来所做的主要工作。杜荣坤同志、任一飞同志分别做了大会发言。大会通过了顾问名单，并选举产生了学会第二届理事会。新当选的会长杨侯第同志代表第二届理事会高度评价了第一届理事会的卓越工作，并对学会的下一步工作进行了部署。

会议认为：中国都市人类学会成立几年来，以研究城市中不同民族文化、民族关系及城市化过程中的问题和现象为中心，注意借鉴国外学术研究成果，积极参与国际学术交流活动，结合中国国情，探索出了一条与中国实际相结合的研究之路。中国都市人类学会的研究和实践活动不仅大大推动了人类学包括都市人类学在中国的研究和发展，而且大大促进了人类学包括都市人类学知识的传播和普及。它所探讨的主要问题有：城市中的民族关系；文化社区；城市对周边地区社会经济的作用；边疆城市对边疆少数民族地区社会经济发展的影响；中国改革开放以来，乡村工业化、都市化过程中所呈现出的特点，等等。中国都市人类学会致力于加强都市人类学研究者与民族工作者及其他社会工作者之间的沟通，既注重理论研究，又注重应用研究。中国都市人类学会与国际人类学与民族学联合会的积极合作，正成为中国人类学、民族学研究国际化的重要途径之一。

在这次大会上，前任会长李德洙、顾问图道多吉被推举为名誉会长，杨侯第当选学会第二任会长，副会长为阮西湖、黄凤祥、郝时远、方鹤春、吴仕民、李保群、哈宝信、哈孝孟、李兴亚、荣盛、阿日夫、任一飞。秘书长由黄凤祥兼任，副秘书长有：沈林、吴金光、纳日碧力戈、张继焦、金春子。大会还决定邀请著名人类学家、国际人类学与民族学联合会终身名誉会员费孝通先生担任学会的总顾问，聘请伍精华等 12 人为顾问。

撰稿：杜　宇

审稿：杨侯第

【国家民委“三五”普法经验交流暨法制培训会议】1997 年 11 月 25 日至 28 日，国家民委“三五”普法领导小组在深圳市召开了国家民委“三五”普法经验交流暨法制培训会议，来自全国各省、自治区、直辖市民委的主管副主任、政法处长及其他普法工作者共 40 余人参加会议，国家民委副主任图道多吉到会并讲了话。

会上，各地民委的同志认真交流了“三五”普法实施以来各地“三五”普法工作所取得的经验，并就贯彻落实十五大精神，把国家民委“三五”普法工作推上一个新的台阶问题，进行了热烈的讨论。

会议认为，“三五”普法工作从启动到现在，已取得了许多成功经验。主要有：第一，争取上级领导支持，开好头，起好步。从 1996 年底到 1997 年上半年是“三五”普法工作的准备阶段。从这一阶段的工作来看，各地主要是制定规划、建立机构、编写教材、培训骨干等。开局的好坏，直接关系到整个“三五”普法工作的顺利进行。争取上级领导支持是打好普法基础的关键。山东省民委和湖北省民宗委在这方面的好经验、好做法得到了大家的一致肯定。第二，从地方实际出发，积极探索普法的形式和办法，讲求实效。这方面各地创造的具体经验很多。如内蒙古自治区伊克昭盟采取以事喻法、以案讲法的方法取得了较好的效果；宁夏固原地区根据本地区特点聘请宗教人士为义务普法宣传员，让他们利用穆斯林群众做礼拜的机会讲解法律知识，达到了一般宣传难以达到的效果。

会议在广泛交流经验的同时，也对普法工作目前存在的问题和遇到的困难进行了认真的分析研究。大家认为，工作中存在问题和遇到困难是难免的，只要我们有信心，有勇气，就一定能克服困难，使我们的普法工作迈上一个新的台阶。

会议还请有关法律专家就在市场经济条件下如何加强和完善法律制度等问题进行培训。

【参加联合国人权委员会第 53 届会议】联合国人权委员会第 53 届大会于 1997 年 3 月 10 日至 4 月 18 日在日内瓦召开。中国派出了由外交部、司法部、公安部、国家民委、中央统战部、国务院宗教局、最高人民法院、最高人民检察院、国务院新闻办、西藏自治区人民政府等部门组成的政府代表团和以中华全国妇女联合会为主的非政府代表团参加会议。

第 53 届人权会共审议了 26 项议题，其中之一就是审议《在民族或族裔、宗教和语言上属于少数群体的人的权利宣言》的执行情况。西方许多发达国家基于此项议题审议，指控我国在西藏、新疆等民族地区侵犯人权，诬称我消灭西藏文化、宗教特性等等。同时，国际上一些非政府组织也指责中国政府镇压维吾尔族，向新疆大量移民等，强烈要求中国政府让新疆独立。针对西方国家和一些非政府组织对中国在少数民族人权保障问题上的攻击，我代表团做了认真发言，介绍我国在保障少数民族政治、经济、文化、教育权利等方面所取得的巨大成就，用事实对西方国家和非政府组织的指控给予有力驳斥。

大会对以丹麦为首的 15 个国家提出的“中国人权状况”的议案进行审议，在中国政府代表团和非政府代表团的积极工作下，最后在针对中国代表团提出的不采取行动的动议表决时，联合国人权委员会以 27 票赞成，17 票反对，9 票弃权的绝对优势第七次挫败西方利用人权问题干涉中国内政的图谋。

我国在联合国第 53 届人权会上取得的胜利，捍卫了我国的主权和民族尊严，并再次充分证明，我国所奉行的包括民族平等、团结、共同繁荣在内的各项方针政策和改革开放所取得的巨大成就赢得了世界上大多数国家的赞赏。

【中瑞少数民族问题研讨会】中瑞少数民族问题研讨会于 1997 年 12 月 15 日至 19 日在云南省昆明市举办。研讨会是由国家民委、国务院新闻办（中国人权研究会）和瑞典隆德大学瓦伦堡人权学会共同举办。参加研讨会的瑞方人员有瓦伦堡人权学会会长格维兹门迪尔·阿尔弗雷德松教授等 5 人。我方出席研讨会的有国家民委副主任图道多吉、中国人权研究会副会长周觉及来自 19 个省、自治区、直辖市的民委主任（或副主任、政法处处长）和外交部、中央统战部、藏学研究中心、中央民族大学等有关部门的同志共 45 人。中共云南省委副书记王天玺同志出席了开幕式。

研讨会主要就少数民族人权保护问题进行认真研讨。瑞方教授在研讨会上介绍国际人权法的有关内容。国家民委政法司杨侯第、黄凤祥，云南省民委马立三，中央民族大学喜饶尼玛等同志分别就“中国民族政策的基本原则及对少数民族权益的特殊保护”、“中国的民族区域自治制度”、“从云南少数民族看中国民族政策的实践”、“西藏的人权状况”等题目作了主题发言。与会人员还通过提问及评论的方式就中国的民族政策和国际人权保护的许多问题进行了充分的交流。

中国和瑞典是友好国家，中瑞人民之间存在着传统的友谊，但由于文化传统等多方面的因素，中瑞之间在人权观念上存在着不同的认识。通过此次研讨会，促进了彼此之间的沟通、了解，研讨会达到了预期的效果。通过此次研讨会，与会中方人员深感，在民族问题领域，积极参与中西方人权对话的对外交流大有可为。当今世界上，民族问题是个带有普遍性的问题，保障少数民族的合法权利是维护人权事业的重要组成部分。建国以来，我们已建立了一套比较完善的民族政策和少数民族人权保护制度，少数民族人权状况不断得到改进，取得的巨大成就是一个事实。如何让全世界都了解我国的民族政策和少数民族人权保护方面取得的成就呢？除了进行大力宣传以外，就是要开展广泛的对外交流和对话，在平等对话的基础上，消除隔阂，求同存异。

【《中国少数民族人权述要》出版座谈会】 1997年10月29日，国家民委和中国人权研究会及北京大学出版社在京举行了《中国少数民族人权述要》出版座谈会。国家民委副主任图道多吉及首都部分人权专家、学者和少数民族人士共50多人参加了座谈会。

《中国少数民族人权述要》一书共18章，内容包括新中国成立前少数民族社会状况、中国少数民族人权保护的历史进程、生存权、平等的公民权利和政治权利、宗教信仰自由、民族区域自治权、共同繁荣权、受教育权等内容，侧重介绍了中国政府在保障少数民族权利方面所采取的政策措施和法律手段。

参加座谈会的专家学者普遍认为，新中国成立以后，中国少数民族人权保护事业取得了巨大成就，已形成了一套有中国特色的少数民族人权保护制度，少数民族人权状况发生了翻天覆地的变化。这些成就在中国历史上是空前的，在世界各个国家中也毫不逊色。

专家们还认为，中国的人权保护制度有4个特点：第一，实行了彻底的民族平等。不仅中国宪法载明了民族平等的基本原则，而且通过立法、司法、行政等手段将这一原则贯彻落实到社会生活的各个方面。国家不仅保障少数民族在法律上的平等，而且强调实现少数民族在事实上的平等。第二，坚持从中国实际出发，保障少数民族的区域自治权利。中国政府根据中国的具体国情，采取了民族区域自治这种特有的政治制度。实践充分证明，这一制度能切实保障少数民族的自治权利和平等权利，促进了少数民族的团结进步，受到了少数民族的拥护。第三，一般保护和特殊保护相结合。作为中国公民，少数民族公民与汉族公民一样享有广泛的平等权利。但同时，国家针对少数民族的特点，制定了一系列特殊法规和采取了一系列特殊政策保障少数民族的政治、经济、文化、教育、宗教信仰等各项权利。第四，高度重视少数民族的发展繁荣权利。中国政府十分重视少数民族的发展和繁荣权，把致力于各民族共同繁荣作为处理民族问题的一个根本立场。

与会人士认为，中国少数民族人权保护制度既体现了普遍的人权价值观，又具有鲜明的中国特色，有力地保障了少数民族的人权享受。但作为一个发展中国家，中国在少数民族人权保障上还有许多不尽如人意的地方，有待于进一步提高。《中国少数民族人权述要》一书是我国迄今第一部客观全面地介绍中国少数民族人权保障情况的书籍，对进一步加强少数民族人权保护问题作了有益探讨，具有较高的学术价值。

撰稿人：隋　青

审稿人：杨侯第

【牛街少数民族状况调研】为对散杂居民族工作进行分类指导，进一步认识市场经济条件下城市民族工作的重要性、复杂性和特殊性，结合多年来所了解到的地方特别是各地城市民族工作的实践，由国家民委政法司散杂居处、中国都市人类学会和中央民族大学民族学研究所的几位同志共同组成了“北京牛街现状调研小组”，于1997年9月到11月间分阶段对北京牛街回民聚居区进行了调查研究。调查主要内容有：牛街街道办事处的职能和历史演变；街道经济（区域经济）；民族干部情况；回民聚居的居委会；回民中小学、幼儿园教育以及几个专题：牛街拆迁、清真牛羊肉市场、回汉通婚演变、回民职业结构的历史演变、回汉学生学习成绩、学习态度的比较等等。调查结束后，邀请北京大学、中央民族大学、中国社会科学院民族研究所的有关专家学者对调研所采用的方法、关注的角度及调查报告初稿进行了讨论。

调查结果显示：本世纪特别是建国后，北京牛街回民在政治参与、职业结构、教育和文化生活等各方面都经历了巨大的变化，随着改革开放和社会主义市场经济体制的逐步建立，牛街回民发挥自身优势，积极参与到这一进程中，呈现出崭新的面貌。

调查表明，解放以来党和政府采取多种措施，使牛街回民在政治、经济、社会和文化等方面的权利得到了切实的保障，积累了很多宝贵经验。从当前的情况来看，虽然牛街回民在经济收入等方面与北京市平均水平仍有一些差距，但这些差距更主要是由北京市内各区发展状况的不同以及许多复杂的历史因素引起的。只要不断坚持完善市场经济条件下的民族政策，充分发挥各民族群众自身的创造力，这种差距是可以逐步缩小乃至消除的。

撰稿：金春子　杜　宇

审稿：杨侯第

国家民委文化宣传司

【第六届全国少数民族传统体育运动会第一次筹备会】1997年8月16日至21日，国家民委、国家体委在西藏自治区拉萨市召开了第六届全国少数民族传统体育运动会第一次筹备会议，来自全国各省、自治区、直辖市、新疆生产建设兵团民委、体委和解放军总政治部文化部的代表共125人参加了会议。出席会议的领导同志有：国家民委副主任李晋有，西藏自治区副主席吉普·平措次登、向阳，北京市政协副主席、市长助理万嗣铨等。会议代表就《第六届全国少数民族传统体育运动会总规程》（征求意见稿），《第六届全国少数民族传统体育运动会竞赛项目单项规程》（征求意见稿），第六届全国少数民族传统体育运动会北京主赛场和拉萨分赛场大型活动方案、宣传工作方案及接待工作方案提出了意见和建议。

闭幕会上，李晋有同志对大家提出的主要问题进行了归纳总结：运动员资格将依照历届民运会对于运动员资格的审查方法进行；射弩、打陀螺项目的器械由承办单位统一制做，用于比赛；木球项目由于器材和规则欠规范，待修改完善之后再决定是否列入比赛项目。

【民族好新闻评选活动】为总结“八五”期间民族宣传工作的成就和经验，鼓励和表彰多年来为民族宣传工作做出贡献的中央新闻单位记者和编辑，推动“九五”期间的民族宣传工作，国家民委于1997年11月在北京举行了“民族好新闻”评选活动。此次共评选出一等奖12名，二等奖30名，三等奖60名，优秀编辑奖10名。获奖者包括新华社、人民日报、人民日报海外版、中央人民广播电台、中国国际广播电台、中央电视台、光明日报、解放军报等25家中央及在京新闻单位的150名作者、编辑。颁奖大会于1997年12月22日在北京举行。全国人大副委员长布赫,国务委员兼国家民委主任司马义·艾买提,国家民委副主任李晋有及中宣部、新闻出版署、中国记协的有关领导出席了会议。布赫、司马义·艾买提、李晋有在会上讲了话。

撰稿:孟拥军

审稿:陈家才

【全国维吾尔语名词术语规范化工作会议】1997年8月18日至20日,维吾尔语名词术语规范化工作会议在新疆乌鲁木齐市召开,来自北京和新疆各地的70多位专家、学者参加了会议,国务委员兼国家民委主任司马义·艾买提以及新疆维吾尔自治区党、政、军有关领导出席会议并作了重要讲话。司马义·艾买提主任从5个方面深刻阐述民族语文规范化、标准化工作在民族地区政治、经济、文化建设中的重要作用。他强调指出:要充分认识民族语文规范化、标准化工作的重要性和必要性,把这项工作作为当前和今后民族语文工作的重要内容经常抓下去,要切实加强民族语文工作的领导,要充分发挥民族语文工作职能部门的作用,把民族语文扎扎实实搞上去。会议共审定规范了270多个维吾尔语名词、术语。这次会议不仅对新疆,而且对全国民族语文的规范化、标准化工作起到了很好的推动作用。

【全国民族语文理论研讨会】1997年4月13日至16日,全国民族语文理论研讨会在广西南宁市召开。来自北京、广西、内蒙古、新疆、西藏、湖南、青海、云南、贵州、福建、吉林等地的民族语文工作部门的领导和专家共30多人参加会议。国家民委副主任李晋有出席会议并作了重要讲话。他全面阐述了民族语文的现状、地位、作用及新时期民族语文工作的重要性。他指出:做好民族语文工作对调节民族关系、加强民族团结等方面具有特殊的作用。民族语文工作是政策性很强的一项工作,必须用邓小平理论来指导我们的工作,坚持“实事求是,分类指导”的原则,从民族语文工作实际出发,勇于探索,为推进民族地区的政治、经济、文化建设,实实在在地作好各项工作。

【民族语文信息技术标准化工作】1997年,语文室继续组织研制和向国内、国际有关组织申报藏文、蒙古文编码标准,组织有关专家研制彝文、傣文编码标准。8月份,组织蒙古文编码的有关专家赴蒙古国参加蒙古文编码国际会议,会后形成了中蒙两国共同方案。该方案将于1998年报国际标准化组织(ISO)审定。藏文编码标准工作1997年取得突破性进展。7月份,国际标准化组织(ISO)批准通过了我国提出的藏文编码方案,藏文编码最终成为ISO/IEC10646《通用多八位编码字符集》的重要组成部分。国家技术监督局今年也通过了藏文编码基础集和字型两项标准,这样,藏文具有了国际和国家两级标准。10月,国家民委和国家技术监督局、电子工业部在京召开“藏文编码标准新闻发布会暨表彰会”,对外宣布藏文编码国际标准和国家标准的通过,并表彰在这项工作中作出突出贡献的单位和专家,国家民委少数民族语言文字工作办公室荣获三部委联合表彰。

【民族语文术语标准化工作】1997年8月,语文室组织10多位民族语文的专家、学者参加在北京举行的第二届术语学、标准化与技术传播国际会议。会上共宣读了10篇有关少数民族语文的论文。参加这次会议,使我国专家有机会与国内外同行进行交流和学习,同时向外宣传了民族语文术语标准化的情况,争取外界对我国民族语文工作的了解和支持。8月份,语文室派人赴奥地利参加国际标准化组织举办的术语标准化培训班。1997年,语文室编写术语标准化基础知识培训简易材料,并先后在青海、甘肃、吉林、新疆等地举办了4期培训班，参加培训学习的学员超过200人。通过这些培训，有力地促进了民族地区术语标准化工作的开展。

【民族语文文献标准化工作】文献标准化应用于图书馆等领域文献信息交流。1997年，语文室着重于蒙古文转写标准的研制。5月份，语文室组派有关专家赴英国参加国际标准化组织(ISO)召开的会议，参与蒙古文转写方案的讨论。8月份，语文室组派专家赴蒙古国参加蒙古文转写标准国际会议，会后形成了共同方案，该方案将于1998年报国际标准化组织(ISO)审定。

撰写：阿不力米提

审稿：宝斯尔

【《中华民族》栏目】《中华民族》栏目由中央电视台和国家民委共同主办，以主要宣传报道少数民族、展示少数民族的精神风貌、介绍少数民族优秀传统文化、增强民族团结、促进各民族共同进步为宗旨。

该栏目密切关注少数民族的生产生活，关注改革开放中的民族地区经济、文化、教育、科技等各项事业的发展，关注56个民族的团结、进步与发展，关注少数民族为我国乃至全人类做出的贡献。

《中华民族》栏目于1996年6月开始筹办，同年12月29日正式开播，每周播出一期，重播6次，由中央电视台社教中心专题部和国家民委文化宣传司承办。

作为栏目承办单位之一的国家民委文化宣传司负责提供民族政策方面的指导并协调栏目组与各地民委的关系，共同参与栏目的策划、选题，并共同把握报道线索和报道导向。

【骏马奖】"骏马奖"创立于1986年。原国家副主席乌兰夫同志题写了奖名。在1997年重新审核文化艺术类评奖中，"骏马奖"经中共中央宣传部批准立项，成为全国文学艺术类政府奖之一(中宣发函[1997]21号)。

"骏马奖"具体包括：全国少数民族题材电视艺术"骏马奖"、全国少数民族题材电影"骏马奖"、全国少数民族文学创作"骏马奖"。

全国少数民族题材电视艺术"骏马奖"，由国家民委牵头，会同广播电影电视部、文化部、中国文学界联合会共同主办，中国电视艺术家协会协办。该奖项创立于1986年，两年一评，到1996年已举办过六届。1986年第一届评奖由内蒙古自治区广播电视厅承办；1988年第二届评奖由云南省广播电视厅承办；1990年第三届评奖由新疆维吾尔自治区广播电视厅承办；1992年第四届评奖由四川省广播电视厅承办；1994年第五届评奖由广西壮族自治区广播电视厅承办；1996年第六届评奖由国家民委文宣司承办(第一届至第四届获奖名单刊登在《中国民族统计年鉴1949—1994》，第五届获奖名单刊登在《中国民族统计年鉴1995》，第六届获奖名单刊登在《中国民族统计年鉴1997》)。

全国少数民族题材电影"骏马奖"(原名为全国少数民族题材电影"腾龙奖")，创立于1994年，四年一评。该奖项由国家民委牵头，会同广播电影电视部、文化部、中国文学界联合会共同主办。第一届评奖由四川省广播电视厅承办，广播电影电视部电影事业管理局协办(第一届获奖名单刊登在《中国民族统计年鉴1995》)。

全国少数民族文学创作奖创立于1981年，四年一评，在1997年举办的第五届评奖改名为"骏马奖"。该奖项由中国作家协会牵头，国家民委参与共同主办(第一届至第四届获奖名单刊登在《中国民族统计年鉴1995》)。在1997年第五届评奖中，有24个民族的作家共获得63个奖项。这些民族是：藏、白、满、蒙古、维吾尔、哈萨克、朝鲜、回、苗、彝、仡佬、哈尼、土家、柯尔克孜、仫佬、壮、锡伯、佤、阿昌、布依、普米、塔塔尔、珞巴、基诺。其中女作家11位，占这次获奖作家总数的15%。少数民族文字作品19个(含3个翻译人选)，占获奖作品总数的31%。本届颁奖大会于1997年11月17日在人民大会堂举行。

从1981年举办第一届全国少数民族文学创作奖评选活动以来，在党和国家的亲切关怀下，中国作家协会和国家民委通过举办少数民族文学创作研讨班、读书班、创作基金等多种形式，不断加大培养少数民族文学人才的力度。经过16年的努力，到1997年第五届评选时终于实现了55个少数民族都拥有本民族的专业作家这一战略目标。

撰稿：任乌晶

审稿：陈家才

国家民委教育司

【中央民族大学211工程】“211工程”即面向21世纪重点建设100所高等学校和一批重点学科的跨世纪国家级基础工程。实施“211工程”是我国高等教育的一项重大举措，目的是要集中力量建设一批大学和学科，使其教育质量、科研水平和管理水平达到国内先进水平，其中一部分进入世界先进行列。

中央民族大学是全国重点大学，数十年来，在民族地区的经济建设、社会发展，维护国家统一、民族团结中发挥了重大作用。学校的国家级重点学科民族学具有国内外公认的较高学术水平。学校现有13个硕士点、3个博士点、1个博士后流动站，2个国家级文科基础学科人才培养和科学研究基地。有条件以申报“211工程”为契机，加快学校的改革与发展，并经过努力奋斗，在本世纪末跻身“211工程”的行列。

“211工程”主要立项程序分为：主管部门预审、预备立项、评审和批准立项四个主要步骤。

国家民委于1996年向国家教委报送了民委（教）函字[1996]364号《关于申请对中央民族大学进行“211工程”部门预审的函》，国家教委1997年8月教重办[1997]7号文件同意国家民委开展“211工程”部门预审工作。据此，国家民委1997年10月7日至9日，组织专家组对中央民族大学进行部门预审，并通过部门预审。专家组认为：中央民族大学提出的“211工程”总体建设目标和实施方案基本可行，符合我国民族地区经济建设和社会发展需要，对学院的改革与发展提出了很好的意见和建议。1997年11月14日民委（教）函字[1997]307号向国家教委、国家计委报送了《关于申请中央民族大学“211工程”预备立项的函》。

中央民族大学为把学校建成一流的民族院校，进而进入“211工程”正在坚持不懈地努力奋斗。目前中央民族大学“211工程”仍在立项过程中。

【大连民族学院】大连民族学院坐落在辽宁大连经济技术开发区，是我国唯一设在沿海开发区的民族高等院校。1984年经原教育部批准筹建，1991年国家计委立项同意投资建设，1993年经国家有关部门同意，学院开始以中央民族大学的名义招生，1997年国家教委正式批准成立大连民族学院。

大连民族学院校园占地45万平方米，规划建筑面积26万平方米。现有校舍近9万平方米。这里依山傍海，风景秀丽，气候宜人，环境幽静。

大连民族学院是一所以工科、经贸和其他

应用学科为主，为民族地区经济建设和社会发展培养高层次人才的民族高等学校。目前学校设有：会计学、旅游管理、英语、日语、机械电子工程、电子工程、计算机及应用、生物化工本科专业及工业设计专科专业。学院全面建成后全日制在校生规模暂定 3 600 人。学校成立了生物化工、高等教育、民族问题、日本研究等科研机构，还设有列为国家民委重点实验室的生物化工实验室和大连市生物化学技术中心。学院现有教职工 100 余人，其中教授（或相当职称，以下同）10 人、副教授 31 人、讲师 40 人、助教 9 人。

大连民族学院面向全国招生，以东北三省和内蒙古东部地区为主，以少数民族为主。

国务委员兼国家民委主任司马义·艾买提同志为大连民族学院题词：发挥优势，突出特色，为民族地区的社会主义现代化建设事业广育英才！

撰稿：马　建

审稿：沈昌荣

【国家民委委属院校函授、夜大学教育评估工作】根据原国家教委《关于做好普通高等院校函授、夜大学教育评估工作的通知》等有关规定，1995 年国家民委成立了以主管领导图道多吉同志牵头，由教育司及委属院校分管领导组成的国家民委委属院校函授、夜大学教育评估工作领导小组和中央民族大学、中南民族学院、西南民族学院函授、夜大学教育自评工作领导小组，有计划、分步骤地全面开展了委属院校函授、夜大学教育评估工作，历时两年，于 1997 年 5 月圆满完成。

在评估过程中，作为评估对象的四所民族院校非常重视此次评估工作，按照原国家教委印发的普通高等学校函授、夜大学评估基本内容和准则及指标体系等为依据，对学校举办成人教育的投入、教育管理过程、教育质量等作出了全面的评价，在人员少、工作任务重、要求高的情况下，准备资料，自查自评，写出自评报告。各学校在完成自评工作后，提出接受专家组检查评估的申请。国家民委委托四所院校所在省、市的教育主管部门分别对四所院校进行评估检查验收。1996 年下半年，有关省、市教委组成的评估检查组深入学校及相关函授站，实地考察，召开各类座谈会，按照有关评估指标体系和细则，逐项进行评议、核定，国家民委教育司派员参加。评估工作结束后，评估组将对四所院校函授、夜大学教育评估反馈的意见书面报告给国家民委和相关院校。评估结果为：西南民族学院函授优良，夜大学合格；中央民族大学、中南民族学院、西北民族学院函授、夜大学均合格。根据此结论审核，1997 年 5 月，原国家教委向社会重新公布具有函授、夜大学教育办学资格的普通高等学校名单，中央民大、中南民院、西南民院、西北民院四所院校均在该名单之中。

这次评估工作，是国家民委委属院校自举办夜大、函授教育以来，第一次全面、系统的检查评估总结。通过开展该项工作，不仅总结了委属院校举办函授、夜大学教育在办学、管理等方面的经验和成绩，同时也发现了存在的一些问题，各专家评估组都提出了很好的建议。各院校认真按照“以评促改、以评促建”的原则，结合实际，在加强投入、优化结构、强化管理、提高质量、增强效益等方面都制定了切实有效的措施，为国家民委委属院校的成人高等教育在规范化、制度化的轨道上健康发展奠定了坚实的基础。

【国家民委委属院校成人高等教育招生工作】1997 年，国家民委教育司加大了对委属院校成人高等教育招生工作宏观管理的力度，委属院校成人高等教育招生工作出现了新的局面，有效地调动了委属院校办学积极性，成效显著。

在委属院校 1996 年成人高等教育招生计划数 3 600 名的基础上，1997 年度招生计划指标增加了 300 名。在该年度全国成人高教招生录取调剂会上，全部落实，圆满完成了委属院校

1997 年度成人招生录取工作。

为了调动各院校举办成人高等教育的积极性，教育司指导院校正确选定专业，既要对所在地区所需人才进行科学预测，又要对学校培养能力作出恰当评估。审批各院校新增设近 30 个专业，报国家教委备案通过，其中西北民院高中起点本科会计学专业列入 1998 年度招生计划，成为委属院校自开办成人高教以来，高中起点本科学历层次的办学开始。

按规定，普通高等院校在连续办学 6 年后，才有资格申请举办函授、夜大学。在批复大连民院正式建校的同时，教育司和大连民院经多方努力，同原国家教委反复协商，使大连民院提前 6 年取得了独立举办成人高等教育的办学资格，1998 年将正式面向东北地区招生。

在全国成人高等教育招生计划总盘子不变的情况下，教育司在 1997 年招生总计划3 900名基础上，向原国家教委申请并被核准增加了 100 名指标，总指标数为4 000名，其中本科 349 名，专科3 651名。根据改革的精神，教育司经对各院校完成上年度招生计划情况及办学条件进行综合分析研究后，将 1998 年度委属院校成人高等教育招生计划分学历层次统一一次性下达给各院校，由各院校按照总计划数，自行编报 1998 年度成人高等教育招生计划和生源计划。在全国 1998 年度成人高等教育招生计划编报会和招生生源编报会议上全部落实。这既简化了手续，又给各院校相对的自主权，做到了按需培养、量力办学、协调发展，大大提高了工作效率。

撰稿：周晓梅

审稿：王延星

【国家民委帮助 22 个人口较少民族发展教育事业】根据全国第四次人口普查统计，我国 56 个民族中，人口在 10 万以下的有 22 个，即：撒拉族、布朗族、毛南族、塔吉克族、普米族、阿昌族、怒族、鄂温克族、京族、基诺族、德昂族、乌孜别克族、俄罗斯族、裕固族、保安族、门巴族、鄂伦春族、独龙族、塔塔尔族、赫哲族、高山族、珞巴族(以人口数多少为序)。这些民族大多分布在我国云南、新疆、黑龙江、甘肃、广西、内蒙古、西藏、福建等省区，并具有以下特点：一是民族个数多，但人口总量少，仅有525 860人，占少数民族总人口的 0.6%，其中人口在 1 万以下的有 7 个民族，最少的为2 322人(珞巴族)；二是 22 个民族分布区域相对集中，主要分布在云南、新疆、黑龙江三个省区，绝大多数聚居在 27 个县中的 49 个民族乡；三是地理位置特殊，大都位于边疆国防要冲，有的属于跨境民族，其发展状况引人注目；四是经济落后，解放前 22 个民族尚处在原始社会或原始社会末期的社会发展阶段，有 4 个民族尚处于奴隶社会发展阶段，经济极不发达。解放后虽然有了很大变化，但由于基础太差，在这些民族主要分布的 27 个县中有 14 个仍属于国家重点扶持的贫困县。基于上述特点，使得加快发展 22 个人口较少民族的教育事业具有重要的现实意义和深远的历史意义。

在李岚清副总理和司马义·艾买提国务委员的重视和关怀下，国家民委经过认真调查研究后，向国务院和李岚清副总理提交了《关于 22 个人口较少民族教育问题的请示》，提出了 22 个人口较少民族发展教育的基本方案，即通过国家和各级政府的帮助，扫除青壮年文盲，改善办学条件，培养一批合格的师资，解决贫困生的就学，使整个民族的教育问题得到基本解决。目前国家民委教育司会同黑龙江、福建、甘肃、广西等省区民委、教委已就赫哲族、高山族、裕固族、京族等几个少数民族教育进行了专门调查和研究，将这几个民族作为首批帮扶对象，利用中央民族教育专项补助和地方各级政府及部门的配套经费帮助发展教育事业，并已取得初步成效。在扩大试点和总结经验的基础上，将继续推进这项工作。

【五部委组织进行全国学生体质健康调研，强调加强民族地区学校体育卫生工

作】在全国范围对不同民族学生进行体质健康调查研究的内容包括身体形态、机能、素质及健康检查等4个方面的20项指标，目的在于掌握了解全国学生体质健康的状况，掌握学生体质健康的发展变化趋势，获得动态分析的宝贵资料，为实现本世纪人人享有初级卫生保健的发展战略及全民健身计划提供决策依据，为科学地指导和改进学校体育卫生及民族教育工作提供依据。同时，为我国工农业、国防和其它各行业提供了大量有实用价值的数据资料，也为实现民族优生、优育、优教基本国策和国民素质的提高提供重要科学依据。

全国学生体质健康调查研究工作是由国家教委、国家体委、卫生部、国家民委、国家科委共同领导和组织的，并已经国务院批准，成为一项基本制度。从1986年起每3至5年在全国进行一次小样本的学生体质健康监测，每10至12年进行一次较大规模的学生体质健康调研。1995年进行较大规模的全国学生体质健康调研，涉及除台湾省外的30个省、自治区、直辖市的21个民族，调查学校1 800所，调查人数达31万，其中汉族7岁～22岁大、中、小学学生253 007人，20个少数民族7岁～18岁中小学生55 781人。这次调研，不仅掌握了全国学生体质健康的状况，也掌握了10年来我国学生体质健康的发展变化趋势，对制定我国“九五”期间的学校体育卫生工作发展规划发挥了重要作用。

1997年，五部委联合向国务院递交了《关于当前学生体质健康状况的报告》，同时制定了《关于进一步加强学校体育卫生工作、改善学生体质健康状况的意见》(以下简称《意见》)。《意见》指出：“我国85%的中小学校在农村，75%的中小学生在农村。广大农村地区和少数民族地区的学校体育卫生工作基础薄弱，工作难度大，这些地区的学生体质健康状况存在的问题多。因此，要对这些地区的学校体育卫生工作给予特别的关心和特殊的扶持。”《意见》还指出：“地方各级人民政府及教育、体育、卫生等行政部门要以极大的热情和高度的责任心加强对农村和少数民族地区的学校体育卫生工作的领导，为这些地区学校体育卫生工作的开展解决实际问题和创造必要的工作条件，以保证这些地区学校体育卫生工作的正常进行。”

撰稿：兰智奇

审稿：王延星

国家民委政策研究室

【全国民族政策与民族理论研讨班】为提高从事民族政策研究工作人员的理论及政策水平，推动新形势下的民族政策研究工作，国家民委政策研究室与中国民族政策研究会于8月21日至31日在大连民族学院培训中心联合举办了民族政策与民族理论研讨班，来自全国各省、自治区、直辖市的民委(厅)政策研究室主任、民族研究所的负责同志40余人参加了研讨。

研讨班重点学习了邓小平同志关于民族问题的理论和江泽民总书记在中央党校省部级高级干部大会上的讲话，还学习了民族理论和民族政策的有关著作和文件，并邀请有关专家就民族理论中的若干问题、中国民族政策史、社会主义市场经济条件下的民族关系，以及冷战结束后世界的民族问题及其对我国的影响，当代美国的民族政策等问题作了专题报告。研讨班还围绕“社会主义市场经济条件下民族政策的贯彻与完善”进行了专题研讨。

在学习形式上，采取读书、小组讨论、大会交流和专题讲座相结合的办法。由于与会人员准备充分，在研讨和交流的过程中，大家理论联系实际，发言踊跃，各抒己见。通过研讨和交流，来自全国各地的与会人员提高了理论水平，也交流了信息，开阔了视野，取得了较好的学习效果，这次研讨受到与会学员的普遍欢迎。

撰稿：周　莉

审稿：王铁志

【国家民委机关“学习贯彻十五大精神，做好民族工作”研讨会】1997年11月6日，国家民委政策研究室和直属机关党委联合召开“委机关学习贯彻十五大精神，做好民族工作”研讨会。与会者围绕社会主义初级阶段民族地区的经济建设，发展少数民族文化与建设有中国特色社会主义文化的关系，加强民族法制建设、完善民族区域自治制度与建设社会主义法制国家的关系，发展民族教育与提高少数民族群众素质，大力培养少数民族干部，全面贯彻党的民族政策等问题进行了广泛而深入的研讨。

国家民委党组副书记、常务副主任陈虹同志到会并讲话。他指出，党的十五大是我党历史上又一次具有重要历史意义的会议。会议把邓小平理论确立为我们党的指导思想，描绘了我国社会主义现代化建设跨世纪的宏伟蓝图，为民族工作指明了前进的方向。民族工作一定要高举邓小平理论的伟大旗帜，深入贯彻十五大精神，用十五大精神统一思想，凝聚力量，切实做好民族工作，为建设有中国特色社会主义做出新的贡献。

与会者认为，党的十五大重申我国还处于社会主义初级阶段的理论非常重要，这一论断非常符合民族地区的实际。改革开放以来，民族地区的经济发展速度是比较快的，一些地区的经济增长速度超过了全国的平均水平。主要原因之一是各项方针政策符合民族地区的实际。民族地区的经济建设一定要立足社会主义初级阶段这个实际，进一步解放思想，抓住机遇，充分发挥民族地区的优势，促进民族地区经济健康、快速发展。民族地区要按照“三个有利于”的原则，进一步调整所有制结构和产业结构，积极创造有利于多种所有制并存发展的环境，进一步扩大对外开放。

与会者认为，党的十五大把民族区域自治制度作为我国民主制度建设的三大形式之一，强调要坚持和完善民族区域自治制度。实行民族区域自治是我们党解决我国民族问题的基本政策，有利于保障少数民族当家作主的权利和维护国家统一，坚持和完善民族区域自治制度是建设社会主义法制国家的重要内容。要完善与民族区域自治制度相配套的法律法规建设，完善保证这项制度贯彻落实的监督措施，充分发挥民族区域自治制度的功能。

大力发展少数民族文化是建设有中国特色社会主义文化的重要内容。与会者认为，民族地区的文化建设要立足民族地区的实际，注重民族特色。要把民族地区文化建设的着眼点放在提高民族地区各族群众的思想道德和文化素质上，正确处理弘扬民族优秀传统文化与建设现代文化的关系，大力发展民族教育。

与会者指出，大力培养少数民族干部是十五大提出的一项跨世纪的战略任务，是做好跨世纪民族工作的需要。要按照民族地区经济和社会发展以及民族工作发展的需要，培养一支结构合理、德才兼备、能够担当跨世纪重任的民族干部队伍。要进一步拓宽培养民族干部的途径和渠道，为民族干部的成长创造更多的锻炼机会。

全面贯彻党的民族政策是做好民族工作的保证。与会者认为，党的民族政策涉及面很广，同时又是一个有机整体。当前，要切实贯彻好需要长期坚持的带有原则性的政策，努力完善与社会主义市场经济相适应的有关政策措施，全面贯彻党的民族政策。要充分调动中央和地方两个积极性，建立既有部门分工、又有相互协调的良好机制。

撰稿：刘宝明

审稿：吴仕民

【纪念内蒙古自治区成立50周年理论座谈会】 1997年4月29日，中国民族理论学会、国家民委民族问题研究中心、中共内蒙古自治区党委宣传部联合在北京召开纪念内蒙古自治区成立50周年理论座谈会。全国人大常委会副委员长、中国民族理论学会名誉会长布赫，国务委员兼国家民委主任司马义·艾买提，国家民委副主任江家福，中共内蒙古自治区党委副书记乌云其木格，中共中央统战部顾问、中国民族理论学会顾问江平以及王铎、关山复等有关领导和专家学者60余人出席了座谈会。座谈会由全国人大民委副主任、中国民族理论学会会长伍精华主持。

布赫副委员长在座谈会上作了重要讲话。他指出，内蒙古自治区成立50年来，在党的正确路线指引下，经济文化建设得到了空前的发展，实行民族区域自治制度的经验丰富，值得认真总结。在自治区内处理好自治民族与其他民族的关系，在宗教方面团结信教的和不信教的群众，这些经验值得很好总结。在贯彻党的政治路线、培养少数民族干部队伍方面，也取得了巨大成绩。民族干部队伍的成长壮大，是实行民族区域自治的关键。进一步做好民族工作，要有一个好的作风，从实际出发，深入群众，深入调查研究，理论联系实际，密切联系群众。要加强法制建设，坚持和完善民族区域自治制度，有了好的制度，还要有配套的法规。我们要建立社会主义法制国家，就必须很好地总结历史经验。

江平同志在讲话中说，内蒙古自治区是全国地域最长的省区，内蒙古自治区是中国建立的第一个省级民族自治区，周总理曾称之为模范自治区。内蒙古建立自治区，以乌兰夫同志为首的一大批共产主义民族干部，作出了伟大的贡献。邓小平同志在《党和国家领导制度的改革》一文中说："要使各少数民族聚居的地方真正实行区域自治。"党的十一届三中全会以后，我们有了一部《中华人民共和国民族区域自治法》，我国的民族区域自治取得了重大的成果，走上了新的阶段。我们应该对民族区域自治法实施配套，使之更加完善。

在座谈会上，乌云其木格介绍了内蒙古自治区实行民族区域自治50年来经济社会发展的巨大成就和经验。中国社会科学院民族研究所代所长郝时远在以"中国特色解决民族问题的先行者"为题的发言中，阐述了内蒙古自治区成立和成长的历史在我国民族区域自治制度发展史上的重要意义。国家民委政策研究室主任吴仕民在讲话中就民族区域自治与我国的政治法律制度的关键问题作了论述。

撰稿：杨盛龙

审稿：吴仕民

【1997年世界民族关系热点综述】 国家民委政策研究室的年度报告之一，综述分析了1997年世界一些国家和地区民族冲突中的热点问题。

在国际格局多极化趋势继续发展的背景下，1997年世界民族关系总体上趋于缓和。世界上大多数地区热点得到消除或正在降温。许多历史上持续时间长、规模大、影响范围广的民族冲突经过各方调解已经平息，在波黑、东斯拉沃尼亚、塔吉克斯坦、车臣、阿布哈兹等国都出现了少有的稳定局面，此外北爱多党谈判业已启动，苏格兰以全民公决的方式获得分权，这些地区有的已经达成协议并正在实施，局势相对平静，和平民主进程得到进一步巩固；而在塞浦路斯和中东虽未形成最终的具体协议，但冲突各方都表达了通过政治途径解决分歧的和平愿望。当然，在缓和大潮中存在着局部的曲折和紧张，一些地区的局势仍然不太明朗，某些地区还产生了新的冲突，阿富汗战事起伏不定，斯里兰卡"虎"患未绝，大湖地区江山易主，塞内加尔国剿卡民运，喀麦隆分裂分子加紧活动。但这些冲突多属局部内战性质，在国际社会的介入下，多数归于平静，对和平与稳定不会构成威胁。

难民与移民是世界范围的难题。难民作为民族、国家间冲突的产物，与非法移民问题一起对有关国家的民族关系造成了负面影响；种族主义在某些国家又有了新的表现，反对种族主义的任务仍然存在，有关国家为协调民族关系在作不懈努力。

从过去一年中的国际社会民族问题的走向可得出如下结论：

1. 政治的多极化、经济的一体化以及区域经济共同体的出现对民族关系产生重大影响，通过谈判等政治手段解决民族冲突已成共识。

2. 由前苏联解体引发的民族主义冲击波高潮已过，余波尚存。

3. 第三世界国家对本地民族事务有了更大的支配权。

4. 重视和保护少数民族的政治权利是各国解决国内民族问题的主要途径。

展望 1998 年，热点地区继续降温，和平是人心所向，是时代的要求。和平与发展两大主题缺一不可，和平与发展相辅相成。因此，各国在谋求和平的同时，致力于发展经济，国际间经贸往来的频繁和经济一体化的加强，对推动国际形势的进一步缓和无疑具有促进作用。民族主义浪潮对国家稳定和国际关系的冲击，普遍引起世界各国对民族、种族问题的重视，各国将采取一些措施以缓解族际矛盾。当然，缓和趋势并不意味从此天下太平，仍有许多影响稳定的潜在因素存在。总的来说，21 世纪民族关系的发展总趋势是缓和，一些地区的紧张关系将依然存在，但和平与发展是世界人民的愿望，也是世界发展的总趋势。

撰稿：王　彤

审稿：王铁志

【切实搞好民族地区的资源开发】民族地区大多地处西部，是我国自然资源最富集的地区，把资源开发作为民族地区经济发展的战略主攻方向，加快优势转换，是实现民族地区经济振兴的重要途径。改革开放以来，民族地区的资源开发已经取得了很大成就。为了进一步切实搞好民族地区的资源开发，国家民委政策研究室开展了“民族地区资源开发研究”。在调查研究中我们感到，民族地区的资源开发应注意以下几个方面的问题：

1. 资源开发与体制创新。资源开发在现阶段必须进行体制创新才能确保其运行的高效率。首先民族地区要运用新的市场机制获得在资源开发中特别需要的资金、技术、人才等重要生产要素，摒弃“等、靠、要”的惯性思维方式。其次，要促使民族地区资源开发型企业转换经营机制，按照新的市场经济运作规划和方式进行生产经营活动。总之，政府和企业必须结合“两个转变”，多从新体制、新机制方面考虑问题，用体制创新来解决民族地区资源开发中存在的深层次的矛盾和问题。比如利用股份合作制形式开发民族地区资源，就是一种能够使资源得到合理配置，促进当地经济发展的有效途径。我们相信，随着体制改革的进一步深化，民族地区的资源开发也必将得到新的发展。

2. 资源开发与东西合作。我国东西部地区之间因经济结构的差异所造成的既结构倒错又结构互补的特点，从根本上决定了东西合作的必然性与可能性。这是因为，在东部地区与西部地区产业分工和布局相对稳定的前提下，一方面东部发达地区因其加工工业规模的膨胀，增加了对西部自然资源富集地区的依赖性；另一方面东部发达地区因为比较效益的下降，能源、原材料的短缺，以及地租和劳动力价格上涨出现的“夕阳产业”的外溢，也使得他们把眼光更多地投向资源富集且劳动力价格低廉的西部欠发达地区。因此，加强东西合作对于民族地区具有十分积极的意义。首先，它有利于民族地区资源产业在量上的扩充，即有利于加速民族地区的工业化进程。其次，它也有利于资源产业在质上的提高，为民族地区潜在的资源优势向现实的经济优势转换提供一定的机会和条件。鉴于目前东部地区与西部民族地区具有优势互补、结构对接的可能和必要，而且民族地区资源开发的规模化、科技化尚待资金、人才、技术、管理等要素的不断吸纳和积聚。因此，民族地区抓住历史的机遇，加强东西合作，在支撑东部经济增长中实现自身经济的振兴，不失为一种更为现实和明智的战略选择。

3. 资源开发与市场开拓。民族地区目前面临的市场环境相当严峻。一是资源性初级产品的指令性价格偏低且缺乏弹性(尽管涉及产品的品种有所减少)；二是远离中心城市，经济信息不灵，市场反馈迟缓，应变能力弱；三是市场发育程度低，体系不健全。解决这个问题的根本出路除了国家在以资源开发促经济发展的过程中，逐步放开和理顺资源性产品价格，大力培育各级、各类市场，从而建立、健全市场体系之外，企业还必须把研究市场、开拓市场作为企业生存与发展中一项重要的基础性工作常抓不懈。特别是对于那些市场大多在外，且面临与国际市场接轨，竞争日趋激烈的民族地区的资源开发型企业来说，要想实现资源开发与利用的最大经济效益，只有把努力开拓市场和大力培育市场紧密结合起来，才能使民族地区的资源开发走上以市场为导向，健康发展、良性循环的道路。

4. 资源开发与经济增长。在民族地区，与经济增长方式有着直接关系的生产力水平具有两个突出的特点：一是生产力总体水平落后。二是生产力发展水平极不平衡。因此民族地区在实施资源优势向经济优势转换战略的过程中，必须特别注意加快科技进步，提高劳动者素质，努力实现经济增长方式从粗放型向集约型转变，从而不断增加科技进步对经济增长的贡献率。特别是在世界正在由工业经济步入以知识经济为特征时代的今天，民族地区应考虑集中一定的财力，对那些确有发展前途又能起支柱带头作用的资源开发型企业，在技术、装备、管理方面予以扶持，使它们建立在较高的发展起点和基础上，并通过产业联动、技术扩散，带动相同或相关产业生产力水平的发展，消除地区内部生产力发展水平的失衡，从而使民族地区生产力整体水平通过资源开发中经济增长方式的转变得到比较迅速的提高。

5. 资源开发与地区发展。首先，民族地区在制定以资源开发为依托的地区发展战略时，应以市场为导向，找准市场定位，建立具有特色的资源开发型经济格局，并在发展壮大的过程中，形成具有自己特色的经济优势。有了正确的地区发展战略作为指导，将更加有利于当地以具有市场潜力的优势资源吸纳外部的资金、技术和人才，造成生产要素在一定空间的最佳组合，在某些资源性产业上实现重点突破；也将更有利于发展能量的积累，逐步由点(各资源开发型企业)到线(产业链)过渡到面(较合理的产业结构)，逐步形成一定规模，从而实现地区经济的稳步快速发展。其次，民族地区在实施优势转换战略的过程中，还应十分注意促进当地产业结构的调整和优化，在提高经济总体素质的同时，逐步显示出结构优化所产生的经济效益。

6. 资源开发与环境保护。民族地区既是自然资源相对富集的地区，同时也是生态环境系统相当脆弱的地区。近些年来，对一些民族地区资源的无序、过度、不合理开发已使那里的环境问题变得越来越严峻。各级政府除了应尽快制定出既有利于生态保护，又能促进资源科学合理开发的地方性环境政策法规外，还应在有法可依的情况下，严格监督和管理，约束和规范资源开发主体的生产行为，使民族地区的资源开发在经济效益和生态效益方面得到统一，为民族地区的经济可持续发展奠定良好的基础。由于民族地区经济落后，生活贫困，人口总体素质较低，解决这个问题还需从多方面入手。首先要把它同消除贫困结合起来。其次，要把它同转变经济增长方式，推进企业技术进步结合起来。再次，要把它同提高全民环境保护意识结合起来。

撰稿：胡敬萍

审稿：王铁志

【纪念中国共产党实施民族区域自治制度50周年理论研讨会】1997年5月1日是我国第一个省级民族自治地方——内蒙古自治区成立50周年纪念日，也是中国共产党实施民族区域自治制度50周年。为总结半个世纪来我国实行民族区域自治制度取得的成就和经验，探讨在新形势下如何坚持和完善民族区域自治制度，国家民委政策研究室、新华社内蒙古分社、中国马克思主义研究基金学术委员会和内蒙古自治区民委等单位于8月在内蒙古海拉尔市联合召开专题研讨会。来自全国各地的50多位专家学者和民族工作者参加了会议，国家民委党组副书记、副主任江家福同志到会作了题为《加强民族区域自治理论研究，坚持和完善民族区域自治制度》的讲话。

这次研讨会主题鲜明、内容丰富。与会者理论联系实际，以客观、科学、求是的态度，紧紧围绕“坚持和完善民族区域自治制度”的论题，从多角度、多层面发表了自己的意见。

与会人员认为，在改革开放和进行社会主义现代化建设的今天，要坚持民族区域自治制度，就必须认真学习和深刻理解邓小平同志建设有中国特色社会主义的理论。邓小平同志关于民族问题的理论讲得最多的是民族区域自治。他的这些重要论述言简意赅，高屋建瓴，对中国民族区域自治作了科学的总结，为我们坚持和完善民族区域自治制度提供了重要的理论依据，明确了前进的方向。

在新的形势下，坚持和完善民族区域自治制度要顺应社会的发展需求，在充分发挥民族区域自治制度的政治作用的同时，还应激发促进其经济发展的功能。要结合实际，根据社会主义市场经济体制的特点和要求，完善和贯彻好国家对少数民族和民族地区的优惠政策。重视政策的时代性和发展性特点，推陈出新。特别是要通过深化财政、税收、投资、金融和外贸方面的改革，逐步建立促进民族自治地方发展的经济政策体系。

自治权是实施民族区域自治制度的核心。在我国的民族区域自治法中，对于自治权的范围和内容都有明确的规定。在过去的实践中，这方面取得的成绩是显著的，但是社会主义市场经济体制的逐步确立也为自治权的行使提出了一些新的问题。必须根据新的情况，依照法律的规定，保障自治地方自治权的实施。

没有稳定的环境，什么都搞不成。民族团结和新型的社会主义民族关系的发展对民族地区的稳定至关重要。大家认为，在当前经济体制转型时期，民族问题作为社会总问题的一部分必然会呈现新特点，一些其他方面的问题也可能会反映到民族关系中来。另外，国际上民族主义的思潮影响，以及国内外的民族分裂主义分子的破坏活动，都会不可避免地影响到民族关系的正常发展和民族地区的稳定。对此，必须采取相应的措施，加强对广大群众宣传教育，坚定地与分裂破坏的活动作斗争。

时代呼唤法制，民族工作需要重视法制建设。与会同志一致认为，应该进一步加强民族区域自治制度的法制建设。加强民族立法，根据新形势的需要制定相应的法规，并对以往的立法进行适当的修改和补充；做好民族法的宣传和落实工作，提高全民的民族法制观念，使各项民族法规在现实生活中得到有效的实施；建立和健全与实施《民族区域自治法》相配套的法规体系以及执行和监督机制，真正把民族区域自治落到实处。

与会同志认为，民族干部队伍建设是实施民族区域自治的重要保障。50年来，培养少数民族干部的工作取得了显著成就。但民族干部队伍建设在结构和质量等方面还存在许多亟待解决的问题。对此，要从现实着眼通过多种渠道和措施加强改进工作。同时民族干部也要充分认识自己肩负的历史使命，不断提高自己的素质，在建立社会主义市场经济体制、推进改革开放中，认真学习，解放思想，更新观念，勇于开拓，建功立业。

撰稿：宋　全
审稿：吴仕民

【对外开放与中国的朝鲜族调研】国家民委民族问题研究中心就“改革开放与中国的朝鲜族”课题，于1997年3月9日至29日期间，组成调研组先后到辽宁、吉林、黑龙江以及北京等省市进行了调查。

改革开放以来，我国朝鲜族地区的经济和社会发生了历史性的变化。广大朝鲜族群众充分利用地缘、人缘等方面的特点和优势，在对外开放方面走在了少数民族的前列，为我国的对外开放作出了积极的贡献。了解我国朝鲜族对外开放的历史进程，总结其中的经验教训，对各民族地区的对外开放事业无疑具有积极的借鉴意义。

本调研报告的内容主要包括：

一、对外开放使我国朝鲜族发生了历史性变化：对外开放增强了朝鲜族干部群众的开放意识，使朝鲜族地区经济迅速增长，产业结构趋于合理，经济总量快速增加，人民生活水平显著提高；朝鲜族在对外开放中观念更新，素质提高，提高了民族自信心；人口流动和城市化进程的加快；竞争意识得到增强，驾驭市场的能力有了提高；民族教育获得新的发展，民族文化更加活跃，城市化进程的加快，民族关系和谐发展，增强了朝鲜族的中华民族意识；民族间发展差距的缩小，促进各民族的共同发展。

二、在对外开放中我国朝鲜族面临的新情况和新问题，主要是涉外经济活动不规范，传统伦理道德受到挑战，宗教影响增加，境外敌对势力的渗透活动加剧等。需要坚持两手抓，两手都要硬，以促进发展，保持稳定。

三、根据朝鲜族对外开放所取得的成就和存在的问题，就朝鲜族地区的进一步改革与发展，促进朝鲜族地区的对外开放健康发展问题，提出了一些建议和对策；进一步加大延边州等朝鲜族聚居地区的投入，加快地方经济的发展；进一步扩大开放力度，促进我国朝鲜族和朝鲜族地区的对外开放健康进行；加强爱国主义和民族团结教育，引导人们树立正确的民族观、国家观和历史观；加强维护社会稳定、巩固边防工作力度；充分相信和依靠广大朝鲜族干部和群众，最大限度地发挥其建设积极性、创造力，为边境地区的发展，为建设有中国特色社会主义事业不断做出新贡献。

撰稿：李红杰

审稿：吴仕民

国家民委外事司

【对外交流工作】1997年，外事司在国家外交方针、政策指导下，围绕国家民委中心工作积极开展对外交流与合作，多渠道、多层次、多形式扩大国际间友好交往，宣传中国民族政策，配合国家的外交及人权方面的活动，积极为民族地区的经济发展和扶贫工作牵线搭桥，引进资金技术。全年共审批办理工作访问、学术交流、文化、艺术、教育、经济等各类团组23个(其中部长级6个)及零星出访人员630人次，并为之申办护照签证。接待国外来访团组5个，其中部长级3个，与世界五大洲20多个国家的30多个机构建立了工作联系，并接待了其他部委邀请的外国团组和驻华使馆官员数十批来国家民委座谈，外事司认真组织并热情向外宾介绍我国少数民族情况和政策，取得了很好的宣传效果。

一、应邀出访。应埃塞俄比亚副总理泰费拉

先生的邀请，国务委员兼国家民委主任司马义·艾买提率国家民委代表团一行5人于1997年10月28日对该国进行了工作访问。埃塞俄比亚总统内加索先生、副总理兼国务部长泰费拉先生及人民代表院副议长、文化部部长等会见了中国客人，双方在友好的气氛中介绍了各自的民族政策、情况。埃总统称中国是埃塞俄比亚最好的朋友。11月2日，应埃及宗教基金部部长扎克组克博士的邀请，司马义·艾买提率团对埃及进行了为期6天的友好访问，代表团分别拜会了埃及副总理及宗教基金部长等人。在访问上述两国期间，司马义·艾买提同志强调，一个国家的民族、宗教情况和历史、文化背景不同，解决民族、宗教问题的方针、政策必有差异，但在维护国家统一、促进民族团结进步、保持社会稳定等方面的目标是一致的，开展国家间民族工作部门的交流对各自国家都是有益的。

应哈萨克斯坦共和国教育与文化部的邀请，以常务副主任陈虹为团长的国家民委代表团一行8人于1997年8月10日至14日对该国进行了工作访问。代表团先后同该国教育和文化部副部长托克谢依托夫、国务秘书克基尔巴耶夫进行了会谈和交流，进一步了解了哈在民族关系和民族工作方面的情况，双方围绕共同关心的问题进行了深入的讨论，并坦诚地交换了意见，双方签署了《中华人民共和国国家民族事务委员会与哈萨克斯坦共和国教育与文化部合作意向书》。

应德国辛地—罗姆人中央委员会的邀请，国家民委副主任江家福同志率中国少数民族对外交流友好协会代表团一行5人于1997年5月25日至6月1日对德国进行了工作访问。访问宗旨是了解德国少数民族情况。此行考察了德国对传统文化的研究保护和发展。

应澳大利亚多元文化基金会主席詹姆斯·戈宝爵士的邀请，国家民委副主任文精同志率国家民委代表团一行6人，于1997年4月29日至5月8日对澳进行了工作访问，参观考察了澳民族社区、移民资源中心等7个部门，签署了《中国少数民族对外交流友好协会与澳大利亚多元文化基金会合作协议》。

应匈牙利共和国总理办公厅政治国务秘书道鲍依迪·乔包先生的邀请，以国家民委副主任图道多吉同志为团长的国家民委代表团一行5人，于1997年10月12日至17日对匈牙利进行了工作友好访问。该团是第一个访问匈牙利民族工作部门的中国代表团，受到了匈政府的高度重视，通过实地考察，了解了匈少数民族政治、经济、文化、教育以及民族政策执行情况，宣传了我国民族情况与政策，澄清了一些西方舆论宣传的误区，同时掌握了我国藏胞在欧洲的有关情况。

应美中关系全国委员会的邀请，国家民委副主任李晋有率代表团一行8人于1997年7月25日至8月10日赴美考察了少数民族文化保护情况及政策。

二、人权斗争。应外交部的要求，国家民委派人出席了第53届人权会议，为再一次挫败以美国为首的西方反华势力企图利用人权问题攻击我国的议案做出了应有的贡献。3月，国家民委派员参加了中国人权代表团赴加拿大出席中加人权研讨会，介绍了中国少数民族权利保护的情况和政策、法规，获得了满意的效果。

三、文化艺术交流。1997年9月，应日本国大阪国际民间艺术节的邀请，以德德玛、杨丽萍、迪丽拜尔等国内优秀少数民族艺术家为主组成的中国少数民族艺术家小组参加了日本国大阪国际民间艺术节，荣获该艺术节“最高艺术奖”、“最高表演奖”等5个奖项，为祖国争取了荣誉。文化部和国家民委联名为获奖演员颁发了荣誉证书。7月，组派了以西北民族学院为主的中国少数民族艺术团30人，赴芬兰、荷兰等国参加了国际民间艺术节，形象地宣传了我国西北少数民族优秀的传统文化艺术，受到了艺术节组委会、当地政府和我国驻所在国使馆的广泛好评。

四、国际访问者代表团访美。1997年10

月，应美国新闻署的邀请，国家民委首次派出了以委机关和所属单位业务骨干组成的中国少数民族工作者代表团一行6人赴美进行了2周的访问活动，了解了美国印第安人的情况，宣传了我国民族政策和民族情况，取得了较好的效果。此外，应美国政府的邀请，国家民委派出了第二批国际访问者共2人，对美国双语教学和都市民族管理进行了为期1个月的专项学术考察。

五、应邀来访。应国家民委的邀请，以墨西哥印第安人协会主席卡洛斯·特略为团长的代表团一行5人，于1997年8月17日至28日对我国进行了工作访问。代表团在京期间，国家民委副主任江家福同志主持与该代表团的工作会谈。全国人大民委、全国妇女联合会及云南省政府、上海市政府有关领导会见了代表团。墨西哥驻华大使参加了代表团的有关活动。

应国家民委的邀请，澳大利亚移民和多元文化事务部部长率代表团于1997年9月10日至17日对我国进行了工作访问。外交部、公安部及陕西省政府、上海市政府、广东省政府有关领导会见了该代表团。

应国务委员兼国家民委主任司马义·艾买提的邀请，以爱沙尼亚共和国民族事务部部长安德拉·维德曼为团长的4人代表团，于1997年11月11日至21日对我国进行了工作访问。主要了解我国民族情况、民族政策及处理民族事务方面的经验，以及与国家民委在民族工作领域进行了交流与合作。国务委员兼国家民委主任司马义·艾买提同志及全国人大有关负责人会见了代表团。

六、扶贫工作。为了做好国家民委扶贫工作，外事司积极与有关外国驻华使馆进行联系，先后争取到加拿大驻华使馆、新西兰驻华使馆、日本国驻华使馆的无偿援助基金约合人民币250万元，用于我国陕西、宁夏、青海、内蒙古、新疆等少数民族贫困地区的文化、教育、经济发展项目，在当地产生了较好的社会效益和经济效益。

撰稿：刘庆余

审稿：李兴亚

国家民委计划财务司

【国家民委机关新办公楼落成】国家民委机关新办公楼位于北京市西城区太平桥大街252号，在原机关低矮、危旧房屋原址上翻建而成。新办公楼占地0.275公顷，建筑面积13 580平方米，地下2层，地上12层，建筑高度46米。1995年6月21日正式开工建设，国务委员兼国家民委主任司马义·艾买提亲自为大楼奠基剪彩，1997年4月3日竣工交付使用。

新办公楼设计合理、装备先进，具有浓郁民族风格，体现了各民族团结进步、积极向上的精神风貌。该楼被评为北京市优质工程。

【国家民委"三社"业务楼落成】国家民委"三社"业务楼系指委属民族出版社、民族画报社、民族团结杂志社的办公大楼，位于北京市东城区和平里北街14号。建筑面积18 600平方米，地下1层，地上11层，建筑高度39.9米。该工程于1994年6月29日开工，1996年1月26日竣工交付使用。该大楼的建成，对保障和促进民族出版事业的发展具有重要作用。

撰稿：顾　群

审稿：单玉华

国家民委人事司

【国家民委系统组织人事工作会议】1997年3月，国家民委在京召开了委系统组织人事工作会议。会议的主要议题是，深入贯彻党的十四届四中、五中、六中全会精神，落实全国组织工作座谈会和全国人事厅局长会议提出的各项任务，总结交流近年来组织人事工作情况和经验，研究进一步加强领导班子建设和干部队伍管理、提高干部队伍素质等问题，部署1997年的组织人事工作。重点深入学习《党政领导干部选拔任用工作暂行条例》，讨论修改《国家民委司处级领导干部选拔任用暂行办法》。国家民委党组副书记、常务副主任陈虹和党组成员、人事司司长塔瓦库勒，党组成员、办公厅主任郝文明，国家民委专职委员、政法司司长杨侯第及人事司副司长李建辉等领导同志出席会议。委机关各部门的负责同志、委直属单位主管组织人事工作的领导和人事处、组织部的负责同志共80余人参加了会议。会上，陈虹同志代表委党组，对委系统自党的十四届四中全会以来的组织人事工作情况进行了回顾，并结合党的民族工作和国家民委实际，就进一步提高干部队伍素质，加强领导班子建设和领导干部、后备干部、少数民族干部队伍建设，切实加强对组织人事工作的领导和组织人事部门的自身建设等问题作了重要讲话，提出了希望和要求。塔瓦库勒同志作了题为《把握大局强化服务 为民族工作再做贡献》的工作报告，在简要回顾了委系统1996年的工作后，提出了1997年的工作任务。强调在新的一年里，要在委党组的领导下，继续坚持以邓小平建设有中国特色社会主义理论和党的基本路线为指导，深入贯彻党的十四届四中、五中、六中全会与江泽民同志在纪念建党75周年座谈会上的讲话精神，把握大局，深化改革，稳中求进，狠抓落实。会议结束时，国家民委人事司副司长李建辉同志对会议作了总结。

【国家民委直属事业单位领导班子届中考察】为进一步贯彻《中共中央关于加强党的建设几个重大问题的决定》和江泽民同志关于建设高素质干部队伍的讲话精神，落实全国组织工作座谈会和国家民委系统组织人事工作会议的部署，加强国家民委所属文化事业单位领导班子建设，根据国家民委党组意见，由委党组成员、人事司司长塔瓦库勒同志负责，人事司牵头，组成领导班子考察组，对民族出版社、民族画报社、民族团结杂志社、民族文化宫、中央民族歌舞团等单位的领导班子及成员进行了全面考察。对委属事业单位领导班子及成员进行届中考察，在国家民委司局级领导班子建设和干部管理工作中是第一次，在考察方法和程序上坚持了领导班子届中考察的基本方法，突出了走群众路线，让群众更多地参与，同时坚持领导与群众相结合的原则。其基本程序和方法是：1. 被考察班子及成员写出述职材料，并在本单位副处级和副高级职称以上干部会议上作述职报告；2. 在副处级和副高级职称以上干部范围内，采取无记名投票方式，对领导班子及成员进行民主测评；3. 分口召开各部门主要负责人会议，对领导班子及成员进行民主评议；4. 与领导班子成员、各部门主要负责人、退（离）休老干部代表、教职工代表和民主党派代表进行个别谈话。在此基础上形成考察意见材料，并严格按照规定程序，向被考察班子及成员进行反馈。考察意见反馈后，各班子要认真研究落实。一是适时召开领导班子民主生活会，开展批评与自我批评，研究制定进一步加强班子自身建设的意见或整改措施；二是召开本单位副处、副教授以上干部及有关代表会议，通报班子考察情况、考察组对班子的考察反馈意见、班子关于加强自身建设的意见或整改措施；三是努力解决一些群众意见大、反映比较强烈的问题。这次届中考察在广大干部群众的积极配合下，取得圆满成功，为进一步完善司局级领导班子届中考察制度，加强司局级领导干部的管理，提供了宝贵的经验。

撰稿：邓光玉

审稿：李建辉

【挂职锻炼少数民族干部培训班】1997年10月26日至31日，中央组织部、中央统战部和国家民委联合在北京举办了为期5天的1997年挂职锻炼少数民族干部培训班，来自17个省区，现分别在中央国家机关的55个部、委、办、局和4个直辖市、4个省、15个副省级城市挂职锻炼的31个民族成分的171名挂职干部参加了学习。

培训班聘请了中央宣传部、外交部、国家体改委、《求是》杂志社等单位领导给学员作了学习党的十五大会议精神辅导报告和当前国际国内形势报告，同时还组织大家分组座谈，总结经验，交流体会，展示半年来挂职锻炼的丰硕成果。10月31日，中央三部委的领导会见了培训班全体学员，一起合影留念，并和学员们进行了座谈。全国政协副主席、中央统战部部长王兆国同志出席座谈会并讲话；中组部副部长李铁林同志、国家民委常务副主任陈虹同志发表重要讲话。三部委的领导充分肯定了少数民族干部在挂职锻炼期间所取得的成绩，并对挂职干部进一步巩固成绩，更好地在民族地区建功立业和为各族人民群众服务提出了希望。挂职锻炼的同志们也向三部委的领导汇报了半年来的收获和体会。

【深化少数民族干部挂职锻炼工作】1997年继续与中组部、中央统战部联合组织了171名少数民族干部到中央、国家机关和经济相对发达地区挂职锻炼。组织召开了中央、国家机关接受挂职锻炼干部的组织、人事部门工作协调会和选派干部参加挂职锻炼的省区座谈会。组织举办了1997年到中央、国家机关和经济相对发达地区挂职锻炼干部总结鉴定会暨培训班，并协调安排了一名局级少数民族干部到委机关挂职锻炼。

从委机关干部的成长需要出发，结合中央关于加强定点扶贫工作的精神，协调派出了4名干部到扶贫联系点广西德保县、内蒙古巴林右旗挂职锻炼，召开了委机关到扶贫联系点挂职锻炼干部座谈会。根据中央关于加强扶贫工作的精神，制定并组织实施《国家民委干部支教工作实施意见》，从委属院校选派了6名骨干教师到扶贫点支教，完成了中央关于支教的工作任务。

【第二期全国民委主任培训班】为贯彻落实江泽民总书记关于《努力建设高素质的干部队伍》的讲话要求，结合形势认真学习贯彻党的十五大会议精神，进一步提高全国民委系统干部队伍素质，国家民委人事司于1997年11月10日至18日在深圳市南方管理培训中心举办了“第二期全国民委主任培训班”，25个省、自治区、直辖市的民委主任参加了培训。培训班由国家民委党组成员、人事司司长塔瓦库勒主持，聘请中组部培训中心的老师、北京大学教授及深圳市的有关专家授课。通过学习研讨，增强领导干部的素质，提高领导艺术和领导技巧，同时加强各地民委间的沟通与协调，促进团结与协作。培训期间，国家民委党组副书记、常务副主任陈虹同志专程看望学员并与学员座谈。

【中国少数民族高级行政管理人员研修班】经国家民委党组批准，国家民委人事司、外事司联合组织了两期“中国少数民族高级行政管理研修班”，分别于1997年5月、10月赴美国和欧洲各进行为期15天的研修。两期研修班学员22人分别来自12个省区，8个民族成分，均为司地级或县处级领导干部，平均年龄47岁，思想政治素质和文化程度普遍较高。在两地的研修活动安排紧凑适度，内容丰富精练，以课堂学习为主，实地考察为辅。由于领导重视，组织得力，管理严格，学员认真学习，研修活动不仅使来自民族地区第一线的领导干部进一步开阔了视野，拓宽了思路，对西方国家行政管理和经济运行等市场经济机制有了较为系统的了解，同时也为树立和展示中国少数民族干部的良好形象，宣传我党的民族政策和我国改革开放的大好形势，起到了积极作用。

【国家民委机关司处级领导干部培训班】

1997年8月13日至24日，国家民委人事司受委党组委托，在黑龙江牡丹江市举办了首期“国家民委机关司处级领导干部培训班”，委机关13个司、厅、室、局的22名司、处级干部参加了学习培训。培训班由人事司副司长李建辉同志主持；聘请国家人事部宋桂选教授和中组部冯毅处长临班授课；国家民委专职委员、政法司司长杨侯第同志作了民族问题、民族理论和民族政策方面的专题讲座；人事司干部任免处处长董文良同志给大家宣讲了《党政领导干部选拔任用工作暂行条例》及其配套的一系列有关规定。他们运用马克思主义基本原理，借鉴国内外现代管理科学，结合当前工作实际，就全面提高领导干部素质、调整思维方式、更新工作观念等问题，比较全面深刻地作了理论联系实际的阐述，内容丰富，举例生动，形式活泼，方法新颖。一周的培训结束后，又沿途安排考察牡丹江市、海林市、哈尔滨市、黑河市的民族工作，学习了黑龙江省散杂居民族工作的好经验、好做法，接受了一场生动的民族团结和爱国主义教育。

这次培训，由于领导重视、组织周密、管理严格、学员努力，不仅使机关司处级领导干部进一步拓宽了思路、转变了观念、增长了知识，也使各部门之间交流了工作、联络了感情、加强了协调，必将对以后的工作起到积极的作用。

撰稿：黄耀萍

审稿：李建辉

第三部分
地方民族工作概况

PART Ⅲ SURVEY OF LOCAL ETHNIC WORKS

北 京 市

【民族经济】1997年，北京市民族工作在市委、市政府的领导下，以邓小平同志建设有中国特色社会主义理论和党的基本路线为指导，认真贯彻党的十四届五中、六中全会精神，坚持一手抓团结稳定、一手抓繁荣发展的方针，以迎接香港回归和党的十五大召开为动力，扎实工作，开拓进取，圆满完成了全年工作任务。

民族乡村经济得到稳步发展。全市5个民族乡、111个民族村，战胜了春旱等自然灾害，克服了经济体制转轨过程中的困难，民族经济得到了持续发展，群众生活进一步得到改善。民族村人均纯收入达2 931.51元，是全市农村人均3 762元的77.9%，差距在缩小。111个民族村中，人均纯收入在3 700元以上的村有22个，人均收入在3 700元～2 000元的村有45个，人均收入在1 999元～1 500元的村有17个，人均收入在1 500元(包括1 500元)以下的村有27个，人均纯收入在1 200元以下的户下降为1 843户，与1996年相比减少近千户。为了贯彻中央和北京市农村工作会议精神，北京市民委向市政府提出了《关于对少数民族乡村经济发展帮扶措施的意见》，得到了市政府的批准，设立北京市少数民族乡村经济发展专项资金；在市人大第十届常委会第38次会议上专题汇报了北京市少数民族经济工作；市人大代表到顺义县寺上满族村视察了经济发展和精神文明建设情况；朝阳区委、区政府为了解决民族乡看病就医难、交通阻塞问题，年内为长营回族乡群众办了两件实事：一是总投入420万元，其中区委、区政府拨款100万元，建成总面积2 800平方米、床位60张的长营回民医院，现主体工程已接近尾声；二是为该乡建一条长3.2公里、宽18米的柏油路，现已竣工使用。

在城区民族经济工作中，北京市人民政府1997年以第12号令重新公布北京市关于生产经营清真食品必须尊重少数民族风俗习惯的若干规定；北京市举办首届北京名菜、名点鉴定会，136个清真风味菜点获奖，促进了清真饮食业的繁荣和发展；重新与行业主管部门审核，认定了清真食品公司、金漆镶嵌厂等14家申报1997年全国民族用品定点生产企业；就国有少数民族企业——北京市清真食品公司做了《国有少数民族企业效益问题分析及对策研究》的调研；对西城华天饮食公司集团重视民族工作、搞活国有清真饮食网点的经验在全市进行了宣传推广。

全市18个区县与内蒙古18个贫困旗签署了对口帮扶协议，7个委办局与内蒙古对口部门签署了合作协议，共计112项，协议金额15.8亿元，贾庆林市长代表全市赠给内蒙古52辆轻型载货汽车；与河北省张家口市签定合作协议70项，协议金额8亿元；根据国务院关于三峡移民工作的要求，向巴东县捐款160万元，捐赠汽车2辆、衣物4万余件；据不完全统计，无偿支援1 297万元为拉萨市实施了5个援建项目，全市各界捐款、捐物价值人民币1 198万元，派援藏干部33名；安排了7名来自甘肃、宁夏、四川的少数民族干部到有关单位挂职锻炼，为民族地区培养干部。

【社会发展】为了加强对全市民族教育工作的领导，市民委与市教委建立了定期工作联系制度，并对全市民族教育发展情况进行了普查，提出了《进一步加强民族教育工作意见》；召开了市民族教育研究会第三届会员大会，选举产生了新一届领导机构；重点改善了密云县古北口民族小学、通州区于家务民族中学、大兴县崔指挥营民族小学的办学条件；经市教委批准，回民学校开办“少数民族励学班”，招收远郊区县品学兼优的少数民族贫困学生45名；召开了北京市民族教育第三届“烛光杯”表彰大会，45名为民族教育事业做出突出贡献的教师受到表彰；在有关部门的大力支持下，民族教育基金由50万元增至100万元。

为丰富少数民族群众的文化生活，市委统战部、市文化局、市民委组织以“民族情”为主题的赴京郊少数民族乡村慰问演出活动，历时一个半月，近5万名各族干部群众观看了演出；召开了民族文化场所建设经验交流会；市民委与市青联共同组织了少数民族书法家和演员参加的文化下基层活动；完成了少数民族作家和文艺工作者参加“孔雀奖”等全国性评选的推选工作；举办了迎香港回归北京市第四届民族团结少儿书画展览；继续做好第六届全国民运会的前期筹备工作，对部分民族传统体育项目的竞赛规则进行修改和审定，组织了市第四届机关蹴球比赛，有力地推动了民族传统体育运动在本市的开展；北京市民族文化交流中心建成投入使用，成为开展民族文化活动的重要场所；民族志、民族古籍的整理工作取得较大进展。

【民族工作】在喜迎香港回归之际，召开了民族各界喜迎香港回归座谈会；组织上百名民族代表人士参加了统战系统爱国主义系列报告会，参观了“洗雪百年国耻、喜迎香港回归”大型图片展；通过举办民族书画签名活动、文艺汇演、书画摄影艺术展、知识竞赛等多种形式的活动，激发了全市各族群众的爱国热情。

党的十五大召开之后，组织全市各界人士收听、收看了十五大开幕式实况转播；召开学习十五大文件、促进新时期民族工作务虚会；召开各界人士学习十五大报告座谈会、读书班、研讨会，进行拥护党的领导和形势任务教育，在各界掀起了爱国主义、社会主义教育的热潮。

市委统战部、市民委编写了《马克思主义民族观、宗教观》宣传提纲，下发到各区县、基层党委统战部及民族、宗教工作部门、重点单位；通过报告会、座谈会等形式，深入基层宣讲党的民族政策50多次，参加人员达2万余人；市民委与市教委在西城区召开了全市民族团结教育现场会，并联合下发了《北京市关于加强中小学民族团结教育几点意见》的文件，进一步推动了全市中小学民族团结教育活动的开展。举办了区县统战部、民族工作部门、民族工作重点街道以及部分局、总公司、大专院校和企业的统战、民族工作干部培训班，近100人参加培训，系统学习了党的民族理论和民族政策；按期出版了《民族与宗教》刊物，并与中央电视台等新闻单位联合摄制并播出了以民族团结为主题的节目《民族团结谱新春》等，在社会上产生了广泛影响。

为保障少数民族参政议政的权利，发现并培养了一批少数民族代表人物，建立了百名少数民族人才档案，顺利完成了少数民族人大代表、政协委员的推荐工作。经市政府批准，组成有26个单位为委员单位的市民委第六届委员会；完成了北京市民族联谊会的换届工作。

完成了《北京市少数民族权益保障条例》的论证、立项工作。

“民族团结进步奖”已列为市委、市政府常设表彰项目，使全市民族团结创建活动走向制度化、规范化，制定了“首都民族团结进步奖评选暂行办法”。继在城区开展“民族团结院”创建活动的基础上，1997年在海淀、顺义等4区7县的民族乡村广泛开展争创民族团结文明村活动，市民委和人事局表彰了16个在民族团结方面做出成绩的民族村，使民族团结进步创建活动从城区深入到乡村，形式更加多样化。

撰　稿：赵庆霞

审　稿：金恒绩

天 津 市

【民族经济】1997年，天津市少数民族乡村经济保持良好的发展势头。幺六桥回族乡和孙各庄满族乡的社会总产值分别是7.3亿元和0.7亿元，比上年增长37.1%和26.1%。人均纯收入分别是3 700元和2 266元，比上年增长27.2%和28.9%。财政收入分别为379万元和115万元，比上年增长6.5%和9.5%。全市54个民族村的经济总收入达到13.2亿元，与上年同比增长16.8%，人均纯收入达到3 372元，民族村人均纯收入水平与全市农村的差距缩减到176元。在民族乡村经济发展中，乡镇企业仍是经济增长的主要因素，民族村经济总收入中的工业和第三产业的产值合计达到12.4亿元，占93%，比上年增长19.4%，截至1997年底，民族村乡镇企业已有195家。两个民族乡的乡镇企业创利润113万元。本年度中，民族乡村在农业的科技投入和产业化生产方面也有一定发展，孙各庄满族乡改变传统单一作物种植习惯，与合资企业王朝葡萄酒有限公司联合，利用荒山种植原料葡萄600亩，使农业生产向产业化发展，可望成为稳定的经济收入来源。

城市适应回族等少数民族需要的清真食品行业呈现出新的发展趋势，一是规模较大，技术力量较强，实行连锁方式管理的国有企业占据行业龙头地位，牵动整个行业的走势，其中以宴宾楼饭庄、鸿起顺餐饮公司、桂顺斋糕点公司为典型代表；二是大批中小规模的清真网点（主要是私营个体）遍布全市，依靠传统风味和经营方式，以物美价廉，方便快捷，赢得广大消费者，如南洋饭店、小李烧鸡等。另外，有些大型外资企业也看好清真食品业的发展前景，纷纷调研，有意开拓清真食品市场。拥有资产1 700万美元的北海粮油工业（天津）有限公司，已按《天津市生产经营清真食品管理办法》要求，建成清真产品车间。

【社会发展】1997年，开展以社区和基层单位为主体，以为少数民族群众解困难、送温暖、办实事为重点，以争创民族团结小区、居委会和楼院为主要形式的“民族团结月”活动，及其他民族团结进步创建活动，对维护社会稳定，发展社会主义民族关系起到重要作用。

在精神文明建设方面，精心组织，成功举办天津市第二届少数民族文艺汇演，以“庆香港回归、颂民族团结”为主题，组织10台专场演出，全市有4个工委系统、12个区县参加，16个民族成份的500余名演员表演了134个节目，观众达2万余人次。此外，还举办了朝鲜族歌手李成柱独唱音乐会。

市民委与市体委、市少数民族体协主办了天津市第二届“团结杯”民族体育运动会，共有10个区县的百余名运动员参加，同时组织教练员和裁判员进行民族传统体育项目的培训。在选送的5部参加全国第五届少数民族文学创作奖评选作品中，满族作家赵玫的《一本打开的书》获散文集奖。

市民委组织多名主任医师、高级农艺师，携带价值2 000元的药品，赴北部山区的孙各庄满族乡送医送药，为400多名各族群众诊疗，就果林种植技术进行咨询，深受当地各族群众的欢迎。

天津师范大学组织教师赴幺六桥回族乡和

孙各庄满族乡智力支教，举办素质教育讲座，支援当地学校一批教学设备，促进了民族乡的教育事业发展。

天津大学为新疆维吾尔自治区培养的第七期民族干部班结业，包括维吾尔、哈萨克、回、蒙古、汉等民族的 51 名学员完成学业返回新疆。

【民族工作】1997 年，天津市民族工作在国家民委的正确指导和天津市委、市政府的领导下，高举邓小平理论伟大旗帜，认真贯彻党的十五大精神，紧紧围绕团结进步和稳定发展的主题，一手抓基础保持稳定，一手抓开拓促进发展，在立足服务促进民族经济文化各项事业发展方面取得新的进步。

尽心竭力为少数民族办实事。通过政府组织、社会参与、捐资捐物等多种渠道和形式，为少数民族群众解决实际困难。市民委会同市水利局、财政局及蓟县政府多次商讨，决定为蓟县北部山区 3 个严重缺水的满族村拨款打深井。

积极扶持少数民族用品定点生产企业。根据国函[1997]47 号文件精神，积极与有关部门协调，深入企业调研，重新核准少数民族用品定点生产企业，并及时上报国家民委。

加强民族法规和规章的建设，依法维护少数民族合法权益。主要完成《天津市生产经营清真食品管理办法》的修订完善工作，《天津市少数民族权益保障条例》的定稿和申报工作。

市民委、市出版局、市图书馆联合向天津市民族职专捐赠书籍 1 500 册，为支持民族教育发展办实事。

举办天津市各族各界喜迎香港回归大型座谈会，开展丰富多彩、形式多样的学习和庆祝活动，以爱国主义增强中华民族的自豪感，营造民族大团结的氛围。

撰 稿：周晓军
审 稿：陈洪波

河 北 省

【民族经济】1997 年，河北省坚持“以民族团结进步为主线，以发展经济为重点，讲团结、抓经济、求发展”的工作思路，省民族宗教事务厅领导坚持把经济工作放在民族工作的首位，千方百计为少数民族多办实事。到 1997 年底，全省 6 个自治县国民生产总值达到 70.7 亿元，财政收入完成 3.1 亿元，分别比上年增长 16.9％ 和 29.8 ％。全省 54 个民族乡中有 20 个达到省定小康标准。3 079个民族村中有1 752个农民人均纯收入超过全省平均水平，有 158 个村达到省定小康标准。1997 年沧州市率先出现了亿元民族村。

一、抓好典型，总结推广先进经验。为总结 1996 年全省民族经济工作会议精神的落实情况，进一步明确全省民族经济工作思路，省民族宗教事务厅召开了有各市民族宗教局局长参加的民族经济工作会议。会议期间，参观考察了承德市、隆化县民族宗教局创办的经济实体；各市从不同角度突出重点，汇报交流了民族经济工作情况，就如何做好今后的民族经济工作进行了深入研讨。省民族宗教事务厅厅长鞠志强以《总结经验，再鼓干劲，努力开创民族经济工作新局面》为题发表了讲话。此次会议，对做好全省民族经济工作起到了积极的推动作用。为总结民族工作经验，编辑出版了《探索的足迹·河北省民族经济工作综览》一书，得到了国家民委副主任文精和省委副书记卢展工、省政府副省长何少存等同志的重视，他们分别为该书题了词。

二、切实加强扶贫、小康工作。12 月份，省民族宗教事务厅组织召开了全省民族宗教工作系统扶贫、小康工作会议，贯彻中央和省扶贫开发工作会议精神，制发了进一步加强少数民族扶贫工作文件，按照省委、省政府的要求，坚持以小康建设总揽农村民族经济工作。在充分调查研究的基础上，依据全省扶贫、小康工作目标要求，制定了全省少数民族扶贫、小康工作规划。会议期间，总结经验，表彰市、县级民族工作部门扶贫、小康工作先进单位 49 个，对今后的扶贫、小康工作进行了认真的讨论和部署。

三、为民族自治地方经济社会发展办实事。1997 年，青龙、丰宁两个自治县建县 10 周年，利用县庆活动，协调组织省直有关部门为两自治县办实事，落实各种扶持资金 2 863 万元。努力做好经济项目的筛选、考察、申报和资金管理使用工作。1997 年共争取安排各类专项资金 1 980万元，扶持民族自治地方企业技术改造和农业开发项目 29 个。加强专项资金使用管理工作，研究制定了有效的措施办法，强化民族工作部门的管理职能，提高了资金的使用效率。

四、促进民族自治地方农业产业化发展，召开自治县县长和民宗局长会议，交流研讨如何推进农业产业化问题。为使自治县开阔思路，组织 10 个与农业产业化相关的省民委委员单位的业务处长参加会议，与自治县县长一起研究讨论，会议效果很好。

【社会发展】一、民族文化教育事业不断繁荣。为促进少数民族教育事业的发展，各地加大对民族教育的投入，在改善办学条件、提高教育质量、加快培养少数民族人才等方面做了大量的工作。到 1997 年底，全省 212 所民族中学、1 351所民族小学基本消灭危房，建立了标准化校舍。加强师资队伍建设，采取多种形式提高民族学校教师的文化水平。1997 年底，民族中学教师大专以上学历占 65%；民族小学教师中专以上学历占 61%。教师水平的提高促进了教学质量的提高，民族小学入学率、巩固率、合格率、升学率基本达到国家教委要求的标准。积极推进民族自治地方的“普九”工作，不断提高“普九”少数民族人口覆盖率。为加强民族教育工作，省民宗厅会同省教委召开了全省民族中小学优秀教师表彰会，表彰先进教师 48 名。为加强民族学校的爱国主义教育，丰富民族学校的文化生活，会同省文化厅、省教委联合举办了全省民族中小学“庆七一迎香港回归书画展”，收集展览作品 200 余幅，展示了少数民族中小学喜迎香港回归的精神风貌，受到了社会各界的好评。

二、拓宽渠道，培养少数民族人才。全省在圆满完成 1997 年中央、外省民族院校的招生和省内民族大中专院校招生分配工作外，又积极争取了外省民族院校在河北的招生名额 82 名，比 1996 年多招 42 名，扩大了少数民族人才培养渠道。

三、举办了全省少数民族传统体育项目单项（陀螺）比赛，推动了少数民族以传统体育为主的全民健身活动的开展。总结、交流了全省少数民族古籍出版工作情况。

【民族工作】1997 年，河北的民族工作在 1996 年基础上又上了一个新的台阶，各级党政领导对民族工作的重视和支持进一步提高，民族团结进步事业蓬勃发展。

一、推进民族工作社会化，建立了新的省民委。共吸收 33 个与少数民族生产、生活密切相关的省政府部门为省民委委员单位，省民族宗教事务厅为主任委员单位，结合业务工作制定了各委员单位职责。各委员单位认真履行职责，积极开展民族工作，帮助自治县、民族乡村发展经济文化事业，取得了很好的成效。为贯彻落实好《民族区域自治法》和《河北省散居少数民族权益保障条例》，各委员单位结合本单位业务工作，制定了实施意见，以正式文件下发本系统执行，有力地促进了党的民族政策和民族法律法规的贯彻落实。省民族宗教事务厅较好地发挥了主任委员单位的作用，积极联络委员单位，认真编发《民族工作情况通报》，积极协调委员单位，研究解决少数民族经济发展中的重大问题，确保了省民委日常工作的有效开展。

二、维护民族团结。按照国家民委的要求，研究制定了在全省范围内开展民族团结进步表彰活动的意见，经省政府批准，此项活动已在全省范围展开。利用电台、电视台、报纸、刊物等多种新闻媒体，广泛宣传党的民族政策和法律法规，宣传民族团结进步先进典型。开展多种形式的民族团结进步创建活动，推动民族团结进步事业不断发展。利用丰宁、青龙满族自治县建县10周年的有利时机，大力宣传党的民族区域自治政策和民族团结进步事业所取得的成果。各地组织开展了多种形式的民族团结进步活动，以宣传民族政策法规、检查民族法规实施情况、为少数民族办实事和开展联谊活动为主要内容，搞得有声有色，收到良好社会效果。为做好民族团结工作，各地坚持把尊重少数民族风俗习惯作为一项重点工作来抓，在全省范围加强了对清真食品市场的清理整顿工作。协同有关部门妥善处理了《奇异的性婚俗》一书，妥善处理了个别地方因丧葬问题、清真不清问题引发的矛盾和纠纷，维护了民族团结和社会稳定。

三、积极开展“三五”普法，不断完善民族法制建设。认真贯彻落实民族法律法规，加快法制步伐。按照国家民委和河北省“三五”普法规划，制定下发了《关于在省民族宗教工作系统开展“三五”普法工作意见》，明确提出要求，把普及民族法律法规列入“三五”普法重要内容。各市均按照要求开展普法活动，特别是《民族区域自治法》、《河北省散居少数民族权益保障条例》和《城市民族工作条例》、《民族乡行政工作条例》等法律法规，进一步加大了宣传普及的力度。起草修改制定了《河北省清真食品生产经营管理条例》，广泛征求各方面的意见，目前已列入河北省1998年立法规划。

四、培养选拔少数民族干部工作有新的进展。积极争取组织、人事部门的重视，在选拔使用少数民族干部方面加快步伐，据统计，目前全省已有少数民族干部5.4万人，占干部总数的4.6%，年龄结构、文化程度及行业分布逐步趋向合理。在人大、政府换届和政协安排委员人选中，积极提出建议，并推荐省政协新一届少数民族委员65人，比例略高于上届。起草了《河北省1998—2000年培养少数民族干部规划》。

撰稿：刘书琴

审稿：任继远

山 西 省

【民族经济】1997年，山西省民族经济工作坚持“发展才是硬道理”的思想，在加快国有企业改革步伐的同时，放手发展民营企业和民营经济，使全省民族经济呈现出良好的发展势头，主要表现在以下三个方面：

一、加大国有企业改革力度，帮助它们走出困境。长治回民化学厂主要生产香皂、皂粉、羟乙基乙二胺、乙醇胺等系列产品，是山西省唯一的少数民族用品定点生产企业。长期以来，由于政企不分、责权利不统一、激励约束机制不健全、管理滞后等体制性原因以及企业成本居高不下、条块部门政策不配套、企业各种负担沉重等非体制性原因，造成该厂生产经营状况不佳，负债率严重。为使该企业尽快走出困境，国家民委和山西省民宗局、长治市委、市政府做了大量工作。从1995年至1997年，该厂逐步实现扭亏为盈。1997年底，该厂又被全国民族贸易和民族用品生产联席会议办公室确定为改革试点企业。通过“三改”，该厂改变营销策略，优化产品结构，实现销售收入1 560万元，利润110万元。

二、民营企业和民营经济由零散型向集约化、规模化发展。长子县大堡头村是回族聚居村，从1985年开始，回族群众在当地率先走上依靠开办饭店、贩运粮食、养殖牛羊、皮衣加工而脱贫致富的道路。为鼓励民营民族企业的发展，大堡头村委、支部及时出台了民族企业三优先政策，即贷款优先、批地皮优先、摆摊设点优先。截止1997年，全村42户回民中除一户当村干部未经商，15户继续从事粮食购销、开饭店等业务外，其余26户120人全部从事皮革加工业，基本是家庭企业型。全年生产皮衣、皮裤、马甲、夹克等服装总量为2.6万件，年总产值约1 400余万元。虽然大堡头的皮革加工业已成为长子县的龙头产业，但由于是家庭型的生产方式，限制了企业的发展。为此，1997年底，大堡头回民采用股份制方法，把分散的26家企业改组成皮料加工集团公司，实行统一生产、统一经营、统一创品牌，有效地带动了长子经济的发展，加速了民营企业上规模、上档次、上效益、上水平，形成了规模化和产业化经营。高平市回族民营企业家杨桂香奋发图强，十几年来在没向国家贷一分钱的情况下，从300元起步，努力发展个体经济。截止1997年，她所经营的粮油经销部和明亮真皮时装厂已拥有固定资产120万元，年营业额500余万元，企业逐步向规模化发展。

三、民族用品生产企业“创品牌”活动成效显著。1997年，由省伊协监制、文水县肉制品厂生产的“贤美牌”软包装清真牛肉获山西省著名商标称号，产品远销京、津、沪、沈、新疆等地，受到消费者好评。太原宏艺首饰总厂生产的两件金饰品获得世界黄金协会颁发的“’97中国黄金金像奖”，宏艺产品也被评为山西省名牌产品。长治回民化学厂研制的香皂新品牌——美白系列春夏秋冬四季皂、美白系列水果皂等，一上市即受到消费者的青睐。

1997年，山西省民族宗教局在对山西省民族经济状况进行调研的基础上，帮助吉县辛村解决吃水问题；帮助绛县回民打开清真牛肉的销售渠道；同时拿出10万元少数民族补助款用作少数民族经济发展基金，采取短期投入、快速滚动的办法帮助少数民族民营企业发展经济。

深入贯彻国家民委苏州会议精神，圆满完成山西省民族用品定点生产企业的申报工作。1997年，由山西省省长批示，省民族宗教局牵头成立了山西省民贸民品联席会议办公室，并会同省经委、省体改委等相关部门，对65家申报企业进行了审查，经认真考察、综合平衡，最后筛选28家企业报全国民族贸易和民族用品生产联席会议办公室。

【民族工作】1997年，山西省民族工作以普法教育为重点，深入开展民族团结进步活动，把全省民族工作推向了一个新阶段。

全面开展“三五”普法工作，狠抓民族政策法律法规的宣传教育。1997年，举办了山西省民族宗教法律法规知识竞赛，编印了《民族宗教法律法规资料选编》，以此作为“三五”普法教育的头一仗，在全省范围掀起了一个学习宣传民族宗教法律法规的热潮。本次竞赛得到全省各族人民的极大关注，5 000余名参赛者遍布全省10个地市工、农、兵、学、商各行各业，他们中间既有博士，又有农民；既有八旬老人，又有十几岁的学生；既有省市级领导干部，又有普通群众。竞赛共评出一等奖5名，二等奖20名，三等奖50名，纪念奖100名及特别奖10名，组织奖20名。受奖人数占参赛人数的3.68%。通过竞赛，使马列主义民族观和党的民族宗教理论、政策及法律法规进一步深入人心，不仅提高了全省各级党政领导干部和民族工作干部依法管理民族宗教事务的水平，而且增强了民族宗教界人士依法维护自身合法权益的能力，为山西省民族宗教工作依法行政、依法管理创造了良好的法制环境。

1997年，长治、太原、临汾等地举办了不同层次的业务培训班20余次，较好地提高了民族工作干部的业务素质。11月，省民族宗教局举办了全省民族宗教局(处)长业务培训班，特邀国家民委、国家宗教局、中央党校及山西省法制局的专家、学者授课。通过培训，使大家提高了理论水平，掌握了政策界限，了解了国内外动态，拓宽了做好新时期民族工作的新思路。

妥善处理容易引发民族矛盾的突发性事件，维护民族团结和社会稳定。1997年，太原市清和元饭店食品商标被抢注一案，引起了回族群众的不满。"清和元"是中华老字号清真饭店，是全国尚存最老的饮食服务字号之一，至今已有365年的历史，在国内外有一定的知名度。然而，"清和元"商标却被省内一非清真企业于1994年注册使用，导致穆斯林群众误认误购，完全有可能引发大的事端。为此，省民族宗教局派人积极协助太原清和元饭店向国家有关部门提出撤消对方"清和元"商标注册不当的申请。经多方查证，国家工商局商标评审委员会批准这一申请，并对此案作出终局裁定：太原清和元饭店胜诉。

大力开展民族团结进步表彰活动，推动民族团结进步事业持续深入发展。1997年，山西省继续采取有效形式在全省范围深入开展争创民族团结进步模范集体和个人的活动，使各民族平等、团结、互助、友爱的社会主义民族关系得到不断巩固和发展。继1995年山西省召开第二次民族团结进步表彰会后，1997年根据国家民委发出1997—1998年召开民族团结进步表彰活动的通知，将以国家民委和省政府名义，联合表彰民族团结进步模范。从上报的先进典型事例看，全省又涌现出一批新的先进典型和模范人物，如运城地区解救藏族女同胞的模范集体；致富不忘大家，带领残疾人共同奔小康的满族民营企业家王秀敏，等等。

同年，临汾地区民族干部培训中心在翼城县北关村落成。

关心少数民族的文化教育体育卫生事业，不断推进少数民族文化教育体育卫生事业的全面发展。1997年，省民宗局完成了对全省13所民族小学的调研工作，并将大同市回民小学的改造计划上报省计委以争取改造资金；配合华北广播电视管理干部学院圆满完成三期新疆、西藏地区干部的业务培训工作；帮助长治市城区医院从国家计委筹措回民住院楼的修建资金40万元；确定山西省参加全国第六届民运会的参赛项目及训练基地。此外，1997年，太原市河西区召开了第二届少数民族传统体育运动会。

加强机关自身建设，深入开展"讲学习、讲政治、讲正气和树立政府机关形象"的三讲一树立活动，进一步健全完善机关各项制度，严格规范办事程序，形成了制度化、规范化、科学化的管理机制，使局机关成为勤政廉洁、作风优良的文明机关，被评为先进党支部和模范基层工会。

撰稿：白　源

审稿：魏奔雷

内蒙古自治区

【民族经济】1997 年，内蒙古自治区各族人民在自治区党委和政府的领导下，以迎接党的十五大、香港回归祖国和自治区成立 50 周年大庆为契机，认真贯彻执行党中央、国务院“稳中求进”的发展方针，积极推进“两个转变”，努力加大国有企业改革和结构调整力度，国民经济呈现出“高增长、低通胀”的格局，第二、三产业发展步伐加快，结构调整取得积极进展，绝大多数商品出现明显的“买方市场”，财政收支状况继续改善。自治区的经济发展总体是稳中趋好，主要体现在以下几个方面：

一、国民经济持续快速增长，市场物价持续低价位运行。1997 年，全区国内生产总值 1 095 亿元，比上年增长 9.7%。其中，第一产业增加值 318 亿元，增长 1.6%，占国内生产总值的比重下降 2.7 个百分点；第二产业增加值 446 亿元，增长 14.6%，比重上升 1.4 个百分点；第三产业增加值 331 亿元，增长 11.1%，比重上升 1.3 个百分点。全年全社会劳动生产率 10 483 元人，比上年提高 8.6%。市场物价持续低位运行，呈现涨幅低、波动小的特征。全年商品零售价格比上年上涨 2.3%，居民消费价格上涨 4.5%，涨幅分别比上年回落 3.5 个和 3.1 个百分点。

二、农牧业生产获得丰收。1997 年，尽管全区遭受严重旱灾，全年农业生产除种植业受灾减产外，林、牧、渔业生产仍保持稳定增长。种植业取得较好收成。全年粮食总产量达 1 421.03 万吨，虽比大丰收的 1996 年减产 114.23 万吨，减产幅度为 7.4%，但仍为历史上第二个高产年。经济作物中，油料、甜菜总产量分别比上年减产 8.22 万吨和 14.31 万吨。种植业结构依据市场需求的变化进一步调整，粮食作物中小麦、水稻、豆类播种面积扩大，使水稻、大豆增产幅度较大；经济作物调减了油料、甜菜种植面积，增加了蔬菜播种面积。畜牧业保持较快增长。1996 年牧业年度牲畜总头数达7 112.39万头（只），比上年同期增加 414.66 万头（只），增长 6.2%。年末牲畜总头数达5 180.39万头（只），比上年末增加 92.48 万头（只），增长 1.8%。牲畜出栏情况明显好于往年，出栏率提高，全年牲畜出栏2 660.99万头（只），比上年增长 23%，牲畜出栏率为 52.3%。1997 年，全区肉类总产量 125.08 万吨，比上年增长 24.6%。

三、工业生产持续增长，经济效益明显改善。1997 年，全区工业生产在积极推进国有企业改革和加快结构调整中保持快速增长。全部工业增加值 373 亿元，比上年增长 14.9%。其中，轻工业增加值 134 亿元，增长 15.8%；重工业增加值 239 亿元，增长 14.3%，轻工业增幅快于重工业。在全部工业中，国有及国有控股企业完成增加值增长 6.8%，集体企业完成增加值增长 25%，其它经济类型工业完成增加值增长 28.5%，非国有工业增加值占全部工业增加值的比重已由上年的 44.1%上升到 48.8%。产品结构有所调整，能源、原材料及市场需求较旺的轻工产品增长较快，而一些生产能力严重过剩的一般日用消费品及机电设备的生产继续低速增长或下降。

工业企业经济效益明显回升。1997 年，全区统计的 7 984 户乡及乡以上独立核算工业企业经济效益综合指数为 78.6，比上年上升 5.7

个百分点。企业资产负债率62%,降低2.6个百分点;工业企业扭亏增盈取得一定的效果,利润明显增加,乡及乡以上独立核算工业企业全年实现利润18.72亿元,比上年增加8.15亿元,其中国有企业利润增加4.76亿元。

四、固定资产投资总量适度增长,投资结构得到积极调整。1997年,全社会固定资产投资313.32亿元,比上年增加13.7%(若考虑价格因素,实际增长14.1%),其中,国有单位投资233.52亿元,增长12.2%;集体单位投资10.19亿元,下降14.8%;城乡居民个人投资46.03亿元,增长4.2%;其他经济类型投资23.58亿元,增长1.1倍。按投资管理渠道划分,基本建设投资193.67亿元,增长26.6%;更新改造投资48.2亿元,下降10.6%;房地产开发投资10.48亿元,增长1.8%。固定资产用于基础产业、基础设施、住宅建设的投资继续得到加强,比重上升。重点项目建设进展较为顺利,全年在建的大中型基本建设项目25个,其中全部建成投产项目5个。国家重点项目准格尔煤田、元宝山露天煤矿、达拉特电厂二期工程、伊敏煤电工程等,资金到位情况良好。

五、内外贸易平稳发展,利用外资进一步扩大。1997年,全区消费品市场在买方市场格局下平稳发展。全年社会消费品零售总额373.3亿元,比上年增长11.3%,扣除价格因素,实际增长8.8%。其中城市消费品市场好于农村牧区。

1997年,全区外贸进出口总额达13.1亿美元,比上年增长4.8%。在进出口总额中,外贸出口总额为7.35亿美元,比上年增长7.2%;外贸进口总额5.75亿美元,比上年增长2%。

1997年,全区新签外商、港澳台、华侨直接投资协议项目85个,直接投资协议金额1.04亿美元,分别比上年增加29%和42%。全年共批准外商投资企业103家,协议利用外资1.3亿美元,实际利用外资7 325万美元。外国政府贷款项目11个,合同外资额6 671万美元。

六、财政收入保持较快增长,金融形势相对稳定。1997年,全区财政总收入107.2亿元,比上年增长15%,财政收入占国内生产总值的比重为9.8%,比上年提高0.3个百分点。全区地方财政支出141.7亿元,比上年增长12.1%,财政自给率进一步提高,财政收支情况继续改善。

全区存款增长幅度高于贷款。1997年末,全区金融机构各项存款余额达845.53亿元,比上年末增长22%,其中企业存款余额达到199.33亿元,增长26.7%,城乡储蓄存款605.01亿元,增长20.5%。年末金融机构各项贷款余额1 172.17亿元,比上年末增长18.8%。其中,短期贷款770.5亿元,比上年末增长14.5%;中长期贷款370.63亿元,比上年末增长27.5%,短期贷款增幅回落明显。

七、人民生活水平得到提高。1997年,自治区城乡居民收入稳步增长,人民生活水平继续得到改善。全区城镇居民人均可支配收入3 944.67元,比去年增长512.67元,增长14.9%,扣除物价上涨因素比上年增长9.8%。农牧民人均纯收入1 780元,比上年增加178元,增长11.1%,扣除物价上涨因素实际增长6.8%,其中农民人均纯收入1 704元,牧民人均纯收入2 344元。

1997年,内蒙古自治区在经济发展中取得成绩的同时,还存在着不少问题和困难,主要是:国民经济整体素质和效益不高,粗放型经济增长特征依然明显,产业结构还不合理;农业的基础尚不牢固,抗御自然灾害的能力仍很脆弱;工业生产对市场的适应性还不强,相当多的国有企业生产经营很困难,尤其是企业经济效益仍处于较低水平;下岗职工再就业压力增大,一部分低收入居民家庭生活比较困难。

【社会发展】1997年,内蒙古自治区的各项社会事业得到进一步发展,主要体现在以下方面:

一、科技事业成绩卓著。全区科技队伍稳定发展,到1997年末,全区国有企事业单位共有各类专业技术人员47.7万人。全区旗县级以上国有独立研究与开发机构 159 个，从事科研活动的人员有 0.93 万人，比上年增长 1.1%，其中少数民族 0.14 万人；科学家和工程师 0.53 万人，比上年增长 1.9%，其中少数民族 0.08 万人。

科技经费投入力度加大。1997 年，全区科技经费支出 8.63 亿元，比上年增长 1.4 倍。

科技取得新成果。1997 年，全区共取得科技成果 396 项，比上年增长 21.1%，其中重大科技成果 116 项。全年专利申请量 940 项，专利批准量 360 项，分别比上年增长 9.4%和 12.9%。

技术市场日趋活跃。全年全区共签定各类技术合同2 180项，比上年增长 64.8%，合同成交金额28 958万元，增长 3.9%。

二、各级各类教育事业在注重教学质量的基础上继续巩固和发展，少数民族教育得到进一步加强。1997 年，全区招收研究生 388 人，其中少数民族 132 人，普通高校招收本、专科学生 1.27 万人，比上年增加 3.9%，年末高等学校在校生 3.93 万人，其中少数民族 1.02 万人，少数民族学生中蒙古族 9 022 人。

中等教育得到加强，全年中等专业学校共招收学生 2.51 万人，比上年增长 16%，其中少数民族5 862人，增长 3%。普通职业学校在校生 19.11 万人，比上年增长 17%，普通高中在校生 19.77 万人，比上年增长 4%，其中少数民族 4.63 万人，比上年增长 10%。九年制义务教育继续稳步发展，全区"普九"旗县区达到 35 个。

小学在校生 232.27 万人，其中少数民族 49.59 万人，全区学龄儿童入学率达 99.4%，小学毕业生升学率达 93.9%。

三、文化事业稳步发展。1997 年末，全区共有艺术事业机构 149 个，从业人员6 331人；艺术表演团体 117 个；电影放映单位1 048个。全年共生产电影故事片 4 部，蒙语译制片 52 部。全区拥有文化馆 102 个，公共图书馆 108 个，博物馆 18 个，广播电台 49 个，广播人口覆盖率达 78%，电视台 32 个，电视人口覆盖率达到 78%，全年自治区和盟市报纸出版量达 24 879 万份，其中蒙古文版 706 万份；各类图书杂志出版量达 9 445 万册，其中蒙古文版 917 万册。

四、卫生事业进一步发展。1997 年末，全区共有卫生机构 4 863 个，其中医院、卫生院 1 991个，年末医疗卫生机构拥有病床 6.54 万张，比上年增长 0.3%，年末全区拥有卫生技术人员 9.7 万人，比上年增长 3.3%，其中蒙医医生 0.22 万人，比上年增长 4.8%。

五、体育事业取得新成绩。在 1997 年国内外重大体育比赛中，内蒙古自治区运动员共获奖牌 81 项。在全国八运会上获得了金牌总数第 15 名的好成绩。年内在校学生体育达到《国家体育锻炼标准》的占全部在校生的 84.4%，年内等级运动员发展人数1 940人，其中少数民族 167 人。

【民族工作】1997 年，内蒙古自治区成立 50 周年。自治区党委、政府结合 50 周年庆祝活动，在全区广泛地学习、宣传党的民族政策，宣传、展示自治区成立 50 周年取得的成绩。年内自治区党委、政府的领导在各种场合多次重申和强调了民族工作的重要性，全区各行各业、各族各界都讲党的民族政策，都做民族工作，是民族工作形势很好的一年。

自治区民委提出：作为民族自治地方的民委要搞好五个服务，即要为经济建设服务，为社会进步和精神文明建设服务，为民族团结和社会稳定服务，为党委、政府的正确决策服务，全心全意为各族人民服务。1997 年，自治区民委结合自治区成立 50 周年，主要抓了三件大事：

一是筹备了以自治区党委、政府名义召开的全区第五次民族团结进步表彰大会，这次表彰大会是自治区 50 周年庆祝活动的重要组成部分，中央代表团参加了大会。大会共表彰了 200 个先进集体和 300 名先进个人，同时，国家民委和自治区党委、政府还联合表彰了 21 个先进集体和 34 个先进个人。先进集体的代表和先进个人参加了整个庆祝活动。通过这次表彰大会，展现了自治区各族人民共同发展、共同繁荣、亲如兄弟、谁也离不开谁的事实，展示了自治区安定团结的大好局面。

二是为大庆活动组建了“那达慕浩特”。自治区民委受大庆活动指挥部的委托，筹组了12个盟市和区直机关的13个蒙古包艾力(村)，由101个旗、县、市、区和牧民共组的148顶蒙古包群，在大庆期间接待了各地的游客和群众，展现了内蒙古自治区各族人民主要是蒙古族群众的风俗习惯，宣传了内蒙古，烘托了大庆气氛，是大庆活动展示内蒙古自治区民风民俗的主要窗口。

三是搞好少数民族扶贫工作。内蒙古自治区民委积极参与全区少数民族扶贫工作，主要领导参加全区扶贫开发领导小组，在研究扶贫工作和分配资金时注意向少数民族聚居区倾斜。自治区民委还安排一部分资金、项目，使少数民族贫困户在全社会重点扶持的基础上再“吃一点偏饭”。自治区民委同时还承包了两个扶贫点，一个是少数民族贫困户集中的扎赉特旗，一个是乌兰察布盟的特困村，分别派出工作队，实行处室包村、干部包户，每个干部和一个贫困户结对子扶贫。经过一年的工作，特困村解决了温饱，扎赉特旗农牧民人均纯收入达到1 800多元。自治区民委的包扶工作受到了自治区党委、政府的表彰。

内蒙古自治区民委在1997年还大力抓了国函[1997]47号文件的贯彻落实，提出和起草了内蒙古自治区民族贸易和民族用品生产的有关实施意见，该意见以自治区政府文件的形式发往全区。并成立了由分管副主席为组长的全区民族贸易和民族用品生产工作协调领导小组。自治区民委结合自治区成立50周年庆祝活动，对全区蒙汉两种文字并用情况进行了检查，并在巴彦淖尔盟召开了现场会，年底自治区党委办公厅、政府办公厅和民委在呼和浩特市召开了全区蒙汉文翻译工作会议，促进了全区蒙汉文并用和翻译工作。

1997年，自治区民委还组织了以蒙古语文文字为对象的各种科研活动。经过研讨，制定了《蒙文编码标准方案》和《蒙古文拉丁转写方案》，制定了《确立蒙古语术语的一般原则与方法》、《蒙古语辞书编纂的一般原则与方法》、《蒙古语缩略语书写的一般原则与方法》三项国家标准，出版了《蒙古贞方言词汇编》，研制开发了《蒙文矢量子库及蒙汉文混合排版软件系统》，出版了《蒙古语标准音中小学参考书》。

1997年，自治区民委还在呼和浩特市筹备召开了八省区蒙古语文协作领导小组会议和成员会议，组织召开了八省区蒙古语文第四次民族教育专业会议等。

1997年，内蒙古自治区民委还开展了“机关良好形象工程”活动，通过学习讨论，民委机关形象和精神风貌焕然一新，为完成各项工作打下了基础。

撰稿：张显龙
审稿：张德斌

辽宁省

【民族经济】1997年，辽宁省民族自治地方(8个自治县)国民经济的主要指标均保持稳定增长的良好势头，全年国内生产总产值完成119.2亿元，比上年增长22.9%；工农业总产值完成

246.8亿元，比上年增长11.5%。农业在巩固和完善家庭联产承包责任制的基础上，以促进产业化进程为重点，以科技进步、增加投入为手段，优化结构，搞综合开发，农村经济保持快速、健康发展。农业总产值达到46.2亿元，比上年增长4.2%。工业改革取得新突破。通过破产、兼并、出售、股份制等形式，增强了企业活力，调整了产品和产业结构，初步实现了速度和效益同步增长。工业总产值实现200.6亿元，比上年增长13.3%。第三产业发展较快，全年社会消费品零售总额达到50.4亿元，比上年增长15.6%。全年财政收入为7亿元，比上年增长37%。人民生活水平不断提高，农民人均纯收入为1 939元，比上年增加102元。

一、为加快民族自治地方经济与社会事业的发展，加大省政府对少数民族地区的扶持力度，省民委代省政府起草下发了辽政发[1997]18号文件，即《关于加快我省民族自治地方经济与社会发展有关政策问题的通知》。文件要求有关部门"九五"期间，要增加对民族自治地方的投入，强化民族自治地方的基础设施建设，帮助民族地区搞好文化、教育、广播、体育等项事业；加强民族团结，维护社会稳定，使民族地区在较短时期内，逐步赶上全省平均发展水平。(一)保质保量完成了实施三年的全省少数民族"1355"致富示范工程工作。经过省民委、省财政厅、科委、农行、扶贫办5家发起单位认真检查、验收、评比，30个民族乡(镇)、村为优胜单位，5个民族乡(镇)为达标单位，表彰了68个先进集体和129个先进个人，实现了"探索途径、积累经验、拓展领域、示范引路"的目的。《辽宁日报》1997年5月24日刊登了省民委5家单位的表彰决定。省委常委、副省长徐文才同志对此给予了高度评价："此事抓得好，体现了民族工作在新形势下如何更好地为党的中心工作服务的指导思想；同时，5部门互相配合、共同实施也是值得肯定和推广的做法"，各市也陆续开会进行表彰，全省上下形成了对民族经济工作齐抓共管，同心协力开创民族经济工作的新局面。(二)由省民委牵头，会同省财政厅、科委、扶贫办、农行、农发行，开展建立少数民族科技乡、村工作，力争在三年时间内使13个民族乡、13个民族村成为全省民族地区科技致富的先进典型，以此推动民族地区经济的发展。也是继省少数民族"1355"致富示范工程之后，全省民族经济工作的又一新的举措。旨在利用本地资源，发挥科技优势，建立一批用科技致富的少数民族乡、村的典型。各市现已成立了实施机构，工程已取得初步成效。(三)为促进民族地区的经济发展，提高少数民族群众科学文化素质，在新宾、喀左、岫岩、宽甸4个自治县建立少数民族科技影像宣教基地，并注入启动资金，各县已经正式挂牌开展工作。少数民族科技影像宣教基地的建立，为全省民族经济工作开辟了一条新路子。

二、少数民族扶贫工作取得新成绩。省民委负责包扶阜新蒙古族自治县大板镇，一年来，为该县协调资金110余万元，委里选派一名干部驻点扶贫，年初委、局机关干部走访23户贫困户，将春耕所需的种子、化肥及救济款及时交到贫困户手中。并用1 000元捐款，赞助一名贫困户的子女，使其按时上了大学。省民委被评为1997年度省扶贫工作先进单位。(一)省民委与省直机关团委组织省直机关15个部门的团委书记到大板镇开展"科技、扶贫、助学"三下乡活动。一是请农大教授讲蔬菜和水果的管理技术，二是给大板镇中心小学送去价值1.5万元的体育文化用具和少儿读物，全委机关共捐赠图书300册，帮助小学"普九"达标。并给10个贫困户的学生，每人100元钱、1个书包和书籍。为10个贫困户送去米、面各100斤。(二)通过省希望工程无偿投资20万元，在大板镇办了一所"福合希望小学"。为促进大板镇的经济发展，开发扶持了3个项目：各力格村百亩葡萄园的开发，三家子村百亩麦田的开发，扶持朝阳寺村600亩喷灌工程的地下管道工程。并筹集专款走访慰问了全省300余户少数民族贫困户。

三、认真贯彻落实国家"九五"期间民族贸

易和民族用品生产有关优惠政策。省民委于11月5日召开了全省民族贸易和民族用品生产工作协调会议，会上认真部署了“九五”后三年辽宁省民族贸易和民族用品生产工作的任务和要求，制定了《省民委系统民族贸易和民族用品生产优惠政策操作程序》。农业银行、工商银行根据省政府文件要求，每年考虑安排600万元的贴息贷款，作为对省批准的35个民贸企业网点建设和国家确定的全省92家企业民族用品生产的重点扶持资金。对民族用品生产企业的流动资金贷款实行优惠利率。并推荐了省民贸公司、鞍山民族百货大楼、阜新东方集团为全国民贸改革试点企业。

四、加强对少数民族和民族地区的科技服务，帮助发展少数民族商品基地建设，协助凤城市引进德国草莓新品种、法国吨牛饲养新项目，在民族地区推广zt—1植物丰抗素，均取得良好效果。同时，建立健全了科技信息网络，全省现有民族科技信息员243人，积极为少数民族和民族地区提供科技信息服务，受到少数民族干部和群众的欢迎。

五、认真贯彻全国民族统计工作会议精神，结合全省民族统计工作实际情况，充分发挥统计工作信息、咨询、监督的三大功能，汇总了全省8个民族自治县和132个民族乡(镇)国民经济的主要指标，为各级有关部门了解掌握民族地区经济运行情况，提供了大量统计数据。《1996年辽宁省民族自治地方国民经济与社会发展情况分析报告》被国家民委评为二等奖。

【社会发展】1997年，全省民族自治地方的教育、文化、卫生等各项事业都有较大进步。

一、民族教育工作在科学化、规范化管理方面有新举措。(一)规范对民族教育的管理评估工作。对阜新蒙古族自治县等6个县(区)进行了指导检查。省教委正式下发《民族学校评估方案》，全省首次对民族中小学进行了系统的评估。对营口、盘锦地区朝鲜族中学布局调整问题进行了调查研究，现已调整民族中小学校82所，民族中学2所。并明确了具备参加普通高考“民族语文”“汉语文”学科考试资格的民族学校和民族生附设班。(二)为促进民族教育事业的发展，配合有关部门积极解决困难和问题。同省教委协作，妥善解决了多年来久拖不决的朝阳县蒙古族中学学生宿舍建设问题，已筹资160万元，并开始动工。继续在民族聚居县、市开展少数民族贫困学生助学活动，每年提供资金7.5万元，扶持250名贫困学生。在阜新、喀左、新宾自治县建成3所希望小学，其中2所投入使用。(三)积极开展民族教育政策的研究和指导工作。承办了八省区第四次民族教育专业协作会议，研究制定了蒙古族教育协作有关规定和具体措施。举办了东北三省朝鲜族学校学制改革研讨会，统一了认识，加强了深化学制改革的信心。召开了东北三省蒙古族教育研究年会，推进蒙古族素质教育，协编蒙文教材等具体工作。(四)受省政府委托召开了全省少数民族教育工作座谈会，会上明确了民族学校布局的原则和标准、民族学校的概念、新建民族学校的程序、设立民族教育专项经费的必要性、各级政府管理民族学校的权限、民族教育行政机构的职责等问题，并表彰了民族教育先进集体29个，先进个人79名。

二、为促进民族地区的精神文明建设，开展丰富多彩的文化活动。(一)举办全省第二届“三沟奖”少数民族美术、书法、摄影展览，共展出作品250幅，评出一等奖9个，二等奖17个，三等奖22个。(二)组织省民族艺术团赴民族地区巡回演出。历时18天，行程3500余公里，途经全省6个市、9县(区)，演出节目19场，观众达20余万人，受到民族地区干部、群众的热烈欢迎。(三)配合省作协完成了推荐优秀少数民族作家和少数民族题材作品工作，有9名作家、12部作品获得国家民委和中国作协的表彰；并组织7名演员参加全国少数民族“孔雀奖”声乐大赛，两名歌手获优秀表演奖。

三、民族体育与民族卫生工作蓬勃发展。(一)为迎接第六届全国少数民族传统体育运动会的召开，与省体委召开全省第四届民运会的筹备会，制定落实了各项筹备方案，讨论通过了本届民运会的总规程和各项具体规程，确定了本届民运会的特点。(二)积极开展全民健身活动，加强民族地区的基础设施建设。各级财政部门在资金紧张的情况下，拨专款在民族地区建起了功能齐全的体育场馆，经常举办民族传统体育比赛，开展少数民族群众喜闻乐见的各类健身活动。(三)医疗保健卫生条件得到不断改善，基本形成比较完整的卫生保健服务网，民族地区乡镇卫生院绝大部分通过了达标验收，地方病的防治工作取得了一定成效。

【民族工作】1997年，辽宁省的民族工作部门，认真贯彻执行党的民族政策，积极促进少数民族和民族地区经济、社会发展，进一步增强民族团结，维护社会稳定，立足为民族地区和少数民族群众办实事，较好地完成了各项工作任务。

注重研究和解决民族关系方面的新情况、新问题，加强民族法制建设，协同省人大民侨外委对阜新蒙古族自治县和岫岩满族自治县执法情况进行了检查。审查、修改了喀喇沁左翼蒙古族自治县的两个单行条例，并制定了《辽宁省民族乡行政工作办法》和《辽宁省城市民族工作办法》。

确定了全省民族工作系统执法人员，颁发了执法证件并进行了上岗前的培训和考试。对全省民委系统实施国家民委“三五”普法规划情况进行了总结，并下发了《省民委关于组织实施民族法制宣传教育规划》，对实施依法治省战略起到了积极作用。

鉴于近几年宣传媒体和文艺作品中，屡有出现不尊重少数民族的现象，为此，省民委会同省委宣传部、省委统战部联合下发了《关于在宣传报道和文艺创作中正确对待少数民族问题的通知》，对规范少数民族方面的宣传报道和文艺创作，维护民族团结和社会稳定起到了重要作用。

培养、选拔民族干部工作得到进一步加强。根据全省民族干部队伍建设的实际，与省委组织部、统战部密切配合，积极协调，加大了培养、选拔工作的力度。为利用明年省、市、县三级领导班子换届选举有利时机，提出了《关于在1998年省市县三级领导班子换届选举中切实做好少数民族干部的配备和选拔工作的建议》。年内向省政协推荐了10名少数民族和宗教界的代表、委员。为提高全省少数民族干部的素质，积极做好赴中央国家机关挂职锻炼民族干部的推荐选拔工作。7月份举办了一期少数民族乡(镇)长培训班，通过半个月的理论学习和参观考察，使他们在民族政策、民族理论和经济管理等方面有了进一步的提高。截至年末，全省现有县(区)级以上少数民族领导干部402人，其中满族311人、蒙古族53人、朝鲜族14人、回族18人、锡伯族6人。

针对市场经济条件下，语文工作出现的新情况、新问题，深入调查研究，认真落实党的民族政策和民族语文政策，进一步掌握全省蒙古族和朝鲜族群众学习、使用民族语文的现状，搞好少数民族语文的规范化、标准化和信息处理，促进少数民族语文的学术研究、协作交流和人才培养，使全省少数民族语文的翻译、出版、教育、新闻、广播、影视、古籍整理等事业有了新的发展。

为迎接香港回归，编写民族政策宣传资料，利用蒙、朝语文报刊、广播进行宣传，收到了良好效果。为解决蒙古族少年儿童丢失本民族语言文字现象，省民委与省教委联合举办了“第二届全省蒙古族少儿艺术比赛”活动，共有150多名蒙古族少年儿童参加了蒙古语会话、声乐、器乐、舞蹈等7个项目124个节目的比赛，评出一等奖7个、二等奖14个、三等奖19个，为弘扬民族传统文化艺术、加强民族学校之间的交流与学习、提高蒙古族少儿蒙古语文水平和科学文化素质起到了很大的作用。

民族研究工作取得一批研究成果。完成了省重点项目《满族文化史》60万字编写工作，出版了《清代宗室文学》12万字，发表论文22篇，其中有2篇在国外学术刊物上发表。在全国和国际学术会议上，发表了《满族文化及其民族特点》学术报告。民族古籍工作成绩显著，召开了首次民族古籍工作会议，充分展示了民族古籍整理、出版成果，完成了卷帙浩繁的《辽宁省民族志》送审稿。

撰稿：金　枫

审稿：杨丰陌

吉林省

【民族经济】1997年，吉林省民族自治地方在各级党委和政府的领导下，认真贯彻落实中央经济工作会议和党的十五大会议精神，不断深化各项改革，积极推进两个根本性转变，国民经济继续保持了良好的发展势头。全省民族自治地方国内生产总值达到167.16亿元，比上年增长7.1%，其中，第一产业增加值42.07亿元，比上年下降4.3%；第二产业增加值66.2亿元，比上年增长13.2%；第三产业增加值58.89亿元，比上年增长8%。人均国内生产总值5 066元，比上年增长5.6%，一、二、三产业增加值的比重由上年的29%、36.7%和34.3%调整为25.2%、39.6%和35.2%。

农业生产受自然灾害的影响，农作物产量大部分下降。粮食总产量191.06万吨，比上年下降30.5%；油料7 240吨，下降44.6%；烟叶2.39万吨，下降2.1%；糖料2.37万吨，比上年增长17.5%。农林牧渔业总产值64.83万元，比上年下降8%。畜牧业生产稳步发展，专业饲养水平进一步提高，畜禽年末存栏和当年出栏数都有较大幅度的增长，牛肉产量达4.76万吨，羊肉产量0.56万吨，猪肉产量9.38万吨，分别比上年增长23.3%、20.2%和54.6%。

工业生产稳步发展，“’97工业效益攻坚战”取得成效。1997年民族自治地方完成工业总产值117.49亿元，比上年增长9.8%，其中国有工业增长3.8%，集体工业增长8.8%，其他经济类型工业增长35.7%。在主要工业产品产量中，适销对路产品继续增长，滞销产品得到控制。原煤产量417.1万吨，比上年增长4.1%；原油2万吨，增长17.6%；卷烟28万箱，增长5.7%；木材259.6万立方米，比上年下降3.9%。工业企业效益有所好转，年末全部独立核算工业企业亏损面36.8%，比上年上升2个百分点，亏损企业亏损额为4.48亿元，比上年减亏1.82亿元。

国内市场繁荣活跃，对外贸易结构进一步优化，出口创汇能力不断增强。1997年，民族自治地方实现社会消费品零售总额79.45亿元，比上年增长4.2%，其中，国有单位零售额10.6亿元，比上年下降17.4%，集体单位零售额5.24亿元，比上年下降12.1%，其他经济类型单位零售额2.04亿元，比上年增长24.9%，个体私营经济单位零售额4.33亿元，比上年增长5.3%。全年共完成对外贸易进出口总额2.59亿美元，比上年增长8.4%，其中进口总额1.2亿美元，比上年下降2%，出口总额1.39亿美元，比上年增长19%。当年新签利用外资协议项目124个，利用外资额1.4亿美元。年末实有外商投资企业609个。

财政金融形势平稳，人民生活水平继续得到改善。1997年，民族自治地方实现财政收入18.32亿元，比上年增长18.1%。各项存款达到200.5亿元，各项贷款264.18亿元，分别比上年增长66.4%和33.9%。城乡居民储蓄存款达到162.66亿元,比上年增长18.1%,其中城镇储蓄135.74亿元,农户储蓄26.92亿元,分别比上年增长20%和9.1%。全年从业人员劳动报酬达到58.85亿元,平均每人4 831元。农民人均纯收入为1 817元,比上年减少135元,其中,延边州为1 878元、长白县为2 490元,分别比上年增长11.5%和0.2%,前郭县为1 500元,伊通县为1 927元,分别比上年下降32%和10.4%。

【社会发展】1997年,民族自治地方的科技、文化、卫生、体育等各项社会事业有了新的发展。

科技事业取得新成果。1997年,延边州有4项科研成果获省科技进步奖,有19项科研成果获州科技进步奖,有64项发明创造申报国家专利。全年共组织落实省级以上科技攻关项目14项,其中国家级1项,省级3项,争取星火项目1项。科技队伍进一步壮大,1997年末,共有各类科学技术人员12.4万人,其中自然科学人员7.3万人,每万人中拥有科技人员567人。

教育事业稳步发展,普及九年制义务教育工作有了新的提高,各类学校办学条件和教师待遇进一步改善。1997年,民族自治地方高等院校收研究生121人,毕业研究生100人,在校研究生408人,当年有98人被授予硕士学位。普通高等学校招收本、专科生2 432人,在校学生7 981人,毕业生1 747人。普通中学287所,在校学生18.46万人,专任教师1.97万人。小学校1 375所,在校学生37.18万人,专任教师2.54万人,学龄儿童入学率达到99.9%。

文化事业继续发展。民族自治地方共有各类电影放映单位51个,艺术表演团体12个,公共图书馆12个,广播电台12座,电视台13座,广播人口覆盖率达95.8%,电视人口覆盖率达91.6%。全年共出版报纸2 801万份,出版各类杂志569万册,出版图书2 263万册。

医疗卫生条件继续得到改善。1997年,民族自治地方共有各类卫生院357个,其中县级61个,医院病床1.18万张,拥有卫生专业技术人员1.63万人。

体育事业蓬勃发展。1997年,延边州体育健儿在国家和省重大比赛中,共夺得金牌15枚,银牌1枚,铜牌3枚。延边敖东足球队在全国甲A足球联赛中获得了第四名的好成绩。群众性的体育活动广泛开展,仅延边州举办县(市)、乡(镇)级以上综合运动会就达417次,参加的运动员29万人。

【民族工作】1997年,吉林省的民族工作在省委、省政府的领导下,坚持以邓小平理论为指导,以经济建设为中心,以民族团结进步为主线,较好地完成了全年工作任务。

一、深入调查研究,进一步明确了全省跨世纪民族工作的总体思路和主要任务。1997年,面对香港回归祖国、党的十五大胜利召开、建设有中国特色社会主义伟大事业进入跨世纪发展阶段的新形势,省民委从全局和战略的角度出发,着眼于跨世纪的发展,为了研究和确定新时期民族工作的总体思路和主要任务,全省民委系统对党的十四大以来的民族工作进行了全面深入的调查,系统地总结了全省民族工作的基本经验,认真分析了新形势下民族工作面临的主要问题和困难,反复深入地讨论研究了做好世纪之交民族工作的总体思路。省民委集中全系统的调研情况向省委常委作了专题汇报,得到了省委的充分肯定,并决定召开全省民族工作座谈会,出台《中共吉林省委关于加强民族工作的决定》。1997年12月召开了全省民族工作座谈会,省委书记张德江同志作了重要讲话。张德江同志以邓小平理论为指导,立足吉林实际,从理论和实践的结合上深刻阐述了民族工作的重要地位、民族工作的基本经验、全面做好世纪之交的民族工作三个重大问题,确定了全省民族工作的大政方针,明确了跨世纪的目标和任务,为吉林省民族工作再上新台阶指明了方向。

二、搞好协调服务,推动了少数民族和民族地区经济的发展。一是继续组织开展了全省民族地区和民族乡镇脱贫致富奔小康竞赛活动。召开了第二次全省民族地区脱贫致富奔小康工作会议，总结交流了典型经验，表彰了先进集体和个人，研究部署了最后一年竞赛活动内容和实施步骤，为全面实现三年致富奔小康目标起到了重要作用。二是积极参与延边公路股票的上市工作。在省州民委的大力协调和积极争取下，将国家民委掌握的第一个股票上市指标给了延边公路股份有限公司，使其融资1.2亿多元，并为延边州财政实现贴现收入5 600多万元。三是积极做好民族贸易和民族用品生产工作。去年，国务院及国家有关部门相继出台了在“九五”期间民贸和民族用品生产的有关政策。为贯彻落实好国家的政策，省民委协调有关部门对全省民贸和民族用品生产企业情况进行了调查，在延边召开了专门会议，传达了国家的有关文件精神和优惠政策，并按照有关文件精神要求，对民品企业进行了重新调整，把图们民塑和延吉百货大楼定为国家民贸和民族用品试点企业，争取贴息贷款900万元。四是强化资金的管理使用。为了使用管理好专项资金，省民委主动协调财政部门，联合行文下发了《关于进一步加强支援经济不发达地区发展资金管理的通知》，并与财政厅共同考察了1997年的项目，落实新增发展资金800万元，6个项目；为民族乡镇企业落实贴息贷款1 000万元；为汪清县落实扶贫资金300万元。

三、总结推广延边经验，进一步规范了民族团结进步活动。延边州是民族团结进步的一面旗帜，在新的历史时期积累了丰富的经验。为了总结推广延边州的经验，使全省民族团结进步事业在较高层次上继续扎实深入地向前推进。去年初，省民委同省政府发展研究中心一道对延边州的经验进行了全面总结，撰写了《民族团结进步的一面旗帜》的调查报告，省政府《参阅件》、新华社《内部参考》和国家民委《情况通报》转发了此调查报告。全省各地普遍开展了学习延边经验活动，力求在活动的内容和形式上不断创新，收到了很好的效果。为促进民族团结进步活动逐步走向规范化，省民委制定下发了《吉林省民族团结进步活动暂行办法》，同时还加强了民族立法工作，出台了《吉林省实施〈民族乡行政工作条例〉办法》、《吉林省民委系统“三五”普法规划》。

四、加强文教宣传工作，努力促进少数民族和民族地区各项社会事业的发展与繁荣。一是全省民委系统会同教育行政部门对全省散杂地区民族教育做了全面调查，对解决少数民族教育问题提出若干对策和建议，为下一步深入研究解决问题奠定了基础。二是配合省教委成功地举办了全国第四届朝鲜族少儿艺术节，配合省文化厅组织参加了全国少数民族声乐比赛。三是在省委、省政府的关心支持下，于去年8月在前郭尔罗斯蒙古族自治县成功地举办了全省第二届少数民族传统体育运动会，为备战全国第六届民运会奠定了良好的基础。四是认真做好少数民族语言文字工作。三协办开展与朝鲜、韩国的学术交流，召开了朝鲜语规范委员会会议，审议通过朝鲜语地名标记细则、部分商品名统一案和国家级首都统一案；召开了蒙古语文年会，加强了学术交流和古籍整理工作。

五、积极协调组织、统战、人事部门，抓好培养选拔少数民族干部工作。省民委组织人员对部分市州培养选拔少数民族干部工作情况进行了检查。在各地换届之际，向省委组织部提出加强少数民族干部选拔配备建议，向省委和市(州)委组织部推荐一批后备干部，还调整充实了少数民族地厅级后备干部。省民族干部学校与吉林工学院联合办了经济管理大专班，为少数民族乡镇培养了经济管理人才。省民委去年7月在大连举办了民族乡镇长培训班，还组织推荐了一批少数民族青年干部到中直机关和经济发达地区挂职锻炼，为少数民族干部的成长进步创造了良好的条件。

撰稿：金惠淑

审稿：崔秀男

黑龙江省

【民族经济】1997年，黑龙江省民族地区积极推进“三项战略”（农村产业化战略、立乡项目工程战略、扶贫攻坚战略）建设，民族经济发展迅速，效果显著。

狠抓基地建设，夯实农业产业化基础。1997年，黑龙江省民族乡镇确立产业化指导点14个，实现年产值近3亿元，实现年利润3 000万元，税金972万元，联农户1.5万户，耕地9万亩。在农副产品基地建设上，黑龙江省民族地区总播种面积达到596.8万亩，比上年增长1.6%，粮食产量达212.6万吨，比上年略有增长。在畜产品基地建设上，大牲畜年末存栏50.7万头，猪存栏56.9万头，羊存栏30.3万头，养禽1 228.5万只。在水产品基地建设上，已开发养鱼水面49.8万亩，全部投入名、特、优鱼种，鱼产量达2.9万吨。除此，还建成了野生动物饲养基地（如养貉、养熊等）、中草药材基地（人工种植中草药材3万亩）、红辣椒生产基地及白瓜籽生产基地等。

壮大龙头企业，牵动农业产业化发展。龙头企业是农业产业化的核心，只有把龙头企业建设好了，才能带动基地，通过基地推动农户进入市场。1997年，继续对立乡项目实施重点扶持战略，对使用国家新增发展资金的18个项目加强了跟踪问效，进行了全面调查和评价。这些项目当年实现产值2.1亿元，创利润2 960万元，税金1 200万元。发展龙头企业的同时，小型企业也得到了相应的发展。目前，黑龙江省民族地区已初步实现了一乡一业、一村一品的网络格局。在建立龙头企业和发展一乡一业、一村一品的同时，对原有企业的产权制度进行了改革，根据十五大精神，在股份合作制上下功夫，充分利用工业结构调整和公有资产流动重组的机遇，大胆尝试联营、合作、租赁、兼并，对一些企业进行了资产出售、民有民营等改革，真正把企业的兴衰和劳动者的命运牢牢地系在一起，把产品的市场需求、企业领导者的决策和工人的生产联系在一起，使企业效益明显增加，实现了产量翻番，利润翻番。

扶贫攻坚效果显著，脱贫速度不断加快。通过科技扶贫（为少数民族群众无偿印刷农村实用科普宣传手册、播放录像带等）、政策扶贫（为少数民族制定优惠政策、争取扶贫资金等）和责任扶贫（各级组织包户、包村、包乡，一对一扶贫），扶贫效果显著。至1997年底，黑龙江省贫困民族乡镇由年初3个减为2个，贫困村由46个减为23个，贫困户由8 000户减为6 496户，脱贫率为18.8%。经过三年产业结构调整，唯一聚居在黑龙江省的赫哲族产业结构渐趋合理，以农业为主，渔业、养殖业为辅多业发展的格局已初步形成，赫哲族可望从此走上稳定幸福的生活之路。

【社会发展】教育、文化、卫生等各项事业进一步推进。

以“普九”为目标，积极推进民族教育事业的发展。民族乡镇抓民族教育的典型经验在黑龙江省得以推广，不但通过传媒进行宣传，而且在黑龙江省各种民族专业会议上交流，对黑龙江省民族教育起到了带动作用。

1996年启动的改善人口较少民族如赫哲族、鄂伦春族的办学条件、“普九”三年工作方案进入实施阶段，省政府主抓教育的副省长、副秘书长及省民委主任等先后四次深入到有关市、县、区进行督促检查，至1997年底，涉及赫哲族、鄂伦春族9个乡(村)中心校进档达标工作的落实情况基本达到进度要求，省、市、县(市、区)三级政府所计划投入的450万元资金已到位400万元，占93%；所维修、扩建的校舍面积达3 830平方米，实验室初具规模，微机基本到位。1998年6月1日前，这些学校将达到省级或市级规范化学校合格标准。

适应改革开放形势需要，着力指导好朝鲜族乡村中小学网点调整工作。近些年，随着改革开放步伐的加大，朝鲜族聚居地区劳动力流动频繁，一些朝鲜族乡村学校学额严重减少，一些城市、县镇朝鲜族中学学额急剧增加。对此，调整了黑龙江省朝鲜族中小学网点布局，筛选和补充了师资，既加强了教学质量，又防止了大量中小学生流失。

加强了少数民族专业人才的培养提高工作。1997年，完成了少数民族大专预科班招生60人，少数民族中专招生135人，协助中央民族大学招生135人，全年各类学校共计招收少数民族考生3 097人。

民族文化、卫生、体育工作亦有新进展：会同省文化厅落实了边疆文化长廊建设中将少数民族纳入项目建设及资金投入计划；会同省体委为1998年黑龙江省第五届少数民族传统体育运动会的召开进行了积极的筹备工作。

根据民族语文工作的要求，开展了朝鲜语和蒙古语的社会用语授课情况调查，组织了有关朝鲜语规范化、标准化学术讨论和培训活动以及八省区蒙古语文协作20年征文活动，完成了八协办、三协办部署的协作工作任务十多件。

【民族工作】1997年，黑龙江省民委紧紧围绕国家民委和黑龙江省委、省政府确定的各项工作任务，在十五大精神指引下，顺利完成了各项工作任务。

开展宣传教育，不断改善民族关系。随着土地承包的日益深化和资源的不断使用，民族地区出现了一些资源纠纷问题，如土地归属、水面使用权等，牵涉了各民族关系。为解决矛盾，通过各种传媒，在广大干部群众中广泛开展马克思主义民族观教育，总结、宣传民族团结先进单位和个人的典型事迹，并积极协调各部门达成共识，既解决了问题，又进一步维护了少数民族的合法权益。

民族、宗教法制建设工作不断加强。为加强经省人大修改后出台的《民族乡条例》和《城市民族工作条例》的实施落实力度，省民委主要领导和业务处会同省人大民侨外委多次深入5个市地及8县区进行指导检查，对发现的扶贫、民族教育、民族干部等具体问题提出了解决意见并报告了省委、省政府。在民族法制建设方面，会同省教委、省政府法制局草拟了《黑龙江省民族教育条例》，并经省人大常委会审议通过，于1998年3月1日开始实施。商省计委同意“每年为民族教育事业发展安排资金100万元”，商省财政同意设立民族教育专项资金，并写入《民族教育条例》。经省宗教局与省人大、省政府共同努力，《黑龙江省宗教事务管理条例》于6月12日省人大常委会通过并正式颁布，国务院宗教事务局对这一《条例》给予了高度评价。会同齐齐哈尔市为梅里斯达斡尔族区(黑龙江省唯一的民族区)起草了《民族区条例》，现正在研究审理之中。

继续实施分类指导。对赫哲、鄂伦春等人口较少且社会发展相对滞后的民族，会同有关地方政府对其实施特殊政策，加以重点扶持。召开了黑龙江省赫哲族产业结构调整工作总结会议，提出了巩固、发展、提高的奋斗目标；召开了黑龙江省鄂伦春族工作会议，进一步明确了鄂伦春族乡村的经济发展特别是产业结构调整方向、目标措施，细化落实了经济政策，使这些民族有了奋斗的目标。

组织实施了民族地区经济发展的“三项战略”，使民族经济实力得以进一步加强。

1997年，在省委、省政府部署下，省民委负责阿城市万兴满族村的包扶脱贫工作。目标确定后，包扶工作进入全面实施阶段，全委不但处以上干部与该村极贫户结成一帮一对子，为其筹思谋划，捐款捐物，而且为该村投资15万元，打饮水井1眼，购置大型拖拉机1台套，为贫困户提供生产周转金5万元，现在，该村自来水入户率达35%，脱贫率达31.6%。

撰稿：刘烈军

审稿：张志龙

上海市

【民族经济】1997年，上海市民委进一步加强与各民族地区的经济协作，召开本市有关局、公司、统战部门座谈会，走访云南、贵州、宁夏等地驻沪办讨论如何进一步推动上海与民族地区的经济协作工作。经市民委与贵州省民委共同努力，促使上海铁合金厂与贵州惠水铁合金厂正式签约，成立沪惠铁合金有限公司，总投资2 300万元人民币，其中上海占55%，预计1999年初投产，该项目较成功地实现了上海的技术优势与贵州能源优势互补。市民委还为在贵州铜仁地区建立桑塔纳汽车维修中心牵线搭桥。此外，市民委积极协同市委组织部、统战部自始至终做好云南、贵州、西藏等地来沪挂职干部工作，关心他们的工作和生活，圆满完成中央两部一委下达的任务；热情接待民族地区来沪参观考察团，全年接待20多批，约500人次。

1997年，处于全国经济发展"龙头"地位的上海，不少企业在强烈的民族责任感驱动下，经市民委与有关部门牵线搭桥，把自己的生产经营空间重组在少数民族地区，大力扶持、帮助少数民族地区尽快脱贫致富，以实际行动支持中西部地区的经济发展。上海自行车集团在广西、贵州等地投资3 000多万元，年销售额达10 319万元；上海缝纫机、食品、皮革制品等行业不断加强与少数民族地区的对口支援，派出最强的力量，赴云南、宁夏、西藏等地，尽己所能加快向贫困地区"输血"，以尽快形成"造血"功能。如上海益民制革厂通过对口支援，帮助湖南湘西土家族苗族自治州吉首制革厂，使濒临倒闭的企业一跃成为当地的首富，该厂还受到国家民委的表彰；上海白猫"洗涤剂"、"梅林"食品、"永久"自行车也在中西部少数民族地区"生根开花"，通过内联带动民族地区的科技开发和经济发展。上海民族工作在各方面的配合下，在民族经济开发上形成巨大合力，到目前为止，上海投资中西部地区的资金已达35亿元，无偿支援2亿元；还在贫困地区建立200多所希望小学，100多个希望书库，资助2万多名失学儿童重返课堂。

1997年，上海市民委系统经济工作取得了一定的进步。穆斯林开发公司全年出口创汇1 380万元；民族旅行社全年接待游客2万多人次，营业额1 030万元；民族贸易公司克服困难，甩掉包袱，全年销售额1.27亿元；民族建筑安装工程公司全年完成产值1 069万元；民唯实业公司全年完成营业额1 095万元；民族饭店通过全体筹建处人员积极努力，落实了工程资金，包括2 000万元银行贷款和1 000万元财政拨款，现已开始对外招商工作，工程进展良好；彩虹宾馆正式营业一年来，做为旅游定点单位，集中精力，采取多种手段争取客源，客房入住率在50%以上，在目前宾馆业较萧条的情况下，取得了不错的成绩，同时也为接待少数民族来沪参观考察团组发挥了积极作用。

【社会发展】1997 年，上海市少数民族各项社会事业平稳发展。

教育方面：全市 38 所大专院校共有在校少数民族大学生3 476名，其中上海交通大学、中国纺织大学、华东师范大学、上海水产大学、上海财经大学、上海医科大学、上海戏剧学院等 7 所高校为新疆、西藏等少数民族地区培养人才专设的民族班继续招生。回民中学在校学生1 100名，其中少数民族学生 990 名，占 90%，专职教师 141 名，有少数民族教师 22 名。三所回民小学共有学生1 512名，少数民族学生 149 名。各民族学校认真实施《上海市民族教育(普通教育)发展纲要》，坚持办出民族特色，开设民族知识和民族政策课程，同时巩固基础教育，加强师资力量，教学质量不断提高。市、区教委和区财政重视对回民中学的领导，制订措施，落实经费，使该校的教学水平和办学质量不断提高，少数民族考生争相报考该校，学校知名度大大提高，1997 年高考录取率近 40%，是历年最好水平；杨浦区回民小学 1997 年搬迁到新校址，学校面积由原来的 1.5 亩变为现在的 10.8 亩，新校总造价 700 多万元，区教育局给予了双倍的开办费 60 万元，学校硬件在全市也属一流，反映了政策上对民族教育的偏爱和倾斜；南市区回民小学牵头与宁夏海原县(国家级贫困县)联系，经该校多方积极筹资，得到了区宗教场所、学生家长、社会人士等资助 10 万元，并利用世界银行 10 万元贷款共同建造了一所希望小学，并与之开展“手拉手”活动，组织了教师互访、互批作业等多种形式活动。在第四届民族教育奖学金和首届民族教育教师奖励金颁奖大会上，有 14 个民族的 80 位大、中、小优秀学生和 13 位为民族教育事业做出贡献的教师获奖，共颁发 3.48 万元奖金。

科技方面：市民委与市科委共同开发完成了多媒体项目《民族情》，该项目通过专家评审鉴定后已上载上海科技网，这是我国第一个用高科技手段专门介绍少数民族知识的软项目，其内容包括上海少数民族的族源、人口、习俗、宗教、事务及少数民族精英六大板块，上网后，覆盖面广且知识性、趣味性强，可以起到很好的宣传作用。

体育方面：市民委配合上海市全民健身活动，积极开展有民族特色的体育健身活动，组织有关区、局、学校赴江苏高邮民族村学习民族体育项目“毽球”；在参加国家民委、国家体委的第六届全国民运会筹备会议后，与市体委共同组织在上海召开了第一次筹备会议，为参加 1999 年民运会形成一支少数民族体育骨干队伍积极备战；市民委还积极响应上海市委、市政府关于“全民参与，开好八运”的号召，参加了迎八运动员大会，八运会期间，市民委深入区、县指导做好少数民族运动员的接待和清真伙食供应工作，会后与八运会电子技术部联系了解少数民族运动员获奖情况，并参加了八运会群众体育先进表彰大会。

文化方面：上海有史以来第一部关于民族方面的专志《上海民族志》正式出版，并举行了首发仪式；另外，市民委积极协助市文化局、广电局落实本市参加全国“孔雀杯”歌舞大赛的少数民族演员，并与市作协联系关于举办第五届全国少数民族文学创造评奖活动的有关事宜，热情支持本市少数民族文化艺术活动。

卫生方面：作为医疗卫生技术比较发达的上海，把改善和发展边疆少数民族地区医疗卫生条件作为义不容辞的职责，每年向民族地区派遣 10 多批医疗小分队，还开办了医疗业务培训班，接受民族地区少数民族干部来沪进修，收费优惠减半，有力地推进了民族地区医疗卫生事业的发展。另外，在面向本市少数民族方面，自 1988 年以来，每年以高级职称为主的医务专家先后为南市区、普陀区、杨浦区三所回民小学和伊斯兰教协会、穆斯林开发公司、小桃园清真寺等单位少数民族职工免费体检、义务咨询，1990 年以来，已连续 7 年坚持每年为回民中学西藏班学生和 30 年教龄的老师义务体检，共体检约1 000人次。

【民族工作】1997年，上海市民委提出民族工作要“坚持以邓小平同志建设有中国特色社会主义理论和党的基本路线为指导，以团结、进步、稳定、发展为主线，全面贯彻实施《城市民族工作条例》和《上海市少数民族权益保障条例》，巩固和发展社会主义民族关系。”

年初，市民委深入各区、县、大专院校、宗教活动场所了解民族关系方面的情况，分析研究影响民族团结和社会稳定的不安定因素，根据分类指导的原则，制定相应的对策、办法，如召开高校民族班学生管理双月例会、制定清真寺安全保卫制度等，并对一些影响民族关系的突发事件和敏感问题及时上报信息给市委、市政府，采取有力措施，协助做好思想教育工作和协调工作，使事件得到妥善处理。为了使帮困工作走上轨道，市民委建立了帮困信息库，输入了全市少数民族困难户的资料，并到各区、县为少数民族孤老、残疾人、特困户送温暖，发放补助款6.86万元，共有478户少数民族家庭受惠，帮困面和帮困金额比上年有很大幅度增加。一年来，因下岗、动迁、就业、住房、生活困难等原因来信、来访的少数民族有301人次，市民委认真做好来访接待和来信处理，帮助少数民族解决实际困难。3月1日的“民族团结日”活动准备充分，发动面广，组织规范，形式多样，效果较好，市民委领导及各区、县、局、大专院校有关领导亲临各宣传点检查指导，宣讲《条例》。市民委先后召开了“民族团结与社会主义精神文明研讨会”、“社区民族工作交流会”。长宁区华阳街道组织开展了少数民族家庭与外地来沪少数民族大学生结对活动，闸北区临汾街道开展了“五个一”工程等民族团结进步活动，为促进社区社会主义精神文明建设发挥了积极作用。在市委统战部“上海统一战线为两个文明建设服务先进个人和先进集体”评选表彰工作中，有15位少数民族同志被评为先进个人，静安区百灵民族合唱团被评为先进集体。

1997年，党的十五大胜利召开和香港回归祖国是举世瞩目的两件大事，市民委系统举办了多种形式的喜庆活动，分别举行本市民族界、伊斯兰教界代表人士、港澳台同胞座谈会；举办系列讲座，内容包括《香港与鸦片战争》、《香港基本法》、《香港民俗风情》等；举办上海市少数民族迎香港回归书画展，有15个区县、6个局、3所高校以及科委系统近百幅作品参展；静安区百灵民族合唱团参加市里举办的浦江两岸迎回归百支歌队大合唱演出，受到市委领导好评。

全市的清真供应工作进一步改善，通过各方协调，全市有62家清真单位享受到所得税先征后返和营业税减半征收的政策，对清真网点合理布局，先后恢复、新建清真副食网点14个、清真食品店12家、清真饮食店14家，市民委还在认真检查了60多家清真饮食店的基础上，给其中28家首批挂上了“清真单位”牌子。

撰稿：郁晓红

审稿：杨奇庆

江苏省

【民族经济】1997年，江苏省少数民族企业在产业结构调整中，继续保持了良好的发展态势。据统计，全省76家民族企业（含清真业）实现产值4亿多元，利税2 100多万元。徐州江苏天穆集团、南京金线金箔总厂和民族塑胶集团、扬州高邮市菱塘回族乡的电线电缆制造业等是江苏少数民族的龙头企业，它们的产值和税收占全省少数民族企业的80%以上。

1997年，江苏天穆集团创产值4 700万元，利税260多万元，位居江苏民族企业之首。南京金线金箔总厂实现总产值2 261万元，利税240万元。南京民族塑胶集团创产值1 200万元，利税67万多元。丰县城关镇北关回民村办起了8个集体企业和上百家个体企业，被徐州市和丰县两级政府评为“小康”示范村。江苏民族国际旅行社经过5年发展，固定资产达120多万元，年营业额839万元。

高邮市菱塘回族乡是江苏省唯一的民族乡。1997年，全乡实现社会总产值5.65亿元，比上年增长14.1%。其中，工业3.85亿元，农业1.12亿元，建筑业0.4亿元，第三产业0.28亿元。财政收入482亿元，比上年增长12.9%。乡办工业实现年销售额3.4亿元，利润1 200万元，分别比上年增长22.7%、19.5%和12.2%。为增强企业发展后劲，投入技改资金2 100万元。粮食总产量16 876吨，家禽饲养量128万只，水产品310万斤，蚕茧7 000担。建筑安装业比上年增长11.1%，第三产业比上年增长16.6%。农民人均年收入达2 298元，比上年增长8.7%。

1997年，江苏省对口支援工作又有了新的突破。除继续做好与广西、新疆两区对口支援工作外，又加大了支援西藏、三峡库区和陕西挂钩扶贫的力度。江苏省与西藏自治区签订了《关于江苏省与拉萨市对口支援工作纪要》，并成立了以省委常委、常务副省长季允石为组长的援藏工作领导小组。江苏无偿援助拉萨资金和物资折价3 600多万元。在三峡库区共投入资金4 200万元，无偿援助资金和物资1 200万元，援建希望小学50所，已完成35所。预计已建成项目新增产值5亿元，利税4 700万元，有效安置移民2 000人。江苏省与陕西省共签定项目284个，其中经济技术项目158个，社会公益项目103个；帮助培训和吸纳劳力2 500多人，互派挂职干部近500人；组织捐献衣物210万套(件)，投资2 527万元，赠送物资折价1 500多万元。此外，江苏还向四川甘孜藏族自治州无偿援助资金达250万元。

【社会发展】江苏是少数民族散居地区。到1997年底，有55个少数民族，人口约18.7万，占全省总人口的0.26%。1996年12月《江苏省少数民族权益保障条例》颁布实施后，全省上下掀起了学习、宣传和贯彻《条例》的热潮，少数民族在政治、经济、文化、教育等各方面的权益得到充分保障。在各级党委、政府及其民族工作部门的关心和扶持下，全省近5万少数民族贫困人口已基本脱贫。各级党委、政府十分重视少数民族的文化教育和人才培养，全省开办了2所民族中学，15所民族小学，4所民族幼儿园。在原有常州西藏民族中学的基础上，新办了南通西藏民族中学，首批招生60人。一些大中专院校还开办了民族班，专门为少数民族地区培养人才。江苏现有少数民族干部8 159人，占全省干部总数的0.47%。各级人大中有少数民族代表401人，各级政协中有少数民族委员454人。获专业技术职称的少数民族有7 226人，其中有高级职称的513人。少数民族的风俗习惯和宗教信仰普遍受到尊重，全省有清真厂(店)220家，清真寺42座，基本满足了有宗教信仰的少数民族过宗教生活的需要。为了尊重回族等10个少数民族的土葬习俗，全省各地都根据需要扩建了回民公墓，殡葬设施及服务质量有了明显改善和提高。

1997年5月，国务委员兼国家民委主任司马义·艾买提同志到高邮市菱塘回族乡视察并题词：“团结奋斗，建设模范民族乡”。一年来，该乡接待了多个国内外参观团的访问考察，成为江苏民族工作对外开放的重要窗口。该乡争取了天菱大桥、变电所等的立项和建设资金，有3个电缆企业成为国家有关部委归口管理的定点企业，有4个项目(产品)获省级以上科技奖。完成了菱塘民族职业高中一期工程和乡中心初中教学楼配套设施建设，解决近70名特困生上学难的问题。完成集镇总体规划的编制工作并通过了专家的评审鉴定，开辟了一条商业街，培植了扬菱路千米绿化带，达到了高邮市文明卫生集镇的标准，被扬州市政府命名为“新型小城镇”，有线电视用户已发展到1 900户，举办了全乡第九届农民体育运动会，保持了“扬州市计划生育红旗乡”的称号和“中医先进乡”的荣誉。新建第二自来水厂，使4 000多人受益。

【民族工作】1997年，江苏民族工作从散杂居特点出发，以宣传贯彻《江苏省少数民族权益保障条例》为中心，立足稳定，着眼发展，取得了明显成绩：

一、广泛开展《条例》的宣传教育，使党的民族政策深入人心。《条例》颁布后，省民委及时提出宣传贯彻计划，先后召开了省级新闻单位、民族上层人士、少数民族人大代表与政协委员学习、宣传《条例》的专题会议，与省人大民宗侨委联合印发《条例》单行本4 000册，并与南京市一道利用“开斋节”等时机，向少数民族群众宣传、散发。积极筹备和参与了省政府召开的各有关部门负责人参加的贯彻《条例》协调会，就贯彻实施《条例》需要落实的具体问题进行协商讨论。

二、尊重少数民族风俗习惯，将各项民族政策进一步落到实处。各级党委、政府根据《条例》规定，妥善安置拆迁、新建的清真饭店和清真食品生产厂家，使清真网点有所增加。省民委与有关部门一起下发文件，规范清真饮食行业的管理，并设计制作了“清真”标志牌，对符合清真要求的厂(店)实施挂牌。针对全省清理私埋乱葬工作中可能出现的问题，及时与省民政厅、国土局一起，下发了《关于在清理墓葬用地工作中对回族等10个少数民族坟墓处理意见的通知》，重申了尊重其土葬习俗的政策，并对具体问题提出了处理意见。

三、积极开展宣传表彰活动，推进民族团结事业深入发展。省民委召开了全省民族校(班)工作座谈会，使各有关大、中专学校更加关心尊重少数民族学生，妥善处理民族关系，增进了民族团结。南通市积极发挥少数民族联谊会的作用，在少数民族中开展“为第二故乡作贡献”的岗位立功竞赛活动。受国家民委委托，省民委会同苏州、无锡市民族工作部门，积极协调和妥善处理了本地企业与新疆企业间的2起经济纠纷。9月，省民委召开了历次受表彰的民族团结进步先进集体和个人代表座谈会，鼓励老先进继续发挥模范作用，为民族团结进步事业作出新贡献。根据国家民委关于与各省政府联合开展民族团结进步表彰活动的通知要求，省民委及时向省领导汇报，由省政府下发文件，表彰大会的各项准备工作正在如期进行。此外，还与省妇联共同组织了全国各族妇女团结进步表彰活动的宣传和推荐工作。

四、以扶贫为重点，努力发展民族经济与教育文化事业。1997年省财政安排民族扶贫资金100万元，比往年增加了一倍，大大增强了扶贫力度。11月，省民委在泗洪县召开了全省第三次少数民族扶贫工作座谈会，通过座谈交流、参观扶贫点和帮扶户，明确了继续做好民族扶贫促小康工作的目标、任务和具体措施。认真贯彻国家民委民族贸易与民族用品生产工作座谈会和有关文件精神，成立了由张连珍副省长为组长的江苏省民族贸易与民族用品生产工作领导小组，并对全省33家民族贸易与民族用品生产企业进行审核。省民委为泗阳县张家圩乡回民小学和响水县六套乡改水工程募集资金12.5万元，为常州西藏民族中学募集大屏幕彩电4台。省民委会同有关单位，做好6名边疆民族地区来江苏挂职锻炼干部的接待安置工作，安排陕西省2名民族乡干部到菱塘回族乡挂职锻炼。会同省体委认真做好全国第六届少数民族传统体育运动会江苏代表团的前期准备工作。

五、妥善处理突发事件，坚决维护社会稳定。1997年7月，省民委与省委统战部一道，联合召开了维护稳定的专题会议，要求全省各地高度重视，认真排查，排除隐患，把不安定因素消除在萌芽状态。针对年初《周末》报刊登漫画引发蚌埠等地穆斯林群众不满的问题，省民委、南京市民宗局认真查处，消除不良影响，避免了矛盾的激化。南通、南京、镇江等市积极协调，认真解决新疆等地少数民族来江苏经商人员遇到的生活困难，受到少数民族群众的称赞。

撰稿：陈　进

审稿：周　平

浙江省

【民族经济】1997年，遵照省委、省政府提出的在年底消灭贫困县的目标，浙江省的民族经济工作在调整少数民族和民族地区产业和产品结构，更好地适应市场需求方面下功夫，取得明显效益。景宁畲族自治县充分发挥山区资源优势，大力发展绿色（山林资源开发）、黑色（食用菌开发）、无色（水资源开发）、有色（矿产资源开发）等“四色”产业，继续保持区域经济发展政策的相对稳定。据统计，该县全年实现国内生产总值6.8亿元（当年价格），粮食总产量5.7万吨，财政总收入4 031万元，其中地方财政收入2 356万元，农民人均收入1 530元，各项经济指标均比上年度有较大幅度增长。浙西南山区的少数民族群众及18个民族乡（镇）以市场为导向，因地制宜，积极发展名、优、特、稀产品，初步形成产供销、贸工农一体化的产业体系。当年，全省农村少数民族人均收入达1 460元，18个民族乡（镇）共实现工业总产值5.9亿元，农业总产值3.6亿元，粮食总产量7.6万吨，财政收入1 451万元，农民人均收入达1 709元，有16个民族乡（镇）人均收入超千元。基础设施建设进一步发展，截至年底，全省426个少数民族行政村通水、通路、通电率分别达到73%、82%、100%。景宁畲族自治县及云和、文成、泰顺等少数民族重点县均在年底如期摘掉贫困县的帽子，实现了省委、省政府提出的目标。作为三个省级扶贫经济开发区之一的浙江景鄞扶贫经济开发区，取得了较好的经济效益，1997年区内商贸企业的年营业额已达7亿元，工业企业销售额2.7亿元。7月，该开发区被国家民委批准在区内建立“中国少数民族工业城”。工业城规划面积1.5平方公里，分一般工业区、高新技术产业区、民族手工艺区、仓储商业区、文化生活区等五部分。与此同时，根据国务院国函[1997]47号及国家民委等五部委《关于加强民族贸易和民族用品生产工作的通知》精神，省民宗委报请省政府同意，由省民宗委牵头，省计经委、体改委、财政厅、国税局、人民银行、工商银行、农业银行、供销社、医药管理局、商业管理办公室等部门组成省民族贸易和民族用品生产协调小组；省民宗委、计经委、体改委、财政厅、人民银行联合下发《关于加强我省民族贸易和民族用品生产工作的通知》；省民宗委与有关行业主管部门联合推荐杭州市富强丝织有限公司和海宁丝业有限公司为民族用品定点生产企业，鄞县绸厂为民族用品生产改革试点企业，现鄞县绸厂已被国家民委列入1997——1998年度全国民族用品生产改革试点企业之一；作为全国民族贸易县之一的景宁畲族自治县亦成立相应机构，指导和监督本地民族贸易和民族用品生产工作。概括一年来全省民族经济发展情况，主要具有以下特点：一是少数民族和民族地区的群众充分认识到在经济发展中市场的决定性作用，真正做到以市场为导向，注意各种信息的收集和科技成果的运用，逐步提高自身抗御市场风险的能力。二是转变了开发机制，民族地区充分依托山水优势，搞好综合开发，在开发形式上，从传统的单家独户开发，转向联营、承包、租赁等方式，将股份制和股份合作制引入农业综合开发，有力地推进了民族地区资源开发的进程。三是一些民族工作部门积极参与具体经济工作，利用资金、技术、人才、信息等要素，与民族乡、村联合开发一批种、养基地，不仅提高资金的使用效益，同时树立一批示范基地，对民族经济发展起带动指导作用。四是党和政府及社会各界加大了扶贫攻坚力度。去年全省12个经济发达县市102个省级单位挂钩扶持贫困县，仅景宁畲族自治县就有14个单位挂钩扶持，并在政策、资金、人才、技术等各方面加以倾斜，进一步增强了民族地区的自我发展能力。但是，少数民族和民族地区在参与市场竞争中普遍存在基础差、起步晚、项目选择面窄、抗市场风险能力弱等问题。

【社会发展】1997年，浙江省少数民族和民族地区各项社会事业顺利发展。民族地区基础教育基本巩固，师资队伍得到加强，教学质量不断提高，教育布局更加合理。景宁畲族自治县共有普通中学和职业中学13所，在校生9 600人，专职教师590人；有小学331所，在校生1.3万人，专职教师1 000人。18个民族乡（镇）共有中学12所，在校生5 698人，专职教师448人；有中心小学19所，在校生6 460人。总投资近1 400万元的武义县柳城畲族镇金穗民族中学是省100所扶贫建校项目的最大工程，占地5万平方米，一期工程包括2幢教学楼、1幢宿舍楼及配套设施于8月初建成，当年招生规模达23个班级、1 100余名学生，有教职工84名。中、高等民族教育进一步发展，继续在温州医学院设立民族班，招收临床医学专业的少数民族学生30名。当年，全国各类高校在浙江共录取畲、回、满、壮、蒙古、苗等少数民族考生202人，成人高校共录取25人，是历年来全省高校招生录取民族学生最多的一年。各地群众文化活动开展活跃，一年一度的老竹、丽新、柳城、板桥四个民族乡镇畲族“三月三”歌会如期举行，浙江省少数民族师范学校及龙游等少数民族人口较多的县也开展各种形式的“三月三”庆祝活动，以弘扬畲族传统文化，丰富群众的文化生活。此外，省民宗委民族处、省群众艺术馆、省民间艺术研究会等联合召开首次畲族音乐研讨会，有关艺术和民族工作部门近30位同志参加了会议，为弘扬畲族优秀文化起了积极的推动作用。

【民族工作】1997年是浙江省民族地区的脱贫年，省民宗委在国家民委的指导和省委、省政府的领导下，认真贯彻执行党和国家的民族政策和法律、法规，坚决贯彻省委、省政府的决策部署，采取各项有力措施，确保全省民族地区年底前全面脱贫目标的实现。一是制定政策措施，实行分类指导，增强扶持力度。5月，省政府下发了《关于进一步贯彻实施〈民族区域自治法〉〈民族乡行政工作条例〉〈城市民族工作条例〉有关问题的通知》（浙政发[1997]103号），12月，省民宗委与省计经委、体改委、财政厅、人民银行等联合下发《关于加强我省民族贸易和民族用品生产工作的通知》。文件下发后，各地结合当地的实际，制定了相应的政策措施。省民宗委认真抓好落实工作，在调查了解的基础上，向有关部门反映情况，争取帮助。在省财政的支持下，少数民族专项补助费有了增加。特别是省委、省政府对少数民族人数较多的贫困县十分关注，几位领导亲自到景宁畲族自治县指导工作，省直挂钩单位到景宁畲族自治县指导扶贫工作达195人次，确定扶贫项目39个，扶持资金达330余万元，从而为少数民族和民族地区的发展提供了有利的条件。二是重视发展教育，提高人口素质，促进全面发展。据统计，至年底，投向民族地区的省扶贫建校资金达1 700余万元，建设项目21个；努力协助教育部门办好民族小学、民族中学、高中民族班、中专和大学民族班及浙江省少数民族师范学校；进行全省民族教育情况调查，全面掌握情况；召开了全省民族教育工作会议，全省辖有民族乡和少数民族人口较多的5个市(地)和18个县(市)的民族工作部门负责同志及省教委的同志参加了会议，会议就新形势下全省民族教育工作的思路进行了探讨；经过努力，少数民族人口较多的县及18个民族乡镇实现了基本普及九年义务教育和基本扫除青壮年文盲的目标。三是壮大少数民族干部队伍，重视培养使用少数民族干部。配合组织部、统战部做好少数民族干部的选拔、推荐工作，通过办培训班、挂职锻炼等方式提高少数民族干部素质，9个民族工作重点县(市)已有7个县(市)落实少数民族干部进入实职领导岗位，少数民族当选新一届省人大代表的有18人，担任八届省政协委员的有21人，景宁畲族自治县鹤溪镇包凤村党支部书记畲家女雷汤菊当选党的十五大代表。四是重视民族团结进步工作。为推进民族团结进步事业发展，省民宗委重视对党的民族政策、法律、法规的宣传，并通过支持西藏班开展有益活动，参加欢庆藏历年，召开少数民族座谈会、茶话会，接待好来自全国各兄弟省市的参观团等工作，增强民族团结意识。五是加强机关干部队伍建设。根据国家民委系统"三五"普法要求，制定《浙江省民族宗教工作系统"三五"普法规划》，在民族工作干部队伍中广泛宣传民族法律法规和民族政策。10月，全省民族工作系统行政执法人员经过培训考试，均已获得省政府颁发的行政执法证件。

1997年，浙江省的民族工作得到了国家民委的高度重视，6月4日至15日，国务委员兼国家民委主任司马义·艾买提同志来浙江省考察并指导民族工作，专门视察了景宁畲族自治县、浙江省少数民族师范学校和景鄞扶贫经济开发区，省委、省政府领导陪同考察。

撰稿：钟建安

审稿：李绍瑛

安徽省

【民族经济】1997年，安徽省民族经济在党的十五大精神指引下，认真贯彻中央和全省经济工作会议精神，着力提高经济增长质量和效益，加快改革步伐，培育新的经济增长点，保持了良好、快速发展的势头。一年来，全省8个民族乡实现工农业总产值15.13亿元，比上年增长22%；粮食总产量达12.08亿吨，比上年增长7.5%；农民人均纯收入2 013元，比上年增长15.3%，超过全省平均水平。全省民族村人均收入达1 720元，比上年增长13.5%。

积极推进两个根本性转变，调整优化农业产业和产品结构，加速产量型农业向质量效益型农业发展进程，实现农业增产、农民增收、农村稳定。一是以优化农产品品质为重点，大力发展高产、优质、高效、低耗农业，提高农业综合效益。五河县临北回族乡发挥资源优势，突出特色，多业并举，建成万亩大田灌区，万亩蔬菜种植基地，千亩苗圃基地，发展鱼、蟹、野鸭等水产品养殖，经济效益显著。宁国市云梯畲族乡形成以早笋、笋干竹、种子繁殖为主体，毛竹、杜仲、青梅、板栗、山核桃等多种经济林共同发展的良好态势，全乡早笋面积已突破万亩，成为农民脱贫致富的支柱产业。二是以农副产品加工为重点，确立主导产业，抓群体开发，逐步形成规模种植、规模养殖、规模加工。颍州区清河办事处贾庄村的回民群众积极从事黄牛饲养、加工、销售，人均年收入5 000元以上。利辛县刘洼回民村办起“金三角”养牛场、骨粉厂、蘑菇场、养鱼场和牛肉精加工厂等户办、联户办企业，全年人均收入近3 000元，成为县小康示范村。三是以搞活农产品流通为重点，进一步开拓培育市场，搞活流通。亳州市形成中药材批发市场，阜阳市颍州区形成牛产品加工贸易市场，定远县建立粮油贸易市场等，生产、加工、销售有机结合，相互促进。四是以提高农产品科技含量为重点，实施科教兴农战略，普及农业实用科学技术。省民委在长丰等地举办了 3 期农村实用技术培训班，近 200 人参加学习。金寨县着力培养科技带头人，推广板栗、茶叶、蚕桑、中药材、食用菌栽培、管理、制作技术。寿县陶店回族乡举办农业技术讲座 10 多期，培训1 000人次，顺利通过国家科协和联合国专业组织关于“非正规教育”项目考察验收，连续五年被县政府评为“科教兴农先进乡”。

多种经济成分并存，集体、个体私营经济同步发展。在全省改革开放步入攻坚阶段、跨世纪赶超战略全面推进的关键时期，少数民族群众进一步解放思想，狠抓机遇，城乡民族企业不断发展，形成国有、集体、个体私营、股份合作、合资多种经济成分并存发展的态势。凤台县李冲回族乡新建了空心砖厂，填补了淮南市空心砖市场的空白，年创产值 500 万元、利税 130 万元，成为该乡经济发展的支柱企业。宁国市云梯畲族乡利用丰富的山石资源，建成石材加工厂，开发花岗岩、大理石板材等系列产品，促进了资源优势向产品优势转化，1997 年上缴税金、管理费居全乡之首。金寨县新创办了民族茶叶精制厂、兴民通风凉席厂、兴民摩托厂经营部 3 个少数民族企业，为少数民族脱贫致富开辟了道路。少数民族养殖、加工、运输、清真食品、屠宰业等个体私营经济得到长足发展，阜南县中岗、焦陂民族村回族群众利用地缘优势，发展蔬菜种植、养殖、食品加工业及旅社、运输等服务行业，专业户达 400 多家，10 万元以上的有 30 多户。利辛县春店乡回民李义友夫妻几年前积极创办民族针织厂，逐步发展到目前拥有固定资产 500 万元的益友电源有限公司，年产值 300 万元，上缴利税 20 万元，被阜阳市政府评为“私营企业 50 强”。蚌埠市回民创建的天桥家电公司、亳州市回民兴办的丽都商业大厦固定资产都超过百万元。目前全省现有一定规模的少数民族个体私营企业达2 000多家，仅亳州市穆斯林经济开发小区年产值千万元以上的私营企业就有十几家。

扩大增量，盘活存量，企业改制工作有条不紊。为适应市场经济发展，实现经济增长方式由粗放型向集约型转变。定远县二龙回族乡按照“三改一加强”的方针，广开思路，积极探索，根据实际采取股份合作、拍卖、租赁等形式对 6 家企业进行了改制。企业改制后增效显著，产值、利税、职工收入分别比改制前平均增长 18%、15%、20%。股份合作制企业“花生开发有限责任公司”年创产值5 000万元，产品远销苏、浙、沪和东北三省。以该公司为龙头，全乡从事花生种植、加工、贩运的个体户发展到 800 户，占全乡总户数的 1/4。其他少数民族地区也因地制宜，因企制宜，通过兼并、收购、联合、出售、租赁、股份合作等多种形式，发展混合所有制经济，使企业产权多元化。目前，全省民族企业改制面达 50%以上，经济效益显著增长。

【社会发展】全省民族教育事业迅速发展。全省 120 所民族中、小学基础设施得到较大改善，教育质量有了进一步提高。太和县民族中学以一流设备、一流管理、一流教育质量被吸收为全国民族教育协会会员单位。其量化管理办法为北京、天津等地民族中学所借鉴，国家教育电视台进行了专题采访报道。太和县民族小学教学质量居全县之首，全校1 230名学生中优秀学生有 550 人，优秀率达到 44.7%，1997 年度 15 名学生获得奥林匹克竞赛奖，3 人在全国小学数学竞赛中获二、三等奖，教师有 117 篇论文获县级以上奖励。根据民族乡任期目标，全省 8 个民族乡都办好了一所初中、一所中心小学，并基本建起了教学楼、图书室、实验室，九年制义务教育普及率达95%以上。凤台县李冲回族乡率先创办"三加一"职业教育学校，培养农村实用人才。农村扫盲教育、成人教育也取得了很大进展。省民族师范班首届招收的40名学生成绩合格，如期毕业，充实了民族中、小学的师资力量。民族传统体育事业蓬勃发展。经省政府同意，定远县民族中学、砀山县民族学校和伊斯兰武术学校被命名为"省少数民族传统体育项目学校"，并于10月份正式挂牌。其中，定远民族中学被确立为少数民族传统体育项目(木球和毽球)训练基地。文化、医疗、卫生等各项事业成绩显著。全省8个民族乡先后办起了农民文化技校和文化馆，并基本实现四有(即有房子、有基本设施、有管理人员、有活动场所)。李冲回族乡组建了2支由30人组成的高山、孔庄花鼓灯队，在"'97中国豆腐文化节"和安徽省第四届花鼓灯会上表演出色，荣获优胜奖。民族乡乡办卫生院设备基本齐全，医疗卫生条件进一步改善。淮南市古沟回族乡，12个行政村儿童脊灰强化免疫率达100%，计划生育率达99.15%，村村建起卫生室、广播站。精神文明建设进一步得到加强。

【民族工作】1997年度，全省民族工作在省委、省政府正确领导下，全面贯彻"抓住机遇、深化改革、扩大开放、促进发展、保持稳定"的基本方针，为推动少数民族经济和社会事业的发展作出了积极的努力。重点抓了以下工作：

一、认真抓好民族乡任期目标任务的落实。1997年是省政府"三年大发展，五年上台阶"任期目标的最后一年。为顺利完成省政府关于民族乡的任期目标，3月份，省民委在凤台县召开全省第三次民族乡工作会议，研究部署任务。在民族乡任期目标任务实施过程中，抓住重点和难点，加强督促、检查，积极寻求多方面的合作和支持。经过共同努力，民族乡10项目标任务按期完成。经省政府任期目标管理考核委员会评定，省民委为完成任务"好"的单位。

二、加强"三五"普法宣传教育工作。4月，省民委制定下发了《安徽省民委法制宣传教育第三个五年规划》。6月初，举办了全省民委系统"三五"普法业务骨干培训班，组织各地、市和部分重点县民委普法工作人员进行集中培训。11月，派员参加了全国民委系统"三五"普法经验交流及培训班。

三、加强调查研究工作。对全省部分重点地、市清真饮食业现状及全省少数民族人口万人以上的县(市区)党政、人大、政协领导班子和5 000人以上的县(市区)政府组成人员及人大、政协常委少数民族干部配备情况进行一次书面调查，并下发民族工作调研提纲。同时由民委领导带队，分别赴阜阳、六安、宣城、黄山、安庆等地检查、指导工作，对全省少数民族经济和社会发展状况开展全面调查。为贯彻全国边境地区民族工作会议精神，7月份，省民委组织各地、市民委主任赴东北三省边境地区对民族工作进行考察。

四、成功地承办了第十次全国回族史研讨会。派员参加了全国少数民族人口研讨会和全国畲族史研讨会，并向会议提交了论文。

五、继续加强与省民委组成单位联系，开展对外交流。根据工作需要，经省政府同意，新增加了省外经贸委、省农发行为民委组成单位，使省民委组成单位由21个增加到23个。同时积极协调省民委组成单位为少数民族办实事，省计委、省财政厅、省农发行、省教委等单位加大对少数民族和民族地区的扶持力度，全年共支持各项资金534万元，为少数民族经济、社会事业快速发展创造了有利条件。

撰稿：张　琼

审稿：马美红

福建省

【民族经济】1997年，福建省民族地区经济发展的步伐明显加快。据统计，全省17个民族乡有16个乡工农业总产值超亿元，累计完成工农业总产值39.2亿元，比上年增长11%。其中工业总产值30亿元，比上年增长15%；农业总产值9.2亿元，比上年增长2%。财政收入5 750万元，比上年增长15%；粮食总产量达15.5万吨，人均口粮435公斤；农民人均纯收入2 596元，比上年增长18%，绝大部分少数民族群众已告别绝对贫困，有的已步入小康生活。消除绝对贫困，基本实现小康，完成造福工程是福建省委、省政府提出的三大历史任务。福建省的少数民族是全省扶贫攻坚的重点和难点。1997年，省民委继续把少数民族和民族地区的扶贫攻坚奔小康摆在民族工作重中之重的位置，帮助少数民族和民族地区消除绝对贫困，加速经济发展，缩小与全省农村平均水平的差距。1997年，省民委在往年开展实用技术培训班的基础上，又举办了林竹果、家庭养殖培训班，还配合省妇联举办了4期少数民族妇女农村实用技术培训班，全年共培训少数民族群众近300人次，培训班采取既学理论、又抓实践、有的放矢、学用结合的方法，收到了良好的效果，深受少数民族群众的欢迎。许多学员来信反映，培训班使他们掌握了科学技术，有了用武之地，成为当地脱贫致富的带头人。1997年是民族地区的扶贫攻坚年，也是民族地区基础设施建设发展最快的一年。一年来，省民委积极协调省水电厅、省交通厅、省广电厅、省邮电局等部门，支持民族乡村的基础设施建设。有10个未通路的行政村被列入交通部门的计划盘子并最终得到解决；95个行政村开通了程控电话；为加快民族乡村的基础设施建设，省民委从资金上予以倾斜，安排了修路配套资金67万元。目前，全省17个民族乡都开通了程控电话，铺了水泥路或柏油公路，民族村通路率达78.5%，通电率100%。1997年，省民委把民族地区旅游资源的开发摆上加快民族地区经济发展的重要议程。宁德畲族窗口和泉州的回族窗口业已初步形成。旅游开发带动了第三产业的发展，宁德市的金涵畲族乡内的中华畲族宫建设已具雏型，引来众多旅游观光者，新崛起的旅游业引人瞩目，前景看好，将成为今后民族乡经济发展的新增长点。为加强民族乡之间的交流和联谊，省民委成功地举办了全省第三届民族乡联谊会，各民族乡交流了发展经济的经验。

1997年，省委、省政府将“帮助467户少数民族群众搬出茅草房，解决住房问题”列入为民办实事的内容，确定由省民委主办。省民委积极协调有关单位，帮助宁德地区霞浦、福鼎两县市实施少数民族茅草房改造，在实施草房改造过程中，省民委从实际出发，制定了详细的草房改造方案，两次深入民族地区调查了解少数民族住茅草房的情况，三次深入有关民族地区督促检查草房工作的进展情况，有力地推动和促进了这项工作的顺利进行。省民委领导自始至终高度重视少数民族草房改造工作，主要领导不但亲自动员部署草房改造工作，而且几次亲自深入当地督促检查草房改造的进展情况。少数民族住茅草房改造这项工作在省委、省政府领导下，在协作单位积极配合下，于1997年11月圆满完成。全省共完成少数民族草房改造719

户，建筑面积 19 502 平方米，共投入资金 722 万元，妥善解决了 2 859 名少数民族住茅草房问题，这件实事深得民心，在少数民族中引起极大反响，他们称颂这项工作是造福子孙后代的“德政工程”，一致认为此举是党和政府为少数民族群众办的一件大好事，是扶贫攻坚、消除绝对贫困的一件大实事。

【社会发展】大力发展民族教育，推动民族社会事业的全面进步，一年来，省民委继续把民族教育摆在优先发展的位置，一方面把有限的民族经费倾斜投入民族教育，另一方面积极协调省直有关部门加大对民族教育的投入，同时通过省各爱国宗教团体发动全省宗教界为少数民族地区捐资办学，促进了民族教育的发展。1997 年，省民委共划出 89 万元专款用于民族中小学校舍等基础设施的建设。一年来，共有 35 所民族中小学的基础设施得到改善。在抓好教育硬件设施的同时，福建省民委采取措施着力提高民族中小学师资水平，大力普及九年义务教育。目前，全省民族地区学龄儿童入学率达到 99%，普及率、巩固率、升学率与当地汉族地区水平基本接近。在民族职业教育方面，积极培养有专门职业技能的专业人才和为振兴民族地区经济服务的产业大军。一年来，省民委积极帮助福安市、顺昌县、晋江市民族职业中学拓展办学渠道，培养社会急需人才，通过一年的努力，500 多名少数民族学生从职业中学毕业，走上社会，为家乡脱贫致富作贡献。为使更多的少数民族学生有机会进入大中专院校深造，省民委继续在福建师大、福建农大、福州大学开办民族预科班，在宁德地区农校开办民族预备班，配合省高招办和 4 所民族院校，在全省招收少数民族学生。1997 年全省共招 208 名民族预科班和民族院校的学生。为使民族预科班教育办得更有成果，省民委组织召开了预科班创办十周年座谈会，总结了民族预科班办班的成绩、经验，进一步推动了这项工作的开展，此外，省民委还主动参与同西藏的教育对口支援工作。年初，慰问了省工商学校西藏班和三明市列东中学西藏班的师生，7 月，省民委同厦门市委联合组织了有厦门市民委、市教委、市青旅等单位参与的三明市列东中学西藏班学生夏令营活动，使远离家乡的藏族学生度过了一个快乐和有意义的暑假，既增长了见识，又开阔了视野，收到了良好的效果。

大力弘扬少数民族优秀传统文化，1997 年，省民委与省文化厅联合举办了福建省第二届少数民族文艺调演，这次文艺调演是福建省时隔 13 年之后再次举办的少数民族文艺盛会，得到了省委、省政府的高度重视，被列入全省迎香港回归大型系列庆典活动的内容，全省各地均组织节目参加。汉、畲、回、高山、藏等民族的专业和业余演员共 200 余人参加了演出，各地精心准备了 70 个参演节目。这次文艺调演共评出一等奖 3 个、2 等奖 8 个、三等奖 14 个，并评出优秀创作奖 2 个、创作奖 10 个、特别奖 5 个。这次文艺调演丰富了民族地区的文化生活，促进了民族地区文化事业的发展。

【民族工作】1997 年，福建省民族工作继续按“教育为先，科技为要，经济为重，小康为实，干部为本”的思路部署和开展，工作重点放在民族乡，覆盖到民族村，突出发展经济，提高少数民族生活水平。做到两手抓，即一手抓农村民族工作，一手抓城市民族工作；开好两个窗口，即宁德的畲族窗口和泉州的回族窗口，有力地促进了各民族间的团结互助，维护了全省的社会稳定和促进了少数民族的经济发展。

一、积极反映情况，争取省委、省政府对民族工作的重视和支持。在省民委深入调查、积极建议、主动争取下，省委、省政府把解决少数民族住茅草房的问题列入为民办实事项目。年初省民委就把帮助少数民族彻底消除住茅草房现象列入工作重点，协同省政协民宗委对霞浦县民族地区脱贫致富奔小康进行了调查研究，形成了《闽东少数民族地区脱贫致富奔小康调查报告》，引起了省委、省政府的高度重视。为发挥省直有关部门的作用，共同关心支持民族地区经济与社会事业的发展，省政府决定成立民族工作协调委员会，6月份，省政府召开了省民族工作协调委员会成员单位会议，省民委主动向协调委成员单位介绍民族地区的发展情况和存在的问题，各成员单位纷纷表示要为支持民族地区发展经济、消除绝对贫困、基本实现小康助一臂之力，采取有效措施给予倾斜照顾。为了充分发挥省协调委的职能作用，会议还讨论通过了《福建省民族工作协调委员会职责》，明确了各委员单位的职能。

二、总结交流经验，加快少数民族干部培养选拔步伐。省民委与省委组织部、省委统战部联合召开全省培养选拔少数民族干部工作经验交流会，传达了全国培养选拔少数民族干部经验交流会精神，总结了福建省在1993年全国培养选拔少数民族干部工作座谈会以来少数民族干部的情况，交流了经验，提高了认识，统一了思想，明确了任务。省民委根据中央组织部、中央统战部和国家民委的部署，协同省委组织部、统战部选派8名少数民族干部赴中央国家机关挂职锻炼，并继续选送一批机关少数民族干部到基层挂职锻炼，通过加强培养，大胆选拔，放手使用，全省少数民族干部的队伍不断壮大，一批少数民族干部走上领导岗位，全省现有少数民族干部近8 000人，占全省干部总数的0.96%，少数民族党员人数达1.5万人，占全省党员总数的1.4%。全省乡科级、县处级和地厅级少数民族干部分别达642人、81人和16人。企事业单位中层以上少数民族干部为368人。1997年在省人大、政协换届中，全省有28名少数民族同胞当选为省第九届人大代表，占全省代表总数的5%，有20名少数民族被安排为省政协委员，占委员总数的3%。

三、为探讨新形势下畲族和畲族地区面向未来的发展问题，省民委发起并承办了经国家民委党组同意，由中国民族理论学会、国家民委民族问题研究中心、中国社科院民族研究所和福建民族研究学会主办的“面向二十一世纪的中国畲族社区研讨会”，来自7个省市民委的民族工作者和高校、科研院所的专家学者90余人云集福建，研讨畲族社区的经济和社会发展问题。全国人大常委会副委员长布赫、全国人大常委会民委副主任伍精华、国家民委副主任文精、中央统战部顾问江平等领导出席研讨会并做了重要讲话。与会代表立足现实，着眼未来，各抒已见，畅所欲言，从理论和实践的结合上，从各个角度进行了多学科、全方位的探讨，研讨会收到论文70余篇，许多论文和发言很有见地，很有价值，对进一步推动和促进福建畲族地区的全面发展将产生积极的作用。

四、重视和加强机关民族、宗教工作干部队伍建设。省民委、省宗教局在省委党校举办了为期20天的全省民族、宗教工作干部培训班，25名地市县民委、宗教局的负责人参加了培训。省民委、省宗教局机关还选送7名干部参加省委党校、省行政学院、省直机关党校举办的进修班、培训班学习。

五、加大了调查研究和立法、宣传工作力度。省民委领导和各业务处室多次深入民族工作重点地区调查研究，了解实情，解决问题，指导地方工作，推动民族工作开展。《福建省少数民族权益保障条例》（以下简称《条例》），历经10年调查、修改，已列入省人大立法计划。为使《条例》进一步完善，省民委还召开了民族立法工作座谈会，对《条例》进行充分讨论，认真修改，现已报送省法制局。《福建民族》双月刊的编辑出版已进入规范运作。同时还出版了《福建民族信息》。

撰稿：雷炳恩

审稿：钟明森

江 西 省

【民族经济】1997 年，江西省少数民族地区在各级党委和政府的正确领导及关心指引下，克服了因东南亚金融风暴带来的种种不利影响，民族乡村产业结构进一步调整，民族经济仍保持持续、健康发展。全年民族乡村工农业总产值达8 225.8万元；3 个民族乡的工业总产值2 310.1万元，农业总产值1 572万元，分别比上年增长 6%和 17.8%；粮食总产量2 482吨，比上年减产 28.8 吨；财政收入 232.73 万元，比上年减少 3.07 万元；全省民族乡村农民人均纯收入1 310元，比上年增长 140 元，涨幅 12%。

民族乡村经济在继续保持农业基础地位的同时，充分发挥了自身的资源优势，积极转换经营机制，推动科技兴农步伐，大力发展特色产业，形成了以农、林、牧、副、渔业多元发展的良性局面。至 1997 年底，仅政府支持一项，民族地区已建设果园2 813亩，垦复山林 2.06 万余亩，开发水面1 146亩，饲养牲畜6 130头，养家禽4.48万多羽，特色农业使少数民族群众受益匪浅，同时也成为民族地区新的经济增长点。

民族乡引进外资前景看好，1997 年仅铅山县篁碧畲族乡引进外资 270 万元，年产值 426 万元，创历史最高水平，既使当地资源得到深加工、精加工，又解决了部分劳力的就业问题。

民族私营经济异军突起，涉及的领域非常广阔，有办厂的、经商的、采矿的，也有从事养殖和服务等行业的，1997 年全省民族私营企业总产值创2 000余万元。

经过近年来各级政府对党和国家民族政策的宣传，以及社会各界对民族地区的帮扶，江西的少数民族已开始走出山区，投身于市场经济的大潮中，并取得可喜的进步。但与此同时，也暴露出对市场经济规律认识不深、准备不足等缺点，表现在对有些项目的论证和取舍等方面不够科学，产品进入市场时营销手段跟不上需要等。此外，全省少数民族地区的水、电、路等基础设施仍十分落后，成为制约民族经济进一步发展的障碍。

【社会发展】1997 年，江西省少数民族地区各项社会事业稳步发展。截至年底，全省民族乡村共有民族中小学校 40 多所，占地面积 5.98 万平方米，建筑面积 2.83 万平方米，在校学生8 001人，其中少数民族学生3 679人；教师 576 人，其中少数民族教师 88 人。教学条件的不断改善和教师素质的持续增强，大大提高了民族地区的教学水平。1997 年，全省民族乡村适龄儿童入学率为 96%，少数民族成人扫盲活动卓有成效。同年夏季招生共有 82 名少数民族考生升入大专院校深造，明显高出历年水平。南昌市十七中设有全省唯一一个西藏班，目前有在校学生 253 人，该西藏班自 1985 年开班以来，共培养初中毕业生 617 人。江西省和南昌市两级政府及有关部门对西藏班高度重视，每年不管财力如何紧缺，都从资金上和物质上给予优先资助，年年都有省、市有关领导前往西藏班与师生们共度传统藏历年，表达了江西人民对西藏同胞的深厚情谊。

民族乡村文化卫生状况得到进一步改善。共建有文化活动站(室)41 个，卫星电视接收站11 个，卫生院(所)45 所，医护人员 77 名，少数民族乡村每百人拥有电视机 11 台，大大加快了少数民族迈入现代文明的步伐，民族地区不再象过去那样闭塞了。

少数民族干部队伍进一步壮大。1997年，全省有各级各类少数民族干部2 100多人，各级人大代表205人，其中全国人大代表2人，省人大代表9人，地市级人大代表29人，县级人大代表57人，乡级人大代表108人，各级政协委员193人，其中省政协委员7人，地市级政协委员28人，县级政协委员158人。这些干部活跃在各条战线，为民族地区社会各项事业的发展献计献策，成为一支跨世纪的、充满活力的生力军。

1997年，江西省民族地区社会稳定，民族团结，干群关系融洽，无影响民族团结的不良事件发生。贵溪市樟坪畲族乡还保持了连续48年无刑事案件发生的纪录。民族地区的安定团结为维护全省的社会稳定作出了贡献，有力地促进了民族地区各项事业的顺利发展。

【民族工作】1997年，江西省民族工作部门认真贯彻执行党和国家的各项有关民族政策、法律和法规，学习党的十五大精神，结合全省少数民族和民族地区社会经济发展的实际，通过抓住新机遇，树立新形象，开创新局面，采取有力措施，加大民族扶贫力度，加强民族法制宣传，重视民族团结和干部队伍素质建设，较好地完成了全年的工作任务：

一、围绕发展民族经济的主题，深入开展调查研究。省民宗局通过对5地市近20个县的经济发展现状的调查分析，递交了《差距正在拉大，扶贫必须加强》的调查报告呈省政府领导，受到省政府主要领导的重视。并在此基础上，由省政府办公厅牵头召开了全省民族工作座谈会。会后，又力促省政府下发了《全省民族工作座谈会纪要》（赣府厅字[1997]143号）和《关于省政府有关部门对口支援民族乡村经济发展实施意见的通知》（赣府厅字[1997]144号）两个文件，为全省民族工作登上新台阶夯实了基础。

二、加强民族法制建设，力促全省民族工作走上法制化轨道。1997年，江西省民族宗教局组织学习了《民族区域自治法》、《民族乡行政工作条例》、《城市民族工作条例》和《江西省民族工作办法》等有关民族法律法规，同时又举办了全省民族宗教工作系统民族法律法规知识竞赛，并取得圆满成功，之后还会同省法宣办、省直工委等部门进一步深入开展民族法律法规宣传教育活动，对此，各地反响积极。

三、积极宣传民族工作，争取党政领导和社会各界对民族工作的支持和重视。1997年，省民宗局围绕自己宣传、横向宣传、利用新闻媒体宣传相结合，先后陪同全国人大、省人大、省政协等有关部门工作人员深入民族地区调查研究，向各级领导宣传民族工作，在调查宣传的基础上，编发各式材料，争取领导对民族工作的重视。全年先后有3篇调查报告和专访在国家级刊物上刊登，4份不同类型材料得到省政府领导的批示。利用国家民委《民族团结》杂志社记者来江西采访的机会，对全省各级、各方面民族工作作了系统宣传，并对省委副书记、省长舒圣佑进行了专访。江西的民族宣传工作登上了一个新台阶。

四、继续加大对少数民族的扶贫力度，扶贫攻坚效果显著。结合市场经济体制确立后带来的变化，1997年，省政府先后下发了《转发省民族宗教事务局关于江西省民族乡村脱贫致富工作意见的通知》（赣府厅字[1997]16号）和赣府厅字[1997]143号、144号三个文件，制定了新形势下民族扶贫脱贫的具体措施和要求，全面拉开了对口支援民族乡村的攻坚战序幕。总结八五期间至今的工作，各级政府先后为民族地区建桥71座，总长4 728米；修路548.4公里；架电线317.55公里；修水坝水陂73座；打水井153口；修建校舍1.38万平方米，大大改变了民族地区的落后面貌，少数民族贫困率已降为14%。

五、加强机关干部队伍建设，努力促进民族工作部门干部素质的提高。配合九七香港回归和党的十五大胜利召开，省民宗局及时组织全局干部开展专题学习。学习采用每月集中学习与平时分散学习相结合,领导作专题发言与干部自述学习体会相结合,中心发言与自由讨论相结合的方式进行,既交流了干部之间的学习体会,加深了对党的十五大精神的理解,又统一了思想,提高了认识,坚定了大家做好本职工作的信心。为适应办公现代化的需要,局里的中青年干部还全部参加了计算机知识的专门培训。力求从思想上、政治上、业务上建设一支高素质与高效率的民族工作干部队伍。

六、增进民族团结,迎接体育盛会。信访工作是民族工作中较重要的一部分,常常涉及到少数民族群众的切身利益,影响较大。省民宗局严格要求每一位工作人员都要从政治的高度出发,耐心细致地为少数民族服务,切实保护他们的合法权益,增进民族团结,维护社会稳定,树立民族工作部门的良好形象。同时还直接指导地市处理有关信访工作,确保了全年几十起群众来信来访无一起引发事端。为迎接全国少数民族的世纪盛会——第六届全国少数民族传统体育运动会在北京和西藏召开,省民宗局主动争取省政府领导的重视,积极协调有关部门做好筹备工作,各项工作正有条不紊地进行。

撰稿:缪星宇

审稿:罗峻雄、李　红

山东省

【民族经济】1997年,山东省民族经济稳定发展,全省7个民族乡镇,实现社会总产值17.5亿元,比上年增长3%;粮食产量1.15万吨,比上年增长3%;肉产量1.9万吨,比上年增长32%;乡镇及乡镇以下办企业1 666家,企业利润总额3 291万元,从业人数1.39万人。年人均纯收入1 980元,比上年增长5%。民族乡镇经济发展的主要特点:一是工业生产平稳发展。如金岭回族镇,1997年全镇工业总产值实现1.4亿元,比上年增长5.3%;工业销售收入实现1.3亿元,比上年增长3.9%;工业利税实现11.3万元,比上年增长18%;固定资产总投入1 387万元。十里望回族乡大禹羊绒针织厂,投产以来先后承担了香港、俄罗斯和罗马尼亚几家公司的长期购销业务,取得了较好的经济效益和社会效益。1997年底,该厂实现产值1 500万元,创利税383万元。二是以市场建设为重点,加快发展第三产业。青州市昭德街道办事处,他们根据市委、市政府构筑大三产格局的战略构想,依托城区优势,走完善、配套、提高、开发四位一体的发展路子,加快旧城改造,带动了第三产业的快速发展,1997年实现第三产业增加值3.6亿元,比上年增长20%。曹县侯集回族镇,坚持以市场为导向,以资源优势为依托,以农副产品加工为龙头,涌现出了一些活力大、市场竞争能力强的骨干企业,如侯集地毯厂狠抓企业管理,1997年产值达1 200万元,取得经济效益500多万元,上交税收50多万元。三是大力发展多种经营,特色乡镇建设日趋明显。禹城市十里望回族乡,在特色乡镇建设中,突出做到以下几点:(1)蔬菜特色乡镇建设进一步得到巩固提高。以发展两方(青年方、石佛方)两线(001、009省道)的盖韭、大蒜种植为重点,采取有效措施,使土地调整和种植业结构调整进一步得到落实,蔬菜面积不断扩大。(2)畜牧业生产由增量向增效转变。重点实施了“一大一小”

工程，积极开发良种羊，狠抓5个饲养小区、10个养牛专业村、15个养鸡专业村建设。1997年底，全乡牛存栏量2万头，羊出栏量4万只，鸡出栏量120万只，人均畜牧业纯收入突破1 000元。(3)狠抓食用菌生产。通过举办培训班，组织干部群众参观学习，积极联系引进木糖醇渣等项措施，使全乡的食用菌生产取得了前所未有的好局面。

【社会发展】1997年，山东省少数民族教育、文化、卫生事业有了进一步发展。全省现有民族中、小学173所，少数民族在校学生3.92万人，教职工2 223人，适龄儿童入学率达到98%以上。针对1997年普通高校招生并轨的新情况，省民委及时与省教委协调，圆满完成了各民族院校的招生任务，460名少数民族考生被各类院校录取。为使少数民族学校的办学条件得到改善，省民委对全省的民族中、小学进行了全面的摸底调查，向7个民族乡镇中、小学投入教育扶贫资金35万元，并帮助侯集回族镇争取了20万元的希望小学建设资金。为促进少数民族业余文化体育活动的开展，省民委会同省体委在青州举办了少数民族武术比赛，来自全省各地的近百名选手参加了比赛。1997年八运会期间，山东省少数民族体协被评为全国群众体育先进集体，受到国家体委的通报表彰。

【民族工作】1997年，山东省民族工作，紧紧围绕经济建设这个主题，求真务实，扎实工作，民族团结进步事业有了新的发展，为山东省两个文明建设做出了贡献。

——少数民族经济和扶贫工作有了新的突破。根据国务院有关文件精神，认真做好民族用品定点生产企业和改革试点企业的认定工作，省定点企业在原有3家的基础上适当增加。省民委及各级民族工作部门把少数民族扶贫工作纳入整个扶贫攻坚计划，从资金、项目上给予扶持，加快了少数民族贫困人口的脱贫步伐。省民委全年投入80多万元扩大小尾寒羊优良品种繁育基地，并向省内和省外少数民族贫困村调拨了一大批良种羊。举办养殖和饲料加工技术培训班4期，培训技术人员200多人。为使民族经济的活力进一步增强，1997年省民委争取发展资金500万元，省财政用于少数民族的发展资金和扶贫周转金增加了100万元，全年共发放新增发展资金500万元，扶贫周转金200万元，扶贫资金无偿部分200万元。

——少数民族干部培养选拔工作成效显著。省民委会同省委组织部、统战部召开了培养选拔少数民族干部工作座谈会，确定了抓规划、抓选配、抓培养、抓源头、抓协调的新思路，工作取得新的成效。一是各市地普遍制定了培养选拔少数民族干部工作规划。二是建立正常的少数民族干部培训制度。三是少数民族后备干部及其跟踪培养、推荐选拔工作形成制度。四是抓“源头”工作已引起足够重视。

——马克思主义民族观、宗教观的宣传教育深入持久。全省各级民族宗教工作部门进一步强化了马克思主义民族观、宗教观和党的民族、宗教政策的宣传教育工作，并取得良好的社会效果。省民委、宗教局先后编写了《马克思主义宗教观辅导讲座》、《民族理论与政策讲座》两本书。并通过迎香港回归，举办了民族、宗教界知名人士座谈会、书画展和各种丰富多彩的文化娱乐活动，产生了广泛的社会影响。

——法制宣传教育和法规制度建设进一步加强。为提高民族宗教工作部门干部职工依法行政、依法管理、依法办事的能力，增加各民族公民的宪法观念和法律意识。省民委组织编写了山东省第一部《民族法律法规文件选编》、《民族法制简明教程》。有力地推动了“三五”普法工作的顺利进行。

——史志和办刊、信息工作取得了新的成绩。50万字的《山东省志·民族志》、《山东省志·宗教志》定稿并交付印刷；《齐鲁宗教》、《民族与宗教工作通讯》在宣传党的民族宗教工作方针政策、推广先进经验等工作中发挥了重要作用，1997年国家民委、国务院宗教局的信息和简报对山东省的民族宗教工作经验多次转发推广，省内外报刊也作了大量宣传报道。

——民族、宗教工作部门队伍建设得到加强。全省各级民族、宗教工作部门按照“内强素质、外树形象、团结实干、争创一流”的目标要求，狠抓了自身建设。一是加强政治理论学习和业务学习。二是机构改革和干部人事制度改革初见成效，通过公务员过渡考试、考核、竞争上岗和招收公务员，进一步完善了内部机构，优化了干部队伍，提高了整体素质。三是加强机关廉政建设，认真学习中纪委和省纪委全委会议精神，结合实际制定了有关规章制度，使廉政建设纳入了经常化、制度化轨道。

撰稿：米　扬

审稿：王树理

河南省

【民族经济】1997年，河南省民族经济工作以邓小平理论为指针，紧密联系实际，始终坚持以经济建设为中心，全面实施开放带动战略，增强全省少数民族群众改革开放和竞争发展意识，形成思改革、求发展、图振兴的共识，努力开创河南省民族经济工作新局面。

1997年，在国家宏观经济适度从紧、稳中求进的环境中，全省民族经济针对市场需求，增加产品科技含量，在市场竞争日趋激烈的情况下，少数民族经济仍持续稳步发展。1997年，全省民族经济完成国内生产总值159亿元，利税17亿元；完成工业总产值107亿元，农业总产值17亿元，第三产业产值63.4亿元，比上年增长分别为12.6%、21.4%、19.8%。农民人均纯收入1 845元，民族经济经过结构调整和改善，运行质量不断提高，工业生产保持稳定，第三产业在整个国内生产总值的比重逐渐加大。

一、民族乡(镇)经济稳步增长，带动全省民族经济的发展。1997年，民族乡(镇)经济发展遇到了经济调整带来的困难，但全省民族乡(镇)干部群众面对挑战不气馁，充分发挥少数民族传统产业优势，经济发展在困难中调整，在调整中前进，经济运行态势基本平稳，运行质量有所提高。1997年，20个民族乡镇创国内生产总值78.7亿元；总产值超亿元的民族乡(镇)16个，占全省民族乡(镇)总数的80%；人均收入超过全省平均水平的有15个，占全省民族乡(镇)总数的75%。宁陵县城关回族镇利用当地资源分别建立动物蛋白饲料加工、桐木拼板加工、粮油加工基地，其产品销往全国各地，同时又建立蔬菜、瓜果、粮油农贸大市场，成为豫东农副产品集散地之一，逐步形成了农户粗加工，集体精加工，种、养、加工相结合，产、供、销一条龙，贸、工、农一体化的生产格局，走上了“公司＋农户、工厂＋农户”的良性循环轨道。睢县城关回族镇以全镇最大的西门里皮毛制革企业为龙头，以中小制革皮毛企业为依托成立了河南省盛荣裘革皮制品集团公司，该公司拥有12个分公司，固定资产4 000万元，流动资金2 000万元，年总产值亿元，年利税800万元，年创汇120万美元，成为规模优势组合的大型集团化企业，提高了在国内外市场的竞争能力，为民族企业走集团化经营之路探索出成功的经验。太康县城关回族镇采取有效措施，制定出发展规划，净化经济发展的外部环境，连续超额完成上级下达的各项任务，1997年，各类民族企业已发展到2 873个，国内生产总值6.62亿元，较上年增长21%；财政收入887万元，比上年增长33%。

二、在经济的调整中，不断增强市场竞争能

力。1997年，全省少数民族经济在产业结构和产品结构的调整中，重视科技进步，努力提高产品质量，在困境中自我调整，产业和产品结构适应市场需求，民族企业向上规模、上水平、上档次、创名牌、重视科技和产品开发发展。各地少数民族企业注意采用先进技术和工艺，提高产品的科技含量和质量档次，靠科技发展，靠质量取胜，向管理要效益，增强抵御市场风险的能力和发展后劲，促进民族经济稳步发展。其主要特点：(一)个体、私营企业不断发展壮大。1997年全省农村少数民族个体、私营经济创工业产值45.2亿元，完成利税7.18亿元，占全省乡以下农村经济总产值的50%左右。全省个体、私营企业54 625个，占全省民族企业68.8%。(二)随着经济结构的不断调整，少数民族经济结构中，第三产业发展势头较猛。据统计，全省从事饮食服务、汽车运输等第三产业的企业达到19 454家，年产值63亿元，如焦作市少数民族从事清真餐饮业的达1 349户，比1996年增加了125%。少数民族第三产业产值占国内生产总值的比重由1996年的39.4%上升到40.8%。如沁阳市水南关村继兴建温泉水上游乐宫后，又建起了液化气供应站。清真饭店开始向高档次、多样化发展。(三)农村少数民族经济结构经过种养业的调整成为新的经济增长点和农民脱贫致富的产业支柱。如：周口地区发挥传统优势，大力发展养殖业，养殖与种植相互促进，共同发展，从而有力地促进了农村经济的全面发展。淮阳县积极开展科学养牛、养鸡、养兔，并走上了“秸秆养牛，过腹还田，以农养牧，以牧促农”的良性发展路子。1997年底，该县已有少数民族养殖专业村10个，黄牛存栏1 250头，养羊7 852只。全省402个少数民族聚居村中，有70%已形成以养殖业、种植业为基础，以畜产品加工为龙头的产业优势，成为农村少数民族经济发展的支柱。(四)民族企业在产品结构调整中更加重视依靠科技进步，开发新产品，提高产品质量，降低生产成本，增强市场竞争能力。如沁阳市中原制革厂和德国、法国、荷兰等国的皮革助剂公司进行技术合作，先后开发了高档黄牛梦幻革、水晶革、巴斯恩革以及全粒面、半粒面、珠光、擦色、花纹、翻绒等皮革产品，他们内抓品种、质量，外抓市场销售，在省内外设立了八个商务办事处，大量搜集皮革市场信息，促销产品。在激烈的市场竞争中，该厂产品供不应求，生产规模不断扩大。1997年，这个仅有400多名职工的制革企业，完成产值1.05亿元，实现利税850万元，成为民族企业中的后起之秀。(五)民族企业普遍重视可持续发展问题，少数民族支柱产业皮毛、制革行业治污力度增大，成效显著。孟州市桑坡村投资700多万元，建成污水集中处理一期工程。河南长城集团公司、沁阳市中原制革厂、新星制革厂等企业治污工程都已投入运行。治污达标为民族企业的可持续发展奠定了基础。

三、突出扶贫开发，加快脱贫步伐。到本世纪末，基本解决我国的贫困问题，是党中央、国务院既定的战略目标，是广大贫困群众的强烈愿望，这项工作有着极其重要的政治、经济和社会意义。省民委针对全省少数民族贫困情况，采取了统一部署，制定脱贫致富方案，不同类型采取不同的帮扶措施，帮助其尽快脱贫。一是切实把贫困民族乡(镇)工作纳入工作重点，对全省少数民族聚居村贫困情况进行一次专项调查，帮助其理清加快脱贫致富、发展民族经济的思路，写出调查提纲，各级民委进行深入调查并写出调查报告；二是省民委派专人到民族乡镇进行实地调查研究，把3个贫困民族乡作为省民委扶贫工作的重点，扶贫先扶志，积极协调有关部门在资金、物质等方面给予倾斜，同时，重点帮助贫困地方提高认识，解放思想，树立改革和艰苦创业的精神。各地根据省政府文件《关于进一步加强民族区、乡(镇)工作的意见》精神，积极落实有关优惠政策的落实。截至目前，全省65%的民族乡(镇)落实了财政超收部分及财政支出节余部分全部留成、基数一定5年不变的规定，有的对民族乡(镇)企业的资金投入及减免管理费、所得税等方面采取了适当优惠政策。

民权县对所属两个贫困民族乡实行财政基数以1995年底为准，“超收全留，补贴不减”，5年不变的政策，从而促进了民族乡（镇）的发展步伐。三是积极协调，形成合力，加大扶贫力度，从基础设施到扶贫开发，采取省、市（地）、县各级政府及有关部门集中扶持的方法，经过努力，使民权县伯党、胡集和方城县袁店3个贫困民族乡（镇）的基础设施和经济开发有了较快的发展。1997年，3个乡共投入资金800万元，收到明显的经济成效。民权县胡集回族乡改善了农业基础设施，提高了粮食产量，在一年内先后修建60多个桥涵、3个提灌站，改善了水利条件，1997年，粮食总产量达到5 100吨，比1996年增产100吨；人均收入比上年增加140元，达到940元；乡财政收入由1996年的54.4万元，达到今年的60.9万元。同时，省民委从每年两项资金中拨出专项培训资金用于举办各种类型的培训班，使少数民族群众掌握勤劳致富的本领。1997年全省举办各类培训班605期，培训3.91万人次。经过近几年来的努力，贫困民族乡的基础设施建设、经济社会发展从根本上都上了一个新台阶。

【社会发展】1997年，河南省民族团结、文化教育、卫生体育等各项社会事业有了进一步的发展。

一、以加强基层基础工作为突破口，进一步增强民族团结。为了增强民族团结，维护社会稳定，全省已有95%的民族村建立了“民族团结促进会”组织，在基层承担起宣传政策、协调关系、化解矛盾、促进团结等任务，增强了人们的法制意识、团结意识，形成群众性自我教育、自我管理、自我协调、促进团结的新风尚，使各种矛盾能够化解在基层，消除在萌芽状态，预防了矛盾的滋生、蔓延、扩展与激化，有力地维护了民族间的团结。各地利用各种渠道和形式，广泛开展了民族政策宣传教育，增强了人们执行政策的自觉性，定期开展民族团结进步表彰活动，营造了民族团结、和谐的氛围，减少了民族矛盾滋生、扩展与激化的土壤。南阳市基层“民族团结进步促进会”建立以来，已化解矛盾126起，控制越级上访13起，制止违法事件12起。

二、强化民族教育，提高少数民族文化素质。少数民族适龄儿童入学率和巩固率不断提高。民族学校的一些突出问题逐步得到解决。开封市民委积极协同教育部门帮助民族学校提高教育质量，解决实际问题，使全市的民族学校，成为当地一流学校。广大少数民族干部群众更加重视智力投资。如叶县马庄回族乡投资67万元，建起一所民族中学。博爱县西关村集体筹资20万元，建起一座总面积5 000平方米的民族幼儿园，深受少数民族群众欢迎。

三、开展多种形式的文化、体育活动，丰富少数民族群众的文化生活。为了普及推广少数民族传统体育项目，迎接第六届全国民族传统体育运动会的召开，1997年，全省举办了体育方面的毽球、木球等教练培训，为各市、地开展此项活动奠定了基础，为参加全国“民运会”做好准备工作。为了进一步落实河南省民族古籍“九五”发展规划，积极开展民族古籍搜集整理工作，《河南省回族穆斯林碑刻汇编》第二稿已修改完毕，这些都为弘扬民族文化起到了积极的推动作用。同时，各地也开展了形式多样的群众性文化活动，许昌县丈地村多年来坚持办好“文化大院”，大大活跃了群众的文化生活，该村先后被国务院和省、市、县授予“全国民族团结进步模范单位”、“中州文化村”、“科普先进村”、“社会治安综合治理先进村”等荣誉称号。

【民族工作】1997年，河南省民族工作认真贯彻执行中央关于加强和改善宏观调控的一系列重大决策，以坚持党的基本路线和基本方针为指导，以实现各民族共同繁荣为主旋律，以经济建设为中心，促使少数民族经济和社会事业的全面发展。

一、突出重点，抓好落实，积极为民族经济发展服务。深入基层，调查研究。一是对全省民族区、乡（镇）工作会议和省政府《关于进一步加强民族区、乡(镇)工作意见》文件精神贯彻落实情况进行调查。先后到4个市地、11个县的乡(镇)和少数民族聚居的重点村进行实地调查,写出了调查报告,上报省政府。二是对民族乡(镇)经济、民族企业、小康村建设情况和年产值百万元以上的民族企业进行调查和登记造册,摸清了情况,发现了一些经济发展较快的典型,掌握了少数民族经济的产业结构、特点、企业情况、经济效益等第一手资料。三是对全省中级专业技术职称以上的少数民族科技人才状况进行登记造册。四是对全省清真食品生产经营等情况进行两次调研,写出了《河南省清真食品生产经营情况调查报告》,对清真食品生产经营的现状、特点、结构等情况有了较系统的掌握和分析,为贯彻落实《河南省清真食品管理办法》创造了条件。

推动清真食品管理工作走向规范化、法制化。为了进一步加快清真食品管理工作的规范化和法制化,省民委对个别市、地清真食品牌证发放工作进行了监督检查,对清真牌证发放较好的市、地、县帮助总结经验,并在河南民族工作信息上进行宣传。同时,积极协助修改《河南省清真食品管理》(下称《办法》),与法制局协调,争取使《办法》更趋合理、完善。《办法》于1997年10月18日以河南省人民政府令的形式颁布实施后,又及时制订了《关于建立清真食品生产经营年度检查制度的方案》,为全面贯彻落实《办法》起到了推动作用。

积极为少数民族办实事、办好事。一是争取财政少数民族发展资金。积极与财政部门协商,省财政在1996年发展资金增加30%的基础上,1997年又增加70万元,比1996年增加65%。民族乡(镇)基础设施及扶贫开发资金经过努力取得了突破性进展,国家财政部下拨民族乡(镇)专项无偿扶贫资金700万元,已下达各民族乡(镇)。二是积极疏通金融部门,增加信贷资金。1997年,在少数民族专项贷款资金紧张、部门专项贷款逐步取消的情况下,积极争取到1 297万元的贷款。

注重民族统计工作,搞好经验总结。一是认真抓好各级民族统计人员的培训工作。为提高全省民族统计工作的质量和统计人员的素质,7月份召开了全省民族统计汇总会,采取以会代训的形式,对基层统计人员关于统计分析报告的写作方法进行了系统培训;二是根据国家民委的要求,完成了《中国民族统计年鉴》(1997)文稿的编写任务。同时,还结合全省民族经济、民族区、乡(镇)报表的汇总和数据的评估工作,编写了《河南省民族经济统计汇编》。

建立健全了中央民族大学河南函授站以及省民族中专学校的招生体制和招生规模。中央民族大学函授站由每年招生50人扩大到110人,民族中专学校由每年招生100人扩大为大中专、小中专、预科班三个层次300人,为进一步解决贫困地区少数民族学生升学难的问题创造了条件。为提高民族干部的领导素质,进一步做好民族团结进步的基层基础工作,5月份,举办了全省首期村级民族干部培训班,取得了较好的效果。

深入到全省少数民族人口较多的市地,就河南省当前的民族关系情况进行调查研究,写出调查报告。在各级民族工作部门积极探索新形势下做好民族团结工作的方法、措施,在如何及时排查、化解民族关系方面的不安定因素的同时,围绕巩固民族团结基础这一根本,开展大量细致的工作。总结经验,以典型引路,表彰先进,弘扬正气。经过不懈的努力,河南省的民族关系形势发生了根本性变化,近年来,河南省民族领域保持了稳定,民族团结日益巩固,形成了汉族和少数民族团结奋进奔小康的局面。

二、强化法制教育,抓好法规落实。1997年,在"三五"普法教育和加强民族干部培训工作中,取得了一定的成效,较好地促进了全省的民族法制建设。11月份,在国家民委召开的"三五"普法经验交流暨法制培训会议上,介绍了河南省的基本情况和做法,受到了国家民委和兄弟省市的好评。一是搞好宣传教育,加大执法力度。配合全省民族工作"三五"法制宣传教育,省民委组织力量，收集资料，编印了《民族法规选编》、《民族法制宣传提纲》两本小册子，定期出版了《当代民族》杂志，增强了法制宣传的力度。二是8月份在省委党校举办了由17个地(市)、104个县(市、区)的123名同志参加的全省民族工作系统行政执法骨干培训班，进行了综合法律和专业法律知识培训。三是重点抓了各市、地的行政执法培训工作。9月份以来，已有14个市、地进行了培训，共培训667人，取得了较好的效果。四是组织机关人员进行行政执法培训。这些都为进一步加大民族工作执法力度创造了条件。五是结合《办法》颁布，抓好贯彻落实。10月份，《河南省清真食品管理办法》颁布后，省民委及时下发了《关于认真学习宣传〈办法〉的通知》，突出了具体要求。各地都在当地日报刊登和电视台播放《办法》，部署清真食品行业整顿工作。由于各市、地领导重视，保证了《办法》的贯彻落实。

撰稿：金艳华

审稿：武建新

湖北省

【民族经济】湖北省民族自治地方各族人民群众以党的十四届五中、六中和十五大精神为指针，抓住机遇，团结拼搏，开拓进取，加大改革开放力度，使本地区国民经济继续保持了较高的增长率，物价水平持续低位运行，消费品市场稳定增长，各项改革进一步推进，人民生活继续改善，各项社会事业有新的发展，经济建设、社会发展和民族工作取得了巨大成就。1997年，国民经济持续稳定发展，主要经济指标都达到或超过预定目标。1997年，湖北省民族自治地方国内生产总值达69.33亿元(1990年不变价，下同)，比上年增长15.82%；工农业总产值78.85亿元，比上年增长7.45%；财政收入由上年的7.7亿元增加到9.2亿元，增长20%。

农业总产值达39.19亿元，比上年增长10.3%。粮食总产量183.96万吨，比上年增长7.96%；油料10.2万吨，比上年增长26.86%；烟叶13.85万吨，比上年减少15.1%；茶叶1.51万吨，比上年增长11%。

工业总产值39.67亿元，比上年增长4.8%。主要工业品产量：原煤417.3万吨，比上年增长362.2%；卷烟47.73万箱，比上年增长8.1%；农用氮磷钾化肥6.65万吨；水泥生产量87.5万吨；水力发电量37.28亿千瓦小时。

固定资产投资总额16.79亿元，比上年减少21.4%；公路线路里程达12 695公里；内河航道里程达1 202公里；货物周转量达77 661万吨公里(其中：公路运输71 756万吨公里，内河航道运输5 906万吨公里)。邮电通信完成邮电业务总量13 179.7万元，比上年增长30.79%。

城乡消费品市场消费品零售总额32.45亿元，比上年增长14.87%。农民人均纯收入1 358元，比上年增加233元。城乡居民年末储蓄存款总额31.96亿元，比上年增长13.3%。旅游业收入428万美元。

【社会发展】民族自治地方科技、教育、文化、卫生等事业继续发展。

现有科技活动机构46个，从事科技活动人员3 277人，科研经费达2 165.7万元。全年举办农村实用技术培训班近5 000期，参加培训的人数达88万人次，推广科技成果近120项。长阳土家族自治县被推荐为国家科技进步先进县。

教育事业稳定发展。两所普通高校招生1 288人，比上年增长12%；在校学生3 800人，比上年增长 11.37%。普通中等学校 10 所，招生4 759人，在校学生达13 579人。普通中学 272 所，在校学生159 487人，比上年增长 6.6%。农业职业中学 30 所，招生4 893人，在校学生达12 221人。普通小学3 164所，招生75 000人，在校学生达502 200人，比上年增长 1.1%，学龄儿童入学率达到 99.6%。成人教育招生23 000人。九年义务教育普及率达到 92.7%。

文化事业稳步发展，年末文化事业机构 240 个，其中艺术表演团体 11 个，博物馆 11 个，图书馆 11 个，文化艺术馆 15 个，电影院 11 座，广播电台 11 座，电视台 15 座，卫星电视接收站 240 座，从业人员近20 000人。广播通信率达到 85%，电视覆盖率达到 80%。

卫生机构1 350个，卫生技术人员达13 000人。卫生工作仍以农村为重点，坚持集体办医和合作医疗卫生制度，卫生防疫和保健工作有了加强。

体育事业不断发展。全民健身活动蓬勃开展，大型竞赛活动不断，参加全民健身活动达 100 万人次，有近 3.55 万人达到了国家体育锻炼标准。

【民族工作】1997 年，湖北省的民族工作在省委、省政府的领导下，在国家民委的指导下，坚持以邓小平建设有中国特色的社会主义理论和党的十五大精神为指针，认真贯彻党的各项民族政策，不断促进民族地区经济和社会发展。

一、以鄂发[1995]26 号中共湖北省委、省人民政府《关于加快恩施自治州经济和社会发展的决定》、鄂发[1996]11 号中共湖北省委、省人民政府《关于全力加强特困县市扶贫开发工作的决定》、鄂政发[1996]82 号湖北省人民政府《关于实施“616 工程”开展对口支援恩施、建始、来凤、长阳四县市工作的通知》为工作重点，不断加快少数民族地区经济建设的发展。

省委、省政府领导高度重视民族工作。年初，省委书记贾志杰、副书记杨永良、副省长苏晓云亲临省民宗委检查工作，并对做好新一年民族工作作了重要指示。省长蒋祝平主持专题会议讲座，研究省委、省政府[1995]26 号、[1996]11 号、[1996]82 号文件的落实情况。省人大副主任肖金涛、朱纯宣；省委常委、组织部长黄远志、副省长高瑞科分别赴来凤、恩施、建始、长阳现场办公，具体研究实施“616”(即：6 个单位组成支援团，每年为受援县市至少办 6 件以上有一定影响的事)工程的措施和步骤。省委、省政府领导多次深入民族地区调查研究。

民族工作部门在各级党政部门的统一领导下，扎实工作，努力落实省委、省政府对民族地区的各项优惠政策。一年来，据不完全统计，湖北省民族地区通过 26 号、11 号、82 号三个文件的落实，争取到资金 20 多亿元，其中大中项目 12 个，投资 16.89 亿元，争取到无偿扶持资金 1.3 亿多元，金融系统对民族地区贷款给予倾斜，全省贷款增幅比为 5.56%，而对民族地区为 9.35%。希望工程献爱心建校活动，为湖北省民族地区兴建和完善 144 所希望学校。

二、以《湖北省散居少数民族工作条例》为工作契机，努力开创散居民族工作的新局面。《条例》出台后，湖北省各地采取座谈会、培训班的形式，以报刊、专栏为阵地，运用广播、电视等媒体，通过印发资料等对《条例》进行大规模、多层次、多形式、多渠道的学习宣传。湖北省民宗委配合湖北省人大民宗委先后四次赴孝感、荆州、仙桃、襄樊、随州、十堰、荆门、恩施自治州、咸宁地区等地对《条例》贯彻落实情况进行调查，取得了显著成效。如杂散居民族工作量较大的地区武汉、宜昌、钟祥、随州、仙桃、洪湖等都制订了实施《条例》的具体办法或意见。5 月、11 月，湖北省民宗委代表湖北省人民政府分别在湖北省人大民族宗教外事侨务工作座谈会上汇报了民族宗教工作、在湖北省八届人大常委会第三十一次会议上作了《关于(湖北省散居少数民族工作条例)贯彻落实情况的汇报》的书面发言，深受少数民族群众的拥护和领导的好评。二是协助仙桃市沔城回族镇举办了建回族镇十年大庆活动，进一步宣传了党和政府的民族政策。

三是组织力量对松滋市卸甲坪乡部分群众的土家族成份进行了识别，并向湖北省人民政府建议设立卸甲坪土家族乡，经湖北省人民政府批准，12 月 8 日，松滋市卸甲坪土家族乡正式成立。四是为了加速民族乡的发展和少数民族干部联合会建设，9 月，湖北省举办了全省首届民族乡(镇)长培训班，并组织他们赴沿海发达地区考察学习，通过培训、交流、考察、学习，使他们开阔了眼界，解放了思想，增长了知识，学到了经验，增强了为少数民族群众服务的意识，增强了他们的责任感和事业心。

三、继续坚持民族工作以民族经济建设为工作中心，努力抓好少数民族和民族地区的扶贫开发工作。对民族地区各县市多年来的各项民族专项资金进行了清理检查，针对存在的问题，湖北省民宗委专题召开了民族专项资金管理使用座谈会，对 100 多家民族用品定点生产企业进行调查清理。1997 年，湖北省争取到国家温饱基金项目 3 个，资金 120 万元；争取到农发行温饱基金项目 4 个，资金 500 万元；为武汉市清真饮食业争取周转资金 50 万元；争取新增发展资金项目 13 个，资金1 000万元；配合国家民委在湖北省召开了全国民族统计工作会议。完成了国家民委下达的领导工程扶贫模式的调研课题。湖北省民宗委继续帮助五峰自治县付家堰乡农村小康联系点，加强该乡党组织建设，推进了农业产业化进程，解决了部分人畜饮水困难，完善了村级小学教学设施，使马蹄井村人均纯收入净增 699 元，达到1 455元。

四、重视少数民族和民族地区各项社会事业的发展，民族文化教育工作有新的进展。一年来，落实了少数民族贫困县教育补助款 40 万元，完成了国家民委委托的少数民族干训部的招生工作，推广了恩施州民委加强对 100 所民族中小学实施规范管理的经验。湖北省民宗委负责的巴东县安居乡希望小学即将建成投入使用。检查了第四届全省少数民族传统体育运动会场馆建设及项目训练工作；组织参与了全国少数民族孔雀杯声乐比赛，湖北省土家族歌手于惠承荣获二等奖，苗族歌手秦忠健获演唱奖；会同有关部门在京主办了湖北省维吾尔族女画家帕提古丽的剪纸艺术展；考察研究了民族地区的文化工作；圆满召开了湖北省民族文化工作现场会议；检查了上年度少数民族特困户医疗减免费的落实情况，全年共落实少数民族特困户医疗减免费 150 万元；在全省民族系统评选了 5 名双学双比积极分子，推动了民族团结进步活动的深入开展。继续抓了《民族大家庭》杂志的编辑、发行工作，其中有 4 件作品被省委宣传部评为二等奖和三等奖，扩大了民族工作的影响。另外，《湖北省民族志》顺利出版发行。

五、积极抓好援藏工作，援藏工作迈上了新的台阶。4 月，出席了全国援藏工作经验交流会，湖北省在大会上交流了经验，深得中央有关领导的肯定。湖北省支援西藏建设工作领导小组两次听取了援藏办公室的工作汇报，针对湖北省援藏工作中存在的一些具体情况，湖北省委办公厅、省政府办公厅专题下发了鄂办文[1997]78 号文件，决定建立1 500万元援藏基金，以确保第二批援藏项目落到实处，湖北省共落实援藏资金1 450万元，较大地促进了西藏山南地区的社会经济建设。10 月，对第一批援藏干部进行了考核，并会同有关部门对第二批援藏干部的选派工作作了部署。12 月，召开了湖北省援藏工作座谈会，总结交流了湖北省援藏工作的经验。全年先后接待西藏有关方面来访 57 人次，增进了民族交往，加强了民族团结。

撰稿：黑凤生

审稿：丁　蕾

湖 南 省

【民族经济】1997年，是香港顺利回归和党的“十五大”胜利召开的一年，也是湖南省各族人民紧紧围绕“稳中求进”的总体要求，大力推进两个根本性转变，国民经济和各项社会事业发展都取得新的进步的一年。

1997年湖南省民族自治地方完成国内生产总值129.52亿元，比上年增长8.78%，其中第一产业53.25亿元，第二产业37.55亿元，第三产业38.72亿元，分别比上年增长7.42%、9.03%、10.47%，产业结构基本保持不变。工农业总产值144.96亿元，比上年增长21.56%。地方财政收入由上年的6.9亿元增加到7.3亿元，增长5.8%。

农村经济在深化改革中稳步前进，产业结构更加合理。1997年，农业总产值达83.83亿元，比上年增长5.98%；粮食总产量195.51万吨，比上年增长3.63%；油料、棉花、糖料、烟叶产量分别为17.31万吨、0.15万吨、1.69万吨、6.21万吨，多种经营产值占农业总产值的比重上升。

工业生产持续增长。1997年，湖南省民族自治地方完成工业总产值67.34亿元，比上年增长4.11%，主要工业产品产量保持不同程度增长。原煤88.33万吨，增长8.25%；糖146.25吨，增长66.19%；发电量总计13.57亿千瓦小时，增长0.83%。

固定资产投资日趋合理，交通运输、邮电事业发展较快。1997年共完成固定资产投资17.29亿元，比上年增长14.49%，其中基本建设投资8亿元，比上年减少5.18%；更新改造投资3.63亿元，增长38.7%，其它类投资也都有不同程度的增长。交通运输条件不断改善，新修公路里程2 234.6公里，新修内河航道里程391公里。邮电通讯事业高速发展，全年完成邮电业务总量21 563.8万元；市内电话机总数达111 057部，农村电话机总数达32 370部，分别比上年增长5.34%和25.41%。

城乡市场渐趋活跃，人民生活水平稳步提高。1997年，湖南省民族自治地方社会消费品零售总额55.15亿元，比上年增长10.5%。农民人均纯收入1 306.6元，比上年增长22.77%。城乡居民年未储蓄存款总额由上年的42.85亿元增加到49.59亿元，增长15.73%。

【社会发展】1997年，湖南省民族自治地方的社会各项事业不断发展。

教育、文化事业逐步发展。普通高校招生820人，在校学生3 211人；普通中专15所，招生3 375人，在校学生9 773人。基础教育不断加强，普通中学在校学生211 086人，小学在校学生69.32万人。学龄儿童入学率达98%。1997年，湖南省共有各类电影放映单位383个，县以上广播电台(站)6座，电视台17座，电视发射台、差转台62座，卫星电视接收站1 497座。

卫生医疗条件逐步改善，绝大多数乡都建立了卫生院，卫生防疫和妇幼保健工作也取得新进展。体育事业蓬勃发展，湖南省民族自治地方兴起全民健身活动热潮。

此外，城乡居民居住条件改善，科技、社会福利和保险事业也得到了不同程度的发展。

【民族工作】1997年，湖南省的民族工作不断开拓前进并取得了丰硕成果，民族地区政治稳定、经济发展、民族团结、社会进步，呈现出生机勃勃的景象。

一、民族政策的贯彻落实取得新的成果。一是在省政府领导的带领下，由省政府办公厅、督查室，省人大民侨外委，省民委组织的联合督查组，先后对湘西土家族苗族自治州、怀化地区和张家界、邵阳、永州三市以及省直十多个厅局贯彻落实湘委〔1994〕23号文件的情况进行为期一个多月的专题督查，并两次召开省直有关厅局负责人会议，协商解决有关难点问题。二是抓了吉首市改革开放试验区进入国家级试验区的申报工作和改革试验工作。5月16日，国家民委和国家体改委正式下文，批准了吉首市为全国民族地区改革开放试点单位。三是在株洲召开了湖南省散居地区贯彻落实民族政策经验交流会，推动了散居地区民族政策的贯彻落实。四是组织开展了民委系统贯彻落实民族政策先进单位评比活动，调动各级民委的积极性，推动了民族政策的贯彻落实。通过抓民族政策的贯彻落实，湖南省少数民族和民族地区每年可得到3亿多元的实惠，有力地促进了民族地区经济和社会发展。

二、民族经济工作成效显著。一是加强对资金和项目的管理。全年共向上申报并获准安排项目215个，资金2 524万元，帮助民族地区建立了一批富县富民项目。二是认真开展民族扶贫工作。重点是加大扶贫投入，办好扶贫联系点。省民委安排128万元资金支持地州市县区民委办扶贫联系点，并在民族地区大力推广吉首市民委“公司＋农户”的扶贫模式和成功经验，促进了民族地区的脱贫致富。三是创办民委扶贫开发经济实体，增强民委的经济实力和扶贫能力。到年底止，各级民委已创办各类经济实体55个，固定资产近4 000万元。四是完成民族贸易和民族用品生产试点企业、定点企业的申报工作和民族统计工作。

三、民族政法工作取得新的成绩。结合纪念实施民族区域自治制度50周年，省民委配合省人大民侨外委，加强对《民族区域自治法》的宣传和执法情况的检查。完成了《湖南省散居少数民族工作条例》的修订任务，并于8月2日经省人大第二十九次常委会议审议通过。拟定下发了《湖南省民族法规宣传第三个五年计划》，对“三五”普法进行了宣传发动的布置。颁发了有关生产、经营“清真三食”的管理办法，对“清真三食”的生产、经营和供应工作进行规范化管理。审批新建了7个民族乡。部署并开展了湖南省民族团结进步表彰活动。主动化解涉及民族关系方面的矛盾，促进了民族团结和社会稳定。

四、民族地区各项社会事业不断发展。对湖南省民族教育状况进行了较全面的调查，针对存在的问题，研究了解决措施。开展了“两种考生”民族成份资格的审核工作。组织新闻单位对湘西土家族苗族自治州、芷江侗族自治县、靖洲苗族自治县的州庆、县庆活动进行了专题采访，大力宣传民族自治地方改革开放和社会经济发展所取得的新成就。开展了《民族和睦一家亲》电视迎春晚会等一系列民族文化活动。组织推荐了少数民族歌手、优秀电视剧和反映民族工作的好新闻参加全国、湖南省比赛。筹备了湖南省第四届少数民族传统体育运动会。对湖南省少数民族干部状况进行了调查摸底，拟定了湖南省培养选拔少数民族干部3年工作规划。《湖南省志·民族志》已编纂完毕并交付印刷。

五、民委委员制的工作取得新的进展。年初召开了省民委委员会议，制定了《省民委委员单位职责》、《省民委委员工作制度》、《省民委委员联络员工作职责》，为省民委委员制工作逐步走上规范化、制度化打下了基础。组织委员和委员联络员参加民族自治地方州县庆和有关的民族活动，在民族地区开展调查研究、现场办公，委员和委员单位积极发挥作用，为少数民族和民族地区办实事好事，促进了民族地区社会经济的发展。

撰稿：梁　芳

审稿：张克勤

广 东 省

【民族经济】1997年，广东省委、省政府提出奋战一年，在全省范围内消除绝对贫困。按照省委、省政府的工作部署，为了推动民族地区的经济发展，省民委继续抓好贯彻《全省少数民族地区脱贫致富工作座谈会纪要》(粤办发[1996]3号)和《转发省人大常委会对省人民政府关于扶持少数民族地区经济发展议案的办理方案报告的通知》(粤府办[1996]85号)的贯彻落实，帮助民族地区打好扶贫攻坚战。组织人力和省直有关部门多次深入民族地区调查研究，重点抓了省直扶贫和发达地区对口扶持情况调查、3个自治县脱贫情况调查、落实粤府办[1996]85号文基本情况调查、全省少数民族杂散居区基本情况的调查。一年来，在省直有关职能部门的大力支持和沿海发达地区对口扶持下，省委、省政府为民族地区经济社会发展赋予的一系列特殊政策和优惠措施基本上得到了落实。连南、连山、乳源3个民族自治县的各级党委和政府把尽快解决少数民族绝对贫困人口温饱问题摆上了议事日程，将这项工作作为一项硬指标和铁任务，抓落实。民族地区的各级领导都亲自挂帅，立下"不摘绝对贫困帽，就摘乌纱帽"的军令状，积极实施"五个转变"：转变思想观念，上下一致打好扶贫攻坚战；转变领导作风，形成合力真抓实干；转变投资方向，发展富民为主的种养业；转变资金投放使用方式，确保资金到户实行滚动使用；转变服务手段，努力提高项目经济效益。经过一年的艰苦奋斗，连南、连山、乳源3个自治县全面实现了基本消除绝对贫困的目标，国民经济继续保持稳定发展的态势，人民生活水平得到了提高。据统计，1997年，3个自治县国内生产总值达到146 937万元，比上年增长5.4%；财政总收入36 954万元，比上年增长15%；外贸出口总额3 600.4万美元，比上年增长2.3倍；实际利用外资995.5万美元，比上年增长2.8%；社会消费品零售总额45 297万元，比上年增长2.7%。

【社会发展】1997年，省民委积极与省卫生厅等有关部门联系，认真落实全省卫生工作座谈会关于加大对民族地区扶持的精神，从1997年起，5年内每年给连南、连山、乳源3个自治县各拨款50万元用于发展医疗卫生事业和在佛山开办少数民族临床医疗大专班的决定。与此同时，经与省招生办磋商后，改进了少数民族招生录取工作。9月，省民委和省文化厅联合举办了第七届孔雀杯少数民族舞蹈比赛广东选拔赛。各地民族宗教部门还动员海内外宗教界积极扶贫救灾、捐助社会公益事业6 000多万元。连南、连山、乳源3个自治县社会发展等各项事业也有较大的发展。大力开展科技兴工、兴农活动，努力提高全民科技意识，建立健全了县、镇、管理区三级科技网络，科技队伍不断扩大，现有科技专业人员8 877人。继续抓好"普九"巩固提高工作，依法办学，依法治教，提高广大学生家长送子女入学的自觉性，保障适龄儿童少年受完规定年限的教育。1997年，3个自治县适龄儿童入学率为99.68%，初中阶段入学率98.6%，7～15周岁"三残"儿童入学率78.45%；15周岁人口初等教育完成率为99.27%，17周岁人口初等教育完成率为94.89%；青壮年人口非文盲率为99.6%。中小学校舍基本上实现了钢筋混凝土结构楼房化。文化卫生事业有新发展，完成了乡镇卫生院"一无三配套"建设，医务人员得到较大充实，基层卫生站得到加强，农民看病难的状况有了进一步的改善。3个自治县都提前通过了"基本实现人人享有初级卫生保健"的省级验收。积极开展文艺下乡活动，活跃城乡文化生活，文艺团体出国和到各地演出为宣传民族自治地方起到积极作用。目前，3个自治县均修建了一座县级文化馆、图书馆和博物馆，其中3个自治县文化馆总建筑面积2 584平方米；图书馆建筑面积4 785平方米，藏书139 699册；博物馆总建筑面积1 184平方米，藏品2 567件。3县所辖各乡镇建立了42个文化站。计划生育工作力度加大，做到政策、投入、管理“三到位”，层层落实人口目标管理责任制，1997年，3个自治县人口出生率为1.82%，人口自然增长率1.3%。

【民族工作】1997年，广东省的民族工作在省委、省政府的直接领导下，认真贯彻党的民族政策，以帮助民族地区打好扶贫攻坚战、实现“四个层次”脱贫为目标，继续扶持民族地区加快发展为重点，努力促进民族地区经济、文化教育等各项社会事业和民族团结进步事业的发展。一是抓扶贫攻坚。1月在连州市召开了全省民族乡经济工作座谈会，3月在清远市召开了连南、连山、乳源3个自治县脱贫工作分析会。这两个会议对广东的民族乡和民族自治县的经济形势进行了客观的分析，并就如何实现民族地区全面脱贫目标做了部署。省民委还多次派人深入民族地区进行调查研究，及时反映民族地区的新情况和新问题，积极协调省直各职能部门，为民族地区经济的发展办实事、好事。在上级和有关方面的支持下，经过民族地区干部群众的艰苦奋斗，1997年底，广东省民族地区基本实现了省委、省政府提出的“四个层次”的脱贫目标。6.6万绝对贫困人口基本解决了温饱问题，县级财政收入比1996年增长15%，绝大多数乡镇和管理区机动财力达到要求，农村人均收入达到1 819元，比去年增长26.2%。二是抓议案落实。1996年底，省政府办公厅转发了省人大常委会对省人民政府关于扶持少数民族地区经济发展议案的办理方案报告的决议。1997年，省民委积极加强与省有关职能部门的联系和协调，认真做好办理议案的检查、督促和落实工作，使议案中的大部分主要措施得到了落实。三是加强法制建设，改善民族关系。1997年，省民委根据国家“三五”普法规划，成立了法制领导小组，制订了《广东省民委系统法制宣传教育规划》，部署省民委系统“三五”普法宣传教育工作；参与草拟了《广东省散居少数民族权益保障条例》，并经广东省第八届人民代表大会常务委员会第三十二次会议通过颁布实施。民族工作部门还进一步重视改善民族关系的工作，广州、深圳、陆丰等地妥善处理了一些民族问题引起的纠纷，改善了各民族之间的关系。四是加强民族干部队伍建设。为了提高民族宗教工作干部的理论水平和素质，促进民族宗教工作的开展。省民委于9月、11月分别举办了民族地区乡镇长培训班和全省民族宗教工作干部培训班。连南、连山、乳源3个自治县和六个民族乡的35位乡镇领导，各级民族、宗教工作部门的干部53人分别参加了培训。

撰稿：王　丹

审稿：陈夏春

广西壮族自治区

【民族经济】1997年，广西各族人民在自治区党委、政府的领导下，高举邓小平理论伟大旗帜，以党的十四大、十五大精神为指针，抓住机遇，认真实施区域经济战略、开放带动战略、重点突破战略和思想认识及观念的新突破、经济结构优化的新突破、经济体制转换的新突破、对外开放的新突破、科技与经济结合的新突破、人才开发及使用的新突破的“三大战略、六大突破”，全区国民经济稳定发展，全年完成国内生产总值2 067.2亿元，比上年增长9.2%。其中第一产业增加值656.8亿元，比上年增长10.8%；第二产业增加值774.3亿元，比上年增长8.3%；第三产业增加值636.1亿元，比上年增长8.8%。

农村经济获得全面发展。1997年，全区加大农业投入，着力科技兴农，农业综合开发取得新的进展，粮食总产量达1 669.1万吨，比上年增长3.9%，再创历史最高水平；主要经济作物产量都有较大增长，烤烟产量达6.7万吨，比上年增长1倍；油料产量55.5万吨，比上年增长7.6%；甘蔗产量3 242.4万吨，比上年增长14.6%；水果总产量315.5万吨，比上年增长31.5%；肉类总产量323万吨，比上年增长9.3%；水产品产量191.7万吨，比上年增长8.4%。林业生产发展较快，全年植树造林9.6万公顷，比上年增长19.6%。

工业生产稳定增长。1997年，全区认真贯彻落实国家有关国有工业企业改革的各项措施，加快企业结构调整力度，大力推进非国有工业的发展，所有制结构发生了新的变化，工业支柱产业取得新的发展，工业生产稳步回升，全年完成工业增加值686亿元，比上年增长8.8%。轻重工业同步增长，轻工业增长速度加快，非国有工业增长快于国有工业。

固定资产投资有所增长。全年全社会固定资产投资额493亿元，比上年增长3.5%。固定资产投资结构进一步改善，投资重点仍然是能源、交通、邮电等行业。固定资产投资主要是地方投资，全年地方投资完成446.7亿元，占全部固定资产投资的90.6%。全年项目建成投产率50.2%，新增固定资产152.2亿元，固定资产交付使用率51%。

财政收支基本正常，金融形势相对稳定，保险业日渐兴起。全区全年完成财政总收入187.8亿元，比上年增长13%，其中地方财政收入完成96.9亿元，比上年增长11%；年末全社会金融机构存款余额1 568.8亿元，比上年末增加194.6亿元，增长15.3%；年末全社会金融机构贷款余额1 423.5亿元，比上年末增长18.3%；全年保险承保额3 949.1亿元，比上年增长14%，保费收入23.3亿元，比上年增长29.5%。

扶贫工作成效显著。扶贫攻坚实行“人盯人”办法，全年全区又有120万农村人口摆脱了贫困。

【社会发展】1997年，广西政治稳定，经济发展，民族团结，社会各项事业都得到进一步发展。

教育在改革中发展，科研成果不断涌现。全区教育事业在结构调整中全面发展，教育整体水平有较大提高，全年共招收研究生952人，比上年增加451人；普通高等学校招生22 953人，比上年增加1 648人；各类中等专业技术学校和高中在校学生30.7万人，比上年增加0.7万人；九年制义务教育继续贯彻实施，年末初中在校学生235.5万人，比上年增加8.7%，小学在校学生626.8万人，比上年减少1.8%，学龄儿童入学率达98.5%。科研成果不断涌现，全年共取得省部级以上登记科研成果380项，科研成果商品化程度提高，共签订各类技术合同800项，成交金额19 278万元。

文化、卫生、体育事业继续发展。文化事业欣欣向荣，全区年末共有艺术表演团体118个，文化馆96个，图书馆105个，博物馆35个，电影放映单位2 427个，无线广播电台26座，无线电视台22座，有线广播电视台36座，广播人口覆盖率为76%，电视人口覆盖率81%，多姿多彩的各种活动丰富了群众的文化生活。医疗卫生事业在改革中发展，年末拥有医院病床8.3万张，比上年增加0.3万张，卫生技术人员12.3万人，比上年增加0.3万人。体育事业蓬勃发展，国民自我保健意识增强，整体健康水平得到提高，体育健儿在各种国际国内重大赛事中共夺得奖牌 144 枚。

人民生活水平稳步提高。全区城镇居民人均可支配收入5 110元,扣除价格因素比上年实增 0.7%;农村居民人均纯收入1 875元,扣除价格因素比上年实增 6.6%;市场物价比上年下降 0.4%;城镇居民人均消费性支出4 453元,比上年增长 1.8%。人口继续得到有效控制,年末全区总人口 4 633 万人,人口自然增长率为 9.5‰。

【民族工作】1997 年,广西各级民族工作部门在党委、政府的领导下,深入学习邓小平理论,围绕经济建设这个中心,突出民族团结进步的工作主题,认真贯彻落实党的民族政策,推动全区的经济发展和社会进步。

认真学习党的十四届六中全会和十五大精神,进一步拓宽民族工作新思路。按照自治区党委的部署,自治区民委机关坚持开展严格要求、严格管理、严格监督和自重、自省、自警、自励“三严四自”活动,加强机关作风建设,形成一个讲学习、讲政治、讲正气的良好风气。

坚持以经济建设为中心,推进民族地区的经济发展。1997 年,广西各级民委坚持把发展少数民族地区经济放在工作首位,加强调查研究,认真探索少数民族地区发展经济的新路子,积极为少数民族地区经济和社会发展办实事。年内,自治区民委会同有关部门分配和投放各项少数民族地区生产和生活资金6 800万元,共扶持少数民族地区生产项目 34 个和一大批文教卫生等基础设施及群众生活项目;当年从香港乐施会引进资金 148.3 万元,联合在巴马瑶族自治县、都安瑶族自治县、东兰县扶贫赈灾,有效地解决了项目区少数民族群众的生产和生活困难,特别是合作在巴马瑶族自治县实施的扶贫发展项目采用的“公司十联户”模式,脱贫效果十分显著,被定为当地扶贫济困的首选模式;在对少数民族扶持资金管理和项目管理上,全区民委系统确立了分类指导、综合服务、强化效益的管理机制;自治区民委根据国务院和国家民委的文件精神,牵头协调广西有关部门落实民族贸易和民族用品生产有关政策,组织重新核定上报民族用品定点生产企业 186 个,申报的 10 个改革试点企业获得批准扶持 3 个,使民族贸易和民族用品生产优惠政策在中断几年后得到恢复和发展。

做好民族教育、文化、体育工作,推进民族地区精神文明建设。年内,自治区民委组织人员到少数民族聚居的河池、百色、柳州、桂林、贺州地区及防城港市等地市进行民族教育专题调查,分析研究民族地区基础教育的现状及发展趋势;自治区民委重点抓了全区 5 所民族中专和 3 所民族干校的基础设施建设和教学管理工作,使河池民族中专和柳州民族中专的办学条件一次验收达标合格;为探索民族地区的职业教育,自治区民委、教委、妇联联合在融水苗族自治县、隆林各族自治县、龙胜各族自治县、南丹县成功地试办了 4 个女子职业初中班。民族文化方面,年内与区党委宣传部、文化厅、农业厅等单位联合举办了全区首届农民电影节,组织有关部门和专家撰写出版《广西民族关系研究》、《当代广西民族工作》、《壮傣传统文化比较研究》、《壮族史》等著作。开展形式多样的民族体育活动,与区体委联合举办了少数民族珍珠球和射弩比赛活动。

宣传和落实党的民族政策,促进民族团结进步。一是为民族乡办实事,自治区党委办公厅、政府办公厅转发《自治区民委关于加强我区民族乡工作的意见》,民族乡多年来提出的架电、修路等老大难问题大部分得到解决;二是指导环江毛南族自治县筹备和举行 10 周年县庆活动,协调区直有关部门落实扶持建设项目,当年到位资金1 114.8万元;三是参与自治区成立 40 周年大庆具体筹备工作,继续抓紧广西民族宫工程建设。

积极参与培养选拔少数民族干部工作。年内,区民委配合协助组织人事部门开展了几次少数民族领导干部培训,一是选送 12 名县处级以上少数民族干部到中央国家机关、外省经济发达地区挂职锻炼；二是组织 80 名县处级少数民族干部到区直单位挂职锻炼；三是与自治区妇联共同举办了一期 63 名少数民族妇女领导干部参加的培训班。为提高全区民委系统干部素质，自治区民委先后组织有关地、市、县民委主任到自治区党校进行理论培训，并赴黑龙江、吉林、广东等省考察学习，使他们开阔眼界，增长见识。

撰稿：吴福高

审稿：黄海坤

海南省

【民族经济】1997 年，海南省民族自治地方 6 个自治县和少数民族聚居的三亚市、通什市、东方市（不含农垦，下同）以改革开放总揽全局，以经济建设为中心，积极探索在社会主义市场经济体制下民族经济发展的新路子，国民经济持续稳定发展。据统计，全年完成国内生产总值 83.72 亿元，按可比价格计算，比上年增长 6.2%。其中，第一产业 37.96 亿元，增长 6.4%；第二产业 20.64 亿元，增长 4.1%；第三产业 25.12 亿元，增长 7.7%。三次产业的比例是 45.3：24.7：30。

农业经济持续发展。1997 年，农业总产值 56.56 亿元，比上年增长 8.5%，农业增加值 37.96 亿元，比上年增长 6.4%。农作物播种面积 314.9 千公顷，比上年增长 2.1%，粮食、油料、水果、橡胶（干胶）等主要农产品产量均有不同幅度增长。蔬菜、瓜类播种面积55 498公顷，总产量 75.9 万吨，分别比上年增长 5.6%、6.3%。水果年末面积达到46 151公顷，总产量124 394吨，分别比上年增长 9.0%、0.7%。热作年末面积达到73 848公顷，比上年增长 4.9%。农业发展的特点：一是有效保护基本农田。琼中黎族苗族自治县对全县4 200公顷农田定界立碑进行保护，开展查荒灭荒，还田于农，搞好农田水利基本建设，改善和恢复有效灌溉面积 377.3 公顷。二是增加农业科技含量。乐东黎族自治县实施“科技兴农”战略，大力推广杂优水稻良种、抛秧、病虫害防治、水稻旱育稀植等农业实用技术，全年推广杂优水稻良种 16.5 万亩，亩增稻谷 30 公斤；抛秧 1.8 万亩，亩增稻谷 25 公斤。通什市推广因土配方施肥、水稻塑料软盘育秧和水稻旱育稀植近 3 万亩。三是热带高效农业继续朝基地化、规模化、企业化方向发展，形成政府抓龙头、龙头带基地、基地连农户的农业开发新格局。昌江黎族自治县建立了芒果、甘蔗、瓜菜、热作 4 个“十万亩基地”，形成“沿海养殖、西部高效农业、南部林果、中部种养加工”的农业区域布局。东方市建立了剑麻、瓜菜、养殖、热带水果 4 个“万亩基地”。

工业生产进一步发展。1997 年，民族自治地方工业总产值 31.33 亿元，比上年增长 11.3%，工业增加值 13 亿元，比上年增长 11.7%。工业发展的特点：一是重点工业项目驱动力增强。海南天然气化肥厂、东方双吉水泥厂、昌江国投水泥厂等一批重点工业项目相继建成投产，成为工业经济新的增长点，推动民族地区工业向前发展。二是通过“三改一加强”和“抓大放小”，一批老小企业焕发生机。如昌江大风糖厂、保亭水泥厂、琼中淀粉厂实行委托运营后，经济效益明显回升。通什市海南制药厂股份制改造后，已投入 120 万元资金合作生产“贯黄感冒冲剂”和“血中宝”产品。三是发挥地方资源优势，发展特色工业经济，新建扩建一批工业项目。陵水黎族自治县大力发展藤竹制品，实现出口创汇 45 万美元，目前，扩建 200 万套（件）藤制品生产基地、扩种1 000亩红白藤项目正在建设中。三亚市新建亨新参灵丸、黄辣椒加工、中密度纤维板、饲料加工、螺旋藻加工、茶综合利用等工业项目。

基础设施建设日益完善。1997年，民族自治地方加大投入，加快基础设施建设，促进民族地区经济发展。目前，装机总容量24 400千瓦时、年发电总量8 451万千瓦时的通什市五指山梯级电站正抓紧施工，将可满足通什、琼中、白沙、保亭等民族山区的电力需求。东方市建成装机总容量24万千瓦时的大广坝水利水电枢纽工程。乐东黎族自治县17个乡镇已建成公路近120条，形成纵横交错的乡村交通网络。西线高速公路三亚至九所段，经过全年的紧张施工，于1998年1月25日正式通车。

财政、金融形势保持平稳。1997年地方财政收入5.3亿元，与上年基本持平。国家银行存款余额70亿元，比上年增长5.1%；国家银行贷款余额88.9亿元，比上年增长10.3%；城乡储蓄存款余额61.3亿元，比上年增长2.5%。

旅游业发展势头良好。1997年，民族自治地方以其秀丽的热带滨海风光和浓郁的民族风情，吸引大批国内外游客前来观光游览。据统计，1997年接待国内外游客167.8万人次，比上年增长4.4%。旅游设施建设和景点开发取得明显成效。三亚市重点加快南山文化旅游区和亚龙湾国家旅游度假区两个旅游景区建设，推出海洋潜水观光、避寒冬泳、海上休闲垂钓、高尔夫球运动、民族风情等名牌产品。通什市新辟了中华民族文化村、通什鹿场、阿陀岭森林公园等一批旅游景点。据统计，1997年，有定点旅游饭(酒)店72家，客房7 911间，床位15 338张，与上年相比，分别增长12.5%、6.9%、6.9%。

内引外联、招商引资出现新变化。主要特点是由数量扩张向结构优化转变。一是实际利用外资和外商投资项目减少。1997年实际利用外资20 918万美元，比上年下降7.1%，当年新签利用外资协议(合同)项目27宗，比上年减少6宗。二是投资产业结构明显优化。热带高效农业、以资源开发为主的新兴工业成为投资热点。昌江黎族自治县引进资金19 670万元，与当地农户合股创办经济实体896个，开发芒果、甘蔗、瓜菜、海淡水养殖等热带农业1 885公顷。

城乡市场繁荣活跃，货源充裕，人民生活水平显著提高。1997年社会消费品零售总额25.9亿元，比上年增长7.3%，城乡集市贸易成交额20.7亿元，比上年增长24%。城镇居民可支配收入3 939元，比上年增长25.4%，农民人均收入1 459元，比上年增长10.8%。年内，共改造民房17 250户，129万平方米，98 314名少数民族群众搬进新砖瓦房。

【社会发展】1997年，民族经济的发展，促进了民族地区教育、文化、体育、卫生等各项社会事业发展。

教育事业进一步发展。1997年，民族自治地方普通高等教育取得成效。平均每万人口在校大学生人数达11人，比上年增加4.6人，平均每万人口中高等学校专任教师人数达0.84人，比上年略有提高。加大教育投入，改善办学条件。昌江黎族自治县、琼中黎族苗族自治县和东方市共投入资金5 371万元，新建改建校舍90 373平方米。海南省利用世界银行贷款500万美元和国内配套资金3 989万元的基础教育项目启动后，琼中、通什、陵水、保亭、白沙等民族地区的教育办学条件得到改善。实施“希望工程”取得显著成效，昌江黎族自治县2 000余名失学儿童获救助重返校园，被团中央授予“全国希望工程建设奖”。琼中黎族苗族自治县救助680名失学儿童返回校园。扫盲工作取得明显效果。东方、昌江、陵水、琼中等市县的扫除青壮年文盲工作通过省级验收。

科技事业蓬勃发展。1997年，各民族自治地方实施“科教兴市(县)”发展战略，建立“科普协会”、“科技服务中心”、“庄稼医院”等科技推广网络，开展科技下乡活动，提供科技服务，推动科技事业向前发展。据统计，通什、东方、琼中、白沙、昌江、陵水六市县举办各类实用科技培训1 100多期，3.9万人次。琼中黎族苗族自治县有70%农民掌握1～2门实用技术，2 500多户农民成为农业科技示范户、生产专业户、致富户。

文化体育事业方兴未艾。1997年，民族自治地方共有电影院38个、影剧院12个、图书馆9个、文化馆8个、博物馆纪念馆6个。这些民族文化场所，丰富了民族地区人民群众的文化生活，成为弘扬社会主义民族文化，促进精神文明建设的重要阵地。7月，省委宣传部、省高校工委、省教育厅和省学联共同组织了由7所大中专院校62名学生志愿者组成的"三下乡"活动服务队，奔赴少数民族贫困山区，为当地黎族苗族群众开展文化、科技、卫生服务活动。9月，素有"全国歌舞艺术之乡"美称的通什市被国家文化部评为全国万里边疆文化长廊建设先进地区。通什市拍摄的《通什旅游现状及美好前景》、《海南黎族风情》、《海南中华民族文化村》等电视专题片，先后在中央电视台、亚洲凤凰电视台等10家电视台播放，宣传旅游形象，提高国内外知名度。东方市文联创作的报告文学《大山的儿子》获国家级二等奖。在全国少数民族民歌"孔雀杯"声乐比赛中，海南省2名少数民族歌手获表演奖。群众性体育活动十分活跃。'97海南国际椰子节，黎族苗族"三月三"传统节日和"庆七一，迎回归"期间，少数民族自治地方开展了群众喜爱的传统体育竞赛活动。全民健身运动有声有色。各民族自治地方普遍开展广播体操、万人长跑等活动，丰富少数民族群众的文体生活。昌江黎族自治县有2家单位荣获"全国群众体育先进集体"和"全国全民健身宣传月先进单位"称号。

广播电视事业取得成效。1997年，民族自治地方不断改善广播电视基础设施，提高节目质量，丰富节目内容。各民族地区的广播电视站网除转播中央和省台节目外，还自办地方节目，宣传党的方针政策，普及法律常识，传播科学技术，提供农牧服务，深受少数民族群众的欢迎。至年末，民族地区有广播电台9座、广播发射台9座、电视台1座、电视发射差转台45座。

卫生事业稳步发展。1997年，民族自治地方加强农村卫生防疫机构、保健机构和乡镇卫生院建设，继续推进农村合作医疗试点和改水改厕工作，农村卫生面貌有很大改观，基本达到初级卫生保健合格标准或基本合格标准，努力向"2000年人人享有卫生保健"目标迈进。1997年，民族自治地方设有卫生机构929个，病床位6 994张，各类专业卫生技术人员10 846人，平均每千人口拥有卫生床位2.91张，平均每千人口拥有卫生人员4.51人。农村村级卫生组织建设也取得成效。1997年有医疗点的村数达768个，占村总数的81.3%，比上年提高3个百分点，有乡村医生和卫生员1 663人、农村接生员2 771人。

【民族工作】1997年，海南省民族工作紧紧围绕民族团结进步的主题，坚持以经济建设为中心，认真贯彻执行党和国家的民族政策和法律、法规，采取有力措施，促进了少数民族地区经济和社会的全面发展，取得了可喜的成绩。

积极采取措施，加大扶持力度，促进民族地区各项事业发展。1997年，省民宗厅、省财税厅投放资金220万元，扶持民族地区文化、教育、卫生等社会公益事业。国家民委、财政部安排"新增发展资金"1 000万元和"温饱基金"100万元，扶持项目18个。省民宗厅会同省工业厅重新核定6家民族贸易和民族用品生产定点企业，使之得到国家有关优惠政策扶持。初步拟定《海南省人民政府关于加强民族贸易和民族用品生产工作规定》，报省政府批准后施行。6月，省民宗厅、省财税厅联合颁布了《海南省民族地区少数民族补助款使用管理规定》，规范少数民族补助款的使用和管理。12月，省民族地区贫困乡镇第五次扶贫联系点会议在通什市召开，提出了"建立健全多层次、多功能的科技推广服务网络，提高农业科技含量和农村经济效益，加快贫困乡镇脱贫致富步伐"的目标。

制定规划，努力推进民族地区民房改造工

作。1997年安排1 500万元专款用于民族地区民房改造。2月，召开全省民族地区民房改造工作会议，制定了民房改造工作规划，部署工作任务。10月，召开全省民族地区民房改造工作汇报会议，交流总结民房改造工作经验，明确提出民房改造工作要求。由于民房改造成绩显著，在国家民委召开的"全国民族地区扶贫到户模式研讨会"上，海南省民房改造的先进典型经验受到国家民委的充分肯定，并做为十个扶贫模式之一向全国推广。

加强民族立法和民族法制宣传教育。省人民代表大会常务委员会分别于3月28日和5月28日批准《陵水黎族自治县自治条例》和《白沙黎族自治县自治条例》。1月16日，召开全省民族法制宣传教育工作会议，总结"二五"普法规划的实施情况，制定海南省民族法制建设"三五"规划，还表彰了民族法律法规宣传教育工作先进单位和先进个人。为配合贯彻落实会议精神，省民宗厅组织编印了"三五"民族法制学习资料《民族法制法规和民族政策》1万册，发至省直各有关单位和各市县。11月，在海南省各民族自治县成立十周年之际，省民宗厅和海南电视台共同举办了民族法律法规和民族政策电视知识竞赛。

尽心竭力为少数民族群众办实事。一是安排22.4万元专款，用于国兴中学、海南中学少数民族特困生的生活补助。二是安排80万元专款，作为在民族地区工作有一定贡献且家庭经济困难的职工生活补贴。三是对考取全国重点大学的27名少数民族考生给予奖励。四是出台了《关于鼓励原籍在海南的少数民族大学本科毕业攻读硕士或博士生的补助办法》。五是会同省人事劳动厅等有关部门抓好民族成份鉴定工作，维护和保障少数民族考生在招生录取中的合法权益。六是热情接待，及时办理少数民族群众来访来信，对所反映的问题妥善处理。1997年接待来访群众三批10余人次。

加强民族调研工作。1997年，省民宗厅多次组织调查组深入少数民族地区，对民族地区经济和社会发展状况进行调研。5月，组织完成"民族地区民房改造工作情况"调研，为制定下达1997年度民族地区民房改造补贴资金1 500万元的分配方案提供依据。10月，和省委办公厅共同完成"在社会主义市场经济条件下如何加快海南民族地区教育事业发展步伐"专题调研，写出《关于发展我省少数民族地区教育的几点对策建议》，已上报省委、省政府。11月，完成"民族地区经济社会发展状况"调研，编印了《海南省民族工作大事记》、《海南省民族自治地方经济建设成就图表》和《海南民族地区社会经济发展十年综述》。

重视少数民族干部的培养选拔工作。一年来，在省委、省政府的高度重视和大力支持下，经过组织、统战等部门的共同努力，全省培养选拔少数民族干部取得新进展。1997年末，全省少数民族干部人数达19 990人，比上年增加419人，同期相比增长2.1%。在各级党政领导班子中都配备了少数民族干部。

撰稿：符彦还

审稿：王庆良

重 庆 市

【民族经济】1997年，重庆市民族地区国内生产总值完成60.92亿元，按可比价格计算，比上年增长13.4%，其中第一产业增加值27.75亿元，增长6.2%；第二产业增加值16.4亿元，增长19.6%；第三产业增加值16.77亿元，增长16%。

农业稳定发展，农村经济出现好的势头。民族地区农业增加值27.75亿元，按可比价格计算，比上年增长6.2%。农林牧渔业总产值28.08亿元（1990年不变价），比上年增长6.2%。粮食产量在连续9年增产的基础上又获丰收，农民人均粮食占有量由上年的587公斤提高到599公斤，是1987年的1.88倍。多种经营主要产品产量有较大幅度增长，其中肉类总产量15.05万吨，比上年增长8.3%；烤烟产量8.10万吨，比上年增长3%。1997年，民族地区农村产业结构发生新的变化，农、工、建、运、商比例关系由1990年的75.6∶15.6∶2.2∶2.3∶4.3调整为57.8∶23.2∶4∶4.9∶10.1。

工业经济增长较大，交通、通讯发展加快。民族地区全年完成工业增加值14.3亿元，按可比价格计算比上年增长22.4%；工业总产值达31.85亿元，比上年增长26.7%，其中乡及乡以上工业完成总产值19.83亿元，比上年增长18.5%，增幅比上年高1.1个百分点。在乡及乡以上工业中，轻工业完成总产值15.52亿元，比上年增长23.8%；重工业实现总产值4.31亿元，比上年增长2.6%。国有工业完成总产值14.31亿元，比上年增长14%；集体工业实现总产值4.66亿元，比上年增长32.7%；其他经济实现总产值0.86亿元，比上年增长26.2%。交通运输完成货运周转量49 679万吨公里，比上年增长27.4%。邮电完成业务总量5 466.6万元，比上年增长69.5%。

固定资产投资力度加大。民族地区固定资产投资总额达10.11亿元，比上年增长3.5%，其中国有单位投资7.23亿元，增长1.2%；城乡集体单位投资1.19亿元，增长12.3%；城乡私人投资1.57亿元，增长10.6%。

商品市场活跃，金融保险业发展势头良好。民族地区社会消费品零售总额达到22.62亿元，比上年增长18.4%，其中农村消费品零售额12.79亿元，增长15.8%。集市贸易成交额7.11亿元，比上年增长4.4%。民族地区金融机构年末存款余额达27.17亿元，比年初增加5.58亿元，金融机构年末贷款余额达到50.62亿元，比年初增加10.54亿元。保险单位为363户企业和4.15万户城乡居民财产提供了保险保障，为43.79万人次提供了各类人身保险，全年保费收入8 286.6万元，比上年增长49.3%。

城乡居民收入增加，生产水平有所提高。民族地区1997年农民人均纯收入1 192元，比上年增加135元，增长12.8%；职工年均工资4 354元，比上年增长5.2%，其中国有单位职工年均工资4 523元，增长5.1%。城乡居民储蓄存款大幅度增加，年末城乡居民储蓄存款余额18.21亿元，比上年末增加3.72亿元，增长25.7%，其中城镇居民储蓄增长30.1%，农村居民储蓄增长15.8%。

【社会发展】教育事业继续发展。1997年，重庆市民族地区中等专业学校在校学生2 931人，比上年增长0.6%。职业中学在校学生3 064人，其中民族寄宿制学生250人，比上年增长2.8%。普通中学在校学生92 525人，比上年增长10.2%。小学在校学生279 875人，比上年增长3.4%。幼儿园在园幼儿35 654人，比上年增加253人。学龄儿童入学率达98.87%，小学毕业升学率由上年的77.1%提高到84.1%，初中毕业升学率为27.8%。

文化、广播、电视、新闻出版事业发展步伐加快。1997年末，民族地区共有艺术表演团体4个，文化馆站145个，公共图书馆5个，总藏书量25.41万册，广播电台(站)5个，区乡广播站282个，1 436个村通广播，村通播率49.5%，有25.46万户农户安装了广播喇叭，入户率为35.8%，卫星电视地面站2 700座，电视覆盖率达59.7%，出版报纸915万份。

卫生机构健全。民族地区卫生机构531个，卫生技术人员5 527人，比上年增长5.5%，村设置医疗点2 313个。卫生机构年末拥有床位3 954张，比上年增长1.8%。

体育事业发展加快。民族地区共派出346人参加重庆市首届青运会10个大项目比赛，共获41个团体名次，获奖杯18座，个人名次226个，金牌10枚，银牌13枚，铜牌14枚。开展群体竞赛活动165次，参加活动人数达15万人次。

撰稿：唐建军

审稿：石胜福

【民族工作】1997年重庆成立直辖市，辖区范围包括黔江地区酉阳、秀山、黔江土家族苗族自治县、彭水苗族土家族自治县、石柱土家族自治县，全市少数民族由原3万人增至175万人，宗教信徒达100余万人，民族宗教工作基本格局发生巨大变化。重庆市民族宗教事务委员会以发展民族经济为重点，主要开展了以下四个方面的民族工作。

一、落实民族资金，合理安排项目。为了增大对民族地区的投入，重庆市民宗委多次到国家民委和财政部汇报工作，争取资金，落实项目。1997年财政部、国家民委下达给重庆市新增发展资金500万元指标，顺利实施了新增发展资金项目，资金全部到位。在国家民委的支持、帮助下，从财政部争取落实了由原四川省划转500万元少数民族地区开发建设资金的安排使用工作。争取了温饱信贷资金100万元、民贸民品专项贷款补贴26万元及贴息贷款规模500万元。这些资金总计1 626万元，对民族地区的经济建设起到了推动作用。

二、调查研究，出台新政策，对黔江地区给予特殊扶持。为了摸清全市民族宗教工作的基本情况，掌握第一手资料，针对民族地区和杂散居少数民族经济、社会发展及民族政策落实情况和存在的问题，市民宗委先后11次组织规模不等的调查研究，形成了一些有价值的调研材料。石胜福主任亲自撰写的《黔江民族地区当前经济社会发展面临三大问题值得更加重视》的调查报告、《重庆市贯彻落实民族主要优惠政策情况简报》和《关于少数民族和民族地区发展经济和社会事业若干优惠政策的建议意见》，引起了市委、市政府领导的高度重视。1997年11月24日，市委、市政府在黔江召开现场办公会，就加快黔江民族地区经济发展制定了五项特殊扶持政策：

财税方面：1998年至2000年，市财政每年安排给黔江地区3 000万元（不含少数民族地区发展资金500万元），建立黔江地区经济社会发展基金，滚动使用；加大财政转移支付力度，逐年增加转移支付数额；提高资金留成比例，从1998年1月1日起，将留成比例从原50%提高到70%。

金融方面：市人行支持市各商业银行、证券公司在黔江地区设立分支机构；对黔江地区申报的固定资产贷款项目，在确保项目符合国家产业政策和信贷要求的前提下予以优先安排；对按国家计划种植的烟叶，保证收购所需贷款及时到位。

扶贫及农业开发方面：市里按高于全市平均水平对黔江地区安排农田水利基本建设资金，低产田改造按项目管理优先安排，在扶贫、产业化项目、配套资金等方面对黔江地区重点倾斜。

教育、医疗卫生事业方面：市里支持在黔江地区建一所医院、一所实验小学和一所实验中学，教育专项经费向黔江倾斜；大中专招生对黔江地区的民族学生按政策降分录取；市属重点中学招收黔江学生的名额增至25名。

城镇建设方面：把黔江地区小城镇建设纳入市的总体规划，市里对每个小城镇补助10万元。

三、推进民族干部队伍建设。根据重庆直辖后全市少数民族干部队伍的新情况，重庆市民宗委与市委组织部、统战部、人事局等部门共同研究修订了《重庆市1996年至2000年培养选拔少数民族干部工作规划》，进一步明确了目标任务和具体工作措施，加大了对少数民族干部的培养、选拔力度。到1997年底，全市有少数民族干部30 772人，其中副市级干部1人，厅局级24人，县处级309人，专业技术干部18 068人，具有中高级职称的4 041人。

四、民族文化教育工作。1997年12月，重庆市民宗委配合市文化局圆满完成了全国第七届孔雀奖少数民族舞蹈比赛的后勤保障工作，保证了比赛在重庆的成功举办。在夏季大中专招生工作中，落实了对民族考生的降分录取优惠政策和定额定向招收民族学生的政策。市民宗委对市内民族中、小学和重点寄宿制民族班给予了指导和帮助，落实了綦江县文家沟苗族小学基础设施及配套设施建设和荣昌县清流镇民族教育受援项目。

撰稿：余永康

审稿：石胜福

四 川 省

【民族经济】1997年，四川省委、省政府继续把民族自治地方经济社会发展摆在重要位置，动员和组织全省上下支援、帮助民族自治地方，大力促进了民族自治地方经济的发展。全年民族自治地方（含甘孜藏族自治州、阿坝藏族羌族自治州、凉山彝族自治州及马边、峨边两个彝族自治县）国内生产总值177.78亿元，比上年增长9.42％，其中第一产业增加值72.12亿元，增长8.03％；第二产业增加值51.10亿元，增长11.56％；第三产业增加值54.56亿元，增长8.85％。

农村经济不断壮大，生产条件有新的改善。与上年相比，全年农林牧渔总产值达103.3亿元，增长7.3％；粮食总产量214.6万吨，增长1.6％；烟叶产量7.4万吨，增长65.2％；糖料产量56.7万吨，增长1.2％；水果产量22.4万吨，增长21.9％；猪牛羊肉产量32万吨，增长9.1％；年末大牲畜存栏635.4万头，增长3.6％；生猪存栏423.6万头，增长3.2％；羊存栏704万只，增长2.9％；全年化肥施用量（折纯量）9.8万吨，增长30.3％；农村用电量3.5亿千瓦小时，增长9％。

民族工业继续发展，产值和效益均有增长。全年乡及乡以上工业企业发展到2 538个，比上年增长11.7％，其中私营经济增长4.75倍；总产值达78.4亿元，比上年增长9.6％，其中轻工业17.7亿元，比上年增长3.3％，重工业60.7亿元，比上年增长11.7％。工业生产呈逐月增长趋势，经济效益有一定好转。年内，全部独立核算工业企业的产品销售收入61.3亿元，比上年增长37.7％；利税总额9.88亿元，比上年增长51％；但企业亏损面仍占29.9％，仅比上年略有下降，亏损总额却上升41.3％。

企业改革进一步深化，招商引资效果显著。有32户企业进行了建立现代企业制度试点，97户企业实行了股份制和股份合作制，765户小型企业实行了“改、转、租、责、并、联”，获得新的生机。内地6户大企业集团到民族地区兼并、租赁了11户企业，发展势头良好。3个自治州利用康定跑马山文化节、阿坝高原艺术节、凉山国际火把节等多种形式招商引资，已引进人民币34 900万元、美元4 200万元，已签合作项目108个，兴办三资企业38户，引进各类人才465名，引进科技项目64项。

扶贫工作取得较好进展，人民生活进一步提高。年内，又有九龙、茂县两个贫困县脱贫验收合格，40万贫困人口脱贫。民族自治地方农牧民人均纯收入达到988元，比上年净增149元。城乡居民储蓄存款余额73.5亿元，比上年增长13.6％，其中，城镇居民50.3亿元，增长2.2 ％；农村居民储蓄存款余额23.3亿元，增长49.4％。随着购买力的提高，城乡市场进一步繁荣，年内民族自治地方社会消费品零售总额48.6亿元，比上年增长10.8％。

【社会发展】1997年，四川省民族地区在抓好经济建设的同时，更加注意了全社会的协调发展，社会各项事业都有长足的进步。

民族教育事业蒸蒸日上。年内，随着人民生活的提高和双语教学、寄宿制校(班)的推广，全省民族地区儿童入学率达到87.7%，比上年提高了1.8个百分点，流失率下降8个百分点，在校各类学生达140万，比上年增长6.8%。50个民族县中，已有38个县基本普及初等教育，占76%。民族基础教育的发展还体现在，民族地区和内地11个市地城镇中小学、藏文学校、彝文学校年内招生的少数民族学生人数进一步扩大，办学条件得到较好改善，毕业生质量有所提高，藏文学校的毕业生首次分到西藏。在基础教育发展的同时，民族地区职业教育和成人教育亦取得较大突破，年内实现了县县建立电大、函大、农广校教学点的目标，农牧民受教育机会大大提高，已有28个民族县达到了基本扫除文盲的标准。

卫生事业有新的进展。为了尽快改善民族地区缺医少药状况，年内，省里对3个自治州的卫生队伍和基层卫生网点建设情况进行了一次专题调查摸底，制定了对策措施。在省政府的直接领导下，全省民族卫生扶贫工作开始起动，落实资金1 000万元，又有87个乡新建或改造了乡卫生院，有7个县开展了农村合作医疗试点，农村三级医疗、预防、保健网络正逐步建立和健全。在地方病防治上，重点抓了严重影响藏区群众健康的大骨节病的研究和治疗，大骨节病得到有效遏制。

民族体育和文化艺术事业健康发展。9月份，在乐山市成功举办了全省第10届少数民族传统体育运动会，有8个团队748人参加。运动会开展了射弩、民族式摔跤、篮球和田径4个项目的比赛，赛出了水平，赛出了风格，显示了少数民族高超的体育技能和良好的精神风貌。组织参加了在广西南宁举办的中国少数民族艺术孔雀奖声乐大赛和在重庆举办的第7届孔雀奖少数民族舞蹈比赛。舞蹈《阿惹妞》获编导、表演一等奖和作曲二等奖，《新靴子》获优秀奖。年内，民族地区各文艺团体积极送戏下乡，为广大农牧区的精神文明建设和丰富农牧民的文娱生活作出了贡献，其中石渠县乌兰牧骑等7个文艺演出队(团)受到了省里表彰。

【民族工作】1997年，四川省紧紧围绕“发展和稳定”两大主题开展民族工作，促进了民族地区经济社会发展，进一步维护了全省民族团结、社会和谐稳定的大好局面。

突出一个“中心”，促进民族地区经济发展。年初，四川省8位领导率领87个厅局主要领导分赴民族自治地方三州两县进行春节慰问，帮助民族地区完善经济发展战略，确定发展项目124个，落实各类资金1.84亿元、贷款1.537亿元。8月和11月，省政府先后在甘孜藏族自治州、阿坝藏族羌族自治州召开现场办公会，落实35个重点扶持项目，安排扶持资金1.87亿元。8月，召开了全省牧区工作会议，研究并完善牧区建设三配套政策，增加建设资金550万元。年内，对1980年以来的民族优惠政策进行了清理，以川委办(1997)45号文件形式印发了9个方面的49条优惠政策，要求各地认真贯彻执行。针对民族地区到内地兴办企业在税收返还上存在的问题，制定了相应的政策措施，形成了川府发(1997)92号文件，使多年未解决的问题基本得到解决。继续开办了民委主任培训班、少数民族中青年干部培训班和民族地区厂长经理培训班，共举办培训班48期，培训民族干部3 750多人次。

维护社会稳定，不断推动民族团结进步事业向前发展。10月，四川省召开第三次民族团结进步表彰大会，表彰先进集体和模范个人294人，通过大力宣传，有效地促进了全省的民族团结进步事业。年内，进一步加强了城市民族工作力度，先后组织6批28人次赴14个县市调查了解《城市民族工作条例》贯彻落实情况，对存在的问题提出了相应的对策措施；协调安排资金310多万元，使37户困难企业、480多户少数民族困难户得到切实帮助；强化了各民族交往中的服务和管理，调解处理民族交往中发生的纠纷和经济案件8起。民族法律法规的宣传教育取得较好效果，完成了“三五”普法骨干培训，民族地区共举办各类培训班1 100期，参训人员4万多人次。认真做好对国外藏胞的工作，全年接待归国探访藏胞98人次。

弘扬民族文化，民族研究和少数民族语文文字工作取得新成绩。高质量地完成了党的十五大重要文献的彝文翻译。一批涉及少数民族历史、文化的研究课题取得新成果，发表民族研究论文26篇，编辑出版了《四川省民族志》、《彝文大辞典》、《汉羌文大辞典》和《四川省大百科全书·民族部分》，完成了《显密宝藏》、《苗族古歌》等多部古籍的整理和出版。省民委机关刊物《民族》继续被评为四川省十佳期刊，全年出版汉文版12期，藏、彝文版各4期，机关报《四川民族经济报》编辑发行52期。

撰稿：黄启儒

审稿：袁本朴

贵　州　省

【民族经济】1997年，是贵州经济“稳中求进，加快发展”的重要一年，贵州省民族自治地方坚持解放思想，实事求是，加快两个根本性转变，在经济体制深刻变革和市场经济的激烈竞争中，使国民经济得到了持续、快速、健康的发展。据统计，国内生产总值达到239.18亿元，比上年增加27.2亿元，增长了12.31%，人均国内生产总值1 660.5元。其中，第一产业达116.2亿元，比上年增长8.1%；第二产业68.4亿元，比上年增长22.1%；第三产业54.6亿元，比上年增长13.3%。

农业发展形势喜人，农村经济进一步壮大。农业总产值比上年增长8.97%，达186.15亿元；粮食总产量又创历史新的水平，达到449.98万吨，比上年增长6.64%。全年完成造林面积135 122公顷，比上年增加11 022公顷；全社会木材产量38.69万立方米，比去年减少27.61万立方米，林业结构得到调整，蓄积量增加，森林面积扩大，经济效益、生态效益、社会效益得到较好兼顾。

工业总产值增长幅度比上年略有下降，但仍保持15.67%的高增长势头，达到105.31亿元。轻重工业比为41.5∶58.5，国有经济、集体经济、其他经济成份比为57.8∶31∶11.2，村办工业企业总产值9 563.5万元，仅占民族自治地方工业总产值的0.91%。全部独立核算企业单位数虽比去年增加110个，但亏损企业也从544个上升到570个，亏损面积达24.8%，亏损总额达到33 367.2万元。

固定资产投资保持一定幅度增加。1997年全社会固定资产投资总额达51.8亿元，比上年净增加5亿多元，增长10.8%。其中，基本建设投资28亿元，增加了4亿元；更新改造投资增加5 198万元，达到100 772万元，增长5.4%。新增固定资产14.6亿元，比去年增加15 321亿元。

社会消费稳定增长，全社会消费品零售总额达62.7亿元，比上年增长7%。扣除物价因素后实际增长5%。

1997年民族自治地方外贸出口总额达927.96万美元。

利用外资数额下滑幅度较大，仅11 700万元，与去年相比减少50 464万元，减幅达81.2%。

【社会发展】在稳中求进、平稳发展的经济形势中，贵州民族地区政治稳定，民族团结，各项社会事业协调、健康发展。

1997年，民族自治地方有普通高等专科学校4所，在校学生3 696人，教职工1 077人，其中专任教师532人；普通中等专业学校33所，在校生数28 076人，教职工3 351人，专任教师1 856人；其它中小学在校生数262.6万人；成人在校生1.54万人。从事科技活动仅为601人，呈下降趋势，科技活动经费只有626.5万元，总额也相应减少。出版各类图书50种、11.25万册，发行报纸24种、824万份。有广播电台1座，电视台3座，另外有电视发射台、差转台1 292座，卫星电视地面站3 751座，分别比1996年增长了177座和1 060座，增长15.9%和39.4%；有各类电影放映单位176个。

【民族工作】1997年是贵州省各项事业取得显著进步的一年。一年来，贵州省民委始终坚持以经济建设为中心，围绕发展、改革、稳定大局和民族工作团结进步、发展繁荣的主旋律，大力宣传党和国家的民族政策与法规，认真贯彻落实上级有关指示决议，积极参与民族地区的扶贫攻坚，积极扶持民族地区物质文明与精神文明建设，努力当好省委、省政府在民族工作方面的参谋与助手，维护了全省的民族团结和社会稳定，为推动民族地区的经济社会各项事业的发展做出了一定的贡献。

一、全省民族团结进步事业取得新的进展。加强民族团结，做好州庆县庆活动的协调指导工作，充分展示民族地区改革开放和各项建设事业的成就。1997年是三都水族自治县成立40周年，印江、沿河、务川、道真4个自治县成立10周年，黔西南自治州、关岭自治州成立15周年，本着“热烈、隆重、节俭、务实”的原则，省民委做了大量的协调指导工作，并拨出专款为民族自治地方办了一些实事。6个自治县1个自治州均举办了一定规模的庆祝活动，展示了贯彻《民族区域自治法》以来，民族自治地方各项事业取得的新成就。开展了《贵州省实施〈民族乡行政工作条例〉办法》和《贵州省实施〈城市民族工作条例〉办法》的宣传和执行情况检查，并召开了全省部份民族乡工作座谈会。开展了民族法制宣传教育。慎重稳妥地进行了绕家人、蔡家人等未定民族成份认定的前期工作。

二、民族地区扶贫攻坚工作取得了新的成绩。

省民委在坚持以经济建设为中心指导民族地区建立社会主义市场经济体制的同时，坚持把参与民族地区的扶贫攻坚放在经济建设的首位。在思南、石阡召开了“全省民委系统扶贫工作现场会”，在平塘县召开了“全省民委‘两山’扶贫攻坚工作现场会”。这两个会议分析总结全省民委系统在参与扶贫攻坚上的作法与经验，树立典型，拓宽路子，进一步动员全省各级民委全力投入扶贫攻坚，努力为民族地区在本世纪末消除贫困多作贡献。据初步统计，全省民委在150多个扶贫点上全年共帮助近6万人实现脱贫，省民委帮扶的平塘县、安龙县已越过了温饱线。

三、管好用好民族经费，为民族地区社会经济发展服务。

贵州省民委投入300万元民族经费，为民族贫困地区解决缺水、无电、修路53处，用300万元支援经济不发达地区发展资金，采取“国家补一点，住房户筹一点，亲友帮一点”的办法，帮助1 500户少数民族无房困难户解决住房问题。开展了12 000多人次的农业适用技术培训。除管好用好民族经费外，还引进各项资金2 341万元，扶持民族地区开发项目36个，帮助民族贫困地区缓解了建设资金短缺的困难。同时，开展了横向联合牵线搭桥工作，上海与贵州一批合作项目已达成协议。重新审定了民族贸易县和民族用品生产企业。

用500万元民族教育经费，重点扶持了10所边远贫困乡镇的民族中小学，继续资助45所中小学校办寄宿制民族班，帮助84所贫困山区的中小学校改善了办学条件。为进一步总结和交流寄宿制民族教育工作经验，与省教委联合在龙里县召开了全省中小学校寄宿制民族班现场会。同时，在全系统内大力开展了文化下乡活动，组织省民族歌舞团、贵州民族出版社、贵州民族报社等单位和机关处室开展送戏、送书、送报、送温暖到民族山乡的活动，资助民族贫困地区新建或维修了电视差转台、体育场馆、文化站等设施，还安排专款修建了10所乡镇卫生院(所)。

四、开展调查研究，当好参谋助手。组织开展了少数民族地区扶贫政策落实情况及对策的调研；组织开展了《贵州省实施〈城市民族工作条例〉办法》和《贵州省实施〈民族乡工作条例〉办法》的执行情况调研；组织开展了民族地区加强精神文明建设情况调研；与省政府发展研究中心等部门共同承担了《贵州民族地区经济发展问题调研》；协助国家民委在贵州省完成贫困地区民族工作调查；组织科研人员进行“六山六水”民族调查；参与了少数民族干部配备情况调研。

五、民族干部培养工作取得新的进展。与省委组织部联合在省委党校举办民族干部培训班两期；与省委组织部、省妇联在贵州民院干训部联合举办了两期乡镇少数民族妇女干部培训班；组织了两批少数民族干部分赴北京、上海、吉林、昆明等地考察学习；配合省委组织部、省委统战部选派13名年轻少数民族干部到中央国家机关和沿海发达地区挂职锻炼；选派3名处级干部和5名一般干部到基层挂职蹲点扶贫；圆满完成了3所民族行政干部管理学校和贵州民院中专部共1 254名新生的招收录取工作，并为边远民族地区输送基层干部1 187名。

六、民委自身建设得到加强，干部职工整体素质有所提高。1997年，贵州省民委以迎接香港回归和学习党的十五大精神为契机，切实加强了干部职工的素质教育，完善了各种规章制度，建立了处级以上干部的廉政档案，健全了工、青、妇组织，开办了一系列讲座培训，开展了创建文明单位(处室)和文明宿舍示范活动，使全体干部职工精神面貌蓬勃向上。

撰稿：黄家逊

审稿：严天华　熊经世

云南省

【民族经济】1997年，云南省民族自治地方在省委、省政府的领导下，全面贯彻党的十四大、十五大精神和各项方针政策，按照中央“稳中求进”的总体要求和省委的部署，积极推进两个根本性转变，市场配置资源的基础性作用不断增强，物价涨幅进一步回落，呈现出“高增长，低通胀”的良好发展态势，实现了经济持续、快速增长。1997年，民族自治地方工农业总产值达599.02亿元(当年价)，按可比口径计算，比上年增长9.2%；国内生产总值达543亿元(当年价)，比上年增长11.46%。其中：第一产业完成213亿元，同比增长8.2%；第二产业完成162亿元，同比增长13.6%；第三产业完成168亿元，同比增长13.4%。“九五”开局的良好势头得到进一步巩固和发展，民族自治地方经济发展、民族团结、社会稳定、边防巩固。

一、农业和农村经济全面发展。1997年，民族自治地方各级政府认真贯彻落实《云南省“九五”农业发展纲要》，始终把农业放在国民经济的首位，从各个方面增加了对农业的人力、资金、物力、科技等投入。全省投入支农资金56亿元，新增有效灌溉面积40.3万亩。农业在自然灾害较严重的情况下获得丰收，农村经济全面发展。全年农林牧渔业总产值完成333亿元，比上年增长8.7%。其中农业214.5亿元,比上年增长9.5%;林业30.1亿元,增长4.8%;牧业83.4亿元,增长9.1%;渔业4.9亿元,增长4.6%。传统的农、牧业仍占绝对份额,也是推动农业增长的主要拉动力,分别提供了增长总量的66%和23.4%。粮食和主要经济作物有较大幅度的增长。全年粮食总产量698.18吨,比上年增长2.99%,高于全省增长幅度0.8个百分点;人均占有粮食345公斤,高于全省平均水平32公斤;油料总产量11.2万吨,比上年增长14.3%;甘蔗总产量1 078万吨,比上年增长25.1%;茶叶总产量4.3万吨,比上年增长4.9%;烤烟总产量49.81万吨,比上年增长20.48%。畜牧业生产稳步发展,年末大牲畜存栏数达635.6万头,比上年增长1.4%;全年猪、牛、羊肉产量达73.1万吨,比上年增长13.4%。农业基础设施建设得到加强,农业生产条件进一步改善,综合生产能力有所提高。农业生产结构向优质、高产、高效、合理方向发展。

二、工业生产稳步发展。1997年,民族自治地方加大企业改革力度,认真贯彻中央的各项经济体制改革政策,按照"抓大放小"的要求,转换企业经营机制,促进了企业组织结构调整和资产优化重组。通过改组、联合、兼并、破产、股份合作制、租赁、承包经营和出售等形式,促进了企业盘活存量资产,建立新机制,调动了职工积极性,开始出现一批具有活力的"小而专、小而精、小而特"的民族企业。企业活力进一步增强,工业生产继续保持稳定增长的势头。1997年,民族自治地方乡及乡以上工业企业达4 414个,其中国有企业1 309个,集体企业2 768个。工业总产值达266亿元,比上年增长9.6%。固定资产原值326.1亿元,比上年增长44.1%;固定资产净值226.4亿元,比上年增长47%。工业产品产量有一定增长,但由于受竞争能力弱及市场需求制约等因素影响,部分产品的产量有不同程度的下降。发电量92亿千瓦小时,下降53%;食糖产量82.3万吨,增长19.8%;钢产量1.07万吨,下降25.1%;原煤产量1 380.8万吨,增长7.1%;卷烟产量134.7万箱,下降3.8%。

三、固定资产投资持续增长,基础设施得到加强。随着国家投资体制改革力度的不断加大,民族自治地方的农业、水利、能源、交通、通信、原材料等基础产业建设进一步加强,经济发展的"瓶颈"制约继续缓解。1997年,民族自治地方国有单位固定资产投资99.1亿元,比上年增长16.9%。重点项目建设进展顺利,基础设施有了一定加强。南昆铁路全线开通营运;广大铁路中的广通到南华段65.6公里临时运营;楚大公路178公里路基完工;德宏水泥厂新增水泥8万吨工程、德宏户宋河6.3万千瓦水电站和漫湾电站220伏送出工程建成投产;完成小龙潭煤矿布沼坝四期扩建能力240万吨;建成华坪马木河水电站装机180千瓦、华坪良马水电站装机755千瓦和峨山县钢铁厂年产烧结矿12万吨工程等。正在建设的还有大朝山水电站135万千瓦工程、迪庆螺丝湾电站、思茅造纸厂、广大铁路、楚大公路、玉元公路、昆绿公路、昆明机场二期和思茅机场扩建及迪庆、临沧机场等工程。这些项目的建成,对改善民族自治地方的投资环境,提高对外开放水平,增强经济发展后劲都将发挥重要作用。

四、运输、邮电事业有较大发展。交通运输部门在治理整顿中不断改善运输条件,挖掘潜力,提高运输能力,保证了民族自治地方重点物资的调出和调入。1997年,民族自治地方铁路营业里程973公里,比上年增长5.1%;公路通车里程7.5万公里。

邮电事业发展较快,全年完成邮电业务量27亿元,增长30.8%。邮路及农村投递线路总长度13.2万公里,新增电话交换机容量60万门,其中市话45万门,农话15万门,总容量达到284万门。新建光缆4 800公里,达到1.76万公里。新建农话C5端局200个,达到967个,新建通行政村电话620个,全省电话普及率达到4.2部百人。

五、旅游业发展迅速。云南民族地区的民族

风情多姿多彩，旅游资源和人文资源十分丰富。随着产业结构调整力度的加大，省委、省政府对云南旅游业作为支柱产业发展给予高度重视，继滇西北旅游规划会后，又在西双版纳州召开了旅游现场办公会，完整的提出了要建成以昆明为中心，具有国际一流水平的“一园两区”的旅游发展新格局。即：以昆明为中心，建成名副其实的中国春城和南方花都；以西双版纳热带森林公园为主，建成全国唯一的热带雨林园；建成“两区”、“三江”高原风光旅游区；滇东北、滇东南岩溶地貌旅游区。丽江的玉龙雪山、迪庆的“香格里拉”等名胜景点吸引了众多的中外游客。据统计，1997年，接待海外旅游者80万人次，比上年增长7.7%，旅游外汇收入2.4亿美元，比上年增长8.6%；接待国内旅游人数2 300万人次，比上年增长13.5%，国内旅游收入76亿元，比上年增长38.3%；旅游总收入达96亿元，比上年增长30.8%。旅游业已成为民族地区新的经济增长点。

六、扶贫攻坚成效显著。云南列入《国家八七扶贫攻坚计划》的贫困县有73个，其中民族自治地方有51个。全省506个扶贫攻坚乡，其中民族自治地方或民族乡有386个。全省未解决温饱的贫困人口540万人，少数民族约占400多万人。1997年，中央和省采取有力措施，加大扶贫工作力度，民族地区大打扶贫攻坚战，取得了显著成效。一是大力推广电脑农业专家系统，加大科技扶贫力度。省民委在省政府的领导和支持下，率先应用现代高新技术于农业生产，共投入资金551万元，在全省35个民族贫困县推广高新技术，推广面积达84.12万亩，共增产粮食5 298.16公斤，总经济效益达7 126.47万元。二是加大对澜沧拉祜族自治县的定点挂钩扶贫工作力度，省民委领导挂帅，带领各处室负责人多次深入该地开展扶贫调研，帮助制定产业开发规划，在该县竹塘乡创办戒毒农场。省民委投入专项资金255.5万元，帮助该县建立优势产业，增强经济发展后劲。1997年，澜沧县又有1.4万人脱贫。三是集中资金，重点扶持。为加快民族贫困地区的脱贫步伐，省民委集中投入各种专项资金9 635万元，其中省级民族机动金、边境建设事业补助费、少数民族地区补助费、民族教育特殊补助费四笔专项资金5 135万元，温饱基金、新增发展资金、少数民族扶贫专项贷款、少数民族地区乡镇企业贴息贷款4笔信贷资金4 500万元，共安排项目450个，重点扶持民族贫困地区能稳定解决群众温饱，带动千家万户脱贫致富的种、养、加项目及相关的水电路基础设施和科教文卫项目，有力地促进了民族地区经济发展，加快了脱贫致富步伐。四是省委、省政府采取特殊政策措施，对民族贫困地区重点扶持。确定阿佤山区、布朗山区、碧罗雪山区、小凉山区、马楠山区、无量山区、哀牢山区、中越边境喀斯特岩溶山区等8片山区为云南省民族特困山区，并以阿佤山民族特困山区作为规划试点。1997年，全省统筹安排扶贫资金22亿元，绝大多数投入到少数民族贫困地区，比上年增加6.8亿元，增长45%。在7个开发区实施异地开发扶贫试点，转移少数民族贫困人口2万余人；新修乡村公路3 573公里，解决了4个乡和290个行政村的通路问题；架设乡村输电线路1 238公里，解决了172个行政村的通电问题；解决了77万人、56万头大牲畜的饮水问题。有100万人脱贫，其中少数民族占80%以上。

七、市场货源充裕，物价稳定，人民生活继续得到改善。1997年，民族自治地方市场货源充裕，价格稳定，社会商品供需总量基本平衡，多数商品供过于求，买方市场特征突出。全年社会消费品零售总额173.4亿元，比上年增长12.9%。在各种经济类型的社会消费品零售总额中，国有商业比上年下降3.8%，集体商业比上年增长1.9%，私营、个体商业分别比上年增长103.9%和20.1%，其他经济增长27.1%。

民族自治地方城乡居民收入有不同程度增加。1997年，农民人均纯收入957元，比上年增长18.6%；全部职工工资总额83.7亿元，同比增长11.8%，其中，国有单位职工增长

11.26%，集体单位职工增长 9.26%，其他增长 68.98%。城乡居民储蓄大幅度增加，1997 年末，民族自治地方城乡居民储蓄存款余额达 281.9 亿元，比上年增长 20.3%。

八、财政收支增长较快，金融形势基本正常。1997 年，民族自治地方进一步深化财税体制改革，按照适度从紧的财政政策，努力培植财源，增加财政收入，以开源节流、强化征管为手段，合理调度资金，严格控制支出，确保财政收支平衡。全年民族自治地方财政收入 45 亿元，比上年增长 22.8%，财政支出 110 亿元，比上年增长 14.9%。金融部门采取有效措施，拓宽融资渠道，扩大信贷规模，增加储蓄存款。民族自治地方各项存款继续增长，但增幅减缓。主要原因：一是大量社会闲置资金向储蓄以外的渠道转移；二是企业存款略有增加，企业直接融资发展加快。为了支持生产发展和重点建设资金需要，各项贷款继续增加。在现金投放增加的同时保险业务继续发展。农副产品收购现金支出增加，占用了大量新投放的货币。

九、发挥区位优势，边境贸易在困境中仍取得一定成绩。1997 年，在全省外贸大环境趋紧的情况下，边境小额贸易仍取得一定成绩。但由于受进出口配额、出口退税政策和国内外市场价格及供求关系变化的影响，进出口明显下降。全年边贸进出口总额 0.705 亿美元，较上年下降 48.2%。其中进口 0.315 亿美元，下降 65.4%；出口 0.39 亿美元，下降 13.4%。除河口对越边贸有所增长外，其余口岸的边境小额贸易额均全面下滑。

1997 年，云南民族自治地方经济有了较大发展，继续巩固和发展了"九五"开局的良好势头。但由于历史、自然、现实的原因，民族自治地方经济仍然存在着许多不容忽视的问题。一是贫困面大，且贫困程度深，脱贫艰难。全省民族地区还有约 300 多万人口尚未解决温饱；二是人口素质低，教育科技落后；三是国有、集体企业经营困难，效益差，举步维艰；四是基础设施差，经济发展后劲不足；五是经济结构不合理，调整步子缓慢，不适应市场经济要求，制约了经济发展。

【社会发展】1997 年，云南省民族自治地方的科技、教育、文化、卫生等各项社会事业有了新的发展。

一、民族教育工作取得新进展。1997 年，全省少数民族适龄儿童入学率达 97.21%，小学毕业升学率达 76.05%，分别比上年上升了 0.52 个百分点和 1.45 个百分点，辍学率为 3.14%，比上年下降了 1.07 个百分点；初中毕业升学率 50.14%，比上年上升了 1.97 个百分点，辍学率 4.90%，比上年下降了 1.64 个百分点。全省各级各类学校在校生总数 643.44 万人，其中少数民族为 223.93 万人，占 34.8%，略超过少数民族人口占全省总人口的比例。分不同层次看，高等院校在校生57 400人，其中少数民族12 469人，占 21.72%；中专学校在校生86 430人，其中少数民族26 691人，占 30.88%；中等师范学校在校生30 404人，其中少数民族12 944 人，占 42.57%；普通中学在校生 1 423 113 人，其中少数民族 441 253 人，占 31%；小学在校生4 837 069人，其中少数民族 1 745 948人，占 36.09%。各层次民族生比例均是历史最高水平。

为加快云南省民族教育的发展，省政府 1997 年投入 1.28 亿元，重点建设 400 个扶贫攻坚乡中心完小；投入7 000多万元，帮助每个贫困县建好一所职业高中；拨款3 355万元，增办了 173 个寄宿制、半寄宿制学校；拨款2 450万元，建好 44 所边境口岸学校；省级建立了 5 530万元的救助失学中小学生助学基金，3 500万元的高校特困生助学金；投入9 600万元，在边远、民族、贫困山区新增小学校点1 200个，改建"草棚村小"1 200个；在 1996 年拨款 520 万元的基础上，1997 年又拨 255 万元为边疆 26 个县边境贫困乡建立"特困助学基金"；省级民族机动金安排1 183万元，重点用于解决云南民族学院、8 所大专院校民族干部专修班、9

所委培中专民族班、3所民族中专学校、8个地州少数民族重点高中班、云南省民族中学、云南师大附中民族部、33个贫困县一中民族部、15所省属重点职业中学民族班的办学条件及民族生生活补助；进一步加强了省民族中专的软、硬件建设，通过了合格中专评估验收。

二、民族文化、广播电视事业稳步发展。会同省文化厅举办了全省民族民间艺术展演活动，有17个地州市代表队参加，参演的67个节目内容涉及25个民族的歌、舞、乐。通过举办这个活动，有力地促进了全省民间歌、舞、乐的挖掘、整理和创作。会同有关部门组织参加"中国少数民族艺术孔雀奖声乐大赛"、"第五届全国少数民族文学创作奖"等全国性民族文化艺术活动并取得好成绩。民族语文工作按照"总体规划，分类指导，分步实施"的工作方针，加大了调研推广力度，开展了"云南民族语言文字现状，发展趋势及对策"的课题研究，成功地举行了第七次中国民族翻译学会年会。民族文物收集、展览工作取得较好的社会效益，举办了全国第四届民族民俗博物馆专业委员会年会，民族博物馆的功能与作用正不断扩大，被省政府列为科普教育基地。召开了中国少数民族古籍总目编写论证会，对民族古籍丛书编纂机构进行了调整充实。继续加强实施千里边疆文化长廊建设，在加快基础设施建设的同时，进一步充实完善设备、设施，保证了文化中心、馆、站的功能发挥。重视和加强文物保护工作，结合建设旅游支柱产业，做好文物的保护和合理利用。丽江大研古城正式被联合国列为世界文化遗产。对元谋猿人遗址、大理太和城遗址等重点项目进行了深入调查与发掘。

1997年，民族地区广播电视事业用汉语和民族语言大力宣传党的路线、方针、政策和党的民族政策及马克思主义民族观，突出精神文明建设主题，努力服务于云南民族地区经济和社会发展，满足广大少数民族群众的文化、信息和精神需求。实施建设县级80座小中波小调频台的计划，8个民族自治州广播电台的逐步建成和配套，千里边疆文化长廊广播电视网的建设，边境一线广播电视设施的建设，以及全省农村卫星电视收转站建设的"211"工程；怒江州广播电台播控中心、大理州广播电台业务楼、楚雄州广播电台业务楼竣工等，有力地推动了云南省民族地区广播电视事业的发展。

三、民族卫生、体育事业取得了新的成绩。根据省政府制定的初级卫生保健规划目标，已有115个县（市、区）达到合格和基本合格标准，占全省县（市、区）总数的90.5%，超额20.5%实现省政府规划预定目标。全省17个血吸虫病流行县（市）中，已有12个县（市）达到消灭或基本消灭血吸虫病标准。全省疟疾发病率控制在万分之五以下。边疆防疫带基础设施建设工程（即"6268"工程）和世界银行贷款卫7项目在云南省全面启动，将有力地推动全省的防疫工作。全省16个地、州，90个县（市）开展了妇幼保健合作项目，促进了全省妇幼保健工作的开展。1997年，民族自治地方卫生事业发展较快，有医院284个，床位2.7万张，专业卫生技术人员4.5万人。

为切实做好省第六届少数民族传统体育运动会的筹备工作，协同省体委考察了第六届全省民运会的选点、项目安排等工作，省政府已发出《关于举办云南省第六届少数民族传统体育运动会的通知》，决定于1998年冬季在文山州举行，由省民委、省体委主办，文山州人民政府承办。同时，云南省民委和省体委共同组织了云南省第五届少数民族射弩、首届打陀螺锦标赛，共有12个地州市代表队及民院代表队共200多名运动员参赛，使云南省少数民族传统射弩、打陀螺的竞技水平有一定提高。

四、民族宣传工作取得可喜成绩。为充分展示党的十四大以来云南省民族工作取得的成就和民族地区各项事业发展情况，省民委利用委属新闻宣传机构，在《云南民族报》、《民族工作》杂志开辟了"展示新成就，迎接十五大"专栏，与云南人民广播电台联合举办"民族天地"栏目，在中央电视台、中央人民广播电台、云南电视台、云南人民广播电台、昆明电视台等新闻媒体上深入宣传报道了云南省民族工作，从不同侧面反映了5年来云南省民族工作取得的伟大成就。协同有关部门编写了“民族知识系列丛书”等宣传介绍民族知识的书籍，在迎接香港回归之际，会同省教委等部门在全省中专学校、职业学校10万多学生中举办了马克思主义民族观和民族政策知识竞赛，收到了较好的效果。

【民族工作】1997年，省民委在省委、省政府的领导和国家民委的指导帮助下，以邓小平理论为指导，认真学习贯彻党的十五大精神，深入贯彻落实中央、省委、省政府对民族工作的一系列重要指示，结合民族地区实际和民族工作的特点，主要抓了以下几个方面的工作。

一、认真学习贯彻党的十五大精神。十五大召开后，云南省民委上下及时认真学习了十五大精神，在认真组织传达学习的基础上，就云南省少数民族和民族地区当前改革、发展中的深层次问题，以及一些涉及长远发展的重大问题进行了专题调研，并在此基础上，对省民委代拟的《省委、省政府关于进一步加强新形势下民族工作的决定》进行了进一步修改，使《决定》稿进一步完善和成熟；根据省委学习贯彻十五大精神“学好一个报告，把握三个重点，安排好八个专题”的部署，协同有关部门深入基层进行调查，完成了《云南仍处于社会主义初级阶段的主要表现形式及其特征研究》、《关于进一步加强新时期统一战线工作研究》民族工作部分专题调研工作；完成了“2010年云南民族地区经济社会发展政策研究”和“民族地区扶贫典型经验研究”课题；向省委、省政府报送了《关于加强云南边境民族工作的意见》，并以省政府名义上报国务院。

二、认真做好“全国边境地区民委工作会议”工作，并抓好贯彻落实。经国务院批准，国家民委于4月2日至6日在云南省西双版纳州召开了“全国边境地区民委工作会议”，这次会议总结和交流了在党的十一届三中全会以来边境地区民族工作取得的成绩和经验，国务委员兼国家民委主任司马义·艾买提作了题为《加强民族工作，为建设繁荣稳定的边疆服务》的重要讲话，国务院副秘书长张左己、国家民委副主任陈虹在会议上讲了话。云南省省长和志强在会上作了《做好边境地区民族工作，促进各民族共同繁荣进步》的重要讲话，向全国各省区介绍了云南民族工作的成绩和经验，省民委主任马立三在会议上交流了云南省民委的做法和经验。

会议结束后，云南省民委就传达贯彻会议精神作了认真部署，同时，根据和志强省长在会议上关于“处在边境地区的阿佤山、布朗山、高黎贡山、无量山、哀牢山等山区的一些民族群众仍处于十分贫困之中，一般的扶贫措施难以使其在2000年完成脱贫，省政府拟采取特殊政策和重大措施来解决这部分少数民族地区的脱贫问题”的指示精神，委领导和有关处室同志深入楚雄、思茅、临沧等地州民族贫困乡村进行调研，并在此基础上提出了关于采取特殊政策措施加快民族特困山区脱贫步伐的建议，后经云南省人民政府[1997]189号文件确定，将阿佤山区、布朗山区、碧罗雪山区、小凉山区、马楠山区、无量山区、哀牢山区、中越边境喀斯特岩溶山区等8片山区作为云南省民族特困山区，分阶段进行特殊扶持，并以阿佤山民族特困山区作为规划试点。这些特殊政策措施的研究，必将加快民族特困山区群众脱贫的步伐，确保省委、省政府提出的扶贫攻坚目标的实现。

三、坚持以经济建设为中心，努力加快民族地区经济发展。大力推广电脑农业专家系统，加大科技扶贫力度。为了转变民族贫困地区农业增长方式，云南省民委专门抽调人员负责省政府电脑农业专家系统推广领导小组办公室的日常工作，组织召开了“云南省电脑农业专家系统推广工作会议”，研究制定了“电脑农业专家系统推广工作实施意见”。除省政府安排专项推广经费330万元外，1997年从省级民族经费中安排配套资金221万元，在全省35个民族贫困县和149个乡(镇)、817个行政村(办)、25.83万户农户中推广。总推广面积84.12万亩，其中水稻36.88万亩，玉米34.83万亩，烤烟及其他经济作物12.41万亩。共增产粮食(水稻、玉米)5 298.16公斤，总经济效益为7 126.47万元。由于云南省推广电脑农业专家系统成效突出，经国家科委和863计划306主题专家组考察验收，国家科委已于11月以国科函[1997]062号文批复，将云南省电脑农业专家系统列入国家863计划，增补为智能化农业信息技术应用示范工程的示范区，并安排了科研推广补助经费。

管好用好各项民族经济社会发展资金。1997年，省民委、省财政厅共同管理各项专业资金共5 135万元，各类借贷资金4 500万元。在省委书记令狐安的重视、关心和省财政厅的支持下，民族专项经费有了较大幅度增加。1997年新增民委机关事业费250万元、教育特殊补助经费255万元、少数民族地区补助费100万元、省级民族机动金500万元。并确定省级民族机动金"九五"期间每年递增500万元，到2000年达到5 000万元。为加强民族语言文字推广工作，加大对少数民族和民族地区扫盲工作力度，新增民族语言文字推广工作经费148万元。上述项目资金的安排，有力地促进了民族贫困地区的经济发展，保障了民族工作任务的圆满完成。

紧扣扶贫主题，积极推进民族工作试验示范点建设。1997年，省民委继续加大力度，共计安排试验示范点项目111个，资金1 552万元。民族工作试验示范点建设坚持同当地群众脱贫致富相结合，成为群众脱贫致富的榜样；同当地发展教育科技相结合，成为发展教育科技的榜样；同培养民族干部相结合，成为培养民族干部的榜样；同当地精神文明建设相结合，成为精神文明建设的榜样；同处理民族"热点"问题相结合，成为处理复杂社会矛盾、促进民族团结的榜样；同民委自身建设相结合，成为提高民委干部政治思想素质和业务素质，改善民委工作条件的重要基地。各级民委扎实工作，涌现出一批促进民族贫困地区经济社会发展，带动当地少数民族群众脱贫致富的先进典型。

继续抓好定点挂钩扶贫工作。1997年，省民委进一步加大了对澜沧拉祜族自治县的定点挂钩扶贫工作力度，省民委领导多次深入开展扶贫调研，帮助制定产业开发规划。在澜沧县，省民委共派出机关干部蹲点调研28人次，其中厅级干部5人次，处级干部和一般干部25人次，并选派了4名干部到县、乡挂职，帮助该县竹塘乡创办戒毒农场，提出"竹塘要发展，戒毒要先行"的发展思路，委领导亲自蹲点指导帮助工作。省民委先后投入各类资金150多万元，帮助该乡创办戒毒农场和发展经济林果，取得了良好的经济和社会效益。全年省民委在澜沧县投入的专项资金达255.5万元，1997年澜沧县又有1.4万人脱贫。

认真做好民族贸易和民族用品定点生产企业的重新核定工作。根据国务院国函(1997)47号文件精神和国家民委的总体部署，以《1997年少数民族特需用品目录(暂定)》中的10个大类500多个品种目录为依据，会同行业主管部门，完成了云南省原定352个民族用品定点生产企业的重新核定和上报工作。会同省体改委、经贸委、轻纺厅、贸易厅审核筛选出6个条件较为成熟的民族贸易和民族用品改革试点企业上报国家民委审批。

四、积极做好少数民族干部的培养选拔工作。按照省委关于大力培养选拔少数民族干部的要求，云南省民委在全省换届工作会议上就加大培养民族干部工作力度方面提出了建议和要求；与省委组织部在调查研究的基础上，草拟了《关于进一步加强民族干部工作的意见》；为加强民族地区人才资源开发，协同省人事厅共同草拟了《云南民族自治地方人才开发意见》；对省级单位少数民族干部情况进行了一次比较全面系统的调查，提出了在省级机关培养和配备少数民族干部的意见，得到了省委领导的重视。为提高少数民族干部队伍素质，加强了与深圳南方管理培训中心的合作，专门派出一名副主任协助该中心工作，努力使深圳南方管理培训中心成为云南省少数民族干部学习社会主义市场经济理论，提高业务素质水平和领导能力的一个重要基地，并组织了35名民族干部到该中心学习培训。同时，协同组织部门，组织了43名少数民族干部到省级机关及北京、上海等发达地区挂职锻炼和外出考察学习。根据省委办公厅(96)13号文件精神，协同省委组织部专门组织了一批迪庆藏族自治州干部到省级机关挂职和到西藏、青海、甘肃、四川藏区进行学习交流。

五、努力扩大对外开放，积极开展内引外联。一是1997年省民委和香港乐施会共同完成了对73个贫困县十年减灾防灾调研工作，香港乐施会决定分三年再投入1 000万元人民币，用于云南省贫困地区的经济社会发展项目。1997年，乐施会援助60多万元人民币，用于怒江、金平、双江等民族地区赈灾、扶贫工作。二是组织了云南省少数民族文化访问团以民间访问的形式成功地对台湾原住民进行了参观访问和民族文化交流活动，获得了圆满成功，为今后合作交流奠定了良好的基础；派人参加了国家民委组织的民族体育访问团和民族职业教育访问团，对德国、法国等国家进行了友好访问，在民族体育和民族职业教育等方面进行了交流；接待了台湾原住民考察访问团、摩尔多瓦共和国总统顾问等来宾，受到好评。

六、积极推进民族法制建设，增强民族团结，维护社会稳定。一是派出民族工作队继续做好黑树林和武定等“热点”地区的团结稳定工作，根据省委令狐安书记的重要指示，今后黑树林、武定地区将作为民族工作试验示范点加以扶持，切实帮助这些地区发展经济。二是注意把握面上动态，会同有关部门及时、妥善地处理容易引发民族矛盾和纠纷的“热点”问题。三是会同有关部门对云南省边境一些地区的团结稳定问题进行了专题调研。四是严格按照国家关于处理民族识别遗留问题和更改民族成份的有关规定，妥善处理了保山36人联名上书《请求解决落实云南施甸契丹族后裔耶律阿莽杨姓两万多归属达斡尔民族的报告》。五是为民族自治地方州、县庆办实事。1997年，云南省迪庆州、红河州、兰坪县、贡山县举行逢十州、县庆活动。按照省委、省政府领导指示精神，云南省民委协助这些州、县切实办了一些少数民族群众迫切要求的基础设施、扶贫工程项目等看得见、摸得着的实事，争取了一批项目和一些特殊扶持政策。通过举办州、县庆活动，进一步增强了各民族的大团结。

撰稿：张宝安
审稿：马　泽

西藏自治区

【民族经济】1997年是我国历史上非常重要而又极不平凡的一年。一年来，全区各族人民在区党委和人民政府的领导下，高举邓小平理论伟大旗帜，认真贯彻党的十五大和区党委五届三次全委(扩大)会议精神，以中央第三次西藏工作座谈会精神总揽全局，坚持“稳中求进”的方针，积极推进两个根本性转变，努力调整经济结构，卓有成效地开展各项工作，全区国民经济和社会发展都取得了新成绩，较好地实现了宏观调控目标。1997年全区国内生产总值完成76.98亿元，比上年增长11.3%。

农业生产获得较好的收成。1997年，尽管部分地方遭受多种自然灾害。但由于各项工作抓得早、抓得实，农牧业生产和农牧区经济仍然保持了稳定发展的势头。农业生产连续获得第10个丰收年，粮食总产82万吨，比上年增长

5.5%；油菜籽3.4万吨，比上年下降4%。在西藏部分地区遭受历史罕见的特大雪灾的情况下，牧业生产仍取得了较好的收成，肉类总产12.15万吨，比上年增长5.3%。乡镇企业和多种经营有新的发展，总产值和总收入分别达到4亿元和5.3亿元。扶贫工作取得新成绩，1997年共安排各类扶贫资金2.06亿元，落实项目124个，全自治区又有12万人、4个县光荣脱贫。

工业生产保持较快增长，经济效益和产品质量有所提高。1997年，工业总产值达到11.76亿元，比上年增长12.2%。主要产品产量为：发电量5.78亿千瓦时，比上年增长12.2%；水泥32.23万吨，比上年增长39.5%；木材9.61万立方米，比上年下降23.5%；铬矿石12.21万吨，比上年增长9.1%；黄金620公斤，比上年增长313.3%。

第三产业发展迅速，经济和社会效益日趋明显。1997年，全社会公路货运总量196万吨，客运总量244万人次，邮电业务总量1.08亿元，比上年都有不同程度的增长。旅游业通过加强设施改造，宣传促销和行业管理，进一步提高了接待能力和服务水平，全年共接待海外游客8.21万人次，比上年增长9.5%；营业收入达2.65亿元，比上年增长13.7%；利润2 451万元；比上年增长2.1%；外汇收入3 172万美元，比上年增长7.3%。

基础设施建设进一步加强，一批重点工程项目进展顺利。1997年，全社会固定资产投资完成34.55亿元，比上年增长13.8%。农牧林水、交通、邮电、电力、教育等基础产业和基础设施建设投资继续保持增长。62项大庆建设项目，除沃卡站、满拉水利枢纽工程仍在抓紧建设外，所有项目均已建成，为西藏“九五”计划的实现和下世纪初的发展奠定了基础。

对外开放水平进一步提高，对外经济合作与交流不断扩展。全年完成进出口总额1.18亿美元，比上年增长12.4%。1997年外商直接投资项目7个，协议利用外资1 673.9万美元，比上年增长53.9%；落实外国政府优惠贷款项目3个，贷款总额4 723.3万美元，比上年增长193.9%；接受国际无偿援助项目8个，到位资金572.6万美元，比上年增长42.3%。审批外引内联项目15个，协议引进资金5.2亿元。

地方财税收入增长，金融运行平稳，人民生活明显改善。1997年，全区地方财政收入2.95亿元，比上年增长21.1%；财政支出38.21亿元，比上年增长3.7%。各项税收完成4.8亿元，比上年增长26%。去年，各项存款余额达到97.7亿元，比上年增长14.3%；各项贷款余额达到75.8亿元，比上年增长27.6%；贷币净投放22.6亿元，供应总量继续得到较好控制。

在经济发展、物价水平得到有效控制的基础上，农牧民的收入继续增长，城镇居民的生活质量进一步提高。1997年，全区社会消费品零售总额达到32.58亿元，比上年增长23.4%。农牧民人均纯收入，按1990年综合平均价计算达到1 085元，比上年增长11.3%；城镇居民年人均生活费收入5 135元，比上年增长2.1%。灾区困难户得到救助，企业下岗人员再就业和生活问题，得到了政府和社会的进一步关心。

【社会发展】1997年，全区教育事业费和基建投资分别占到自治区当年财政预算支出（不含中央专项补助）和地方预算内基建投资的18%，比上年增加1个百分点，有效地推动了教育事业的发展。全区完成教育基建投资1.1亿元，新建和扩建中小学91所，竣工面积8.4万平方米；新建教职工住宅314套，面积3.2万平方米。中小学生基本都有了课桌凳，学校危房和住校生的床铺基本得到解决，办学条件明显改善。小学学龄儿童入学率达到78.2%，比上年增加4.7个百分点。1997年，全区科技三项费用投入1 361万元，比上年增长36%。全年共完成重点科技项目35项，“星火”计划项目10项，科技对农牧业增产的贡献率达到23%。文化、卫生、广播、电视、新闻、出版等各项社会事业均有不同程度的发展。承办第六届全国少数民族运动会拉萨分会场的工作正在抓紧进行。

【民族工作】认真宣传、贯彻、执行党的民族政策，推动少数民族经济和社会事业发展。民族工作紧紧围绕“团结、进步”这一主题，把“三个有利于”作为工作标准，从西藏实际出发，认真贯彻落实党的十五大、中央第三次西藏工作座谈会、区党委五届三次扩大会议及全国民委工作会议精神，工作重心逐步转向经济主战场。利用有限的专项资金，重点扶持基础差、生产发展缓慢的区内少数民族以发展生产、改善生活条件；深入基层开展调研工作，写出了《关于陈塘区夏尔巴人的调查报告》和《关于察隅县登人的调查报告》，得到了党委、政府和有关部门的高度重视；认真开展了民族团结进步表彰活动的筹备工作，为西藏的稳定发展做出了应有的贡献。

撰稿：次仁卓玛

审稿：塔尔青

陕西省

【民族经济】1997年，在陕西省委、省政府的领导和国家民委的指导下，继续以经济建设为中心，以扶持发展少数民族经济为重点，在为少数民族群众办实事、办好事方面做了大量工作。

1997年，陕西省农村少数民族聚居村、组经济趋于下降态势。主要原因是：去年持续高温干旱天气，使夏粮大面积减产，有的甚至绝收。对此各级政府很重视，采取了各种行之有效的措施，从各方面增加对农村少数民族聚居地方人才、资金、物力和科技等投入，虽起到一些缓冲缓解作用，但少数民族聚居地方经济的总体水平仍处于持平下降态势。1997年宁陕县江口回族镇人均收入1 023元，比上年下降24%，人均产粮294公斤，比上年下降32%；镇安县茅坪回族镇人均收入674元，比上年增加8.7%，人均占有粮食306公斤，比上年下降13.6%；镇安县西口回族镇人均收入804元，比上年增加29%，人均产粮317公斤，比上年下降8.1%。

少数民族聚居地方基础设施建设成效显著。1997年，继续协调申报对贫困少数民族乡村的对口支援项目7个，资金37万元，主要用于技术培训、修筑拓宽公路、维修架设高压辅电线路、解决人畜饮水问题等。

继续积极争取外援项目，在督促完成1996—1997年度加拿大基金项目的同时，又有8个项目获得批准，金额47.2万余元，主要用于少数民族聚居地方人畜饮水、技术培训，对脱贫致富起到了积极作用。

以扶贫攻坚为中心，加大扶贫工作力度，在想方设法为少数民族聚居地方或灾区群众办实事方面取得较大进展。按照省委、省政府24号文件精神，省民宗委协调、组织省级机关、企事业单位等19家组成赴镇安扶贫工作团，组织和参加“两联一包”扶贫会议27次，编刊“两联一包”扶贫工作简报12期(被省《联县扶贫》刊物采用5篇)；去年全年省民宗委先后4次组织、联系扶贫献爱心活动，向所包扶的红光村和固关、仓房贫困地区少数民族群众捐面粉16 250公斤，送衣服、被子1 351件(床)，发慰问金9 000元，出资5 700元救助失学儿童22人，向茅坪回族镇红光小学捐款2万元，还联系西安“三宝双喜”集团在宝鸡千阳县投资10.49万元修建人畜饮水工程一处。为了促进少数民族村镇经济发展，陕西省民宗委还牵线搭桥，在江苏省民委的积极协助下，安排陕西省两名回族镇的领导干部赴江苏菱塘回族乡挂职锻炼三个月，还组织部分少数民族村镇干部到西安、渭南、宁陕等地学习参观，这些活动使他们开阔了眼界，学到了富村兴镇的经验。省民宗委还促使渭南市临渭区五里铺村与茅坪回族镇、红光村结为“民族团结友好村镇”，结对扶贫，为回族村镇的发展创出了一条新路子。同时，还圆满完成了全省农村少数民族妇女“双学双比”工作，通过对农村少数民族妇女进行科技培训，帮助她们办小实体和劳务输出等，使她们掌握了实用技术，提高了劳动素质，为脱贫致富打下基础。为此，省民宗委被评为全国“双学双比”先进协调单位。西乡县柏树垭村25户贫困回族群众易地搬迁工作已于4月份顺利完成，从根本上改变了他们的生活、生产条件，为脱贫致富奠定了基础。定边县145户返城回民建房遗留问题得到妥善处理，维护了当地的社会稳定。

【社会发展】少数民族教育工作有了新的进步。1997年会同省教委对全省民族中小学进行了重新认定工作，重新认定民族小学40所，民族中学3所，为规范化管理打下基础。与省教委联合对三个民族高中班的情况进行调查，针对存在问题，提出改进措施。截至1997年，三个民族高中班共培养学生806人，有320多人考上高等学校深造。1997年全省少数民族考生高考录取329人，比上年增加33人。

少数民族体育、卫生工作得到了充分的重视。陕西省少数民族传统体育运动协会的筹备工作正在进行。会同陕西省体委研究布置了全省参加全国第六届民运会和全省第二届民运会的筹备工作。少数民族医疗卫生工作继续得到重视，省民宗委积极协调卫生厅、省计委对民族乡镇医院以支持、帮助，从镇安县茅坪、西口民族镇选派两名医务人员，到省武警医院接受培训，以提高当地的医疗水平和质量。

【民族工作】1997年，陕西省民宗委在省委、省政府的正确领导和国家民委的指导下，认真贯彻党的十四届六中全会和党的十五大精神，以及省委、省政府关于民族宗教工作的指示精神，围绕全省“以开放促开发，以开发促发展”的战略，解放思想，艰苦奋斗，抓住大事，狠抓落实，各项工作取得显著的成绩。

陕西省民宗委拟定并报省政府批准，3月20日发布了《陕西省少数民族经济和社会发展“九五”计划和2010年远景目标纲要》，为全省少数民族经济和社会事业的跨世纪发展绘制了宏伟蓝图。

民族法制建设得到进一步加强。年初召开了全省少数民族普法工作会议，总结了“二五”普法工作，布置了“三五”普法任务，制定了《陕西省民族法制宣传教育第三个五年规划》，编辑发行了《新时期民族法律法规文件选编》。省民宗委总结的“二五”普法经验受到国家民委有关领导的重视。省政府部门执法责任制推行工作顺利进行。一年来全省共举办执法责任制培训班13期，有311人参加，经过考试、考核，向308名合格的民族宗教工作干部颁发了行政执法证。制定了执法责任制实施办法等配套制度4个，有力地保证了民族和宗教法律法规的正确实施。积极贯彻省政府颁布的《陕西省清真食品生产经营管理办法》，制定了清真食品生产经营“兼职监督员”办法并逐步推行，制做了清真食品生产经营标志牌、证950套，宝鸡、铜川、延安、榆林、商洛等地市的挂牌工作已基本完成。与青海、河南、天津、山东等省市民族工作部门及中国清真食品协会交流了有关清真食品生产经营管理方面的经验。《陕西省民族工作条例》已列入省人大常委会立法计划，起草工作正抓紧进行。为规范民族成份更改工作，8月7日，与省公安厅联合颁发了《陕西省＜关于中国公民确定民族成份的规定＞办法》，并制定了具体工作制度。

以经济建设为中心，继续帮助农村少数民族和民族聚居地方脱贫致富。协助有关地县指导民族镇发展经济，战胜特大干旱，仍取得较好成绩。1997年，三个民族镇人均纯收入794元，比1996年下降17.4%。协调申报对贫困少数民族乡村的对口支援项目7个，资金37万元。

为了加强对口支援项目的协调、管理与监督，省民宗委下发了《关于进一步做好我省少数民族聚居地方对口支援有关问题的通知》。在督促完成1996—1997年度的加拿大基金项目的同时，又争取了8个项目获得批准，金额47.2万元。按照陕西省委、省政府24号文件精神，由陕西省民宗委牵头组织的省级19个单位赴镇安县扶贫工作团，圆满完成了年度扶贫工作任务，省民宗委被省政府授予先进扶贫工作团牵头单位称号。全年先后联系并组织扶贫帮困献爱心活动4次，受到程安东省长赞扬。同时，为了促进少数民族村镇的经济发展，省民宗委还牵线搭桥，安排了两名回族镇的干部赴江苏菱塘回族乡挂职锻炼。组织茅坪回族镇干部到全国扶贫先进村——临渭区五里铺村参观学习，并结成民族团结友好村镇。同时，还圆满完成全省农村少数民族妇女“双学双比”工作，省民宗委被评为全国农村各族妇女“双学双比”先进协调单位。

撰稿：刘开岚

审稿：岳松华

甘肃省

【民族经济】1997年，在省委、省政府的领导下，甘肃省民族自治地方坚持以邓小平建设有中国特色社会主义理论为指导，紧紧围绕全省改革、发展、稳定的大局，从实际出发，因地制宜，围绕资源优势和产业优势，扎实工作，开拓进取，经济建设和各项社会事业取得了新的成绩，在国家宏观调控的形势下，民族地区物价涨幅有所减缓，固定资产投资适度增长，资源开发步伐明显加快，农业获得丰收，人民生活水平继续得到提高。民族自治地方呈现出社会安定、民族团结、经济和社会各项事业全面发展的良好局面。

民族地区改革开放力度进一步加大。随着甘南州、临夏州列为国家不同类型的试验区，西北五省区的联合与协作，给民族地区经济社会发展带来了良好的机遇，有力地推动了民族地区经济的发展。民族地区综合经济实力有了很大提高。1997年，国内生产总值达39.7亿元，按可比价格计算，比上年增长30.2%，其中：第一产业达15.2亿元，比上年增长24.6%；第二产业达11.6亿元，比上年增长6.4%；第三产业达12.9亿元，比上年增长74.3%。

农牧业基础地位得到加强。1997年，民族自治地方把“121雨水集流工程”和地膜覆盖、兴修梯田工程作为农业脱贫致富和发展旱作农业的有效途径，广泛动员，因地制宜，多渠道筹集资金，狠抓地膜覆盖工程，仅甘南和临夏州完成地膜覆盖24.64万亩，比上年增加了近一倍，农业获得了好的收成，农村经济保持了稳定增长的势头。全年完成农业总产值151 495.36万元，比上年增长24.06%，其中：农、林、牧、渔业比上年都有不同程度的增长。种植业在调整作物结构中稳定增长，农作物总播种面积达234.8千公顷，其中：粮食作物合计193.6千公顷。粮食生产获得丰收，全年粮食产量达到63.8万吨。

随着牧区改革的不断深入和各项政策的配套完善，各族干部群众的思想进一步解放，发展经济的思路更加清晰，抓住机遇加快发展的意识不断增强，使牧区社会生产力获得了新的解放和发展。同时，通过调整产业结构，用市场经济的观点和手段引导优化畜群结构，推进并不断完善草畜“承包”责任制，狠抓基地建设发展畜牧业，以“双优”促“双高”，促进牧区畜牧业向效益型、集约化规模经营转变。1997年末，牲畜年末存栏数达617.41万头(只)，其中：大牲畜存栏169.95万头，羊存栏391.99万只，畜产品产量也有很大增长，全年牛肉产量达31 556.78吨，增长7.3%；羊肉产量达24 888.79吨，增长10.95%；奶类产量达67 569.3吨，增长10.77%；羊毛产量达7 610.6吨，增长21.49%；牲畜出栏率达到33.75%。

农业生产条件得到改善。在2 419个村民委员会中：通汽车的村有2 175个，通电的村2 314个，通电话的村215个，通自来水的村有638个。到年底，农业有效灌溉面积59 011.87公顷，农村用电量达38 011.96千瓦小时，增长69.85%，地膜使用量达3 365.42吨，化肥使用量(折纯量)达23 625.68吨，在全省20个农村初级电气化县中，有民族地区的肃北、肃南、积石山、卓尼等10个县，现已向国家有关部门给各县争取建设补助资金400万元，共计4 000万元，届时，将大大提高该地区的农牧业现代化发展步伐。乡镇企业在结构调整中健康发展。阿克塞县石棉矿开采、肃南县鹿茸系列加工、广河县和临夏市的皮毛加工、甘南州畜产品加工等已形成一定规模，截至年底，乡镇企业总收入达到48.94亿元，比上年增长31%。

民族工业在深化企业改革、克服困难中稳定增长。各地根据有利于优势产品的扩展、有利于资产重组和盘活等条件，以重点企业为骨干，通过划转、兼并、联合、参股、收购等多种方式，扩大和组建以优势产品为龙头的综合性集团公司。甘南藏族自治州加快资源开发步伐，坚持地下地上并重，主攻地下资源，突出黄金生产，采取优惠政策，不断扩大开放，积极引进资金、技术，累计引进办矿资金1.1亿元，先后建成了玛曲格尔珂金矿、大水金矿、碌曲拉尔玛金矿、忠曲金矿和舟曲坪定金矿，新建和扩建各类矿产品加工企业14个，矿山企业总数达81个，生产方式开始由单一粗放的原矿开采向采、选、冶加工集约经营方向发展，全州黄金产量达1 047.6公斤，提前4年实现"九五"末黄金产量过吨的目标，一跃而居全省第二位，在全国60个万两地区中居24位，在全国81个万两县中居第17位，锑、铜、铁合金、碳化硅、铅锌等矿产的开发取得了新成就，建成和扩建了夏河碳化厂、舟曲铁合金厂、卓尼下拉地铅锌矿，部分产品已打入国际市场，已形成了民族地区新的经济增长点。民族地区全年完成工业总产值193 301万元，比上年增长1.97%。工业生产的市场导向作用增强，产销衔接较好，适销产品有所增长。在主要工业产品产量中，原煤达250 204.99万吨，木材达5.35万立方米，水泥达19.63万吨，发电量达542 031万千瓦小时。

民族地区投资总额适度增长，重点工程进展顺利，全年全社会固定资产投资达到84 989万元，比上年增长10.99%，基建投资自年初累计完成41 259万元，其中：用于农牧渔业8 796万元，工业、建筑业6 023万元，商业、运输、邮电业4 544万元，资金到位率有所提高。随着新财税体制的不断完善，民族地区各级政府进一步加强了各项财政收入的征管力度，加上资源开发步伐进一步加快，支柱产业建设稳步推进，经济效益逐年好转，使民族地区财政形势好于往年，全年财政收入达到3.5亿元，比上年增长29.6%。继玛曲县在21个县(市)中实现了财政动态扭补后，肃北县的财政收入也大幅度增长，截至年末，肃北县完成中央和地方两级财政收入781万元，完成预算任务的56%。民族地区金融形势平稳，各级金融部门认真贯彻国家货币政策，有力地支持了地方经济发展。全年银行贷款达94.7亿元，各项存款达39.9亿元。

民族地区的商品经济在改革开放和市场经济的竞争中，由分散型向集约型转变，逐步形成了一批独具特色的市场。国内贸易从市镇到乡村已形成了初级多级化市场，人民的消费水平和消费观念不断提高和更新，民族特需用品供应充足，基本满足了各少数民族群众的需要，全年社会消费品零售总额达152 951万元，比上年增长2.4%。与此同时，凭借民族地区独特的历史、自然、民族、宗教等人文景观，如闻名中外的夏河拉卜楞、碌曲则岔、永靖县炳灵寺石窟、刘家峡水库、肃南县马蹄寺、康乐县莲花山、和政县松鸣岩等旅游资源，大力发展民族旅游业，旅游服务项目多样，设施不断完善，旅游外汇收入达78.4万元，旅游资源的开发利用，已成为新的经济增长点，同时，给当地各族人民传统思想观念注入了新的生机和活力。

基础设施建设步伐加快，交通、邮电业发展迅猛，“瓶颈”制约日益减缓。1997年度，省级有关部门协调落实阿克塞县城搬迁工程建设资金共630万元，整体工程建设进展顺利；协调落实合作市党政机关办公设施建设资金1 500万元，从1998年起分三年下达，为合作市各项市政建设打下了坚实的基础。交通运输条件有所改善，年末民用汽车拥有量达9 841辆，年末公路线路里程达7 400公里。邮电通信迅猛发展，1997年，邮电业务总量达15 767.4万元，比上年增长185.9%，市内电话机总数达43 532部，比上年增加7 060部，农村电话机部数达8 202部，比上年增加2 374部。

城乡居民收入增长，生活条件有较大改善。农牧民人均纯收入将达830元，比上年增加50元，增长6.4%，城乡居民年末储蓄存款总额达362 470.6万元，比上年增长54.6%，其中：城镇储蓄达295 943.4万元，增长66.67%；农村储蓄达613 444.4万元，增长0.34%。各类从业人员年末人数达528.99万人，从业人员劳动报酬达77 066.48万元。扶贫开发和小康工程建设有了新进展，贫困面有所下降。临夏、张家川等州县把组织劳务输出作为实施脱贫致富和再就业的有效措施来抓，仅张家川一县全年共输出劳务5.1万人，劳务总收入达9 800万元，人均1 921元，国家及各级有关部门采取优惠政策，帮助牧民进行牧民定居点建设，使牧民的居住条件有了很大改善，越来越多的人告别了传统的游牧生活，住进了宽敞明亮的固定住所，享受到了祖祖辈辈未能享受的安定生活。肃南、肃北和阿克塞已经步入全省牧区小康县的行列，牧民生活已达到小康标准。

【社会发展】民族地区教育继续发展。1997年，民族自治地方各级政府认真贯彻落实全省民族教育工作会议精神，以“百年大计，教育为本”的方针，把发展民族教育作为提高民族素质、振兴民族经济社会的战略任务，群策群力，齐抓共管，着力培养一批实用技术人才和经济建设人才。1997年底，全省民族自治地方大、中、小学校2 680所，在校学生32万人，省内外大专院校录取民族地区学生1 216人，比上年增加310人。学龄儿童入学率达到87%，比上年增长1.4个百分点，民族自治地方的肃南县、肃北县、阿克塞县已实现了“普九”，临夏县、永靖县、天祝县、临夏市已实现“普初”，教育整体水平也有了一定的提高。

科技队伍继续扩大，经费投入不断增加。1997年，民族自治地方共有技术人员7 030人，比上年增加1 735人，用于科技活动的经费支出1 294.5万元，比上年减少1%。

文化事业健康发展。广播电视普及率稳步提高。全省拥有广播电台6家，有自办节目的电视台15家，电视人口覆盖率70%。全省民族自治地方拥有报纸种数2种，杂志种数2种。各种传统的文化娱乐项目丰富多彩，少数民族文学艺术创造、民族研究等事业也竞相发展。文化事业的发展活跃了各族人民的业余文化生活，促进了民族地区的精神文明建设。

认真贯彻全省卫生工作会议精神，加大了医疗卫生工作的投资力度，深化农村卫生体制改革，形成了以公有制为主体的卫生服务体系。民族自治地方卫生机构数达510所，其中乡卫生院320所，有床位数3 999张，卫生技术人员6 030人，每千人拥有卫生技术人员2.66人，每千人拥有病床1.76张。预防保健和地方病防治取得显著成效，计划免疫工作已经走上规范化、科学化、法制化的轨道，各类传染病得到有效控制。民族地区中医、藏医事业不断发展，初步形成了看病、教学、研究和藏药生产网络体系，挖掘利用藏医药珍本20多本，研制生产的“仁钦坐台”及“七十味珍珠丸”等珍贵藏药已取得了药品生产许可证，已投放市场，获得良好的声誉。同时，卫生法制及妇幼保健工作得到加强。

体育事业稳步发展。竞技体育突出民族特色和地方特色，赛马、大象拔河、摔跤等传统的体育项目继续发挥了优势，“全民健身运动”蓬勃开展，另外，社会保险和环境保护工作都取得了新的成绩。

【民族工作】民族经济工作。调查研究并督促落实省政府临夏改革开放试验区工作会议确定的各项政策和措施，积极争取国家有关部门将甘南州列为甘肃省第二个民族自治地方改革开放试验区，组织开展了全省民族地区、民族乡经济社会发展大规模调研活动。贯彻落实“九五”期间民贸民族用品优惠政策，牵头制定甘肃省实施意见，审核上报民族用品定点企业和试点企业贷款。积极争取加大对民族地区的资金投入。一年来，通过民委系统给民族地区安排各种资金总计达2 240万元。会同省财政厅制定下发了《甘肃省少数民族补助费管理办法》，召开了“全省民委经济工作会议”和“全省民族统计工作会议”，对全省民族地区扶贫开发情况进行了调研，提出了加快民族地区扶贫开发的政策意见，完成了“甘肃省大中型企业帮扶民族地区”调研课题任务。

民族教育文化宣传工作。1997 年，对永靖、夏河两县实施“普初”，阿克塞、肃南两县实施“普九”目标情况进行了调研，并向业务主管部门提出意见和建议。在年底省上进行的评估验收中，永靖、阿克塞两县分别达到“普初”、“普九”目标，肃南县提前实现“普九”目标。组织专家教授对民族地区基础教育现状和发展问题进行了学术研讨。对民族地区卫生状况进行了调研，1997 年争取加拿大大使基金 49 万元。围绕香港回归和党的十五大召开，开展了形式多样、内容丰富的迎回归、庆回归活动，举办了“全省各族人民庆祝香港回归专题文艺晚会”。与文化厅、广播电视厅联合举办了全省少数民族声乐比赛。成立了“甘肃省少数民族语文翻译专业委员会”，召开了“甘肃民族地区面向 21 世纪经济与社会发展学术研讨会”。民族研究、古籍整理出版及少数民族语言文字工作取得新成绩。

民族团结及民族法制工作。1997 年，省委、省政府决定每年 5 月第 2 周为“全省民族团结进步宣传周”。省民委会同有关部门组织开展了第一个“民族团结宣传周活动”和一个创建、一个教育活动，与团省委联合召开了全省第二次各族青年团结进步表彰大会，安排部署了甘肃省 1998 年民族团结进步表彰活动，会同有关部门制定了实施民族法律法规宣传教育第三个五年规划安排，举办了民族法律、法规知识讲座，召开了甘肃省民族乡工作研讨会，召开了纪念民族区域自治制度实施 50 周年座谈会，制定了《甘肃省民族宗教政策研究规划》。

民族队伍建设。会同省委组织部、统战部共同举办了甘肃省第三期县处级少数民族干部培训班，举办了甘肃省民族部门干部培训班，选调 13 名少数民族干部到中央国家机关和发达地区挂职锻炼，对全省各层次少数民族干部情况进行了调查统计。

撰稿：周毛草

审稿：李　膺

青　海　省

【民族经济】1997 年，青海省民族自治地方在国家民委的指导和省委、省政府的领导下，积极加大资源开发力度，加快脱贫致富步伐，切实推进经济体制和经济增长方式的转变，以三个“有利于”为标准，紧密结合青海各地实际，不断总结经验，深化认识，使民族自治地方在加快改革步伐、强化农牧业基础等方面迈出了新步子，民族经济实力进一步增强。1997年，青海省民族自治地方国内生产总值达66.8亿元（按1990年不变价格），比上年增长12.1%；工农业总产值达72.14亿元（按1990年不变价格），比上年增长6.78%。

农牧业持续稳步发展。1997年，青海省通过深化改革和结构调整，进一步增加农业投入，推广科学技术，改善农牧业生产条件，农牧业基础得到加强。虽然青南地区遭受重大雪灾，很大程度上影响了农牧业的快速发展，但全省农牧业产值仍完成25.11亿元，比上年增长9.25%，创历史最高水平，农牧民收入也有了大幅度增长。农作物总播种面积1 159.8公顷，油料面积236.6公顷；粮食总产量92.77万吨，油料产量14.57万吨，分别比上年增长3.37万吨和1万吨。依托资源优势，因地制宜地加大畜牧业综合开发力度，建立肉牛、奶牛、毛绒、猎禽等生产基地。1997年，全省民族自治地方完成畜牧业产值21.81亿元，大牲畜存栏由上年的469.99万头减少到463.76万头；绵山羊存栏由上年1 331.07万只减少到1 230.61万只。畜产品产量大幅度增长，牛肉产量由上年的6.84万吨增加到6.94万吨，猪肉产量由上年的3.15万吨增加到3.26万吨，羊肉产量由上年的6.12万吨增加到6.16万吨。随着农牧业的不断发展，经济效益逐步提高，牧民群众的经济收入也不断增加。

随着农牧业的发展，乡镇企业也快速发展，青海省政府把发展民族乡镇企业作为全省经济的突破口之一。在开发各地资源的同时，市场和农村牧区的发展有机结合起来，充分利用信息、人才、科技、市场等优势，开展多领域、多形式的专业化协作，依靠科技进步，使乡镇企业发展成为农牧民收入的主要来源。1997年，民族地区有乡镇企业454个，比上年增加了131个；乡镇企业从业人员为4.4万人，比上年增加1.04万人；企业总收入49万元，实现纯利润23.03万元；乡镇企业固定资产原值增加到174.6万元。

工业生产持续发展，经济效益逐渐好转。1997年，青海省民族自治地方充分利用优势资源，坚持以市场为导向，重点发展市场需要或市场潜力大的产品，在产品工艺、产品质量上下功夫，并形成了新的拳头产品和名牌产品，提高了企业的竞争能力，同时积极发展新兴工业，现有工业企业1 073户，其中大型企业6户，同上年比较，发电量、钢、铝、镁、黄金、硅铁、水泥等主要工业产品产量成倍增长，产品质量、品种、经济效益不断提高。但民族自治地方工业生产仍面临着电力不足、设备陈旧、资金短缺等种种困难，虽然在各级政府的共同支持和努力下，民族自治地方工业继续保持了发展的势头，但产业结构单一的状况没有从根本上得到调整，工业基础和财力都很薄弱。1997年，民族自治地方全年工业产值完成38.55亿元，按可比价计算比上年增长10.94%，低于全省平均增长水平11.81个百分点。

财政收入增加，金融形势基本平稳。1997年，全省民族自治地方党委、政府狠抓各项措施的落实，坚持“强农重工，科教兴区”的发展战略，使财政收入稳定增长，全年财政收入达12.4亿元，比去年增长14.3%，其中，中央收入8.03亿元，地方收入4.37亿元，但由于财政支出负担过重，收入虽有较大增幅，资金需求矛盾仍未缓解，金融部门认真执行信贷货币政策，积极支持经济发展，加大金融监管力度，维护金融秩序，全年银行存款达52.4亿元，各项贷款达118.28亿元，现金收支相抵后，净投放货币比去年增长4.77%。

【社会发展】1997年，全省民族自治地方社会事业全面发展，人民生活水平显著提高。科技教育等各项社会事业蓬勃发展，控制人口增长成效显著，全省民族自治地方共取得重要科技成果 368 项,其中大部分得到了推广应用,科技进步作用在经济增长中所占的份额越来越重。各类教育事业有了长足的发展,基础教育得到加强,各种类型的职业教育和成人教育发展迅速,并收到了良好的社会效果。1997 年,青海省民族自治地方有小学 2 224 所,在校学生 30.85 万人,专任教师 1.86 万人;普通中学 283 所,在校学生 10.75 万人,专任教师 0.98 万人;中等专业学校 13 所,在校学生 0.47 万人,专任教师 0.07 万人。

文化、卫生、广播影视、新闻出版、体育等各项社会事业也都取得了显著成绩,截至 1997 年,民族自治地方卫星地面接收站、电视发射台、转播台达 326 个,电视人口覆盖率为 91%,出版公开发行的报纸 2 种、杂志 5 种,极大地丰富了群众的业余文化生活。1997 年,全省民族自治地方各种医疗机构达 583 个,医院病床数 9 463万张,拥有专业卫生技术人员10 341人,都较上年有所增加,少数民族群众健康水平得到提高。

商品供应充裕,城乡市场繁荣。1997 年,全省少数民族地区社会消费品零售总额 24.73 亿元,比上年增长 1.07%,由于宏观调控力度加大,治理通货膨胀成效显著,1997 年物价涨幅回落,明显低于当年的经济增长率。

【民族工作】1997 年,青海省民委在省委、省政府的领导下,从青海的实际和民族工作的现状出发,以邓小平同志理论为指针,深入贯彻中央民族工作会议精神,从"抓住机遇,深化改革,扩大开放,促进发展,保持稳定"的大局出发,多做工作,多办实事,为青海的民族经济发展和社会进步做出了成绩,为青海的政治稳定、民族团结做出了应有的贡献。

一、深入持久地开展党的民族政策再教育。1997 年,青海省少数民族地区从地区实际出发,下半年抽出了两个月的时间集中开展马列主义民族观和党的民族政策的教育,并进行了民族政策执行情况的大检查,以不同的形式进行总结表彰,形成了各级党政领导重视民族问题的良好风气。同时,青海省民委把开展民族团结进步表彰活动作为民族工作的一项重要任务,常抓不懈,推动了民族团结进步事业的健康发展。

二、积极争取资金,帮助民族地区发展经济。1997 年,青海省民委把多报项目、报好项目、积极为民族地区争取各类建设资金作为民族工作的一项主要任务来抓,经常深入基层,帮助组织、筛选和申报项目,使少数民族地区得到了实惠。同时,积极主动向国家民委反映青海省民族地区的实际困难,促成国家民委工作组深入青南牧区调查研究并反映给国务院,引起国务院的高度重视,帮助争取了一些优惠政策和困难补助,通过这些务实的工作,推动了民族地区经济的进一步发展。

三、狠抓干部培训,加大少数民族干部培训选拔培养工作力度。1997 年,青海省民委继续同省委组织部、省委党校及有关部门相互配合,共同举办民族干部培训班,组织民族地区领导干部赴内地挂职锻炼,学习考察,从而开阔了视野,提高了素质,增长了才干。同时,针对全省民族工作部门新手多、业务生疏、素质较差的突出问题,连年举办了民族工作部门干部培训班,不同程度地提高了本系统工作人员的政策、理论和业务水平,为进一步做好民族工作打下了良好的基础。

四、深入调查研究,积极为省委、省政府决策当好参谋。1997 年,青海省民委多次组织工作组深入基层,深入群众,就当前民族工作方面的热点、难点问题进行了大量的调查研究,写出调查报告 10 余篇,为省委、省政府在民族工作领域内科学决策提供了依据,解决了民族工作中面临的许多困难,使民族工作部门的地位进一步提高,有效地推动了民族工作。

撰稿:史朝杰

审稿:多才旦

宁夏回族自治区

【民族经济】1997年，宁夏全区认真贯彻落实党中央、国务院制定的各项方针政策，按照“把握大局、稳中求进”的总体要求，大力推进两个根本性转变，着力优化和调整经济结构，宏观环境逐步改善，国民经济稳中有进，居民收入继续增加，各项社会事业取得新的成就，进一步巩固了“九五”计划的良好开局。全区国内生产总值210亿元，比去年增长7.6%；第一产业增加值45亿元，增长2.5%；第二产业增加值85亿元，增长7.4%；第三产业增加值80亿元，增长11%；财政支出为33.63亿元，比上年增长16.2%；全年完成地方财政收入14.07亿元，比上年增长15.9%。

1997年，继续加强农业基础地位，努力推进农业产业化进程，农村经济持续顺利发展。全年完成农林牧渔业总产值72.8亿元，比上年增长4.1%。粮食总产量达到256.7万吨，是历史上第二个高产年。林业生产健康发展，全年完成造林面积36万亩。畜牧业生产稳步发展。肉、禽、蛋、奶等主要畜产品产量稳定增产，肉类总产量达到14万吨，比上年增长6.9%，禽蛋、牛奶分别比上年增长13%和19%。全年水产品产量2.20万吨，比上年增长10%。1997年，全区农业机械总动力达288.43万千瓦，比上年增长12.7%；农用载重汽车0.49万辆，比上年增长1%；排灌机械动力14.78万千瓦，比上年增长4.4%；农村用电量7.27万千瓦小时，比上年增长11%；全年化肥施用量(折纯)18.77万吨，比上年增长4.4%。乡镇企业保持良好发展势头，全年完成总产值90.8亿元，比上年增长20.3%，实现利润和上交税金分别比上年增长24.1%和24.6%，实现了生产、效益的同步增长。

企业改革有了新的进展。新组建了13户企业集团，国有小型企业改制面达到65.8%，城市优化资本结构试点有了一定突破，30多户企业开始走出困境，上万名下岗职工得到重新安置。全年完成总产值221.08亿元，按可比价格计算(下同)，比上年增长7.8%，增幅回落4.1个百分点。全年乡及乡以上工业企业完成总产值193.56亿元，比上年增长5.5%。大中型工业企业完成总产值126.09亿元，占全部工业总产值的57%，比上年增长5.6%。轻工业生产快于重工业，全年轻工业完成产值33.03亿元，比上年增长10.8%；重工业完成产值160.53亿元，比上年增长4.3%。

全区在保持适度投资规模的前提下，集中力量抓好重点项目建设，同时着力优化投资结构，1997年，全社会完成固定资产投资88.1亿元，比上年增长14%，新开工项目得到有效控制，全年基本建设和更新改造施工项目1 019个，比上年减少127个，全年全社会新增固定资产94.3亿元。重点工程和重点建设项目进展顺利。1997年，全区安排的13个重点建设项目(含国家重点项目)完成投资额24.2亿元。1997年，铁路、公路与邮电基础设施的投资和建设进一步加强，邮电装备水平迅速提高，公众通信能力继续增强，邮电业务迅速扩大。全年完成交通、邮电业增加值14亿元，比上年增长19%。多元化运输格局初步形成，综合运输能力进一步提高，全年完成各种货物周转量156.32亿吨公里，比上年增长13.7%。邮电业务迅速扩大，全年完成邮电业务总量45 611.7万元，比上年增长34.4%，公众通信能力继续增强，住宅电话和新的通信工具发展迅速。全区市话程控交换机总容量44.69万门，比上年增加10.72万门，增长31.6%。年末市内电话机总数达32.66万部，比上年增长20.2%。

1997年，全区按照建立大市场、发展大贸易、搞活大流通的总体要求，紧紧围绕两个根本性转变，积极推广新的流通方式，确保了国内消费品市场的持续平稳运行。全年实现社会消费品零售总额71.43亿元(不含房地产)，比上年增长8.7%。外贸领域积极开拓新的出口市场，全年累计完成进出口总额3.03亿美元，比上年同期增长29.5%。利用外资4 163万美元，新签利用外资协议项目42个，协议外商投资额4 608万美元。年末全区拥有注册的三资企业402个，比上年增加25个。

金融业务继续扩展，金融形势基本稳定。年末全区金融机构各项存款余额为262.41亿元，比年初增长19.5%；金融机构各项贷款余额273.16亿元，增长14.6%；保险业加快发展。1997年全区财产保险承保总额157亿元，全区有1 822户企事业单位参加了财产保险，9.1万户居民参加了家庭财产保险，有131万人次参加了人身保险。

【社会发展】科学研究和科技推广取得新成绩。1997年，全区受理专利申请177件，授权专利84件。科技队伍继续扩大，地方国有企事业单位共有各类专业技术人员13.74万人，比上年末增长6.7%。全区县级以上国有科研与开发机构60个，从事科技活动人员5 068人。情报文献机构4个。科技经费增加，全区科学事业经费支出3 782万元，比上年增长12.7%。

各类教育事业继续发展。全年招收研究生36人，在校研究生96人。普通高等学校招收本、专科学生3 244人，比上年增长5%，在校学生10 958人，增加474人。全区各类中等专业学校25所，在校学生13 698人，各类技工学校32所，在校学生14 152人。普及九年义务教育有新进展。1997年末，全区共有普通中学442所，在校学生28.3万人。其中，初中在校学生22.9万人，小学在校学生64.6万人，小学学龄儿童入学率达96.49%。

各类成人教育成绩显著。1997年，成人高等学校招收本、专科学生(包括电大、函授及夜大招收的普通班学员)3 643人，比上年增长5%，在校学生9 446人，增长5.7%，成人中等专业学校学生11 383人。

文化事业加快发展。1997年末，全区共有艺术表演团体15个，文化馆、群众艺术馆26个，公共图书馆20个，博物馆、档案馆35个，电影放映单位377个。1997年末，全区制作电视剧3部，全年出版报纸4 602万份、各类杂志102.6万册、图书2 629万册。

卫生事业有效发展，医疗条件进一步改善。1997年末，全区卫生机构共有病床13 222张、专业卫生技术人员22 162人，其中，医生10 382人，每万人拥有医生19.9人。

竞技体育取得新成就。1997年，宁夏运动员在世界性比赛中获得金牌1枚，在全国比赛中获得金牌1枚，银牌1枚，铜牌2枚。群众性体育活动积极开展，在校学生普遍开展了《国家体育锻炼标准》达标活动，达标率达到90.3%。

人口控制取得显著成效。根据人口抽样调查计算，1997年全区人口出生率为18.9‰，人口死亡率为5.43‰，自然增长率为13.49‰。据统计，1997年末全区总人口达528.94万人，比上年增加7.73万人，增长1.48%，其中回族人口179.72万人，增加3.53万人，增长2%。

人民生活水平继续改善。1997年，随着国民经济的发展，城乡居民收入继续增加。全区城镇居民人均可支配收入3 836.6元，比上年增长6.2%，扣除价格因素，实际增长2.2%；农民人均纯收入达1 545元，比上年增加129元，增长9.1%，扣除价格因素，实际增长6.74%。职工工资水平继续提高，全年职工平均工资6 075元，比上年增长7.8%，扣除价格因素，实际增长3.8%。居民住房条件进一步改善，城乡居民人均居住面积分别达12.7平方米和16.8平方米，比上年均有不同程度的增加。

社会福利事业继续发展。1997年，全区各类社会福利院拥有床位548张，收养450人，全区定期被救济人数2 073人。各种社会服务和社会保障网络也有较快发展。

环境保护事业有较快发展。1997 年，全区环保系统共有职工 548 人、各级环境监测站 13 个、环境监测人员 218 人。全年完成环境污染治理投资额3 526亿元，完成环境限期治理项目 39 个，建成城市烟尘控制区 18 个，面积达 60.93 平方公里。

【民族工作】民族经济工作进一步得到加强。1997 年，全区民族经济工作坚持“宏观参与、政策研究、协调服务”的工作思路，以脱贫致富为重点，积极扶持贫困地区民族经济的发展。一是加强了民族经济形势分析工作，召开了“民族经济形势分析联席会议”，从组织形式及工作措施上进一步规范了民族经济形势分析及经济信息反馈工作，为党委和政府制定民族政策和措施提供依据。二是办实事。在国家民委的大力支持下，为自治区争取到各类资金2 400万元，会同有关部门分配和落实少数民族地区补助费 50 万元。这些资金的落实，进一步促进了民族经济和社会发展。三是积极争取加拿大援助项目，解决少数民族群众的特殊需要。自 1990 年以来，共争取加拿大援助项目 94 个，资金总额达 380 万元。其中，西海固地区受援项目 52 个，资金总额达 241.15 万元。项目中用于解决贫困山区人畜饮水 15 个，资金 131 万元，解决了海原、彭阳、西吉、泾源 4 县最干旱、最贫困 10 个乡、32 个行政村、2 960多户、16 800多人、4 680多头大家畜、19 000多只羊的饮水困难。这些项目的实施也增进了中加人民之间的友谊。四是加强调查研究。针对“九五”时期民族经济工作所面临的问题和困难，依据国家民委的要求，组织力量就“八五”以来少数民族乡镇企业贷款贴息、新增发展资金使用情况进行了调查，专题上报国家民委。同时，在调查研究的基础上与自治区财政厅联合下发了“关于要求安排少数民族地区补助费的通知”，为地市县民族工作部门争取业务经费创造了条件。申报了《宁夏南部山区产业化及产业结构问题》的专题报告，撰写了《净化一方水土、保障人民健康》，受到国家民委的表扬。为 1997 年全国民族统计分析工作会议提交的《宁夏宏观经济运行及全年趋势展望》统计分析报告，被国家民委评为三等奖。五是努力做好落实“九五”期间对民贸民族用品生产的各项优惠政策的基础工作。对全区 10 个民贸县、57 家民族用品生产定点企业进行了调查，重新核定，专题上报“全国民族贸易和民族用品生产联席会议办公室”审批。同时积极推荐银川童装厂为 1997 年民族用品生产试点企业，争取到贴息贷款 200 万元。六是定点包村扶贫工作取得了阶段性的进展。1997 年筹措资金近 6 万元，改善西吉县姚庄村群众生产生活条件，扩修姚庄村道路 1 条约 8 公里，加固姚庄水库大坝一座并改造泄洪道 1 条，修建小寺湾自然村过沟涵洞桥 1 座，翻建黄堝小学危房 12 间，争取西吉县为该村兴修旱作基本农田 600 余亩，这些扶贫项目的实施深受该村群众欢迎，收到了较好的经济和社会效益，该村又有 96 户、557 人实现脱贫。

结合实际，突出重点，加强宣传教育，推进民族法制建设。去年是“三五”普法宣传教育启动阶段，根据国家民委“三五”普法宣传教育规划会议精神和自治区“三五”普法办的要求，制定了民委系统的“三五”普法宣传教育规划，同时将《中华人民共和国民族区域自治法》、《宁夏回族自治区清真食品管理暂行规定》等法律、法规列入自治区人民政府的“三五”普法学习规划。

在各地、市、县(区)民族工作部门、工商行政管理等部门紧密配合和大力支持下，集中时间、集中人力，认真宣传贯彻实施《城市民族工作条例》、《宁夏回族自治区清真食品管理暂行规定》。通过张贴标语，发放材料，新闻媒体广泛宣传，对生产经营清真食品行业进行清理整顿，注册登记，颁发许可证、清真标志牌，既依法加强了清真食品行业的管理，又维护了少数民族风俗习惯上的合法权益。

重视发展民族教育，参与制定民族教育政

策，使民族教育得到长足发展。同心阿语学校中专预科班招生人数从105名增至160名。1996、1997两年从民族教育专项补助费和民族地区补助费中安排近100万元资金，专门用于民族中小学的校舍维修、课桌凳配备和教学仪器的购置等。利用广州宗教界人士给自治区的30万元捐款，在西吉县吊嘴子建成一所希望小学，解决了当地孩子上学难的问题。召开了全区首届回民中学校长座谈会。参加每年高校招生工作，保证完成录取少数民族考生每年递增1%的监录工作，使1997年少数民族考生高校录取比例达到了24.8%。

繁荣少数民族文化艺术事业，促进全区精神文明建设。1997年"七一"和迎接香港回归前夕，召开了宁夏少数民族文化艺术促进会成立大会，发展会员200人，发展壮大少数民族文艺人才队伍。选送参加全国少数民族文学评奖作品，其中两篇作品获一等奖和三等奖。选送的回族舞蹈在全国性的比赛中获得三等奖。1997年8月在银川成功举行了全区回民中学木球比赛，组织专人对木球规则进行了重新修改，为繁荣宁夏民族文化艺术体育事业拓展了道路。

撰稿：王生军

审稿：蔡　明

新疆维吾尔自治区

【民族经济】1997年，在新疆维吾尔自治区党委和政府的领导下，全区认真贯彻落实中央和新疆维吾尔自治区经济工作会议精神，正确处理改革、发展和稳定的关系，深化国有企业改革，加大结构调整力度，积极推进两个根本转变，努力提高经济增长的质量和效益，国民经济稳步发展，综合实力进一步增强。

1997年，全区国内生产总值1 050亿元（现价），比上年增长11%，其中第一产业增加值280亿元，增长10.8%；第二产业增加值413亿元，增长13.2%；第三产业增加值357亿元，增长8%。第一、二、三产业增加值占国内生产总值的比重由上年的27.3%、36.9%和35.8%调整为26.7%、39.3%和34%，第二产业比重上升，一、三产业比重下降。

农牧业生产又获丰收，农村经济全面发展。全区农林牧渔业总产值为476.47亿元，比上年增长9.5个百分点。粮、棉、甜菜、水果等主要农产品产量增加。粮食产量825万吨，比上年增长0.8%；棉花产量创历史最好水平，达到115万吨，比上年增长22.3%；甜菜总产量388.71万吨，比上年增长9.6%；水果总产量123.67万吨，比上年增长6.6%。畜牧业生产稳定发展，牲畜存栏增加，畜产品产量全面增长。年末大牲畜存栏头数达400万头（只），比上年增长3.5%。全年猪、牛、羊肉产量达56万吨，比上年增长5.9%。渔业生产持续发展，全年水产品产量5.2万吨，比上年增长9.4%。农村生产条件继续改善，年末全区农业机械总动力729万千瓦，比上年增长4.4%；农村用电量20.82亿千瓦小时，比上年增长12.7%；农田水利建设进一步发展，全区新增有效灌溉面积68.8千公顷。农业科技和优质品种得到进一步推广。

工业生产较快增长，企业效益有所回升。全年完成工业增加值303亿元，比上年增长13%。轻重工业均保持一定增长。其中，重工业发展快于轻工业。全年轻工业完成增加值69亿元，比上年增长6.8%，重工业完成增加值234亿元，比上年增长15.5%。产品结构有所调整，能源、原材料和部分支农产品增长较快。工业经济效益综合指数为78%，比上年提高12.7个百分点。企业亏损状况有所好转，但亏损面继续扩大。全区乡及乡以上独立核算工业企业亏损面达41.3%，其中国有企业亏损面为44.2%，均比上年有所扩大。

固定资产投资稳步增长。1997年，全社会固定资产投资446.8亿元，比上年增长15.2%，其中国有单位投资363.2亿元，增长16.5%。重点建设项目完成较好，全年29个重点项目完成投资132.8亿元，完成年计划的83.9%，占基本建设总投资的50.7%，计划年内建成投产的9个项目已有6个建成投产。棉花基地建设、乌鲁瓦提水利枢纽工程和南疆铁路延伸工程进展顺利。

交通运输业持续发展。1997年，全区共完成货物周转量545.2亿吨公里，比上年增长7.5%；完成旅客周转量233亿人公里，比上年增长6.5%。全区铁路营运里程2 038公里。公路通车里程达32 053公里，沥青路面占通路里程的比重达67.1%，高等级公路建设有所发展。民用航空不断发展壮大，目前已拥有28架大中小型飞机，航线达50条。邮电通信发展迅速，全年完成邮电业务总量达17.23亿元，比上年增长30.4%。住宅电话迅速发展，电话普及率不断提高，电话机总数达121.1万部，比上年增长27.5%。移动电话规模进一步扩大，无线寻呼又有较大幅度增长。计算机互联网络得到一定发展。

外贸出口明显回升，进口有所下降，外贸逆差减少。全年进出口总额14.5亿美元，比上年增长3.1%，其中，出口总额6.7亿美元，增长21.1%；进口总额7.8亿美元，下降8.5%。出口产品结构进一步优化，工业制成品出口比重占全部出口的72.1%，比上年提高1.7个百分点。地方财政收入稳步增长，全年地方财政收入完成57.62亿元，比上年增长18.6%。地方财政支出126.82亿元，比上年增长8.8%，财政困难问题仍很突出。金融运行相对平稳，在支持工农业生产、重点建设、促进全区社会经济发展方面发挥了重要作用。年末全区各项存款余额1 149.13亿元，比年初增加182.32亿元，年末金融机构贷款余额1 215.39亿元，比年初增加168.12亿元。

消费品市场比较平淡，没有明显的淡旺季之分和新的消费品热点。全年社会消费品零售总额达310.4亿元，比上年增长5%，扣除价格因素，实际增长3.1%。通货膨胀得到有效抑制，物价上涨率明显低于经济增长率。全区商品零售价格上涨1.8%，居民消费价格上涨3.7%，涨幅较上年分别回落7个和6.8个百分点。下降幅度较大的主要有肉禽蛋、鲜菜、鲜果，但受房租、煤气、水电费、邮电费等调价因素影响，居民消费价格中的居住和服务项目价格上涨幅度较大，分别上涨11.6%和22.3%。

【社会发展】1997年，新疆维吾尔自治区经济建设的发展促进了各项社会事业的全面发展，人民生活条件得到进一步改善。

科技队伍不断扩大，投入增加。年末全区国有企事业单位拥有各类专业技术人员45万人，县及县以上独立研究开发机构有133个，从事科技活动人员6 016人，其中科学家和工程师4 957人。全年用于科技活动的经费支出2.48亿元。全区登记的科技成果230项，其中获国家科技进步奖的6项，全年受理专利申请799件，授权专利328件。

教育事业继续发展。全区普通高等院校在校研究生647人，其中少数民族71人。普通高校在校本专科学生4.57万人，增长2.9%，其中少数民族2.15万人，占47.1%。中等教育稳步发展，全年中等专业学校在校学生7.78万人，增长6.9%，其中少数民族3.89万人，占49.9%。各类中等职业技术学校在校学生16.93万人，占高中阶段在校学生比例达81.7%。基础教育不断加强，义务教育普及程度提高。各类成人教育进一步发展。

文化事业健康发展。全年生产6部电影，译制少数民族语音片789本。全年共出版各种报纸2亿份，杂志1 030万份，图书6 300万册（张）。卫生事业进一步发展。年末全区共有卫生机构1 931个，其中医院522个，比上年增长5个。医院拥有病床5.35万张，下降0.01%。各类卫生技术人员8.89万人，增长4.6%，其中医生3.01万人，增长7.2%。在卫生技术人员中，少数民族卫生技术人员3.22万人，占总数的36.2%。

体育事业成绩喜人。在第八届全运会上，新疆体育代表团获得金牌3枚、银牌3枚、铜牌6枚。尤为令人骄傲的是“达瓦孜”选手阿迪力成功地跨越了长江三峡，比吉尼斯世界纪录缩短近40分种，创造了惊人的奇迹。群众性体育活动蓬勃开展，全民健身计划在各地普遍实施。

城乡居民收入增长，生活水平不断提高。全年城市居民人均可支配收入为4 900元，比上年增长4.9%，扣除价格因素，实际增长13%。城乡居民实际生活水平进一步提高，住房条件继续改善。城乡居民人均居住面积分别为13.3平方米和16.14平方米，住房质量普遍提高。社会福利事业稳步发展，全区有各类社会福利院48个，床位4 242张，比上年增长22%，收养人数3 517人。

【民族工作】1997年，新疆民宗委在新疆维吾尔自治区党委、人民政府的领导和国家民委的指导下，紧紧围绕着香港回归、党的十五大的召开这两件大事及自治区关于在部分地区开展集中整治的工作部署，坚定不移地贯彻落实党和国家关于民族工作的基本方针政策，以及中央、自治区对民族工作的一系列指示精神，结合全区民族工作的实际，狠抓落实，认真组织实施，使新疆民族工作充满活力，全面推进，取得了新的成绩。

一、坚持从大局出发，全面落实中央和自治区关于稳定问题的指示精神，为维护新疆的社会稳定做出积极的努力。按照自治区的统一部署，坚持把维护社会稳定的工作放在头等重要的位置，旗帜鲜明地反对民族分裂主义和非法宗教活动，加强社情调研，努力排除、化解不利因素，始终注意对每一个阶段性的工作做出缜密的安排，坚持不懈地抓紧抓好，抓出成效来。高度重视、稳妥地处理好影响面大、可能诱发不利因素的事件。年初，得知一批假冒茯砖茶流入新疆，立即协调公安厅有关处室、新疆电视台、新疆日报社、新疆茶畜公司、湖南茶叶总公司等单位，联合进行调查核实，依法从重打击了非法经销，及时有效地遏制了边销茶售假现象，避免再次引起风波。根据自治区领导的指示，协助湖南方面妥善处理了324次列车在湖南省发生事故中新疆少数民族遇难者的善后问题。

二、坚持民族团结，巩固和发展社会主义民族关系，推动民族进步，促进各民族的共同繁荣。结合全区实际，适应新的形势，及时向自治区党委提出了“关于开展新疆维吾尔自治区第十五个民族团结教育月活动的意见”，向全区发出了“关于全区民族宗教工作部门认真搞好第十五个民族团结教育月活动的意见”。在民族团结教育月活动期间，集中进行了马克思主义国家观、民族观、宗教观的宣传教育，组织了由专家学者和有关领导组成的“民族团结教育演讲小组”，在乌鲁木齐地区部分大中专学校、厂矿企业巡回演讲，听众达3 000余人次。开展了爱国主义宣传教育和“民族知识竞赛”，为推动创建和表彰民族团结进步模范活动更加广泛、深入、持久地开展下去，经过反复分析研究，制定了“新疆维吾尔自治区民族团结模范单位、模范个人管理办法”，报经自治区政府批准贯彻执行。参加了部分地区召开的民族工作经验交流会、座谈会、民族团结进步模范表彰大会等，积极促使全社会都来关心、支持民族团结进步事业。与自治区团委联合召开了“新疆维吾尔自治区第二次各族青年团结进步表彰大会”，表彰了57个模范集体和103个模范个人，积极筹备组织了国家民委1998年在全国范围内开展的民族团结进步模范表彰活动，配合新闻单位开展了宣传民族团结进步先进事迹和模范人物的活动。在自治区党委、人民政府的重视支持下，设法解决了民族团结模范个人的奖金问题。

三、认真处理好改革、稳定与发展的关系，

努力促进民族经济的发展。在工作实践中，始终坚持致力于党的基本路线在民族地区的具体化，努力为自治区的改革开放、经济建设和社会进步多做工作，多办实事。举办了全区民族宗教工作系统统计员培训班，及时准确地完成了民族统计任务。强化了经济形势的宏观监测工作，为国家民委参予民族地区经济工作提供了有力的决策依据。配合国家财政部、国家民委调查组对“八五”期间新疆发展资金项目实施、资金使用情况进行了抽样调查。进一步规范了资金项目的管理，加强了对项目的跟踪监测和效益分析，全区资金项目的管理水平得到提高。全年共上报各类项目 49 个，申请下达各项基金、贴息贷款、各类资金6 220万元。进一步明确了国家民委定点扶贫工作四级民委负责制，确定了全区三级民委定点扶贫的责任和任务、联络制度等。办实事，重实效，与有关部门密切配合协作，为边远、贫困少数民族地区协调落实了各类资金、贷款 438 万元。配合国家民委经济司、外事司，为和田市古江巴克乡争取到新西兰大使基金，并认真实施了该基金所扶持的地毯编织项目。继续认真开展了对塔什库尔干塔吉克自治县的扶贫工作。认真组织开展了扶贫模式调查，并将墨玉县、木垒县和哈密地区“搬迁扶贫”经验上报国家民委在全国推广。完成了国家民委下达的“搬迁扶贫”课题的研究任务。承办了国家民委《中国民族地区扶贫开发纵览》画册的组稿工作，为贯彻落实新的民族贸易和民族用品生产政策，先后与十几个相关部门建立了业务关系，开展了全区民贸县和民贸企业基本情况的调查，上报了新疆民族特需用品定点生产企业名单和民族特需用品目录，以及地州民贸公司申报方案，提出了新疆民族贸易和民族用品生产的贯彻意见，为实施新民贸政策打下良好基础。

四、加强了民族宗教法制建设。经过努力，一批民族、宗教法规、条例陆续出台。自治区党委先后批转了由自治区民宗委起草的《关于界定非法宗教活动的意见》、《新疆维吾尔自治区创建民族团结进步模范单位争当民族团结进步个人活动管理办法》、《关于进一步加强对地下学经人员管理的意见》、《关于加强乡镇统战、民族、宗教工作的意见》等 4 个文件，向自治区党委、人民政府上报了《朝觐管理办法》、《非法宗教活动处罚条例》，并积极争取《清真食品管理办法》的出台。

五、认真做好了民族文化宣传工作和少数民族干部选拔培养工作。筹备组织了中国少数民族艺术孔雀奖声乐大赛选手的选拔工作，共选出各民族文学作品 30 篇。为加强民族乡的文化建设，起草了《关于加强民族乡文化建设的意见》，报经自治区政府审批。积极做好对外宣传工作，参加了“中瑞少数民族问题研讨会”，起草了《新疆有关人权问题答复口径》，为自治区外宣办提供了关于民族宗教工作方面的对外宣传材料。接待了以色列驻华大使、法国新闻记者团、澳大利亚驻华使馆一秘等外国来宾。按计划认真做好了少数民族古籍的收集整理出版工作，哈萨克名著《医药志》获国家新闻出版署第三届图书奖和中国民族图书奖。加快了五种丛书、民族志的编辑出版工作。

继续贯彻“全国少数民族干部座谈会”精神，积极协助做好培养、使用少数民族干部的工作。协同自治区党委组织部、统战部选派了一批少数民族县级干部到内地发达地区挂职锻炼，并联合召开了“少数民族干部挂职锻炼工作座谈会”，认真总结了这方面的工作经验。

六、进一步加强了少数民族教育、体育等方面的工作，努力推动社会进步。积极参加并做好了 1997 年度成人高校、各类民族院校的招生工作，派员参加了塔城、博乐等地成人及普通高考的巡视工作，科学合理地提出了少数民族教育补助费的分配方案，参加了新疆学生体质调研工作，加快了新疆维吾尔自治区第四届民运会和全国第六届民运会的筹备工作。

撰稿：姜国利

审稿：陆　健

第四部分
统　计　资　料

PART Ⅳ STATISTICAL DATA

一、综　合
GENERAL SURVEY

1—1 民族自治地方行政区划

（1997年末）

单位：个

省级		地级		县级		市			市辖区
合计	行政单位	合计	行政单位	合计	行政单位	合计	地级	县级	
5	5自治区	60	22地区 30自治州 8盟	570	401县 49旗 117自治县 3自治旗	91	18	73	63
	河北			6	6自治县				
	内蒙古	8	8盟	69	17县、49旗、3自治旗	20	4	16	16
	辽宁			8	8自治县				
	吉林	1	1自治州	5	2县、3自治县	6		6	
	黑龙江			1	1自治县				
	浙江			1	1自治县				
	湖北	1	1自治州	8	6县、2自治县	2		2	
	湖南	1	1自治州	14	7县、7自治县	1		1	
	广东			3	3自治县				
	广西	6	6地区	71	59县、12自治县	19	9	10	29
	海南			6	6自治县				
	重庆			5	5自治县				
	四川	3	3自治州	49	46县、3自治县	1		1	
	贵州	3	3自治州	42	31县、11自治县	4		4	
	云南	8	8自治州	71	42县、29自治县	8		8	
	西藏	6	6地区	76	76县	2	1	1	1
	甘肃	2	2自治州	19	12县、7自治县	2		2	
	青海	6	6自治州	33	26县、7自治县	2		2	
	宁夏	2	2地区	15	15县	5	2	3	6
	新疆	13	8地区、5自治州	68	62县、6自治县	19	2	17	11

Administrative Division of Minority National Autonomous Areas (End of 1997)

Provincial Level		Prefectural Level		County Level		City			District Under City
Total	Administrative Unit	Total	Administrative Unit	Total	Administrative Unit	Total	Prefectural Level	County Level	
5	5 autonomous regions	60	22 prefectures 30 autonomous prefectures 8 mengs	570	401 counties 49 qis 117 autonomous counties 3 autonomous qis	91	18	73	63
Hebei				6	6 autonomous counties				
Inner Mongolia		8	8 mengs	69	17 counties 49 qis 3 autonomous qis	20	4	16	16
Liaoning				8	8 autonomous counties				
Jilin		1	1 autonomous prefecture	5	2 counties 3 autonomous counties	6		6	
Heilongjiang				1	1 autonomous county				
Zhejiang				1	1 autonomous county				
Hubei		1	1 autonomous prefecture	8	6 counties 2 autonomous counties	2		2	
Hunan		1	1 autonomous prefecture	14	7 counties 7 autonomous counties	1		1	
Guangdong				3	3 autonomous counties				
Guangxi		6	6 prefectures	71	59 counties 12 autonomous counties	19	9	10	29
Hainan				6	6 autonomous counties				
Chongqing				5	5 autonomous counties				
Sichuan		3	3 autonomous prefectures	49	46 counties 3 autonomous counties	1		1	
Guizhou		3	3 autonomous prefectures	42	31 counties 11 autonomous counties	4		4	
Yunnan		8	8 autonomous prefectures	71	42 counties 29 autonomous counties	8		8	
Tibet		6	6 prefectures	76	76 counties	2	1	1	1
Gansu		2	2 autonomous prefectures	19	12 counties 7 autonomous counties	2		2	
Qinghai		6	6 autonomous prefectures	33	26 counties 7 autonomous counties	2		2	
Ningxia		2	2 prefectures	15	15 counties	5	2	3	6
Xinjiang		13	8 prefectures 5 autonomous prefectures	68	62 counties 6 autonomous counties	19	2	17	11

1—2 民族自治地方县(旗)、市分布(一)

(1997年末)

地区	县(旗)、市数	县(旗)、市名称
合计	643县级单位(73县级市、401县、49旗、117自治县、3自治旗),18地级市	
河北	6自治县	秦皇岛市:青龙满族自治县 廊坊市:大厂回族自治县 承德市:宽城满族自治县、丰宁满族自治县、围场满族蒙古族自治县 沧州市:孟村回族自治县
内蒙古	16县级市 17县 49旗 3自治旗 4地级市	*呼和浩特市:土默特左旗、托克托、和林格尔、清水河、武川 *包头市:土默特右旗、固阳、达尔罕茂明安联合旗 *乌海市 *赤峰市:阿鲁科尔沁旗、巴林左旗、巴林右旗、林西、克什克腾旗、翁牛特旗、喀喇沁旗、宁城、敖汉旗 呼伦贝尔盟:海拉尔市、满洲里市、扎兰屯市、牙克石市、根河市、额尔古纳市、阿荣旗、莫力达瓦达斡尔族自治旗、鄂伦春自治旗、鄂温克族自治旗、新巴尔虎右旗、新巴尔虎左旗、陈巴尔虎旗 兴安盟:乌兰浩特市、阿尔山市、科尔沁右翼前旗、科尔沁右翼中旗、扎赉特旗、突泉 哲里木盟:通辽市、霍林郭勒市、科尔沁左翼中旗、科尔沁左翼后旗、开鲁、库伦旗、奈曼旗、扎鲁特旗 锡林郭勒盟:二连浩特市、锡林浩特市、阿巴嘎旗、苏尼特右旗、苏尼特左旗、东乌珠穆沁旗、西乌珠穆沁旗、太仆寺旗、镶黄旗、正镶白旗、正蓝旗、多伦 乌兰察布盟:集宁市、丰镇市、卓资、化德、商都、兴和、凉城、察哈尔右翼前旗、察哈尔右翼中旗、察哈尔右翼后旗、四子王旗 伊克昭盟:东胜市、达拉特旗、准格尔旗、鄂托克前旗、鄂托克旗、杭锦旗、乌审旗、伊金霍洛旗 巴彦淖尔盟:临河市、五原、磴口、乌拉特前旗、乌拉特中旗、乌拉特后旗、杭锦后旗 阿拉善盟:阿拉善左旗、阿拉善右旗、额济纳旗
辽宁	8自治县	鞍山市:岫岩满族自治县 抚顺市:新宾满族自治县、清原满族自治县 本溪市:本溪满族自治县、桓仁满族自治县 丹东市:宽甸满族自治县 阜新市:阜新蒙古族自治县 朝阳市:喀喇沁左翼蒙古族自治县
吉林	6县级市 2县 3自治县	四平市:伊通满族自治县 白山市:长白朝鲜族自治县 松原市:前郭尔罗斯蒙古族自治县 延边朝鲜族自治州:延吉市、图们市、敦化市、珲春市、龙井市、和龙市、汪清、安图
黑龙江	1自治县	大庆市:杜尔伯特蒙古族自治县
浙江	1自治县	丽水地区:景宁畲族自治县
湖北	2县级市 6县 2自治县	宜昌市:长阳土家族自治县、五峰土家族自治县 恩施土家族苗族自治州:恩施市、利川市、建始、巴东、宣恩、咸丰、来凤、鹤峰

注:表中有*号为地级市,共18个。地级市辖的区(相当县级)63个,本表未作统计。

1—2 民族自治地方县(旗)、市分布(二)

(1997年末)

地区	县(旗)、市数	县(旗)、市名称
湖南	1县级市 7县 7自治县	邵阳市:城步苗族自治县 永州市:江华瑶族自治县 怀化市:麻阳苗族自治县、新晃侗族自治县、芷江侗族自治县、靖州苗族侗族自治县、通道侗族自治县 湘西土家族苗族自治州:吉首市、泸溪、凤凰、花垣、保靖、古丈、永顺、龙山
广东	3自治县	韶关市:乳源瑶族自治县 清远市:连山壮族瑶族自治县、连南瑶族自治县
广西	10县级市 59县 12自治县 9地级市	*南宁市:邕宁、武鸣 *柳州市:柳江、柳城 *桂林市:阳朔、临桂 *梧州市:岑溪市、苍梧、滕县、蒙山 *北海市:合浦 *防城港市:东兴市、上思 *钦州市:灵山、浦北 *贵港市:桂平市、平南 *玉林市:北流市、容县、陆川、博白、兴业 南宁地区:凭祥市、横县、宾阳、上林、隆安、马山、扶绥、崇左、大新、天等、宁明、龙州 柳州地区:合山市、鹿寨、象州、武宣、来宾、融安、三江侗族自治县、融水苗族自治县、金秀瑶族自治县、忻城 桂林地区:灵川、全州、兴安、永福、灌阳、龙胜各族自治县、资源、平乐、荔浦、恭城瑶族自治县 贺州地区:贺州市、昭平、钟山、富川瑶族自治县 百色地区:百色市、田阳、田东、平果、德保、靖西、那坡、凌云、乐业、田林、隆林各族自治县、西林 河池地区:河池市、宜州市、罗城仫佬族自治县、环江毛南族自治县、南丹、天峨、凤山、东兰、巴马瑶族自治县、都安瑶族自治县、大化瑶族自治县
海南	6自治县	白沙黎族自治县、昌江黎族自治县、乐东黎族自治县、陵水黎族自治县、保亭黎族苗族自治县、琼中黎族苗族自治县
重庆	5自治县	黔江开发区:石柱土家族自治县、秀山土家族苗族自治县、黔江土家族苗族自治县、酉阳土家族苗族自治县、彭水苗族土家族自治县
四川	1县级市 46县 3自治县	乐山市:峨边彝族自治县、马边彝族自治县 阿坝藏族羌族自治州:汶川、理县、茂县、松潘、南坪、金川、小金、黑水、马尔康、壤塘、阿坝、若尔盖、红原 甘孜藏族自治州:康定、泸定、丹巴、九龙、雅江、道孚、炉霍、甘孜、新龙、德格、白玉、石渠、色达、理塘、巴塘、乡城、稻城、得荣 凉山彝族自治州:西昌市、木里藏族自治县、盐源、德昌、会理、会东、宁南、普格、布拖、金阳、昭觉、喜德、冕宁、越西、甘洛、美姑、雷波

1—2 民族自治地方县(旗)、市分布(三)

(1997年末)

地 区	县(旗)、市数	县(旗)、市名称
贵 州	4县级市 31县 11自治县	遵义市:道真仡佬族苗族自治县、务川仡佬族苗族自治县 铜仁地区:玉屏侗族自治县、印江土家族苗族自治县、沿河土家族自治县、松桃苗族自治县 毕节地区:威宁彝族回族苗族自治县 安顺地区:关岭布依族苗族自治县、镇宁布依族苗族自治县、紫云苗族布依族自治县 黔西南布依族苗族自治州:兴义市、兴仁、普安、晴隆、贞丰、望谟、册亨、安龙 黔东南苗族侗族自治州:凯里市、黄平、施秉、三穗、镇远、岑巩、天柱、锦屏、剑河、台江、黎平、榕江、从江、雷山、麻江、丹寨 黔南布依族苗族自治州:都匀市、福泉市、荔波、贵定、瓮安、独山、平塘、罗甸、长顺、龙里、惠水、三都水族自治县
云 南	8县级市 42县 29自治县	昆明市:路南彝族自治县、禄劝彝族苗族自治县 曲靖市:寻甸回族彝族自治县 玉溪市:峨山彝族自治县、新平彝族傣族自治县、元江哈尼族彝族傣族自治县 思茅地区:普洱哈尼族彝族自治县、墨江哈尼族自治县、景东彝族自治县、景谷傣族彝族自治县、镇沅彝族哈尼族拉祜族自治县、江城哈尼族彝族自治县、孟连傣族拉祜族佤族自治县、澜沧拉祜族自治县、西盟佤族自治县 丽江地区:丽江纳西族自治县、宁蒗彝族自治县 临沧地区:双江拉祜族佤族布朗族傣族自治县、耿马傣族佤族自治县、沧源佤族自治县 楚雄彝族自治州:楚雄市、双柏、牟定、南华、姚安、大姚、永仁、元谋、武定、禄丰 红河哈尼族彝族自治州:个旧市、开远市、蒙自、屏边苗族自治县、建水、石屏、弥勒、泸西、元阳、红河、金平苗族瑶族傣族自治县、绿春、河口瑶族自治县 文山壮族苗族自治州:文山、砚山、西畴、麻栗坡、马关、丘北、广南、富宁 西双版纳傣族自治州:景洪市、勐海、勐腊 大理白族自治州:大理市、漾濞彝族自治县、祥云、宾川、弥渡、南涧彝族自治县、巍山彝族回族自治县、永平、云龙、洱源、剑川、鹤庆 德宏傣族景颇族自治州:畹町市、瑞丽市、潞西市、梁河、盈江、陇川 怒江傈僳族自治州:泸水、福贡、贡山独龙族怒族自治县、兰坪白族普米族自治县 迪庆藏族自治州:中甸、德钦、维西傈僳族自治县
西 藏	1县级市 76县 1地级市	*拉萨市:林周、当雄、尼木、曲水、堆龙德庆、达孜、墨竹工卡 昌都地区:昌都、江达、贡觉、类乌齐、丁青、察雅、八宿、左贡、芒康、洛隆、边坝、盐井、碧土、妥坝、生达 山南地区:乃东、扎囊、贡嘎、桑日、琼结、曲松、措美、洛扎、加查、隆子、错那、浪卡子 日喀则地区:日喀则市、南木林、江孜、定日、萨迦、拉孜、昂仁、谢通门、白朗、仁布、康马、定结、仲巴、亚东、吉隆、聂拉木、萨嘎、岗巴 那曲地区:那曲、嘉黎、比如、聂荣、安多、申扎、索县、班戈、巴青、尼玛 阿里地区:普兰、札达、噶尔、日土、革吉、改则、措勤、隆格尔 林芝地区:林芝、工布江达、米林、墨脱、波密、察隅、朗县

1—2　民族自治地方县(旗)、市分布(四)

(1997年末)

地　区	县(旗)、市数	县(旗)、市名称
甘　肃	2县级市 12县 7自治县	天水市:张家川回族自治县 酒泉地区:肃北蒙古族自治县、阿克塞哈萨克族自治县 张掖地区:肃南裕固族自治县 武威地区:天祝藏族自治县 临夏回族自治州:临夏市、临夏、康乐、永靖、广河、和政、东乡族自治县、积石山保安族东乡族撒拉族自治县 甘南藏族自治州:合作市、临潭、卓尼、舟曲、迭部、玛曲、碌曲、夏河
青　海	2县级市 26县 7自治县	西宁市:大通回族土族自治县 海东地区:民和回族土族自治县、互助土族自治县、化隆回族自治县、循化撒拉族自治县 海北藏族自治州:门源回族自治县、祁连、海晏、刚察 黄南藏族自治州:同仁、尖扎、泽库、河南蒙古族自治县 海南藏族自治州:共和、同德、贵德、兴海、贵南 果洛藏族自治州:玛沁、班玛、甘德、达日、久治、玛多 玉树藏族自治州:玉树、杂多、称多、治多、囊谦、曲麻莱 海西蒙古族藏族自治州:格尔木市、德令哈市、乌兰、都兰、天峻
宁　夏	3县级市 15县 2地级市	*银川市:永宁、贺兰 *石嘴山市:平罗、陶乐、惠农 银南地区:吴忠市、青铜峡市、灵武市、中卫、中宁、盐池、同心 固原地区:固原、海原、西吉、隆德、泾源、彭阳
新　疆	17县级市 62县 6自治县 2地级市	*乌鲁木齐市:乌鲁木齐 *克拉玛依市 石河子市 吐鲁番地区:吐鲁番市、鄯善、托克逊 哈密地区:哈密市、巴里坤哈萨克自治县、伊吾 阿克苏地区:阿克苏市、温宿、库车、沙雅、新和、拜城、乌什、阿瓦提、柯坪 喀什地区:喀什市、疏附、疏勒、英吉沙、泽普、莎车、叶城、麦盖提、岳普湖、伽师、巴楚、塔什库尔干塔吉克自治县 和田地区:和田市、和田、墨玉、皮山、洛浦、策勒、于田、民丰 昌吉回族自治州:昌吉市、阜康市、米泉市、呼图壁、玛纳斯、奇台、吉木萨尔、木垒哈萨克自治县 博尔塔拉蒙古自治州:博乐市、精河、温泉 巴音郭楞蒙古自治州:库尔勒市、轮台、尉犁、若羌、且末、焉耆回族自治县、和静、和硕、博湖 克孜勒苏柯尔克孜自治州:阿图什市、阿克陶、阿合奇、乌恰 伊犁哈萨克自治州:奎屯市 伊犁地区:伊宁市、伊宁、察布查尔锡伯自治县、霍城、巩留、新源、昭苏、特克斯、尼勒克 塔城地区:塔城市、乌苏市、额敏、沙湾、托里、裕民、和布克赛尔蒙古自治县 阿勒泰地区:阿勒泰市、布尔津、富蕴、福海、哈巴河、青河、吉木乃

Distribution of Counties(Qis)and Cities in Minority National Autonomous Areas(1)

(End of 1997)

Region	Number of Counties (Qis) and Cities	Name of Counties (Qis) and Cities
Total	643 units at county level (73 county—level cities, 401 counties, 49 qis, 117 autonomous counties, 3 autonomous qis) 18 prefecture—level cities	
Hebei	6 autonomous counties	Qinhuangdao city:Qinglong Manchu autonomous county Langfang city:Dachang Hui autonomous county Chengde city: Kuancheng Manchu autonomous county, Fengning Manchu autonomous county, Weichang Manchu and Mongolian autonomous county Cangzhou city:Mengcun Hui autonomous county
Inner Mongolia	16 county—level cities, 17 counties, 49 qis, 3 autonomous qis, 4 prefecture—level cities	* Hohhot city: Tumd Zuo qi, Togtoh, Horinger, Qing Shuihe, Wuchuan * Baotou city:Tumd You qi,Guyang,Darhan Mumingan Lianhe qi * Wuhai city * Chifeng city: Ar Horqin qi, Bairin Zuo qi, Bairin You qi, Linxi, Hexigten qi, Ongniud qi, Harqin qi, Ningcheng, Aohan qi Hulun Buir Meng: Hailar city, Manzhouli city, Zalantun city, Yakeshi city, Genhe city, Ergun city, Arun qi, Morin Dawa Daur autonomous qi, Oroqen autonomous qi, Ewenki autonomous qi, Xin Barag You qi, Xin Barag Zuo qi, Chen Barag qi Xingan Meng: Ulanhot city, Arsan City, Horqin Youyi Qian qi, Horqin Youyi Zhong qi, Jalaid qi, Tuquan Jirem Meng:Tongliao city, Huolin Gol city, Horqin Zuoyi Zhong qi, Horqin Zuoyi Hou qi, Kailu, Hure qi, Naiman qi, Jarud qi Xinlin Gol Meng:Erenhot city, Xilinhot city, Abag qi, Sonid You qi, Sonid Zuo qi, Dong Ujimqin qi, Xi Ujimqin qi, Taibus qi, Xianghuang qi, Zhengxiangbai qi, Zhenglan qi, Duolun Ulanqab Meng: Jining city, Fengzheng city, Zhuozi, Huade, Shangdu, Xinghe, Liangcheng, Qahar Youyi Qian qi, Qahar Youyi Zhong qi, Qahar Youyi Hou qi, Siziwang qi Ih Ju Meng:Dongsheng city, Dalad qi, Jungar qi, Otog Qian qi, Otog qi, Hangjin qi, Uxin qi, Ejin Horo qi Bayan Nur Meng:Linhe city, Wuyuan, Dengkou, Urad Qian qi, Urad Zhong qi, Urad Hou qi, Hangjin Hou qi Alxa Meng: Alxa Zuo qi, Alxa You qi, Ejin qi
Liaoning	8 autonomous counties	Anshan city:Xiuyan Manchu autonomous county Fushun city:Xinbin Manchu autonomous county, Qingyuan Manchu autonomous county Benxi city:Benxi Manchu autonomous county, Huanren Manchu autonomous county Dandong city:Kuandian Manchu autonomous county Fuxin city:Fuxin Mongolian autonomous county Chaoyang city:Harqin Zuoyi Mongolian autonomous county

a. Qi. the name of the administrative district of Inner Mongolia, equal to county.
b. Meng. the name of the administrative district of Inner Mongolia, equal to prefecture.

Distribution of Counties(Qis)and Cities in Minority National Autonomous Areas(2)

(End of 1997)

Region	Number of Counties (Qis) and Cities	Name of Counties (Qis) and Cities
Jilin	6 county-level cities, 2 counties, 3 autonomous counties	Siping city: Yitong Manchu autonomous county Baishan city: Changbai Korean autonomous county Songyuan city: Qian Gorlos Mongolian autonomous county Yanbian Korean autonomous prefecture: Yanji city, Tumen city, Dunhua city, Hunchun city, Longjing city, Helong city, Wangqin, Antu
Hei-longjiang	1 autonomous county	Daqing city: Dorbod Mongolian autonomous county
Zhejiang	1 autonomous county	Lishui prefecture: Jingning She autonomous county
Hubei	2 county-level cities, 6 counties, 2 autonomous counties	Yichang city: Changyang Tujia autonomous county, Wufeng Tujia autonomous county Enshi Tujia and Miao autonomous prefecture: Enshi city, Lichuan city, Jianshi, Badong, Xuanen, Xianfeng, Laifeng, Hefeng
Hunan	1 county-level city, 7 counties, 7 autonomous counties	Shaoyang city: Chengbu Miao autonomous county Yong zhou city: Jianghua Yao autonomous county Huaihua city: Mayang Miao autonomous county, Xinhuang Dong autonomous county, Zhijiang Dong autonomous county, Jingzhou Miao and Dong autonomous county, Tongdao Dong autonomous county Xiangxi Tujia and Miao autonomous prefecture: Jishou city, Luxi, Fenghuang, Huayuan, Baojing, Guzhang, Yongshun, Longshan
Guang-dong	3 autonomous counties	Shaoguan city: Ruyuan Yao autonomous county Qingyuan city: Lianshan Zhuang and Yao autonomous county, Liannan Yao autonomous county
Guangxi	10 county-level cities, 59 counties, 12 autonomous counties, 9 prefecture-level cities	* Nanning city: Yongning, Wuming * Liuzhou city: Liujiang, Liucheng * Guilin city: Yangshuo, Lingui * Wuzhou city: Cenxi city, Cangwu . Tengxian, Mengshan * Beihai city: Hepu * Fanchenggang city: Dongxing City, Shangsi * Qinzhou city: Lingshan, Pubei * Guigang city: Guiping city, Pingnan * Yulin city: Beiliu city, Rongxian, Luchuan, Bulbai, xingye Nanning prefecture: Pingxiang city, Hengxian, Binyang, Shanglin, Longan, Mashan, Fusui, Chongzuo, Daxin, Tiandeng, Ningming, Longzhou Liuzhou prefecture: Heshan city, Luzhai, Xiangzhou, Wuxuan, Laibin, Rongan, Sanjing Dong autonomous county, Rongshui Miao autonomous county, Jinxiu Yao autonomous county, Xincheng Guilin prefecture: Lingchuan, Quanzhou, Xingan, Yongfu, Guanyang, Longsheng Gezu autonomous county, Ziyuan, Pingle, Lipu, Gongcheng Yao autonomous county Hezhou prefecture: Hezhou city, Zhaoping, Zhongshan, Fuchuan Yao autonomous county Baise prefecture: Baise city, Tianyang, Tiandong, Pingguo, Debao, Jingxi, Napuo, Lingyun, Leye, Tianlin, Longlin Gezu autonomous county, Xilin Hechi prefecture: Hechi city, Yizhou city, Luocheng Molao autonomous county, Huanjiang Maonan autonomous county, Nandan, Tian'e, Fengshan, Donglan, Bama Yao autonomous county, Du'an Yao autonomous county, Du'an Yao autonomous county

Distribution of Counties (Qis) and Cities in Minority National Autonomous Areas (3)

(End of 1997)

Region	Number of Counties (Qis) and Cities	Name of Counties (Qis) and Cities
Hainan	6 autonomous counties	Baisha Li autonomous county, Changjiang Li autonomous county, Ledong Li autonomous county, Ling shui Li autonomous county, Baoting Li and Miao autonomous county, Qiongzhou Li and Miao autonomous county
Chongqing	5 autonomous counties	Qianjiang Prefecture: Shizhu Tujia autonomous county, Xiushan Tujia and Miao autonomous county, Qianjiang Tujia and Miao autonomous county, Youyang Tujia and Miao autonomous county, Pengshui Miao and Tujia autonomous county
Sichuan	1 county—level city, 46 counties, 3 autonomous counties	Leshan city: E'bian Yi autonomous county, Mabian Yi autonomous county Aba Tibetan and Qiang autonomous prefecture: Wenchuan, Lixian, Maoxian, Songpan, Nanping, Jinchuan, Xiaojin, Heshui, Burkam, Zamtang, Aba, Zoige, Hongyuan Garze Tibetan autonomous prefecture: Kangding, Luding, Danba, Jiulong, Yajiang, Daowu, Luhuo, Garze, Xinlong, Dege, Baiyu, Shiqu, Seda, Litang, Batang, Xiangcheng, Daocheng, Derong Liangshan Yi autonomous Prefecture: Xichang city, Muli Tibetan autonomous county, Yanyuan, Dechang, Huili, Huidong, Ningnan, Puge, Butuo, Jingyang, Zhaojue, Xide, Mianning, Yuexi, Ganluo, Meigu, Leibo
Guizhou	4 county—level cities, 31 counties, 11 autonomous counties	Zunyi City: Daozhen Gelo and Miao autonomous county, Wuchuan Gelo and Miao autonomous county Tongren Prefecture: Yuping Dong autonomous county, Yinjiang Tujia and Miao autonomous county, Yanhe Tujia autonomous county, Songtao Miao autonomous county Bijie Prefecture: Weining Yi, Hui and Miao autonomous county Anshun Prefecture: Guanling Bouyei and Miao autonomous county, Zhenning Bouyei and Miao autonomous county, Ziyun Miao and Bouyei autonomous county Qianxinan Bouyei and Miao autonomous prefecture: Xingyi city, Xin—gren, Puan, Qinglong, Zhenfeng, Wangmo, Ceheng, Anlong Qiandongnan Miao and Dong autonomous prefecture: Kaili city, Huangping, Shibing, Sanhui, Zhenyuan, Cengong, Tianzhu, Jinping, Jianhe, Taijiang, Liping, Rongjiang, Congjiang, Leishan, Majiang, Danzhai Qiannan Bouyei and Miao autonomous prefecture: Duyun city, Fuquan city, Libo, Guiding, Wengan, Dushan, Pingtang, Luodian, Chang—shun, Longli, Huishui, Sandu Shui autonomous county

Distribution of Counties (Qis) and Cities in Minority National Autonomous Areas (4)

(End of 1997)

Region	Number of Counties (Qis) and Cities	Name of Counties (Qis) and Cities
Yunnan	8 county-level cities, 42 counties, 29 autonomous counties	Kunming city: Lunan Yi autonomous county, Luquan Yi and Miao autonomous county Qujing city: Xundian Hui and Yi autonomous county Yuxi city: Eshan Yi autonomous county, Xinping Yi and Dai autonomous county, Yuanjiang Hani Yi and Dai autonomous county Simao prefecture: Puer Hani and Yi autonomous county, Mojiang Hani autonomous county, Jingdong Yi autonomous county, Jinggu Dai and Yi autonomous county, Zhenyuan Yi Hani and Lahu autonomous county, Menglian Dai Lahu and Va autonomous county, Lancang Lahu autonomous county, Ximeng Va autonomous county Lijiang prefecture: Lijiang Naxi autonomous county, Ninglang Yi autonomous county Lincang prefecture: Shuangjiang Lahu Va Blang and Dai autonomous county, Gengma Dai and Va autonomous county, Cangyuan Va autonomous county Chuxiong Yi autonomous prefecture: Chuxiong city, Shuangbai, Mouding, Nanhua, Yaoan, Dayao, Yongren, Yuanmo, Wuding, Lufeng Honghe Hani and Yi autonomous prefecture: Gejiu city, Kaiyuan city, Mengzi, Pingbian Miao autonomous county, Jianshui, Shiping, Mile, Luxi, Yuanyang, Honghe, Jinping Miao Yao and Dai autonomous county, Luchun, Hekou Yao autonomous county Wenshan Zhuang and Miao autonomous prefecture: Wenshan, Yanshan, Xichou, Malipo, Maguan, Qiubei, Guangnan, Funing Xishuangbanna Dai autonomous prefecture: Jinghong city, Menghai, Mengla Dali Bai autonomous prefecture: Dali city, Yangbi Yi autonomous county, Xiangyun, Binchuan, Midu, Nanjian Yi autonomous county, Weishan Yi and Hui autonomous county, Yongping, Yunlong, Eryuan, Jianchuan, Heqing Dehong Dai and Jingpo autonomous Prefecture: Wanding city, Ruili city, Luxi city, Lianghe, Yingjiang, Longchuan Nujiang Lisu autonomous prefecture: Lushui, Fugong, Gongshan Dulong and Nu autonomous county, Lanping Bai and Pumi autonomous county Diqing Tibetan autonomous prefecture: Zhongdian, Deqing, Weixi Lisu autonomous county

Distribution of Counties (Qis) and Cities in Minority National Autonomous Areas (5)

(End of 1997)

Region	Number of Counties (Qis) and Cities	Name of Counties (Qis) and Cities
Tibet	1 county-level city, 76 counties, 1 prefecture-level city	* Lhasa city: Lhunzhub, Damxung, Nyemo, Quxu, Doilungdeqen, Dagze Maizhokunggar Qamdo prefecture: Qamdo, Jomda, Gonjo, Riwoqi, Dengqen, Zhag' yab, Baxoi, Zogang, Markam, Lhorong, Banbar, Yanjing, Putog, Toba, Sinda Shannan prefecture: Nedong, Zhanang, Gonggar, Sangri, Qonggyai, Qusum, Comai, Lhozhag, Gyaca, Lhunze, Cona, Nagarze Xigaze prefecture: Xigaze city, Namling, Gyangze, Tingri, Sa' gya, Lhaze, Ngamring, Xaitongmoin, Bainang, Rinbung, Kangmar, Dinggye, Zhongba, Yadong, Gyirong, Nyalam, Saga, Gamba Nagqu prefecture: Nagqu, Lhari, Biru, Nyainrong, Amdo, Xainza, Sog Xian, Baingoin, Baqen, Nyima Ali prefecture: Burang, Zanda, Gar, Rutog Ge' gyai, Gerze, Coqen, Lunggar Nyingchi prefecture: Nyingchi, Gongbo' gyamda, Mainling, Medog, Bomi, Zayu, Nang Xian
Gansu	2 county-level city, 12 counties, 7 autonomous counties	Tianshui city: Zhangjiachuan Hui autonomous county Jiuquan prefecture: Subei Mongolian autonomous county, Aksay Kazak autonomous county Zhangye prefecture: Sunan Yugur autonomous county Wuwei prefecture: Tianzhu Tibetan autonomous county Linxia Hui autonomous Prefecture: Linxia city, Linxia, Kangle, Yongjing, Guanghe, Hezheng, Dongxiang autonomous county, Jishishan Baoan Dongxiang and Salar autonomous county Gannan Tibetan autonomous prefecture: Hezuo city, Lintan, Jone, Zhouqu, Diebu, Maqu, Luqu, Xiahe
Qinghai	2 county-level cities, 26 counties, 7 autonomous counties	Xining city: Datong Hui and Tu autonomous county Haidong prefecture: Minhe Hui and Tu autonomous county, Huzhu Tu autonomous county, Hualong Hui autonomous county, Xunhua Salar autonomous county Haibei Tibetan autonomous prefecture: Menyuan Hui autonomous county, Qilian, Haiyan, Gangcha Huangnan Tibetan autonomous prefecture: tongren, Jainca, Zekog, Henan Mongolian autonomous county Hainan Tibetan autonomous prefecture: Gonghe, Tongde, Guide, Xinghai, Guinan Guoluo Tibetan autonomous prefecture: Maqeen, Baima, Gade, Darlag, Jigzhi, Madoi Yushu Tibetan autonomous prefecture: Yushu, Zadoi, Chindu, Zhidoi, Nangqen, Qumarleb Haixi Mongolian autonomous prefecture: Golmud city, Delhi city, Ulan, Dulan, Tianjun

Distribution of Counties(Qis)and Cities in Minority National Autonomous Areas(6)

(End of 1997)

Region	Number of Counties (Qis) and Cities	Name of Counties (Qis) and Cities
Ningxia	3 county—level cities, 15 counties, 2 prefecture—level cities	* Yinchuan city:Yongning,Helan * Shizuishan city:Pingluo,Taole , Huinong Yinnan Prefecture: Wuzhong city, Qingtongxia city, Lingwu city, Zhongwei,Zhongning,Yanchi,Tongxin Guyuan Prefecture:Guyuan,Haiyuan,Xiji,Longde,Jingyuan,pengyang
Xinjiang	17 county—level cities, 62 counties, 6 autonomous counties, 2 prefecture—level cities	* Urumqi city:Urumqi * Karamay city Shihezi city Turpan prefecture:Turpan city,Shanshan,Toksun Hami Prefecture:Hami city,Barkol Kazak autonomous county,Yiwu Aksu prefecture: Aksu city, Wensu, Kuqa, Xayar, Xinhe, Baicheng, Wushi,Awat,Kalpin Kashi prefecture: Kashi city, Shule, Shufu, Yengisar, Zepu, Shache, Yecheng, Markit, Yopurga, Jiashi, Bachu, Taxkorgan Tajik autonomus county Hotan prefecture:Hotan city,Hotan,Moyu,Pishan,Lop,Qira,Yutian, Minfeng Changji Hui autonomous prefecture:Changji city,Fukang city, Miquan city,Hutubi,Manas,Qitai,Jimsar,Mori Kazak autonomous county Bortala Mongolian autonomous prefecture:Bole city,Jinghe,Wenquan Bayyingolin Mongolian autonomous prefecture: Korla city, Luntai, Yuli, Ruoqiang, Qiemo, Yanqi Hui autonomous county,Hejing,Hoxud,Bohu Kizilsu Kirgiz autonomous prefecture:Artux city,Akto,Akqi,Wuqia Ili Kazak autonomous prefecture:Kuytun city Ili prefecture:Yining city,Yining,Qapqal Xibe autonomous county,Huocheng,Gongliu,Xinyuan,Zhaosu,Tekes,Nilka Tacheng prefecture: Tacheng city, Usa city, Emin, Shawan, Toli, Yumin,Hobksar Mongolian autonomous county Altay prefecture: Altay city, Burqin Fuyun, Fuhai, Habahe, Qinghe, Ieminay

1—3　民族自治地方分地区面积(1997年)

Areas by Region of Minority National Autonomous Areas(1997)

单位:平方公里　　　　(sq. km)

地　区 Region	※总面积 Total Land Area	#民族自治地方面积 Area of Minority National Autonomous Areas	民族自治地方面积占总面积% Percentage to Total Area	民族自治地方人口密度(人/平方公里) Density of Population of Minority National Autonomous Areas
合　计 Total	**8 348 720**	**6 125 621**	**73.5**	**27**
河　北 Hebei	187 700	24 009	12.8	79
内蒙古 Inner Mongolia	1 183 000	1 183 000	100.0	20
辽　宁 Liaoning	145 900	34 414	23.6	97
吉　林 Jilin	187 400	53 876	28.7	61
黑龙江 Heilongjiang	454 600	6 176	1.4	40
浙　江 Zhejiang	101 800	1 950	1.9	90
湖　北 Hubei	185 900	29 348	15.8	150
湖　南 Hunan	211 800	34 461	16.3	158
广　东 Guangdong	177 900	4 622	2.6	97
广　西 Guangxi	236 000	236 000	100.0	194
海　南 Hainan	33 920	11 822	34.9	124
重　庆 Chongqing	82 400	16 936	20.6	167
四　川 Sichuan	485 000	300 948	62.1	19
贵　州 Guizhou	176 000	97 834	55.6	147
云　南 Yunnan	394 000	271 994	69.0	74
西　藏 Tibet	1 228 400	1 228 400	100.0	2
甘　肃 Gansu	454 000	171 951	37.9	18
青　海 Qinghai	721 200	716 080	99.3	4
宁　夏 Ningxia	51 800	51 800	100.0	102
新　疆 Xinjiang	1 650 000	1 650 000	100.0	10

注:1. 合计为全国民族自治地方面积合计数。

2. 总面积为全省区面积。

a. The total is to be as the amount of total of minority national autonomous area.

b. The total land ares is the ares oh the Prouince or region.

1—4 全国国民经济和社会发展总量与速度指标(一)

指 标	Item	1985
人口与就业	**Population and Employment**	
人口(万人)	**Population (10 000 persons)**	
年底总人口	Year－end Population	105 851
市镇人口	Urban	25 094
乡村人口	Rural	80 757
男性人口	Male	54 725
女性人口	Female	51 126
就业(万人)	**Employment (10 000 persons)**	
从业人员数	Employment	49 873
#职工人数	Staff and Workers	12 358
城镇登记失业人数	Registed Unemployed in Urban Areas	238.5
宏观经济	**Macroeconomic Indicator**	
国民核算(亿元)	**National Accounting (100 000 000 yuan)**	
国民生产总值	Gross National Product	8 989
国内生产总值	Gross Domestic Product	8 964
第一产业	Primary Industry	2 542
第二产业	Secondary Industry	3 867
第三产业	Tertiary Industry	2 556
支出法国内生产总值	Gross Domestic Expenditures	8 792
#最终消费	Total Consumption	5 773
居民消费	Resident Consumption	4 589
政府消费	Public Consumption	1 184
资本形成总额	Total Investment	3 386
固定资本形成	Fixed Assets	2 641
存货增加	Stock	745
固定资产投资(亿元)	**Investment in Fixed Assets (100 000 000 yuan)**	
全社会固定资产投资总额	Total Investment in Fixed Assets	2 543
#国有经济	State－Owned Units	1 681
集体经济	Collective－Owned Units	328
个体经济	Individuals	535
财政(亿元)	**Public Finance (100 000 000 yuan)**	
国家财政收入	Government Revenue	2 005
中央	Central Government	770
地方	Local Governments	1 235
国家财政支出	Government Expenditures	2 004
中央	Central Government	795

Number and Percentage Change of National Economy and Social Development(1)

总量指标 Number				速度指标% Percentage Change						
				指数(1997年比以下各年) Index(1997 as percentage of following years)				平均增长速度 Average Annual Growth Rate		
1990	1995	1996	1997	1985	1990	1995	1996	1986－1990	1991－1995	1991－1997
114 333	121 121	122 389	123 626	116.8	108.1	102.1	101.0	1.6	1.2	1.1
30 191	35 174	35 950	36 989	147.4	122.5	105.2	102.9	3.8	3.1	2.9
84 142	85 947	86 439	86 637	107.3	103.0	100.8	100.2	0.8	0.4	0.4
58 904	61 808	62 200	63 131	115.4	107.2	102.1	101.5	1.5	1.0	1.0
55 429	59 313	60 189	60 495	118.3	109.1	102.0	100.5	1.6	1.4	1.3
63 090	67 947	68 850	69 600	139.6	108.9	102.4	101.1	5.1	1.2	1.2
14 059	14 908	14 845	14 668	118.7	104.3	98.4	98.8	2.6	1.2	0.6
383.2	519.6	552.8	570.0	239.0	148.7	109.7	103.1	9.9	6.3	5.8
18 598	57 495	66 851	73 453	301.0	205.8	119.1	108.5	7.9	11.6	10.9
18 548	58 478	67 885	74 772	306.9	210.2	119.2	108.8	7.9	12.0	11.2
5 017	11 993	13 844	13 969	163.6	133.3	108.8	103.5	4.2	4.2	4.2
7 717	28 538	33 613	36 770	425.4	276.8	124.2	110.8	9.0	17.4	15.7
5 814	17 947	20 428	24 033	293.7	187.6	116.7	108.2	9.4	10.0	9.4
18 320	59 405	69 366	76 077	865.3	415.3	128.1	109.7	15.8	26.5	22.6
11 365	34 529	41 040	44 768	775.5	393.9	129.7	109.1	14.5	24.9	21.6
9 113	27 839	33 188	36 118	787.1	396.3	129.7	108.8	14.7	25.0	21.7
2 252	6 691	7 852	8 650	730.6	384.1	129.3	110.2	13.7	24.3	21.2
6 444	23 877	26 867	28 564	843.6	443.3	119.6	106.3	13.7	29.9	23.7
4 732	20 301	23 336	25 698	973.0	543.1	126.6	110.1	12.4	33.8	27.3
1 712	3 577	3 531	2 866	384.7	167.4	80.1	81.2	18.1	15.9	7.6
4 517	20 019	22 914	24 941.1	980.7	552.2	124.6	108.8	12.2	34.7	27.6
2 986	10 898	12 006	13 091.7	779.0	438.4	120.1	109.0	12.2	29.6	23.5
530	3 289	3 652	3 850.9	1 175.8	727.3	117.1	105.5	10.1	44.1	32.8
1 001	2 560	3 211	3 429.4	640.8	342.5	134.0	106.8	13.3	20.7	19.2
2 937	6 242	7 408	8 651.1	431.5	294.5	138.6	116.8	7.9	16.3	16.7
992	3 257	3 661	4 226.9	549.2	425.9	129.8	115.5	5.2	26.8	23.0
1 945	2 986	3 747	4 424.2	358.2	227.5	148.2	118.1	9.5	9.0	12.5
3 084	6 824	7 938	9 233.6	460.7	299.4	135.3	116.3	9.0	17.2	17.0
1 004	1 995	2 151	2 532.5	318.4	252.1	126.9	117.7	4.8	14.7	14.1

1—4 全国国民经济和社会发展总量与速度指标(二)

指　标	Item	1985
地　方	Local Governments	1 209
物价总指数（上年＝100）	**Price Indices（preceding year＝100）**	
商品零售价格总指数	General Retail Price Index	108.8
居民消费价格总指数	General Consumer Price Index	109.3
农产品收购价格总指数	General Farm and Sideline Products Purchasing Price Index	108.6
利用外资(亿美元)	**Utilization of Foreign Capital(USD 100 000 000)**	
签订利用外资协议额	Amount of Foreign Capital for utilization Through Signed Contracts or Agreementsor	98.7
实际利用外资额	Amount of Foreign Capital Actually utilized	46.5
能源生产与消费（万吨标准煤）	**Production and Composition of Energy(10 000 tons of SCE)**	
能源生产总量	Total Energy Production	85 546
能源消费总量	Total Energy Consumption	76 682
产业	**Industry**	
农业	**Agriculture**	
耕地面积(千公顷)	Cultivated Areas (1 000 hectares)	96 846
农林牧渔业劳动力(万人)	Farming,Forestry,Animal Husbandry and Fishry(10 000)	30 352
农林牧渔业总产值(亿元)	Gross Output Value Farming FFAF(100 000 000 yuan)	3 620
主要农产品产量(万吨)	Output of Major Farm Products (10 000 tons)	
粮食	Grain	37 911
棉花	Cotton	414.7
油料	Oil－Bearing Crops	1 578.4
甘蔗	Sugar Cane	5 154.9
甜菜	Beet Roots	891.9
茶叶	Tea	43.2
水果	Fruits	1 163.9
肉类	Meat	1 926.5
水产品	Aquatic Products	705.2
工业	**Industry**	
工业总产值(亿元)	Gross Output value of Industry(100 000 000 yuan)	9 717
主要工业产品产量	Output of Major Industrial Products	
布(亿米)	Cloth (100 000 000 m)	146.7
机制纸及纸板(万吨)	Machine－Made Paper and Paperboards (10 000 tons)	911
糖(万吨)	Sugar (10 000 tons)	451
家用电冰箱(万台)	Household Refrigerators (10 000)	145
电视机(万台)	Television Sets (10 000)	1 668
#彩色电视机	Color Television Sets	435

Number and Percentage Change of National Economy and Social Development(2)

总量指标 Number				速度指标% Percentage Change						
				指数(1997年比以下各年) Index(1997 as percentage of following years)				平均增长速度 Average Annual Growth Rate		
1990	1995	1996	1997	1985	1990	1995	1996	1986—1990	1991—1995	1991—1997
2 079	4 828	5 786	6 701.1	554.3	322.3	138.8	115.8	11.5	18.4	18.2
102.1	114.8	106.1	100.8	297.3	183.3	106.9	100.8	10.1	11.4	9.0
103.1	117.1	108.3	102.8	337.1	204.1	111.3	102.8	10.6	12.9	10.7
97.4	119.9	104.2	95.5	315.0	191.8	99.5	95.5	10.4	14.0	9.8
120.9	1 032.1	816.1	610.6	618.6	505.0	59.2	74.8	4.1	53.6	26.0
102.9	481.3	548.0	644.1	1 385.2	625.9	133.8	117.5	17.2	36.1	30.0
103 922	129 034	132 616	131 989	154.3	127.0	102.3	99.5	4.0	4.4	3.5
98 703	131 176	138 948	142 000	185.2	143.9	108.3	102.2	5.2	5.9	5.3
95 673	94 971							−0.2	−0.1	
33 336	32 335	32 260	32 435	106.9	97.3	100.3	100.5	1.9	−0.6	−0.4
7 662	20 341	23 428.7	24 587.7	207.6	164.6	114.9	105.1	4.8	7.4	7.4
44 624	46 662	50 454	49 417	130.4	110.7	105.9	97.9	3.3	0.9	1.5
450.8	476.8	420.3	460.3	111.0	102.1	96.5	109.5	1.7	1.1	0.3
1 613.2	2 250.3	2 210.6	2 157.4	136.7	133.7	95.9	97.6	0.4	6.9	4.2
5 762.0	6 541.7	6 687.6	7 889.7	153.1	136.9	120.6	118.0	2.3	2.6	4.6
1 452.5	1 398.4	1 672.6	1 496.8	167.8	103.0	107.0	89.5	10.2	−0.8	0.4
54.0	58.9	59.3	61.3	141.9	113.5	104.1	103.4	4.6	1.8	1.8
1 874.4	4 214.6	4 652.8	5 089.3	437.3	271.5	120.8	109.4	10.0	17.6	15.3
2 857.0	5 260.1	4 595.4	5 152.1				112.1			
1 237.0	2 517.2	3 288.1	3 601.8	510.7	291.2	143.1	109.5	11.9	15.3	16.5
23 924	91 894	99 595.3	113 732.7	666.4	358.9	131.9	113.1	13.2	22.2	20.0
188.8	260.2	209.1	248.8	169.6	131.8	95.6	119.0	5.2	6.6	4.0
1 372	2 812	2 638	2 733	300.0	199.2	97.2	103.6	8.5	15.4	10.3
582	559	640	703	155.9	120.8	125.8	109.8	5.2	−0.8	2.7
463	919	980	1 044	720.0	225.5	113.6	106.5	26.1	14.7	12.3
2 685	3 496	3 542	3 637	218.0	135.5	104.0	102.7	10.0	5.4	4.4
1 033	2 058	2 538	2 711	623.2	262.4	131.7	106.8	18.9	14.8	14.8

1—4 全国国民经济和社会发展总量与速度指标(三)

指 标	Item	1985
家用洗衣机(万台)	Household Washing Machines (10 000 units)	887
录音机(万台)	Recorders (10 000 units)	1 393
照相机(万架)	Cameras (10 000 units)	179
原煤(亿吨)	Coal (100 000 000 tons)	8.7
原油(万吨)	Crude oil (10 000 tons)	12 490
发电量(亿千瓦小时)	Electricity (100 000 000 kwh)	4 107
钢(万吨)	Steel (10 000 tons)	4 679
成品钢材(万吨)	Steel Products(10 000 tons)	3 693
水泥 (万吨)	Cement (10 000 tons)	14 595
独立核算工业企业财务指标	Principal Financial Item of Industrial Enterprises with Independent	
固定资产原值(亿元)	Original Value of Fixed Assets(100 000 000 yuan)	6 926
固定资产净值年平均余额(亿元)	Annual Average Balance of Net Value of Fixed Assets (100 000 000 yuan)	4 725
利润和税金总额(亿元)	Per—Tax Profits (100 000 000 yuan)	1 657
建筑业	**Construction**	
建筑业企业人数(万人)	Number of Employment Persons(10 000 persons)	1 701
建筑业总产值(亿元)	Gross Output Value (100 000 000 yuan)	985
施工房屋面积(万平方米)	Floor Space of Buildings Under Construction (10 000 sq.m)	35 492
竣工房屋面积(万平方米)	Floor Space of Buildings Completed (10 000 sq.m)	17 073
交通运输	**Transportation**	
货运量(万吨)	Freight Traffic (10 000 tons)	745 763
铁路	Railways	130 709
公路	Highways	538 062
水运	Waterways	63 322
管道	Pipelines	13 650
空运	Civil Aviation	20
客运量(万人)	Passenger Traffic (10 000 persons)	620 206
铁路	Railways	112 110
公路	Highways	476 486
水运	Waterways	30 863
空运	Civil Aviation	747
沿海主要港口货物吞吐量(万吨)	Cargo Handled at Princical Seaports(10 000 tons)	31 154
邮电通信业	**Postal and Telecommunications Services**	
邮电业务总量(亿元)	Business Revenue of PTS (100 000 000 yuan)	30
函件(亿件)	Letters Delivered (100 000 000)	46.8

Number and Percentage Change of National Economy and Social Development(3)

总量指标 Number				速度指标% Percentage Change						
				指数(1997年比以下各年) Index(1997 as percentage of following years)				平均增长速度 Average Annual Growth Rate		
1990	1995	1996	1997	1985	1990	1995	1996	1986－1990	1991－1995	1991－1997
663	948	1 075	1 254	141.4	189.1	132.3	116.7	－5.7	7.4	9.5
3 024	8 581	8 633	8 274	594.0	273.6	96.4	95.8	16.8	23.2	15.5
213	3 326	4 121	4 687	2 618.4	2 200.5	140.9	113.7	3.5	73.3	55.5
10.8	13.6	14.0	13.7	157.5	126.9	100.7	97.9	4.4	4.7	3.5
13 831	15 005	15 733	16 074	128.7	116.2	107.1	102.2	2.1	1.6	2.2
6 212	10 077	10 813	11 356	276.5	182.8	112.8	105.0	8.6	10.1	9.0
6 635	9 536	10 124	10 894	232.8	164.2	114.2	107.6	7.2	7.5	7.3
5 153	8 980	9 338	9 979	270.2	193.7	111.1	106.9	6.9	11.7	9.9
20 971	47 561	49 119	51 174	350.6	244.0	107.6	104.2	7.5	17.8	13.6
14 390	44 989	52 027	59 570	860.1	414.0	132.4	114.5	15.7	25.6	22.5
10 139	32 287	34 493	39 779	841.9	392.3	123.2	115.3	16.5	26.1	21.6
1 946	5 050	5 147	5 740	346.4	295.0	113.7	111.5	3.3	21.0	16.7
1 717	2 512	2 992	2 805	164.9	163.4	111.7	93.8	0.2	7.9	7.3
1 948	9 505	11 579	12 462.6	403.2	314.0	193.7	105.1	9.1	11.0	11.6
37 923	89 863	129 087	128 680	362.6	339.3	143.2	99.7	1.3	18.8	19.1
19 553	35 666	60 048	62 244	364.6	318.3	174.5	103.7	2.7	12.8	18.0
970 602	1 234 810	1 296 200	1 275 802	171.1	131.4	103.3	98.4	5.4	4.9	4.0
150 681	165 855	168 803	169 734	129.9	112.6	102.3	100.6	2.9	1.9	1.7
724 040	940 387	983 860	976 536	181.5	134.9	103.8	99.3	6.1	5.4	4.4
80 094	113 194	127 430	113 406	179.1	141.6	100.2	89.0	4.8	7.2	5.1
15 750	15 274	15 992	16 002	117.2	101.6	104.8	100.1	2.9	－0.6	0.2
37	101	115	125	625.0	337.8	123.8	108.7	13.1	22.2	19.0
772 682	1 172 596	1 244 722	1 325 364	213.7	171.5	113.0	106.5	4.5	8.7	8.0
95 712	102 745	94 162	92 578	82.6	96.7	90.1	98.3	－3.1	1.4	－0.5
648 085	1 040 810	1 122 110	1 204 583	252.8	185.9	115.7	107.3	6.3	9.9	9.3
27 225	23 924	22 895	22 573	73.1	82.9	94.4	98.6	－2.5	－2.6	－2.6
1 660	5 117	5 555	5 630	753.7	339.2	110.0	101.4	17.3	25.3	19.1
48 321	80 166	85 152	90 822	291.5	188.0	113.3	106.7	9.2	10.7	9.4
82	989	1 342	1 773	3 144.4	1 139.9	179.3	132.1	22.5	44.8	41.6
54.9	79.6	78.7	68.6	146.6	125.0	86.2	87.2	3.2	7.7	3.2

1—4 全国国民经济和社会发展总量与速度指标(四)

指　标	Item	1985
报刊期发数(万份)	Newspapers and Magazines Distributed(10 000)	30 172
局用交换机容量(万门)	Capacity of office Telephone Exchanges(10 000)	613.4
中央国有	Central State－owned	336.5
地方国有	local state－owned	276.9
电话机(万部)	Telephones (10 000)	626.0
中央国有	Central State－owned	476.1
地方国有	Local state－owned	149.9
国内商业	**Domestic Trade**	
社会消费品零售总额(亿元)	Total Retail Sales of Consumer Goods(100 000 000 yuan)	3 801
对外经济贸易	**Foreign Trade**	
进出口总额(亿美元)	Total Exports and Imports(USD 100 000 000)	696.0
进口额	Imports	422.5
出口额	Exports	273.5
国际旅游	**International Tourism**	
来华旅游人数(万人)	Number of tourists from Abroad(10 000 persons)	1 783
旅游外汇收入(亿美元)	Foreign Exchange Earnings from Tourism(USD100 000 000)	12.5
金融保险	**Finance and Insurance**	
金融机构各项存款(亿元)	Deposits of National Banking System (100 000 000 yuan)	
金融机构各项贷款(亿元)	Loans of National Banking System (100 000 000 yuan)	
教育、科技、文化	**Education, Science and Technology and Culture**	
教育	**Education**	
专任教师数(万人)	Full－Time Teachers (10 000 persons)	
普通高等学校	Institutions of Higher Education	34.4
中等学校	Secondary Schools	296.6
小学	Primary Schools	537.7
在校学生数(万人)	Students Enrollment (10 000 persons)	
普通高等学校	Institutions of Higher Education	170.6
中等学校	Secondary Schools	5 092.6
小学	Primary Schools	13 370
科技	**Science and Technology**	

Number and Percentage Change of National Economy and Social Development(4)

总量指标 Number				速度指标% Percentage Change						
				指数(1997年比以下各年) Index(1997 as percentage of following years)				平均增长速度 Average Annual Growth Rate		
1990	1995	1996	1997	1985	1990	1995	1996	1986—1990	1991—1995	1991—1997
20 078	21 689	21 157	21 875	72.5	109.0	100.9	103.4	—7.8	1.6	1.2
1 232	7 204	9 291	11 269	1 838.3	914.7	156.4	121.3	15.0	42.4	37.2
826	5 457	6 924	8 407	2 494.7	1 017.8	154.1	121.4	19.6	45.9	39.3
406	1 747	2 367	2 862	1 033.2	704.9	163.8	120.9	7.9	33.9	32.2
1 233	5 762	7 047	10 111	1 615.2	820.0	175.5	130.8	14.5	36.1	35.1
1 026	4 346	5 538	6 745	1 417.0	657.4	155.2	121.8	16.6	33.5	30.9
205	1 152	1 509	2 043	1 362.0	996.6	177.3	135.4	6.4	41.2	38.9
7 250	20 620	24 774	27 299	241.6	205.4	123.8	109.3	3.3	10.7	10.8
1 154.4	2 808.6	2 899.0	3 250.6	467.0	281.6	115.7	112.1	10.6	19.5	15.9
533.5	1 320.8	1 388.4	1 423.6	336.9	266.8	107.8	102.5	4.8	19.9	15.1
620.9	1 487.8	1 510.6	1 827.0	668.0	294.3	122.8	121.0	17.8	19.1	16.7
2 746	4 639	5 113	5 759	323.0	209.7	124.1	112.6	9.0	11.1	11.2
22.2	87.3	102.0	120.7	965.6	543.7	138.3	118.3	12.2	31.5	27.4
	53 882	68 596	82 390							
	50 544	61 157	74 914							
39.5	40.1	40.3	40.5	117.7	102.5	101.0	100.5	2.8	0.3	0.4
349.2	388.3	404.0	418.6	141.1	119.9	107.8	103.6	3.3	2.1	2.6
558.2	566.4	573.6	579.4	107.8	103.8	102.3	101.0	0.8	0.3	0.5
206.3	290.6	302.1	317.4	186.4	153.9	109.2	105.1	3.9	7.1	6.3
5 105.4	6 191.5	6 635.7	6 995.2	137.4	137.0	113.0	105.4	0.1	3.9	4.6
12 241	13 195	13 615	13 995	104.7	114.3	106.1	102.8	—1.7	1.5	1.9

1—4　全国国民经济和社会发展总量与速度指标(五)

指　标　Item		1985
科学家、工程师数(万人)	Number of Scientists and Education(10 000 persons)	
研究与发展经费支出(亿元)	Expenditures on Research and Development(100 000 000 yuan)	
技术市场成交额(万元)	Volume of transaction in Technical Market (10 000 yuan)	
文化	**Culture**	
出版数量	Publication	
图书(亿册、张)	Books Published (100 000 000 copies)	66.7
杂志(亿册)	Magazines Issued (100 000 000 copies)	25.6
报纸(亿份)	Newspapers Issued (100 000 000 copies)	199.8
故事影片产量(部)	Production of Feature Films(film)	127
电视节目制作时间(小时)	Time for TV Programs Production(hours)	38 056
家庭、生活、环境	**Family, People's Livelihood and Environment**	
家庭	**Family**	
家庭总户数(万户)	Total Households (10 000)	23 804
城镇居民平均每户家庭人口(人)	Average household Size in Urban Areas (person)	3.9
农村居民平均每户家庭人口(人)	Average household Size in Rural Areas (person)	5.1
婚姻	**Marriage Status**	
结婚数(万对)	Marriage (10 000 couples)	831.3
离婚数(万对)	Divorces (10 000 couples)	45.8
居住	**Housing**	
城市居民人均居住面积(平方米)	Urban Residents Per Capita Living Space(sq. m)	5.2
农村居民人均居住面积(平方米)	Rural Residents Per Capita Living Space(sq. m)	14.7
生活	**People's Livilihood**	
城镇居民人均可支配收入(元)	Urban Household Per Capita Income Available for Living (yuan)	739
农村居民人均纯收入(元)	Rural Household Per Capita Net Income(yuan)	398
城乡储蓄存款余额(亿元)	Deposits Balances in Urban and Rural Areas(100 000 000 yuan)	1 622.6
工资和福利	**Wage and Welfare**	
工资总额(亿元)	Total wage (100 000 000 yuan)	1 383
职工平均工资(元)	Average Wage for Staff(yuan)	1 148
职工保险福利费(亿元)	Labor Insurance and Welfare Funds(100 000 000 yuan)	331.6
离休、退休、退职职工人数(万人)	Number of Retired (10 000 persons)	1 637
离退休、退职职工保险福利费(亿元)	Labor Insurance and Welfare for Retired (100 000 000 yuan)	149.8

Number and Percentage Change of National Economy and Social Development(5)

总量指标 Number				速度指标％ Percentage Change						
				指数(1997年比以下各年) Index(1997 as percentage of following years)				平均增长速度 Average Annual Growth Rate		
1990	1995	1996	1997	1985	1990	1995	1996	1986－1990	1991－1995	1991－1997
	154.4	168.7	166.6			107.2	98.8			
	349	404.7	481.9			138.1	119.1			
750 969	2 683 447	3 002 045	3 513 718			130.9	117.0		29.0	24.7
56.4	63.2	71.6	73.1	109.6	129.6	115.7	102.1	－3.3	2.3	3.8
17.9	23.4	23.1	24.4	95.3	136.3	104.3	105.6	－6.9	5.5	4.5
160.5	178.9	179.5	186.5	93.3	116.2	104.2	103.9	－4.3	2.2	2.2
134	146	110	88	69.3	65.7	60.3	80.0	1.1	1.7	－5.8
91 572	383 513	550 738	616 437	1 619.8	673.2	160.7	111.9	19.2	33.2	31.3
27 738	31 676	32 008	32 890	138.2	118.6	103.8	102.8	3.1	2.7	2.5
3.5	3.2	3.2	3.2	82.1	91.4	100.0	100.0	－2.1	－1.8	－1.3
4.8	4.5	4.4	4.4	86.3	91.7	97.8	100.0	－1.2	－1.3	－1.2
951.1	929.7	934	909.1	109.4	95.6	97.8	97.3	2.7	－0.5	－0.6
80.0	105.5	113.2	119.8	261.6	149.8	113.6	105.8	11.8	5.7	5.9
6.7	8.1	8.5	8.8	169.2	131.3	108.6	103.5	5.2	3.9	4.0
17.8	21.0	21.7	22.4	152.4	125.8	106.7	103.2	3.9	3.4	3.3
1 510	4 283	4 839	5 160	194.5	157.4	107.4	103.4	4.3	7.9	6.7
686	1 578	1 926	2 090	162.7	140.6	114.0	104.6	3.0	4.3	5.0
7 034.2	29 662.3	38 520.8	46 279.8	2 852.2	657.9	156.0	120.1	34.1	33.4	30.9
2 951	8 100	9 080	9 405	189.4	146.8	103.5	100.5	5.2	7.2	5.6
2 140	5 500	6 210	6 470	156.9	139.3	104.8	101.1	2.4	5.8	4.8
937.9	2 361.3	2 725.3	3 043.5	255.6	149.5	114.9	108.3	11.3	5.4	5.9
2 310	3 094	3 212	3 351	204.7	145.6	108.3	104.3	7.0	6.1	5.5
472.4	1 541.8	1 817.8	2 068.3	384.5	201.7	119.6	110.4	13.8	11.0	10.5

1—4 全国国民经济和社会发展总量与速度指标(六)

指标	Item	1985
卫生	**Health Care**	
医院、卫生院(个)	Hospital	59 614
医生 (万人)	Doctors(10 000 persons)	141.3
医院、卫生院床位数(万张)	Number of Hospital Beds(10 000)	222.9
市政建设	**City Construction**	
自来水供应量(亿吨)	Volume of Tap Water Suply(100 000 000 tons)	128.0
下水道长度(公里)	Length of Sewer Pipelines(km)	31 556
城市煤气和天然气供气量(万立方米)	Coal Gas and Natural Gas Suply(10 000 cu.m)	411 853
公共汽(电)车总数(辆)	Public Transportation Vehicles	45 155
铺装道路长度(公里)	Length of Paved Road (km)	38 282
绿地面积(公顷)	Green Land (ha)	159 291
环境、灾害	**Environment and Disaster**	
污染治理项目本年完成投资额(亿元)	Funds Used for Pollution Treatment (100 000 000 yuan)	22.2
环境污染与破坏事故数(起)	Number of Environment Pollution Accident	2 716
环境污染直接经济损失(万元)	Losses Coverted into Cash (10 000 yuan)	
环境污染事故赔罚款金额(万元)	Fines for Environment Pollution(10 000 yuan)	
火灾发生数(起)	Number of Fire Disaster	34 996
火灾损失(万元)	Loss of Fire Disaster(100 000 yuan)	28 422
交通事故发生数(起)	Number of Traffic Accident	97 573
交通事故损失(万元)	Loss of Traffic Accident(100 000 yuan)	6 599

注:1.本表总量指标中的价值量指标除邮电业务总量指标外均按当年价格计算。

2.本表速度指标中,国民生产总值、国内生产总值及三次产业、物价指数、农林牧渔业总产值、工业总产值、建筑业总产值、邮电业务总量、社会消费品零售总额、城乡居民收入、工资总额、平均工资和职工保险福利费、离退休、退职职工保险福利费指标均按可比价格计算。

3.邮电业务总量,1991年后按1990年不变价格计算,1990年及以前按1980年不变价格计算。

Number and Percentage Change of National Economy and Social Development(6)

总量指标 Number				速度指标% Percentage Change						
				指数(1997年比以下各年) Index(1997 as percentage of following years)				平均增长速度 Average Annual Growth Rate		
1990	1995	1996	1997	1985	1990	1995	1996	1986－1990	1991－1995	1991－1997
62 454	67 807	67 964	67 911	113.9	108.7	100.2	99.9	0.9	1.7	1.2
176.3	191.8	194.1	198.5	140.5	112.6	103.5	102.3	4.5	1.7	1.7
262.4	283.6	286.6	290.3	130.2	110.6	102.4	101.3	3.3	1.6	1.5
382.3	496.6	466.1	476.8	372.5	124.7	96.0	102.3	24.5	5.4	3.2
57 787	110 293	112 812	119 739	379.4	207.2	108.6	106.1	12.9	13.8	11.0
2 389 354	1 940 248	1 985 908	1 931 945	469.1	80.9	99.6	97.3	42.1	－4.1	－3.0
62 215	136 821	148 109	169 121	374.5	271.8	123.6	114.2	6.6	17.1	15.4
94 820	130 308	132 583	138 610	362.1	146.2	106.4	104.5	19.9	6.6	5.6
474 613	678 310	665 119	682 238	428.3	143.7	100.6	102.6	24.4	7.4	5.3
45.4	98.7	95.6	116.4	524.3	256.4	117.9	121.8	15.4	16.8	14.4
3 462	1 966	1 446	1 992	73.3	57.5	101.3	137.8	5.0	－10.7	－7.6
57 302	37 136	36 856	140 280	400.8	244.8	377.7	380.6	10.4	－8.3	13.6
51 182	107 777	102 909	154 141	542.3	301.2	143.0	149.8	12.5	16.1	17.1
250 244	271 843	287 685	304 217	311.8	121.6	111.9	105.7	20.7	1.7	2.8
35 362	152 267	171 769	184 616	2 797.6	522.1	121.2	107.5	39.9	33.9	26.6

a. The data in value terms in the table are calculated at current prices.

b. The indices and growth rates of the follow indicators are calculated at comparable prices: GNP, GDP, price indices, gross output value of farming, fororestry, animal husbandry and fishery, gross output value of industry, gross output value of construction enterprises, business volume of post and telecommunications total retail sales, per capita income of urban and rural residents, wages and welfare.

c. Figures on postal and telecommunication services before 1990 were calculated at 1980 constant prices, and those since 1991were calculated at constant prices.

1—5 民族自治地方国民经济主要指标

指标	Item	1978年	1985年	1990年	1996年	1997年
一、民族自治地方社会经济	**I. Economic and Social Performance of Minority National Autonomous Areas**					
工农业总产值 （亿元）	**Gross Output Value of Agriculture and Industry (100 000 000 yuan)**	**367.7**	**1 208.3**	**2 272.8**	**7 805.0**	**8 412.8**
农业总产值	Gross Output Value of Agriculture	155.6	436.5	977.8	2 947.2	3 175.1
工业总产值	Gross Output Value of Industry	212.1	771.7	1 295.1	4 857.8	5 237.0
国有单位基本建设投资（亿元）	**Capital Construction Investment of State－owned Units (100 000 000 yuan)**	**53.0**	**114.7**	**164.3**	**737.6**	**820.0**
农业	**Agriculture**					
耕地面积 （万公顷）	Cultivated Areas (10 000 ha)	1 640	1 747	1 767	1 805	2 210
灌溉面积 （万公顷）	Irrigated Areas (10 000 ha)	601	686	764	899	880
粮食产量 （万吨）	Grain Output (10 000tons)	3 124	4 006	5 373	6 799	6 963
棉花产量 （万吨）	Cotton Output (10 000tons)	6	19	47	95	116
大牲畜 （万头）	Large Domestic Animals (10 000 heads)	3 807	4 749	5 286	7 261	5 637
羊 （万只）	Goats and Sheep (10 000 heads)	9 580	9 757	11 362	12 208	12 690
猪 （万头）	Hogs (10 000 heads)	3 260	4 533	5 665	7 139	7 518
工业	**Industry**					
钢产量 （万吨）	Steel Output (10 000tons)	128.5	232.5	368.3	722.1	664
生铁产量 （万吨）	Pig Iron Output (10 000tons)	168.2	258.1	417.0	663.7	1 041
原煤产量 （万吨）	Coal Output (10 000tons)	6 081	8 597	12 077	17 205	19 038
原油产量 （万吨）	Crude Oil Output (10 000tons)	1 578	1 805	1 265	1 813	2 003
发电量 （亿千瓦小时）	Power Generation (100 000 000kwh)	174	389	1 739	1 229	1 230
木材产量 （万立方米）	Timber Output (10 000cu. m)	1 212	1 826	1 761	3 453	1 894
棉布产量 （亿米）	Cloth Output (100 000 000m)	3.7	5.4	7.4	6.2	6.9
运输邮电	**Transportation, Post and Telecommunication Services**					
铁路通车里程 （万公里）	Railways in Operation (10 000km)	0.9	1.3	1.3	1.8	1.8

注：1. 工农业总产值按当年价格计算。
2. 全国少数民族文化教育为全国数。

Main Indicators of National Economy of Minority National Autonomous Areas

指标	Item	1978年	1985年	1990年	1996年	1997年
公路里程（万公里）	Highways (10 000km)	20.80	25.41	29.20	36.33	35.4
邮路总长度（万公里）	Postal Routes (10 000km)	95	90	88	108	100
商业	**Domestic Trade**					
社会消费品零售总额（亿元）	Total Value of Retail Sales (100 000 000yuan)	150.80	411.60	780.57	1 867	1 765
国内纯购进总额（亿元）	Total Value of Final Domestic Purchases (100 000 000yuan)	103.30	237.70	610.60	2 531	2 471
二、全国少数民族文化教育卫生	**Ⅱ Education and Culture and Health Care for Minority Nationalities**					
少数民族在校学生（万人）	**Number of Students of Minority Nationalities Enrolled (10 000 persons)**					
高等学校	Institutions of Higher Education	3.6	9.4	13.7	19.7	21.7
中等学校	Secondary Schools	252.6	236.1	312.8	424.8	459.7
小学校	Primary Schools	768.6	954.8	1 069.5	1 251.1	1 248.3
少数民族教师（万人）	**Number of Teachers of Minority Nationalities Enrolled (10 000 persons)**					
高等学校	Institutions of Higher Education	0.6	1.3	1.8	2.2	5.0
中等学校	Secondary Schools	11.7	14.0	19.8	27.0	38.1
小学校	Primary Schools	31.0	39.8	45.9	51.6	63.3
少数民族文字出版物	**Published in Minority Languages**					
图书（万册）	Books (10 000)	3 179	3 629	3 867	5 060	4 999
杂志（万册）	Magazines (10 000)	313	1 035	1 027	1 011	970
报纸（万份）	Newspapers (10 000)	7 072	11 402	14 917	14 917	10 527
卫生	**Health Care**					
卫生机构（万个）	Number of Health Institutions	2.39	3.04	3.20	1.57	1.61
卫生机构床位（万张）	Number of Hospitals and Sanatorium Beds	25.35	31.41	35.94	37.02	37.89
卫生技术人员（万人）	Medical Personnel (10 000 persons)	27.94	42.37	48.87	45.52	47.58

a. Gross Output Value of Agriculture and Lndustry at Current Prices.
b. Figures of Education and Publications for Minority Nationalities includes the whole coutry.

1—6 民族自治地方国民经济主要指标发展速度

指标 Item		1997年为各年% 1997 as Percentage of			平均增长% Average Annual Increase Rate(%)	
		1985	1990	1996	1979—1997	1986—1997
一、民族自治地方社会经济	**I. Economic and Social Performance of Minority National Autonomous Areas**					
工农业总产值	**Gross Output Value of Agriculture and Industry**	**367.56**	**253.36**	**112.00**	**11.82**	**11.45**
农业总产值	Gross output Value of Agriculture	214.12	178.86	108.44	7.45	6.54
工业总产值	Gross Output Value of Industry	512.85	309.58	113.63	13.99	14.59
国有单位基本建设投资	**Capital Construction Investment of State－Owned Units**	**714.91**	**499.09**	**111.17**	**15.51**	**17.81**
农业	**Agriculture**					
耕地面积	Cultivated Areas	126.50	125.07	122.44	1.58	1.98
灌溉面积	Irrigated Areas	128.28	115.18	97.89	2.03	2.10
粮食产量	Gain Output	173.81	129.59	102.41	4.31	4.71
棉花产量	Cotton Output	597.94	244.73	122.11	16.87	16.07
大牲畜	Large Domestic Animals	118.70	106.64	77.63	2.09	1.44
羊	Goats and Sheep	130.06	111.69	103.95	1.49	2.21
猪	Hogs	165.85	132.71	105.31	4.50	4.31
工业	**Industry**					
钢产量	Steel Output	285.59	180.29	91.95	9.03	9.14
生铁产量	Pig Iron Output	403.33	249.64	156.85	10.07	12.32
原煤产量	Coal Output	221.45	157.64	110.65	6.19	6.85
原油产量	Crude Oil Output	248.82	158.34	110.48	6.76	7.89
发电量	Power Generation	316.20	166.55	100.09	10.84	10.07
木材产量	Timber Output	103.72	107.55	54.85	2.38	0.31
棉布产量	Cloth Output	127.78	93.24	111.29	3.33	2.06
运输邮电	**Transportation, Post and Telecommunication Services**					
铁路通车里程	Railways in Operation	144.00	137.40	102.27	3.72	3.09
公路里程	Highways	139.37	121.23	97.52	2.84	2.80
邮路总长度	Postal Routes	110.62	113.64	92.59	0.28	0.84

Indices of Main Indicators of National Economy of Minority National Autonomous Areas

指 标	Item	1997年为各年% 1997 as Percentage of			平均增长% Average Annual Increase Rate(%)	
		1985	1990	1996	1979—1997	1986—1997
商业	**Domestic Trade**					
社会消费品零售总额	Total Value of Retail Sales	428.81	226.11	94.52	13.82	12.90
国内纯购进总额	Total Value of Final Domestic Purchases	1 039.55	399.45	97.61	18.19	21.54
二、全国少数民族文化教育卫生	**Ⅱ Education and Culture and Health Care for Minority Nationalities**					
少数民族在校学生	**Number of Students of Minority Nationalities Enrolled**					
高等学校	Institutions of Higher Education	230.85	158.39	110.15	9.92	7.22
中等学校	Secondary Schools	194.71	146.96	108.22	3.20	5.71
小学校	Primary Schools	130.74	116.72	99.78	2.59	2.26
少数民族教师	**Number of Teachers of Minority Nationalities Enrolled**					
高等学校	Institutions of Higher Education	384.62	277.78	227.27	11.81	11.88
中等学校	Secondary Schools	272.14	192.42	141.11	6.41	8.70
小学校	Primary Schools	159.05	137.91	122.67	3.83	3.94
少数民族文字出版物	**Published in Minority Education**					
图书	Books	137.75	126.01	98.79	2.41	2.70
杂志	Magazines	93.72	94.45	95.94	6.13	−0.54
报纸	Newspapers	92.33	70.96	70.57	2.12	−0.66
卫生	**Health Care**					
卫生机构	Number of Health Institutions	52.96	50.31	102.55	−2.06	−5.16
卫生机构床位	Number of Hospitals and Sanatorium Beds	121.40	105.43	102.35	2.14	1.63
卫生技术人员	Medical Personnel	112.30	97.36	104.53	2.84	0.97

注:工农业总产值发展速度按可比价格计算。

1—7 民族自治地方国民经济主要指标占全国的比重

The Proportion of Main Indicators of National Economy of Minority National Autonomous Areas in the National Economy as a Whole

指标	Item	1980年	1985年	1990年	1996年	1997年
工农业总产值	Gross Output Value of Agriculture and Industry	6.0	6.6	7.2	6.3	6.1
农业总产值	Gross Output Value of Agriculture	10.5	12.1	14.3	12.6	12.9
工业总产值	Gross Output Value of Industry	4.6	4.9	5.4	4.9	4.6
耕地面积	Cultivated Area	16.7	18.0	18.5	26.9	23.3
粮食总产量	Grain Output	10.4	10.6	12.0	13.5	13.7
棉花产量	Cotton Output	3.1	4.7	10.5	22.6	25.2
油料总产量	Oil—Bearing Crops Output	4.8	12.2	12.9	11.4	11.8
大牲畜年末头数	Large Domestic Animals	41.2	41.7	40.6	43.5	33.9
羊年末只数	Goats and Sheep	53.3	62.6	54.1	40.1	41.8
猪年末头数	Hogs	10.7	13.7	15.6	15.6	16.4
钢产量	Steel Output	4.5	5.0	5.6	7.1	6.2
原煤产量	Coal Output	8.8	9.9	9.4	12.3	14.0
原油产量	Crude Oil Output	5.9	6.4	9.1	11.5	12.4
发电量	Power Generation	6.4	9.5	11.9	11.4	11.1
木材产量	Timber Output	30.2	28.9	31.6	51.5	29.4
布(混合数)	Cloth Output	3.3	3.7	3.9	3.0	3.4
铁路通车里程	Railway in Operation	23.1	22.7	24.5	31.1	29.7
公路线路里程	Highways	24.2	27.0	28.4	30.6	28.9
社会消费品零售总额	Total Value of Retail Sales	9.5	9.7	9.4	7.5	7.7
国内纯购进总额	Total Value of Final Domestic Purchases	5.8	6.7	7.4	6.6	6.2
国有单位基本建设投资	State — Owned Units Capital Construction Investment	10.2	10.7	10.4	8.6	
财政收入	Finance Revenue	3.6	5.4	8.7	9.0	6.9
财政支出	Finance Expenditure	14.4	15.0	15.7	12.1	5.7
各级学校数	Schools by Level and Type	13.7	14.2	15.1	11.2	17.3
各级学校专任教师	Full — time Teachers by Level and Type	12.3	11.0	14.0	12.1	17.8
各级学校在校学生	Student Enrollment by Level and Type	11.3	13.0	14.3	11.9	16.0
医院数	Hospitals	15.9	16.9	19.4	3.7	3.8
医院床位数	Hospital Beds	12.0	16.2	12.3	9.0	9.0
卫生技术人员	Medical Personnel	11.6	12.4	12.5	11.1	10.8

注:1. 财政收支占全国的比重是占全国地方财政收支的比重。

2. 工农业总产值按当年价格计算。

a. The Proportion of finance Zevenue and expenditure is related to the total of the local.

b. The gross Output value of agriculture and industry are at current price.

1—8 民族自治地方分地区国内生产总值及构成(1997年)
Gross Domestic Products and the Composition by Region of Minority National Autonomous Areas(1997)

单位:万元 (10 000yuan)

地区 Region	国内生产总值 Gross Domestic Products				构成(以国内生产总值为100) Composition		
		第一产业 Primary Industry	第二产业 Secondary Industry	第三产业 Tertiary Industry	第一产业 Primary Industry	第二产业 Secondary Industry	第三产业 Tertiary Industry
合　计 Total	**63 332 573**	**20 479 150**	**23 202 011**	**19 651 412**	**32.4**	**36.6**	**31.0**
河　北 Hebei	706 716	225 038	248 645	233 033	31.8	35.2	33.0
内蒙古 Inner Mongolia	10 945 200	3 225 200	4 455 000	3 265 000	29.5	40.7	29.8
辽　宁 Liaoning	1 328 709	364 521	582 852	381 336	27.4	43.9	28.7
吉　林 Jilin	1 671 603	420 711	662 025	588 867	25.2	39.6	35.2
黑龙江 Heilongjiang	87 589	45 801	15 654	26 134	52.3	17.9	29.8
浙　江 Zhejiang	67 966	28 838	20 209	18 919	42.4	29.7	27.8
湖　北 Hubei	1 299 054	573 069	406 940	319 045	44.1	31.3	24.6
湖　南 Hunan	1 295 167	532 518	375 520	387 129	41.1	29.0	29.9
广　东 Guangdong	146 937	62 602	49 245	35 090	42.6	33.5	23.9
广　西 Guangxi	20 152 000	6 316 200	7 595 400	6 240 400	31.3	37.7	31.0
海　南 Hainan	445 898	240 481	97 570	107 847	53.9	21.9	24.2
重　庆 Chong qing	603 399	276 288	164 128	162 983	45.8	27.2	27.0
四　川 Sichuan	1 777 776	721 218	511 002	545 556	40.6	28.7	30.7
贵　州 Guizhou	2 391 801	1 161 945	684 136	545 720	48.6	28.6	22.8
云　南 Yunnan	5 430 751	2 129 525	1 618 491	1 682 735	39.2	29.8	31.0
西　藏 Tibet	769 800	291 800	169 500	308 500	37.9	22.0	40.1
甘　肃 Gansu	601 912	297 134	140 509	164 269	49.4	23.3	27.3
青　海 Qinghai	999 695	320 761	395 785	283 149	32.1	39.6	28.3
宁　夏 Ningxia	2 109 200	448 200	876 500	784 500	21.2	41.6	37.2
新　疆 Xinjiang	10 501 400	2 797 300	4 132 900	3 571 200	26.6	39.4	34.0

注:本表按当年价格计算(at current price)。

1—9 民族自治地方分地区国内生产总值指数(1997年)
Indices of Gross Domestic Products by Region of Minority National Autonomous Areas(1997)

(以1996年为100)

地 区 Region	国内生产总值 Gross Domestic Products	第一产业 Primary Industry	第二产业 Secondary Industry	第三产业 Tertiary Industry
合 计 Total	**110.68**	**108.35**	**112.70**	**110.56**
河 北 Hebei	115.98	102.20	126.12	118.66
内蒙古 Inner Mongolia	109.66	102.05	114.47	110.80
辽 宁 Liaoning	102.46	77.01	114.70	107.91
吉 林 Jilin	107.05	95.65	113.18	108.02
黑龙江 Heilongjiang	102.43	115.85	78.23	100.22
浙 江 Zhejiang	106.81	103.22	107.35	111.17
湖 北 Hubei	115.83	110.63	120.77	117.23
湖 南 Hunan	105.01	105.31	104.85	104.76
广 东 Guangdong	105.43	107.08	107.83	99.36
广 西 Guangxi	108.99	111.27	108.63	107.32
海 南 Hainan	91.95	102.29	79.94	83.72
重 庆 Chong qing	145.85	142.07	151.72	143.55
四 川 Sichuan	145.85	142.07	151.72	143.55
贵 州 Guizhou	112.15	107.07	121.22	111.23
云 南 Yunnan	111.45	108.15	113.46	113.35
西 藏 Tibet	111.49	104.00	114.34	113.85
甘 肃 Gansu	130.19	124.65	106.59	173.80
青 海 Qinghai	110.42	105.15	115.99	107.69
宁 夏 Ningxia	107.57	103.34	108.10	109.37
新 疆 Xinjiang	110.91	110.74	112.79	108.91

注:本表按可比价格计算(at constant price)。

1—10 民族自治地方工农业总产值
Gross Output Value of Industry and Agriculture of Minority National Autonomous Areas

单位:亿元 (100 000 000yuan)

年　份 year	工农业总产值 Gross Output Value of Industry and Agriculture	农业总产值 Gross Output Value of Agriculture	工业总产值 Gross Output Value of Industry
		按1952年不变价格计算	
1949	36.6	31.2	5.4
1952	57.9	46.5	11.4
1957	92.0	62.5	29.5
		按1957年不变价格计算	
1962	87.8	48.0	39.8
1965	157.2	88.4	68.8
		按1970年不变价格计算	
1975	306.5	152.2	154.3
1978	367.7	155.6	212.1
1980	399.8	159.6	240.2
1981	416.7	171.5	245.2
		按1980年不变价格计算	
1982	564.9	268.9	296.0
1983	621.3	289.8	331.5
1984	681.9	317.1	364.6
1985	800.96	351.24	449.72
1986	872.37	363.53	508.84
1987	970.18	384.26	585.92
1988	1 092.46	406.53	685.93
1989	1 204.18	431.25	772.93
1990	1 290.17	475.18	814.99
		按1990年不变价格计算	
1990	2 438.24	1 062.34	1 375.90
1991	2 673.89	1 124.93	1 548.96
1992	3 045.49	1 209.99	1 835.50
1993	3 516.95	1 271.25	2 245.70
1994	4 237.56	1 361.04	2 876.52
1995	4 504.00	1 479.70	3 024.30
1996	5 141.22	1 612.80	3 528.43
1997	5 757.31	1 753.28	4 004.03

注:1. 本表工、农业总产值均按新口径统计。

2. 本表未扣除区域变动因素,年度之间不可比。

1—11 民族自治地方分地区工农业总产值(1997年)

Gross Output Value of Industry and Agriculture by Region of Minority National Autonomous Areas(1997)

单位:万元 (10 000yuan)

地区 Region	工农业总产值 Gross Output Value of Industry and Agriculture	农业 Agriculture	工业 Industry	轻工业 Light Industry	重工业 Heavy Industry
合计 Total	**86 603 902**	**31 750 972**	**54 852 930**	**23 250 559**	**31 602 371**
河北 Hebei	1 039 637	403 255	636 382	221 811	414 572
内蒙古 Inner Mongolia	15 649 195	4 894 295	10 754 900	4 280 110	6 474 790
辽宁 Liaoning	2 328 719	691 478	1 637 241	524 921	1 112 320
吉林 Jilin	2 264 714	648 253	1 616 461	670 995	945 466
黑龙江 Heilongjiang	143 972	95 518	48 454	27 902	20 552
浙江 Zhejiang	80 782	35 442	45 340	24 940	20 400
湖北 Hubei	1 078 428	559 673	943 121	518 755	424 366
湖南 Hunan	1 797 769	838 250	959 519	501 598	457 921
广东 Guangdong	186 622	83 381	103 241	16 302	86 939
广西 Guangxi	30 201 575	9 802 375	20 399 200	10 333 627	10 065 573
海南 Hainan	505 957	358 595	147 362	61 792	85 570
重庆 Chongqing	760 533	451 607	308 926	207 425	101 501
四川 Sichuan	2 100 883	1 033 322	1 067 561	242 445	825 116
贵州 Guizhou	3 262 302	1 861 478	1 400 824	579 466	821 358
云南 Yunnan	7 294 540	3 330 010	3 964 530	1 927 904	2 036 626
西藏 Tibet	532 100	414 500	117 600	40 986	76 614
甘肃 Gansu	653 171	286 069	367 101	83 301	283 799
青海 Qinghai	1 307 585	470 552	837 033	174 256	662 777
宁夏 Ningxia	2 938 976	728 176	2 210 800	494 654	1 716 146
新疆 Xinjiang	12 476 443	4 764 743	7 711 700	2 411 758	5 299 942

注:1. 本表按当年价格计算。
2. 本表工业总产值中包括村及村以下工业产值。
a. at current price.
b. Value of industry output included that at and below Village level.

1—12 民族自治地方分地区工农业总产值构成(1997年)
The Composition of Gross Output Value of Industry and Agriculture by Region of Minority National Autonomous Areas(1997)
(以工农业总产值为100)

地 区 Region	农 业 Agriculture	工 业 Industry		
			轻工业 Light Industry	重工业 Heavy Industry
合 计 Total	**36.66**	**63.34**	**26.85**	**36.49**
河 北 Hebei	38.79	61.21	21.34	39.88
内蒙古 Inner Mongolia	31.28	68.72	27.35	41.37
辽 宁 Liaoning	29.69	70.31	22.54	47.77
吉 林 Jilin	28.62	71.38	29.63	41.75
黑龙江 Heilongjiang	66.34	33.66	19.38	14.27
浙 江 Zhejiang	43.87	56.13	30.87	25.25
湖 北 Hubei	37.24	62.76	34.52	28.24
湖 南 Hunan	46.63	53.37	27.90	25.47
广 东 Guangdong	44.68	55.32	8.74	46.59
广 西 Guangxi	32.46	67.54	34.21	33.33
海 南 Hainan	70.87	29.13	12.21	16.91
重 庆 Chongqing	59.38	40.62	27.27	13.35
四 川 Sichuan	49.19	50.81	11.54	39.27
贵 州 Guizhou	57.06	42.94	17.76	25.18
云 南 Yunnan	45.65	54.35	26.43	27.92
西 藏 Tibet	77.90	22.10	7.7	14.40
甘 肃 Gansu	43.80	56.20	12.75	43.45
青 海 Qinghai	35.99	64.01	13.33	50.69
宁 夏 Ningxia	24.78	75.22	16.83	58.39
新 疆 Xinjiang	38.19	61.81	19.33	42.48

注:本表按当年价格计算(at current price)。

1—13 民族自治地方分地区工农业总产值指数(1997年)

Indices of Gross Output Value of Industry and Agriculture by Region of Minority National Autonomous Areas(1997)

(以1996年为100)(take 1996 as 100)

地 区 Region	工农业总产值 Gross Output Value of Industry and Agriculture	农 业 Agriculture	工 业 Industry	轻工业 Light Industry	重工业 Heavy Industry
合 计 Total	**110.69**	**108.71**	**111.58**	**99.84**	**121.41**
河 北 Hebei	95.43	106.84	90.04	85.15	92.80
内蒙古 Inner Mongolia	110.47	102.45	113.58	97.70	125.05
辽 宁 Liaoning	56.27	96.14	47.50	28.94	65.28
吉 林 Jilin	121.63	92.05	132.64	127.62	137.67
黑龙江 Heilongjiang	99.99	103.54	93.80	95.58	91.82
浙 江 Zhejiang	89.22	110.77	80.84	70.91	96.50
湖 北 Hubei	127.07	109.58	139.58	140.53	137.93
湖 南 Hunan	93.09	103.82	87.46	82.36	93.87
广 东 Guangdong	123.50	104.71	138.06	81.37	155.35
广 西 Guangxi	101.32	111.57	97.71	90.79	104.76
海 南 Hainan	92.73	89.18	99.42	126.83	81.11
重 庆 Chongqing	191.60	157.38	243.08	273.11	174.91
四 川 Sichuan	175.70	157.38	190.62	273.11	174.91
贵 州 Guizhou	119.85	108.97	129.92	115.80	144.00
云 南 Yunnan	117.50	108.69	123.86	124.26	123.45
西 藏 Tibet	115.16	103.44	158.35	156.15	159.44
甘 肃 Gansu	100.00	82.09	112.70	110.18	113.51
青 海 Qinghai	134.12	107.84	148.47	120.16	157.73
宁 夏 Ningxia	121.75	104.12	125.82	85.32	141.98
新 疆 Xinjiang	137.34	109.52	153.42	140.72	161.35

注:本表按可比价格计算(at constant price)。

1—14 民族自治地方年末总人口及工农业总产值指数

Indices of Total Population and Gross Output Value of Industry and Agriculture at the End of Year of Minority National Autonomous Areas

(以1952年为100)(take 1952 as 100)

年份 Year	年末总人口 Total Population (year-end)	#少数民族人口 Minority Population	工农业总产值 Gross Output Value of Agriculture and Industry	农业总产值 Gross Output Value of Agriculture	工业总产值 Gross Output Value of Industry
1952	100	100	100	100	100
1957	114.72	109.41	140.61	132.90	186.33
1962	125.06	112.96	143.63	123.18	264.93
1965	137.22	119.53	197.41	165.05	389.36
1970	160.23	222.21	249.40	183.58	639.84
1975	183.84	253.42	344.33	222.98	1 064.12
1978	187.38	285.63	413.50	347.53	1 456.31
1979	197.46	291.81	412.64	245.61	1 403.43
1980	200.64	362.98	442.34	245.46	1 610.22
1981	203.98	374.44	460.99	261.04	1 647.04
1982	207.43	397.88	514.95	292.27	1 835.82
1983	210.10	409.68	556.02	309.46	2 018.54
1984	213.22	432.75	609.09	335.40	2 232.51
1985	217.86	452.99	690.27	358.52	2 658.13
1986	221.19	465.88	742.58	365.12	2 981.29
1987	225.94	492.40	823.71	383.90	3 432.57
1988	230.49	507.27	927.25	404.63	4 027.28
1989	234.38	526.61	1 004.41	419.18	4 475.81
1990	238.94	546.18	1 081.41	465.84	4 732.80
1991	240.30	554.57	1 178.73	493.48	5 267.60
1992	242.90	560.84	1 342.57	530.98	6 242.10
1993	245.17	565.08	1 549.33	558.06	7 634.09
1994	248.26	573.56	1 866.78	697.48	9 778.51
1995	249.34	569.25	1 984.39	758.16	10 277.21
1996	252.23	569.96	2 265.18	826.39	11 991.45
1997	254.99	574.35	2 537.00	898.37	13 607.79

注:产值按可比价格计算。

1—15 民族自治地方耕地面积、有效灌溉面积及农牧业主要产品产量指数(一)

Indices of Cultivated Area, Available Irrigated Area and Output of Major Farm Crops and Husbandry of Minority National Autonomous Areas(1)

(以1952年为100)(take 1952 as 100)

年份 Year	耕地面积 Cultivated Area	有效灌溉面积 Irrigated Area	粮食总产量 Grain Crops	棉花 Cotton Crops	油料 Oil-Bearing Crops	甘蔗 Sugarcane
1952	100	100	100	100	100	100
1957	112.09	139.46	114.30	203.54	115.80	128.99
1962	118.33	156.61	107.06	135.35	52.82	78.10
1965	118.21	197.83	136.48	428.28	104.35	223.64
1970	115.80	229.82	159.55	376.77	110.99	281.56
1975	115.45	466.20	195.63	269.70	130.80	345.65
1978	115.86	475.41	200.08	304.55	146.73	484.79
1979	116.17	473.62	204.04	287.37	169.07	495.95
1980	115.64	473.73	199.41	424.24	197.08	512.23
1981	114.98	468.75	200.51	595.96	265.31	662.95
1982	114.34	464.72	221.34	771.72	320.13	893.89
1983	113.55	470.11	232.86	849.49	330.54	919.09
1984	112.47	461.26	231.60	1 054.04	363.12	1 032.34
1985	112.28	465.95	222.37	980.81	461.86	1 341.10
1986	111.94	475.54	220.67	1 131.31	470.96	1 520.93
1987	110.76	483.07	236.09	1 444.44	420.77	1 541.40
1988	111.90	486.50	233.81	1 428.28	428.65	1 756.41
1989	112.40	493.39	246.51	1 502.53	402.14	1 769.86
1990	113.46	513.59	285.69	2 392.42	499.95	1 943.24
1991	111.84	502.14	291.54	3 294.95	524.41	2 494.26
1992	113.33	553.04	296.61	3 428.79	536.19	2 892.31
1993	113.97	550.15	272.56	3 479.29	515.90	2 799.78
1994	115.88	563.49	269.13	4 499.40	533.79	2 840.71
1995	96.76	561.24	283.39	4 773.86	580.34	2 452.84
1996		562.84	332.16	4 793.54	555.16	3 480.88
1997		689.18	330.56	5 846.21	560.83	

1—15　民族自治地方农牧业主要产品产量指数(二)

Indices of Output of Major Farm Crops and Husbandry of Minority National Autonomous Areas(2)

(以1952年为100)(take 1952 as 100)

年　份 Year	甜　菜 Beetroots	烟　叶 Tobacco Crops	#烤　烟 Fluecured Tobacco	大牲畜年末头数 Large Domestic Animals (year-end)	羊年末只数 Sheep and Goats (year-end)	生猪年末头数 Hogs (year-end)
1952	100	100	100	100	100	100
1957	15 306.25	132.90	213.37	116.91	136.33	145.48
1962	7 625.00	104.28	166.28	105.95	168.91	122.92
1965	24 637.50	169.14	258.14	135.81	221.01	190.00
1970	36 212.50	221.56	240.12	142.13	219.03	242.42
1975	36 575.00	295.72	373.26	155.60	237.98	273.68
1978	41 150.00	353.72	536.63	154.27	246.23	312.22
1979	54 806.25	296.28	506.40	156.68	255.43	311.80
1980	84 537.50	261.71	419.19	157.94	257.48	295.60
1981	80 106.25	365.99	642.44	163.38	266.50	296.65
1982	122 343.75	510.97	997.09	170.71	261.83	317.64
1983	129 200.00	413.38	938.37	172.92	248.86	325.11
1984	147 618.75	542.75	1 328.49	177.88	248.39	333.33
1985	215 206.25	767.10	1 943.60	186.13	249.62	360.44
1986	169 275.00	559.85	1 330.81	192.73	254.55	381.68
1987	191 312.50	630.67	1 471.51	195.10	259.80	385.70
1988	248 156.25	936.06	2 276.74	198.15	272.34	394.51
1989	208 437.50	942.94	2 242.44	200.79	285.32	414.46
1990	332 400.00	881.60	2 097.67	203.29	287.30	434.74
1991	409 575.00	1 183.83	3 020.93	203.86	285.20	424.74
1992	407 600.00	1 581.97	4 036.91	207.06	276.18	513.38
1993	357 031.25	1 682.16	4 481.40	208.52	276.31	491.78
1994	676 112.50	1 129.93	2 869.77	218.46	284.23	513.62
1995	395 535.00	1 203.16	3 217.44	223.92	301.00	552.66
1996	452 487.08	1 654.44	4 361.04	289.39	308.63	544.97
1997		2 890.20		224.65	320.82	573.89

1—16 民族自治地方工业主要产品产量指数(一)

Indices of Output of Major Industrial Products of Minority National Autonomous Areas(1)

(以1952年为100) (take 1952 as 100)

年 份 Year	原 油 Crude Oil	钢 Steel	生 铁 Pig Iron	原 煤 Coal
1952	100	100	100	100
1957	183.11	2 085.71	192.52	313.19
1962	1 684.64	14 100.00	1 831.31	916.48
1965	1 867.75	55 557.14	2 647.20	1 028.02
1970	2 948.18	131 057.14	3 887.85	1 646.15
1975	8 461.80	94 785.71	4 205.61	2 483.52
1978	11 087.52	183 628.57	7 802.34	3 339.01
1979	11 979.08	220 657.14	8 403.27	3 257.69
1980	11 929.75	237 957.14	8 291.59	3 116.48
1981	11 833.78	237 842.86	8 823.36	3 130.77
1982	11 996.16	240 028.57	8 539.72	3 366.48
1983	12 906.72	247 914.29	9 107.48	3 785.16
1984	13 585.22	282 428.57	9 977.10	4 132.42
1985	14 882.73	331 400.00	12 043.93	4 774.73
1986	16 537.43	354 385.71	13 832.24	4 936.26
1987	17 262.57	403 942.86	16 177.10	5 169.78
1988	18 640.69	416 571.43	15 348.13	6 129.67
1989	21 738.58	456 757.14	16 956.07	6 326.92
1990	24 288.29	525 428.57	19 485.51	6 648.90
1991	26 907.49	591 628.57	17 610.28	6 718.13
1992	26 974.86	621 728.57	21 071.03	7 178.02
1993	31 429.07	699 444.64	24 081.31	7 778.57
1994	28 152.30	705 275.73	25 079.44	8 169.67
1995	30 911.23	1 000 080.99	25 392.14	9 150.03
1996	34 823.82	1 032 346.28	30 381.48	9 461.76
1997	38 469.08	948 831.08	47 670.00	10 469.76

1—16 民族自治地方工业主要产品产量指数(二)

Indices of Output of Major Industrial Products of Minority National Autonomous Areas(2)

(以1952年为100) (take 1952 as 100)

年 份 Year	发电量 Electricity Hydropower	木 材 Timber	布 Cloth	卷 烟 Cigarettes
1952	100	100	100	100
1957	489.60	266.72	222.49	139.45
1962	2 389.23	264.68	208.19	86.72
1965	3 614.02	439.04	461.12	327.34
1970	7 768.62	398.34	705.89	869.14
1975	14 614.28	518.63	649.85	1 361.33
1978	20 782.11	598.02	935.05	2 041.41
1979	23 114.90	649.70	997.09	2 518.36
1980	24 509.80	649.97	1 140.88	3 608.59
1981	26 270.32	615.76	1 180.66	4 299.22
1982	28 704.13	648.34	1 350.00	5 048.05
1983	31 397.26	679.91	1 376.68	5 826.95
1984	35 017.23	711.80	1 253.43	6 728.52
1985	49 910.83	750.34	1 375.15	8 210.55
1986	57 994.66	784.63	1 599.05	10 077.73
1987	64 843.60	790.10	1 701.33	12 642.19
1988	69 205.65	788.89	1 801.35	14 493.75
1989	84 491.92	722.26	1 948.97	16 166.41
1990	92 498.10	722.90	1 853.36	17 462.89
1991	89 111.67	740.83	1 789.40	17 237.11
1992	105 979.35	765.22	1 735.64	17 345.70
1993	124 046.85	822.57	1 685.33	18 741.40
1994	138 523.73	836.73	1 775.72	19 203.12
1995	148 358.91	1 334.58	1 756.31	13 813.68
1996	153 669.50	1 414.89	1 563.28	10 606.37
1997	153 857.07	776.28	1 754.79	17 928.65

1—17 民族自治地方运输、邮电情况指数

Indices of Transportation, Post and Telecommunication Services of Minority National Autonomous Areas

（以1952年为100） (take 1952 as 100)

年 份 Year	铁路营业里程 Railway in Operation	公路通车里程 Length of Highways	邮电局(所)数 Number of Post Offices	邮路总长度 Length of Postal Routes
1952	100	100	100	100
1957	134.71	235.39	129.43	278.93
1962	177.37	438.97	151.52	300.10
1965	198.66	477.86	149.97	329.89
1970	200.91	576.72	170.21	429.07
1975	230.76	671.44	192.50	602.73
1978	252.71	776.96	197.87	624.44
1979	264.13	747.49	194.86	602.57
1980	290.13	804.43	193.66	593.47
1981	291.01	816.46	193.53	566.31
1982	293.39	838.91	196.25	566.40
1983	301.47	872.34	197.05	568.16
1984	310.86	869.74	199.85	560.57
1985	317.85	905.70	208.12	571.08
1986	312.35	885.54	207.73	564.71
1987	330.28	963.49	211.07	578.79
1988	329.09	1 005.66	212.53	570.42
1989	340.51	1 016.58	216.82	603.35
1990	343.27	1 022.88	218.13	574.70
1991	337.80	992.56	246.25	517.60
1992	355.58	979.75	218.52	535.00
1993	369.45	1 066.30	216.29	543.60
1994	425.50	1 078.40	226.36	528.87
1995	433.58	1 149.72	233.09	637.82
1996	448.88	1 257.73	233.24	644.87
1997	436.13	1 226.92	252.60	599.40

1—18 民族自治地方国有经济固定资产投资指数

Indices of Investment in Fixed Assets of State－owned Units of Minority National Autonomous Areas

（以1979年为100） (take 1979 as 100)

年 份 Year	固定资产投资 Investment in Fixed Asset	基建投资 Capital Construction	更新改造 Technical Updates and Transformation	其他投资 Others
1979	100	100	100	100
1980	119.79	106.05	2 377.28	100.00
1981	97.99	71.59	4 655.12	126.52
1982	149.85	101.68	8 178.18	316.46
1983	172.40	116.71	8 512.41	645.68
1984	211.18	150.22	8 305.22	1 014.28
1985	299.98	215.51	11 706.50	1 348.68
1986	322.63	209.28	16 585.30	1 526.08
1987	373.36	217.83	21 396.44	2 478.24
1988	466.08	262.45	29 230.36	2 875.65
1989	443.39	263.28	24 390.32	2 987.49
1990	473.48	301.49	24 335.48	2 557.61
1991	665.88	430.86	29 715.32	4 552.71
1992	1 037.42	718.88	29 928.61	6 426.39
1993	1 546.22	1 051.90	61 005.35	5 616.02
1994	1 942.05	1 355.90	72 413.35	6 177.60
1995	1 806.26	1 161.07	84 379.07	6 728.61
1996	1 983.01	1 318.58	87 880.86	7 504.30

1—19 民族自治地方社会商业及财政收支情况指数

Indices of Social Commerce and Governments Revenue and Expenditure of Minority National Autonomous Areas

(以1952年为100)(take 1952 as 100)

年份 Year	社会商品零售总额 Total Value of Retail Sales	国内纯购进总额 Final Domestic Purchases	财政收入 Revenue	财政支出 Expenditure
1952	100	100	100	100
1957	223.74	343.83	204.60	280.93
1962	316.24	470.31	240.72	339.92
1965	374.51	655.19	353.75	525.69
1970	482.56	810.21	394.96	772.54
1975	697.39	1 300.56	448.91	1 223.48
1978	880.13	1 641.07	736.17	1 946.30
1979	977.50	1 807.39	590.40	1 966.88
1980	1 125.36	2 063.84	538.40	1 820.27
1981	1 237.70	2 309.47	528.41	1 725.59
1982	1 364.17	2 588.06	641.97	1 957.27
1983	1 522.88	2 878.87	738.78	2 251.47
1984	1 776.61	3 119.60	791.26	2 859.53
1985	2 155.28	3 576.91	1 114.46	3 417.91
1986	2 408.49	4 164.39	1 364.07	4 261.04
1987	2 771.88	5 277.71	1 639.62	4 487.20
1988	3 534.65	7 030.44	2 003.50	5 179.43
1989	3 828.69	7 829.15	2 441.20	5 822.23
1990	3 984.52	9 112.93	2 765.45	6 470.75
1991	4 470.06	10 235.04	3 371.95	7 368.26
1992	5 197.40	10 936.21	3 484.01	7 803.84
1993	5 378.48	15 524.92	4 920.75	9 223.69
1994	8 605.57	29 797.85	4 174.76	9 772.50
1995	10 774.17	37 336.71	4 293.32	12 041.67
1996	10 899.10	37 239.11	5 590.08	14 215.53
1997	13 522.76	36 294.90	5 869.88	15 713.61

1—20 民族自治地方各级学校在校学生指数

Indices of Students Enrollment by Level of Schools of Minority National Autonomous Areas

(以1952年为100)(take 1952 as 100)

年 份 Year	普通高等学校 Institutions of Higher Education	中等学校 Secondary Schools	#中等专业学校 Specialized Secondary Schools	#普通中学 Regular Secondary Schools	小 学 Primary Schools
1952	100	100	100	100	100
1957	270.69	363.10	170.16	407.47	130.88
1965	687.45	795.66	249.49	797.26	238.44
1970	688.90	3 097.48	257.20	3 765.37	331.09
1978	1 276.69	5 081.02	406.91	6 174.09	361.83
1979	1 387.77	4 720.02	633.30	5 662.10	361.20
1980	1 590.43	4 451.25	657.54	5 297.79	359.45
1981	1 748.83	3 802.69	548.23	4 524.89	345.58
1982	1 617.44	3 556.64	485.72	4 233.34	347.59
1983	1 744.04	3 519.97	501.12	4 164.10	348.17
1984	1 985.42	3 730.54	613.70	4 367.18	353.85
1985	2 507.51	3 887.95	716.88	4 519.29	362.95
1986	2 749.80	4 264.25	753.70	4 964.31	369.87
1987	2 812.64	4 379.92	796.44	5 086.06	353.28
1988	2 981.20	4 402.70	894.20	5 075.36	351.57
1989	3 153.47	4 323.63	963.32	4 943.82	354.30
1990	3 057.40	4 310.60	1 040.18	5 078.18	352.43
1991	3 014.35	4 589.60	955.92	5 027.82	355.09
1992	3 160.33	4 331.24	990.27	5 115.92	361.94
1993	3 594.32	4 183.16	1 118.56	4 901.38	348.82
1994	4 029.98	4 438.33	1 252.90	5 184.90	378.02
1995	3 820.42	4 140.96	1 366.13	5 391.89	359.86
1996	3 832.60	4 405.82	1 681.16	5 697.17	383.72
1997	4 281.64	4 704.12	1 514.94	6 158.72	392.68

1—21 民族自治地方各级学校专任教师指数

Indices of Full-Time Teachers by Level of Schools of Minority National Autonomous Areas

（以1952年为100） (take 1952 as 100)

年份 Year	普通高等学校 Institutions of Higher Education	中等学校 Secondary Schools	#中等专业学校 Specialized Secondary Schools	#普通中学 Regular Secondary Schools	小学 Primary Schools
1952	100	100	100	100	100
1957	460.47	220.16	227.57	218.98	123.44
1965	1 165.30	566.65	402.67	535.35	296.19
1970	1 479.43	2 041.81	468.45	2 297.00	409.61
1978	2 165.12	3 513.64	822.29	3 961.46	484.72
1979	2 603.94	3 455.45	1 026.60	3 849.29	680.46
1980	2 914.31	3 475.87	1 278.10	3 810.76	699.67
1981	2 834.88	3 251.85	1 277.97	3 550.43	707.81
1982	3 252.34	3 146.77	1 341.66	3 412.88	722.11
1983	3 643.29	3 102.22	1 359.52	3 352.30	717.40
1984	3 910.20	2 989.64	1 416.30	3 207.80	706.19
1985	4 234.35	3 186.29	1 548.37	3 411.56	725.29
1986	4 582.29	3 583.76	1 669.36	3 624.28	734.91
1987	4 999.46	3 536.28	1 828.03	3 786.09	738.58
1988	5 137.03	3 756.70	2 050.20	3 971.17	756.55
1989	5 178.89	3 813.19	2 063.10	4 037.90	756.06
1990	5 305.55	3 908.18	2 203.72	4 188.53	763.83
1991	4 835.60	3 949.29	2 109.32	4 152.29	753.46
1992	4 898.21	3 987.87	2 081.68	4 198.99	818.26
1993	4 874.49	3 933.24	2 066.36	4 242.70	821.11
1994	5 074.54	4 028.20	2 141.13	4 341.06	844.95
1995	5 348.57	4 608.26	2 651.49	4 427.17	882.13
1996	4 240.17	4 656.69	2 260.23	4 525.51	861.57
1997	3 142.08	4 928.12	2 327.70	4 766.05	909.57

1—22 民族自治地方卫生事业基本情况指数
Indices of Public Health Care of Minority National Autonomous Areas

（以1952年为100） (take 1952 as 100)

年 份 Year	卫生事业机构数 Health Care Institutions	#医院个数 Hospitals	床位数 Beds	#医院病床数 Hospital Beds	专业卫生技术人员 Medical Technical Personnel
1952	100	100	100	100	100
1957	484.00	174.03	274.58	294.41	373.88
1962	623.54	406.98	666.82	649.18	508.36
1965	708.68	496.25	836.51	775.41	624.94
1970	615.18	963.57	1 120.90	1 131.19	697.77
1975	727.50	1 286.18	1 562.57	1 718.57	889.41
1978	838.18	1 424.55	1 833.37	2 011.90	1 095.07
1979	874.21	1 449.74	2 335.26	2 125.43	1 189.36
1980	909.03	1 459.30	1 984.69	2 216.82	1 273.56
1981	965.15	1 501.55	2 012.82	2 258.01	1 374.11
1982	956.34	1 510.59	2 049.54	2 303.29	1 432.34
1983	962.17	1 520.67	2 088.71	2 424.54	1 486.67
1984	978.71	1 548.06	2 141.21	2 487.56	1 530.14
1985	990.62	1 347.43	2 186.18	2 547.11	1 587.67
1986	1 002.28	1 323.51	2 228.70	2 599.44	1 623.80
1987	1 019.99	1 325.84	2 302.80	2 697.73	1 671.13
1988	1 033.14	1 419.12	2 358.39	2 771.94	1 726.66
1989	990.59	1 345.99	2 385.24	2 740.74	1 751.83
1990	1 014.20	1 366.80	2 447.67	2 895.36	1 778.92
1991	1 018.44	1 379.84	2 487.33	2 951.49	1 819.04
1992	984.63	1 319.12	2 554.98	3 026.45	1 757.71
1993	970.91	1 342.24	2 857.84	3 313.10	1 870.57
1994	969.20	1 612.65	2 826.05	3 317.87	1 898.96
1995	917.52	1 593.14	2 635.03	3 112.13	2 252.88
1996	497.65	329.20	2 519.54	2 246.34	1 986.24
1997	510.48	336.70	2 578.99	2 272.55	2 075.73

1—23 全国民族自治区、自治州、自治县(旗)基本情况(1997年)(一)

地 区	Region	年末总人口(万人) Total Population at Year-End	#少数民族 Minority Popu-lation	少数民族占总人口% Minority Population As% of Total Population
内蒙古自治区	**Inner Mongolia Autonomous Region**	**2 325.7**	**474.4**	**20.4**
广西壮族自治区	**Guangxi Zhuang Autonomous Region**	**4 633.0**	**1 764.0**	**38.4**
西藏自治区	**Tibet Autonomous Region**	**248.0**	**235.8**	**97.1**
宁夏回族自治区	**Ningxia Hui Autonomous Region**	**530.0**	**182.4**	**34.5**
新疆维吾尔自治区	**Xinjiang Uygur Autonomous Region**	**1 718.0**	**1 058.0**	**61.6**
吉 林	**Jilin**			
延边朝鲜族自治州	Yanbian Korean Autonomous Prefecture	218.5	92.1	42.2
湖 北	**Hubei**			
恩施土家族苗族自治州	Enshi Tujia and Miao Autonomous Prefecture	374.6	179.8	48.0
湖 南	**Hunan**			
湘西土家族苗族自治州	Xiangxi Tujia and Miao Autonomous Prefecture	251.1	174.9	69.7
四 川	**Sichuan**			
甘孜藏族自治州	Ganzi Tibetan Autonomous Prefecture	85.9	69.6	81.0
凉山彝族自治州	Liangshan Yi Autonomous Prefecture	381.9	175.0	45.8
阿坝藏族羌族自治州	Aba Tibetan and Qiang Autonomous Prefecture	79.9	57.8	72.3
贵 州	**Guizhou**			
黔东南苗族侗族自治州	Qiandongnan Miao and Dong Autonomous Prefecture	389.7	293.4	75.3
黔南布依族苗族自治州	Qiannan Bouyei and Miao Autonomous Prefecture	349.3	187.8	53.8
黔西南布依族苗族自治州	Qianxinan Bouyei and Miao Autonomous Prefecture	271.9	109.2	40.2
云 南	**Yunnan**			
西双版纳傣族自治州	Xishuangbanna Dai Autonomous Prefecture	83.1	61.4	73.9
德宏傣族景颇族自治州	Dehong Dai and Jingpo Autonomous Prefecture	97.8	50.6	51.7
怒江傈僳族自治州	Nujiang Lisu Autonomous Prefecture	45.7	42.1	92.1
大理白族自治州	Dali Bai Autonomous Prefecture	318.5	156.6	49.2
迪庆藏族自治州	Diqing Tibetan Autonomous Prefecture	32.9	27.7	84.2
红河哈尼族彝族自治州	Honghe Hani and Yi Autonomous Prefecture	382.8	208.6	54.5
文山壮族苗族自治州	Wenshan Zhuang and Miao Autonomous Prefecture	301.2	173.9	57.7
楚雄彝族自治州	Chuxiong Yi Autonomous Prefecture	244.0	74.7	30.6
甘 肃	**Gansu**			
甘南藏族自治州	Gannan Tibetan Autonomous Prefecture	63.1	34.3	54.3
临夏回族自治州	Linxia Hui Autonomous Prefecture	180.1	100.1	55.6
青 海	**Qinghai**			
玉树藏族自治州	Yushu Tibetan Autonomous Prefecture	24.8	24.0	96.5

注：本表工农业总产值、人均工农业总产值均按当年价格计算，工业总产值为乡及乡以上企业工业产值，下同。

The grosg output value and the udlue per copita are caculated at current price. The same next pages.

Main Data about Autonomous Region, Autonomous Prefecture and Autonomous County(Qi) in China(1997)(1)

国内生产总值（万元）Gross Domestic Products	人均国内生产总值（元）	工农业总产值（万元）Gross Output Value of Agriculture and Industry	人均工农业总产值（元）Gross Output Value of Industry and Agriculture Per Capita	粮食总产量（吨）Grain Output	人均粮食产量（公斤）	农民人均纯收入（元）Peasant's Net Income Per Capita	财政收入 Revenue（万元）
10 945 200	**4 691**	**15 649 195**	**6 729**	**14 210 300**	**611**	**1 780**	**660 777**
20 152 000	**4 356**	**30 201 575**	**6 519**	**16 691 100**	**364**	**1 875**	**991 568**
769 800	**3 194**	**532 100**	**2 146**	**791 904**	**326**	**1 195**	**29 537**
2 109 200	**4 025**	**2 938 976**	**5 545**	**2 561 540**	**484**	**1 513**	**140 738**
10 501 400	**5 904**	**12 476 443**	**7 262**	**825 300**	**483**	**1 504**	**545 248**
1 062 000	4 860	1 185 196	5 424	716 000	328	1 685	118 100
863 000	2 304	819 000	2 186	1 455 000	388	1 125	67 440
538 000	2 142	657 778	2 619	809 000	322	968	30 564
224 500	2 614	171 000	1 991	210 800	245	802	12 529
1 009 600	2 644	1 104 000	2 891	1 552 300	406	793	54 557
294 000	3 682	289 000	3 619	234 400	294	882	17 154
514 000	1 319	579 089	1 486	1 106 000	284	999	34 076
734 000	2 101	463 440	1 327	1 097 000	314	836	34 492
380 000	1 398	725 657	2 669	783 000	288	1 006	22 578
351 000	4 224	361 100	4 345	349 000	420	1 252	24 712
300 000	3 067	317 720	3 249	460 000	470	1 028	17 950
72 000	1 575	78 847	1 725	141 000	309	637	5 395
908 000	2 851	1 057 445	3 320	1 157 000	363	1 077	74 804
63 000	1 915	64 528	1 961	125 000	380	599	4 771
1 031 000	2 693	1 447 760	3 782	1 055 000	276	823	80 974
378 000	1 255	404 190	1 342	845 000	281	462	22 076
770 000	3 156	984 592	4 035	922 000	378	956	74 239
106 000	1 681	114 453	1 815	107 000	170	876	7 690
214 000	1 188	222 871	1 237	463 000	257	728	12 000
23 000	926	20 171	812	18 000	72	601	2 417

1—23 全国民族自治区、自治州、自治县(旗)基本情况(1997年)(二)

地 区	Region	年末总人口(万人) Total Population at Year-End	#少数民族 Minority Population	少数民族占总人口% Minority Population As% of Total Population
青 海	**Qinghai**			
海南藏族自治州	Hainan Tibetan Autonomous Prefecture	38.2	24.3	63.7
黄南藏族自治州	Huangnan Tibetan Autonomous Prefecture	19.0	17.5	92.2
海北藏族自治州	Haibei Tibetan Autonomous Prefecture	25.2	14.8	58.6
果洛藏族自治州	Guoluo Tibetan Autonomous Prefecture	12.5	11.5	91.9
海西蒙古族藏族自治州	Haixi Mongolian and Tibetan Autonomous Prefecture	31.1	7.6	24.6
新 疆	**Xinjiang**			
巴音郭楞蒙古自治州	Bayingolin Mongolian Autonomous Prefecture	95.8	43.0	44.9
博尔塔拉蒙古自治州	Bortala Mongolian Autonomous Prefecture	38.6	16.0	41.5
克孜勒苏柯尔克孜自治州	Kizlsu Kirgiz Autonomous Prefecture	41.5	39.4	94.9
昌吉回族自治州	Changji Hui Autonomous Prefecture	114.0	33.6	29.4
伊犁哈萨克自治州	Ili Kazak Autonomous Prefecture	371.6	205.0	55.2
河 北	**Hebei**			
孟村回族自治县	Mengcun Hui Autonomous County	17.2	4.2	24.4
大厂回族自治县	Dachang Hui Autonomous County	10.9	2.4	22.0
青龙满族自治县	Qinglong Manchu Autonomous County	49.8	33.5	67.3
丰宁满族自治县	Fengning Manchu Autonomous County	37.0	23.9	64.6
围场满族蒙古族自治县	Weichang Manchu and Mongolian Autonomous County	50.3	29.3	58.3
宽城满族自治县	Kuancheng Manchu Autonomous County	23.4	14.6	62.4
内蒙古	**Inner Mongolia**			
鄂伦春自治旗	Oroqen Autonomous Qi	31.9	3.2	10.0
鄂温克族自治旗	Ewenki Autonomous Qi	14.3	5.5	38.3
莫力达瓦达斡尔族自治旗	Morindawa Daur Autonomous Qi	28.8	5.6	19.4
辽 宁	**Liaoning**			
喀喇沁左翼蒙古族自治县	Harqin Zuoyi Mongolian Autonomous County	41.7	7.2	17.3
阜新蒙古族自治县	Fuxin Mongolian Autonomous County	72.8		
新宾满族自治县	Xinbin Manchu Autonomous County	31.4	23.0	73.2
岫岩满族自治县	Xiuyan Manchu Autonomous County	49.0	38.0	77.6
清原满族自治县	Qingyuan Manchu Autonomous County	34.8	20.5	58.9
本溪满族自治县	Benxi Manchu Autonomous County	29.9	17.5	58.5
桓仁满族自治县	Huanren Manchu Autonomous County	30.0	14.0	46.7
宽甸满族自治县	Kuandian Manchu Autonomous County	44.7	23.8	53.2

Main Data about Autonomous Region, Autonomous Prefecture and Autonomous County(Qi) in China(1997)(2)

国内生产总值（万元）Gross Domestic Products	人均国内生产总值（元）	工农业总产值（万元）Gross Output Value of Agriculture and Industry	人均工农业总产值（元）Gross Output Value of Industry and Agriculture Per Capita	粮食总产量（吨）Grain Output	人均粮食产量（公斤）	农民人均纯收入（元）Peasant's Net Income Per Capita	财政收入 Revenue（万元）
107 000	2 801	122 171	3 198	126 000	330	912	4 677
83 000	4 378	53 512	2 822	39 000	206	662	3 957
98 000	3 884	102 687	4 070	51 000	202	1 600	5 202
34 000	2 713	24 708	1 972	3 000	24	1 020	2 978
281 000	9 035	197 660	6 356	87 000	280	1 373	9 252
815 000	8 509	840 100	8 771	462 000	482	1 524	36 692
178 000	4 611	193 560	5 015	243 000	630	1 951	9 105
56 000	1 350	30 800	742	138 000	333	856	2 596
892 000	7 825	747 400	6 557	916 000	804	3 370	34 071
1 448 000	3 897	482 000	1 297	1 837 000	494	1 475	59 004
71 905	4 181	47 400	2 756	63 115	367	1 850	3 291
137 715	12 634	146 500	13 440	95 457	876	3 803	6 315
132 425	2 659	116 200	2 333	150 487	302	1 801	6 596
135 241	3 655	130 300	3 522	111 242	301	1 290	4 830
166 820	3 317	144 700	2 877	178 772	355	1 919	6 047
62 610	2 676	82 700	3 534	55 020	235	1 494	3 821
83 023	2 603	73 600	2 307	129 803	407	1 991	10 111
123 904	8 659	90 400	6 317	68 085	476	2 596	12 219
94 986	3 304	150 000	5 217	527 930	1 836	2 390	10 822
78 888	1 892	133 000	3 189	132 453	318	1 334	14 774
156 111	2 144	268 100	3 683	595 221	818	1 804	20 579
147 340	4 692	152 100	4 844	89 124	284	1 844	15 219
213 162	4 350	170 800	3 486	75 002	153	2 151	10 162
148 852	4 277	137 500	3 951	89 717	258	1 946	14 049
210 043	7 025	169 100	5 656	50 550	169	2 250	17 134
144 126	4 804	119 300	3 977	100 290	334	2 174	17 756
230 187	5 150	193 100	4 320	68 096	152	2 376	17 015

1—23 全国民族自治区、自治州、自治县(旗)基本情况(1997年)(三)

地 区	Region	年末总人口(万人) Total Population at Year—End	#少数民族 Minority Population	少数民族占总人口% Minority Population As% of Total Population
吉 林	**Jilin**			
前郭尔罗斯蒙古族自治县	Qian Gorlos Mongolian Autonomous County	56.5	5.3	9.4
长白朝鲜族自治县	Changbai Korean Autonomous County	8.7	1.6	18.4
伊通满族自治县	Yitong Manchu Autonomous County	46.4	17	36.7
黑龙江	**Heilongjiang**			
杜尔伯特蒙古族自治县	Dorbod Mongolian Autonomous County	24.7	5.2	21.1
浙 江	**Zhejiang**			
景宁畲族自治县	Jingning She Autonomous County	17.5	1.7	9.7
湖 北	**Hubei**			
长阳土家族自治县	Changyang Tujia Autonomous County	42.2	23.2	55.0
五峰土家族自治县	Wufeng Tujia Autonomous County	20.8	13.9	67.0
湖 南	**Hunan**			
通道侗族自治县	Tongdao Dong Autonomous County	21.3	11.7	54.9
江华瑶族自治县	Jianghua Yao Autonomous County	43.9	25.5	58.0
城步苗族自治县	Chengbu Miao Autonomous County	24.8	14.3	57.7
新晃侗族自治县	Xinhuang Dong Autonomous County	25.0	20.8	83.2
芷江侗族自治县	Zhijiang Dong Autonomous County	34.5	20.2	58.7
靖州苗族侗族自治县	Jingzhou Miao and Dong Autonomous County	24.9	13.7	55.1
麻阳苗族自治县	Mayang Miao Autonomous County	35.2	26.7	75.9
广 东	**Guangdong**			
连南瑶族自治县	Liannan Yao Autonomous County	14.7	7.7	52.4
连山壮族瑶族自治县	Lianshan Zhuang and Yao Autonomous County	10.9	7.1	65.1
乳源瑶族自治县	Ruyuan Yao Autonomous County	19.2	2.2	11.5
广 西	**Guangxi**			
龙胜各族自治县	Longsheng Gezu Autonomous County	16.7	12.8	76.8
金秀瑶族自治县	Jinxiu Yao Autonomous County	14.6	11.3	77.4
融水苗族自治县	Rongshui Miao Autonomous County	45.7	32.7	71.6
三江侗族自治县	Sanjiang Dong Autonomous County	33.6	27.7	82.4
隆林各族自治县	Longlin Gezu Autonomous County	34.2	27.2	79.5
都安瑶族自治县	Duan Yao Autonomous County	62.2	60.4	97.1
巴马瑶族自治县	Bama Yao Autonomous County	23.4	20.1	85.9
富川瑶族自治县	Fuchuan Yao Autonomous County	28.2	13.2	46.8
罗城仫佬族自治县	Luocheng Mulao Autonomous County	35.5	25.7	72.4
环江毛南族自治县	Huanjiang Maonan Autonomous County	33.4	30.7	91.7

Main Data about Autonomous Region, Autonomous Prefecture and Autonomous County (Qi) in China (1997) (3)

国内生产总值（万元）Gross Domestic Products	人均国内生产总值（元）	工农业总产值（万元）Gross Output Value of Agriculture and Industry	人均工农业总产值（元）Gross Output Value of Industry and Agriculture Per Capita	粮食总产量（吨）Grain Output	人均粮食产量（公斤）	农民人均纯收入（元）Peasant's Net Income Per Capita	财政收入 Revenue（万元）
335 238	5 933	363 800	6 439	700 182	1 239	1 500	37 821
62 762	7 214	57 700	6 632	23 359	268	2 490	7 066
153 824	3 317	196 400	4 235	581 483	1 254	1 927	6 439
87 589	3 546	118 700	4 806	195 834	793	1 198	9 684
67 966	3 884	74 500	4 257	57 071	326	1 530	4 031
209 957	4 975	202 700	4 803	183 306	434	1 544	8 835
75 076	3 608	42 100	2 023	96 085	462	1 270	4 275
41 985	1 971	46 600	2 188	80 019	376	977	3 486
107 783	2 456	132 500	3 020	131 179	299	1 230	6 439
49 559	1 998	62 400	2 516	92 702	374	904	4 231
79 102	3 164	77 200	3 088	95 947	384	1 294	8 654
98 399	2 854	128 200	3 718	160 964	467	1 752	6 440
104 736	4 203	101 000	4 053	113 701	456	1 888	7 092
78 422	2 230	77 500	2 204	120 746	343	1 265	5 589
39 189	2 666	45 100	3 068	48 239	328	1 725	16 153
38 629	3 544	43 800	4 018	60 954	559	1 753	8 037
69 119	3 600	62 600	3 260	76 099	396	2 009	12 764
72 153	4 323	60 300	3 613	58 698	352	1 866	3 963
44 958	3 090	41 500	2 852	60 311	415	1 523	2 732
102 818	2 250	88 500	1 937	127 480	279	1 318	6 276
56 373	1 676	43 700	1 299	69 463	207	1 408	3 067
23 127	676	41 200	1 205	869.9	3	1 307	12 277
75 459	1 213	65 800	1 058	58 698	94	1 257	4 345
53 375	2 281	51 100	2 184	64 194	274	1 412	5 818
126 003	4 462	119 100	4 217	120 264	426	1 986	12 116
99 567	2 805	93 000	2 620	137 010	386	1 752	6 172
116 536	3 487	146 300	4 378	132 522	397	1 545	8 018

1—23 全国民族自治区、自治州、自治县(旗)基本情况(1997年)(四)

地　区	Region	年末总人口(万人) Total Population at Year-End	#少数民族 Minority Population	少数民族占总人口% Minority Population As% of Total Population
大化瑶族自治县	Dahua Yao Autonomous County	41.3	37.7	91.3
恭城瑶族自治县	Gongcheng Yao Autonomous County	27.7	15.1	54.6
海　南	**Hainan**			
乐东黎族自治县	Ledong Li Autonomous County	46.0	17.9	38.9
琼中黎族苗族自治县	Qiongzhong Li and Miao Autonomous County	19.5	10.7	54.9
保亭黎族苗族自治县	Baoting Li and Miao Autonomous County	10.3	8.9	86.5
昌江黎族自治县	Changjiang Li Autonomous County	22.2	8.1	36.5
白沙黎族自治县	Baisha Li Autonomous County	17.0	10.0	58.8
陵水黎族自治县	Lingshui Li Autonomous County	31.2	17.1	54.8
重　庆	**Chong qing**			
秀山土家族苗族自治县	Xiushan Tujia and Miao Autonomous County	56.8	29.5	52.0
酉阳土家族苗族自治县	Youyang Tujia and Miao Autonomous County	70.2	47.0	67.0
彭水苗族土家族自治县	Pengshui Miao and Tujia Autonomous County	60.1	26.0	43.3
黔江土家族苗族自治县	Qianjiang Tujia and Miao Autonomous County	47.6	24.1	50.6
石柱土家族自治县	Shizhu Tujia Autonomous County	49.0	29.9	61.1
四　川	**Sichuan**			
木里藏族自治县	Muli Tibetan Autonomous County	12.0	9.1	75.8
峨边彝族自治县	Ebian Yi Autonomous County	14.3	4.1	29.0
马边彝族自治县	Mabian Yi Autonomous County	16.8	6.1	36.4
贵　州	**Guizhou**			
威宁彝族回族苗族自治县	Weining Yi,Hui and Miao Autonomous County	96.7	24.6	25.5
松桃苗族自治县	Songtao Miao Autonomous County	57.9	22.8	39.4
三都水族自治县	Sandu Shui Autonomous County	29.2	28.0	96.2
镇宁布依族苗族自治县	Zhenning Bouyei and Miao Autonomous County	32.8	18.0	54.9
紫云苗族布依族自治县	Ziyun Miao and Bouyei Autonomous County	31.8	18.3	57.5
关岭布依族苗族自治县	Guanling Bouyei and Miao Autonomous County	30.1	17.7	58.8
玉屏侗族自治县	Yuping Dong Autonomous County	12.8	8.4	65.6
印江土家族苗族自治县	Yinjiang Tujia and Miao Autonomous County	37.6	24.6	65.4
沿河土家族自治县	Yanhe Tujia Autonomous County	50.4	25.6	50.8

Main Data about Autonomous Region, Autonomous Prefecture and Autonomous County(Qi) in China(1997)(4)

国内生产总值（万元）Gross Domestic Products	人均国内生产总值（元）	工农业总产值（万元）Gross Output Value of Agriculture and Industry	人均工农业总产值（元）Gross Output Value of Industry and Agriculture Per Capita	粮食总产量（吨）Grain Output	人均粮食产量（公斤）	农民人均纯收入（元）Peasant's Net Income Per Capita	财政收入 Revenue（万元）
121 441	2 941	99 700	2 415	65 634	159	1 306	13 979
147 410	5 329	182 700	6 605	128 882	466	2 837	6 285
134 340	2 922	131 100	2 852	181 928	396	1 745	10 778
31 436	1 612	116 800	5 990	56 308	289	1 023	8 642
28 663	2 794	36 200	3 528	36 424	355	995	7 171
132 642	5 975	24 300	1 095	72 411	326	1 274	13 630
37 918	2 230	115 000	6 765	67 623	398	1 295	7 065
80 899	2 593	57 600	1 846	101 315	325	1 103	11 420
116 084	2 045	26 400	465	324 534	572	1 094	5 831
95 480	1 360			359 384	512	1 099	8 164
109 347	1 820	32 800	546	283 457	472	1 169	11 031
136 718	2 871			284 367	597	1 382	26 212
108 360	2 211			287 013	586	1 166	8 635
32 710	2 726	87 200	7 183	40 011	333	761	3 484
49 778	3 491			48 976	343	1 491	4 747
30 053	1 788	55 800	3 319	74 024	440	1 160	2 371
121 919	1 260			202 098	209	1 162	11 296
67 978	1 174	137 300	2 371	229 129	396	1 045	3 085
37 738	1 295	96 200	3 300	83 186	285	1 087	4 203
47 233	1 440	49 700	1 515	108 117	330	1 162	3 737
41 771	1 314	48 000	1 509	103 585	326	1 113	2 152
44 643	1 483	44 100	1 465	93 620	311	1 126	2 685
36 869	2 880	47 200	3 688	46 902	366	1 455	2 410
47 170	1 255	61 700	1 641	126 004	335	1 071	3 320
50 016	992	53 800	1 067	132 146	262	945	3 287

1—23 全国民族自治区、自治州、自治县(旗)基本情况(1997年)(五)

	地 区 Region	年末总人口(万人) Total Population at Year—End	#少数民族 Minority Population	少数民族占总人口% Minority Population As% of Total Population
贵 州	**Guizhou**			
务川仡佬族苗族自治县	Wuchuan Gelao and Miao Autonomous County	38.0	31.2	82.0
道真仡佬族苗族自治县	Daozhen Gelao and Miao Autonomous County	30.8	19.5	63.4
云 南	**Yunnan**			
峨山彝族自治县	Eshan Yi Autonomous County	14.3	9.0	62.9
澜沧拉祜族自治县	Lancang Lahu Autonomous County	45.7	35.2	77.0
江城哈尼族彝族自治县	Jiangcheng Hani and Yi Autonomous County	9.2	7.5	81.5
孟连傣族拉祜族佤族自治县	Menglian Dai, Lahu and Va Autonomous County	10.7	8.4	78.5
耿马傣族佤族自治县	Gengma Dai and Va Autonomous County	24.0	12.3	51.3
宁蒗彝族自治县	Ninglang Yi Autonomous County	22.1	17.4	78.7
贡山独龙族怒族自治县	Gongshan Dulong and Nu Autonomous County	3.4	3.2	94.1
巍山彝族回族自治县	Weishan Yi and Hui Autonomous County	29.1	12.5	43.0
路南彝族自治县	Lunan Yi Autonomous County	21.6	7.2	33.3
丽江纳西族自治县	Lijiang Naxi Autonomous County	33.8	28.1	83.1
屏边苗族自治县	Pingbian Miao Autonomous County	14.2	8.6	60.6
河口瑶族自治县	Hekou Yao Autonomous County	7.6	4.8	63.2
沧源佤族自治县	Cangyuan Va Autonomous County	15.6	14.6	93.6
西盟佤族自治县	Ximeng Va Autonomous County	8.1	7.7	95.1
南涧彝族自治县	Nanjian Yi Autonomous County	20.8	10.2	49.0
墨江哈尼族自治县	Mojiang Hani Autonomous County	35.3	25.8	73.1
寻甸回族彝族自治县	Xundian Hui and Yi Autonomous County	47.5	10.1	21.3
元江哈尼族彝族傣族自治县	Yuanjiang Hani, Yi and Dai Autonomous County	18.7	14.8	79.1
新平彝族傣族自治县	Xinping Yi and Dai Autonomous County	25.6	17.8	69.5
维西傈僳族自治县	Weixi Lisu Autonomous County	14.3	11.8	82.5
漾濞彝族自治县	Yangbi Yi Autonomous County	9.7	6.2	63.9
禄劝彝族苗族自治县	Luquan Yi and Miao Autonomous County	44.3	13.4	30.2
金平苗族瑶族傣族自治县	Jinping Miao, Yao and Dai Autonomous County	30.7	26.2	85.3

Main Data about Autonomous Region, Autonomous Prefecture and Autonomous County(Qi) in China(1997)(5)

国内生产总值（万元）Gross Domestic Products	人均国内生产总值（元）	工农业总产值（万元）Gross Output Value of Agriculture and Industry	人均工农业总产值（元）Gross Output Value of Industry and Agriculture Per Capita	粮食总产量（吨）Grain Output	人均粮食产量（公斤）	农民人均纯收入（元）Peasant's Net Income Per Capita	财政收入 Revenue（万元）
445 553	11 716	61 800	1 625	144 377	380	1 181	5 409
46 583	1 513	79 300	2 576	129 620	421	961	4 490
60 078	4 201	198 000	13 846	54 604	382	1 670	5 450
50 050	1 095	61 600	1 348	139 183	305	548	2 331
16 950	1 842	65 200	7 087	30 799	335	452	572
17 847	1 668	14 600	1 364	43 205	404	632	1 493
69 891	2 912	21 400	892	82 184	342	989	5 278
30 081	1 361	87 200	3 946	60 535	274	398	1 393
7 900	2 324	25 800	7 588	9 651	284	580	200
67 819	2 331	6 200	213	105 464	362	1 216	5 149
76 588	3 546	66 400	3 074	104 994	486	1 888	10 030
102 643	3 037	65 400	1 935	133 119	394	771	7 018
22 833	1 608	83 500	5 880	50 638	357	578	1 111
27 945	3 677	22 800	3 000	14 029	185	1 051	2 688
30 722	1 969	18 400	1 179	57 102	366	888	1 432
7 954	984	33 900	4 185	29 850	369	444	290
41 698	2 005	5 500	264	75 497	363	1 161	5 871
36 328	1 029	43 000	1 218	100 263	284	688	2 357
80 592	1 697	35 100	739	158 600	334	1 020	11 478
68 417	3 659	84 900	4 540	74 364	398	1 572	3 973
55 064	2 151	77 700	3 035	99 676	389	1 561	5 990
26 934	1 883	83 100	5 811	48 389	338	454	2 146
15 016	1 548	22 900	2 361	36 313	374	1 207	1 926
78 848	1 780	18 400	415	147 566	333	1 145	6 952
27 946	910	87 400	2 847	90 235	294	508	1 687

1—23 全国民族自治区、自治州、自治县(旗)基本情况(1997年)(六)

	地 区 Region	年末总人口(万人) Total Population at Year-End	#少数民族 Minority Population	少数民族占总人口% Minority Population As% of Total Population
云 南	**Yunnan**			
普洱哈尼族彝族自治县	Puer Hani and Yi Autonomous County	18.5	9.2	49.7
景东彝族自治县	Jingdong Yi Autonomous County	34.6	16.0	46.2
景谷傣族彝族自治县	Jinggu Dai and Yi Autonomous County	28.5	13.2	46.3
双江拉祜族佤族布朗族傣族自治县	Shuangjiang Lahu,Va, Blang and Dai Autonomous County	15.9	7.0	44.0
兰坪白族普米族自治县	Lanping Bai and Pumi Autonomous County	185.0	17.3	9.4
镇沅彝族哈尼族拉祜族自治县	Zhenyuan Yi,Hani and Lahu Autonomous County	20.1	10.4	51.7
甘 肃	**Gansu**			
天祝藏族自治县	Tianzhu Tibetan Autonomous County	21.9	7.3	33.5
肃北蒙古族自治县	Subei Mongolian Autonomous County	1.1		
东乡族自治县	Dongxiang Autonomous County	29.5	26.1	88.7
张家川回族自治县	Zhangjiachuan Hui Autonomous County	28.8	19.9	69.0
肃南裕固族自治县	Sunan Yugur Autonomous County	3.5	2.0	57.1
阿克塞哈萨克族自治县	Aksay Kazak Autonomous County	0.8		
积石山保安族东乡族撒拉族自治县	Jishishan Baoan,Dongxiang and Salar Autonomous County	21.8	11.3	51.8
青 海	**Qinghai**			
门源回族自治县	Menyuan Hui Autonomous County	14.2	7.9	55.6
互助土族自治县	Huzhu Tu Autonomous County	36.5	9.0	24.5
化隆回族自治县	Hualong Hui Autonomous County	22.1	17.2	77.9
循化撒拉族自治县	Xunhua Salar Autonomous County	11.1	10.2	92.4
河南蒙古族自治县	Henan Mongolian Autonomous County	2.7	2.6	95.6
民和回族土族自治县	Minhe Hui and Tu Autonomous County	36.1	19.5	54.0
大通回族土族自治县	Datong Hui and Tu Autonomous County	41.1	17.9	43.6
新 疆	**Xinjiang**			
焉耆回族自治县	Yanqi Hui Autonomous County	11.6	6.3	54.3
察布查尔锡伯自治县	Qapaqal Xibe Autonomous County	16.3	10.5	64.5
木垒哈萨克自治县	Mori Kazak Autonomous County	8.8	2.7	30.5
和布克赛尔蒙古自治县	Hoboksar Mongolian Autonomous County	4.9	3.1	63.8
塔什库尔干塔吉克自治县	Taxkorgan Tajik Autonomous County	2.9	2.8	96.6
巴里坤哈萨克自治县	Barkol Kazak Autonomous County	10.0	3.2	32.0

Main Data about Autonomous Region, Autonomous Prefecture and Autonomous County (Qi) in China (1997) (6)

国内生产总值（万元） Gross Domestic Products	人均国内生产总值（元）	工农业总产值（万元） Gross Output Value of Agriculture and Industry	人均工农业总产值（元） Gross Output Value of Industry and Agriculture Per Capita	粮食总产量（吨） Grain Output	人均粮食产量（公斤）	农民人均纯收入（元） Peasant's Net Income Per Capita	财政收入 Revenue（万元）
50 080	2 707	31 900	1 724	70 156	379	961	3 559
71 194	2 058	36 900	1 066	128 911	373	961	4 004
67 116	2 355	68 700	2 411	105 319	370	986	5 662
24 042	1 512	59 800	3 761	54 716	344	636	1 463
35 599	192	27 600	149	61 311	33	847	3 906
34 404	1 712	41 000	2 040	70 310	350	945	3 074
28 319	1 296	35 726	1 635	45 739	209	903	2 838
9 031	7 922	20 000	17 544	3 549	311	2 409	1 463
14 930	507	9 100	309	39 841	135	610	543
23 744	823	11 600	402	35 315	122	504	1 327
19 628	5 608	34 100	9 743	9 625	275	3 203	2 924
7 110	9 000	17 600	22 278	510	65	3 401	3 495
18 175	834	12 800	587	59 007	271	682	399
31 521	2 220	9 400	662	38 656	272		3 913
77 500	2 123	39 700	1 088	194 868	534		11 244
29 686	1 341	98 200	4 437	74 075	335		1 477
14 423	1 308	29 900	2 711	33 591	305		1 146
12 428	4 569	11 500	4 228				374
64 669	1 791	11 400	316	122 777	340		8 758
139 763	3 400	75 200	1 829	159 737	389		8 064
47 807	4 121	68 200	5 879	53 268	459	1 983	2 224
27 524	1 694	11 800	726	90 250	555	1 167	830
24 814	2 826	22 000	2 506	51 391	585	1 406	2 373
21 174	4 330	22 300	4 560	10 549	216	1 159	3 760
4 399	1 496	14 500	4 932			567	111
29 370	2 937	10 700	1 070	48 166	482	1 295	4 575

1—24 全国民族乡基本情况(1997年)

National Ethnic Town(1997)

地 区 Region	民族乡(个) Ethnic Township	#实际汇总数 Real Collected Number	年末总人口(万人) Total Population (year-end)	#少数民族人口 Minority Population	农业总产值(亿元) Gross Output Value of Agriculture	工业总产值(亿元) Gross Output Value of Industry	粮食总产量(万吨) Output of Grain Crops	财政收入(万元) Revenues	人均纯收入(元) Net Income of Peasants Surveyed
全 国 National	**1 256**	**1 207**	**1 676.7**	**1 011.9**	**382.2**	**547.9**	**2 246.7**	**213 727**	
北 京 Beijing	5	5	3.0	1.5	0.5	2.1	2.9	1 309	2 564
天 津 Tianjin	2	2	1.8	0.5	0.4	5.3	0.7	494	2 983
河 北 Hebei	54	54	25.5	31.8	24.9	53.6	49.3	6 399	2 476
内蒙古 Inner Mongolia	19	18	14.1	4.4	35.3	2.0	155.5	2 975	2 335
辽 宁 Liaoning	131	131	237.8	109.1	79.1	211.3	496.3	25 091	
吉 林 Jilin	33	31	43.7	17.9	12.9	5.1	46.7	3 768	2 028
黑龙江 Heilongjiang	69	69	97.3	42.6	47.1	57.3	193.0	10 999	2 465
江 苏 Jiangsu	1	1	2.2	0.7	1.1	3.9	1.7	482	2 298
浙 江 Zhejiang	18	18	16.3	3.6	3.6	6.0	7.7	1 451	1 709
安 徽 Anhui	8	8	13.5	4.6	3.2	12.0	12.1	995	2 013
福 建 Fujian	17	17	30.6	11.6	9.2	30.0	15.5	5 750	2 596
江 西 Jiangxi	3	3	0.7	0.3	0.2	0.2	0.2	233	1 737
山 东 Shandong	7	7	14.5	2.9	5.1	6.1	10.3	1 360	1 980
河 南 Henan	20	20	55.3	133.8	9.1	45.8	13.2	6 364	1 974
湖 北 Hubei	10	8	15.5	7.7	4.3	1.8	9.7	1 484	1 378
湖 南 Hunan	96	81	100.3	66.7	15.4	14.2	36.2	8 923	1 083
广 东 Guangdong	6	6	5.5	2.7	1.7	0.8	2.7	442	1 753
广 西 Cuangxi	62	62	92.2	68.7	17.6	26.6	28.7	5 149	
海 南 Hainan	12	12	12.4	8.8	4.6	1.3	5.5	1 671	1 395
重 庆 Chongqing	1	1	0.4	0.1	0.1			26	756
四 川 Sichuan	106	77	40.0	14.0	4.5	5.1	17.6	3 396	786
贵 州 Guizhou	254	254	440.6	233.5	44.0	30.4	143.8	27 339	981
云 南 Yunnan	197	197	326.4	189.4	48.0	19.3	115.2	4 481	816
西 藏 Tibet	8	8							
陕 西 Shanxi	3	3	2.7	1.0	0.2		791.5	84	795
甘 肃 Gansu	38	38	23.8	16.4	3.0	5.3	9.2	85 689	
青 海 Qinghai	34	34	34.8	17.7	1.1	0.3	12.5	4 234	809
新 疆 Xinjiang	42	42	25.6	19.8	5.7	2.1	69.1	3 140	1 429

主要统计指标解释

国内生产总值 是按市场价格计算的国内生产总值的简称。它是一个国家(地区)所有常驻单位在一定时期内生产活动的最终成果。国内生产总值有三种表现形态:即价值形态、收入形态和产品形态。从价值形态看,它是所有常驻单位在一定时期内所生产的全部货物和服务价值超过同期投入的全部非固定资产货物和服务价值的差额,即所有常驻单位的增加值之和;从收入形态看,它是所有常驻单位在一定时期内所创造并分配给常驻单位和非常驻单位的初次分配收入之和;从产品形态看,它是最终使用的货物和服务减去进口货物和服务。在实际核算中,国内生产总值的三种表现形态表现为三种计算方法,即生产法、收入法和支出法。三种方法分别从不同的方面反映国内生产总值及其构成。

国民生产总值 是按市场价格计算的国民生产总值的简称。它是一个国家所有常驻单位在一定时期内收入初次分配的最终成果。一国常驻单位从事生产活动所创造的增加值在初次分配过程中主要分配给该国的常驻单位,但也有一部分以劳动者报酬和财产收入等形式分配给该国的非常驻单位,同时,国外生产所创造的增加值也有一部分以劳动者报酬和财产收入等形式分配给该国的常驻单位从而产生了国民生产总值概念,它等于国内生产总值加上来自国外的劳动者报酬和财产收入减去付给国外的劳动者报酬和财产收入。与国内生产总值不同,国内生产总值是一个生产概念,而国民生产总值则是个收入概念。

国民生产总值同社会总产值、国民收入的区别,从核算范围看,社会总产值和国民收入都只计算物质生产部门的劳动成果,而国民生产总值除计算物质生产部门劳动成果外,还计算非物质生产部门的劳动成果。从这三个指标的价值构成看,社会总产值计算了社会产品的全部价值;国民生产总值计算在生产产品和提供劳务过程中增加的价值,即增加值,不计算中间产品和中间劳务投入的价值;而国民收入除了不计算中间产品价值外,还不包括固定资产折旧价值,即只计算净产值。

当年价格 指报告期的实际价格,如工厂的出厂价格,农产品的收购价格,商业的零售价格等。使用当年价格计算的数字,是为了使国民经济各项指标互相衔接,便于考察当年社会经济效益,便于对生产和流通、生产和分配、生产和消费进行经济核算和综合平衡。

按当年价格计算的价值指标,在不同年份之间进行对比时,因为包含有各年间价格变动的因素,不能确切地反映实物量的增减变动。必须消除价格变动因素后,才能真实反映经济发展动态。因此,在计算增长速度时都使用按可比价格计算的数字。

不变价格 指用同类产品的年平均价格作为固定价格,来计算各年产品价值。按不变价格计算的产品价值消除了价格变动因素,不同时期对比可以反映生产的发展速度。新中国成立后,随着工农业产品价格水平的变化,国家统计局先后五次制定了全国统一的工业产品不变价格和农业产品不变价格,从 1949 年到 1957 年使用 1952 年工(农)业产品不变价格,从 1957 年到 1971 年使用 1957 年不变价格,从 1971 年到 1981 年使用 1970 年不变价格,从 1981 年到 1990 年使用 1980 年不变价格,从 1990 年开始使用1990年不变价格。

平均每年增长速度　在我国计算平均增长速度有两种方法，一种是习惯上经常使用的“水平法”，又称几何平均法，是以间隔期最后一年的水平同基期水平对比来计算平均每年增长(或下降)速度。另一种是“累计法”，又称代数平均法或方程法，是以间隔期内各年水平的总和同基期水平对比来计算平均每年增长(或下降)速度。

在一般正常情况下，两种方法计算的平均每年增长速度比较接近，但在经济发展不平衡，出现大起大落时，两种方法计算的结果差别较大。

本《年鉴》内所列的平均每年增长速度，除固定资产投资是用“累计法”计算以外，其余均用“水平法”计算。从某年到某年平均增长速度的年份，均不包括基期年在内。如建国43年的平均增长速度是以1949年为基期计算的，则写为1950—1992年平均增长速度，余此类推。

国有经济单位　指生产资料归国家所有的各种企业、事业单位，以及各级国家机关、人民团体等单位。

集体经济单位　指生产资料归公民集体所有的各种企业、事业单位。包括农村各种经济组织经营的农、林、牧、副、渔业，乡、村经营的企业、事业单位；城市、县、镇以及街道举办的集体经济性质的企业、事业单位。

三次产业　根据社会生产活动历史发展的顺序对产业结构的划分，产品直接取自自然界的部门称为第一产业，对初级产品进行再加工的部门称为第二产业，为生产和消费提供各种服务的部门称为第三产业。它是世界上通用的产业结构分类，但各国的划分不一致，我国的三次产业划分是：

第一产业：农业(包括种植业、林业、牧业、副业和渔业)。

第二产业：工业(包括采掘工业、制造业、自来水、电力、蒸气、热水、煤气)和建筑业。

第三产业：除第一、第二产业以外的其他各业。由于第三产业包括的行业多、范围广，根据我国的实际情况，第三产业可分为两大部门，一是流通部门，二是服务部门。具体又可分为四个层次。

第一层次：流通部门，包括交通运输业、邮电通讯业、商业、饮食业、物资供销和仓储业。

第二层次：为生产和生活服务的部门，包括金融、保险业，地质普查业，房地产、公用事业，居民服务业，咨询服务业和综合技术服务业，农、林、牧、渔、水利服务业和水利业，公路、内河(湖)航道养护业等。

第三层次：为提高科学文化水平和居民素质服务的部门，包括教育、文化、广播电视、科学研究、卫生、体育和社会福利事业等。

第四层次：为社会公共需要服务的部门，包括国家机关、政党机关、社会团体，以及军队和警察等。

二、人口、从业人员

POPULATION AND EMPLOYMENT STAFF

2—1 全国少数民族人口(一)

Population of China's Ethnics (1)

单位:人 (person)

民 族 Ethnic	历 次 普 查 人 口 数 Census			
	1953 年	1964 年	1982 年	1990 年
全国总计 Total	**577 856 141**	**691 220 104**	**1 003 913 927**	**1 130 510 638**
汉 族 Han	542 824 056	651 296 368	936 674 944	1 039 187 548
少数民族合计 Total Minority Population	**34 013 782**	**39 883 909**	**66 434 341**	**90 567 245**
少数民族占全国比重(%) As% of Total Population	5.89	5.77	6.62	8.01
蒙古族 Mongolian	1 451 035	1 965 766	3 411 367	4 802 407
回 族 Hui	3 530 498	4 473 147	7 228 398	8 612 001
藏 族 Tibetan	2 753 081	2 501 174	3 847 875	4 593 072
维吾尔族 Uygur	3 610 462	3 996 311	5 963 491	7 207 024
苗 族 Miao	2 490 874	2 782 088	5 021 175	7 383 622
彝 族 Yi	3 227 750	3 380 960	5 453 564	6 578 524
壮 族 Zhuang	6 864 585	8 386 140	13 383 086	15 555 820
布依族 Bouyei	1 237 714	1 348 055	2 119 345	2 548 294
朝鲜族 Korean	1 111 275	1 339 569	1 765 204	1 923 361
满 族 Manchu	2 399 228	2 695 675	4 304 981	9 846 776
侗 族 Dong	712 802	836 123	1 426 400	2 508 624
瑶 族 Yao	665 933	857 265	1 411 967	2 137 033
白 族 Bai	567 119	706 623	1 132 224	1 598 052
土家族 Tujia		524 755	2 836 814	5 725 049
哈尼族 Hani	481 220	628 727	1 058 806	1 254 800
哈萨克族 Kazak	509 375	491 637	907 546	1 110 758
傣 族 Dai	478 966	535 389	839 496	1 025 402
黎 族 Li	360 950	438 813	887 107	1 112 498
傈僳族 Lisu	317 465	270 628	481 884	574 589
佤 族 Va	286 158	200 272	298 611	351 980
畲 族 She		234 167	371 965	634 700
高山族 Gaoshan	329	366	1 650	2 877
拉祜族 Lahu	139 060	191 241	304 256	411 545
水 族 Shui	133 566	156 099	286 908	347 116
东乡族 Dongxiang	155 761	147 443	279 523	373 669
纳西族 Naxi	143 453	156 796	251 592	277 750
景颇族 Jingpo	101 852	57 762	92 976	119 276

注:1. 各年度人口数均为中国大陆人口普查数,不包括现役军人。

2. 少数民族人口合计数中不包括其他未识别的民族人口和外国人加入中国籍人口数。

3. 1982 年人口数未包括西藏间接调查的 28 601 人,据有关资料计算,如包括间接调查人口数,1982 年门巴族约为 624 人,珞巴族约为 2 065 人。

2-1 全国少数民族人口(二)

Population of China's Ethnics (2)

单位:人 (person)

民族 Ethnic	历次普查人口数 Census			
	1953年	1964年	1982年	1990年
柯尔克孜族 Kirgiz	70 944	70 151	113 386	143 537
土 族 Tu	53 277	77 349	159 632	192 568
达斡尔族 Daur		63 394	94 126	121 463
仫佬族 Mulao		52 819	90 357	160 648
羌 族 Qiang	35 660	49 105	102 815	198 303
布朗族 Blang		39 411	58 473	82 398
撒拉族 Salar	30 658	34 664	69 135	87 546
毛南族 Maonan		22 382	38 159	72 370
仡佬族 Gelao		26 852	54 164	438 192
锡伯族 Xibe	19 022	33 438	83 683	172 932
阿昌族 Achang		12 032	20 433	27 718
普米族 Pumi		14 298	24 238	29 721
塔吉克族 Tajik	14 462	16 236	26 600	33 223
怒 族 Nu		15 047	22 896	27 190
乌孜别克族 Uzbek	13 626	7 717	12 213	14 763
俄罗斯族 Russian	22 656	1 326	2 917	13 500
鄂温克族 Ewenki	4 957	9 681	19 398	26 379
德昂族 De'ang		7 261	12 297	15 461
保安族 Baoan	4 957	5 125	9 017	11 683
裕固族 Yugur	3 861	5 717	10 568	12 293
京 族 Jing		4 293	13 108	18 749
塔塔尔族 Tatar	6 929	2 294	4 122	5 064
独龙族 Dulong		3 090	4 633	5 825
鄂伦春族 Oroqen	2 262	2 709	4 103	7 004
赫哲族 Hezhe		718	1 489	4 254
门巴族 Monba		3 809	1 140	7 498
珞巴族 Lhoba			1 066	2 322
基诺族 Jino			11 962	18 022
其他未识别民族 Unknown Ethnics	1 017 299	32 411	799 705	752 347
外国人加入中国籍 Foreigner with Chinese citizen-ship	1 004	7 416	4 937	3 498

2—2 历次人口普查少数民族人口的分布情况(一)

Geographic Distribution of Ethnic Population in Overall National Census(1)

单位:人 (person)

地 区 Region	1953年 绝对数 Total Minority Population	1953年 占该地区总人口的比重(%) As%of Total Population	1953年 占全国少数民族人口的比重(%) As% of Total Minority Population in Country	1964年 绝对数 Total Minority Population	1964年 占该地区总人口的比重(%) As % of Total Population	1964年 占全国少数民族人口的比重(%) As %of Total Minority Population in Country
全 国 Total	**34 013 782**	**5.89**	**100**	**39 883 909**	**5.77**	**100**
北 京 Beijing	168 404	6.08	0.50	283 524	3.75	0.71
天 津 Tianjin	79 857	2.96	0.23	115 613	2.70	0.29
河 北 Hebei	715 752	1.75	2.10	621 926	1.50	1.56
山 西 Shanxi	20 316	0.14	0.06	40 100	0.22	0.10
内蒙古 Inner Mongolia	959 336	15.73	2.82	1 604 756	13.00	4.02
辽 宁 Liaoning	1 482 619	8.07	4.36	1 858 900	6.90	4.66
吉 林 Jilin	1 193 237	10.67	3.51	1 342 170	8.57	3.37
黑龙江 Heilongjiang	944 328	7.98	2.78	1 087 045	5.40	2.73
上 海 Shanghai	31 461	0.51	0.90	43 591	0.40	0.11
江 苏 Jiangsu	66 362	0.16	0.20	83 002	9.19	0.21
浙 江 Zhejiang	30 854	0.14	0.09	106 411	0.38	0.27
安 徽 Anhui	133 801	0.45	0.39	155 256	0.50	0.39
福 建 Fujian	19 979	0.15	0.06	147 017	0.88	0.37
江 西 Jiangxi	2 001	0.01	0.01	9 300	0.04	0.02
山 东 Shandong	252 506	0.52	0.74	294 643	0.53	0.74
河 南 Henan	405 715	0.93	1.19	517 195	1.03	1.30
湖 北 Hubei	35 434	0.13	0.10	183 035	0.54	0.46
湖 南 Hunan	586 737	1.78	1.72	1 275 719	3.43	3.20
广 东 Guangdong	430 279	1.25	1.27	747 181	1.75	1.87
广 西 Guangxi	7 337 944	37.51	21.57	8 553 300	41.03	21.45
海 南 Hainan						
四 川 Sichuan	2 022 315	3.11	5.95	1 728 955	2.54	4.33
贵 州 Guizhou	3 562 493	23.69	10.47	4 009 683	23.39	10.05
云 南 Yunnan	5 411 883	31.59	15.91	6 384 114	31.13	16.01
西 藏 Tibet	1 273 969	100.00	3.75	1 213 796	97.01	3.04
陕 西 Shaanxi	56 272	0.36	0.17	93 978	0.45	0.24
甘 肃 Gansu	1 486 775	11.71	4.37	955 396	7.56	2.40
青 海 Qinghai	854 136	50.95	20.51	829 318	38.65	2.18
宁 夏 Ningxia				650 366	30.86	1.63
新 疆 Xinjiang	4 449 017	93.01	13.08	4 948 619	68.07	12.41

2－2 历次人口普查少数民族人口的分布情况(二)

Geographic Distribution of Ethnic Population in Overall National Census (2)

单位:人 (person)

地　区 Region	1982年 绝对数 Total Minority Population	1982年 占该地区总人口的比重(%) As %of Total Population	1982年 占全国少数民族人口的比重(%) As % of Total Minority Population in Country	1990年 绝对数 Total Minority Population	1990年 占该地区总人口的比重(%) As % of Total Population	1990年 占全国少数民族人口的比重(%) As %of Total Minority Population in Country
全国总计 Total	**66 434 341**	**6.62**	**100**	**90 567 245**	**8.01**	**100**
北　京 Beijing	322 320	3.49	0.49	413 937	3.83	0.46
天　津 Tianjin	164 241	2.12	0.25	202 642	2.31	0.22
河　北 Hebei	853 275	1.61	1.28	2 408 876	3.94	2.66
山　西 Shanxi	63 760	0.25	0.10	82 061	0.29	0.09
内蒙古 Inner Mongolia	2 996 477	15.55	4.51	4 166 260	19.42	4.60
辽　宁 Liaoning	2 909 615	8.15	4.38	6 165 508	15.62	6.81
吉　林 Jilin	1 829 555	8.11	2.75	2 525 212	10.24	2.79
黑龙江 Heilongjiang	1 613 043	4.94	2.43	1 997 934	5.67	2.21
上　海 Shanghai	49 748	0.42	0.07	62 171	0.47	0.07
江　苏 Jiangsu	110 559	0.18	0.17	153 060	0.23	0.17
浙　江 Zhejiang	161 546	0.42	0.24	212 582	0.51	0.23
安　徽 Anhui	261 760	0.53	0.39	324 227	0.58	0.36
福　建 Fujian	250 449	0.97	0.38	465 995	1.55	0.51
江　西 Jiangxi	22 052	0.07	0.03	101 144	0.27	0.11
山　东 Shandong	407 849	0.55	0.61	505 694	0.60	0.56
河　南 Henan	799 338	1.07	1.20	1 008 972	1.18	1.11
湖　北 Hubei	1 778 494	3.72	2.68	2 140 488	3.97	2.36
湖　南 Hunan	2 201 087	4.08	3.31	4 823 649	7.95	5.33
广　东 Guangdong	1 057 527	1.78	1.59	354 625	0.56	0.39
广　西 Guangxi	13 933 250	38.26	20.97	16 577 113	39.24	18.30
海　南 Hainan				1 114 803	17.00	1.23
四　川 Sichuan	3 660 402	3.67	5.51	4 889 295	4.56	5.40
贵　州 Guizhou	6 675 360	23.38	10.05	10 504 828	32.43	11.60
云　南 Yunnan	10 277 069	31.57	15.47	12 351 834	33.41	13.64
西　藏 Tibet	1 769 935	94.97	2.66	2 112 168	96.18	2.33
陕　西 Shaanxi	133 098	0.46	2.20	156 403	0.48	0.17
甘　肃 Gansu	1 555 186	7.95	2.34	1 857 467	8.30	2.05
青　海 Qinghai	1 535 774	39.42	2.31	1 878 028	42.14	2.07
宁　夏 Ningxia	1 244 238	31.94	1.87	1 549 067	33.27	1.71
新　疆 Xinjiang	7 797 344	59.61	11.74	9 961 202	62.42	10.45

2—3 全国少数民族分布的主要地区(一)

Major Geographic Distribution of China's Ethnics(1)

民族	Ethnic	分布的主要地区	Major Region by Geographic Distribution
蒙古族	Mongolian	内蒙古、辽宁、吉林、河北、黑龙江、新疆	Inner Mongolia, Liaoning, Jilin, Hebei, Heilongjiang, and Xinjiang
回族	Hui	宁夏、甘肃、河南、新疆、青海、云南、河北、山东、安徽、辽宁、北京、内蒙古、天津、黑龙江、陕西、贵州、吉林、江苏、四川	Ningxia, Gansu, Henan, Xinjiang, Qinghai, Yunnan, Hebei, Shandong, Anhui, Liaoning, Beijing, Inner Mongolia, Tianjin, Heilongjiang, Shaanxi, Guizhou, Jilin, Jiangsu and Sichuan
藏族	Tibetan	西藏、四川、青海、甘肃、云南	Tibet, Sichuan, Qinghai, Gansu and Yunnan
维吾尔族	Uygur	新疆	Xinjiang
苗族	Miao	贵州、湖南、云南、广西、重庆、湖北、四川	Guizhou, Hunan, Yunnan, Guangxi Chongqing, Hubei and Sichuan
彝族	Yi	云南、四川、贵州	Yunnan, Sichuan and Guizhou
壮族	Zhuang	广西、云南、广东	Guangxi, Yunnan and Guangdong
布依族	Bouyei	贵州	Guizhou
朝鲜族	Korean	吉林、黑龙江、辽宁	Jilin, Heilongjiang and Liaoning
满族	Manchu	辽宁、河北、黑龙江、吉林、内蒙古、北京	Liaoning, Hebei, Heilongjiang, Jilin Inner Mongolia and Beijing
侗族	Dong	贵州、湖南、广西	Guizhou, Hunan and Guangxi
瑶族	Yao	广西、湖南、云南、广东	Guangxi, Hunan, Yunnan and Guangdong
白族	Bai	云南、贵州、湖南	Yunnan, Guizhou and Hunan
土家族	Tujia	湖南、湖北、重庆、贵州	Hunan, Hubei, Chongqing and Guizhou
哈尼族	Hani	云南	Yunnan
哈萨克族	Kazak	新疆	Xinjiang
傣族	Dai	云南	Yunnan
黎族	Li	海南	Hainan
傈僳族	Lisu	云南、四川	Yunnan and Sichuan
佤族	Va	云南	Yunnan
畲族	She	福建、浙江、江西、广东	Fujian, Zhejiang, Jiangxi and Guangdong
高山族	Gaoshan	台湾、福建	Taiwan and Fujian
拉祜族	Lahu	云南	Yunnan
水族	Shui	贵州、广西	Guizhou and Guangxi

2—3 全国少数民族分布的主要地区(二)

Major Geographic Distribution of China's Ethnics(2)

民族 Ethnic		分布的主要地区 Major Region by Geographic Distribution	
东乡族	Dongxiang	甘肃、新疆	Gansu and Xinjiang
纳西族	Naxi	云南	Yunnan
景颇族	Jingpo	云南	Yunnan
柯尔克孜族	Kirgiz	新疆	Xinjiang
土　族	Tu	青海、甘肃	Qinghai and Gansu
达斡尔族	Daur	内蒙古、黑龙江	Inner Mongolia and Heilongjiang
仫佬族	Mulao	广西	Guangxi
羌　族	Qiang	四川	Sichan
布朗族	Blang	云南	Yunnan
撒拉族	Salar	青海	Qinghai
毛南族	Maonan	广西	Guangxi
仡佬族	Gelao	贵州	Guizhou
锡伯族	Xibe	辽宁、新疆	Liaoning and Xinjiang
阿昌族	Achang	云南	Yunnan
普米族	Pumi	云南	Yunnan
塔吉克族	Tajik	新疆	Xinjiang
怒　族	Nu	云南	Yunnan
乌孜别克族	Uzbek	新疆	Xinjiang
俄罗斯族	Russian	新疆、黑龙江	Xinjiang and Heilongjiang
鄂温克族	Ewenki	内蒙古	Inner Mongolia
德昂族	De'ang	云南	Yunnan
保安族	Baoan	甘肃	Gansu
裕固族	Yugur	甘肃	Gansu
京　族	Jing	广西	Guangxi
塔塔尔族	Tatar	新疆	Xinjiang
独龙族	Dulong	云南	Yunnan
鄂伦春族	Oroqen	黑龙江、内蒙古	Heilongjiang and Inner Mongolia
赫哲族	Hezhe	黑龙江	Heilongjiang
门巴族	Monba	西藏	Tibet
珞巴族	Lhoba	西藏	Tibet
基诺族	Jinuo	云南	Yunnan

2—4 全国分地区年末总人口(1997年)

Total Population at the End of Year by Region(1997)

单位:人 (person)

地区 Region	总人口 Population 合计 Total	男 Male	女 Female	总户数(户) Households	平均每户人数 Average Persons Per Household	占全国总人口比重(%) The Proportion of Population As a Whole
全　国 Total	**1 205 826 819**	**621 388 518**	**584 438 301**	**326 634 142**	**3.69**	**100.00**
北　京 Beijing	10 922 790	5 541 704	5 381 086	3 756 931	2.91	0.91
天　津 Tianjin	9 051 132	4 586 167	4 464 965	2 841 523	3.19	0.75
河　北 Hebei	65 081 086	33 192 244	31 888 842	17 081 304	3.66	5.40
山　西 Shanxi	30 912 873	16 104 780	14 808 093	8 474 834	3.65	2.56
内蒙古 Inner Mongolia	22 885 219	11 882 071	11 003 148	6 188 899	3.70	1.90
辽　宁 Liaoning	40 771 374	20 769 139	20 002 235	12 558 390	3.25	3.38
吉　林 Jilin	26 001 455	13 246 259	12 755 196	7 230 244	3.60	2.16
黑龙江 Heilongjiang	36 285 310	18 527 897	17 757 413	10 065 011	3.61	3.01
上　海 Shanghai	13 054 624	6 579 337	6 475 287	4 614 016	2.83	1.08
江　苏 Jiangsu	69 483 569	35 370 354	34 113 215	21 468 690	3.24	5.76
浙　江 Zhejiang	44 222 842	22 828 487	21 394 355	13 697 936	3.23	3.67
安　徽 Anhui	61 092 170	31 709 154	29 383 016	15 923 201	3.84	5.07
福　建 Fujian	32 371 346	16 719 750	15 651 596	7 880 342	4.11	2.68
江　西 Jiangxi	40 259 933	20 884 412	19 375 521	9 784 924	4.11	3.34
山　东 Shandong	88 097 093	44 824 543	43 272 550	25 274 368	3.49	7.31
河　南 Henan	92 927 248	47 764 820	45 162 428	23 415 606	3.97	7.71
湖　北 Hubei	58 388 283	30 140 698	28 247 585	15 292 757	3.82	4.84
湖　南 Hunan	64 441 198	33 475 266	30 965 932	17 891 627	3.60	5.34
广　东 Guangdong	70 137 262	36 203 193	33 934 069	17 212 873	4.07	5.82
广　西 Guangxi	45 884 923	23 978 717	21 906 206	10 686 040	4.29	3.81
海　南 Hainan	7 245 289	3 793 627	3 451 662	1 748 386	4.14	0.60
重　庆 Chongqing	30 429 164	15 881 011	14 548 153	8 977 752	3.39	2.52
四　川 Sichuan	82 646 965	42 914 069	39 732 896	23 674 519	3.49	6.85
贵　州 Guizhou	34 954 954	18 093 772	16 861 182	8 512 906	4.11	2.90
云　南 Yunnan	39 445 923	20 357 093	19 088 830	9 654 900	4.09	3.27
西　藏 Tibet	2 427 357	1 209 008	1 218 349	454 157	5.34	0.20
陕　西 Shaanxi	34 826 766	18 206 770	16 619 996	9 060 835	3.84	2.89
甘　肃 Gansu	24 566 387	12 731 081	11 835 306	5 796 515	4.24	2.04
青　海 Qinghai	4 664 812	2 388 139	2 276 673	1 055 635	4.42	0.39
宁　夏 Ningxia	5 289 401	2 717 756	2 571 645	1 271 075	4.16	0.44
新　疆 Xinjiang	17 058 071	8 767 200	8 290 871	4 367 946	3.91	1.41

注:本表为公安部年报数。

2—5 民族自治地方年末总人口及构成

The Composition and Overall Population at the End of Year of Minority National Autonomous Areas

单位:万人 (10 000 persons)

年份 Year	民族自治地方总人口 Total Population	农业人口 Agriculture	非农业人口 Non-agriculture	#少数民族人口 Total Population of Minority Nationalities	比重(以自治地方总人口为100) Proportion (Total Population in Minority National Autonomous Areas=100) 农业人口 Agriculture	非农业人口 Non—agriculture	少数民族人口占民族自治地方总人口的% Population of Minority Nationality As Percentage of Total Population in Minority National Autonomous Areas
1952	5 600.95	4 967.73	633.22		88.59	11.31	
1957	6 464.90	5 663.04	801.86		87.60	12.40	
1965	7 739.20	6 618.05	1 121.15		85.51	14.49	
1975	10 441.43	8 873.60	1 567.83		84.98	15.02	
1978	11 077.22	9 376.34	1 700.88	4 342.36	84.65	15.35	39.2
1979	11 333.94	9 534.45	1 799.49		84.12	15.88	
1980	11 586.35	9 717.60	1 868.75	4 714.31	83.87	16.13	40.7
1981	11 767.29	9 864.52	1 902.77		83.83	16.17	
1982	12 127.26	10 161.43	1 965.83	5 007.50	83.79	16.21	41.3
1983	12 659.05	10 601.55	2 057.50	5 339.10	83.75	16.25	42.2
1984	12 899.98	10 769.19	2 130.79	5 491.20	83.48	16.52	42.6
1985	13 547.71	11 263.66	2 284.05	5 852.87	83.14	16.86	43.2
1986	13 927.03	11 567.63	2 359.40	6 072.23	83.06	16.94	43.6
1987	14 246.65	11 794.22	2 254.43	6 252.58	82.79	17.21	43.9
1988	14 579.84	12 037.74	2 542.10	6 442.79	82.56	17.44	44.2
1989	15 060.57	12 382.47	2 678.10	6 688.63	82.22	17.78	44.4
1990	15 295.71	12 580.41	2 715.30	6 879.58	82.24	17.76	45.0
1991	15 462.71	12 660.58	2 802.13	7 044.32	81.88	18.12	45.6
1992	15 630.06	12 768.95	2 861.11	7 125.20	81.69	18.31	45.6
1993	15 776.06	12 808.13	2 967.93	7 179.08	81.49	18.51	45.5
1994	15 974.68	12 890.12	3 084.56	7 286.83	80.69	19.31	45.6
1995	16 044.41	12 878.06	3 166.35	7 232.13	80.27	19.73	45.1
1996	16 230.41	12 941.79	3 288.72	7 393.99	79.74	20.26	45.6
1997	16 407.92	13 054.47	3 353.45	7 451.12	79.56	20.44	45.4

注:本表未扣除区域变动因素,年度之间不可比。下同。

2—6 民族自治地方分地区年末总人口及构成(1997年)

Population and Composition at the End of Year by Region of Minority National Autonomous Areas(1997)

单位:万人　　(10 000 persons)

地区 Region	总人口 Total Population	#少数民族人口 Minority Population	少数民族占人口的% As% of National Total	按市县分 By Urban and County: 市总人口 City	县总人口 County	按农业非农业分 By Agriculture and Non—agriculture: 农业人口 Agriculture	非农业人口 Non—agriculture
合计 Total	**16 407.9**	**7 451.1**	**45.4**	**4 170.1**	**12 237.9**	**13 054.5**	**3 353.5**
河北 Hebei	188.6	107.9	57.2		188.6	169.7	18.9
内蒙古 Inner Mongolia	2 325.7	474.4	20.4	905.6	1 420.1	1 549.6	776.1
辽宁 Liaoning	334.3	123.0	36.8		334.3	259.8	74.5
吉林 Jilin	330.0	115.6	35.0	170.0	160.0	172.8	157.2
黑龙江 Heilongjiang	24.7	5.2	21.1		24.7	18.3	6.4
浙江 Zhejiang	17.5	1.7	9.7		17.5	16.0	1.5
湖北 Hubei	440.2	200.7	45.6	157.9	282.3	390.9	49.3
湖南 Hunan	545.7	375.7	68.8	26.1	519.6	465.4	80.3
广东 Guangdong	44.8	17.0	37.9		44.8	36.1	8.7
广西 Guangxi	4 588.5	1 764.0	38.4	1 346.0	3 242.5	3 793.5	795.0
海南 Hainan	146.2	72.7	49.7		146.2	118.8	27.4
重庆 Chongqing	283.7	156.6	55.2		283.7	257.0	26.7
四川 Sichuan	584.6	316.7	54.2	53.1	531.5	508.0	76.6
贵州 Guizhou	1 440.4	809.0	56.2	179.9	1 260.4	1 310.7	129.7
云南 Yunnan	2 021.4	1 088.9	53.9	235.4	1 786.0	1 777.8	243.6
西藏 Tibet	242.7	235.8	97.1	22.6	220.2	209.1	33.6
甘肃 Gansu	302.9	171.0	56.5	31.0	271.9	268.1	34.8
青海 Qinghai	299.2	174.7	58.4	14.1	285.1	237.7	61.5
宁夏 Ningxia	528.9	182.4	34.5	167.4	361.5	382.2	146.7
新疆 Xinjiang	1 718.0	1 058.0	61.6	861.0	857.0	1 113.0	605.0

2—7 民族自治地方年末从业人员

Social Labor at the End of Year of Minority National Autonomous Areas

单位:万人 (10 000 persons)

年份 Year	合计 Total	国有经济 State—Owned	集体经济 Collective—Owned	其他经济 Other	城镇个体从业人员 Urban Individual Labors	乡村从业人员 Rural Labor Force
1965	3 285.28	444.14	50.96			2 790.18
1978	4 359.67	814.60	118.86			3 426.22
1980	4 745.67	889.85	165.47			3 690.35
1981	4 816.16	923.84	174.58		14.36	3 703.38
1982	5 203.18	956.02	185.69		20.23	4 041.24
1983	5 511.64	1 001.88	192.83		35.24	4 281.69
1984	5 717.66	987.11	233.50		54.70	4 442.35
1985	5 965.34	1 022.31	243.55		77.33	4 622.15
1986	6 186.55	1 098.13	256.46		86.07	4 745.89
1987	6 489.21	1 138.36	258.43		93.47	4 998.95
1988	6 831.57	1 173.16	263.63		113.82	5 280.96
1989	7 071.31	1 228.86	269.59	4.40	98.13	5 471.33
1990	7 293.78	1 381.23	270.88	3.94	97.81	5 652.58
1991	7 404.84	1 310.59	276.74	5.41	111.42	5 700.67
1992	7 575.93	1 345.34	278.05	7.12	120.92	5 824.50
1993	7 761.69	1 339.20	262.22	17.65	131.23	6 011.39
1994	7 916.74	1 381.23	242.55	33.48	142.47	6 117.01
1995	7 869.52	1 365.19	231.04	79.01		6 194.38
1996	7 771.85	1 361.10	217.34	42.27		6 150.33
1997	8 047.18	1 392.67	247.71	49.10		6 357.70

2—8 民族自治地方年末从业人员构成

The Composition of Social Labor at the End of Year of Minority National Autonomous Areas

单位:%

年份 Year	合计 Total	国有经济 State—Owned	集体经济 Collective—Owned	其他经济 Other	城镇个体从业人员 Urban Individual Labors	乡村从业人员 Rural Labor Force
1965	100	13.52	1.55			84.93
1978	100	18.68	2.73			78.59
1980	100	18.75	3.49			77.76
1981	100	19.18	3.49		3.30	76.89
1982	100	18.37	3.57		0.39	77.67
1983	100	18.18	3.50		0.64	77.68
1984	100	17.26	4.08		0.96	77.70
1985	100	17.14	4.08		1.30	77.48
1986	100	17.75	4.15		1.39	76.71
1987	100	17.54	3.98		1.44	77.04
1988	100	17.17	3.86		1.67	77.30
1989	100	17.36	3.81	0.06	1.39	77.38
1990	100	17.39	3.71	0.06	1.34	77.50
1991	100	17.70	3.74	0.07	1.50	76.99
1992	100	17.76	3.67	0.09	1.60	76.88
1993	100	17.25	3.38	0.23	1.69	77.45
1994	100	17.45	3.06	0.42	1.80	77.27
1995	100	17.35	2.98	1.00		78.71
1996	100	17.51	2.80	0.54		79.14
1997	100	17.31	3.08	0.61		79.00

2—9 民族自治地方分地区年末从业人员(1997 年)

Employment by Urban and Rural at the End of Year by Region of Minority National Autonomous Areas(1997)

(按城乡分)

单位:万人 (10 000 persons)

地 区 Region	城镇从业人员 Staff and Workers	国有经济 State—Owned Units	集体经济 Collective Units	其他经济 Other Units	乡村劳动者 Rural Labor Force
合 计 Total	**1 689.5**	**1 392.7**	**247.7**	**49.1**	**6 357.7**
河 北 Hebei	10.4	8.4	1.5	0.5	79.1
内蒙古 Inner Mongolia	370.1	297.7	59.8	12.6	605.4
辽 宁 Liaoning	28.4	21.0	7.0	0.5	85.1
吉 林 Jilin	68.9	53.6	11.5	3.8	66.6
黑龙江 Heilongjiang	2.6	2.2	0.4		5.3
浙 江 Zhejiang	1.0	0.8	0.2	0.01	7.3
湖 北 Hubei	24.1	21.0	2.7	0.4	186.3
湖 南 Hunan	111.0	83.4	27.1	0.5	250.7
广 东 Guangdong	4.3	3.1	0.5	0.7	18.2
广 西 Guangxi	340.2	281.0	42.6	16.6	2 032.3
海 南 Hainan	10.5	9.5	1.0		45.6
重 庆 Chongqing	12.9	10.8	1.9	0.3	130.3
四 川 Sichuan	44.0	38.1	4.0	2.0	285.8
贵 州 Guizhou	59.0	51.4	7.0	0.6	739.8
云 南 Yunnan	133.6	114.9	15.8	2.9	990.0
西 藏 Tibet	18.3	17.0	1.2	0.1	97.7
甘 肃 Gansu	41.9	15.6	26.2	0.1	123.2
青 海 Qinghai	23.9	21.9	1.5	0.6	97.5
宁 夏 Ningxia	73.6	63.0	8.7	1.9	176.6
新 疆 Xinjiang	310.7	278.5	27.2	5.0	334.9

主要统计指标解释

人口数　指一定时点、一定地区范围内的有生命的个人的总和。

年度统计的年末人口数是指每年 12 月 31 日 24 时的人口数。年度统计的全国人口总数内未包括台湾省和港澳同胞以及海外华侨人数。

市　是指经国家批准成立“市”建制的城市。

人口自然增长率　指在一定时期内(通常为一年)人口自然增加数(出生人数减死亡人数)与该时期内平均人数(或期中人数)之比，一般用千分率表示。计算公式：

人口自然增长率

$$=\frac{本年出生人数-本年死亡人数}{年平均人数}\times 1000‰$$

人口自然增长率＝人口出生率－人口死亡率

从业人员　指从事一定社会劳动并取得劳动报酬或经营收入的全部劳动力。包括：

(1)全部职工

(2)城镇私营企业从业人员

(3)城镇个体劳动者

(4)农村社会劳动者

(5)其他社会劳动者

这一指标反映了一定时期内全部劳动力资源的实际利用情况，是研究我国基本国情国力的重要指标。

各单位的从业人员是指在各级国家机关、政党机关、社会团体及企业、事业单位中工作，并取得劳动报酬的全部人员。包括职工、再就业的离退休人员、民办教师以及在各单位中工作的外方人员和港、澳、台方人员。

各单位的从业人员反映了各单位实际参加生产或工作的全部劳动力。

三、农　业
AGRICULTURE

3—1 民族自治地方农村基层组织情况

Basic Rural Units of Minority National Autonomous Areas

年　份 Year	乡镇数（个） Township and Town Governments	乡村户数（万户） Households (10 000)	乡村人口（万人） Population (10 000)	乡村劳动力（万人） Social Labor Force by Gender (10 000)	#农林牧渔业劳动力 Farming, Forestry, Animal Husbandry Fishery
1983	10 129	2 024.28	10 268.99	4 281.69	4 141.33
1984	17 742	2 083.79	10 443.52	4 442.35	4 219.30
1985	18 429	2 189.20	10 968.25	4 622.15	4 411.43
1986	19 165	2 303.86	11 198.14	4 745.89	4 537.43
1987	18 776	2 361.84	11 794.22	4 998.95	4 679.94
1988	11 594	2 451.26	12 033.54	5 280.96	4 789.85
1989	11 792	2 575.50	12 998.49	5 471.33	4 868.75
1990	11 295	2 591.42	12 358.22	5 652.58	5 103.59
1991	11 149	2 700.09	12 446.36	5 700.67	5 194.16
1992	11 031	2 741.34	12 510.66	5 842.50	5 270.34
1993	10 501	2 750.84	12 602.12	6 011.39	5 273.05
1994	10 645	2 865.33	12 651.59	6 117.01	5 268.10
1995	10 491	2 869.52	12 676.90	6 194.38	5 138.11
1996	9 660	2 803.80	12 494.65	6 150.33	5 192.59
1997	9 943		25 572.70	6 357.70	5 330.50

3—2 民族自治地方分地区农村基层组织情况(1997年)(一)

Basic Rural Units by Region of Minority National Autonomous Areas(1997)(1)

地区 Region	乡镇个数(个) Township and Town Govern-ments	乡村人口(万人) Population (10 000)	乡村实有劳动力(万人) Social Labor Force by Gender (10 000)	#农林牧渔业劳动力 Agriculture Animal Husbandry and Fishery	#工业劳动力 Industry
合 计 Total	**9 943**	**25 572.7**	**6 357.7**	**5 330.5**	**289.8**
河 北 Hebei	117	170.7	79.1	59.1	6.3
内蒙古 Inner Mongolia	1 553	14 212.0	605.4	512.1	16.3
辽 宁 Liaoning	181	269.0	85.1	64.8	12.3
吉 林 Jilin	164	162.6	66.6	56.8	4.0
黑龙江 Heilongjiang	11	16.2	5.3	5.4	1.1
浙 江 Zhejiang	24	15.9	7.3	5.5	2.7
湖 北 Hubei	130	386.5	186.3	142.9	14.0
湖 南 Hunan	387	479.8	250.7	210.8	12.6
广 东 Guangdong	42	36.2	18.2	13.4	1.3
广 西 Guangxi	1 360	3 921.6	2 032.3	1 589.9	61.5
海 南 Hainan	86	102.3	45.6	41.0	3.1
重 庆 Chongqing	304	247.9	130.3	115.8	12.8
四 川 Sichuan	1 196	497.7	285.8	270.8	12.9
贵 州 Guizhou	749	1 314.6	739.8	623.2	51.8
云 南 Yunnan	949	1 762.0	990.0	914.3	55.8
西 藏 Tibet	916	214.0	97.7	91.4	3.9
甘 肃 Gansu	315	265.7	123.2	65.3	0.7
青 海 Qinghai	357	238.5	97.5	99.9	3.3
宁 夏 Ningxia	299	371.8	176.6	145.4	5.3
新 疆 Xinjiang	803	887.7	334.9	302.8	8.1

3—2 民族自治地方分地区农村基层组织情况(1997年)(二)

Basic Rural Units by Region of Minority National Autonomous Areas(1997)(2)

单位:个

地区 Region	村民委员会 Village Committee	#通汽车的村数	#通电的村数	#通电话的村数	#通自来水的村数
合计 Total	**99 500**	**71 273**	**47 029**	**25 592**	**33 370**
河北 Hebei	1 451	1 423	1 402	937	720
内蒙古 Inner Mongolia	13 962	9 539		4 106	2 845
辽宁 Liaoning	2 218	2 046	2 206	1 820	627
吉林 Jilin	1 976	1 854	1 976	1 727	1 285
黑龙江 Heilongjiang	132		132	32	26
浙江 Zhejiang	283	165	283	134	210
湖北 Hubei	3 747	3 054	3 705	693	695
湖南 Hunan	5 659	3 489	5 435	1 064	1 476
广东 Guangdong	261	234	250	237	135
广西 Guangxi	14 822	12 791		4 988	5 640
海南 Hainan	609	595	446	57	169
重庆 Chongqing	2 920	1 933	2 665	295	258
四川 Sichuan	7 487	4 416	5 425	443	2 756
贵州 Guizhou	11 948	7 890	9 709	895	5 063
云南 Yunnan	7 356	6 434	6 742	7 061	4 805
西藏 Tibet	7 803				
甘肃 Gansu	2 419	2 175	2 314	215	638
青海 Qinghai	2 921	2 460	1 797	224	786
宁夏 Ningxia	2 592	2 242	2 542	664	486
新疆 Xinjiang	8 934	8 533			4 750

3—3 民族自治地方农、林、牧、渔业总产值

Gross Output Value of Farming, Forestry, Animal Husbandry and Fishery of Minority National Autonomous Areas

单位：亿元 (100 000 000 yuan)

年份 Year	农、林、牧、渔业总产值 Total	农业 Farming	林业 Forestry	牧业 Animal Husbandry	副业 Sideline	渔业 Fishery
1980	159.61	105.25	7.68	35.39	10.57	0.72
1981	171.49	110.66	9.22	39.43	11.35	0.83
1982	268.92	167.03	18.24	59.22	22.51	1.92
1983	289.76	178.17	20.41	63.03	25.95	2.20
1984	317.05	190.87	25.05	68.35	30.40	2.38
1985	351.24	206.41	28.61	79.46	33.90	2.86
1986	363.53	209.93	27.31	85.38	37.63	3.28
1987	384.26	222.83	27.14	89.96	40.61	3.72
1988	406.40	234.36	27.88	95.04	44.96	4.16
1989	431.25	245.62	29.87	103.35	47.70	4.70
1990	475.18	283.19	31.61	108.13	45.35	6.90
1991	1 124.94	629.84	92.01	299.73	80.92	22.43
1992	1 209.99	677.76	98.43	324.80	83.06	25.94
1993	1 271.12	783.09	102.86	353.94		31.23
1994	1 361.04	821.30	109.21	388.61		41.91
1995	1 479.71	871.11	112.04	443.68		52.87
1996	1 612.80	942.31	114.72	493.17		62.59
1997	1 753.28	1 018.37	117.11	543.76		74.03

注：1. 本表农、林、牧、渔业总产值 1980 年、1981 年按 1970 年不变价格计算；1982—1990 年按 1980 年不变价格计算；1991—1997 年按 1990 年不变价格计算。

2. 1993 年开始，农、林、牧、渔业总产值改用新的分组，将农、林、牧、副、渔五业合并为农、林、牧、渔四业。下同。

3. 本表未扣除区域变动因素，年度之间不可比。下同。

3—4 民族自治地方农、林、牧、渔业总产值比重

The Proportion of Output Value of Farming, Forestry, Animal Husbandry and Fishery of Minority National Autonomous Areas

单位：%

年份 Year	农、林、牧、渔业总产值 Total	农业 Farming	林业 Forestry	牧业 Animal Husbandry	副业 Sideline	渔业 Fishery
1980	100	65.94	4.82	22.17	6.62	0.45
1981	100	64.53	5.38	22.99	6.62	0.48
1982	100	62.11	6.78	22.02	8.37	0.72
1983	100	61.49	7.04	21.75	8.96	0.76
1984	100	60.20	7.90	21.56	9.59	0.75
1985	100	58.77	8.15	22.62	9.65	0.81
1986	100	57.75	7.51	23.49	10.35	0.90
1987	100	57.99	7.06	23.41	10.57	0.97
1988	100	57.67	6.87	23.38	11.06	1.02
1989	100	56.96	6.92	23.97	11.06	1.09
1990	100	59.60	6.65	22.75	9.55	1.45
1991	100	55.99	8.19	26.64	7.19	1.99
1992	100	56.02	8.13	26.84	6.86	2.15
1993	100	61.61	8.09	27.84		2.46
1994	100	60.03	8.03	28.55		3.08
1995	100	58.87	7.58	29.98		3.57
1996	100	58.43	7.11	30.58		3.88
1997	100	60.22	4.37	31.95		3.46

注：本表按当年价格计算(at current Price)。

3—5 民族自治地方农、林、牧、渔业增加值(1997年)

Value Increased in Farming, Forestry, Animal Husbandry and Fishery of Minority National Autonomous Areas(1997)

单位:万元 (10 000 yuan)

地区	Region	总产值 Gross Output Value	中间消耗 Mid—Consume	增加值 Added—Value
合计	**Total**	**31 751 073**	**11 677 712**	**20 073 361**
河北	Hebei	403 255	178 217	225 038
内蒙古	Inner Mongolia	4 894 295	1 669 095	3 225 200
辽宁	Liaoning	691 478	360 257	331 221
吉林	Jilin	648 253	227 842	420 411
黑龙江	Heilongjiang	95 518	51 389	44 129
浙江	Zhejiang	35 442	12 848	22 594
湖北	Hubei	559 673	185 464	374 209
湖南	Hunan	838 250	313 173	525 077
广东	Guangdong	83 381	23 684	59 698
广西	Guangxi	9 802 375	3 486 175	6 316 200
海南	Hainan	358 595	125 253	233 342
重庆	Chongqing	451 607	180 819	270 788
四川	Sichuan	1 033 322	302 370	730 952
贵州	Guizhou	1 861 478	672 392	1 189 086
云南	Yunnan	3 330 010	1 210 025	2 119 985
西藏	Tibet	414 600	104 228	310 372
甘肃	Gansu	286 070	145 741	140 329
青海	Qinghai	470 552	181 319	289 233
宁夏	Ningxia	728 176	280 004	448 172
新疆	Xinjiang	4 764 743	1 967 418	2 797 325

注:本表按当年价格计算(at current price)。

3—6 民族自治地方分地区农、林、牧、渔业总产值(1997年)
Gross Output Value of Farming, Forestry, Animal Husbandry and Fishery by Region of Minority National Autonomous Areas (1997)

单位:万元 (10 000 yuan)

地区	Region	农、林、牧、渔业总产值 Total	农业 Farming	林业 Forestry	牧业 Animal Husbandry	渔业 Fishery
合计	**Total**	**31 751 073**	**19 119 865**	**13 878 62**	**10 145 204**	**1 098 143**
河北	Hebei	403 255	198 465	27 980	174 035	2 775
内蒙古	Inner Mongolia	4 894 295	3 009 887	152 569	1 694 062	37 777
辽宁	Liaoning	691 478	364 120	54 803	246 119	26 436
吉林	Jilin	648 253	427 729	17 369	193 996	9 159
黑龙江	Heilongjiang	95 518	49 338	1 312	35 391	9 477
浙江	Zhejiang	35 442	15 710	14 479	4 901	352
湖北	Hubei	559 673	223 106	42 642	291 426	2 499
湖南	Hunan	838 250	503 110	65 605	251 442	18 093
广东	Guangdong	83 381	46 186	12 000	23 077	2 118
广西	Guangxi	9 802 375	4 968 850	386 437	3 639 016	808 072
海南	Hainan	358 595	209 767	40 563	55 067	53 198
重庆	Chongqing	451 607	277 847	19 797	151 115	2 848
四川	Sichuan	1 033 322	595 401	56 927	374 412	6 582
贵州	Guizhou	1 861 478	1 229 346	94 067	518 885	19 180
云南	Yunnan	3 330 010	2 144 665	301 438	834 415	49 492
西藏	Tibet	414 600	218 249	8 577	187 624	150
甘肃	Gansu	286 070	158 970	6 895	119 581	624
青海	Qinghai	470 552	245 743	6 107	218 094	608
宁夏	Ningxia	728 176	494 774	13 382	206 623	13 397
新疆	Xinjiang	4 764 743	3 738 602	64 913	925 923	35 305

注:本表按当年价格计算(at current price)。

3—7 民族自治地方分地区农、林、牧、渔业总产值构成(1997 年)
The Composition of Gross Output Value of Farming, Forestry, Animal Husbandry and Fishery by Region of Minority National Autonomous Areas (1997)

(以农、林、牧、渔业总产值为 100)

地区	Region	农业 Farming	林业 Forestry	牧业 Animal Husbandry	渔业 Fishery
合计	**Total**	**60.22**	**4.37**	**31.95**	**3.46**
河北	Hebei	49.22	6.94	43.16	0.69
内蒙古	Inner Mongolia	61.50	3.12	34.61	0.77
辽宁	Liaoning	52.66	7.93	35.59	3.82
吉林	Jilin	65.98	2.68	29.93	1.41
黑龙江	Heilongjiang	51.65	1.37	37.05	9.92
浙江	Zhejiang	44.33	40.85	13.83	0.99
湖北	Hubei	39.86	7.62	52.07	0.45
湖南	Hunan	60.02	7.83	30.00	2.16
广东	Guangdong	55.39	14.39	27.68	2.54
广西	Guangxi	50.69	3.94	37.12	8.24
海南	Hainan	58.50	11.31	15.36	14.84
重庆	Chongqing	61.52	4.38	33.46	0.63
四川	Sichuan	57.62	5.51	36.23	0.64
贵州	Guizhou	66.04	5.05	27.87	1.03
云南	Yunnan	64.40	9.05	25.06	1.49
西藏	Tibet	52.64	2.07	45.25	0.04
甘肃	Gansu	55.57	2.41	41.80	0.22
青海	Qinghai	52.22	1.30	46.35	0.13
宁夏	Ningxia	67.95	1.84	28.38	1.84
新疆	Xinjiang	78.46	1.36	19.43	0.74

注:本表按当年价格计算(at current price)。

3—8 民族自治地方耕地面积、总播种面积和粮食播种面积
Cultivated Areas, Total Sown Areas and Grain Crops Sown Areas of Minority National Autonomous Areas

单位：万公顷 (10 000 hectares)

年份 Year	耕地面积 Cultivated Area	总播种面积 Total Sown Area	#粮食播种面积 Grain Crops Sown Area	粮食播种面积占总播种面积的% Grain Crops Sown Area As % of Total Sown Area
1952	1 347.97	1 548.56	1 344.16	86.80
1957	1 536.43	1 846.69	1 568.33	84.93
1962	1 629.33	1 770.48	1 531.27	86.49
1965	1 672.33	1 897.81	1 637.43	86.28
1975	1 635.47	1 962.02	1 659.29	84.57
1978	1 639.60	2 018.10	1 674.34	82.97
1980	1 657.56	1 939.90	1 583.71	81.64
1981	1 650.33	1 898.34	1 544.39	81.35
1982	1 651.91	1 933.57	1 561.88	80.78
1983	1 685.61	1 972.06	1 609.35	81.61
1984	1 661.42	1 965.80	1 576.22	80.18
1985	1 747.06	2 022.08	1 542.37	76.28
1986	1 697.07	2 061.43	1 579.60	76.63
1987	1 698.51	2 084.79	1 622.16	77.81
1988	1 725.04	2 139.69	1 619.59	75.69
1989	1 751.54	2 231.22	1 685.37	75.54
1990	1 763.39	2 274.08	1 717.69	75.53
1991	1 743.00	2 266.62	1 666.78	73.54
1992	1 766.25	2 352.48	1 697.90	72.17
1993	1 776.09	2 424.17	1 341.07	55.32
1994	1 805.89	2 410.23	1 281.97	53.19
1995	1 508.00	2 439.00	1 726.78	70.80
1996	1 804.98	2 469.04	1 742.38	70.57
1997	2 210.13	2 620.54	1 832.01	69.91

3—9 民族自治地方分地区耕地面积和粮食播种面积(1997年)

Cultivated Areas and Grain Crops Sown Areas by Region of Minority National Autonomous Areas(1997)

单位:千公顷 (1 000 hectares)

地区 Region	年末实有耕地面积 Cultivated Area	粮食作物播种面积 Sown Area	#豆类 Soybeans	油料 Oil—Bearing Crops	棉花 Cotton Crops
合计 Total	**22 101.3**	**18 319.4**	**1 941.5**	**1 899.1**	**898.7**
河北 Hebei	170.7	212.3	11.0	12.1	1.5
内蒙古 Inner Mongolia	7 463.0	4 906.0	1 052.2	499.0	0.3
辽宁 Liaoning	442.8	337.9	46.3	15.7	2.8
吉林 Jilin	499.8	462.1	100.7	7.0	
黑龙江 Heilongjiang	71.6	65.4	6.8	0.3	
浙江 Zhejiang	6.9	12.5	1.1	0.3	
湖北 Hubei	343.4	522.5	27.5	77.2	0.1
湖南 Hunan	1 662.6	483.1	33.4	133.7	3.1
广东 Guangdong	24.8	37.0	1.8	4.5	
广西 Guangxi	2 648.6	3 738.5	344.5	363.1	2.6
海南 Hainan	82.6	138.1	2.2	10.5	
重庆 Chongqing	206.7	388.7	14.4	42.2	0.1
四川 Sichuan	515.5	605.5	16.0	14.4	0.1
贵州 Guizhou	797.0	1 186.5	48.2	197.5	2.6
云南 Yunnan	1 779.5	2 087.6	71.1	83.1	1.7
西藏 Tibet	228.8	197.4	13.9	17.3	
甘肃 Gansu	216.3	193.6	0.2	17.8	0.1
青海 Qinghai	484.9	279.1	3.8	116.6	
宁夏 Ningxia	1 227.6	781.8	91.0	110.5	
新疆 Xinjiang	3 228.0	1 683.8	55.4	176.0	883.7

3—10 民族自治地方主要农产品产量
Output of Major Farm Crops of Minority National Autonomous Areas

单位:万吨 (10 000 tons)

年份 Year	粮食 Grain Crops	棉花 Cotton Crops	油料 Oil−Bearing Crops	烟叶 Tobacco Crops	#烤烟 Flue−cured Tobacco	甜菜 Beetroots	甘蔗 Sugarcane
1949	1 155.50	1.02					
1952	1 581.50	3.14	21.47	1.90	1.90	0.16	109.36
1957	1 882.50	5.98	28.79	3.68	3.68	24.48	132.38
1962	1 717.50	3.02	13.03			12.41	49.72
1965	2 217.00	8.87	27.49	5.47	5.47	39.43	232.56
1975	3 069.50	5.39	32.01	10.62	10.62	56.83	360.87
1978	3 123.50	5.97	36.15	12.29	12.29	65.68	512.78
1980	3 300.10	8.33	36.68	8.53	8.53	133.14	561.06
1981	3 371.00	11.73	106.79	17.33	13.51	127.21	727.94
1982	3 744.15	15.21	129.40	27.58	21.51	196.50	1 012.21
1983	4 026.64	16.83	140.51	17.72	13.61	207.68	1 019.47
1984	4 114.67	20.92	153.95	26.22	20.79	235.36	1 103.44
1985	4 006.33	19.36	192.82	46.40	33.72	243.59	1 537.09
1986	4 065.04	22.40	198.79	31.32	23.15	270.50	1 683.76
1987	4 338.74	28.58	175.58	35.14	26.66	306.06	1 702.23
1988	4 361.40	28.26	174.16	51.67	41.43	397.04	1 938.43
1989	4 662.37	29.80	169.33	53.65	42.29	335.89	1 803.46
1990	5 372.98	47.37	208.13	48.76	39.30	532.30	2 141.68
1991	5 516.37	65.24	230.06	63.69	51.96	655.32	2 749.17
1992	5 612.34	67.89	235.23	85.11		652.16	3 187.90
1993	5 157.09	68.93	226.29	90.50	77.08	571.25	3 085.91
1994	5 092.17	89.14	242.91	60.79	49.36	1 080.18	3 131.03
1995	5 800.83	94.60	264.09	65.32	55.34	631.93	2 703.76
1996	6 799.13	94.99	252.63	89.82	75.01	722.92	3 837.75
1997	6 640.68	115.85	255.21	158.62		822.67	4 367.69

3—11 民族自治地方分地区主要农产品产量(1997年)(一)

Output of Major Farm Crops by Region of Minority National Autonomous Areas(1997)(1)

单位:吨 (ton)

地区	Region	粮食总产量 Grain	#稻谷 Rice	#小麦 Wheat	#玉米 Corn	#豆类 Soybeans
合计	**Total**	**66 406 830**	**24 428 390**	**10 729 241**	**18 295 855**	**2 097 152**
河北	Hebei	654 093	47 955	119 111	294 898	12 575
内蒙古	Inner Mongolia	14 210 300	705 505	3 078 692	6 778 759	973 974
辽宁	Liaoning	1 110 453	104 468	49 389	705 185	62 365
吉林	Jilin	1 910 615	614 156	13 139	1 065 948	148 638
黑龙江	Heilongjiang	195 834	69 790		120 253	5 791
浙江	Zhejiang	57 071	43 593	318	485	1 861
湖北	Hubei	1 839 614	451 151	128 233	650 484	29 285
湖南	Hunan	1 955 124	1 457 744	60 087	164 838	34 226
广东	Guangdong	185 292	159 328	62	10 240	1 724
广西	Guangxi	15 448 000	12 693 000	47 900	1 655 000	406 000
海南	Hainan	516 009	393 143		27 943	3 649
重庆	Chongqing	1 538 755	515 167	216 511	341 470	21 927
四川	Sichuan	2 146 332	493 978	267 602	591 746	27 669
贵州	Guizhou	4 499 774	2 542 260	320 769	987 244	50 829
云南	Yunnan	6 981 816	3 519 013	872 531	1 717 775	73 719
西藏	Tibet	773 000	5 239	283 053	13 556	15 000
甘肃	Gansu	638 068		269 286	143 831	829
青海	Qinghai	927 681		544 358		35 091
宁夏	Ningxia	2 566 000	59 900	82 200	83 200	69 000
新疆	Xinjiang	8 253 000	553 000	4 376 000	2 943 000	123 000

3—11 民族自治地方分地区主要农产品产量(1997年)(二)

Output of Major Farm Crops by Region of Minority National Autonomous Areas(1997)(2)

单位:吨 (ton)

地区 Region		油料 Oil-Bearing Crops	棉花 Cotton Crops	麻类 Himp Crops	糖类 Sugar Crops
合计	**Total**	**2 552 137**	**1 158 511**	**58 617**	**51 803 532**
河北	Hebei	10 114	678	47	2 460
内蒙古	Inner Mongolia	731 346	537	5 943	3 063 900
辽宁	Liaoning	26 108	2 584	116	41 248
吉林	Jilin	7 240		82	23 697
黑龙江	Heilongjiang	246			17 780
浙江	Zhejiang	252	12	1	153
湖北	Hubei	102 408	110	112	2 468
湖南	Hunan	173 130	1 506	6 393	16 911
广东	Guangdong	6 802		1	6 741
广西	Guangxi	555 229	1 197	21 574	32 423 774
海南	Hainan	24 074		10	658 060
重庆	Chongqing	52 144	125	3 406	345
四川	Sichuan	15 752	8	354	566 579
贵州	Guizhou	214 423	813	2 110	344 787
云南	Yunnan	112 339	646	2 134	10 778 970
西藏	Tibet	33 733			
甘肃	Gansu	35 908	295	175	8 865
青海	Qinghai	145 667		2	
宁夏	Ningxia	6 222		157	59 803
新疆	Xinjiang	299 000	1 150 000	16 000	3 887 000

3—11 民族自治地方分地区主要农产品产量(1997年)(三)

Output of Major Farm Crops by Region of Minority National Autonomous Areas(1997)(3)

单位:吨 (ton)

地区 Region	烟叶 Tobacco Crops	茶叶 Tea	水果 Fruit
合计 Total	**1 586 191**	**267 854**	**4 783 015**
河北 Hebei	110		178 970
内蒙古 Inner Mongolia	41 000		199 543
辽宁 Liaoning	20 940		54 567
吉林 Jilin	23 932		130 615
黑龙江 Heilongjiang			375
浙江 Zhejiang		319	6 557
湖北 Hubei	138 486	15 082	64 888
湖南 Hunan	62 102	1 117	160 780
广东 Guangdong	2 475	210	6 929
广西 Guangxi	90 653	19 734	3 155 219
海南 Hainan	278	7	77 533
重庆 Chongqing	80 970	941	28 814
四川 Sichuan	73 817	1 940	223 747
贵州 Guizhou	255 371	6 587	145 350
云南 Yunnan	756 299	42 858	426 714
西藏 Tibet	27 000	89	7 742
甘肃 Gansu	31		31 375
青海 Qinghai	14		22 111
宁夏 Ningxia	2 814		40 156
新疆 Xinjiang	10 000		

3—12 民族自治地方牲畜年末头(只)数及比重

The Number and the Proportion of Livestocks at the End of Year of Minority National Autonomous Areas

单位:万头(只) (10 000 head)

年份 Year	牲畜总头数 Total				比重(以牲畜总头数为100) %		
		大牲畜 Large Domestic Animals	猪 Hogs	羊 Sheep and Goats	大牲畜 Large Domestic Animals	猪 Hogs	羊 Sheep and Goats
1949	4 108.00	1 646.00	796.00	1 666.00	40.07	19.38	40.55
1952	7 606.50	2 439.20	1 136.90	4 030.00	32.07	14.95	52.98
1957	9 914.20	2 926.30	1 589.00	5 398.90	29.52	16.03	54.45
1962	10 424.60	2 560.60	1 255.30	6 605.70	24.57	12.05	63.38
1965	14 119.70	3 372.90	2 151.40	8 595.40	23.89	15.24	60.87
1975	16 226.95	3 848.53	3 031.85	9 346.57	23.72	18.68	57.60
1978	16 656.50	3 807.20	3 256.70	9 579.60	22.87	19.58	57.55
1980	17 168.30	3 928.32	3 286.26	9 983.72	22.88	18.97	58.15
1981	17 713.95	4 057.86	3 314.11	10 341.98	22.91	18.71	58.38
1982	18 026.93	4 244.84	3 635.67	10 146.42	23.55	20.17	56.28
1983	17 983.04	4 339.77	3 970.58	9 672.69	24.13	22.08	53.79
1984	18 198.34	4 462.62	4 047.20	9 688.52	24.52	22.24	53.24
1985	19 038.77	4 748.79	4 532.86	9 757.12	24.94	23.81	51.25
1986	19 808.61	4 950.94	4 869.33	9 988.34	24.99	23.58	50.43
1987	20 260.96	5 046.00	4 968.82	10 246.14	24.91	24.52	50.57
1988	20 938.16	5 130.19	5 085.00	10 722.97	24.50	24.29	51.21
1989	21 948.68	5 229.87	5 434.73	11 284.08	23.83	24.76	51.41
1990	22 312.78	5 285.92	5 668.05	11 361.81	23.69	25.39	50.92
1991	22 151.91	5 308.61	5 564.71	11 278.59	23.96	25.12	50.91
1992	23 039.85	5 391.81	6 726.06	10 921.98	23.40	29.19	47.41
1993	22 799.51	5 429.58	6 443.30	10 926.63	23.81	28.26	47.93
1994	23 449.37	5 480.15	6 729.43	11 239.79	23.37	28.70	47.93
1995	24 763.73	5 618.25	7 239.62	11 905.86	22.69	29.23	48.08
1996	26 607.68	7 261.03	7 138.86	12 207.79	27.29	26.83	45.88
1997	25 844.50	5 636.80	7 517.70	12 690.00	21.81	29.09	49.10

3—13 民族自治地方大牲畜、猪、羊年末头(只)数占全国的比重

The Proportion of the Number of Large Animals, Pigs, Sheep and Goats of Minority National Autonomous Areas in that of the Nation as a Whole

单位:%

年份 Year	牲畜总头数 Total	大牲畜 Large Domestic Animals	猪 Hogs	羊 Sheep and Goats
1949	25.66	27.42	13.78	39.34
1952	33.36	31.90	12.66	65.24
1957	30.20	34.91	10.89	54.77
1962	34.19	36.48	12.56	49.06
1965	36.20	40.05	12.89	61.82
1975	30.75	39.63	10.78	57.21
1978	28.71	60.55	10.82	56.37
1980	29.20	41.24	10.66	53.30
1981	30.58	41.56	11.28	55.09
1982	30.89	41.17	13.19	61.16
1983	31.61	41.93	13.30	57.94
1984	31.73	41.17	13.19	61.16
1985	31.67	41.72	13.67	62.48
1986	31.83	41.64	14.45	60.23
1987	32.16	41.39	15.16	56.82
1988	31.34	31.04	14.87	53.35
1989	31.69	40.84	15.40	53.32
1990	31.76	40.59	15.63	54.10
1991	31.30	40.23	15.05	54.69
1992	31.72	39.98	17.51	52.68
1993	30.39	38.82	16.40	50.30
1994	29.12	36.70	16.20	46.70
1995	30.81	38.20	17.40	49.50
1996	28.67	43.50	15.60	40.10
1997	27.87	33.85	16.44	41.83

3—14 民族自治地方主要畜产品产量

Output of Major Livestocks Products of Minority National Autonomous Areas

单位:万吨 (10 000 tons)

年 份 Year	猪 肉 Pork	牛 肉 Beef	羊 肉 Mutton	牛 奶 Milk	羊 毛 Sheep and Goats Wool
1980	131.04	14.30	19.66	43.78	10.70
1981	124.29	19.34	20.56	54.41	11.66
1982	136.55	15.30	23.14	61.08	12.18
1983	135.20	18.58	29.08	65.02	12.59
1984	151.09	20.46	28.54	76.37	12.64
1985	179.85	27.41	31.13	86.76	15.76
1986	191.05	29.60	35.35	111.18	13.00
1987	212.84	30.18	36.32	123.15	13.86
1988	217.22	33.94	35.37	119.51	14.57
1989	235.76	39.12	43.31	126.07	15.62
1990	245.99	40.59	31.33	135.06	17.96
1991	301.63	45.97	51.21	129.32	15.82
1992	304.09	51.50	53.44	150.90	15.45
1993	336.61	56.56	37.20	159.31	15.15
1994	390.88	66.29	57.06	173.76	15.44
1995	454.16	78.77	65.07	185.79	19.34
1996	501.72	87.60	74.09	201.04	16.86
1997	506.74	101.14	84.34	216.85	17.89

3—15 民族自治地方分地区牲畜出栏数和年底存栏数(1997 年)

The Amounts of Slaughtering Livestocks and Feeding Livestocks at the End of Year by Region of Minority National Autonomous Areas(1997)

单位:万头(只) (10 000 head)

地 区 Region	牲畜当年出栏数 Slaughtered Number			牲畜年末存栏数 Livestock Number		
	大牲畜 Large Animals	猪 Hogs	羊 Sheep and Goats	大牲畜 Large Animals	猪 Hogs	羊 Sheep and Goats
合 计 Total	**983.9**	**6 298.4**	**5 533.3**	**5 533.7**	**6 939.5**	**12 751.8**
河 北 Hebei	43.0	112.7	103.0	57.1	96.9	119.7
内蒙古 Inner Mongolia	164.9	746.1	1 750.0	714.0	809.8	3 656.7
辽 宁 Liaoning	35.8	139.8	132.6	85.2	151.3	83.8
吉 林 Jilin	42.5	91.5	37.8	79.5	79.5	52.5
黑龙江 Heilongjiang	4.2	9.8	3.9	15.7	9.0	12.0
浙 江 Zhejiang	1.1	6.4	0.8	1.2	6.5	0.8
湖 北 Hubei	2.5	289.4	38.3	38.9	315.2	77.1
湖 南 Hunan	19.8	307.3	64.5	89.3	286.8	111.5
广 东 Guangdong	0.6	22.1	0.1	8.8	20.1	0.4
广 西 Guangxi	126.5	2 378.4	127.0	772.6	2 122.1	228.7
海 南 Hainan	6.7	37.4	6.4	37.1	56.0	14.5
重 庆 Chongqing	10.5	193.9	62.1	51.4	205.8	94.2
四 川 Sichuan	74.2	294.4	170.0	635.4	423.6	704.0
贵 州 Guizhou	41.5	483.5	72.2	418.4	724.7	155.3
云 南 Yunnan	65.7	809.8	156.4	635.6	1 246.5	501.4
西 藏 Tibet	69.1	13.2	403.3	574.6	21.1	1 714.7
甘 肃 Gansu	34.3	46.0	128.2	170.0	55.5	392.0
青 海 Qinghai	94.8	48.9	395.2	463.8	62.8	1 230.6
宁 夏 Ningxia	20.5	94.8	127.7	85.6	100.6	340.1
新 疆 Xinjiang	125.7	173.1	1 753.9	600.1	145.7	3 261.8

3—16 民族自治地方分地区畜产品和水产品产量(1997 年)(一)

Output of Livestocks Products and Aquatic Products by Region of Minority National Autonomous Areas(1997)(1)

单位:吨 (ton)

地区 Region	猪 肉 Pork	牛 肉 Beef	羊 肉 Mutton	家 禽 Poultry
合 计 Total	**5 067 391**	**1 011 404**	**843 422**	**932 693**
河 北 Hebei	91 169	66 097	13 204	5 933
内蒙古 Inner Mongolia	687 879	173 539	275 560	64 272
辽 宁 Liaoning	135 388	48 847	5 606	13 775
吉 林 Jilin	93 781	47 646	5 637	31 476
黑龙江 Heilongjiang	8 001	4 996	522	1 244
浙 江 Zhejiang	3 714	57	37	416
湖 北 Hubei	233 760	1 955	4 833	4 343
湖 南 Hunan	203 656	16 027	10 078	20 592
广 东 Guangdong	17 155	721	19	3 217
广 西 Guangxi	1 899 000	87 000	16 000	616 015
海 南 Hainan	26 220	3 653	964	5 287
重 庆 Chongqing	132 887	10 472	7 126	6 491
四 川 Sichuan	213 977	75 344	30 934	16 106
贵 州 Guizhou	416 815	36 681	13 706	21 352
云 南 Yunnan	645 366	58 553	27 608	42 357
西 藏 Tibet	6 900	66 700	47 900	
甘 肃 Gansu	32 552	31 557	24 889	3 946
青 海 Qinghai	32 640	67 341	60 610	1 443
宁 夏 Ningxia	71 531	24 718	21 189	20 428
新 疆 Xinjiang	115 000	164 000	277 000	54 000

3—16 民族自治地方分地区畜产品和水产品产量(1997年)(二)

Output of Livestocks Products and Aquatic Products by Region of Minority National Autonomous Areas(1997)(2)

单位:吨 (ton)

地区 Region	奶类 Milk	羊毛 Wool	禽 蛋 Poultry Eggs	水产品 Aquatic Product
合 计 Total	**2 168 460**	**178 391**	**821 741**	**2 282 144**
河 北 Hebei	20 931	1 818	29 358	4 008
内蒙古 Inner Mongolia	624 357	70 380	208 407	55 196
辽 宁 Liaoning	3 161	533	51 131	15 660
吉 林 Jilin	7 462	2 824	49 978	5 617
黑龙江 Heilongjiang	83 228	445	4 455	20 000
浙 江 Zhejiang	1		280	175
湖 北 Hubei	40	686	16 451	3 952
湖 南 Hunan	2 610	6	16 548	22 036
广 东 Guangdong	9		723	2 960
广 西 Guangxi	10 584		167 737	1 916 833
海 南 Hainan	52		2 089	78 278
重 庆 Chongqing	42	4	13 907	3 200
四 川 Sichuan	179 151	3 672	14 229	5 762
贵 州 Guizhou	889	302	21 386	18 557
云 南 Yunnan	74 753	863	31 263	52 165
西 藏 Tibet	156 051	9 042	2 018	1 700
甘 肃 Gansu	67 569	7 611	10 215	616
青 海 Qinghai	158 944	13 225	5 957	911
宁 夏 Ningxia	190 626	4 472	55 609	22 118
新 疆 Xinjiang	588 000	62 509	122 000	52 400

3—17 民族自治地方平均每人农业总产值和主要农产品产量

Per Capita of Gross Output Value of Agriculture and Output of Major Farm Products of Minority National Autonomous Areas

年份 Year	农业总产值(元) Output Value of Agriculture	粮食(公斤) Grain Crops	棉花(公斤) Cotton Crops	油料(公斤) Oil—Beaning Crops	大牲畜(头) Large Domestic Animals	猪(头) Pigs	羊(只) Sheep and Goats
1980	139.27	287.96	0.73		0.34	0.28	0.87
1981	146.86	288.69	1.01	9.15	0.35	0.28	0.89
1982	225.09	313.39	1.28	10.83	0.36	0.30	0.85
1983	233.81	324.91	1.36	11.34	0.35	0.32	0.78
1984	248.10	321.97	1.64	12.05	0.35	0.32	0.76
1985	265.61	302.96	1.47	14.58	0.36	0.34	0.74
1986	264.63	295.91	1.63	14.47	0.36	0.35	0.73
1987	272.78	308.00	2.03	12.46	0.36	0.35	0.73
1988	282.05	302.60	1.96	12.08	0.36	0.35	0.74
1989	290.99	314.60	2.01	11.43	0.35	0.37	0.76
1990	303.10	342.70	3.00	13.30	0.34	0.36	0.72
1991	727.52	356.75	4.22	14.88	0.34	0.36	0.73
1992	774.10	359.10	4.30	15.00	0.34	0.40	0.70
1993	819.20	330.90	4.40	14.60	0.35	0.40	0.70
1994	848.05	317.25	5.55	15.14	0.34	0.42	0.73
1995	924.15	374.97	5.91	16.14	0.35	0.45	0.74
1996	1 010.97	426.20	5.95	15.84	0.46	0.45	0.77
1997	1 372.10	529.50	9.07	19.96	0.44	0.59	0.99

注:人均农业总产值1980年、1981年按1970年不变价格计算,1982—1990年按1980年不变价格计算,1991—1997年按1990年不变价格计算,并用新口径统计。下同。

3—18 民族自治地方农业机械总动力和大中小型拖拉机拥有量
Total Power of Agricultural Machinery and Farm Machinery of Minority National Autonomous Areas

年 份 Year	农业机械总动力(万千瓦) Total Power of Agricultural Machinery (10 000kw)	大中型农用拖拉机 Large and Medium Agricultural Tractors		小型拖拉机 Small Tractors	
		万 台 Number	万千瓦 Power	万 台 Number	万千瓦 Power
1980		12.08	410.0	20.75	183.2
1981		12.28	428.2	21.33	188.2
1982		12.45	452.5	23.25	207.1
1983	1 869.9	13.07	454.1	27.85	245.8
1984	1 964.5	13.25	480.5	33.83	301.3
1985	2 144.4	14.37	492.7	40.27	360.3
1986	2 468.7	15.25	501.0	51.46	478.0
1987	2 643.8	15.27	473.0	58.15	568.8
1988	2 908.4	16.41	562.2	75.53	668.6
1989	3 329.5	16.10	564.3	84.86	783.8
1990	3 817.1	15.89	646.0	90.74	1 019.6
1991	3 569.0	15.21	570.0	99.74	975.0
1992	3 675.7	15.01	551.7	105.37	983.9
1993	4 104.7	13.97	540.2	95.22	1 049.1
1994	4 137.4	12.89	529.1	107.78	1 210.3
1995	4 563.3	13.00	463.3	125.80	974.1
1996	5 053.4	13.80	503.6	131.85	1 394.4
1997	5 166.3				

3—19 民族自治地方机耕地面积、灌溉面积、农村用电量和化肥施用量

Areas Ploughed by Tractors, Irrigated Area, Electricity Consumed in Rural Areas and Consumption of Chemical Fertilizers of Minority National Autonomous Areas

年 份 Year	机耕地面积(万公顷) Machinery Cultivated Land (10 000 hectares)	灌溉面积(万公顷) Irrigated Area (10 000 hectares)	农村用电量 (万千瓦小时) Electricity Consumed in Rural Area (10 000 kw・h)	化肥施用量(折纯、万吨) Cousumption of Chemical Fertilizers (10 000 tons)
1980	538.73	684.39	237 400	99.90
1981	439.34	677.29	260 443	98.30
1982	411.99	672.67	278 432	116.37
1983	393.42	689.30	292 538	138.72
1984	424.71	673.01	328 503	140.87
1985	377.02	685.53	335 832	154.74
1986	399.10	705.20	422 109	179.52
1987	456.23	717.61	463 331	197.23
1988	529.07	723.44	485 995	209.46
1989	577.02	736.79	568 346	245.69
1990	700.36	764.37	702 621	266.86
1991	732.08	749.85	691 599	307.51
1992	798.16	825.83	927 593	323.79
1993		821.52	991 140	363.87
1994		841.44	947 083	396.92
1995		837.80	1 109 215	458.42
1996		898.62	1 146 385	508.59
1997		879.69	1 238 268	501.17

3—20 民族自治地方分地区农业现代化情况(1997年)

Mechanization of Agriculture by Region of Minority National Autonomous Areas(1997)

地　区 Region	农业机械总动力(万千瓦) Total Power of Agricul-tural Machinery	农用化肥施用量(折纯,万吨) Consumption of Chemical Fertilizers (10 000 tons)	农药使用量(吨) Consumption of Pesticide (ton)	地膜使用量(吨) Consamption (ton)
合　计 Total	**5 166.3**	**501.83**	**87 649**	**71 516**
河　北 Hebei	65.2	8.11	1 437	580
内蒙古 Inner Mongolia	1 042.5	72.41	7 746	28 054
辽　宁 Liaoning	115.5	8.72	1 201	1 492
吉　林 Jilin	62.4	18.55	1 188	823
黑龙江 Heilongjiang	11.5	0.60	135	113
浙　江 Zhejiang	3.6			227
湖　北 Hubei	50.8	18.11	2 117	1 847
湖　南 Hunan	99.4	11.16	4 746	1 148
广　东 Guangdong	7.1	0.89	369	277
广　西 Guangxi	1 183.2	146.14	42 871	7 977
海　南 Hainan	31.4	2.08	794	2
重　庆 Chongqing	41.1	9.6	1 555	936
四　川 Sichuan	432.6	9.77	1 596	5 462
贵　州 Guizhou	184.2	27.78	2 314	4 115
云　南 Yunnan	535.0	53.37	14	11 931
西　藏 Tibet	77.5	3.10	571	58
甘　肃 Gansu	72.5	2.36	16 842	3 365
青　海 Qinghai	133.4	6.52	807	175
宁　夏 Ningxia	288.4	18.77	1 345	2 934
新　疆 Xinjiang	729.0	83.77		

3—21 民族自治地方分地区灌溉面积、农村用电量和当年造林面积(1997年)

Irrigated Area, Electricity Consumed in Rural Areas and Afforestation Areas by Region of Minority National Autonomous Areas(1997)

地 区 Region	农村用电量 (万千瓦小时) Electricity Consumed in Rural Area (10 000kw·h)	有效灌溉面积 (千公顷) Irrigated Area (1 000hectares)	当年造林面积 (千公顷) Afforestation Area (1 000 hectares)
合 计 Total	**1 238 268**	**8 816.7**	**1 280 423**
河 北 Hebei	26 412	75.9	45 303
内蒙古 Inner Mongolia	177 444	1 972.0	464 400
辽 宁 Liaoning	64 962	42.5	22 179
吉 林 Jilin	87 765	82.1	10 653
黑龙江 Heilongjiang	2 173	13.7	5 288
浙 江 Zhejiang	2 066	4.7	300
湖 北 Hubei	14 925	64.0	34 812
湖 南 Hunan	21 035	181.5	19 536
广 东 Guangdong	4 128	15.3	3 353
广 西 Guangxi	271 200	1 489.1	95 700
海 南 Hainan	1 351	41.9	9 374
重 庆 Chongqing	12 948	55.2	24 983
四 川 Sichuan	35 458	152.1	57 424
贵 州 Guizhou	79 357	235.2	135 122
云 南 Yunnan	103 475	749.4	239 474
西 藏 Tibet	1 929	156.5	7 164
甘 肃 Gansu	38 012	59.0	12 152
青 海 Qinghai	12 719	136.6	21 231
宁 夏 Ningxia	72 665	379.8	23 975
新 疆 Xinjiang	208 244	2 910.2	48 000

主要统计指标解释

农、林、牧、渔业总产值 是以货币表现的农、林、牧、渔业全部产品的总量，它反映一定时期内农业生产的总规模和总成果。农、林、牧、渔业的统计范围是：

(1)**农业** 包括农作物种植业和其他农业。

农作物种植业 包括谷物、豆类、薯类、棉、油料、糖料、麻类、烟叶、蔬菜、药材、瓜类和其他农作物的种植，以及茶园、桑园、果园的生产经营。

其他农业 包括采集野生植物的果实、纤维、树胶、树脂、油料以及柴草、野生药材、菌类等及农民家庭兼营的商品性工业。

(2)**林业** 包括林木的栽培(不包括茶园、桑园和果园的栽培、管理和收获等活动)、林产品的采集和村及村以下合作经济组织与农户的竹木采伐。

(3)**牧业** 包括除渔业养殖以外的一切动物饲养和放牧以及野生动物的捕猎和饲养。

(4)**渔业** 包括水生动物和海藻类植物的养殖和捕捞。

从所有制看，包括国有经济的各种专业农(农、林、牧、渔)场以及国家各级机关团体学校、科研机构、部队经营的农业；集体所有制的乡镇村各级办农场；农村各种经济组织经营的农、林、牧、渔业以及工矿企业家属集体经营的农业；农民家庭自营的农、林、牧、渔业及兼营商品性工业等。

农、林、牧、渔业总产值的计算方法通常是按农、林、牧、渔业产品及其副产品的产量分别乘以各自单位产品价格求得，少数生产周期较长，当年没有产品或产品产量不易统计的，则采用间接方法匡算其产值，然后将四业产品产值相加即为农、林、牧、渔业总产值。

1957 年以前的农业总产值中包括了厩肥和农民自给性手工业(如农民自制衣服、鞋、袜，自己从事粮食初步加工等)。1958 年及以后的农业总产值，林业中增加了村及村以下竹木采伐产值；牧业中取消了厩肥产值；副业中取消了农民自给性手工业产值，增加了村及村以下办的工业产值；渔业中增加了海洋捕捞水产品产值。1980 年及以后的农业总产值，在副业中增加了农民家庭兼营工业商品部分的产值。从 1984 年起，村及村以下办工业产值划归工业。从 1993 年起，取消副业。将野生动物的捕猎划入牧业，野生植物采集和农民家庭兼营商品性工业划归农业，并将农业总产值改称农、林、牧、渔业总产值。

粮食产量 指全社会的产量。包括国有经济经营的、集体统一经营的和农民家庭经营的粮食产量，还包括工矿企业家属办的农场和其他生产单位的产量。粮食除包括稻谷、小麦、玉米、高粱、谷子及其他杂粮外，还包括薯类和大豆。其产量计算方法，豆类按去豆荚后的干豆计算；薯类(包括甘薯和马铃薯，不包括芋头和木薯)1963 年以前按每 4 公斤鲜薯折 1 公斤粮食计算，从 1964 年开始及以后改为按 5 公斤鲜薯折 1 公斤粮食计算。城市郊区作为蔬菜的薯类(如：马铃薯等)按鲜品计算，并且不作为粮食统计。其他粮食一律按脱粒后的原粮计算。

油料产量 指全部油料作物的生产量。包括花生、油菜籽、芝麻、向日葵籽、胡麻籽(亚麻籽)和其他油料。不包括大豆，也不包括木本油料和野生油料。花生以带壳干花生计算。

水产品产量 指人工养殖的水产品和天然

生长的水产品的捕捞量。包括海水的鱼类、虾蟹类、贝类和藻类以及内陆水域的鱼类、虾蟹类和贝类，不包括淡水生植物。

猪、牛、羊肉产量 指当年出栏已屠宰后除去头蹄下水后带骨肉（即胴体重）的重量。

耕地面积 指年初可以用来种植农作物、经常进行耕锄的田地，除包括熟地、当年新开荒地、连续撂荒未满三年的耕地和当年的休闲地（轮歇地）外，还包括以种植农作物为主并附带种植桑树、茶树、果树和其他林木的土地，以及沿海、沿湖地区已围垦利用的"海涂"、"湖田"等面积。但不包括属于专业性的桑园、茶园、果园、果木苗圃、林地、芦苇地、天然或人工草地面积。

农作物播种面积 指实际播种或移植有农作物的面积。凡是实际种植有农作物的面积，不论种植在耕地上还是种植在非耕地上，均包括在农作物播种面积，同时还包括因遭灾而重新改种和初种的农作物面积，种一公顷算一公顷。

有效灌溉面积 指具有一定的水源，地块比较平整，灌溉工程或设备已经配套，在一般年景下当年能够进行正常灌溉的耕地面积。

农用化肥施用量 指本年内实际用于农业生产的化肥数量。包括氮肥、磷肥、钾肥和复合肥。化肥施用量要求按折纯量计算数量。折纯法化肥施用量是把氮肥、磷肥和钾肥分别按含氮、含五氧化二磷、含氧化钾的百分之一百成分折算后的数量。复合肥按其所含主要成分折算。

农业机械总动力 指主要用于农、林、牧、渔业的各种动力机械的动力总和。包括耕作机械、排灌机械、收获机械、农产品加工机械、运输机械、植物保护机械、牧业机械、林业机械、渔业机械和其他农业机械〔内燃机按引擎马力折成瓦（特）计算，电动机按功率折成瓦（特）计算〕。不包括专门用于乡、镇、村、组办工业、基本建设、非农业运输、科学试验和教学等非农业生产方面用的动力机械与作业机械。

四、工　业
INDUSTRY

4—1 民族自治地方年末工业企业单位数和工业总产值(按轻重工业分类)

The Amount of Industrial Enterprises and Gross Output Value of Industry of Minority National Autonomous Areas

(by Light and Heavy Industry)

单位:亿元 (100 000 000 yuan)

年 份 Year	工业企业单位数 (个) Number of Enterprises	工业总产值 Gross Output Value of Industry	轻工业 Light	重工业 Heavy
1980	37 881	240.14	122.32	117.82
1981	35 526	245.24	130.03	115.20
1982	37 184	296.01	149.53	146.49
1983	36 838	331.51	164.97	166.54
1984	39 769	364.63	180.09	184.54
1985	43 762	449.72	215.49	234.23
1986	46 588	508.84	249.39	259.45
1987	46 435	585.92	289.62	296.30
1988	53 495	685.93	341.15	344.80
1989	57 443	772.93	387.12	394.21
1990	53 451	814.99	405.73	409.26
1991	48 784	1 548.96	738.56	810.40
1992	48 938	1 835.50	876.65	958.85
1993	50 340	2 245.70	988.65	1 257.05
1994	53 191	2 876.52	1 340.14	1 536.39
1995	59 217	3 024.36	1 370.64	1 653.72
1996	58 419	3 528.43	1 619.45	1 908.97
1997	55 413	4 004.03	1 634.25	2 369.79

注:1. 工业总产值1980年、1981年按1970年不变价格计算;1982—1990年按1980年不变价格计算;1991—1997年按1990年不变价格计算。

2. 工业总产值各年度均按新口径计算,产值中包括村办工业。

3. 工业企业单位数未包括村及村以下工业。

4—2 民族自治地方工业总产值(按经济类型分类)
Gross Output Value of Industry of Minority National Autonomous Areas (by the Ownership's)

单位:亿元　　(100 000 000 yuan)

年份 Year	工业总产值 Total	国有经济 State Owned	集体经济 Collective Owned	私营经济 Private	联营经济 Joint Management	城乡个体工业 Individual Owned	其他经济类型工业 Others
1980	240.14						
1981	245.24				11.27		
1982	296.01	238.75	56.52		12.06		0.74
1983	331.51	267.06	62.92		14.18		1.53
1984	364.63	283.58	75.96	12.11	15.02	2.59	2.50
1985	449.72	343.02	96.31	17.30	21.15	5.62	4.77
1986	508.84	378.07	125.70	23.02	33.51	3.72	1.35
1987	585.92	428.89	126.24	26.28	20.47	27.99	2.80
1988	685.93	487.73	154.15	31.21	25.74	35.73	8.32
1989	772.93	531.13	186.43	40.66	33.20	44.42	10.93
1990	814.99	558.24	193.00	42.95	33.96	53.62	10.13
1991	1 548.96	1 108.70	326.39	82.58	37.27	94.24	19.63
1992	1 835.50	1 266.64	401.67	111.72	51.37	141.15	26.04
1993	2 245.70	1 381.41	517.54	151.09	80.62	262.97	83.78
1994	2 876.52	1 422.95	766.83	166.80	14.02	410.25	22.43
1995	3 024.36	1 558.91	709.81	255.92	15.34	449.12	35.26
1996	3 528.43	1 323.68	1 375.34	271.34	15.57	713.51	171.01
1997	4 004.03	1 553.60	975.16	36.34	14.41	1 083.20	314.32

注:1. 工业总产值1980年、1981年按1970年不变价格计算;1982－1990年按1980年不变价格计算,1991－1997年按1990年不变价格计算。

2. 1994－1997年工业总产值按新口径统计。

4—3 民族自治地方工业总产值构成

The Composition of Gross Output Value of Industry of Minority National Autonomous Areas

单位:%

年 份 Year	工业总产值 Total	国有经济 State－Owned	集体经济 Collective－Owned	#乡办工业 Township	#村办工业 Village	城乡个体工业 Individual－Owned	其他经济类型工业 Others
1980	100						
1981	100				4.60		
1982	100	80.66	19.09		4.07		0.25
1983	100	80.56	19.09		4.07		0.25
1984	100	77.77	20.83	3.32	4.12	0.71	0.69
1985	100	76.27	21.41	3.85	4.70	1.26	1.06
1986	100	74.30	24.70	4.52	6.58	0.73	0.27
1987	100	73.20	21.54	4.49	3.49	4.78	0.48
1988	100	71.11	22.47	4.55	3.75	5.21	1.21
1989	100	68.72	24.12	5.26	4.30	5.75	1.41
1990	100	68.50	23.68	5.27	4.17	6.58	1.24
1991	100	71.58	21.07	5.33	2.41	6.08	1.27
1992	100	69.01	21.88	6.09	2.80	7.69	1.42
1993	100	69.51	23.05	6.73	3.59	11.71	3.73
1994	100	55.28	24.43	7.40	3.88	14.33	5.96
1995	100	54.20	23.47	10.20	3.77	14.85	7.48
1996	100	46.13	14.47	7.42	5.77	21.86	4.25
1997	100	38.80	24.35	7.73	7.05	27.05	9.79

注:1990年以前的村办工业中包括城乡合作经营工业,比重偏大。

4—4 民族自治地方乡村工业总产值占工业总产值比重

The Proportion of Gross Output Value of Township Industry in that of Industry of Minority National Autonomous Areas

单位:万元 (10 000 yuan)

年 份 Year	工业总产值 Gross Output Value	乡村工业产值 Output Value of Township—Run Industry	乡办工业 Township Enterprises	村及村以下工业 Village and Below	乡村工业产值占工业总产值比重(%) Output Value of Township—Run Industry As % of Gross Output Value
1984	3 646 306	271 348	121 104	150 244	7.44
1985	4 497 182	384 562	173 018	211 544	8.55
1986	5 088 353	565 316	230 241	335 075	11.11
1987	5 859 215	747 407	262 797	484 610	12.76
1988	6 244 628	926 765	312 092	614 673	14.84
1989	7 729 294	1 182 907	406 573	776 334	15.30
1990	8 149 929	1 305 324	429 500	875 824	16.02
1991	15 489 582	2 304 026	825 770	1 478 256	14.87
1992	18 354 947	3 309 161	1 117 165	2 191 996	18.03
1993	22 457 000	5 027 270	1 510 900	3 516 370	22.39
1994	28 765 200	8 231 154	2 116 788	6 114 366	28.61
1995	30 243 600	8 891 050	3 084 847	5 806 203	29.40
1996	35 284 251	13 728 255	2 770 363	10 957 892	38.91
1997	40 040 300	6 626 941	3 095 461	3 531 481	16.55

注:本表 1984—1990 年按 1980 年不变价格计算;1991—1997 年按 1990 年不变价格计算。

4—5 民族自治地方分地区乡及乡以上工业企业单位数(1997年)(一)

The Amount of Industrial Enterprises Involving Town Level by Region of Minority National Autonomous Areas(1997)(1)

单位:个 (unit)

地区 Region	按轻重工业分 By Industry		按企业规模分 By Size		
	轻工业 Light	重工业 Heavy	大型企业 Large	中型企业 Medium	小型企业 Small
合　计 Total	**25 022**	**30 391**	**381**	**1 355**	**53 677**
河　北 Hebei	210	418	1	5	622
内蒙古 Inner Mongolia	4 570	5 032	82	244	9 276
辽　宁 Liaoning	852	1 346	3	19	2 176
吉　林 Jilin	1 033	943	17	72	1 887
黑龙江 Heilongjiang	40	32		1	71
浙　江 Zhejiang	61	55			116
湖　北 Hubei	796	821	1	5	1 611
湖　南 Hunan	916	1 085	3	182	1 816
广　东 Guangdong	95	275	1	1	368
广　西 Guangxi	6 825	7 608	152	421	13 860
海　南 Hainan	71	68	2	6	131
重　庆 Chongqing	281	239		1	519
四　川 Sichuan	526	2 012	5	31	2 502
贵　州 Guizhou	1 266	2 062	7	20	3 301
云　南 Yunnan	1 947	2 467	19	96	4 299
西　藏 Tibet	198	261		6	453
甘　肃 Gansu	354	483	5	5	827
青　海 Qinghai	273	445	6	14	698
宁　夏 Ningxia	809	1 004	28	64	1 721
新　疆 Xinjiang	3 899	3 735	49	162	7 423

4—5 民族自治地方分地区乡及乡以上工业企业单位数(二)

(按经济类型分类)(1997 年)

单位:个

地区 Region	总计 Total	国有经济 State－Owned	集体经济 Collective－Owned	私营经济 Private
合　计 Total	**55 413**	**15 353**	**34 895**	**1 706**
河　北 Hebei	628	137	426	10
内蒙古 Inner Mongolia	9 602	2 355	6 244	429
辽　宁 Liaoning	2 198	354	1 645	158
吉　林 Jilin	1 976	503	1 142	30
黑龙江 Heilongjiang	72	21	51	
浙　江 Zhejiang	116	9	75	23
湖　北 Hubei	1 617	329	1 251	11
湖　南 Hunan	2 001	494	1 421	43
广　东 Guangdong	370	105	223	14
广　西 Guangxi	14 433	3 328	9 712	371
海　南 Hainan	139	91	43	
重　庆 Chongqing	520	164	346	3
四　川 Sichuan	2 538	610	1 475	207
贵　州 Guizhou	3 328	913	1 958	207
云　南 Yunnan	4 414	1 308	2 768	45
西　藏 Tibet	459	277	142	10
甘　肃 Gansu	837	234	595	1
青　海 Qinghai	718	375	260	35
宁　夏 Ningxia	1 813	517	1 098	34
新　疆 Xinjiang	7 634	3 228	4 020	75

The Amount of Industrial Enterprises Involving Town Level by Region of Minority National Autonomous Areas (1997)(2)

(unit)

联营经济 Joint Management	股份制经济 Stock Ownership	外商投资经济 Foreign Invested	港澳台投资经济 Hong Kong, Macao, Taiwan Invested	其他经济 Others
519	**975**	**902**	**603**	**460**
10	24	17	4	
39	216	143	132	44
2	4	29	6	
6	69	215	11	
	9			
3	17	4	2	
6	19	6	6	6
10		12	6	
178	151	295	265	133
3			2	
	6			1
30	38	6	1	171
95	37	17	5	96
31	160	49	52	
14	4	8	3	1
1	3		2	1
15	20	2	8	3
8	85	37	34	
68	113	62	64	4

4—6 民族自治地方分地区乡及乡以上工业总产值

（按经济类型分类）(1997 年)

单位：万元

地区 Region	总计 Total	国有经济 State－Owned	集体经济 Collective－Owned	私营经济 Private
合　计 Total	**36 552 986**	**23 155 894**	**843 457**	**421 240**
河　北 Hebei	328 496	95 703	146 368	13 641
内蒙古 Inner Mongolia	7 075 846	4 648 398	1 415 832	116 220
辽　宁 Liaoning	696 051	151 697	419 092	70 583
吉　林 Jilin	1 174 942	768 485	194 067	6 022
黑龙江 Heilongjiang	31 982	15 670	16 312	
浙　江 Zhejiang	34 086	6 523	17 217	8 255
湖　北 Hubei	642 935	369 886	179 029	2 269
湖　南 Hunan	673 362	378 070	263 813	5 794
广　东 Guangdong	74 303	37 397	12 917	652
广　西 Guangxi	10 914 131	5 693 498	3 347 962	105 545
海　南 Hainan	109 013	103 639	3 494	
重　庆 Chongqing	212 140	159 269	39 409	539
四　川 Sichuan	783 528	437 467	202 774	13 144
贵　州 Guizhou	1 043 552	602 959	323 530	27 246
云　南 Yunnan	2 786 019	1 888 042	572 774	9 150
西　藏 Tibet	109 733	78 032	17 648	885
甘　肃 Gansu	253 118	181 228	69 904	325
青　海 Qinghai	593 150	427 030	146 717	5 371
宁　夏 Ningxia	1 935 635	1 308 141	220 465	12 884
新　疆 Xinjiang	7 080 965	5 804 760	825 273	22 716

注：本表按当年价格计算(at current Price)。

Gross Output Value of Industry Involving Town Level by Regin of Minority National Autonomous Areas (by the Ownership's) (1997)

(10 000 yuan)

联营经济 Joint Management	股份制经济 Stock Ownership	外商投资经济 Foreign Invested	港澳台投资经济 Hong Kong, Macao, Taiwan Invested	其他经济 Others
185 652	**2 029 561**	**1 593 059**	**683 587**	**49 397**
1 290	31 425	38 667	1 402	
18 450	367 116	263 890	228 285	17 655
10 551	1 610	38 506	4 013	
3 184	66 021	123 065	14 098	
	2 091			
1 594	86 674	2 964	519	
2 383	17 995	3 220	1 286	802
1 752		7 262	14 322	
54 874	686 740	760 298	246 235	18 979
214			1 666	
	9 751			3 173
9 174	109 638	10 154	38	1 138
26 973	11 263	43 622	1 338	6 622
6 122	235 264	40 804	33 863	
3 119	1 874	1 597	6 578	
196	773		242	450
3 840	2 952	3 844	3 397	
5 832	197 240	176 539	14 534	
36 103	201 135	78 628	111 772	578

4—7 民族自治地方分地区乡及乡以上工业总产值

(按轻重工业和企业规模分类)(1997 年)

Gross Output Value of Industry Involving Town Level by Region of Minority National Autonomous Areas

(by Light and Heavy Industry and Enterprises Scale)(1997)

单位:万元 (10 000 yuan)

地区 Region	按轻重工业分 By Industry		按企业规模分 By Size		
	轻工业 Light	重工业 Heavy	大型企业 Large	中型企业 Medium	小型企业 Small
合　计 Total	**13 731 003**	**22 821 983**	**12 775 117**	**6 702 837**	**17 075 033**
河　北 Hebei	115 001	213 494	9 004	32 499	286 992
内蒙古 Inner Mongolia	2 383 623	4 692 222	2 718 472	1 431 070	2 926 304
辽　宁 Liaoning	212 093	483 958	10 069	60 442	625 540
吉　林 Jilin	490 548	684 394	431 393	352 176	391 373
黑龙江 Heilongjiang	17 374	14 608		9 867	22 115
浙　江 Zhejiang	18 750	15 336			34 086
湖　北 Hubei	360 734	282 201	75 782	140 767	426 386
湖　南 Hunan	353 931	319 431	68 044	136 499	468 819
广　东 Guangdong	11 665	62 638	12 455	3 286	58 562
广　西 Guangxi	4 992 449	5 921 682	3 352 161	2 086 950	5 475 020
海　南 Hainan	46 079	62 934	49 958	28 735	30 320
重　庆 Chongqing	150 862	61 278		40 330	171 810
四　川 Sichuan	176 571	606 956	47 003	212 327	524 198
贵　州 Guizhou	433 245	610 306	95 087	109 309	839 156
云　南 Yunnan	1 392 844	1 393 175	760 502	664 316	1 361 201
西　藏 Tibet	33 270	76 463		4 747	104 986
甘　肃 Gansu	51 914	201 204	108 269	17 150	127 699
青　海 Qinghai	111 179	481 971	278 145	79 450	235 556
宁　夏 Ningxia	330 332	1 605 303	854 498	404 694	676 443
新　疆 Xinjiang	2 048 538	5 032 427	3 904 275	888 223	2 288 467

注:本表按当年价格计算(at current price)。

4—8 民族自治地方分地区工业企业单位数和工业总产值(1997年)

The Amount of Industrial Enterprises and Gross Output Value of Industry by Region of Minority National Autonomous Areas(1997)

单位:万元

(10 000 yuan)

地区 Region	工业企业单位数(个) Number of Enterprises	工业总产值 Gross Output Value	国有经济 State-Owned	集体经济 Collective-Owned	#乡办工业 Township	#村办工业 Village	城乡联营工业和城乡个体工业 Joint Urban and Private
合计 Total	**84 745**	**52 376 434**	**23 155 894**	**8 434 596.5**	**13 869 780**	**2 822 692.5**	**13 000 755**
河北 Hebei	1 448	636 382	95 703	146 368	156 927	149 925	157 961
内蒙古 Inner Mongolia	14 131	10 147 776	4 648 398	1 415 832	610 546	553 073	2 518 857
辽宁 Liaoning	4 420	1 637 241	151 697	419 092	390 735	534 798	406 392
吉林 Jilin	2 415	1 616 461	768 485	194 067	102 996	40 285	401 234
黑龙江 Heilongjiang	130	48 454	15 670	16 312	16 029	4 445	12 027
浙江 Zhejiang	116	45 340	6 523	17 217	13 841		11 254
湖北 Hubei	3 236	943 121	369 886	179 029	149 442	66 087	234 099
湖南 Hunan	3 036	959 519	378 070	263 813	156 166	47 987	238 169
广东 Guangdong	630	103 241	37 397	12 917	3 248	3 312	25 626
广西 Guangxi	20 832	15 730 263	5 693 498	3 347 962	11 246 295	911 603	3 904 529
海南 Hainan	400	147 362	103 639	3 494	1 174	1 771	36 578
重庆 Chongqing	1 426	308 926	159 269	39 409	35 364	20 105	76 681
四川 Sichuan	3 308	1 067 561	437 467	202 774	178 318	19 046	264 988
贵州 Guizhou	3 873	1 400 824	602 959	323 530	92 986	9 563.5	347 709
云南 Yunnan	8 048	3 964 530	1 888 042	572 774	280 309	194 445	984 066
西藏 Tibet	523	146 554	78 032	17 648	1 475	444	36 377
甘肃 Gansu	2 819	367 101	181 228	69 904	55 686	22 862	91 121
青海 Qinghai	2 207	837 033	427 030	146 717	34 988	36 116	207 766
宁夏 Ningxia	2 621	2 659 661	1 308 141	220 465	133 310	63 851	660 175
新疆 Xinjiang	9 126	9 609 083	5 804 760	825 273	209 944	142 974	2 385 144

1. 本表按当年价格计算。
2. 工业企业单位数及工业总产值均包括村及村以下工业。

4—9 民族自治地方主要工业产品产量(一)
Output of Major Industrial Products of Minority National Autonomous Areas(1)

年 份 Year	生铁 (万吨) Pig Iron (10 000 tons)	钢 (万吨) Steel (10 000 tons)	原煤 (万吨) Coal (10 000 tons)	原油 (万吨) Crude Oil (10 000 tons)	发电量 (万千瓦小时) Electricity Hydropower (10 000kw·h)	木 材 (万立方米) Timber (10 000 cu·m)	纱 (吨) Yarn (ton)	布 (万米) Cloth (10 000m)
1952	0.90		178.00	5.20	8 100	233.00	483	3 500
1957	4.50		545.00	9.50	4 300	645.10	4 785	8 100
1962	41.70	10.30	1 631.00	100.60	234 000	219.90	11 521	8 000
1965	55.80	39.40	2 029.00	97.30	334 000	858.20	29 278	18 200
1975	89.90	66.20	4 561.00	440.90	1 256 500	1 034.40	45 542	25 700
1978	168.20	128.50	6 081.00	577.70	1 739 900	1 211.90	66 554	37 300
1980	177.52	166.60	5 418.15	623.60	1 933 600	1 618.95	79 400	44 300
1981	190.02	16 615	5 429.67	616.54	2 022 426	1 493.29	91 907	45 789
1982	182.76	167.59	5 799.31	625.00	2 212 512	1 545.01	103 619	52 136
1983	195.66	173.38	6 520.80	672.44	2 393 025	1 565.36	105 025	52 995
1984	214.98	197.82	6 992.55	704.63	2 609 017	1 664.70	98 992	74 141
1985	258.12	232.45	8 597.00	804.86	3 890 111	1 825.91	121 984	54 183
1986	295.08	248.06	8 874.54	861.60	4 008 111	2 048.76	146 097	67 766
1987	346.23	291.09	9 260.57	899.38	5 189 745	1 903.31	170 916	67 210
1988	328.60	291.36	10 995.00	973.14	5 533 367	1 931.13	173 602	69 419
1989	362.88	320.04	13 923.69	1 132.58	6 755 656	1 762.69	187 615	77 916
1990	417.03	368.25	12 076.67	1 264.97	7 388 007	1 761.32	220 499	73 705
1991	376.86	414.14	12 227.37	1 401.88	7 127 151	1 808.44	262 900	71 433
1992	450.92	435.21	13 064.40	1 405.39	8 476 228	1 867.99	272 100	69 287
1993	515.34	489.40	14 157.39	1 636.69	9 920 863	2 007.71	220 850	66 505
1994	536.70	493.48	14 860.12	1 466.05	11 078 677	2 042.28	316 616	70 072
1995	554.68	699.57	16 638.57	1 609.56	11 864 600	3 257.30	371 319	69 306
1996	663.67	722.14	17 205.43	1 813.29	12 289 300	3 452.95	328 504	61 689
1997	1 041.30	663.72	19 038.40	2 003.10	12 304 400	1 894.50	365 347	69 246

4—9 民族自治地方主要工业产品产量(二)
Output of Major Industrial Products of Minority National Autonomous Areas(2)

单位:万吨 (10 000 tons)

年份 Year	糖 Sugar	卷烟(万箱) Cigarettes (10 000box)	水泥 Cement	化肥(折纯) Fertilizers (Pure)	机制纸及纸板 Machine—Made Paper and Paperboard
1952		2.58			1.31
1957		3.57			3.97
1962			11.92	1.03	5.86
1965	22.20	7.70	91.01	36.43	7.86
1975	32.72	36.28	334.98	48.67	20.97
1978	43.57	51.43	554.00		30.9
1980	65.62	89.39	576.09	57.10	32.07
1981	78.99	107.05	587.12	61.95	31.65
1982	82.30	131.60	699.87	67.11	34.56
1983	101.16	150.99	843.38	74.55	45.30
1984	107.32	174.47	940.78	80.18	44.51
1985	126.91	209.89	1 222.08	85.72	59.21
1986	174.52	257.20	1 343.15	100.03	64.33
1987	187.81	323.60	1 538.03	131.85	72.68
1988	180.75	371.08	1 667.50	128.64	79.68
1989	198.65	413.84	1 714.40	153.93	93.16
1990	222.62	443.10	1 957.83	197.05	94.10
1991	249.06	441.27	2 372.10	203.59	109.52
1992	372.82	444.05	2 828.96	213.31	131.85
1993	373.94	479.78	3 210.18	205.37	151.27
1994	280.20	491.60	3 952.47	205.25	153.00
1995	239.54	353.63	4 295.92	218.75	191.21
1996	312.42	271.45	4 181.51	189.47	172.84
1997	414.03	458.85	4 454.00	227.50	168.99

4—10 民族自治地方分地区主要工业产品产量(1997 年)(一)
Output of Major Industrial Products by Region of Minority National Autonomous Areas(1997)(1)

地 区 Region	原 煤 (万吨) Coal (10 000 tons)	原 油 (万吨) Crude Oil (10 000 tons)	天然气 (万立方米) Natural Gas (10 000cu.m)	原 盐 (吨) Crude Salt (ton)	木 材 (万立方米) Timber (10 000 cu.m)
合 计 Total	**19 038.4**	**2 003.1**	**237 617**	**1 744 351**	**1 894.5**
河 北 Hebei	24.2				16.3
内蒙古 Inner Mongolia	8 303.0	131.5		1 000 000	517.9
辽 宁 Liaoning	567.2				58.9
吉 林 Jilin	417.1	2.0	1		259.6
黑龙江 Heilongjiang					
浙 江 Zhejiang					0.4
湖 北 Hubei	417.3			28 598	5.2
湖 南 Hunan	88.3				48.9
广 东 Guangdong	4.8				14.1
广 西 Guangxi	1 114.0			71 900	365.9
海 南 Hainan				70 728	5.9
重 庆 Chongqing	165.2				0.8
四 川 Sichuan	152.8			20 376	212.7
贵 州 Guizhou	1 362.7				38.7
云 南 Yunnan	1 380.8			30	262.7
西 藏 Tibet					25.0
甘 肃 Gansu	123.0				5.4
青 海 Qinghai	227.0	160.2	22 034	153 311	2.7
宁 夏 Ningxia	1 669.7	80.2	2 576	940	14.5
新 疆 Xinjiang	3 021.3	1 629.2	213 006	398 468	39.0

4—10 民族自治地方分地区主要工业产品产量(1997年)(二)
Output of Major Industrial Products by Region of Minority National Autonomous Areas(1997)(2)

地区 Region	糖(吨) Sugar (ton)	卷烟(箱) Cigarettes (box)	纱(吨) Yarn (ton)	布(万米) Cloth (10 000 m)	机制纸及纸板(吨) Machine Made Paper and Paperboard (ton)
合计 Total	**4 140 342**	**4 588 528**	**365 347**	**69 246**	**1 689 907**
河北 Hebei				7	4 064
内蒙古 Inner Mongolia	267 000	258 000	19 782	8 271	160 300
辽宁 Liaoning	3 869		401	7 474	26 549
吉林 Jilin		280 000	7 684	1 953	156 854
黑龙江 Heilongjiang					2 353
浙江 Zhejiang					
湖北 Hubei		477 371	2 532	541	10 967
湖南 Hunan	146	171 123	3 200	1 838	3 298
广东 Guangdong	420				1 550
广西 Guangxi	2 449 000	906 800	72 000	12 318	801 200
海南 Hainan	71 438				418
重庆 Chongqing		550 877		5	4 695
四川 Sichuan	45 082	154 000		4	14 662
贵州 Guizhou	5 155	273 000	4 287	1 916	57 268
云南 Yunnan	822 700	1 347 300	6 400	4 476	118 800
西藏 Tibet					100
甘肃 Gansu	1 428				1 834
青海 Qinghai					3 855
宁夏 Ningxia	51 300	38 000	1 918	581	159 481
新疆 Xinjiang	422 804	132 057	247 143	29 861	161 659

4—10 民族自治地方分地区主要工业产品产量(1997年)(三)
Output of Major Industrial Products by Region of Minority National Autonomous Areas(1997)(3)

地区 Region	农用化肥(折纯)(吨) Chemical Fertilizers (pure)	水泥(万吨) Cement (10 000tons)	平板玻璃(箱) Plate Glass (box)	生铁(万吨) Pig Iron (10 000tons)	钢(万吨) Steel (10 000tons)	发电量(亿千瓦小时) Electricity Hydropower (100 milhon kw·h)
合　计 Total	**2 274 973**	**4 454**	**7 070 864**	**1 041.3**	**663.7**	**1 230.44**
河　北 Hebei		28		116.2		0.12
内蒙古 Inner Mongolia	168 700	466	3 997 700	450.8	453.3	342.23
辽　宁 Liaoning	820	60		1.3	2.5	1.17
吉　林 Jilin	64 604	59		1.1		59.88
黑龙江 Heilongjiang						
浙　江 Zhejiang						1.22
湖　北 Hubei	66 537	88				37.28
湖　南 Hunan	33 118	73		3.7	0.2	13.57
广　东 Guangdong		25			0.7	12.71
广　西 Guangxi	470 400	1 893	2 014 000	11.9	98.6	237.26
海　南 Hainan		30	52	1.1	0.1	1.76
重　庆 Chongqing	2 975	54			0.1	4.44
四　川 Sichuan	38 047	111		14.0	1.2	7.05
贵　州 Guizhou	323 957	158	263 410	6.7	0.2	47.58
云　南 Yunnan	359 200	525	10 023	34.2	1.1	99.87
西　藏 Tibet		32		300.0		5.78
甘　肃 Gansu	90 523	20				54.20
青　海 Qinghai	227 340	24		0.1	0.4	40.34
宁　夏 Ningxia	41	181	572 458	6.7	8.2	113.42
新　疆 Xinjiang	428 711	628	213 221	93.8	97.2	150.58

4—11 民族自治地方分地区国有独立核算工业企业主要财务指标（1997年）（一）

Financial Indicators of State－Owned Industrial Enterprises with Independent Accounting Systems by Region of Minority National Autonomous Areas(1997)(1)

单位:万元 (10 000 yuan)

地区 Region	企业个数（个）Number of Enterprises	#亏损企业 Loss-making Enterprises	工业总产值 Gross Output Vabelue of Industry 当年价格 at Current Price	工业总产值 1990年不变价格 at Constant Price of 1990	工业增加值（生产法）Average Value of Industry	工业销售产值（现行价格）For Sales
合　计 Total	**42 611**	**11 235**	**34 079 829**	**24 534 084**	**17 693 203**	**32 688 504**
河　北 Hebei	578	113	306 950	254 489	92 291	293 477
内蒙古 Inner Mongolia	8 208	1 294	6 749 627	4 733 597	2 576 723	6 590 797
辽　宁 Liaoning	1 975	552	647 813	595 354	212 638	595 268
吉　林 Jilin	1 768	650	1 136 272	916 427	406 076	1 089 816
黑龙江 Heilongjiang	69	14	31 871	19 360	7 753	28 669
浙　江 Zhejiang	116	14	30 481	27 928	7 572	28 906
湖　北 Hubei	1 386	212	567 453	396 622	290 350	560 283
湖　南 Hunan	1 659	424	611 359	432 227	228 040	580 897
广　东 Guangdong	293	46	74 640	55 193	33 443	69 316
广　西 Guangxi	12 293	3 461	10 328 903	8 423 559	2 986 701	9 886 617
海　南 Hainan	123	57	108 528	69 218	37 725	96 309
重　庆 Chongqing	256	93	192 927	174 136	87 999	183 588
四　川 Sichuan	792	237	610 655	431 464	265 805	587 360
贵　州 Guizhou	2 297	570	842 585	686 146	309 089	789 776
云　南 Yunnan	2 317	944	2 518 465	1 798 255	1 011 373	2 419 438
西　藏 Tibet	314	67	98 741	60 037	79 718	85 507
甘　肃 Gansu	531	88	232 359	225 909	122 790	218 880
青　海 Qinghai	1 315	254	554 793	341 840	193 923	507 049
宁　夏 Ningxia	1 605	747	1 889 610	1 315 608	6 015 829	1 802 423
新　疆 Xinjiang	4 716	1 671	6 545 797	3 576 716	2 727 364	6 274 129

4—11 民族自治地方分地区国有独立核算工业企业主要财务指标（1997年）（二）

Financial Indicators of State-Owned Industrial Enterprises with Independent Accounting Systems by Region of Minority National Autonomous Areas (1997) (2)

单位：万元 (10 000 yuan)

地区 Region	全部职工年平均人数（人）Average Annual Staff and Workers	资本金 Capital	流动资金年平均余额 Average Balance Circulation Funds	固定资产 Fixed Assets 原值 Original Value	固定资产 Fixed Assets 净值 Net Value
合计 Total	**4 428 695**	**20 075 017**	**25 293 245**	**46 107 696**	**31 703 443**
河北 Hebei	51 868	78 159	127 641	170 731	127 272
内蒙古 Inner Mongolia	1 439 114	4 092 557	5 735 500	9 643 740	6 153 596
辽宁 Liaoning	145 007	185 847	364 218	424 132	301 929
吉林 Jilin	336 721	725 497	993 033	1 776 275	1 196 405
黑龙江 Heilongjiang	6 621	14 326	15 556	14 976	15 092
浙江 Zhejiang	3 913	11 962	13 376	19 350	15 365
湖北 Hubei	88 187	213 107	555 744	937 936	713 250
湖南 Hunan	124 662	200 824	476 877	616 825	458 333
广东 Guangdong	5 172	58 785	41 982	111 411	78 664
广西 Guangxi	142 246	6 833 337	6 779 146	10 667 735	8 068 338
海南 Hainan	32 877	74 988	44 466	123 978	171 132
重庆 Chongqing	39 617	95 935	131 803	182 507	132 668
四川 Sichuan	129 564	505 414	524 923	1 106 991	811 079
贵州 Guizhou	156 676	425 543	613 667	814 037	615 351
云南 Yunnan	399 026	1 247 932	1 782 889	3 260 717	2 263 677
西藏 Tibet	22 193	184 353	77 584	136 557	215 802
甘肃 Gansu	52 626	92 689	120 187	212 359	145 023
青海 Qinghai	93 075	606 685	458 384	1 719 240	1 137 873
宁夏 Ningxia	324 199	1 080 010	1 606 345	2 751 345	1 744 556
新疆 Xinjiang	835 331	3 347 066	4 829 924	11 416 855	7 338 040

4—11 民族自治地方分地区国有独立核算工业企业主要财务指标（1997年）（三）

Financial Indicators of State—Owned Industrial Enterprises with Independent Accounting Systems by Region of Minority National Autonomous Areas(1997)(3)

单位：万元 (10 000 yuan)

地区 Region	产品销售收入 Sales Revenue	营业利润	利润总额 Total After－Tax Profits	亏损企业亏损总额	利税总额 Total Pre－Tax Profits	应交所得税 Paid Income Tax
合计 Total	**31 792 355**	**－160 023**	**224 781**	**1 268 672**	**2 839 570**	**231 648**
河北 Hebei	272 597	11 670	13 535	4 937	24 554	2 243
内蒙古 Inner Mongolia	6 507 738	110 042	183 842	139 178	705 535	49 562
辽宁 Liaoning	494 517	3 986	3 553	23 636	28 508	3 889
吉林 Jilin	1 027 876	－18 758	－4 638	44 770	88 690	4 334
黑龙江 Heilongjiang	20 532	931	884	505	1 649	
浙江 Zhejiang	28 280	1 087	846	633	2 279	121
湖北 Hubei	533 601	28 319	24 878	10 105	114 290	5 689
湖南 Hunan	547 690	－10 349	11 357	25 549	94 300	1 978
广东 Guangdong	79 157	4 168	2 958	3 908	8 480	271
广西 Guangxi	9 558 122	－220 078	－158 628	465 804	535 411	47 263
海南 Hainan	95 762	－13 179	－12 146	13 198	－2 318	17
重庆 Chongqing	181 218	－3 465	－1 655	5 850	36 395	642
四川 Sichuan	612 943	19 544	17 654	35 516	98 806	9 778
贵州 Guizhou	603 585	－9 034	－4 728	33 367	73 272	5 467
云南 Yunnan	2 490 223	－10 562	51 840	97 744	296 486	42 791
西藏 Tibet	98 701	8 584	22 249	3 841	27 630	
甘肃 Gansu	158 074	2 566	4 098	6 364	12 793	1 491
青海 Qinghai	525 690	－27 405	－25 315	44 377	6 034	2 612
宁夏 Ningxia	1 811 556	－30 466	116 699	76 516	142 893	17 606
新疆 Xinjiang	6 144 494	－7 625	－22 502	232 873	543 885	35 895

4—12 民族自治地方分地区国有独立核算工业企业主要经济效益指标（1997年）

Financial Ratios of State-Owned Industrial Enterprises with Independent Accounting Systems by Region of Minority National Autonomous Areas(1997)

单位:元 (yuan)

地 区 Region	企业亏损面(%) Loss-making Enterprises As% Total	每百元固定资产原值实现的 From Original Value of Fixed Assets Per100RMB			每百元工业总产值实现的利税额 Pre-Tax Profit/Gross Output Value Per 100RMB		每百元工业总产值占用的流动资金 Circulating Funds/Gross Output Value Per100RMB	
		工业总产值 Gross Output Value		利润和税金 Pre-Tax Profits and Taxes	1990年不变价格 at 1990 Constant Price	当年价格 at Constant Price	1990年不变价格 at 1990 Constant Price	当年价格 at Constant Price
		1990年不变价格 at 1990 Constant Price	当年价格 at Constant Price					
合 计 Total	**26.37**	**73.91**	**53.21**	**6.16**	**8.33**	**11.57**	**74.22**	**74.22**
河 北 Hebei	19.55	179.79	149.06	14.38	8.00	9.65	41.58	41.58
内蒙古 Inner Mongolia	15.77	69.99	49.08	7.32	10.45	14.90	84.98	84.98
辽 宁 Liaoning	27.95	152.74	140.37	6.72	4.40	4.79	56.22	56.22
吉 林 Jilin	36.76	63.97	51.59	4.99	7.81	9.68	87.39	87.39
黑龙江 Heilongjiang	20.29	212.81	129.27	11.01	5.17	8.52	48.81	48.81
浙 江 Zhejiang	12.07	157.52	144.33	11.78	7.48	8.16	43.88	43.88
湖 北 Hubei	15.30	60.50	42.29	12.19	20.14	28.82	97.94	97.94
湖 南 Hunan	25.56	99.11	70.07	15.29	15.42	21.82	78.00	78.00
广 东 Guangdong	15.70	67.00	49.54	7.61	11.36	15.36	56.25	56.25
广 西 Guangxi	28.15	96.82	78.96	5.02	5.18	6.36	65.63	65.63
海 南 Hainan	46.34	87.54	55.83	−1.87	−2.14	−3.35	40.97	40.97
重 庆 Chongqing	36.33	105.71	95.41	19.94	18.86	20.90	68.32	68.32
四 川 Sichuan	29.92	55.16	38.98	8.93	16.18	22.90	85.96	85.96
贵 州 Guizhou	24.81	103.51	84.29	9.00	8.70	10.68	72.83	72.83
云 南 Yunnan	40.74	77.24	55.15	9.09	11.77	16.49	70.79	70.79
西 藏 Tibet	21.34	72.31	43.96	20.23	27.98	46.02	78.57	78.57
甘 肃 Gansu	16.57	109.42	106.38	6.02	5.51	5.66	51.72	51.72
青 海 Qinghai	19.32	32.27	19.88	0.35	1.09	1.77	82.62	82.62
宁 夏 Ningxia	29.53	68.68	47.82	5.19	7.56	10.86	85.01	85.01
新 疆 Xinjiang	35.43	57.33	31.33	4.76	8.31	15.21	73.79	73.79

4—13 民族自治地方国有经济和集体经济独立核算工业企业全员劳动生产率

All Labor Productivity of State－Owned and Collective Industrial Enterprises with Independent Accounting Systems of Minority National Autonomous Areas

单位:元 (yuan)

年份 Year	全员劳动生产率 Productivity	国有经济 State－Owned	集体经济 Collective－Owned
1981	6 976		
1982	7 755		
1983	8 343	8 870	5 851
1984	8 088	8 609	5 658
1985	9 192	10 308	
1986	10 371	11 195	
1987	10 371	1 165	7 009
1988	11 484	12 732	8 296
1989	11 853	13 017	8 808
1990	12 627	13 733	9 663
1991	24 458	27 272	17 010
1992	26 691	29 295	19 359
1993	27 992	31 132	20 331
1994		32 056	
1995	33 420	35 233	26 092
1996	32 703	29 284	42 530
1997	39 951		

注:本表劳动生产率 1981 年按 1970 年不变价格计算,1982－1990 年按 1980 年不变价格计算,1991－1997 年按 1990 年不变价格计算,下同。

4—14 民族自治地方分地区独立核算工业企业全员劳动生产率 (1997年)

All Labor Productivity of State-Owned Industrial Enterprises with Independent Accounting Systems by Region of Minority National Autonomous Areas(1997)

地 区 Region	职工年平均人数(人) Average Annual Staff and Workers	工业增加值(万元) Average Value of Industry (10 000 yuan)	全员劳动生产率(元) Overall Labor Productivity (yuan)
合 计 Total	**4 428 695**	**17 693 203**	**39 951**
河 北 Hebei	51 868	92 291	17 793
内蒙古 Inner Mongolia	1 439 114	2 576 723	17 905
辽 宁 Liaoning	145 007	212 638	14 664
吉 林 Jilin	336 721	406 076	12 060
黑龙江 Heilongjiang	6 621	7 753	11 710
浙 江 Zhejiang	3 913	7 572	19 351
湖 北 Hubei	88 187	290 350	32 924
湖 南 Hunan	124 662	228 040	18 293
广 东 Guangdong	5 172	33 443	64 662
广 西 Guangxi	142 246	2 986 701	209 967
海 南 Hainan	32 877	37 725	11 475
重 庆 Chongqing	39 617	87 999	22 213
四 川 Sichuan	129 564	265 805	20 515
贵 州 Guizhou	156 676	309 089	19 728
云 南 Yunnan	399 026	1 011 373	25 346
西 藏 Tibet	22 193	79 718	35 920
甘 肃 Gansu	52 626	122 790	23 333
青 海 Qinghai	93 075	193 923	20 835
宁 夏 Ningxia	324 199	6 015 829	185 560
新 疆 Xinjiang	835 331	2 727 364	32 650

主要统计指标解释

工业 指从事自然资源的开采，对采掘品和农产品进行加工和再加工的物质生产部门。具体包括：(1)对自然资源的开采，如采矿、晒盐、森林采伐等(但不包括禽兽捕猎和水产捕捞)；(2)对农副产品的加工、再加工，如粮油加工、食品加工、轧花、缫丝、纺织、制革等；(3)对采掘品的加工、再加工，如炼铁、炼钢、化工生产、石油加工、机器制造、木材加工等，以及电力、自来水、煤气的生产和供应等；(4)对工业品的修理、翻新，如机器设备的修理、交通运输工具(包括小卧车)的修理等。

1984年以前农村的村及村以下办工业归属农业，1984年以后划归工业。

国有经济工业(即过去的全民所有制工业或国营工业) 指生产资料归国家所有的一种经济类型。包括中央和地方各级国家机关、部队、科研机构、学校、人民团体和国有经济企事业单位等举办的国有经济工业。1957年以前的公私合营和私营工业，后均改造为国营工业，1992年改为国有工业，这部分工业的资料不单独分列时，均包括在国有工业内。

集体经济工业 指生产资料归公民集体所有的一种经济类型，是社会主义公有制经济的组成部分。包括城乡所有使用集体投资举办的企业，以及部分个人通过集资自愿放弃所有权并依法经工商行政管理机关认定为集体所有制的企业。

其他经济类型工业 指除国有经济工业、集体经济工业以外的其他经济类型工业企业(单位)。包括私营经济、个体经济、联营经济、股份制经济(股份有限公司、有限责任公司)；外商投资经济(中外合资经营、中外合作经营、外资企业)；港、澳、台投资经济(与大陆合资经营、与大陆合作经营，港、澳、台独资企业)及其他经济类型的工业。

轻工业 指主要提供生活消费品和制作手工工具的工业。按其所使用的原料不同，可分为两大类：(1)以农产品为原料的轻工业，是指直接或间接以农产品为基本原料的轻工业。主要包括食品制造、饮料制造、烟草加工、纺织、缝纫、皮革和毛皮制作、造纸以及印刷等工业。(2)以非农业产品为原料的轻工业，是指以工业品为原料的轻工业。主要包括文教体育用品、化学药品制造、合成纤维制造、日用化学制品、日用玻璃制品、日用金属制品、手工工具制造、医疗器械制造、文化和办公用机械制造工业。

重工业 是指为国民经济各部门提供物质技术基础的主要生产资料的工业。按其生产性质和产品用途，可以分为下列三类：(1)采掘(伐)工业，是指对自然资源的开采，包括石油开采、煤炭开采、非金属矿开采和木材采伐等工业；(2)原材料工业，指向国民经济各部门提供基本材料、动力和燃料的工业。包括金属冶炼及加工、炼焦及焦炭化学、化工原料、水泥、人造板以及电力、石油和煤炭加工等工业；(3)加工工业，是指对工业原材料进行再加工制造的工业。包括装备国民经济各部门的机械设备制造工业、金属结构、水泥制品等工业，以及为农业提供生产资料如化肥、农药等工业。

工业总产值 是以货币表现的工业企业在一定时期内生产的已出售或可供出售工业产品总量，它反映一定时间内工业生产的总规模和总水平。它包括：在本企业内不再进行加工，经检验、包装入库(规定了需包装的产品除外)的成品价值，工业性作业价值，自制半成品、在产品期末期初差额价值(生产周期较长的企业计算)。工业总产值采用“工厂法”计算，即以工业企业作为一个整体，按企业工业生产活动的最终成果来计算，企业内部不允许重复计算，不能把企业内部各个车间(分厂)生产的成果相加。但在企业之间、行业之间、地区之间存在着重复计算。

轻重工业总产值的划分也是按“工厂法”计算的，即一个工业企业在正常情况下生产的主要产品的性质属于轻工业，则该企业的全部总产值作为轻工业总产值；一个工业企业生产的主要产品的性质属于重工业，则该企业的全部总产值作为重工业总产值。

固定资产原值 固定资产原值指企业在建造、购置、安装、改建、扩建、技术改造某项固定资产时所支出的全部货币总额。它一般包括买价、包装费、运杂费和安装费等。

固定资产净值 是指固定资产原值减去历年已提折旧额后的净额。

利税总额 指企业产品销售税金及附加和利润总额之和。

资金利税率 指在一定时期内已实现的利润、税金总额与同期的资产(固定资产净值和流动资产)之比。计算公式：

$$资金利税率(\%)=\frac{报告期累计实现利税总额}{固定资产净值平均余额+流动资产平均余额}\times 100\%$$

资金利税率反映每单位(通常是每万元)资金所提供的利润税金额。它是考察和评价部门或企业资金运用的经济效益、分析资金投入效果的主要分析指标。

产品销售率 指一定时期内销售产值与同期全部工业总产值之比，反映工业产品生产已实现销售的程度。计算公式：

$$工业产品销售率(\%)=\frac{报告期现价工业销售产值}{报告期现价工业总产值}\times 100\%$$

全员劳动生产率 指根据产品的价值量指标计算的平均每一个职工在单位时间内的产品生产量。是考核企业经济活动的重要指标，是企业生产技术水平、经营管理水平、职工技术熟练程度和劳动积极性的综合表现。目前我国的全员劳动生产率是将工业企业的工业增加值除以同一时期全部职工的平均人数来计算的。计算公式：

$$全员劳动生产率(\%)=\frac{工业增加值}{全部职工平均人数}\times 100\%$$

为了使各年度的全员劳动生产率数字可以比较，1990 年以前各年的全员劳动生产率均按指数换算成 1990 年不变价格。

五、运输、邮电

TRANSPORTATION, POST AND TELECOMMUNICATIONS SERVICES

5—1 民族自治地方运输、邮电情况

Transportation, Post and Telecommunications Services of Minority National Autonomous Areas

年份 Year	铁路营业里程（万公里） Railways in Operation (10 000km)	公路通车里程（万公里） Length of Highways (10 000km)	全年铁路货运量（万吨） Railway Freight Traffic (10 000tons)	全年公路货运量（万吨） Highway Freight Traffic (10 000tons)	邮电局（所）（个） Post Offices	邮路及农村投递线路（万公里） Length of Postal Routes and Rural Delivery Routes (10 000 km)
1949	0.35	1.14				
1952	0.38	2.59		355.10	3 499	13.13
1957	0.55	6.27		1 425.23	4 452	39.72
1962	0.72	12.57			5 174	45.73
1965		12.55		4 164.67	5 272	36.37
1975		17.71		10 694.75		
1978	0.90	20.80		13 448.21	7 222	94.75
1980	0.20	21.16		10 266.06	7 136	88.68
1981	1.22	21.21		12 058.99	7 121	84.61
1982	1.23	21.65	9 998.54	14 960.01	7 226	86.19
1983	1.21	23.00	11 014.11	11 884.72	7 482	88.11
1984	1.21	23.54	12 065.78	12 864.07	7 578	87.04
1985	1.25	25.41	13 100.56	22 012.92	8 075	90.40
1986	1.26	25.09	13 212.37	31 628.04	8 809	88.37
1987	1.27	27.57	12 283.00	38 566.22	8 219	87.27
1988	1.27	27.68	14 044.97	53 936.53	8 276	86.61
1989	1.29	30.05	15 599.00	61 385.00	8 443	95.10
1990	1.31	29.37	18 077.87	58 371.07	8 436	88.02
1991	1.33	28.67	17 066.29	76 352.30	9 589	90.51
1992	1.35	28.30	17 651.02	68 366.10	8 509	84.25
1993	1.45	30.84	27 038.44	122 362.27	8 422	85.61
1994	1.67	31.19	23 117.00	128 162.00	8 814	83.29
1995	1.70	33.21	20 385.00	111 060.00	9 076	106.82
1996	1.76	36.33			9 082	108.00
1997	1.33	35.44	23 281.00	114 057.99	9 836	100.38

注：本表未扣除区域变动因素，年度之间不可比。

5—2 民族自治地方分地区运输条件(1997 年)

Transportation Conditions by Region of Minority National Autonomous Areas(1997)

单位:公里 (killmeter)

地区 Region	民用汽车(辆) Civil Motor Vehicles	公路线路里程 Length of Highway	内河航道里程 Length of Navigabler Inland Waterways	国有铁路营业里程 Length of Central Railway	地方铁路正线里程 Length of Local Railway
合 计 Total	**1 302 678**	**354 414**	**13 808**	**13 339**	**3 783**
河 北 Hebei	4 281	3 154		59	
内蒙古 Inner Mongolia	254 465	49 992	802	5 078	1 020
辽 宁 Liaoning	18 156	8 171	276	167	73
吉 林 Jilin	61 493	7 572		453	57
黑龙江 Heilongjiang		353		50	
浙 江 Zhejiang	365	483	135		
湖 北 Hubei	7 394	12 695	1 202		
湖 南 Hunan	15 423	10 312	1 253	235	1
广 东 Guangdong	2 624	1 898	28		
广 西 Guangxi	252 123	45 378	4 521	2 344	703
海 南 Hainan	6 497	1 873		25	
重 庆 Chongqing	5 826	4 969	300		
四 川 Sichuan	48 884	25 914	3 419	761	
贵 州 Guizhou	40 250	18 800	1 251	392	
云 南 Yunnan	174 346	75 172	502	973	
西 藏 Tibet	35 044	22 455			
甘 肃 Gansu	9 841	7 400	119	52	
青 海 Qinghai	12 275	16 720			
宁 夏 Ningxia	60 073	9 048		712	126
新 疆 Xinjiang	293 318	32 053		2 038	1 803

5—3 民族自治地方分地区公路、铁路旅客、货物运输量(1997年)

Railway Volume, Road Passenger, Traffic and Freight Traffic by Region of Minority National Autonomous Areas(1997)

地区 Region	客运量合计(万人) Total Passenger Traffic (10 000 Persons)	#公路 Highway	#铁路 Railway	货运量合计(万吨) Total Freight Traffic (10 000tons)	#公路 Highway	#铁路 Railway
合计 Total	**126 562**	**116 855**	**7 997**	**137 576**	**114 058**	**23 281**
河北 Hebei	337	352		556	556	
内蒙古 Inner Mongolia	19 148	16 287	2 735	39 008	29 047	9 403
辽宁 Liaoning	1 683	1 786	140	1 422	3 677	126
吉林 Jilin	3 659	2 983	676	3 200	2 497	703
黑龙江 Heilongjiang	1 175	1 110	65		1 535	
浙江 Zhejiang				74	74	
湖北 Hubei	1 518	1 460		181	130	
湖南 Hunan	5 047	5 021	13	1 796	1 859	1 049
广东 Guangdong	399	399		283	269	
广西 Guangxi	38 343	34 752	2 495	31 473	24 349	5 315
海南 Hainan	1 914	1 879	27	1 549	1 495	52
重庆 Chongqing	3 566	3 103		1 478	609	
四川 Sichuan	3 796	2 969	872	5 616	3 393	2 223
贵州 Guizhou	9 093	8 996		4 153	4 060	
云南 Yunnan	9 358	9 312	46	10 790	10 786	4
西藏 Tibet	266	250		200	192	
甘肃 Gansu	899	899		334	334	
青海 Qinghai	839	839		1 058	1 058	
宁夏 Ningxia	5 286	5 098	180	5 617	3 801	1 739
新疆 Xinjiang	20 237	19 360	748	28 790	24 338	2 667

5—4 民族自治地方分地区公路、铁路旅客、货物周转量(1997 年)

Railway Volume, Road Passenger, Traffic and Turnover Volume of Freight Traffic by Region of Minority National Autonomous Areas(1997)

地区 Region	旅客周转量(万人公里) Turnover Valume of Passenger Traffic	#公路 Highway	#铁路 Railway	货运周转量(万吨公里) Turnover Volume of Freight Traffic	#公路 Highway	#铁路 Railway
合　计 Total	**10 470 148**	**7 240 540**	**2 775 290**	**23 213 265**	**9 043 287**	**14 800 257**
河　北 Hebei	18 802	18 802		36 200	36 200	
内蒙古 Inner Mongolia	1 802 700	976 900	691 400	8 136 000	1 821 800	6 314 200
辽　宁 Liaoning	92 184	88 296	9 870	90 801	116 859	8 939
吉　林 Jilin	185 886	119 403	66 483	304 520	133 697	170 823
黑龙江 Heilongjiang		73 749		476 438	14 553	461 885
浙　江 Zhejiang						
湖　北 Hubei	97 216	94 987		77 661	71 756	
湖　南 Hunan	155 905	155 632	28	100 339	85 909	6 000
广　东 Guangdong	22 701	22 701		25 560	21 295	
广　西 Guangxi	3 781 800	2 803 200	944 000	6 135 000	1 834 800	3 378 200
海　南 Hainan	104 103	93 841	10 259	99 239	89 846	9 353
重　庆 Chongqing	131 964	100 292		170 844	162 045	
四　川 Sichuan	441 130	128 979	311 621	1 468 110	112 230	1 355 880
贵　州 Guizhou	311 726	310 738		323 050	320 108	
云　南 Yunnan	516 318	516 204	114	1 088 891	1 088 814	77
西　藏 Tibet	52 884	29 864		86 698	74 461	
甘　肃 Gansu	14 027	14 027		39 997	39 997	
青　海 Qinghai	43 287	43 287		106 917	106 917	
宁　夏 Ningxia	363 616	259 639	94 515	9 000	436 000	1 132 900
新　疆 Xinjiang	2 333 900	1 390 000	647 000	4 438 000	2 476 000	1 962 000

5—5 民族自治地方分地区邮电业情况(1997年)

Post and Telecommunications Services by Region of Minority National Autonomous Areas(1997)

地区 Region	邮电所总计(处) Post Offices	邮路总长度(公里) Length of Postal Routes (kilometer)	农村投递线路(公里) Length of Rural Delivery (kilometer)	市内电话机总部数(部) Urban Telephones	农村电话机总部数(部) Rural Telephones	邮电业务总量(不变价格)(万元) Revenue from Posts and Telecommunication (at Constant Price)
合计 Total	**9 836**	**518 220**	**485 627**	**5 061 324**	**935 132**	**1 104 353**
河北 Hebei	62	2 552	5 328	36 655	25 739	7 032
内蒙古 Inner Mongolia	1 837	71 006	103 991	894 400	162 000	174 001
辽宁 Liaoning	208	7 071	12 122	87 006	89 632	17 508
吉林 Jilin	211	10 051	10 274	267 745	78 783	58 084
黑龙江 Heilongjiang	17	305	301	7 708	2 430	1 243
浙江 Zhejiang	37	238	1 390	7 204	3 010	1 347
湖北 Hubei	203	4 899	28 880	73 047	33 398	13 180
湖南 Hunan	732	5 502	22 298	111 057	32 730	21 564
广东 Guangdong	39	1 159	2 524	13 914	7 773	3 866
广西 Guangxi	1 571	180 800		1 417 871	250 173	381 326
海南 Hainan	119	2 566	4 490	18 697	9 551	8 065
重庆 Chongqing	150	2 259	3 622	25 640	9 374	5 483
四川 Sichuan	369	13 257	16 743	89 105	18 949	16 285
贵州 Guizhou	577	9 579	37 307	151 312	26 596	29 146
云南 Yunnan	1 057	33 502	98 257	477 967	144 343	109 825
西藏 Tibet	134	16 435	55 260			11 787
甘肃 Gansu	167	5 368	12 706	43 532	8 202	15 767
青海 Qinghai	161	6 364	4 055	64 102	4 134	11 681
宁夏 Ningxia	346	16 904	10 123	326 602	25 995	45 612
新疆 Xinjiang	1 839	128 403	55 956	947 760	2 320	171 552

主要统计指标解释

铁路营业里程 又称营业长度,指办理客货运输业务的铁路正线总长度。凡是全线或部分建成双线及以上的线路,以第一线的实际长度计算;复线、站线、段管线、岔线和特别用途线以及不计算运费的联络线都不计算营业里程。铁路营业里程是反映铁路运输业基础设施发展水平的重要指标,也是计算客货周转量、运输密度和机车车辆运用效率等指标的基础资料。

铁路正线延展里程 是正线第一线、第二线、第三线和其他正线建筑里程之和,不包括站线、段管线、岔线及特殊用途线的延展里程。它是作为计算铁路线上钢轨、枕木及路基砂石需要量的主要依据。

公路里程 指在一定时期内实际达到《公路工程技术标准 JTJ01—88》规定的等级公路,并经公路主管部门正式验收交付使用的公路里程数。其计算单位为:km。它包括大中城市的郊区公路以及通过小城镇街道部分的公路里程,包括桥梁、渡口的长度,但不包括大中城市的街道、厂矿、林区生产用道和农业生产用道的里程。两条或多条公路共同经由同一路段,只计算一次,不得重复计算里程长度。公路里程是反映公路建设发展规模的重要指标,也是计算运输网密度等指标的基础资料。

内河航道里程 也称“内河通航里程”,是反映内河水运网规模、水平和发展情况的主要指标,是指在一定时期内,能通航运输船舶及排筏的天然河流、湖泊、水库、运河及通航渠道的长度。包括全年季节性通航累计三个月以上的航道,但不包括仅供零散流放竹、木排的河道。

六、建筑业

CONSTRUCTION

6—1 民族自治地方分地区建筑业基本情况(1997年)

Construction by Region of Minority National Autonomous Areas(1997)

地　区 Region	单位个数(个) Number of Entreprises	建筑业总产值(万元) Gross Output Value (10 000 yuan)	房屋建筑施工面积(万平米) Floor Space of Buildings Vnder Construction (10 000 sq・m)	房屋建筑竣工面积(万平米) Floor space of Buildings Completed (10 000 sq・m)	年末从业人数(人) Number of Persons Engaged (persons)
合　计 Total	**4 579**	**5 404 557**	**253 522**	**148 082**	**1 435 564**
河　北 Hebei	90	19 174	105 828	67 968	5 970
内蒙古 Inner mongolia	809	963 852	1 273	845	324 994
辽　宁 Liaoning	124	269 870	82	66	16 531
吉　林 Jilin	128	110 734	160	113	36 928
黑龙江 Heilongjiang	9	2 907	4	4	1 548
浙　江 Zhejiang					
湖　北 Hubei	84	71 623	202	74	15 907
湖　南 Hunan	69	42 081	114	62	12 530
广　东 Guangdong	5	11 751	23	19	1 523
广　西 Guangxi	918	1 275 627	2 428	1 156	357 500
海　南 Hainan	15	20 514	8	7	2 224
重　庆 Chongqing	34	20 281	55	35	10 690
四　川 Sichuan	303	55 736	97	65	17 306
贵　州 Guizhou	155	276 588	80 312	52 544	34 776
云　南 Yunnan	573	577 651	614	493	155 568
西　藏 Tibet	71	79 519	40	33	16 787
甘　肃 Gansu	50	45 771	60 462	23 587	18 295
青　海 Qinghai	100	84 640	35	31	6 787
宁　夏 Ningxia	392	334 919	384	234	105 600
新　疆 Xingjiang	650	1 141 318	1 400	747	294 100

七、固定资产投资

INVESTMENT IN FIXED ASSETS

7—1 民族自治地方国有经济固定资产投资和新增固定资产

Total Investment in Fixed Assets and Newly-increased Fixed Assets of State-Owned Units of Minority National Autonomous Areas

单位:万元 (10 000 yuan)

年份 year	固定资产投资 Fixed Assets	#基本建设投资 Capital Construction	#更新改造投资 Technical Updates and Transformation	新增固定资产 Increased Fixed Assets
1980		568 100		400 328
1981	616 191	378 850	237 341	292 454
1982	742 016	486 158	255 858	455 622
1983	932 396	626 472	305 924	632 058
1984	1 150 035	808 689	238 664	757 188
1985	1 619 410	1 146 957	332 535	1 188 813
1986	1 718 383	1 116 824	470 687	1 317 236
1987	2 001 690	1 153 559	604 804	2 419 201
1988	2 468 599	1 380 504	836 398	1 764 041
1989	2 309 884	1 335 246	705 143	1 931 483
1990	2 594 494	1 642 687	703 129	2 263 406
1991	3 408 360	2 120 179	857 978	2 509 954
1992	5 310 109	3 537 487	1 152 869	3 542 934
1993	7 914 431	5 177 365	1 761 423	5 430 725
1994	9 941 615	6 667 740	2 090 153	6 037 496
1995	9 826 022	6 487 224	2 483 422	9 246 492
1996	10 787 554	7 367 324	2 586 486	9 502 099
1997		9 194 971	2 759 645	10 009 505

注:1.固定资产投资额中还包括其他固定资产投资。

2.本表未扣除区域变动因素,年度之间不可比。

7—2 民族自治地方国有经济基本建设投资

Capital Construction Investment of State-Owned Units of Minority National Autonomous Areas

单位:万元 (10 000 yuan)

年份 Year	基建投资 Capital Construction	年份 Year	基建投资 Capital Construction
1950-1952	56 000	1990	1 642 687
1953-1957	407 800	1991	2 120 179
1958-1962	1 199 300	1992	3 537 487
1963-1965	450 600	1993	5 177 365
1966-1970	900 500	1994	6 667 740
1971-1975	1 521 200	1995	6 487 224
1976-1980	2 375 800	1996	7 367 324
1981-1985	3 447 126	1997	9 194 971
1986-1990	57 539 436	1950-1997 累计	57 539 436

7—3 民族自治地方分地区全社会固定资产投资(1997年)

Total Investment in Fixed Assets by Region of Minority National Autonomous Areas(1997)

单位:万元 (10 000 yuan)

地区 Region	合计 Total	基本建设投资	更新改造投资	其他固定资产投资	房地产开发投资	农村集体投资	城镇和工矿私人建房	农户当年固定资产投资
合计 Tota	**17 912 919**	**9 194 971**	**2 759 645**	**1 027 284**	**767 347**	**1 099 188**	**816 825**	**2 247 659**
河北 Hebei	215 506	43 754	24 408	1 774	4 714	90 335	4 378	46 143
内蒙古 Inner Mongolia	3 175 059	1 962 144	488 100	73 293	107 828	84 694	68 900	390 100
辽宁 Liaoning	142 157	57 751	13 757	5 785	6 846	44 487	5 019	8 512
吉林 Jilin	354 828	133 152	110 709	39 697	4 853	28 286	17 256	20 875
黑龙江 Heilongjiang	4 600	1 787	560			1 245	1 008	
浙江 Zhejiang	9 678	6 226	3 042		410			
湖北 Hubei	167 906	94 360	14 711	4 100	2 060	10 719	9 617	32 339
湖南 Hunan	172 875	80 037	36 261	6 263	4 291	12 949	14 773	18 301
广东 Guangdong	53 348	20 364	15 260	5 946	55	4 048	2 435	5 240
广西 Guangxi	4 798 090	1 829 700	591 000	145 200	335 400	447 890	534 700	914 200
海南 Hainan	151 203	110 423	8 292	10 309	365	1 360	6 072	14 382
重庆 Chongqing	101 122	62 799	10 273	2 007	430	9 890	4 577	11 146
四川 Sichuan	324 319	202 578	35 624	9 009	3 349	19 983	9 429	44 347
贵州 Guizhou	517 834	280 334	100 772	10 069	8 255	32 548	18 966	66 890
云南 Yunnan	1 573 522	699 832	280 102	176 988	48 883	141 454	26 104	200 159
西藏 Tibet	347 513	303 246	22 596	2 024	6 590	610	9 118	3 329
甘肃 Gansu	79 705	37 798	19 247	2 441		4 019	4 582	11 618
青海 Qinghai	374 479	229 068	66 110	43 877	2 615	13 473	7 322	12 014
宁夏 Ningxia	881 027	480 045	179 700	26 749	60 497	20 135	15 795	98 106
新疆 Xinjiang	4 468 148	2 559 573	739 121	461 753	169 906	131 063	56 774	349 958

7—4 民族自治地方分地区基本建设投资(1997年)
Capital Construction Investment by Region of Minority National Autonomous Areas(1997)

(按工程用途分类)(According to the Usage)

单位:万元 (10 000 yuan)

地区 Region	合计 Total	农林牧渔业 Farming Forestry Animal Husbandry and Fishery	工业、建筑业 Industry and Construction	商业、运输邮电业 Commerce Transportation Telecommunication	住宅 Household	其他 Others
合计 Total	**9 194 971**	**551 880**	**3 546 101**	**2 147 244**	**1 127 354**	**1 822 392**
河北 Hebei	43 754	2 691	4 720	11 598	9 877	14 868
内蒙古 Inner Mongolia	1 962 144	60 035	1 110 007	342 379	221 752	227 971
辽宁 Liaoning	57 751	4 033	7 131	19 962	18 456	8 169
吉林 Jilin	133 152	215	35 954	41 429	30 122	25 432
黑龙江 Heilongjiang	1 787		560	164	528	535
浙江 Zhejiang	6 226	2 317	1 042	1 130	817	920
湖北 Hubei	94 360	5 253	34 437	18 206	14 500	21 964
湖南 Hunan	80 037	1 089	19 837	14 443	16 343	28 325
广东 Guangdong	20 364	120	10 792	2 761	2 868	3 823
广西 Guangxi	1 829 700	32 559	489 799	690 209	200 086	417 047
海南 Hainan	110 423	11 960	57 547	5 324	6 085	29 507
重庆 Chongqing	62 799	4 965	20 017	17 861	7 000	12 956
四川 Sichuan	202 578	4 542	93 502	48 854	25 974	29 706
贵州 Guizhou	280 334	4 395	188 827	30 139	20 311	36 662
云南 Yunnan	699 832	31 751	198 818	145 540	132 300	191 423
西藏 Tibet	303 246	20 162	63 126	90 892	22 842	106 224
甘肃 Gansu	37 798	9 586	5 393	4 544	8 086	10 189
青海 Qinghai	229 068	29 667	117 827	21 569	32 061	27 944
宁夏 Ningxia	480 045	16 188	186 721	145 681	51 345	80 110
新疆 Xinjiang	2 559 573	310 352	900 044	494 559	306 001	548 617

7—5 民族自治地方分地区基本建设投资(1997年)

Capital Construction Investment by Region of Minority National Autonomous Areas(1997)

(按资金来源分类)(by Sector)

单位:万元 (10 000 yuan)

地区 Region	合计 Total	国家预算内资金 State Appropriation	国内贷款 Domestic Loans	债券 Bonds	利用外资 Foreign Investment	自筹资金 Fund-Raising	其他资金 Others
合计 Total	**9 194 971**	**4 367 599**	**2 441 103**	**33 579**	**358 320**	**4 277 671**	**1 983 351**
河北 Hebei	43 754	21 336	8 919	1 300	4 355	21 575	11 206
内蒙古 Inner Mongolia	1 962 144	46 000	672 200	25 000	18 800	502 600	258 400
辽宁 Liaoning	57 751	561	9 447		90	38 223	13 580
吉林 Jilin	133 152	1 313	1 060			12 250	4 013
黑龙江 Heilongjiang	1 787		560			609	509
浙江 Zhejiang	6 226						
湖北 Hubei	94 360	12 268	22 642			4 174	36 607
湖南 Hunan	80 037	7 888	16 605	10	1 035	32 715	11 874
广东 Guangdong	20 364		1 535		895	14 258	3 434
广西 Guangxi	1 829 700	1 761 286	275 449	1 543	121 062	1 081 724	1 081 724
海南 Hainan	110 423	3 086	35 978	30	6 000	30 304	9 337
重庆 Chongqing	62 799	2 782	10 941		11 908	22 874	9 496
四川 Sichuan	202 578	12 066	39 550		22	120 594	20 739
贵州 Guizhou	280 334	62 660	115 909	391	11 700	98 372	74 769
云南 Yunnan	699 832	38 405	124 407	4 720	37 484	389 470	90 313
西藏 Tibet	303 246	79 317	53 638		3 825	133 902	38 871
甘肃 Gansu	37 798	16 584	2 471	585	239	15 619	4 729
青海 Qinghai	229 068	19 485	61 805		7 993	80 735	25 011
宁夏 Ningxia	480 045	39 200	493 100		43 300	165 900	68 800
新疆 Xinjiang	2 559 573	2 243 362	494 887		89 612	1 511 773	219 939

7—6 民族自治地方分地区固定资产投资(1997年)
Total Investment in Fixed Assets of Minority National Autonomous Areas(1997)

单位:万元　　(10 000 yuan)

地区 Region	合计 Total	基本建设 Capital Construction	更新改造 Technical Updates and Transformation	其他 Others	房地产开发 Real Estate Management
合计 Total	**13 749 247**	**9 194 971**	**2 759 645**	**1 027 284**	**767 347**
河北 Hebei	74 650	43 754	24 408	1 774	4 714
内蒙古 Inner Mongolia	2 631 365	1 962 144	488 100	73 293	107 828
辽宁 Liaoning	84 139	57 751	13 757	5 785	6 846
吉林 Jilin	288 411	133 152	110 709	39 697	4 853
黑龙江 Heilongjiang	2 347	1 787	560		
浙江 Zhejiang	9 678	6 226	3 042		410
湖北 Hubei	115 231	94 360	14 711	4 100	2 060
湖南 Hunan	126 852	80 037	36 261	6 263	4 291
广东 Guangdong	41 625	20 364	15 260	5 946	55
广西 Guangxi	2 901 300	1 829 700	591 000	145 200	335 400
海南 Hainan	129 389	110 423	8 292	10 309	365
重庆 Chongqing	75 509	62 799	10 273	2 007	430
四川 Sichuan	250 560	202 578	35 624	9 009	3 349
贵州 Guizhou	399 430	280 334	100 772	10 069	8 255
云南 Yunnan	1 205 805	699 832	280 102	176 988	48 883
西藏 Tibet	334 456	303 246	22 596	2 024	6 590
甘肃 Gansu	59 486	37 798	19 247	2 441	
青海 Qinghai	341 670	229 068	66 110	43 877	2 615
宁夏 Ningxia	746 991	480 045	179 700	26 749	60 497
新疆 Xinjiang	3 930 353	2 559 573	739 121	461 753	169 906

7—7 民族自治地方分地区新增固定资产(1997年)

Newly－Increased Fixed Assets by Region of Minority National Autonomous Areas(1997)

单位:万元 (10 000 yuan)

地　区 Region	合　计 Total	基本建设 Capital Construction	更新改造 Technical Updates and Transformation	其　他 Others	房地产开发 Real Estate Management
合　计 Total	**10 629 460**	**6 757 082**	**2 482 640**	**769 783**	**619 955**
河　北 Hebei	66 679	38 411	22 394	1 774	4 100
内蒙古 Inner Mongolia	1 567 241	1 001 900	440 942	6 895	117 504
辽　宁 Liaoning	75 083	53 649	10 594	4 410	6 430
吉　林 Jilin	299 330	127 740	118 079	49 895	3 616
黑龙江 Heilongjiang	1 775	1 215	560		
浙　江 Zhejiang	3 042		3 042		
湖　北 Hubei	73 830	63 805	6 036	2 719	1 270
湖　南 Hunan	117 805	76 436	30 537	6 344	4 488
广　东 Guangdong	23 431	11 275	5 817	6 339	
广　西 Guangxi	2 338 794	1 435 474	531 410	110 610	261 300
海　南 Hainan	82 350	65 704	6 201	10 080	365
重　庆 Chongqing	78 013	66 075	9 731	1 775	432
四　川 Sichuan	161 021	121 023	30 712	7 164	2 122
贵　州 Guizhou	236 156	146 412	78 633	3 380	7 731
云　南 Yunnan	836 124	438 485	212 889	145 888	38 862
西　藏 Tibet	212 434	183 684	20 136	2 024	6 590
甘　肃 Gansu	39 538	25 199	12 886	1 453	
青　海 Qinghai	272 352	207 492	55 936	8 924	
宁　夏 Ningxia	839 421	564 200	173 000	50 348	51 873
新　疆 Xinjiang	3 305 041	2 128 903	713 105	349 761	113 272

主要统计指标解释

全社会固定资产投资 固定资产投资是社会固定资产再生产的主要手段。通过建造和购置固定资产的活动，国民经济不断采用先进技术装备，建立新兴部门，进一步调整经济结构和生产力的地区分布，增强经济实力，为改善人民物质文化生活创造物质条件。这对我国的社会主义现代化建设具有重要意义。

固定资产投资额是以货币表现的建造和购置固定资产活动的工作量，它是反映固定资产投资规模、速度、比例关系和使用方向的综合性指标。全社会固定资产投资包括国有经济单位投资、城乡集体经济单位投资、各种经济类型的单位投资和城乡居民个人投资。按照我国现行计划管理体制，国有经济单位固定资产投资总额分为基本建设、更新改造、商品房屋建设投资和其它固定资产投资四个部分；城乡集体经济单位投资包括城镇集体所有制单位投资和农村集体所有制单位投资；各种经济类型的单位投资包括联营经济、股份制经济、中外合资经营、中外合作经营、外资、港澳台与大陆合资经营、港澳台与大陆合作经营、港澳台独资及其他经济类型的单位投资。城镇居民个人投资包括城市、县城、镇、工矿区所辖范围内的个人建房和农村个人建房及购买生产性固定资产的投资。

基本建设投资 基本建设是国有企业、事业单位以扩大生产能力或工程效益为主要目的的新建、扩建工程及有关工作。包括工厂、矿山、铁路、桥梁、港口、农田水利、商店、住宅、学校、医院等工程的建造和机器设备、车辆、船舶、飞机等的购置。

基本建设投资额是以货币表现的基本建设完成的工作量，是反映一定时期内基本建设规模和建设进度的综合性指标。它是根据工程的实际进度按预算价格（预算价格是编制施工图预算时所用的价格）计算的工作量，没有形成工程实体的建筑材料和没有开始安装的设备都不计算投资完成额。

更新改造投资 更新改造是指国有企业、事业单位对原有设施进行固定资产更新和技术改造，以及相应配套的工程和有关工作（不包括大修理和维护工程）。更新改造投资是以货币表现的更新改造完成的工作量。根据我国现行统计制度，基本建设和更新改造的划分是：(1)列入基本建设计划的项目作为基本建设投资，列入更新改造计划的项目作为更新改造投资；(2)更新改造计划与基本建设计划结合安排的项目及未列入计划的项目，根据工程性质作为基本建设投资或更新改造投资。属于对企业、事业单位原有设施进行技术改造或更新的项目和增建主要生产车间、分厂等，其新增生产能力或效益尚未达到大中型标准的项目，以及由于城市环境保护和安全生产的需要而进行的迁建工程，作为更新改造投资。

其他固定资产投资 是指按照国家规定不纳入基本建设和更新改造计划管理，其总投资在五万元以上的固定资产投资。具体包括：国有经济单位用油田维护费和石油开发基金进行的油田维护和开发工程；煤炭、铁矿、森林工业等采掘采伐业用维检费进行的开拓延伸工程；交通部门用公路养路费对原有公路、桥梁进行改建的工程；商业部门用简易建筑费建造的仓库工程。

新增固定资产 指通过投资活动所形成的新的固定资产价值。包括已经建成投入生产或交付使用的工程价值和达到固定资产标准的设备、工具、器具的价值及有关应摊入的费用。它是以价值形式表示的固定资产投资成果的综合性指标，可以综合反映不同时期、不同部门、不同地区的固定资产投资成果。

八、国内贸易
DOMESTIC TRADE

8—1 民族自治地方社会商品零售总额、国内纯购进总额

Total Value of Retail Sales and Total Value of Domestic Purchases of Minority National Autonomous Areas

单位:万元 (10 000 yuan)

年份 Year	社会商品零售总额 Total Value of Retail Sales	#农业生产资料 Agricultural Produce Goats	国内纯购进总额 Total Domestic Purchases	#农副产品购进 Farm and Sideline Products Purchases
1949	98 000			
1952	179 000	8 021	48 000	44 555
1957	397 000	23 508	240 000	143 740
1962	513 000			149 665
1965	644 000	56 069	429 000	245 075
1975	1 223 000	196 042	822 000	367 351
1978	1 508 000	257 278	1 033 000	419 725
1980	2 034 369	267 692	1 312 315	580 922
1981	2 213 028	245 484	1 458 695	637 266
1982	2 453 322	279 043	1 635 685	750 532
1983	2 785 739	311 833	1 855 000	855 536
1984	3 271 982	369 149	1 996 858	871 628
1985	4 115 650	411 172	2 377 386	943 146
1986	4 618 564	464 099	2 776 517	1 059 218
1987	5 331 124	565 122	3 601 207	1 334 979
1988	6 822 764	750 064	4 978 322	1 857 569
1989	7 529 843	892 608	5 547 402	1 978 194
1990	7 805 739	987 318	6 185 838	2 270 140
1991	8 788 178	1 158 564	6 965 967	2 605 173
1992	10 218 137	1 314 060	7 443 181	2 582 836
1993	10 574 371	1 359 864	10 565 961	1 532 927
1994	16 955 235	2 180 443	20 278 503	2 808 566
1995	27 565 098	1 813 931	25 417 284	3 947 460
1996	27 884 737	1 983 360	25 350 841	3 854 899
1997	34 552 934	897 235	24 708 066	2 968 233

8—2 民族自治地方分地区社会商品购进总额(1997 年)

Total Purchase for Commodity by Region of Minority National Autonomous Areas(1997)

单位:万元 (10 000 yuan)

地区 Region	商品购进总额 Purchases	从生产者购进 Purchases from Producer	#农副产品购进 Farm and Sideline Products	从批发零售贸易业购进 Purchases from Wholesale and Retail Sales	进口 Imports	其他 Others
合计 Total	**24 708 066**	**9 573 826**	**2 968 233**	**7 773 192**	**475 306**	**99 133**
河北 Hebei	301 432	117 493	59 266	183 132	120	687
内蒙古 Inner Mongolia	3 508 700	853 614	81 091	616 014	60 597	11 720
辽宁 Liaoning	287 841	156 850	5 871	130 982		9
吉林 Jilin	545 141	237 673	113 850	306 968	364	137
黑龙江 Heilongjiang						
浙江 Zhejiang						
湖北 Hubei	466 711	144 247	39 069	41 818		282
湖南 Hunan	479 057	247 549	48 193	216 269		15 239
广东 Guangdong	60 582	16 015	4 291	44 567		
广西 Guangxi	6 772 675	2 315 492	189 720	1 586 271	119 910	20 113
海南 Hainan	94 590	183		9 196		
重庆 Chongqing	222 825	99 152	50 132	44 432		71
四川 Sichuan	416 193	190 017	50 979	226 114		63
贵州 Guizhou	639 769	299 866	142 087	337 993	24	1 886
云南 Yunnan	2 769 739	1 001 428	458 444	661 162	1 353	1 270
西藏 Tibet	79 182	41 951	7 560	11 862	2 287	900
甘肃 Gansu	85 990	75 250	4 324	10 571		168
青海 Qinghai	136 597	13 022	6 167	100 630		22 945
宁夏 Ningxia	858 401	284 860	6 595	214 184	9 311	3 696
新疆 Xinjiang	6 982 639	3 479 165	1 700 594	3 031 927	281 341	19 946

8—3 民族自治地方分地区社会商品销售、库存总额(1997 年)

Total Sales and Stocks for Commodity by Region of Minority National Autonomous Areas(1997)

单位:万元

(10 000 yuan)

地区 Region	商品销售总额 Sales	批发合计 Total Wholesale	对生产经营单位批发 Wholsale to Producer	#对农民农业生产资料批发 Sales of Agricultural Means of Production to Farmers	对批发零售贸易业批发 Wholesale to Widesale, Retail and Trade	出口 Exports	零售 Retail	年末库存总额 Stock (year-end)
合计 Total	**34 552 934**	**22 009 690**	**6 917 846**	**897 235**	**11 773 835**	**864 279**	**12 543 244**	**77 913 889**
河北 Hebei	302 072	193 219	42 078	27 949	150 282	858	108 854	77 914
内蒙古 Inner Mongolia	5 067 413	2 673 140	417 711	113 289	854 110	102 076	2 394 272	70 826 236
辽宁 Liaoning	508 863	230 911	31 853	9 213	199 059		277 952	102 540
吉林 Jilin	941 987	428 973	58 473	13 583	369 002	1 499	513 014	328 780
黑龙江 Heilongjiang								
浙江 Zhejiang	19 866	13 412	3 021	2 528	8 534	1 857	6 454	2 201
湖北 Hubei	537 026	359 246	107 299	7 538	85 583		177 780	150 645
湖南 Hunan	528 540	356 426	129 249	27 563	227 071	106	172 114	165 376
广东 Guangdong	64 491	33 195	11 484		21 711		31 296	31 547
广西 Guangxi	10 225 662	6 016 350	3 212 464	174 828	2 270 710	533 176	4 209 312	618 927
海南 Hainan	140 045	53 212	75	75	9 210		86 833	20 877
重庆 Chongqing	263 791	202 335	80 625	3 867	76 116		61 456	120 614
四川 Sichuan	623 964	356 390	207 364	12 707	146 067	2 958	267 574	157 822
贵州 Guizhou	921 099	573 827	189 773	143 667	383 895	159	347 272	338 836
云南 Yunnan	3 785 889	2 748 312	476 952	84 858	1 371 965	12 185	1 037 577	734 402
西藏 Tibet	277 272	43 328			14 810	3 553	233 944	71 895
甘肃 Gansu	149 118	51 460	4 353	706	47 108		97 657	70 993
青海 Qinghai	164 723	35 219	10 145	2 056	25 075		129 504	93 616
宁夏 Ningxia	1 109 133	660 929	128 238	25 103	496 417	36 274	448 204	357 225
新疆 Xinjiang	8 921 981	6 979 806	1 793 117	241 369	5 017 111	169 578	1 942 175	2 743 445

8—4 民族自治地方分地区社会消费品零售总额(1997年)

(按经济类型分类)

单位:万元

地区 Region	社会消费品零售总额 Total Value of Retail Sales	国有经济 State-Owned	集体经济 Collective-Owned	私营经济 Private
合计 Total	**20 637 192**	**5 315 604**	**2 568 362**	**509 414**
河北 Hebei	219 013	60 707	32 743	2 843
内蒙古 Inner Mongolia	3 679 157	1 076 805	629 921	126 198
辽宁 Liaoning	505 277	50 575	55 897	24 826
吉林 Jilin	794 517	105 960	52 374	21 881
黑龙江 Heilongjiang	21 642	10 661	4 005	
浙江 Zhejiang	26 685	4 782	5 134	950
湖北 Hubei	324 481	80 417	42 183	6 691
湖南 Hunan	551 525	99 669	45 252	11 962
广东 Guangdong	45 297	14 664	4 502	
广西 Guangxi	6 737 174	1 240 206	1 015 300	115 582
海南 Hainan	107 933	23 506	6 631	21 236
重庆 Chongqing	226 212	52 579	35 127	7 027
四川 Sichuan	486 346	136 215	31 469	15 329
贵州 Guizhou	627 198	164 986	62 738	719
云南 Yunnan	1 740 563	520 544	212 918	31 374
西藏 Tibet	325 818	97 354	14 539	508
甘肃 Gansu	155 353	44 373	16 701	2 403
青海 Qinghai	247 258	81 093	16 785	4 096
宁夏 Ningxia	711 548	242 431	81 930	23 423
新疆 Xinjiang	3 104 197	1 208 078	202 214	92 366

Total Value of Retail Sales for Consumer Goods by Region of Minority National Autonomous Areas(1997)

(10 000 yuan)

个体经济 Individual	联营经济 Joint Management	股份制经济 Stock Owned	外商投资经济 Foreign Investment	港澳台投资经济 Investment From Hong Kong Macao and Taiwan	其他经济 Others
8 173 121	**42 307**	**450 637**	**45 001**	**52 758**	**3 479 988**
98 442	1 600	3 358	742	297	18 281
1 226 482	2 734	97 989	4 300	2 511	512 219
271 900					102 079
410 632		54 849	2 613	75	146 133
5 828					1 148
10 014		341			
111 555	19 373	5 049		334	58 879
301 959		218		226	92 239
20 974					5 157
2 968 778	11 938	215 301	34 817	47 989	1 087 263
54 085	54				2 421
100 642					30 837
191 138	261	3 439	18	123	108 354
240 115	12	191			158 437
568 508	1 431	50 726	692	160	354 210
187 515	3 589	30	12		22 271
70 495	167				21 214
97 205	88	2 046			45 944
186 198	92	17 101	1 807	1 043	157 523
1 050 656	968				549 915

8—5 国家专项安排用于民族贸易和民族用品生产的主要原材料和贷款

Main Raw Material and Loans Used in National Trade and Production of Ethnic Uses Arranged by the State

年 度 Year	专项原材料 Special Raw Materials		专 项 贷 款(万元) Special Loans	
	黄金(两) Gold	白银(万两) Silver	中 央 Central	地 方 Local
1991	8 000	23.23		
1992	8 100	23.23		
1993	14 600	23.23	4 000	5 488
1994	24 000	23.23	4 000	5 964
1995	25 600	25.36	4 000	15 900
1996	24 000	25.36		
1997	25 600	25.36	7 050	7 511

注:1992 年设立民族贸易网点建设和民族用品生产企业技改专项贴息贷款。

8—6 全国分地区居民消费价格指数和商品零售价格指数(1997年)

Consumer Price and Commodity Retail Price Indices of Commodities by Region(1997)

上年=100 (preceding year=100)

地区 Region	居民消费价格指数 Consumer price Index			商品零售价格指数 Retail Price Index of Commodities		
	全省(区、市) Province	城市 Urban Areas	农村 Rural Areas	全省(区、市) Province	城市 Urban Areas	农村 Rural Areas
全国 National	**102.8**	**103.1**	**102.5**	**100.8**	**100.8**	**100.7**
北京 Beijing	105.3			103.8		
天津 Tianjin	103.1			100.7		
河北 Hebei	103.5	103.7	103.4	102.1	102.0	102.1
山西 Shanxi	103.1	103.1	103.0	101.3	100.9	101.7
内蒙古 Inner mongolia	104.5	104.6	104.3	102.3	102.4	101.9
辽宁 Liaoning	103.1	103.8	102.1	101.0	101.0	100.5
吉林 Jilin	103.7	103.7	103.7	101.8	101.7	102.0
黑龙江 Heilongjiang	104.4	104.5	103.8	102.2	102.0	102.6
上海 Shanghai	102.8			98.8		
江苏 Jiangsu	101.7	101.3	102.0	99.3	99.1	99.5
浙江 Zhejiang	102.8	104.1	102.1	100.3	100.9	99.4
安徽 Anhui	101.3	101.9	100.7	99.4	100.1	98.9
福建 Fujian	101.7	102.5	101.3	99.8	99.6	100.1
江西 Jiangxi	102.0	103.0	101.2	99.6	100.1	99.3
山东 Shandong	102.8	103.2	102.4	100.8	100.8	100.7
河南 Henan	103.5	102.4	103.9	100.5	99.8	101.2
湖北 Hubei	103.2	102.6	103.6	101.5	100.8	102.2
湖南 Hunan	102.8	103.0	102.5	100.3	100.6	99.8
广东 Guangdong	101.9	102.1	101.5	99.8	99.8	99.8
广西 Guangxi	100.8	100.7	100.8	99.6	99.9	99.4
海南 Hainan	100.8	101.5	100.3	99.4	99.6	99.1
重庆 Chongqing	103.1			101.6		
四川 Sichuan	105.1	105.1	105.0	102.9	102.8	102.9
贵州 Guizhou	103.4	103.4	103.4	101.5	101.4	101.7
云南 Yunnan	104.3	104.6	103.9	102.3	101.6	103.2
西藏 Tibet						
陕西 Shaanxi	104.8	105.2	104.0	101.6	101.3	101.8
甘肃 Gansu	102.9	102.8	102.9	101.6	101.4	101.9
青海 Qinghai	104.8	105.1	104.2	103.0	103.2	102.7
宁夏 Ningxia	103.8	103.9	103.5	102.2	102.2	102.1
新疆 Xinjiang	103.7	103.5	103.9	101.8	101.3	102.5

主要统计指标解释

社会消费品零售额 指各种经济类型的批发零售贸易业、餐饮业、制造业和其他行业对城乡居民和社会集团的消费品零售额。这个指标反映通过各种商品流通渠道向居民和社会集团供应了多少生活消费品来满足他们生活需要，是研究人民生活、社会消费品购买力、货币流通等问题的重要指标。社会消费品零售额包括：(1)售给城乡居民作为生活用的商品和住房及修建房屋用的建筑材料；(2)售给机关、团体、学校、部队、企业、事业单位的职工食堂和旅店(招待所)附设专门供本店旅客食用，不对外营业的食堂的各种食品、燃料；企业、单位和国营农场直接售给本单位职工和职工食堂的自己生产的产品；(3)售给部队干部、战士生活用的粮食、副食品、衣着品、日用品、燃料；(4)售给来华的外国人、华侨、港澳台同胞的消费品；(5)居民自费购买的中、西药品、中药材及医疗用品；(6)报社、出版社直接售给居民和社会集团的报纸、图书、杂志，集邮公司出售的新、旧纪念邮票、特种邮票、首日封、集邮册、集邮工具等；(7)旧货寄售商店自购、自销部分的商品零售额；(8)煤气公司、液化石油气站售给居民和社会集团的煤气灶具和罐装液化石油气；(9)城市建设、房产管理等部门、企业、事业单位售给居民的商品房；(10)农民售给非农业居民和社会集团的商品。不包括：售给国民经济各部门企业、事业单位(包括国有经济的农场)生产经营用的各种原材料、燃料、设备、工具等和售给批发零售贸易业、餐饮业作为转卖用的商品，旧货寄售商店受托寄售卖出的商品，服务业的营业收入，邮局出售邮票的收入，自来水、电力、煤气生产(供应)单位的产品供应收入，也不包括农民之间的商品销售。

批发零售贸易业商品购、销、存总额 指以各种经济类型的批发、零售贸易业(不包括个体)为总体的商品购、销、存。

商品购进总额 指从本企业(单位)以外的单位和个人购进(包括从国外直接进口)作为转卖或加工后转卖的商品。这个指标反映批发零售贸易业从国内、国外市场上购进商品的总量。商品购进总额包括：(1)从工农业生产者购进的商品；(2)从出版社、报社的出版发行部门购进的图书、杂志和报纸；(3)从各种经济类型的批发零售贸易企业(单位)购进的商品；(4)从其他单位购进的商品，如从机关、团体、企业单位购进的剩余物资，从餐饮业、服务业购进的商品，从海关、市场管理部门购进的缉私和没收的商品，从居民处收购的废旧商品等；(5)从国(境)外直接进口的商品。不包括企业(单位)为自身经营用，和未通过买卖行为而收入的商品以及销售退回、商品升溢等。

商品销售总额 指对本企业(单位)以外的单位和个人出售〔包括对国(境)外直接出口〕的商品。这个指标反映批发零售贸易业在国内市场上销售商品以及出口商品的总量。商品销售总额包括：(1)售给城乡居民和社会集团消费用的商品；(2)售给工业、农业、建筑业、运输邮电业、批发零售贸易业、餐饮业、服务业等作为生产、经营使用的商品；(3)售给批发零售贸易业作为转卖或加工后转卖的商品；(4)对国(境)外直接出口的商品。不包括：出售本企业(单位)自用的废旧包装用品，未通过买卖行业付出的商品，经本单位介绍，由买卖双方直接结算，本单位只收取手续费的业务，购货退出的商品以及商品损耗和损失等。

批发零售贸易业年末库存　指年末各种经济类型的批发零售贸易企业(单位)已取得所有权的商品。它反映各地区、各批发零售贸易企业(单位)的商品库存情况,和对市场商品供应的保证程度。期末库存包括:(1)存放在批发零售贸易业经营单位(如门市部、批发站、经营处)仓库、货场、货柜和货架中的商品;(2)挑选、整理、包装中的商品;(3)已记入购进而尚未运到本单位的商品,即发货单或银行承兑凭证已到而货未到部分;(4)寄放他处的商品,如因购货方拒绝承付而暂时存放在购货方的商品和已办完加工成品收回手续而未提回的商品;(5)委托其他单位代销(未作销售或调出)尚未售出的商品;(6)代其他单位购进尚未交付的商品。不包括所有权不属于本单位的商品、拨付除批发零售贸易业以外的其他行业所属独立核算加工厂等加工生产尚未收回成品的商品、代国家物资储备部门保管的商品等。期末库存总额计算方法是:农副产品采购单位按购进价计算,批发单位按进货价计算,零售单位按什么价格核算就按什么价格计算。

零售价格指数　是反映城乡商品零售价格变动趋势的一种经济指数。零售物价的调整变动直接影响到城乡居民的生活支出和国家的财政收入,影响居民购买力和市场供需平衡,影响消费与积累的比例。因此,计算零售价格指数,可以从一个侧面对上述经济活动进行观察和分析。

零售价格指数采用加权算术平均公式计算。每年根据住户调查资料调整一次权数。1992年全国有146个市、80个县城作为基层填报单位。城市指数所选商品352种左右,县城指数所选商品404种左右。每种商品的指数采用代表规格品的平均价格计算。

居民消费价格总指数　是反映一定时期内城乡居民所购买的生活消费品价格和服务项目价格变动趋势和程度的相对数。是综合了城市居民消费价格指数和农民消费价格指数计算取得。利用居民消费价格指数,可以观察和分析消费品的零售价格和服务价格变动对城乡居民实际生活费支出的影响程度。

1952年以前采用固定数量加权综合法(即总值法)计算,1953年到1956年采用加权算术平均公式计算,1957年以后根据消费品零售价格指数与服务项目价格指数汇编居民生活费用价格指数。1993年计算指数所选商品和服务项目为382种。

城市居民消费价格指数　是反映城市职工及其家庭所购买的生活消费品和服务项目价格变动趋势及其程度的相对数。编制城市居民消费价格指数,可以观察和分析消费品的零售价格和服务项目价格变动对职工货币工资的影响,作为研究职工生活和确定工资政策的依据。

农村居民消费价格指数　是反映农村居民家庭所购买的生活消费品的价格和服务项目价格变动趋势和程度的相对数。用它可以观察农村消费品的零售价格和服务项目价格变动对农村居民生活消费支出的影响,直接反映农民生活水平的实际变化情况,为分析和研究农村居民生活问题提供依据。

九、对外贸易、旅游

FOREIGN TRADE AND INTERNATIONAL TOURISM

9—1 民族自治地方对外贸易、旅游情况(1997年)

Foreign Trade and International Tourism by Region of Minority National Autonomous Areas(1997)

单位:万美元　　(10 000 USD)

地区 Regior	进出口总额 Total Value of Exports and Imports	进口总额 Imports	出口总额 Exports	当年新签利用外资协议(合同)项目(个)	本年实际利用外资额	年末实有外商投资企业(个)	接待国际旅游人数总计(万人) Number of Tourists	旅游外汇收入总额
合计 Total	**670 181**	**213 002**	**457 180**	**4 132**	**163 981**	**6 416**	**194.2**	**168 822**
河北 Hebei	1 396	246	1 150	12	944	39		36
内蒙古 Innera mongolia	131 027	57 508	73 519	85	8 433	640	34.8	10 700
辽宁 Liaoning	34 616		34 616	3 164	1 341	89		
吉林 Jilin	25 915	12 041	13 874	124	14 047	609	11.6	1 555
黑龙江 Heilongjiang								
浙江 Zhejiang								
湖北 Hubei	1 106	54	1 052	7	793	26	25.0	428
湖南 Hunan	2 549	68	2 481	25	1 370	16	0.9	260
广东 Guangdong	3 788	188	3 600	9	996			
广西 Guangxi	306 821	68 555	238 266	474	126 991	4 299	57.3	148 239
海南 Hainan	122		122	3	493	16	39.0	
重庆 Chongqing				5	2 724			
四川 Sichuan	1 650		1 650	15	577	4	1.5	263
贵州 Guizhou	928		928	132	2 059	55	1.6	12
云南 Yunnan								
西藏 Tibet	17 557	13 816	3 741					
甘肃 Gansu							1.0	78
青海 Qinghai							0.05	6
宁夏 Ningxia	30 303	5 100	25 203	26	742	1	4.2	133
新疆 Xinjiang	112 404	55 426	56 978	51	2 472	622	17.3	7 111

十、财政、金融
FINANCE AND BANKING

10—1 民族自治地方财政收支情况

Financial Revenue and Expenditures of Minority National Autonomous Areas

单位:亿元 (100 000 000 yuan)

年份 Year	收入 Revenue 合计 Total	收入 Revenue 五个自治区 Five Autonomous Regions	收入 Revenue 自治州、县 Autonomous Prefectures Counties	支出 Expenditure 合计 Total	支出 Expenditure 五个自治区 Five Autonomous Regions	支出 Expenditure 自治州、县 Autonomous Prefectures Counties	收支差额 Balance
1952	4.96	3.81	1.15	4.39	3.34	1.05	0.57
1957	11.48	8.91	2.57	12.43	9.58	2.85	−0.95
1960	29.19	21.92	7.27	42.87	35.12	7.75	−13.68
1961	16.58	12.54	4.04	21.36	16.54	4.82	−4.78
1962	13.23	9.93	3.30	14.15	11.10	3.05	−0.92
1963	15.71	11.57	4.14	16.69	12.60	4.09	−0.98
1964	17.62	13.22	4.40	20.55	16.09	4.46	−2.93
1965	19.67	15.09	4.58	23.06	18.48	4.58	−3.39
1966	21.18	16.65	4.53	26.07	21.00	5.07	−4.89
1968	10.68	8.74	1.94	17.02	13.12	3.90	−6.34
1972	22.05	15.94	6.11	43.12	31.55	11.57	−21.07
1973	22.72	15.13	7.59	47.83	34.91	12.92	−25.11
1974	22.87	15.31	7.56	49.66	36.90	12.76	−26.79
1975	23.49	15.80	7.69	50.63	38.01	12.62	−27.14
1976	24.41	16.24	8.17	55.70	41.24	14.46	−31.29
1977	28.46	19.26	9.20	59.97	43.35	16.62	−31.51
1978	40.79	30.18	10.61	83.35	62.02	21.33	−42.56
1979	34.00	25.88	8.12	87.97	69.93	18.04	−53.97
1980	31.07	22.44	8.63	81.20	62.45	18.75	−50.13
1981	29.67	19.77	9.90	76.13	56.17	19.96	−46.46
1982	36.31	23.86	12.45	86.81	63.42	23.39	−50.50
1983	41.48	27.81	13.67	100.62	73.11	27.51	−59.14
1984	45.33	30.65	14.68	131.58	96.28	35.30	−86.25
1985	63.45	42.32	21.13	156.98	112.67	44.31	−93.53
1986	80.66	55.04	25.62	198.62	142.22	56.40	−117.96
1987	97.51	65.62	31.89	210.43	147.92	62.51	−112.92
1988	119.39	78.74	40.65	241.10	167.49	73.61	−121.71
1989	147.65	96.49	51.16	273.26	182.62	90.64	−125.61
1990	166.74	109.28	57.46	304.37	202.37	102.00	−137.63
1991	204.35	136.28	68.07	342.70	227.70	115.00	−138.35
1992	210.00	135.17	74.83	367.52	239.11	128.41	−157.52
1993	302.69	199.59	103.10	462.31	301.48	160.83	−159.62
1994	201.49	139.97	61.52	516.96	338.52	178.44	−315.47
1995	248.13	172.56	75.57	595.12	397.04	198.08	−346.99
1996	313.01	211.19	101.82	720.15	464.65	255.5	−407.14
1997	355.66			774.97			

注:表列五个自治区,系指内蒙古自治区、广西壮族自治区、西藏自治区、宁夏回族自治区和新疆维吾尔自治区。自治州、县系指除上述五个自治区以外各省所属的民族自治州、自治县。

10—2 民族自治地方分地区财政收入情况(1997 年)
Financial Revenue by Region of Minority National Autonomous Areas(1997)

单位:万元 (10 000 yuan)

地区 Region	财政总收入 Total Revenue	# 地方财政收入	各项税收 Government Taxes Revenue	# 农牧业税 Agriculture	# 工商税 Industrial and Commercial Tax
合计 Total	**5 952 532**	**3 556 555**	**3 094 180**	**670 356**	**2 138 170**
河北 Hebei	30 900	21 980	13 475	3 490	11 344
内蒙古 Inner Mongolia	1 072 000	731 774	989 859	130 023	799 545
辽宁 Liaoning	126 688	57 563	50 524	9 588	29 961
吉林 Jilin	183 164	83 906	160 396	5 745	142 597
黑龙江 Heilongjiang	9 684	3 599	2 233	669	855
浙江 Zhejiang	4 031	2 356	2 319	429	1 776
湖北 Hubei	92 442	52 965	51 161	4 506	21 223
湖南 Hunan	133 030	72 995	61 376	11 759	34 655
广东 Guangdong	36 954	5 993	4 785	950	2 387
广西 Guangxi	1 602 795	991 568	805 726	154 817	562 252
海南 Hainan	58 706	23 192	20 511	4 869	10 849
重庆 Chongqing	61 874	28 748	60 712	13 536	46 411
四川 Sichuan	157 092	100 055	80 010	9 398	45 572
贵州 Guizhou	236 008	140 120	116 792	53 008	52 921
云南 Yunnan		425 813		192 234	180 936
西藏 Tibet	369 313	29 537	31 496		24 045
甘肃 Gansu	35 074	23 746	21 367	3 092	11 567
青海 Qinghai	124 035	43 736	35 623	9 969	20 295
宁夏 Ningxia	265 283	140 738	122 267	11 832	97 673
新疆 Xinjiang	1 353 460	576 170	463 548	50 442	41 306

10—3 民族自治地方分地区财政支出情况(1997年)

Financial Expenditures by Region of Minority National Autonomous Areas(1997)

单位:万元 (10 000 yuan)

地 区 Region	财政总支出 Total Expenditures	# 地方财政支出	# 基建支出	# 支农	# 文教科卫事业费
合 计 Total	**7 997 558**	**7 749 669**	**443 969**	**429 998**	**2 011 511**
河 北 Hebei	45 270	42 060	5 364	1 585	15 731
内蒙古 Inner Mongolia	1 429 118	1 429 118	91 114	136 318	341 169
辽 宁 Liaoning	133 710	131 309	2 066	11 757	41 738
吉 林 Jilin	172 472	171 605	2 667	6 736	55 680
黑龙江 Heilongjiang	9 595	6 421		528	3 665
浙 江 Zhejiang	9 980	9 980	161	223	3 014
湖 北 Hubei	111 477	108 278		6 570	34 941
湖 南 Hunan	172 619	81 388	623	6 230	44 008
广 东 Guangdong	36 954	30 454	786	5 023	8 135
广 西 Guangxi	1 708 345	1 708 345	123 278	67 092	431 894
海 南 Hainan	53 380	52 965	1 488	4 081	14 132
重 庆 Chongqing	87 817	87 817	4 832	3 655	19 557
四 川 Sichuan	304 697	266 083	11 836	7 815	78 732
贵 州 Guizhou	311 878	308 723	2 059	13 992	98 799
云 南 Yunnan	1 079 244	1 079 244	21 692	89 927	237 985
西 藏 Tibet	381 952	381 952	48 980	14 169	79 892
甘 肃 Gansu	98 660	90 093	4 745	2 305	19 457
青 海 Qinghai	159 597	159 316	2 961	4 546	72 869
宁 夏 Ningxia	337 333	336 300	27 550	18 657	61 083
新 疆 Xinjiang	1 353 460	1 268 218	91 767	28 789	349 030

10—4 民族自治地方国家银行信贷及城乡居民储蓄存款

National Banking System Credit Funds and Deposits of Rural and City Residents of Minority National Autonomous Areas

单位:万元 (10 000 yuan)

年 份 Year	国家银行信贷(年末余额) National Banking Systern Credit Funds(year—end)		城乡居民储蓄存款年末余额 Saving Deposits of Urban and Rural Residents (year—end)		
	各项存款 Deposits	各项贷款 Loans		城镇储蓄 Urban	农户储蓄 Rural
1980			383 325	241 884	141 441
1981			488 666	316 823	171 843
1982			628 837	405 095	223 542
1983			824 629	603 007	221 622
1984			1 057 310	784 016	273 293
1985			1 510 339	1 109 248	401 151
1986			2 094 782	1 557 426	537 356
1987			2 822 182	2 178 099	644 083
1988			3 505 988	2 712 953	793 035
1989	8 241 929	10 412 814	4 528 025	3 642 891	855 134
1990	10 489 990	14 497 060	6 234 347	5 061 099	1 173 148
1991	12 264 842	15 256 218	7 910 856	6 443 396	1 467 460
1992	16 716 350	20 124 904	10 077 235	8 195 671	1 881 564
1993	20 488 075	24 516 855	13 162 683	10 781 789	2 380 894
1994	26 540 124	29 619 485	17 988 422	14 751 826	3 236 596
1995	38 657 087	40 357 215	23 909 337	19 960 318	3 949 019
1996	44 831 948	47 285 929	29 061 990	24 397 935	4 664 055
1997	53 256 203	57 707 070	34 734 602	18 176 564	3 006 463

10—5 民族自治地方分地区国家银行信贷及城乡居民储蓄存款(1997 年)

National Banking System Credit Funds and Deposits of Rural and City Residents by Region of Minority National Autonomous Areas(1997)

单位:亿元 (10 000 000 yuan)

地 区 Region	国家银行信贷 National Banking System Credit Funds(year—end)		城乡居民储蓄存款年末余额 Saving Deposits of Urban and Rural Residents (year—end)		
	各项存款 Deposits	各项贷款 Loans		城镇储蓄 Urban	农户储蓄 Rural
合 计 Total	**5 325.62**	**5 770.71**	**3 473.46**	**1 817.66**	**300.65**
河 北 Hebei	46.24	40.22	37.16	28.21	8.96
内蒙古 Inner Mongolia	845.53	1 172.17	605.01	498.70	106.31
辽 宁 Liaoning	101.08	110.91	88.44	64.48	23.96
吉 林 Jilin	200.55	268.14	162.66	135.74	26.92
黑龙江 Heilongjiang	4.26	7.07	3.60	1.74	1.86
浙 江 Zhejiang	3.94	2.85	2.47	1.76	0.71
湖 北 Hubei	49.88	81.20	31.96	27.68	4.28
湖 南 Hunan	69.44	104.52	49.59	35.25	14.35
广 东 Guangdong	16.63	11.42	11.69	8.22	3.47
广 西 Guangxi	1 568.83	1 423.48	1 013.14		
海 南 Hainan	35.94	46.33	29.62		
重 庆 Chongqing	27.17	50.62	18.21	13.00	5.21
四 川 Sichuan	103.99	82.32	73.55	50.25	23.30
贵 州 Guizhou	148.93	183.77	92.77	72.86	19.91
云 南 Yunnan	501.65	468.34	281.95		
西 藏 Tibet	97.72	75.81	30.45		
甘 肃 Gansu	39.89	34.73	36.25	34.07	2.18
青 海 Qinghai	52.40	118.28	36.42	34.99	1.43
宁 夏 Ningxia	262.41	273.16	168.86	168.86	0.00
新 疆 Xinjiang	1 149.13	1 215.39	699.66	641.86	57.80

主要统计指标解释

中央财政和地方财政　财政是国家为了实现其职能，凭借政治权力，对一部分社会产品进行分配和再分配的经济活动。中央财政和地方财政，是指财政体制上划分中央政府和地方政府以及地方各级政府之间财政管理权限的一项根本制度。它是经济管理体制的重要组成部分，它在财政管理体制中居于主导地位。它具体规定了各级政府筹集资金、支配使用资金的权力、范围和责任，使各级政府在财政管理上有责有权。这对于正确处理中央和地方之间，以及地方各级之间的分配关系，充分发挥各级政府的积极性，更好地完成国家财政收支任务，促进社会主义建设的发展有着极其重要的意义。中央财政收入和地方财政收入，是指中央和地方各级负责组织征收的收入，不是按财政体制计算的收入分成数，其收入中还包括了国外借款。

存款　企业、机关、团体或居民根据可以收回的原则，把货币资金存入银行或其他信用机构保管并取得一定利息的一种信用活动形式。根据存款对象的不同可划分为企业存款、财政存款、机关团体存款、基本建设存款、城镇储蓄存款、农村存款等项目。它是银行信贷资金的主要来源。

贷款　银行或其他信用机构根据必须归还的原则，按一定利率，为企业、个人等提供资金的一种信用活动形式。我国银行贷款，分流动资金贷款、固定资产贷款、城乡个体工商户贷款以及农户贷款等科目。

全国城乡储蓄存款余额　全国城乡储蓄存款，包括城镇居民储蓄存款和农民个人储蓄存款两部分。不包括居民的手存现金和工矿企业、部队、机关团体等集团存款。储蓄存款余额，是指城乡居民存入银行及农村信用社储蓄的时点数（存入数扣除取出数的余额），如月末、季末或年末数额。

十一、人 民 生 活

PEOPLE'S LIVELIHOOD

11—1 民族自治地方从业人员年平均工资

Average Annual Wage of Employment of Minority National Autonomous Areas

单位:元 (yuan)

年 份 Year	合 计 Total	国有经济 State-Owned	集体经济 Collective	其他经济 Others
1981	816	848	650	
1982	845	827	686	
1983	884	917	711	
1984	1 026	1 077	810	
1985	1 142	1 202	899	
1986	1 320	1 392	1 011	
1987	1 465	1 535	1 156	
1988	1 739	1 815	1 396	
1989	1 850	1 931	1 420	
1990	2 040	2 150	1 525	2 033
1991	2 214	2 318	1 718	2 284
1992	2 527	3 006	1 949	2 538
1993	3 074	3 210	2 363	3 652
1994	3 970	4 092	3 185	4 205
1995	4 559	4 857	3 492	4 801
1996	5 268	5 436	4 033	5 513
1997	5 593	5 799	4 102	6 077

注:本表未扣除区域变动因素,年度之间不可比。下同。

11—2 民族自治地方分地区从业人员年平均人数和劳动报酬(1997年)(一)

Number of Annual Average Personnel and Income of Employment by Region of Minority National Autonomous Areas(1997)(1)

地 区 Region	合 计 Total			国有经济 State—Owned		
	从业人员年平均人数(万人) Employment	劳动报酬(万元) Total Wages	平均每一名劳动报酬(元) Wages of Employment Per Capita	从业人员年平均人数(万人) Employment	劳动报酬(万元) Total Wages	平均每一名劳动报酬(元) Wages of Employment Per Capita
合 计 Total	**1 596.1**	**8 927 187**	**5 593**	**1 345.9**	**7 804 921**	**5 799**
河 北 Hebei	10.2	45 508	4 462	8.1	37 924	4 682
内蒙古 Inner Mongolia	368.1	1 869 513	5 079	296.2	1 600 193	5 402
辽 宁 Liaoning	28.28	98 423	3 480	20.8	81 039	3 900
吉 林 Jilin	68.53	331 050	4 831	53.3	281 244	5 280
黑龙江 Heilongjiang	2.6	6 626	2 548	2.2	6 136	2 789
浙 江 Zhejiang	0.96	5 245	5 464	0.8	4 280	5 632
湖 北 Hubei	24	109 107	4 546	20.9	97 505	4 665
湖 南 Hunan	43.35	160 752	3 708	38.2	138 527	3 630
广 东 Guangdong	4.2	24 462	5 824	3.0	19 238	6 413
广 西 Guangxi	342.15	1 848 794	5 403	282.5	1 558 907	5 518
海 南 Hainan	10.5	55 722	5 307	9.5	52 166	5 491
重 庆 Chongqing	12.63	54 278	4 298	10.6	47 012	4 452
四 川 Sichuan	43.38	243 507	5 613	38.1	222 208	5 838
贵 州 Guizhou	58.27	242 429	4 160	50.8	217 887	4 287
云 南 Yunnan	132.7	836 536	6 304	114.8	740 924	6 454
西 藏 Tibet	18.49	174 606	9 443	17.2	168 027	9 797
甘 肃 Gansu	16.09	81 866	5 088	14.5	75 828	5 222
青 海 Qinghai	24.2	191 223	7 902	22.4	177 788	7 933
宁 夏 Ningxia	75.4	449 072	5 956	62.5	379 508	6 072
新 疆 Xinjiang	312.1	2 098 467	6 724	279.7	1 898 582	6 788

11—2 民族自治地方分地区从业人员年平均人数和劳动报酬(1997年)(二)

Number of Annual Average Personnel and Income of Employment by Region of Minority National Autonomous Areas(1997)(2)

地区 Region	集体经济 Collective—Owned			其他经济 Others		
	从业人员年平均人数(万人) Employment	劳动报酬(万元) Total Wages	平均每一名劳动报酬(元) Wages of Employment Per Capita	从业人员年平均人数(万人) Employment	劳动报酬(万元) Total Wages	平均每一名劳动报酬(元) Wages of Employment Per Capita
合计 Total	**201.8**	**827 836**	**4 102**	**48.5**	**294 429**	**6 077**
河北 Hebei	1.6	6 151	3 844	0.5	1 433	2 866
内蒙古 Inner Mongolia	59.6	211 375	3 547	12.3	57 945	4 711
辽宁 Liaoning	6.9	16 000	2 329	0.6	1 384	2 197
吉林 Jilin	11.4	30 576	2 673	3.8	19 230	5 034
黑龙江 Heilongjiang	0.4	490	1 225			
浙江 Zhejiang	0.2	703	3 700	0.01	262	26 200
湖北 Hubei	2.7	9 231	3 419	0.4	2 371	5 929
湖南 Hunan	4.7	20 048	4 229	0.5	2 178	4 839
广东 Guangdong	0.5	1 635	3 270	0.7	3 590	5 128
广西 Guangxi	44.3	184 424	4 163	15.4	105 463	6 871
海南 Hainan	1.0	3 031	3 031		525	
重庆 Chongqing	1.8	5 878	3 247	0.3	1 388	5 340
四川 Sichuan	3.9	13 623	3 458	1.4	7 676	5 562
贵州 Guizhou	6.9	22 339	3 256	0.6	2 204	3 736
云南 Yunnan	15.0	77 729	5 182	2.9	17 883	6 167
西藏 Tibet	1.2	5 586	4 655	0.1	993	7 093
甘肃 Gansu	1.5	5 892	3 928	0.1	147	2 099
青海 Qinghai	1.3	5 159	3 850	0.5	8 276	18 390
宁夏 Ningxia	9.2	44 221	4 807	3.7	25 343	6 850
新疆 Xinjiang	27.6	163 748	5 933	4.8	36 138	7 529

11—3 民族自治地方农村经济收益分配

Distribution of Rural Area's Economic Benefits of Minority National Autonomous Areas

单位:万元 (10 000 yuan)

年份 Year	总收入 Total Revenue	总费用 Total Cost	纯收入 Net Income	农村居民人均纯收入(元) Average Per capita Net Income of Rural Household	抽样调查的农(牧)民人均纯收入(元) Net Income Per Capita of Peasants Surveyed
1980	1 150 891	340 849	810 042	76	
1981	1 185 423	306 249	879 174	85	
1982	1 469 052	325 352	1 143 700	121	
1983	2 365 174	523 817	1 841 357	196	
1984	2 934 551	664 198	2 270 353	213	311
1985	4 374 432	1 197 661	3 176 771	272	320
1986	4 659 810	1 475 707	3 184 103	282	338
1987	5 612 773	1 843 054	3 769 719	316	376
1988	7 269 734	2 614 861	4 654 873	357	420
1989	8 384 964	3 310 070	5 074 894	390	483
1990	9 808 134	3 557 847	6 250 287	402	546
1991	11 103 900	4 257 723	6 846 177	508	555
1992	14 516 956	6 839 613	7 677 343	568	584
1993	17 647 399	9 213 249	8 434 150	629	696
1994	26 941 170	15 745 332	12 395 140	820	944
1995	39 168 900	24 476 400	14 634 500	945	1 142
1996	58 982 800	30 164 200	16 527 500	1 300	1 306
1997				1 463	1 463

注:农村居民人均收入系指生产经营性收入。抽样调查的农(牧)民人均纯收入是全部收入。

11—4 民族自治地方分地区农村居民生活水平情况(1997 年)
Basic Indicators of Rural Households by Region of Minority National Autonomous Areas(1997)

单位:元 (yuan)

地　区 Region	农村居民人均生活费总支出	#食品支出	#衣着支出	抽样调查户人口(人)	农村居民总收入(万元)	抽样调查的农(牧)民平均每人纯收入
合　计 Total	**61 918**	**25 270**	**4 464**	**118 134**	**33 794 014**	**1 463**
河　北 Hebei	1 309	679	99	2 447	608 312	1 814
内蒙古 Inner Mongolia	1 428	828	107	42 200	7 479 929	1 780
辽　宁 Liaoning	13 706	6 412	1 144	2 173	646	1 640
吉　林 Jilin					563 502	1 952
黑龙江 Heilongjiang	636	448	82	233	35	1 216
浙　江 Zhejiang						1 530
湖　北 Hubei	702	339	573	5 352	1 078 138	1 358
湖　南 Hunan	1 139	666	56	5 745	1 230	1 462
广　东 Guangdong	9 768	4 140	248	237	99 376	1 442
广　西 Guangxi	1 376	800	55	11 665	21 876 074	1 875
海　南 Hainan	935	556	57	2 808	202 657	1 494
重　庆 Chongqing	1 182	724	72	2 876	552	1 192
四　川 Sichuan	4 523	3 210	295	11 744	4 819	988
贵　州 Guizhou	471	189	54	13 930	633 714	1 163
云　南 Yunnan						803
西　藏 Tibet				3 334	518	1 195
甘　肃 Gansu	6 441	3 406	1 112	6 089	225 410	830
青　海 Qinghai	15 624	1 515	257	499	105 781	1 188
宁　夏 Ningxia	1 283	688	105	5 302	910 158	1 545
新　疆 Xinjiang	1 395	669	149	1 500	3 162	1 504

11—5 民族自治地方农民人均收入水平 3 000元以上县、市分布(1997年)

County and City Distribution for Per Peasant Household Income Over RMB 3 000 of Minority National Autonomous Areas(1997)

单位:元、万人 (yuan,10 000 persons)

县名	Name of County	平均每人 Per Person	人口 Population
河 北	**Hebei**		
大厂回族自治县	Dachang Hui Autonomous County	3 798	9.1
内蒙古	**Inner Mongolia**		
呼和浩特市郊区	Suburb of Hohhot City	3 091	23.7
海拉尔市	Hailar City	3 485	1.5
东乌珠穆沁旗	Dong Ujimqin Qi	4 104	2.6
额尔古纳市	Ergun City	6 894	0.2
甘 肃	**Gansu**		
肃南裕固族自治县	Sunan Yugur Autonomous County	3 203	2.4
阿克塞哈萨克族自治县	Aksay Kazak Autonomous County	3 366	0.3
肃北蒙古族自治县	Subei Mongolian Autonomous County	3 608	0.6
新 疆	**Xinjiang**		
克拉玛依市	Kelamayi City	3 157	0.2
沙湾县	Shawan County	3 198	13.1
昌吉市	Changji City	3 200	8.5
呼图壁县	Hutubi County	3 440	6.5
石河子市	Shihezi City	3 690	1.6
玛纳斯县	Manas County	4 210	8.2

11—6 民族自治地方农民人均收入水平500元以下县、市分布(1997年)

County and City Distribution for Per Peasant Household Income Under RMB 500 of Minority National Autonomous Areas(1997)

单位:元、万人 (yuan, 10 000 person)

县名	Name of County	平均每人 Per Person	人口 Population
四川	**Sichuan**		
石渠县	Shique County	448	6.0
雷波县	Leibo County	462	20.0
丹巴县	Danba County	478	5.0
金阳县	Jinyang County	479	12.0
布拖县	Butuo County	497	12.0
贵州	**Guizhou**		
黄平县	Huang Ping County	492	29.9
云南	**Yunnan**		
西盟佤族自治县	Ximeng Va Autonomous County	320	7.0
墨江哈尼族自治县	Mojiang Hani Autonomous County	373	33.0
金平苗族瑶族傣族自治县	Jinping Miao, Yao and Dai Autonomous County	389	28.7
宁蒗彝族自治县	Ninglang Yi Autonomous County	398	20.3
绿春县	Luchun County	401	18.2
麻栗坡县	Malipo County	417	24.3
江城哈尼族彝族自治县	Jiangcheng Hani and Yi Autonomous County	425	7.0
富宁县	Funing County	450	34.9
维西傈僳族自治县	Weixi Lisu Autonomous County	454	13.1
元阳县	Yuanyang County	476	33.2
双江拉祜族佤族布朗族傣族自治县	Shuangjiang Lahu, Va, Blang and Dai Autonomous County	478	14.2
河口瑶族自治县	Hekou Yao County	481	4.2
沧源佤族自治县	Cangyuan Va Autonomous County	481	13.4
红河县	Honghe County	481	24.0
屏边苗族自治县	Pingbian Miao Autonomous County	493	12.9
广南县	Guangnan County	498	67.6

主要统计指标解释

从业人员劳动报酬 指各单位在一定时期内直接支付给本单位从业人员的劳动报酬总额。

工资总额的计算原则应以直接支付给职工的全部劳动报酬为根据。各单位支付给职工的劳动报酬以及其他根据有关规定支付的工资，不论是计入成本的还是不计入成本的，不论是按国家规定列入计征奖金税项目的还是未列入计征奖金税项目的，不论是以货币形式支付的还是以实物形式支付的，均包括在工资总额内。

从业人员平均工资 指企业、事业、机关单位的职工在一定时期内平均每人所得的货币工资额。它表明一定时期职工工资收入的高低程度，是反映职工工资水平的主要指标。计算公式为：

从业人员平均工资＝报告期实际支付的从业人员工资总额÷报告期从业人员平均人数

农村居民家庭纯收入 指农村常住居民家庭总收入中，扣除从事生产和非生产经营费用支出、缴纳税款和上交承包集体任务金额以后剩余的，可直接用于进行生产性、非生产性建设投资、生活消费和积蓄的那一部分收入。它是反映农民家庭实际收入水平的综合性的主要指标。农民家庭纯收入既包括从事生产性和非生产性的经营收入，又包括取自在外人口寄回带回和国家财政救济、各种补贴等非经营性收入；既包括货币收入，又包括自产自用的实物收入。但不包括向银行、信用社和向亲友借款等属于借贷性的收入。

十二、教 育、科 技
EDUCATION AND SCIENCE

12—1 民族自治地方各类学校

Schools by Types of Minority National Autonomous Areas

单位:所　　(number)

年份 Year	普通高等学校 Institutions of Higher Education	中等学校 Secondary Schools	中等专业学校 Specialized Secondary Schools	普通中学 Regular Secondary Schools	小学 Primary Schools
1952	11	531			59 597
1957	14	1 115			57 480
1965	37	4 777			140 056
1975	35	8 353			121 110
1978	56	14 277			142 865
1979	63	12 249	545	11 704	139 256
1980	63	11 765	588	11 177	131 123
1981	67	11 072	563	10 509	117 581
1982	68	11 056	586	10 470	114 164
1983	76	11 493	516	10 977	119 418
1984	74	11 406	567	10 839	117 643
1985	86	11 644	560	11 084	121 712
1986	93	11 677	547	11 130	121 874
1987	100	11 849	541	11 308	119 879
1988	101	12 038	583	11 455	119 614
1989	106	14 441	815	11 626	120 118
1990	105	12 273	648	11 625	117 717
1991	104	12 882	571	11 563	103 139
1992	102	12 148	560	11 588	99 916
1993	101	12 051	570	11 481	97 858
1994	104	12 677	559	11 880	99 160
1995	105	13 550	584	11 606	97 650
1996	96	13 460	570	11 484	90 982
1997	92	13 466	579	11 486	90 704

注:本表未扣除区域变动因素,年度之间不可比,下同。中等学校包括职业中学,下同。

12-2 民族自治地方各类学校专任教师
Full-Time Teachers by Types of Minority National Autonomous Areas

单位：人 (person)

年 份 Year	普通高等学校 Institutions of Higher Education	中等学校 Secondary Schools	中等专业学校 Specialized Secondary Schools	普通中学 Regular Secondary Schools	小 学 Primary Schools
1952	559	10 220			
1957	2 574	22 246			
1965	6 232	53 045			
1975	7 910	274 670			
1978	14 912	376 996			
1979	16 837	347 774	16 319	331 455	612 537
1980	15 128	351 040	19 396	331 644	730 077
1981	15 133	318 682	19 283	299 399	722 891
1982	16 730	320 467	20 174	300 293	742 320
1983	18 998	324 084	20 911	303 173	771 204
1984	20 320	310 812	21 718	289 094	758 487
1985	21 756	335 320	23 883	311 437	600 295
1986	23 872	356 639	25 777	330 862	805 751
1987	25 533	373 918	27 831	346 087	807 081
1988	26 746	398 605	31 963	366 642	832 073
1989	34 041	475 747	103 602	372 145	840 058
1990	27 658	415 486	32 966	382 520	847 802
1991	27 031	430 947	32 357	389 028	839 600
1992	27 056	425 336	31 933	393 403	833 900
1993	26 925	429 196	31 698	397 498	836 800
1994	28 030	439 558	32 845	406 713	861 100
1995	36 862	488 988	40 674	414 781	858 300
1996	29 223	494 127	34 672	423 994	838 300
1997	29 492	522 929	35 707	446 530	885 500

12—3 民族自治地方各类学校在校学生

Students Enrollment by Types of School of Minority National Autonomous Areas

单位:人 (person)

年 份 Year	普通高等学校 Institutions of Higher Education	中等学校 Secondary Schools	中等专业学校 Specialized Secondary Schools	普通中学 Regular Secondary Schools	小 学 (万人) Primary Schools
1952	4 475	209 394			467.31
1957	12 007	493 892			599.45
1965	30 511	954 137			1 124.44
1975	31 077	3 624 594			1 416.10
1978	56 492	6 820 032			1 705.24
1979	61 955	6 283 893	74 972	6 101 909	1 685.50
1980	70 796	6 011 353	185 635	5 825 718	1 701.73
1981	77 914	5 091 473	153 839	4 937 634	1 629.57
1982	71 803	4 691 540	137 467	4 554 073	1 645.07
1983	77 579	4 864 083	145 215	4 718 868	1 711.15
1984	87 283	5 083 804	176 193	4 907 611	1 752.13
1985	104 423	5 732 874	206 482	5 166 392	1 836.90
1986	116 122	5 956 024	218 332	5 737 692	1 875.90
1987	123 833	6 087 191	228 257	5 858 934	1 840.70
1988	132 284	6 108 576	256 372	5 852 204	1 833.20
1989	139 849	7 071 708	273 298	5 798 410	1 997.00
1990	135 504	6 096 440	252 454	5 843 986	1 852.90
1991	131 596	6 654 413	273 853	5 892 961	1 877.44
1992	141 651	6 279 907	283 692	5 996 215	1 913.65
1993	161 103	6 065 209	320 445	5 744 764	1 844.30
1994	180 630	6 435 178	358 930	6 076 248	1 998.69
1995	185 977	7 210 874	391 368	6 318 822	1 889.49
1996	186 570	7 672 089	481 617	6 676 581	2 014.76
1997	204 663	8 191 527	433 999	7 217 473	2 061.79

12－4 民族自治地方各类学校毕业生

Graduates by Types of Schools of Minority National Autonomous Areas

单位：人 (person)

年 份 Year	普通高等学校 Institutions of Higher Education	中等学校 Secondary Schools	中等专业学校 Specialized Secondary Schools	普通中学 Regular Secondary Schools	小 学（万人） Primary Schools
1952	255	29 279			22.56
1957	1 378	74 443			69.43
1965	8 234	156 960			60.82
1975	7 591	1 037 071			158.30
1978	10 576	1 823 140			254.10
1979	10 519	2 196 843	34 946	2 161 897	224.69
1980	7 393	1 835 607	66 560	1 769 047	222.16
1981	12 058	1 323 550	81 674	1 241 876	217.55
1982	25 653	1 423 338	68 958	1 354 380	203.81
1983	20 434	1 438 935	53 305	1 295 630	214.51
1984	17 681	1 278 828	49 663	1 229 165	215.58
1985	20 407	1 430 034	54 022	1 376 012	228.02
1986	23 657	1 521 702	65 605	1 456 097	243.31
1987	35 367	1 626 350	72 564	1 553 786	251.29
1988	36 426	1 759 643	76 524	1 683 119	244.39
1989	36 272	1 857 544	413 299	1 444 246	283.60
1990	40 369	1 827 614	90 618	1 736 996	218.97
1991	39 790	1 777 074	89 833	1 619 845	237.50
1992	38 137	1 738 022	83 874	1 654 148	306.08
1993	36 483	1 786 425	88 034	1 698 391	261.09
1994	40 742	1 704 339	87 081	1 617 258	258.53
1995	52 870	1 938 608	99 396	1 711 612	257.68
1996	53 218	2 017 396	111 232	1 768 942	262.93
1997	49 867	2 136 364	112 550	1 877 208	278.73

12—5 民族自治地方分地区高等学校基本情况(1997年)

Institutions of Higher Education by Region of Minority National Autonomous Areas(1997)

单位:人 (person)

地区 Region	学校数(所) Schools	在校研究生数 Postgraduates Enrollment	在校学生数 Students Enrollment	招生数 New Students Enrollment	毕业生数 Graduates	教职工数 Staff and Workers	#专任教师数 Full-Time Teachers
合　计 Total	**92**	**3 766**	**204 663**	**64 763**	**49 867**	**62 898**	**29 492**
河　北 Hebei							
内蒙古 Inner Mongolia	18	907	40 217	13 036	11 470	15 383	6 826
辽　宁 Liaoning	1		162	22	56	10	10
吉　林 Jilin	1	408	7 981	2 432	1 747	3 201	1 453
黑龙江 Heilongjiang							
浙　江 Zhejiang							
湖　北 Hubei	2	10	3 800	1 288	857	1 048	528
湖　南 Hunan	1		3 211	1 190	820	778	334
广　东 Guangdong							
广　西 Guangxi	26	1 695	70 561	22 953	15 628	15 442	7 645
海　南 Hainan							
重　庆 Chongqing							
四　川 Sichuan	5	3	7 352	3 186	2 031	1 462	644
贵　州 Guizhou	4		3 696	1 432	876	1 077	532
云　南 Yunnan	5		6 185	2 164	1 659	885	784
西　藏 Tibet	4		3 200	717	857	1 843	849
甘　肃 Gansu	1		1 045	400	261	289	153
青　海 Qinghai	1		500	160	143	151	95
宁　夏 Ningxia	5	96	11 058	3 344	2 721	3 929	1 802
新　疆 Xinjiang	18	647	45 695	12 439	10 750	17 400	7 837

12—6 民族自治地方分地区普通中等学校基本情况(1997年)

Middle Schools by Region of Minority National Autonomous Areas(1997)

单位:人 (person)

地 区 Region	学校数(所) Schools	在校学生数 Students Enrollment	招生数 New Students Enrollment	毕业生数 Graduates	教职工数 Staff and Workers	#专任教师数 Full-Time Teachers
合 计 Total	**13 466**	**8 191 527**	**3 064 341**	**2 136 364**	**707 200**	**522 929**
河 北 Hebei	210	114 287	43 436	23 295	8 338	7 168
内蒙古 Inner mongolia	2 339	1 417 961	522 281	379 758	144 020	102 001
辽 宁 Liaoning	273	155 414	48 548	45 538	15 919	12 278
吉 林 Jilin	367	214 370	75 520	68 780	31 730	25 414
黑龙江 HeilongJiang	33	14 033	4 944	4 072	1 281	1 065
浙 江 Zhejiang	13	9 600	3 260	2 270	590	482
湖 北 Hubei	312	185 287	71 115	47 875	15 395	12 451
湖 南 Hunan	406	236 553	89 680	57 344	19 646	15 752
广 东 Guangdong	49	28 607	10 314	7 037	2 067	1 611
广 西 Guangxi	3 456	2 625 011	1 007 527	652 491	172 842	124 974
海 南 Hainan	131	65 209	26 057	16 011	6 371	4 559
重 庆 Chongqing	135	99 060	34 437	22 186	8 019	6 099
四 川 Sichuan	360	151 152	58 167	41 971	17 519	13 521
贵 州 Guizhou	838	536 827	206 795	134 435	37 255	29 633
云 南 Yunnan	1 391	783 074	288 246	207 267	65 492	47 568
西 藏 Tibet	106	44 143	15 717	11 265	5 624	4 131
甘 肃 Gansu	211	77 810	29 200	19 781	7 860	6 322
青 海 Qinghai	306	114 077	42 677	32 724	11 539	8 130
宁 夏 Ningxia	504	310 457	110 883	91 860	27 092	20 998
新 疆 Xinjing	2 016	1 008 595	375 537	267 404	108 601	78 772

注:本表包括中等专业学校、普通中学和职业中学校。

12—7 民族自治地方分地区中等专业学校基本情况(1997年)

Specialized Secondary Schools by Region of Minority National Autonomous Areas(1997)

单位:人 (person)

地 区 Region	学校数(所) Schools	在校学生数 Students Enrollment	招生数 New Students Enrollment	毕业生数 Graduates	教职工数 Staff and Workers	#专任教师数 Full-Time Teachers
合 计 Total	**597**	**433 999**	**138 476**	**112 550**	**67 523**	**35 707**
河 北 Hebei	3	2 699	879	957	239	184
内蒙古 Inner Mongolia	107	66 738	25 109	17 704	16 212	7 903
辽 宁 Liaoning	3	1 763	511	444	284	172
吉 林 Jilin	14	9 053	2 553	2 649	1 117	634
黑龙江 Heilongjiang						
浙 江 Zhejiang						
湖 北 Hubei	10	13 579	4 759	3 248	1 196	727
湖 南 Hunan	15	9 773	3 375	3 100	1 236	659
广 东 Guangdong						
广 西 Guangxi	128	139 210	45 823	30 757	15 676	8 550
海 南 Hainan	2	230	47	35	50	38
重 庆 Chongqing	6	2 931	1 071	1 035	452	279
四 川 Sichuan	25	16 954	6 396	4 854	2 331	1 378
贵 州 Guizhou	33	28 076	10 370	7 167	3 351	1 856
云 南 Yunnan	53	36 898	1 369	10 716	4 943	2 980
西 藏 Tibet	16	5 730	1 552	1 483	1 398	783
甘 肃 Gansu	11	3 878	1 176	1 081	806	467
青 海 Qinghai	13	4 682	1 330	1 371	840	514
宁 夏 Ningxia	25	13 968	4 854	4 013	3 066	1 494
新 疆 Xinjiang	115	77 837	27 302	21 936	14 326	7 089

12—8 民族自治地方分地区普通中学基本情况(1997年)

Regular Secondary Schools by Region of Minority National Autonomous Areas(1997)

单位:人　　(person)

地区 Region	学校数(所) Schools	在校学生数 Students Enrollment	招生数 New Students Enrollment	毕业生数 Graduates	教职工数 Staff and Workers	#专任教师数 Full—Time Teachers
合　计 Total	**11 486**	**7 217 473**	**2 699 757**	**1 877 208**	**582 440**	**446 530**
河　北 Hebei	200	104 522	39 452	20 152	7 426	6 553
内蒙古 Inner Mongolia	1 791	1 160 171	412 580	319 722	108 194	79 762
辽　宁 Liaoning	256	148 999	46 196	46 625	14 975	11 660
吉　林 Jilin	287	184 569	64 652	55 057	23 977	19 691
黑龙江 Heilongjiang	24	12 096	4 324	2 839	1 100	920
浙　江 Zhejiang	8	8 749	2 980	1 995	510	424
湖　北 Hubei	272	159 487	61 463	41 441	12 915	10 744
湖　南 Hunan	352	211 086	80 731	50 965	16 687	13 702
广　东 Guangdong	46	28 073	10 109	6 866	1 966	1 539
广　西 Guangxi	3 039	2 352 768	910 762	586 410	145 975	108 927
海　南 Hainan	123	64 031	25 557	15 747	6 037	4 360
重　庆 Chongqing	115	92 525	31 309	19 674	7 014	5 435
四　川 Sichuan	314	129 029	49 711	36 266	14 620	11 728
贵　州 Guizhou	703	479 328	184 847	119 424	31 505	26 115
云　南 Yunnan	1 224	703 432	266 739	181 556	56 161	41 736
西　藏 Tibet	90	38 413	14 165	9 782	4 226	3 348
甘　肃 Gansu	147	72 484	27 264	18 328	6 736	5 630
青　海 Qinghai	283	107 533	40 628	30 749	10 475	7 481
宁　夏 Ningxia	442	283 458	99 794	85 323	22 899	18 660
新　疆 Xinjiang	1 770	876 720	326 494	228 287	89 042	68 115

12—9 民族自治地方分地区职业中学基本情况(1997年)

Vocational Middle Schools by Region of Minority National Autonomous Areas(1997)

单位:人 (person)

地 区 Region	学校数(所) Schools	在校学生数 Students Enrollment	招生数 New Students Enrollment	毕业生数 Graduates	教职工数 Staff and Workers	#专任教师数 Full-Time Teachers
合 计 Total	**1 401**	**540 055**	**226 108**	**146 606**	**57 237**	**40 692**
河 北 Hebei	7	7 066	3 105	2 186	673	431
内蒙古 Inner Mongolia	441	191 052	84 592	42 332	19 614	14 336
辽 宁 Liaoning	14	4 652	1 841	1 469	660	446
吉 林 Jilin	66	20 748	8 315	11 074	6 636	5 089
黑龙江 Heilongjiang	9	1 937	620	1 233	181	145
浙 江 Zhejiang	5	851	280	275	80	58
湖 北 Hubei	30	12 221	4 893	3 186	1 284	980
湖 南 Hunan	39	15 694	5 574	3 279	1 723	1 391
广 东 Guangdong	3	534	205	171	101	72
广 西 Guangxi	289	133 033	50 942	35 324	11 191	7 497
海 南 Hainan	6	948	453	229	284	161
重 庆 Chongqing	14	3 604	2 057	1 477	553	385
四 川 Sichuan	21	5 169	2 060	851	568	415
贵 州 Guizhou	102	29 423	11 578	7 844	2 399	1 662
云 南 Yunnan	114	42 744	20 138	14 995	4 388	2 852
西 藏 Tibet						
甘 肃 Gansu	63	1 448	760	372	318	225
青 海 Qinghai	10	1 862	719	604	224	135
宁 夏 Ningxia	37	13 031	6 235	2 524	1 127	844
新 疆 Xinjiang	131	54 038	21 741	17 181	5 233	3 568

12—10 民族自治地方分地区小学基本情况(1997年)

Elementary Schools by Region of Minority National Autonomous Areas(1997)

单位:万人 (10 000 persons)

地区 Region	学校数(所) Schools	在校学生数 Students Enrollment	招生数 New Students Enrollment	毕业生数 Graduates	教职工数 Staff and Workers	#专任教师数 Full-Time Teachers
合计 Total	**90 704**	**2 061.8**	**354.6**	**278.7**	**99.4**	**88.6**
河北 Hebei	1 442	24.3	4.3	4.3	0.9	0.9
内蒙古 Inner Mongolia	12 227	232.3	45.3	41.8	17.1	15.2
辽宁 Liaoning	2 042	34.9	5.7	4.3	2.4	2.2
吉林 Jilin	1 375	37.2	5.8	5.6	2.9	2.5
黑龙江 Heilongjiang	150	2.9	0.5	0.5	0.2	0.2
浙江 Zhejiang	331	1.3	0.2	0.3	0.1	
湖北 Hubei	3 164	50.2	7.5	6.5	2.5	2.2
湖南 Hunan	5 290	69.3	12.0	8.7	2.8	2.7
广东 Guangdong	278	6.1	0.9	1	0.3	0.3
广西 Guangxi	16 197	626.8	94.2	91.9	22.7	19.5
海南 Hainan	865	21.6	3.4	2.9	1.2	1.1
重庆 Chongqing	1 924	28.0	4.7	3.4	1.4	1.2
四川 Sichuan	6 742	63.3	12.3	6	3.4	3.4
贵州 Guizhou	9 132	211.7	38.5	23.2	8.1	7.5
云南 Yunnan	13 177	251.6	43.4	31.3	11.3	10.1
西藏 Tibet	806	30.1	6.0	1.9	1.5	1.4
甘肃 Gansu	2 538	32.8	7.8	2.9	1.5	1.4
青海 Qinghai	2 224	30.9	5.9	3.7	1.8	1.5
宁夏 Ningxia	3 838	64.6	12.1	9.2	3.5	3.2
新疆 Xinjiang	6 962	242.0	44.3	29.4	13.8	11.9

12—11 民族自治地方分地区成人教育基本情况(1997年)
Adult Education by Region of Minority National Autonomous Areas(1997)

单位:万人 (10 000 persons)

地 区 Region	学校数(所) Schools	在校学生数 Students Enrollment	招生数 New Students Enrollment	毕业生数 Graduates	教职工数 Staff and Workers	#专任教师数 Full－Time Teachers
合 计 Total	**20 645**	**523.8**	**422.9**	**559.8**	**87.2**	**41.7**
河 北 Hebei	594	26.6	13.4	23.4		
内蒙古 Inner Mongolia	12 642	154.6	169.0	173.0	6.6	1.1
辽 宁 Liaoning	277	40.9	10.8	64.4	0.03	0.02
吉 林 Jilin	388	1.8	1.3	0.9	0.1	0.1
黑龙江 Heilongjiang	1	0.1				
浙 江 Zhejiang		0.1		0.2		
湖 北 Hubei	239	14.0	2.3	7.5	0.1	
湖 南 Hunan	51	2.2	1.8	1.8	0.1	0.04
广 东 Guangdong						
广 西 Guangxi	170	17.8	6.5	5.1	1.2	0.7
海 南 Hainan	59	0.1	0.1	0.1		
重 庆 Chongqing	4	0.1	0.02		0.01	0.01
四 川 Sichuan	2 769	99.7	99.1	132.6	77.2	39.0
贵 州 Guizhou	8	1.5	0.9	0.6	0.04	0.04
云 南 Yunnan						
西 藏 Tibet						
甘 肃 Gansu	125	1.1	0.7	0.6	0.04	0.005
青 海 Qinghai						
宁 夏 Ningxia	5	0.6	0.2	0.2	0.1	0.03
新 疆 Xinjiang	3 313	162.7	116.9	149.5	1.7	0.7

12－12 全国少数民族专任教师

Number of Full－Time Ethnic Teachers of China

单位：人 (person)

年 份 Year	普通高等学校 Institutions of Higher Education	中等技术学校 Technical Schools	中等师范学校 Teacher's Training Schools	普通中学 Regular Secondary Schools	职业中学 Vocational Schools	小 学（万人） Primary Schools (10 000 persons)
1951				2 708		
1952	623			4 453		5.98
1957	1 941			11 729		9.82
1963	3 096	1 168	494	13 194	628	7.24
1965	3 311	1 122	380	14 635	2 752	13.32
1975	2 655			68 452		27.17
1978	5 876	2 714	1 970	112 261		31.02
1979	7 150	2 917	2 191	108 192		31.30
1980	7 808	3 519	2 570	112 331	739	32.94
1981	8 364	3 844	2 420	105 187	860	33.06
1982	9 150	4 419	2 698	104 158	1 336	34.32
1983	10 791	4 867	2 748	107 153	2 283	34.49
1984	10 841	5 151	2 825	112 364	3 615	37.80
1985	12 775	5 985	3 178	125 560	5 551	39.78
1986	14 236	7 801	3 624	139 210	6 816	42.13
1987	15 412	8 093	4 186	150 463	8 377	43.68
1988	16 920	8 471	4 435	158 369	16 270	42.12
1989	17 495	9 205	4 745	173 922	10 256	46.25
1990	17 787	9 714	5 133	182 991	10 925	45.87
1991	18 869	10 061	5 338	192 134	11 934	46.41
1992	19 361	10 502	5 067	200 034	12 947	47.63
1993	19 384	10 374	5 226	202 110	13 892	47.72
1994	21 101	10 972	5 240	207 573	14 037	47.88
1995	22 028	11 580	5 831	222 510	15 003	50.19
1996	21 975	12 211	6 007	233 429	18 182	51.55
1997	22 826	12 700	6 243	246 912	16 616	52.79

12—13 全国少数民族专任教师占全国专任教师总数的比重

The Proportion of Full—Time Ethnic Teachers in the Full—Time Teachers of the Whole Nation

单位：%

年 份 Year	普通高等学校 Institutions of Higher Education	中等技术学校 Technical Schools	中等师范学校 Teacher's Training Schools	普通中学 Regular Secondary Schools	职业中学 Vocational Schools	小 学 Primary Schools
1951				2.6		
1952				2.9		
1957	2.8			3.9		4.3
1963	2.2	2.5	4.1	3.1	3.9	2.8
1965	2.4	2.5	3.5	3.2	1.4	3.5
1975	1.7	4.2		3.3		5.2
1978	2.9	3.9	6.6	3.5		5.9
1979	3.0	3.7	6.4	3.5		5.8
1980	3.2	3.9	6.9	3.7	3.2	6.0
1981	3.4	3.9	6.4	3.7	3.0	5.9
1982	3.2	4.0	6.7	3.9	3.3	6.2
1983	3.6	4.2	6.9	4.1	3.1	6.4
1984	3.4	4.3	6.6	4.4	3.5	7.0
1985	3.7	4.7	6.9	4.7	3.9	7.4
1986	3.8	5.4	7.3	5.0	4.2	7.8
1987	4.0	5.2	7.8	5.2	4.5	8.0
1988	4.3	5.1	7.7	5.4	8.0	7.7
1989	4.4	5.4	8.2	5.8	4.8	8.3
1990	4.4	5.5	8.7	6.0	4.9	8.2
1991	4.8	5.7	9.3	6.2	5.1	8.4
1992	5.0	5.9	8.9	6.4	5.2	8.6
1993	5.0	5.7	9.0	6.4	5.3	8.6
1994	5.3	5.9	8.7	5.3	5.1	8.5
1995	5.5	5.9	9.4	6.7	5.1	8.9
1996	5.5	6.0	9.5	6.7	5.9	9.0
1997	5.6	6.0	9.8	6.9	5.2	9.1

12—14 全国分地区少数民族教职工(1997年)(一)
Ethnic School Staff by Region(1997)(1)

单位:人 (person)

地区 Region	普通高等学校 Institutions of Higher Education	中等专业学校 Specialized Secondary Schools	普通中学 Regular Secondary Schools	职业中学 Vocational Schools
全国 National	**49 966**	**33 988**	**322 560**	**24 234**
北京 Beijing	4 682	545	3 096	512
天津 Tianjin	1 266	229	915	117
河北 Hebei	1 305	996	12 076	1 352
山西 Shanxi	185	101	153	12
内蒙古 Inner Mongolia	4 323	3 953	25 776	3 272
辽宁 Liaoning	4 785	2 167	32 621	2 584
吉林 Jilin	4 750	1 371	11 379	1 228
黑龙江 Heilongjiang	2 010	828	8 258	350
上海 Shanghai	572	88	611	56
江苏 Jiangsu	775	216	856	103
浙江 Zhejiang	156	96	703	131
安徽 Anhui	379	158	720	101
福建 Fujian	204	82	894	59
江西 Jiangxi	100	51	56	
山东 Shandong	673	266	1 374	77
河南 Henan	791	494	2 531	238
湖北 Hubei	1 583	683	9 975	1 012
湖南 Hunan	1 411	1 174	22 194	2 303
广东 Guangdong	578	270	1 385	130
广西 Guangxi	3 971	4 489	54 087	2 941
海南 Hainan	117	117	2 823	355
重庆 Chongqing	295	383	4 983	414
四川 Sichuan	998	907	4 958	205
贵州 Guizhou	2 096	2 518	34 565	2 838
云南 Yunnan	2 302	2 842	24 816	1 652
西藏 Tibet	828	584	3 251	52
陕西 Shaanxi	605	124	342	55
甘肃 Gansu	932	601	2 942	164
青海 Qinghai	908	793	4 207	105
宁夏 Ningxia	524	362	3 685	172
新疆 Xinjiang	5 862	6 500	46 328	1 644

12－14　全国分地区少数民族教职工(1997 年)(二)

Ethnic School Staff by Region(1997)(2)

单位:人

(person)

地区 Region	工读学校 Schools for Juvenile Delinqents	特殊教育学校 Schools of Special Education	小学 Primary Schools	幼儿园 Kinder-gartens
全　国 National	**58**	**2 053**	**633 016**	**43 952**
北　京 Beijing	21	116	3 264	726
天　津 Tianjin	1	21	1 174	514
河　北 Hebei		94	13 236	1 720
山　西 Shanxi		1	165	19
内蒙古 Inner Mongolia		89	42 640	3 594
辽　宁 Liaoning	8	147	49 760	4 094
吉　林 Jilin	3	294	13 962	2 859
黑龙江 Heilongjiang		31	11 385	1 017
上　海 Shanghai		7	322	98
江　苏 Jiangsu		4	535	272
浙　江 Zhejiang		1	1 532	92
安　徽 Anhui		3	1 105	148
福　建 Fujian		8	1 988	244
江　西 Jiangxi			169	6
山　东 Shandong		12	1 788	312
河　南 Henan	2	33	3 670	540
湖　北 Hubei		17	17 442	1 060
湖　南 Hunan		67	38 708	3 398
广　东 Guangdong		9	2 176	264
广　西 Guangxi	1	688	97 930	6 169
海　南 Hainan			9 319	276
重　庆 Chongqing		18	10 087	723
四　川 Sichuan	2	4	17 912	850
贵　州 Guizhou	18	213	91 953	4 778
云　南 Yunnan	2	82	69 803	4 662
西　藏 Tibet			15 058	247
陕　西 Shaanxi		2	388	121
甘　肃 Gansu		2	7 766	555
青　海 Qinghai		13	10 536	353
宁　夏 Ningxia		31	7 980	827
新　疆 Xinjiang		46	89 263	3 774

12—15 全国分地区少数民族专任教师(1997年)(一)

Full—Time Ethnic Teachers by Region(1997)(1)

单位:人 (person)

地 区 Region	普通高等学校 Institutions of Higher Education	中等专业学校 Specialized Secondary Schools	普通中学 Regular Secondary Schools	职业中学 Vocational Schools
全 国 National	**22 826**	**18 943**	**246 912**	**16 616**
北 京 Beijing	1 596	299	2 229	279
天 津 Tianjin	592	105	666	93
河 北 Hebei	607	494	10 279	919
山 西 Shanxi	81	51	92	10
内蒙古 Inner Mongolia	2 112	2 211	19 107	2 440
辽 宁 Liaoning	2 063	1 228	25 756	1 833
吉 林 Jilin	2 200	840	8 967	858
黑龙江 Heilongjiang	881	415	6 699	265
上 海 Shanghai	258	42	445	29
江 苏 Jiangsu	317	109	644	78
浙 江 Zhejiang	100	58	588	103
安 徽 Anhui	118	101	546	81
福 建 Fujian	99	57	730	50
江 西 Jiangxi	51	22	51	
山 东 Shandong	340	149	1 122	55
河 南 Henan	404	273	1 995	164
湖 北 Hubei	826	432	8 362	762
湖 南 Hunan	624	601	18 601	1 739
广 东 Guangdong	288	179	1 131	110
广 西 Guangxi	1 697	2 292	39 020	1 973
海 南 Hainan	48	62	1 885	64
重 庆 Chongqing	139	265	3 535	231
四 川 Sichuan	488	505	3 729	150
贵 州 Guizhou	1 004	1 467	22 527	1 648
云 南 Yunnan	1 106	1 642	18 960	1 108
西 藏 Tibet	386	293	2 513	37
陕 西 Shaanxi	248	63	249	37
甘 肃 Gansu	433	243	2 431	120
青 海 Qinghai	423	508	3 501	73
宁 夏 Ningxia	242	179	3 204	135
新 疆 Xinjiang	3 055	3 758	37 348	1 172

12－15　全国分地区少数民族专任教师(1997年)(二)

Full－Time Ethnic Teachers by Region(1997)(2)

单位:人　　(person)

地　区 Region	工　读 学　校 Schools for Juvenile Delinqents	特殊教育 学　校 Schools of Special Education	小　学 Primary Schools	幼儿园 Kinder-gartens
全　国 National	**40**	**1 504**	**527 923**	**32 211**
北　京 Beijing	15	75	2 685	382
天　津 Tianjin	1	13	999	105
河　北 Hebei		61	11 856	1 509
山　西 Shanxi		1	125	11
内蒙古 Inner Mongolia		62	36 837	2 614
辽　宁 Liaoning	7	111	41 108	3 367
吉　林 Jilin	2	214	11 972	2 037
黑龙江 Heilongjiang		27	10 195	887
上　海 Shanghai		4	239	67
江　苏 Jiangsu		2	418	211
浙　江 Zhejiang		1	425	81
安　徽 Anhui		2	1 048	128
福　建 Fujian		8	1 802	218
江　西 Jiangxi			160	6
山　东 Shandong		11	1 637	243
河　南 Henan	1	27	3 299	374
湖　北 Hubei		16	15 542	698
湖　南 Hunan		46	34 894	2 975
广　东 Guangdong		4	1 862	168
广　西 Guangxi		582	75 853	5 064
海　南 Hainan			7 719	199
重　庆 Chongqing		14	8 875	666
四　川 Sichuan	2	4	15 981	723
贵　州 Guizhou	11	95	64 080	2 459
云　南 Yunnan	1	60	62 518	3 548
西　藏 Tibet			12 995	163
陕　西 Shaanxi		2	323	82
甘　肃 Gansu		2	7 234	421
青　海 Qinghai		9	9 792	267
宁　夏 Ningxia		22	7 536	631
新　疆 Xinjiang		29	76 914	1 907

12-16 全国少数民族在校学生

Number of Ethnic Students Enrollment of China

单位:人 (person)

年 份 Year	普通高等学校 Institutions of Higher Education	中等技术学校 Technical Schools	中等师范学校 Teacher's Training Schools	普通中学 Regular Secondary Schools	职业中学 Vocational Schools	小学(万人) Primary Schools (10 000 persons)
1950	1 285					
1951		660	4 531	40 316		94.3
1952	2 948	2 550	16 245	73 248		147.4
1957	16 101	17 715	19 689	276 926		319.4
1962	28 729	13 122	9 449	294 720		
1963					12 135	299.2
1965	21 870	10 871	8 073	371 792	13 466	521.9
1975	30 607			1 556 934		770.8
1978	36 030	28 424	30 255	2 467 476		768.6
1979	37 378	32 218	39 702	2 058 721		737.8
1980	42 944	39 312	44 669	1 992 954	14 592	752.2
1981	51 220	39 061	39 049	1 770 637	13 569	735.6
1982	53 739	41 021	34 644	1 779 646	17 664	823.9
1983	59 630	44 754	37 401	1 829 697	36 153	821.9
1984	69 333	52 365	42 112	2 020 746	61 699	910.1
1985	94 095	66 491	49 825	2 244 707	87 445	954.8
1986	99 468	75 737	56 157	2 540 634	103 179	1 033.7
1987	118 735	84 955	62 159	2 800 651	124 335	1 051.3
1988	125 422	88 268	61 780	2 816 409	263 931	983.6
1989	131 599	99 463	62 819	2 835 400	136 508	1 052.1
1990	137 948	114 117	67 717	2 946 236	150 629	1 069.5
1991	141 767	119 291	67 043	3 085 924	165 069	980.6
1992	152 858	127 119	70 922	3 208 789	183 653	1 122.3
1993	163 224	142 963	76 728	3 136 943	186 204	1 140.2
1994	177 854	156 931	75 236	3 242 257	189 827	1 149.2
1995	187 572	184 320	88 384	3 466 478	237 786	1 200.2
1996	196 800	210 538	90 233	3 701 890	245 707	1 251.1
1997	216 831	237 100	91 267	4 039 314	229 335	1 248.2

12—17 全国少数民族在校学生占全国在校学生总数的比重

The Proportion of Ethnic Students Enrollment in Students Enrollment of the Whole Nation

单位:%

年份 Year	普通高等学校 Institutions of Higher Education	中等技术学校 Technical Schools	中等师范学校 Teacher's Training Schools	普通中学 Regular Secondary Schools	职业中学 Vocational Schools	小学 Primary Schools
1951	1.4	0.4	2.1	2.6		2.2
1952	1.5	0.9	4.7	2.9		2.9
1957	3.7	3.7	6.7	4.4		5.0
1962	3.5	3.7	5.2	3.9	3.9	4.1
1965	3.2	2.8	5.2	4.0	2.3	4.5
1975	6.1	7.6		3.5	5.0	5.1
1978	4.2	5.4	8.4	3.8		5.3
1979	3.7	4.5	8.2	3.5		5.0
1980	3.8	5.2	9.3	3.6	3.2	5.1
1981	4.0	6.2	8.9	3.6	2.8	5.1
1982	4.7	6.5	8.4	3.9	2.5	5.9
1983	4.9	6.5	8.2	4.2	3.0	6.0
1984	5.0	6.5	8.2	4.4	3.5	6.7
1985	5.3	6.6	8.9	4.8	3.8	7.1
1986	5.3	6.6	9.2	5.2	4.0	7.8
1987	6.1	7.0	9.5	5.7	4.7	8.2
1988	6.1	6.5	9.0	5.9	9.4	7.8
1989	6.3	6.7	9.2	6.3	4.8	11.2
1990	6.6	7.3	10.0	6.4	5.1	8.7
1991	6.9	7.4	10.1	6.6	5.2	8.1
1992	7.0	7.3	10.7	6.7	5.4	9.2
1993	6.4	6.8	10.6	6.6	5.1	9.2
1994	6.4	6.5	9.6	5.5	4.7	9.0
1995	6.5	6.4	10.4	6.5	5.3	9.1
1996	6.5	6.3	10.3	6.5	5.2	9.2
1997	6.8	6.3	10.0	6.7	4.5	8.9

12—18 全国分地区少数民族在校学生(1997年)(一)

Ethnic Students Enrollment by Region(1997)(1)

单位:人 (person)

地 区 Region		普通高等学校 Institutions of Higher Education	中等专业学校 Specialized Secondary Schools	普通中学 Regular Secondary Schools	职业中学 Vocational Schools
全 国	**National**	**216 831**	**328 367**	**4 039 314**	**229 335**
北 京	Beijing	14 463	3 891	32 681	6 420
天 津	Tianjin	1 952	1 386	12 262	1 949
河 北	Hebei	7 922	9 885	162 182	13 765
山 西	Shanxi	423	133	2 190	54
内蒙古	Inner Mongolia	10 248	15 880	265 676	26 293
辽 宁	Liaoning	22 332	20 433	255 870	14 077
吉 林	Jilin	10 601	9 623	93 242	7 127
黑龙江	Heilongjiang	6 066	5 288	76 729	2 104
上 海	Shanghai	2 560	461	4 454	158
江 苏	Jiangsu	2 502	759	5 875	415
浙 江	Zhejiang	547	723	10 475	964
安 徽	Anhui	613	580	10 549	1 701
福 建	Fujian	869	501	20 680	783
江 西	Jiangxi	457	281	1 982	5
山 东	Shangdong	1 546	843	21 266	979
河 南	Henan	1 776	3 750	41 395	3 216
湖 北	Hubei	9 867	15 077	121 530	8 659
湖 南	Hunan	14 404	24 677	299 042	20 807
广 东	Guangdong	1 539	581	14 341	310
广 西	Guangxi	24 660	56 348	834 346	22 562
海 南	Hainan	1 023	2 476	47 908	911
重 庆	Chongqing	8 020	3 404	60 133	2 638
四 川	Sichuan	6 218	13 630	62 256	1 843
贵 州	Guizhou	16 569	41 662	409 477	28 794
云 南	Yunnan	12 469	39 635	441 253	28 467
西 藏	Tibet	1 461	3 696	33 839	2 911
陕 西	Shaanxi	3 690	468	5 084	701
甘 肃	Gansu	4 905	4 137	39 263	1 420
青 海	Qinghai	3 722	6 586	56 015	2 100
宁 夏	Ningxia	2 890	2 698	59 193	1 405
新 疆	Xinjiang	21 517	38 875	538 126	25 797

12—18 全国分地区少数民族在校学生(1997年)(二)

Ethnic Students Enrollment by Region(1997)(2)

单位:人 (person)

地区 Region		工读学校 Schools for Juvenile Delinqents	特殊教育学校 Schools of Special Education	小学 Primary Schools	幼儿园 Kinder-gartens
全国	**National**	**105**	**8 135**	**12 482 457**	**845 284**
北京	Beijing	21	307	32 314	2 876
天津	Tianjin		50	16 267	806
河北	Hebei		225	324 824	27 099
山西	Shanxi		2	1 699	129
内蒙古	Inner Mongolia	21	193	495 857	24 331
辽宁	Liaoning	5	379	535 902	67 851
吉林	Jilin	1	636	164 998	25 698
黑龙江	Heilongjiang		26	120 823	14 236
上海	Shanghai	2	1	2 525	95
江苏	Jiangsu		11	4 158	1 710
浙江	Zhejiang		2	21 665	2 429
安徽	Anhui		3	23 445	2 464
福建	Fujian		88	49 083	8 304
江西	Jiangxi			6 647	297
山东	Shangdong		56	41 741	4 840
河南	Henan		28	112 859	20 141
湖北	Hubei		354	365 438	28 410
湖南	Hunan		152	843 187	79 004
广东	Guangdong		2	34 204	2 173
广西	Guangxi		2 775	2 283 916	180 505
海南	Hainan			187 314	7 290
重庆	Chongqing		35	197 674	25 654
四川	Sichuan		2	380 892	12 445
贵州	Guizhou	15	1 204	1 875 897	95 375
云南	Yunnan		810	1 745 948	109 056
西藏	Tibet	40		284 262	3 430
陕西	Shaanxi		3	10 231	1 761
甘肃	Gansu		21	200 522	8 541
青海	Qinghai		434	204 038	19 522
宁夏	Ningxia		147	209 841	16 683
新疆	Xinjiang		189	1 704 286	52 129

12—19 全国民族学院(大学)教职工(一)

School Staff of Colleges and Institutes of Ethnic(1)

单位:人 (person)

年份 Year	合计 Total	中央民族大学 Central Ethnic University	中南民院 Centre South Ethnic College	湖北民院 Hubei Ethnic College	广东民院 Guangdong Ethnic College	广西民院 Guangxi Ethnic College	西南民院 Southwest Ethnic College
1978	4 888	1 173			145	759	630
1979	5 616	1 380			179	808	738
1980	6 241	1 674			240	845	803
1981	7 652	1 849	674		279	917	829
1982	7 997	1 911	718		338	918	950
1983	8 255	1 933	803		364	914	992
1984	8 466	1 945	877		394	295	1 046
1985	9 431	2 125	1 000		411	970	1 127
1986	9 902	2 200	1 085		436	1 007	1 168
1987	10 403	2 386	1 145		429	1 055	1 204
1988	10 377	2 248	1 218		423	1 054	948
1989	10 641	2 034	1 231	477	434	1 045	1 206
1990	10 593	1 938	1 265	512	421	1 049	1 192
1991	10 612	2 034	1 264	518	410	1 033	1 170
1992	10 570	1 877	1 264	550	399	1 018	1 161
1993	10 584	1 837	1 254	540	419	1 049	1 164
1994	10 629	1 791	1 210	558	439	1 047	1 157
1995	10 752	1 821	1 215	591	463	1 050	1 143
1996	10 452	1 551	1 220	601	467	1 048	1 108
1997	10 668	1 544	1 128	611	491	1 052	1 252

12—19 全国民族学院(大学)教职工(二)

School Staff of Colleges and Institutes of Ethnic(2)

单位:人 (person)

年 份 Year	贵州民院 Guizhou Ethnic College	云南民院 Yunnan Ethnic College	西藏民院 Tibet Ethnic College	西北民院 Northwest Ethnic College	青海民院 Qinghai Ethnic College	西北第二民院 The 2nd Northwest Ethnic College
1978	139	416	568	586	472	
1979	186	484	633	634	574	
1980	224	509	630	655	661	
1981	335	624	641	828	676	
1982	378	725	650	844	565	
1983	415	776	609	873	576	
1984	402	783	609	903	582	
1985	906	554	562	941	654	181
1986	654	915	559	1 011	639	228
1987	722	953	597	1 011	654	247
1988	780	948	873	971	655	268
1989	792	956	581	958	659	268
1990	792	960	561	970	646	281
1991	753	944	567	981	648	290
1992	843	953	574	998	614	319
1993	882	928	575	996	616	324
1994	888	980	577	1 010	594	378
1995	920	984	591	1 000	589	385
1996	956	918	601	1 006	570	406
1997	934	977	596	995	582	402

12－20 全国民族学院(大学)专任教师(一)

Full－Time Teachers of Colleges and Institutes of Ethnic(1)

单位:人 (person)

年 份 Year	合 计 Total	中央民族大学 Central Ethnic University	中南民院 Centre South Ethnic College	湖北民院 Hubei Ethnic College	广东民院 Guangdong Ethnic College	广西民院 Guangxi Ethnic College	西南民院 Southwest Ethnic College
1978	2 121	563			68	307	318
1979	2 430	673			84	315	324
1980	2 891	818	185		96	327	347
1981	3 253	732	306		113	410	356
1982	3 334	775	302		129	381	426
1983	3 479	781	344		153	400	461
1984	3 516	809	363		160	410	432
1985	3 874	804	419		167	435	488
1986	4 092	834	439		181	449	464
1987	4 208	855	432		182	445	468
1988	4 557	821	525		182	446	495
1989	4 484	800	462	197	189	447	490
1990	4 393	763	472	228	180	441	444
1991	4 241	720	471	225	177	424	442
1992	4 332	687	503	243	174	426	440
1993	4 466	678	522	233	192	453	518
1994	4 486	701	512	282	202	470	439
1995	4 629	740	526	296	202	500	448
1996	4 702	797	530	326	211	431	473
1997	4 755	760	516	325	225	491	452

12－20 全国民族学院(大学)专任教师(二)

Full－Time Teachers of Colleges and Institutes of Ethnic(2)

年 份 Year	贵州民院 Guizhou Ethnic College	云南民院 Yunnan Ethnic College	西藏民院 Tibet Ethnic College	西北民院 Northwest Ethnic College	青海民院 Qinghai Ethnic College	西北第二民院 The 2nd Northwest Ethnic College
1978	34	163	193	246	229	
1979	56	182	223	272	301	
1980	68	209	203	314	314	
1981	119	272	226	389	330	
1982	156	321	209	376	259	
1983	157	340	185	400	258	
1984	163	336	185	401	257	
1985	388	219	235	424	211	84
1986	283	403	235	438	270	96
1987	302	436	224	474	287	103
1988	386	442	389	436	298	137
1989	359	445	244	431	292	128
1990	375	422	234	429	274	131
1991	306	406	229	439	271	131
1992	385	389	232	444	241	168
1993	418	376	238	443	226	169
1994	420	377	232	449	209	193
1995	430	396	233	437	222	199
1996	429	416	243	427	217	202
1997	436	424	243	438	221	193

12—21 全国民族学院(大学)在校学生(一)

Students Enrollment in Colleges and Institutions of Ethnic(1)

单位:人 (person)

年份 Year	合计 Total	中央民族大学 Central Ethnic University	中南民院 Centre South Ethnic College	湖北民院 Hubei Ethnic College	广东民院 Guangdong Ethnic College	广西民院 Guangxi Ethnic College	西南民院 Southwest Ethnic College
1978	6 902	1 337			402	1 306	933
1979	7 384	1 474			532	1 316	1 198
1980	8 477	1 778			123	1 586	1 439
1981	10 059	2 126	161		547	1 584	1 436
1982	9 556	1 977	514		395	1 366	1 513
1983	11 337	2 135	1 078		518	1 493	1 674
1984	14 045	2 487	1 591		737	1 933	1 924
1985	18 369	3 255	2 060		1 041	2 562	2 315
1986	21 497	3 211	3 826		1 266	2 479	2 386
1987	20 267	3 171	2 760		1 144	2 285	2 471
1988	22 144	3 374	3 004		1 569	2 302	2 680
1989	22 932	2 983	3 039	1 639	1 850	2 204	2 572
1990	22 095	2 723	3 064	1 792	1 204	2 188	2 480
1991	21 400	2 416	2 952	1 834	1 052	2 022	2 649
1992	22 836	2 366	2 997	2 099	1 298	2 492	2 740
1993	26 638	2 726	3 532	2 143	1 594	2 942	3 197
1994	30 782	2 871	4 393	2 178	2 215	3 464	3 708
1995	32 625	3 512	4 750	2 211	2 464	3 602	3 585
1996	33 516	3 948	5 536	2 348	2 530	3 634	3 664
1997	35 081	3 995	5 695	2 586	2 551	4 040	3 901

12—21 全国民族学院(大学)在校学生(二)

Students Enrollment in Colleges and Institutions of Ethnic(2)

单位:人 (person)

年 份 Year	贵州民院 Guizhou Ethnic College	云南民院 Yunnan Ethnic College	西藏民院 Tibet Ethnic College	西北民院 Northwest Ethnic College	青海民院 Qinghai Ethnic College	西北第二民院 The 2nd Northwest Ethnic College
1978	178	793	496	514	943	
1979	176	854	201	790	843	
1980	260	895	314	734	1 108	
1981	241	1 167	438	1 006	1 353	
1982	391	858	418	1 005	1 119	
1983	638	1 068	409	1 118	1 206	
1984	910	1 432	409	1 302	1 320	
1985	1 338	1 979	559	1 631	1 363	266
1986	1 603	2 344	838	1 909	1 241	394
1987	1 728	2 366	837	1 949	1 185	371
1988	1 764	2 665	1 098	2 067	1 218	403
1989	1 728	2 489	697	2 046	1 141	544
1990	1 654	2 526	663	2 009	1 149	643
1991	1 477	2 557	586	2 006	1 100	689
1992	1 450	2 562	618	2 299	1 124	891
1993	1 726	2 653	951	2 731	1 248	1 195
1994	2 173	2 618	1 184	2 879	1 376	1 723
1995	2 663	2 528	1 539	2 613	1 450	1 708
1996	2 181	2 624	1 283	2 640	1 508	1 620
1997	2 349	2 835	1 244	2 807	1 520	1 558

12—22 全国民族学院(大学)教职工基本情况(1997 年)

School Staff in Main Colleges and Institutes of Ethnic(1997)

单位:人 (person)

单位	合计	校本部职工	#专任教师	教授	副教授	讲师	助教	教员	#教辅人员	#行政人员	#科研机构人员
合计	**10 668**	**9 735**	**4 755**	**267**	**1 172**	**2 095**	**917**	**304**	**1 075**	**2 200**	**263**
中央民族大学	1 544	1 396	760	80	230	360	70	20	120	302	77
大连民族学院	104	97	31	7	16	5	3		12	47	
中南民族学院	1 128	984	516	44	146	210	92	24	175	93	21
湖北民族学院	611	543	325	7	63	119	74	62	91	76	15
广东民族学院	491	459	225	6	57	96	57	9	61	101	6
广西民族学院	1 052	998	491	38	156	167	99	31	92	270	
西南民族学院	1 252	1 215	452	21	149	211	56	15	133	251	24
贵州民族学院	934	820	436	14	82	240	100		63	223	6
云南民族学院	977	884	424	17	93	217	60	37	117	220	58
西藏民族学院	596	576	243	8	37	117	53	28	52	173	
西北民族学院	995	881	438	15	80	210	94	39	55	231	26
青海民族学院	582	514	221	5	29	83	73	31	56	149	28
西北第二民族学院	402	368	193	5	34	60	86	8	48	64	2

12—23 全国民族学院(大学)学生基本情况(1997 年)

Students Enrollment in Main Colleges and Institutes of Ethnic(1997)

单位:人 (person)

单位	本专科学生		
	在校学生数	招生数	毕业生数
合计	**35 081**	**10 642**	**9 064**
中央民族大学	3 995	1 075	1 035
大连民族学院			
中南民族学院	5 695	1 419	1 298
湖北民族学院	2 586	847	588
广东民族学院	2 551	721	691
广西民族学院	4 040	1 288	878
西南民族学院	3 901	1 199	941
贵州民族学院	2 349	903	751
云南民族学院	2 835	873	660
西藏民族学院	1 244	339	353
西北民族学院	2 807	978	848
青海民族学院	1 520	450	409
西北第二民族学院	1 558	550	612

12－24　民族自治地方县以上政府部门属研究与开发机构及情报文献机构、人员和经费(1997年)

State－Owned Institutions for Research and Development, Information Agencies, Personnel and Funds and Expenditures of Institutions above County Level of Minority National Autonomous Areas(1997)

地　区 Region	机构数 (个) Number Institutions	职工总数 (人) Number of Staff and Workers	#科学家及工程师 Scientists and Engineers	#其他科技人员 Other Technical Personnel	经费支出总额 (万元) Expenditures (10 000 yuan)
合　计　Total	**2 033**	**143 448**	**70 412**	**26 779**	**212 055**
河　北　Hebei	18	1 580	490		130
内蒙古　Inner Mongolia	144	9 213	5 329		37 000
辽　宁　Liaoning	207	26 659	2 954	12 826	2 112
吉　林　Jilin	25	488	145	320	1 210
黑龙江　Heilongjiang					
浙　江　Zhejiang		35		35	
湖　北　Hubei	46	3 227	1 719	72	2 166
湖　南　Hunan	120	5 877	1 275	155	85
广　东　Guangdong	2				
广　西　Guangxi	839	40 437	26 926	5 611	91 170
海　南　Hainan		4 662			
重　庆　Chongqing	5	18	9	10	23
四　川　Sichuan	26	876	186	1	2 308
贵　州　Guizhou	22	601	78	267	626
云　南　Yunnan					
西　藏　Tibet					
甘　肃　Gansu	282	7 030	630	3 941	1 295
青　海　Qinghai	31	551	74	83	62
宁　夏　Ningxia	60	569	1 634	649	18 268
新　疆　Xinjiang	206	41 625	28 963	2 809	55 601

主要统计指标解释

普通高等学校 指按照国家规定的设置标准和审批程序批准举办，通过国家统一招生考试，招收高中毕业生为主要培养对象，实施高等教育的全日制大学、独立设置的学院和高等专科学校、短期职业大学。

成人高等学校 指按照国家有关规定审批，招收通过全国成人高教统一招生考试的、具有高中毕业或同等学历的在职从业人员，利用脱产、半脱产、业余或函授等多种形式对其实施高等学历教育，培养高等教育专科或本科毕业水平的专门人才，修业年限、课程设置和总学时数均按高等学历教育要求付诸实施的学校。包括广播电视大学、职工高等学校、农民高等学校、管理干部学院、教育学院、独立设置的函授学院等。

独立研究与开发机构 指有明确的任务和研究方向，有一定学术水平的业务骨干和一定数量的研究人员，具有研究、开发、开展学术工作的基本条件，主要进行科学研究与技术开发活动，并且在行政上有独立的组织形式，财务上独立核算盈亏，有权与其他单位签订合同，在银行有单独户头的单位。包括国务院各部门、中国科学院、中国社会科学院和各省、自治区、直辖市以及地(市)以上[含地(市)]各部门所属的国有独立的科学研究与技术开发机构。

独立研究与开发机构职工 指在科学研究与技术开发机构工作，并由其支付工资的各种人员。包括长期职工和临时职工，不包括编制以外的离休、退休人员和停薪留职人员，但包括招聘人员。

科学家和工程师 指具有大学本科及以上学历和不具备上述学历，但有高、中级职称的人员。

其他科技人员 指大专、中专毕业和具有初级职称的从事科技活动人员。

自然科学技术人员 指已取得科学技术职称，或大学、中专的理、工、农、医科系毕业，以及国民经济各部门从工作实践中提拔，从事理、工、农、医等自然科学技术的研究、教学、生产的专业人员和在机关、企业、事业中从事科学技术业务管理工作的专业人员。

十三、文化、出版

CULTURE AND PUBLICATIONS

13—1 民族自治地方艺术事业机构

Number of Arts Organizations of Minority National Autonomous Areas

单位:个 (unit)

年份 Year	合计 Total	艺术表演团体 Art Performance Troupes	#少数民族歌舞团 Ethnical Performance Groups	剧场、影剧院 Theaters and Music Halls	其他 Others
1979	645	589	24	56	
1980	672	603	37	69	
1981	682	603	34	79	
1982	690	600	43	90	
1983	703	608	39	95	
1984	709	614	43	95	
1985	726	630	46	96	
1986	887	616	56	180	91
1987	889	607	64	184	98
1988	923	592	67	182	149
1989	843	565	52	177	101
1990	846	557	54	184	105
1991	843	545	59	182	113
1992	828	540	59	175	111
1993	820	530	60	179	109
1994	821	535	62	176	108
1995	827	535	63	179	113
1996	834	516	61	183	135
1997	856	526	59	188	142

注:本表未扣除区域变动因素,年度之间不可比。下同。

13-2 民族自治地方艺术事业机构职工

Personnel of Arts Organizations of Minority National Autonomous Areas

单位:人 (person)

年 份 Year	合 计 Total	艺术表演团体 Art Performance Troupes	#少数民族歌舞团 Ethnical Performance Groups	剧场、影剧院 Theaters and Music Halls	其 他 Others
1979	28 466	27 883	2 322	583	
1980	29 516	28 661	3 861	855	
1981	30 291	29 319	3 504	972	
1982	29 665	28 590	4 528	1 075	
1983	29 013	27 909	4 053	1 104	
1984	28 967	27 821	4 411	1 146	
1985	27 961	26 831	4 168	1 130	
1986	32 299	28 429	4 855	2 702	1 168
1987	32 370	28 216	5 214	2 798	1 356
1988	31 047	26 518	5 098	2 848	1 681
1989	29 237	24 930	3 770	2 931	1 379
1990	29 419	25 105	3 790	2 996	1 308
1991	29 528	24 650	4 753	3 151	1 663
1992	28 836	24 097	4 728	3 099	1 599
1993	28 196	23 323	4 762	3 174	1 653
1994	27 491	22 881	4 908	2 972	1 601
1995	27 160	22 470	4 786	3 044	1 646
1996	26 307	21 240	4 401	3 261	1 806
1997	27 197	21 729	3 801	3 472	1 996

13—3 民族自治地方群众文化事业、图书馆事业机构

Number of Public Cultural and Library of Minority National Autonomous Areas

单位:个 (unit)

年 份 Year	群众文化事业机构 Total	群众艺术馆 Mass Art Centers	文化馆 Cultural Center	文化站 Cultural Stations	图书馆 Library
1979	2 568		544	2 024	
1980	3 158		568	2 590	
1981	3 436		582	2 854	331
1982	3 974		562	3 412	332
1983	5 008		566	4 442	407
1984	7 169		856	6 313	469
1985	7 699		579	7 120	494
1986	8 164	73	614	7 476	533
1987	8 030	77	620	7 333	547
1988	7 980	77	623	7 280	549
1989	7 866	80	670	7 114	551
1990	7 994	79	637	7 278	556
1991	8 295	79	626	7 590	561
1992	7 531	78	635	6 818	573
1993	8 231	79	629	7 523	573
1994	8 222	81	630	7 511	577
1995	8 323	79	639	7 605	584
1996	7 624	79	653	6 892	573
1997	7 867	80	658	7 129	596

13—4 民族自治地方群众文化事业、图书馆事业机构职工

Personnel of Public Cultural and Library of Minority National Autonomous Areas

单位：人 (person)

年 份 Year	群众文化事业职工 Total	群众艺术馆 Mass Art Centers	文 化 馆 Cultural Center	文 化 站 Cultural Stations	图 书 馆 Library
1979	7 101		4 896	2 205	
1980	8 436		5 441	2 995	
1981	9 408		6 147	3 261	2 853
1982	10 655		6 282	4 373	3 031
1983	11 928		6 527	5 401	3 722
1984	14 682		7 153	7 529	4 278
1985	15 198		6 657	8 541	4 698
1986	18 717	1 702	7 495	9 517	5 411
1987	19 162	1 837	7 392	9 933	5 775
1988	19 058	1 858	7 451	9 749	6 124
1989	19 180	1 973	7 814	9 393	6 241
1990	19 934	1 949	8 221	9 764	6 507
1991	20 313	2 001	8 264	10 048	6 794
1992	19 651	1 995	8 182	9 474	7 024
1993	20 425	1 971	8 176	10 278	7 088
1994	20 076	1 970	8 106	10 000	7 052
1995	22 305	1 991	8 159	12 155	7 165
1996	16 459	1 855	7 614	6 990	7 002
1997	17 556	1 897	7 746	7 913	7 311

13—5 民族自治地方主要文化事业机构(1997年)

Main Cultural Organizations of Minority National Autonomous Areas(1997)

单位:个 (unit)

类别	Category	合计 Total	文化部门 Cultural Departments 小计 Subtotal	国有经济 State-Owned	集体经济 Collective Owned	其他经济 Other Owned	其他部门 Other Departments
总计	**Total**	**9 890**	**7 199**	**6 621**	**572**	**6**	**2 691**
艺术事业	Art Institution	856	855	837	18		1
1.艺术表演团体	Art Performance Troupes	526	526	511	15		
#少数民族歌舞团	Ethnic Performance Groups	59	59	59			
2.艺术表演场所	Art Centers	188	187	184	3		1
#剧场、影剧院	Theaters and Music Halls	188	187	184	3		1
3.其他	Others	142	142	142			
图书馆事业	Libraries	596	591	590	1		5
群众文化事业	Mass Cultural Units	7 867	5 184	4 634	544	6	2 683
群众艺术馆	Mass Cultural Centers	80	80	80			
文化馆	Cultural Centers	658	658	658			
文化站	Cultural Stations	7 129	4 446	3 896	544	6	2 683
文物事业	Cultural	571	569	560	9		2
文物保护管理	Cultural Relics	415	413	404	9		2
博物馆	Museums	134	134	134			

13—6 民族自治地方主要文化事业机构职工(1997年)
Personnel of Main Cultural Organizations of Minority National Autonomous Areas(1997)

单位:人 (person)

类别	Category	合计 Total	文化部门 Cultural Departments 小计 Subtotal	国有经济 State-Owned	集体经济 Collective Owned	其他经济 Other Owned	其他部门 Other Depart-ments
总计	**Total**	**61 052**	**58 390**	**57 478**	**902**	**10**	**2 662**
艺术事业	Art Institution	27 197	27 191	26 761	430		6
1.艺术表演团体	Art Performance Troupes	21 729	21 729	21 315	414		
#少数民族歌舞团	Ethnic Performance Groups	3 801	3 801	3 801			
2.艺术表演场所	Art Centers	3 472	3 466	3 450	16		6
#剧场、影剧院	Theaters and Music Halls	3 472	3 466	3 450	16		6
3.其他	Others	1 996	1 996	1 996			
图书馆事业	Libraries	7 311	7 302	7 302			9
群众文化事业	Mass Cultural Units	17 556	14 910	14 449	451	10	2 646
群众艺术馆	Mass Cultural Centers	1 897	1 897	1 897			
文化馆	Cultural Centers	7 746	7 746	7 746			
文化站	Cultural Stations	7 913	5 267	4 806	451	10	2 646
文物事业	Cultural	8 988	8 987	8 966	21		1
文物保护管理	Cultural Relics	2 349	2 348	2 327	21		1
博物馆	Museums	2 099	2 099	2 099			

13—7 民族自治地方分地区艺术事业机构(1997年)

Number of Arts Organizations by Region of Minority National Autonomous Areas(1997)

单位:个、座 (unit)

地区 Region	艺术事业 Art Institutions					
	合计 Total	艺术表演团体 Performance of Art Troupes	#少数民族歌舞团 Ethnic Performance Groups	艺术表演场所 Art Centers	#剧场影剧院 Theaters and Music Halls	其他 Others
合计 Total	**856**	**526**	**59**	**188**	**188**	**142**
河北 Hebei	7	4		2	2	1
内蒙古 Inner Mongolia	177	115	6	32	32	30
辽宁 Liaoning	13	8	2	4	4	1
吉林 Jilin	39	13	2	12	12	14
黑龙江 Heilongjiang	1	1	1			
浙江 Zhejiang						
湖北 Hubei	18	11	3	5	5	2
湖南 Hunan	21	7	2	9	9	5
广东 Guangdong	3	3	3			
广西 Guangxi	183	118	6	32	32	33
海南 Hainan	18	8		8	8	2
重庆 Chongqing	3	3				
四川 Sichuan	12	6	1	2	2	4
贵州 Guizhou	18	5		1	1	12
云南 Yunnan	106	79	17	16	16	11
西藏 Tibet	47	26	2	19	19	2
甘肃 Gansu	16	9	4	5	5	2
青海 Qinghai	7	6	4			1
宁夏 Ningxia	41	15		17	17	9
新疆 Xinjiang	126	89	6	24	24	13

13—8 民族自治地方分地区艺术事业机构职工(1997年)

Personnel of Number of Arts Organizations by Region of Minority National Autonomous Areas(1997)

单位:人 (person)

地区 Region	艺术事业 Art Institutions					
	合计 Total	艺术表演团体 Performance of Art Troupes	#少数民族歌舞团 Ethnic Performance Groups	艺术表演场所 Art Centers	#剧场影剧院 Theaters and Music Halls	其他 Others
合计 Total	**27 197**	**21 729**	**3 801**	**3 472**	**3 472**	**1 996**
河北 Hebei	111	104		7	7	
内蒙古 Inner Mongolia	7 056	5 604	758	813	813	639
辽宁 Liaoning	333	254	64	75	75	4
吉林 Jilin	1 381	1 013	273	286	286	82
黑龙江 Heilongjiang	48	48	48			
浙江 Zhejiang						
湖北 Hubei	390	354	94	29	29	7
湖南 Hunan	347	224	104	96	96	27
广东 Guangdong	50	50	50			
广西 Guangxi	5 315	4 337	301	467	467	511
海南 Hainan	938	145		787	787	6
重庆 Chongqing	26	26				
四川 Sichuan	327	276	120	22	22	29
贵州 Guizhou	436	341		23	23	72
云南 Yunnan	2 438	2 285	743	112	112	41
西藏 Tibet	1 138	968	98	107	107	63
甘肃 Gansu	364	306	179	43	43	15
青海 Qinghai	384	369	255			15
宁夏 Ningxia	1 635	968		335	335	332
新疆 Xinjiang	4 480	4 057	714	270	270	153

13-9 民族自治地方分地区文化事业机构(1997年)

Main Cultural Organizations by Region of Minority National Autonomous Areas(1997)

单位:个、座 (unit)

地区 Region	图书馆事业 Libraries	群众文化事业 Mass Culture Institutions			
		合计 Total	群众艺术馆 Mass Arts Center	文化馆 Cultural Center	文化站 Cultural Stations
合计 Total	**596**	**7 867**	**80**	**658**	**7 129**
河北 Hebei	6	123		6	117
内蒙古 Inner Mongolia	107	1 664	13	101	1 550
辽宁 Liaoning	10	260		10	250
吉林 Jilin	12	185	1	19	165
黑龙江 Heilongjiang	1	2		1	1
浙江 Zhejiang	1	25		1	24
湖北 Hubei	11	197	1	11	185
湖南 Hunan	18	411	1	17	393
广东 Guangdong	3	45		3	42
广西 Guangxi	126	1 452	15	98	1 339
海南 Hainan	9	132	1	8	123
重庆 Chongqing	5	145	1	5	139
四川 Sichuan	15	237	3	50	184
贵州 Guizhou	48	352	1	46	305
云南 Yunnan	85	1 018	9	78	931
西藏 Tibet	1	80	6	39	35
甘肃 Gansu	16	47	2	18	27
青海 Qinghai	32	177	6	34	137
宁夏 Ningxia	20	323	4	22	297
新疆 Xinjiang	70	992	16	91	885

13—10 民族自治地方分地区文化事业机构职工(1997年)

Personnel of Cultural Organizations by Region of Minority National Autonomous Areas(1997)

单位:人 (person)

地 区 Region	图书馆事业 Libraries	群众文化事业 Mass Culture Institutions			
		合 计 Total	群众艺术馆 Mass Arts Center	文化馆 Cultural Center	文化站 Cultural Stations
合 计 Total	**7 311**	**17 556**	**1 897**	**7 746**	**7 913**
河 北 Hebei	40	129		71	58
内蒙古 Inner Mongolia	1 951	4 614	504	1 617	2 493
辽 宁 Liaoning	161	433		222	211
吉 林 Jilin	309	677	41	459	177
黑龙江 Heilongjiang	11	14		13	1
浙 江 Zhejiang	8	55		22	33
湖 北 Hubei	113	318	14	113	191
湖 南 Hunan	179	695	20	260	415
广 东 Guangdong	20	50		19	31
广 西 Guangxi	1 416	2 824	303	1 190	1 331
海 南 Hainan	109	165	2	82	81
重 庆 Chongqing	41	114	6	61	47
四 川 Sichuan	139	620	79	407	134
贵 州 Guizhou	356	662	8	379	275
云 南 Yunnan	709	2 231	156	858	1 217
西 藏 Tibet	41	251	182	53	16
甘 肃 Gansu	139	192	43	138	11
青 海 Qinghai	226	415	90	222	103
宁 夏 Ningxia	496	772	138	416	218
新 疆 Xinjiang	847	2 325	311	1 144	870

13－11 民族自治地方分地区文物事业机构、职工(1997年)

Number of Cultural Undertaking and Personnel by Region of Minority National Autonomous Areas(1997)

单位:个、人 (unit,person)

地区 Region	总计 Total		文物保护管理机构 Cultural Relics		博物馆 Museums	
	机构数 Institutions	职工人数 Personnel	机构数 Institutions	职工人数 Personnel	机构数 Institutions	职工人数 Personnel
合 计 Total	**571**	**8 988**	**415**	**2 349**	**134**	**2 099**
河 北 Hebei	8	24	6	12	2	12
内蒙古 Inner Mongolia	97	1 698	69	699	20	509
辽 宁 Liaoning	14	108	12	73	2	35
吉 林 Jilin	14	140	12	62	2	78
黑龙江 Heilongjiang	2	9	1		1	9
浙 江 Zhejiang	1	3	1	3		
湖 北 Hubei	13	77	6	31	7	46
湖 南 Hunan	28	173	20	73	8	100
广 东 Guangdong	3	6			3	6
广 西 Guangxi	108	1 725	67	273	36	592
海 南 Hainan	6	33	1	1	5	32
重 庆 Chongqing	6	28	6	28		
四 川 Sichuan	15	138	11	60	4	78
贵 州 Guizhou	44	158	42	147	1	8
云 南 Yunnan	66	2 262	50	199	15	180
西 藏 Tibet	15	165	12	118	2	46
甘 肃 Gansu	8	60	3	14	5	46
青 海 Qinghai	21	78	17	49	4	29
宁 夏 Ningxia	24	304	19	145	3	107
新 疆 Xinjiang	78	1 799	60	362	14	186

13—12 民族自治地方广播、电视事业机构

Broadcasting and Television Stations of Minority National Autonomous Areas

单位:个 (unit)

年 份 Year	广播电台 Broadcasting Stations	电视中心台 Television Center Stations	电视发射台和转播台 Television Transmission Stations and Relay Stations	市、县广播站 Broadcasting Station of City and County	广播喇叭(万只) Loudspeakers
1952	5			55	0.17
1957	6			316	5.03
1965	14			726	75.06
1975	42			2 233	907.29
1978	50			2 873	1 102.91
1979	25			2 591	1 015.81
1980	25			1 317	903.67
1981	34			3 266	692.31
1982	34			3 270	573.96
1983	33			2 209	510.55
1984	42	16		2 359	446.36
1985	54	44		4 185	489.06
1986	64	69	187	4 085	489.66
1987	75	69	410	6 574	465.95
1988	133	88	3 386	14 755	495.50
1989	107	94	4 626	935	424.40
1990	111	96	4 021	952	507.84
1991	133	96	5 435	1 260	565.94
1992	189	106	6 720		
1993	152	126	7 744		
1994	209	142	9 568		
1995	247	206	5 365		
1996	205	215	13 398		
1997	202	189	6 899		

13—13 民族自治地方分地区广播、电视事业情况(1997年)

Broadcasting and Television Stations by Region of Minority National Autonomous Areas(1997)

地区 Region	广播电台(座) Broadcasting Stations	节目套数(套) Programs (sets)	电视台(座) Television Stations	节目套数(套) Programs (sets)	电视发射台、转播台(座) Broadcast Transmitting Stations and Relay Stations	卫星电视地面站(座) Satellite Television Stations
合 计 Total	**202**	**310**	**189**	**428**	**6 899**	**48 107**
河 北 Hebei	6	4	6	4	30	227
内蒙古 Inner Mongolia	48	63	32	34	1 201	4 171
辽 宁 Liaoning	14	17	8	64	193	606
吉 林 Jilin	12	13	13	25	196	672
黑龙江 Heilongjiang	1	1	1	3	7	1
浙 江 Zhejiang					122	188
湖 北 Hubei	11	11	15	17	248	5 477
湖 南 Hunan	6	24	17	52	62	1 497
广 东 Guangdong	3	2	2	11	24	74
广 西 Guangxi	26	31	22	23	592	8 381
海 南 Hainan	6	12	3	32	23	97
重 庆 Chongqing	1	1	1	1	25	2 700
四 川 Sichuan	2	23	3	15	1 459	3 066
贵 州 Guizhou	1	1	3	13	1 294	3 751
云 南 Yunnan	9	10	8	10		13 856
西 藏 Tibet	2	4	2	3	354	1 611
甘 肃 Gansu	6	11	15	51	344	596
青 海 Qinghai	2	4	4		287	425
宁 夏 Ningxia	13	14	7	7	73	592
新 疆 Xinjiang	33	64	27	63	365	119

13—14 民族自治地方分地区电影事业情况(1997年)

Basic Statistics on Movie Production by Region of Minority National Autonomous Areas(1997)

地　区 Region	全年生产民族语故事片(部、本) Over Year Feature films With Ethnic Languages	全年完成民族语翻译片(部、本) Over Year Translated Films in Ethnic Languages	各类电影放映单位(个) Films Projection Units
合　计　Total	**7**	**889**	**9 201**
河　北　Hebei			120
内蒙古　Inner Mongolia		52	1 048
辽　宁　Liaoning			285
吉　林　Jilin			51
黑龙江　Heilongjiang			22
浙　江　Zhejiang			
湖　北　Hubei			371
湖　南　Hunan			383
广　东　Guangdong			30
广　西　Guangxi			2 582
海　南　Hainan			87
重　庆　Chongqing			310
四　川　Sichuan		36	618
贵　州　Guizhou			176
云　南　Yunnan		4	2 177
西　藏　Tibet			
甘　肃　Gansu	1	8	78
青　海　Qinghai			114
宁　夏　Ningxia			399
新　疆　Xinjiang	6	789	350

13—15 民族自治地方出版物情况

Basic Statistics on Publications of Minority National Autonomous Areas

单位：种数：种
　　　印数：千册(份)

年份 Year	图书 Published Books 种数 Number of Publications	图书 Published Books 印数 Printed Copies	杂志 Magazines 种数 Number of Publications	杂志 Magazines 印数 Printed Copies	报纸 Newspapers 种数 Number of Publications	报纸 Newspapers 印数 Printed Copies
1978	1 336	142 794	78	13 064	44	282 713
1979	2 018	133 325	76	12 268	62	477 396
1980	2 081	161 625	114	22 505	68	451 099
1981	2 343	239 646	160	37 707	67	526 782
1982	3 242	280 896	163	83 856	68	545 945
1983	2 613	174 779	165	24 807	79	498 946
1984	2 859	280 652	231	86 067	117	636 274
1985	3 365	359 069	321	78 188	175	768 472
1986	3 435	292 878	332	71 719	176	1 502 819
1987	4 507	291 674	358	72 736	214	929 644
1988	5 107	307 548	445	86 204	236	932 744
1989	5 696	301 270	447	65 029	239	764 040
1990	5 784	301 663	544	178 664	227	791 196
1991	6 662	398 103	507	65 619	245	873 420
1992	6 707	412 770	487	67 050	334	894 120
1993	5 907	422 633	502	98 333	248	716 071
1994	8 052	609 863	631	85 412	350	101 678
1995	7 647	422 750	633	78 810	340	949 848
1996	7 979	444 973	560	74 821	298	1 028 611
1997	8 417	458 767	559	78 244	322	1 162 039

13－16 民族自治地方分地区图书、杂志、报纸出版情况(1997 年)

Published Books, Magazines and Newspapers by Region of Minority National Autonomous Areas (1997)

单位：种数：种
印数：万册(份)

地 区 Region	图 书 Published Books		杂 志 Magazines		报 纸 Newspapers	
	种 数 Number of Publications	印 数 Printed Copies	种 数 Number of Publications	印 数 Printed Copies	种 数 Number of Publications	印 数 Printed Copies
合 计 Total	**8 417**	**45 877**	**559**	**7 824. 4**	**322**	**116 204**
河 北 Hebei						
内蒙古 Inner Mongolia	1 611	7 971	138	1 475. 0	63	24 879
辽 宁 Liaoning					8	144
吉 林 Jilin	1 309	2 263	20	569. 4	13	2 800
黑龙江 Heilongjiang						
浙 江 Zhejiang						
湖 北 Hubei			1	0. 1	2	10
湖 南 Hunan		26			1	793
广 东 Guangdong						
广 西 Guangxi	2 353	26 128	165	4 586. 0	68	53 675
海 南 Hainan	1	1	1	0. 2		
重 庆 Chongqing					2	915
四 川 Sichuan			12	4. 4	6	442
贵 州 Guizhou	50	11	6	1. 0	24	824
云 南 Yunnan	47	8	8	6. 2	15	3 465
西 藏 Tibet	497	494	22	26. 0	14	2 868
甘 肃 Gansu			2	0. 5	3	160
青 海 Qinghai			5	1. 8	2	15
宁 夏 Ningxia	634	2 629	25	102. 6	14	4 602
新 疆 Xinjiang	1 915	6 345	154	1 051. 2	87	20 612

13—17 全国少数民族文字出版物情况

Publications with Ethnic Characters of China

单位：种数：种
印数：万册(份)

年份 Year	图书 Published Books		杂志 Magazines		报纸 Newspapers	
	种数 Number of Publications	印数 Printed Copies	种数 Number of Publications	印数 Printed Copies	种数 Number of Publications	印数 Printed Copies
1952	621	661	15	169	20	2 933
1957	1 763	1 462	35	244	32	2 434
1962	942	910	27	170	32	2 252
1965	1 694	2 480	36	268	36	3 955
1970	312	1 331	5	93	5	3 262
1975	1 226	3 365	18	237	10	6 461
1978	1 386	3 179	35	313	11	7 072
1980	1 921	3 427	42	575	18	7 384
1981	1 904	2 652	63	590	18	6 631
1982	2 270	3 330	75	631	18	7 063
1983	2 327	3 358	74	616	19	7 927
1984	2 524	3 514	76	748	42	15 175
1985	2 759	3 629	109	1 035	57	11 402
1986	2 972	3 635	126	1 085	56	12 561
1987	3 157	4 184	128	1 148	70	13 306
1988	3 294	3 816	541	1 350	76	13 411
1989	3 260	3 853	153	1 280	75	9 031
1990	3 251	3 867	131	1 027	79	14 837
1991	3 575	4 922	142	1 006	81	11 983
1992	3 065	4 326	167	1 354	83	11 981
1993	3 500	5 090	173	1 291	87	11 513
1994	3 248	4 552	178	1 247	92	12 526
1995	3 342	4 791	185	1 197	92	16 833
1996	3 209	5 060	183	1 011	89	14 917
1997	3 429	4 999	184	970	88	10 527

13—18 全国少数民族文字出版的图书(一)

Published Books with Ethnic Characters of China(1)

种数:种
单位:印数:万册(份)
印张:万印张

年份 Year	图书 Published Books				书籍 Works			
	种数 Number of Publications		印数 Printed Copies	印张 Printed Signatures	种数 Number of Publications		印数 Printed Copies	印张 Printed Signatures
	合计 Total	#新出 Late Published Books			合计 Total	#新出 Late		
1952	621	534	661	1 714	391	341	281	739
1957	1 763	1 504	1 462	6 320	1 204	1 120	685	3 122
1962	942	627	910	4 111	361	341	202	1 230
1965	1 694	1 290	2 480	9 276	644	560	1 002	4 650
1970	312	247	1 331	4 874	159	134	797	3 556
1975	1 226	1 072	3 365	12 428	762	720	1 868	8 514
1978	1 386	1 120	3 179	12 346	750	689	874	4 914
1979	1 544	1 290	2 707	14 166	803	791	716	5 571
1980	1 921	1 456	3 427	16 854	1 047	976	905	6 449
1981	1 904	1 471	2 652	16 249	1 038	973	776	6 991
1982	2 270	1 713	3 330	18 882	1 232	1 132	1 033	7 919
1983	2 237	1 683	3 358	19 783	1 267	1 182	1 113	8 974
1984	2 524	1 931	3 514	21 177	1 483	1 379	1 142	9 854
1985	2 759	2 075	3 629	20 253	1 602	1 478	1 111	8 168
1986	2 972	2 108	3 635	21 030	1 679	1 567	1 021	8 158
1987	3 157	2 022	4 184	22 878	1 752	1 532	1 215	9 134
1988	3 294	1 975	3 816	21 647	1 842	1 580	1 046	7 958
1989	3 260	1 783	3 853	22 059	1 709	1 385	1 124	8 088
1990	3 251	1 869	3 867	21 673	1 734	1 422	1 049	7 853
1991	3 575	1 913	4 922	25 103	1 700	1 369	1 201	8 220
1992	3 065	1 556	4 326	2 549	1 536	1 207	1 096	8 104
1993	3 500	1 995	5 090	26 069	1 704	1 353	1 398	9 087
1994	3 428	1 827	4 552	25 869	2 277	1 535	2 136	12 926
1995	3 342	1 473	4 791	24 943	1 547	1 085	1 411	8 521
1996	3 209	1 431	5 060	26 523	1 607	1 080	1 648	8 635
1997	3 429	1 361	4 999	27 022	1 959	1 143	1 784	9 027

13—18 全国少数民族文字出版的图书(二)

Published Books with Ethnic Characters of China(2)

种数:种
单位:印数:万册(份)
印张:万印张

年 份 Year	课 本 Textbooks				图 片 Photographs			
	种 数 Number of Publications		印 数 Printed Copies	印 张 Printed Signatures	种 数 Number of Publications		印 数 Printed Copies	印 张 Printed Signatures
	合 计 Total	#新出 Late Published Books			合 计 Total	#新出 Late		
1952	230	193	380	975	41	41	29	18
1957	509	341	759	3 180	50	43	18	18
1962	550	256	640	2 820	31	30	68	61
1965	787	561	1 150	4 404	263	169	328	222
1970	75	35	316	1 144	78	78	218	174
1975	358	246	939	3 481	106	106	558	433
1978	537	340	1 629	6 829	99	91	676	603
1979	654	413	1 547	8 286	87	86	444	309
1980	808	414	1 958	9 713	66	66	564	692
1981	803	436	1 692	8 998	63	62	184	260
1982	974	517	2 170	10 820	64	64	27	143
1983	975	420	2 020	10 499	85	81	225	310
1984	946	464	2 198	11 145	95	88	174	121
1985	1 084	525	2 326	11 885	73	72	192	201
1986	1 263	515	2 561	12 686	30	26	53	179
1987	1 330	416	2 847	13 566	75	74	124	154
1988	1 400	345	2 669	13 197	52	50	101	299
1989	1 509	356	2 624	13 644	42	42	105	154
1990	1 482	413	2 754	13 582	35	34	64	226
1991	1 828	497	3 671	16 616	47	47	50	233
1992	1 488	309	3 154	14 261	41	40	76	163
1993	1 780	628	3 623	16 837	16	14	71	97
1994	1 137	283	2 361	12 843	14	9	55	99
1995	1 780	373	3 346	16 283	15	15	34	20
1996	1 592	343	3 403	17 860	10	8	9	10
1997	1 464	213	3 204	17 908	6	5	11	24

13-19 全国少数民族文字出版的杂志、报纸

Published Magazines and Newspapers with Ethnic Characters

种数:种
单位:印数:万册(份)
印张:万印张

年份 Year	杂志 Magazines Published			报纸 Newspaper Published		
	种数 Number of Publications	印数 Printed Copies	印张 Printed Signatures	种数 Number of Publications	印数 Printed Copies	印张 Printed Signatures
1950				14	259	205
1952	15	169	311	20	2 933	2 043
1957	35	244	757	32	2 434	2 432
1962	27	170	617	32	2 252	2 002
1965	36	268	846	36	3 955	4 159
1970	5	93	659	5	3 262	3 880
1975	18	237	1 346	10	6 461	6 211
1978	35	313	2 022	11	7 072	7 416
1979	41	392	2 084	12	6 078	6 291
1980	42	575	2 441	18	7 384	6 231
1981	63	590	2 462	18	6 631	5 541
1982	75	631	2 432	18	7 063	6 598
1983	74	616	2 495	19	7 927	8 377
1984	76	748	3 123	42	15 175	13 657
1985	109	1 035	4 745	57	11 402	9 331
1986	126	1 085	4 991	56	12 561	11 070
1987	128	1 148	4 742	70	13 306	11 571
1988	154	1 350	5 823	76	13 411	11 829
1989	153	1 280	5 188	75	9 031	7 998
1990	131	1 027	4 221	79	14 837	13 957
1991	142	1 006	4 151	81	11 983	10 819
1992	167	1 354	5 124	83	11 981	10 410
1993	173	1 291	5 011	87	11 513	8 831
1994	178	1 247	4 577	92	12 526	12 102
1995	185	1 197	4 544	92	16 833	14 078
1996	183	1 011	3 983	89	14 917	10 728
1997	184	970	3 723	88	10 527	9 596

13－20 全国分地区少数民族文字出版的图书(1997 年)(一)

Published Books with Ethnic Characters by Region(1997)(1)

种数:种
单位:印数:万册(份)
印张:千印张

地区 Region	图书总计 Total Amount of Published Books				书籍合计 Total Amount of Works			
	种数 Number of Publications		印数 Printed Copies	印张 Printed Signatures	种数 Number of Publications		印数 Printed Copies	印张 Printed Signatures
	合计 Total	#新出 Late Published Books			合计 Total	#新出 Late Published		
全国总计 Tota	**3 429**	**1 361**	**4 999**	**270 216**	**1 959**	**1 143**	**1 784**	**90 270**
中　央 Central	160	114	116	6 452	135	112	54	5 211
地　方 Local	3 269	1 247	4 883	263 764	1 824	1 031	1 730	85 059
内蒙古 Inner Mongolia	752	204	772	46 307	422	177	274	14 374
辽　宁 Liaoning	59	50	20	1 182	57	50	18	1 157
吉　林 Jilin	790	309	1 007	53 829	456	226	525	24 758
黑龙江 Heilongjiang	31	29	18	1 524	31	29	18	1 524
四　川 Sichuan	199	34	113	4 972	48	30	21	1 618
贵　州 Guizhou	5	5	1	44	5	5	1	44
云　南 Yunnan	30	30	7	502	30	30	7	502
西　藏 Tibet	252	52	518	21 868	28	25	28	2 892
甘　肃 Gansu	29	28	6	635	29	28	6	635
青　海 Qinghai	234	100	89	5 553	130	84	25	2 404
新　疆 Xinjiang	888	406	2 332	127 348	588	347	807	35 151

13—20 全国分地区少数民族文字出版的图书(1997 年)(二)

Published Books with Ethnic Characters by Region(1997)(2)

种数:种
单位:印数:万册(份)
印张:千印张

地区 Region	课本合计 Total Amount of Textbooks Published				图片合计 Amount of Photographs				附:活页文选用纸
	种数 Number of Publications		印数 Printed Copies	印张 Printed Signatures	种数 Number of Publications		印数 Printed Copies	印张 Printed Signatures	
	合计 Total	#新出 Late Published Books			合计 Total	#新出 Late Published			
全国总计 Total	**1 464**	**213**	**3 204**	**179 075**	**6**	**5**	**11**	**237**	**634**
中央 Central	24	1	61	1 171	1	1	1	70	
地方 Local	1 440	212	3 143	177 904	5	4	10	167	634
内蒙古 Inner Mongolia	330	27	498	31 933					
辽宁 Liaoning	2		2	25					
吉林 Jilin	334	83	482	29 068					3
黑龙江 Heilongjiang									
四川 Sichuan	151	4	92	3 354					
贵州 Guizhou									
云南 Yunnan									
西藏 Tibet	223	26	489	18 971	1	1	1	5	
甘肃 Gansu									
青海 Qinghai	103	15	63	3 146	1	1	1	3	
新疆 Xinjiang	297	57	1 517	91 407	3	2	8	159	631

13－21 全国分地区少数民族文字出版的杂志(1997 年)(一)

Magazines with Ethnic Characters by Region(1997)(1)

种数:种
单位:印数:万册(张)
印张:千印张

地区 Region	合计 Total 种数 Number of Publication	平均期印数 Printed Copies for Average	总印数 Total Printed Copies	总印张 Total Printed Signatures	综合 General 种数 Number of Publication	平均期印数 Printed Copies for Average	总印数 Total Printed Copies	总印张 Total Printed Signatures
全国总计 Total	**184**	**104.4**	**969.7**	**37 231**	**25**	**31.9**	**324.6**	**11 974**
中　央 Central	16	10.9	72.9	2 914	7	9.3	53.6	2 195
地　方 Local	168	93.5	896.8	34 317	18	22.6	271	9 779
内蒙古 Inner Mongolia	43	15.3	148.3	5 436	3	2.3	27.1	1 061
吉　林 Jilin	14	10	99.9	4 614	3	2.7	29.2	1 086
黑龙江 Heilongjiang	3	2.4	13.8	555				
广　西 Guangxi	1	0.2	1	19				
四　川 Sichuan	4	1.4	5.6	184				
云　南 Yunnan	3	0.5	1.1	44				
西　藏 Tibet	10	2.7	11.3	580	2	0.6	1.8	78
甘　肃 Gansu	3	0.5	1.5	82				
青　海 Qinghai	6	1.7	7.6	438				
新　疆 Xinjiang	81	58.8	606.7	22 365	10	17	212.9	7 554

13—21 全国分地区少数民族文字出版的杂志(1997年)(二)

Magazines with Ethnic Characters by Region(1997)(2)

种数:种
单位:印数:万册(张)
印张:千印张

地区 Region	哲学、社会科学 Philosophy and Social Science				自然科学、技术 Natural Science and Technology			
	种数 Number of Publication	平均期印数 Printed Copies for Average	总印数 Total Printed Copies	总印张 Total Printed Signatures	种数 Number of Publication	平均期印数 Printed Copies for Average	总印数 Total Printed Copies	总印张 Total Printed Signatures
全国总计 Total	**46**	**22.3**	**247.0**	**8 269**	**27**	**10.4**	**84.4**	**2 261**
中央 Central	3	1.2	14.4	465				
地方 Local	43	21.1	232.6	7 804	27	10.4	84.4	2 261
内蒙古 Inner Mongolia	13	4.9	49.3	1 889	6	1.3	11.2	354
吉林 Jilin	2	1.2	12.0	480	1	0.3	1.9	54
黑龙江 Heilongjiang								
广西 Guangxi								
四川 Sichuan	2	1.0	4.0	120				
云南 Yunnan								
西藏 Tibet	3	0.9	4.5	192				
甘肃 Gansu	2	0.2	0.3	22				
青海 Qinghai	2	0.3	1.4	55				
新疆 Xinjiang	19	12.6	161.1	5 046	20	8.8	71.3	1 853

13－21 全国分地区少数民族文字出版的杂志(1997 年)(三)

Magazines with Ethnic Characters by Region(1997)(3)

种数:种
单位:印数:万册(张)
印张:千印张

地区 Region	文化、教育 Culture and Education				文学、艺术 Literature and Arts			
	种数 Number of Publication	平均期印数 Printed Copies for Average	总印数 Total Printed Copies	总印张 Total Printed Signatures	种数 Number of Publication	平均期印数 Printed Copies for Average	总印数 Total Printed Copies	总印张 Total Printed Signatures
全国总计 Total	**16**	**12.6**	**115.7**	**4 130**	**58**	**21.8**	**137**	**8 709**
中央 Central								
地方 Local	16	12.6	115.7	4 130	58	21.8	137	8 709
内蒙古 Inner Mongolia	5	1.0	7.8	295	14	3.1	20.3	1 187
吉林 Jilin	2	2.3	24	1 180	5	1.9	13.6	950
黑龙江 Heilongjiang					3	2.4	13.8	555
广西 Guangxi					1	0.2	1	19
四川 Sichuan	1	0.3	1.2	48	1	0.1	0.4	16
云南 Yunnan					3	0.5	1.1	44
西藏 Tibet	2	0.6	2.2	116	3	0.6	2.8	195
甘肃 Gansu					1	0.3	1.2	60
青海 Qinghai	1	0.3	1.8	90	3	1.1	4.4	293
新疆 Xinjiang	5	8.1	78.7	2 401	24	11.6	78.4	5 391

13—21 全国分地区少数民族文字出版的杂志(1997年)(四)

Magazines with Ethnic Characters by Region(1997)(4)

种数:种
单位:印数:万册(张)
印张:千印张

地区 Region	少儿读物 Books Published for Children				画刊 Pictorials			
	种数 Number of Publication	平均期印数 Printed Copies for Average	总印数 Total Printed Copies	总印张 Total Printed Signatures	种数 Number of Publication	平均期印数 Printed Copies for Average	总印数 Total Printed Copies	总印张 Total Printed Signatures
全国总计 Total	**4**	**4.7**	**54.2**	**1 538**	**8**	**0.7**	**6.8**	**350**
中央 Central					6	0.4	4.9	254
地方 Local	4	4.7	54.2	1 538	2	0.3	1.9	96
内蒙古 Inner Mongolia	2	2.7	32.6	650				
吉林 Jilin	1	1.6	19.2	864				
黑龙江 Heilongjiang								
广西 Guangxi								
四川 Sichuan								
云南 Yunnan								
西藏 Tibet								
甘肃 Gansu								
青海 Qinghai								
新疆 Xinjiang	1	0.4	2.4	24	2	0.3	1.9	96

13－22 全国分地区少数民族文字出版的报纸(1997 年)

Newspapers with Ethnic Characters by Region(1997)

种数:种
单位:印数:万册(张)
印张:千印张

地区 Region	合计 Total				#省、自治区、直辖市级 Province, Autonomous Regions and Cities directly under Central Government			
	种数 Number of Publication	平均期印数 Printed Copies for Average	总印数 Total Printed Copies	总印张 Total Printed Signatures	种数 Number of Publication	平均期印数 Printed Copies for Average	总印数 Total Printed Copies	总印张 Total Printed Signatures
合计 Total	**88**	**73.9**	**10 527**	**95 960**	**26**	**31.4**	**6 008**	**59 122**
内蒙古 Inner Mongolia	14	3.4	706	4 751	3	1.3	278	2 527
辽宁 Liaoning	3	1.4	200	16.8	1	0.8	120	1 208
吉林 Jilin	7	18.7	1 609	10 896	1	3.5	364	1 820
黑龙江 Heilongjiang	1	2.5	828	8 280	1	2.5	828	8 280
广西 Guangxi	1	0.3	16	78	1	0.3	16	78
四川 Sichuan	3	0.8	168	841				
云南 Yunnan	5	0.7	60	321				
西藏 Tibet	5	3.4	757	7 578	3	2.5	664	6 642
甘肃 Gansu	1	0.1	15	77				
青海 Qinghai	5	1.9	90	594	4	1.7	81	551
新疆 Xinjiang	43	40.7	6 078	60 846	12	18.9	3 657	38 016

主要统计指标解释

文化事业机构 指从事专业文化工作和为专业文化工作服务的独立建制的单独核算的单位。不包括这些单位另外举办独立核算的其他机构和各部门的业余文化组织。

艺术表演团体 指从事戏曲、音乐、舞蹈、杂技等专业技术表演，有独立帐户，实行单独核算的团体。不包括半工半艺、半农半艺的业余剧团。

十四、卫生、体育
PUBLIC HEALTH AND SPORTS

14—1 民族自治地方卫生机构、床位、人员

Health Care Institutions, Beds and Personnel of Minority National Autonomous Areas

年 份 Year	机 构 （个） Health Care Institutions	医 院 Hospitals	床 位 （张） Beds	医 院 Hospital Beds	卫生技术人员 （人） Medical Technical Personnel	医 生 Doctors
1949	361	230	3 310		3 531	
1952	1 176	378	5 711		17 877	
1957	13 819	603	26 470	20 773	65 649	26 825
1962	19 763	3 203	94 769	71 356	129 818	59 086
1965	25 306	6 275	120 781	89 497	156 889	72 832
1975	21 575	9 749	219 055	190 980	232 218	97 957
1978	23 934	10 191	253 520	22 927	279 387	120 711
1980	26 073	10 433	271 463	241 679	324 300	140 752
1981	27 604	10 735	276 119	246 922	353 395	154 439
1982	28 237	10 803	281 555	251 805	368 850	159 927
1983	28 800	11 349	290 067	267 382	387 690	169 141
1984	29 794	11 659	302 321	279 259	406 880	176 305
1985	30 432	10 061	312 137	288 732	423 733	182 503
1986	31 168	10 012	318 144	294 676	435 882	186 717
1987	31 838	10 129	332 116	307 350	451 429	192 597
1988	31 931	10 520	338 892	313 677	463 900	215 187
1989	31 081	10 342	347 555	321 659	478 304	224 851
1990	31 973	10 574	359 382	331 955	488 661	230 088
1991	32 142	10 680	365 439	338 425	500 254	232 819
1992	31 075	10 210	375 377	347 194	512 996	236 402
1993	30 642	10 389	419 873	380 079	545 934	253 329
1994	30 588	12 482	415 203	380 626	554 220	259 481
1995	28 957	12 331	387 139	357 024	527 438	250 733
1996	15 706	2 548	370 171	257 701	455 220	209 508
1997	16 111	2 606	378 905	260 708	475 731	220 647

注：本表未扣除区域变动因素，年度之间不可比，下同。

14—2 民族自治地方卫生机构

Health Care Institutions of Minority National Autonomous Areas

单位:个 (unit)

年 份 Year	合 计 Total	医 院 Hospitals	疗养院、所 Sanatoriums	门诊部 Clinics	专科防治所、站 Specialized Stations	卫生防疫站 Sanitation and Disease Control Stations	妇幼保健所、站 Maternity and Childcare Center	其 他 Others
1957	13 819	603	17	5 541		146	641	6 871
1962	19 763	3 203	69	15 279		387	363	462
1965	25 306	6 275	43	17 626		485	427	450
1975	21 575	9 749	25	10 292		633	412	464
1978	23 934	10 191	30	11 866		649	478	720
1979	25 027	10 254	30	12 676	124	635	478	830
1980	26 073	10 433	34	13 457	140	672	497	840
1981	27 604	10 735	36	14 661	146	694	505	827
1982	28 237	10 803	41	15 175	164	720	511	823
1983	28 800	11 349	44	15 130	173	727	522	855
1984	29 794	11 659	43	15 713	187	763	545	884
1985	30 432	10 061	47	17 761	221	817	559	966
1986	31 168	10 012	47	18 342	249	847	591	1 080
1987	31 838	10 129	49	18 817	277	873	600	1 093
1988	31 931	10 520	48	18 488	283	862	603	1 127
1989	31 081	10 342	46	17 744	291	892	606	1 160
1990	31 973	10 574	48	18 312	300	910	625	1 204
1991	32 142	10 680	48	18 307	313	915	634	1 245
1992	31 075	10 210	49	11 568	315	930	640	1 363
1993	30 642	10 389	64	16 772	309	1 004	649	1 423
1994	30 588	12 482	65	14 651	350	994	643	1 403
1995	28 957	12 331	45	13 282	331	995	630	1 343
1996	15 706	2 548	44	377	311	881	593	1 299
1997	16 111	2 606	44	435	320	893	609	1 349

14—3 民族自治地方卫生机构床位

Number of Beds in Health Care Institutions of Minority National Autonomous Areas

单位:张 (unit)

年份 Year	合计 Total	医院 Hospital	疗养院、所 Sanatoriums	门诊部、所 Clinics	专科防治所、站 Specialized Stations	卫生防疫站 Sanitation and Disease Control Stations	妇幼保健所、站 Maternity and Childcare Center	其他 Others
1957	26 470	20 773	1 277					4 420
1962	94 769	71 356	4 954					18 459
1965	120 781	89 497	3 732					27 552
1975	219 055	190 980	3 178					24 897
1978	253 520	220 927	3 482					29 111
1979	263 202	230 877	3 736	25 127	1 035	60	426	1 941
1980	271 463	241 679	4 318	21 471	1 248	60	661	2 026
1981	276 119	246 922	4 844	19 735	1 299	60	882	2 377
1982	281 555	251 805	5 436	19 811	1 174	60	1 063	2 206
1983	290 067	267 382	5 651	12 034	1 243	60	1 376	2 321
1984	302 321	279 259	5 851	12 120	1 113	60	1 530	2 388
1985	312 137	288 732	6 213	11 972	770	75	1 536	2 839
1986	318 144	294 676	6 367	11 191	944	75	1 824	3 067
1987	332 116	307 350	6 681	11 589	1 090	84	1 994	3 328
1988	338 892	313 677	6 294	11 756	967	118	2 130	3 950
1989	347 555	321 659	5 981	11 757	1 384	116	2 261	4 391
1990	359 382	331 955	6 262	12 051	1 717	117	2 509	4 771
1991	365 439	338 425	6 157	11 548	1 772	216	2 533	4 788
1992	375 377	347 194	6 508					
1993	419 813	380 079	12 088	12 709	1 761	146	3 464	5 913
1994	415 203	380 626	11 464	12 087	1 087	68	3 478	5 593
1995	387 139	357 024	6 511	12 017	1 621	241	4 076	5 649
1996	370 171	257 701	6 588	2 720	1 308	238	4 578	5 282
1997	378 905	260 708	6 667	2 957	1 571	286	5 276	5 089

14—4 民族自治地方专业卫生人员

Full—Time Persons in Public Health Care of Minority National Autonomous Areas

单位:人 (person)

年份 Year	专业卫生人员 Health Care Personnel	#卫生技术人员 Medical Technical Personnel	#中医 Traditional Chinese Medicine	#西医师 Western Medicine Senior	#西医士 Western Medicine Junior	#中、西医结合高级医师 Senior Doctors who Integrate Traditional Chinese Therapeutics with Western
1957	77 221	65 649	15 014	2 997	8 814	
1962	152 872	129 818	25 980	10 360	22 764	
1965	184 446	156 889	26 448	17 860	28 524	
1975	288 559	232 218	16 126	35 498	46 333	
1978	349 249	279 387	20 575	42 574	57 562	
1979	379 396	302 034	22 663	45 174	61 018	
1980	407 629	324 300	24 770	52 258	63 724	
1981	443 076	353 395	28 562	58 808	66 940	129
1982	461 245	368 850	30 106	60 692	68 954	175
1983	482 042	387 690	32 706	65 544	70 723	168
1984	505 994	406 880	37 010	65 707	73 377	211
1985	526 965	432 733	39 634	64 999	77 710	160
1986	544 777	435 882	39 909	66 237	80 391	180
1987	562 349	451 429	41 722	69 372	81 304	199
1988	573 682	463 900	43 647	114 098	57 023	419
1989	592 461	478 304	44 250	123 978	65 180	443
1990	606 085	488 661	44 266	127 894	57 470	458
1991	621 172	500 254	42 922	129 825	59 664	408
1992	638 230	512 996	42 764	130 294	62 864	480
1993	693 651	548 899	44 089	143 005	61 875	755
1994	696 548	554 240	43 862	152 530	62 169	920
1995	657 512	527 438	41 406	146 031	62 171	1 125
1996	579 693	455 220				
1997	601 826	475 731				

14—5 民族自治地方少数民族专业卫生人员

Full—Time Ethnic Persons in Public Health Care of Minority National Autonomous Areas

单位:人 (person)

年份 Year	专业卫生人员 Health Care Personnel	#卫生技术人员 Medical Technical Personnel	#中医 Traditional Chinese Medicine	#西医师 Western Medicine Senior	#西医士 Western Medicine Junior	#中、西医结合高级医师 Senior Doctors who Integrate Traditional Chinese Therapeutics with Western
1980	71 694	56 823	5 815	8 656	13 782	
1981	96 115	74 843	7 318	11 197	18 556	9
1982	100 672	80 521	8 083	12 038	18 943	19
1983	108 287	87 216	8 803	13 509	20 104	30
1984	117 473	95 310	10 928	13 818	22 252	36
1985	135 745	105 656	11 884	14 926	22 792	23
1986	139 196	112 058	12 051	15 516	25 284	35
1987	147 783	118 748	12 464	15 360	24 550	32
1988	154 894	123 586	13 736	31 191	18 347	115
1989	163 731	189 603	14 758	34 717	18 569	114
1990	170 738	141 448	14 957	36 825	20 570	129
1991	178 890	145 406	11 689	37 943	21 402	109
1992	187 543	149 635	14 235	38 438	22 800	156
1993	172 504	143 744	13 136	39 007	19 931	101
1994	180 811	151 953	14 220	41 238	20 391	118
1995	180 049	152 523	13 379	41 363	20 999	141
1996	174 537	144 575				
1997	183 469	155 803				

14—6 民族自治地方农村村级卫生组织

Rural Health Care Unions of Minority National Autonomous Areas

单位：个 (unit)

年 份 Year	村总数 Total Villages	有卫生机构的村数 Villages with Health Care Station	占村总数的％ AS% to Total	无医疗点的村数 Villages without Health Care Stations	占村总数的％ AS% to Total
1978	67 937	56 655	83.4	11 282	16.6
1979	68 783	44 324	64.4	24 459	35.6
1980	68 916	39 325	55.6	30 591	44.4
1981	75 257	53 434	71.0	21 823	29.0
1982	75 523	54 240	71.8	21 283	28.2
1983	79 105	64 006	80.9	15 099	19.1
1984	80 406	60 790	75.6	19 616	24.4
1985	86 764	65 426	75.4	21 338	24.6
1986	92 575	67 353	72.8	25 222	27.2
1987	92 822	69 005	74.3	23 817	25.7
1988	96 096	65 248	67.9	30 848	32.1
1989	97 459	65 665	67.4	31 794	32.6
1990	91 092	68 843	75.6	22 249	24.4
1991	96 525	70 045	72.6	26 480	27.4
1992	76 188	59 356	77.9	16 832	22.1
1993	93 939	74 260	79.1	19 679	20.9
1994	97 287	76 244	78.4	21 043	21.6
1995	96 685	74 375	76.9	29 310	23.1
1996	97 140	76 059	78.3	21 081	21.7
1997	100 012	79 368	79.4	20 644	20.6

14—7 民族自治地方乡村医生、卫生员、农村接生员

Rural Doctors, Health Care Workers and Rural Midwives of Minority National Autonomous Areas

单位:人 (person)

年 份 Year	乡村医生和卫生员 Rural Doctors and Medical Technical Personnel	#少数民族乡村医生和卫生员 Minority Rural Doctors and Medical Technical Personnel	乡村医生 Rural Doctors	卫生员 Medics	农村接生员 Ruaral midwife
1982	116 965	49 743	47 933	69 032	86 158
1983	116 754	49 228	55 580	61 174	88 703
1984	118 730	52 630	58 109	60 621	96 148
1985	131 381	55 914	62 255	69 129	101 291
1986	135 634	57 423	67 480	68 154	106 411
1987	139 901	56 634	72 374	67 527	107 692
1988	135 751	55 188	73 106	62 645	106 464
1989	136 780	56 304	75 228	61 552	141 857
1990	135 424	54 594	75 935	59 489	107 261
1991	139 332	58 052	79 709	59 623	104 869
1992	146 472	44 695	83 518	62 954	97 374
1993	163 129	63 582	100 993	62 136	98 064
1994	154 147	63 573	96 347	57 800	94 585
1995	158 014	64 290	102 376	55 639	91 630
1996	159 529	66 865	101 416	58 113	84 919
1997	165 976	71 229	108 712	57 264	86 735

14—8 民族自治地方分地区卫生机构、床位(1997年)(一)

Health Care Institutions and Beds by Region of Minority National Autonomous Areas(1997)(1)

单位:个、张

地区 Region	合计 Total		医院 Hospital					
					市 City		县 County	
	机构 Health Care Institutions	床位 Beds	机构 Health Care Institutions	床位 Beds	机构 Health Care Institutions	床位 Beds	机构 Health Care Institutions	床位 Beds
合计 Total	**16 111**	**378 905**	**2 606**	**260 708**	**981**	**133 843**	**1 625**	**126 865**
河北 Hebei	230	3 525	14	1 789			14	1 789
内蒙古 Inner Mongolia	2 249	52 712	411	36 564	178	22 447	233	14 117
辽宁 Liaoning	301	11 062	48	6 385	5	770	43	5 615
吉林 Jilin	341	11 827	75	8 716	50	6 348	25	2 368
黑龙江 Heilongjiang	20	221	3	112			3	112
浙江 Zhejiang	40	213	1	183			1	183
湖北 Hubei	216	6 402	27	3 418	9	1 440	18	1 978
湖南 Hunan	522	10 001	42	5 862	5	1 180	37	4 682
广东 Guangdong	65	1 524	9	1 117	1	530	8	587
广西 Guangxi	2 332	87 734	471	62 487	233	37 479	238	25 008
海南 Hainan	270	6 994	76	5 573	13	1 960	63	3 613
重庆 Chongqing	432	3 954	11	1 428			11	1 428
四川 Sichuan	1 702	15 327	128	9 463	14	1 789	114	7 674
贵州 Guizhou	1 361	20 905	130	11 660	40	4 912	90	6 748
云南 Yunnan	1 574	42 012	284	27 044	64	8 403	220	18 641
西藏 Tibet	1 020	6 246	108	4 498	9	1 422	99	3 076
甘肃 Gansu	459	4 837	48	3 121	5	602	43	2 519
青海 Qinghai	564	8 631	104	6 625	9	771	95	5 854
宁夏 Ningxia	482	13 220	94	11 169	58	7 569	36	3 600
新疆 Xinjiang	1 931	71 558	522	53 494	288	36 221	234	17 273

14—8 民族自治地方分地区卫生机构、床位(1997年)(二)

Health Care Institutions and Beds by Region of Minority National Autonomous Areas(1997)(2)

单位:个、张

地区 Region	卫生院合计		#乡卫生院		门诊部 Clinics	
	机构 Health Care Institutions	床位 Beds	机构 Health Care Institutions	床位 Beds	机构 Health Care Institutions	床位 Beds
合 计 Total	**9 855**	**96 351**	**8 234**	**62 693**	**435**	**2 957**
河 北 Hebei	191	1 516	155	655	1	30
内蒙古 Inner mongolia	1 252	13 067	1 002	8 479	128	62
辽 宁 Liaoning	193	3 480	151	2 185	6	12
吉 林 Jilin	155	2 153	125	1 293	10	13
黑龙江 Heilongjiang	12	87	10	64		
浙 江 Zhejiang	39	30	34			
湖 北 Hubei	134	2 782	98	1 713		
湖 南 Hunan	390	4 005	312	2 160		
广 东 Guangdong	39	351	34	203	1	12
广 西 Guangxi	1 287	20 789	1 131	14 423	33	104
海 南 Hainan	123	1 240	106	821	1	
重 庆 Chongqing	348	1 908	302	973	3	102
四 川 Sichuan	1 314	4 691	1 075	1 657	35	338
贵 州 Guizhou	936	7 962	745	4 959	16	143
云 南 Yunnan	878	12 487	701	7 776	5	21
西 藏 Tibet	786	1 551	729	1 418		
甘 肃 Gansu	318	1 505	247	758	7	
青 海 Qinghai	356	1 783	274	992		
宁 夏 Ningxia	281	1 362	241	328	13	253
新 疆 Xinjiang	823	13 602	762	11 836	176	1 867

14—8 民族自治地方分地区卫生机构、床位(1997 年)(三)

Health Care Institutions and Beds by Region of Minority National Autonomous Areas(1997)(3)

单位:个、张

地区 Region		疗养院、所 Sanatoriums		专科防治所、站 Specialized Stations		卫生防疫站 Sanitation and Disease Control Stations		妇幼保健所、站 Maternity and Childcare Centers		其他卫生机构 Others	
		机构 Health Care Institutions	床位 Beds	机构 Health Care Institutions	床位 Beds	机构 Health Care Institutions	床位 Beds	机构 Health Care Institutions	床位 Beds	机构 Health Care Institutions	床位 Beds
合　计	**Total**	**44**	**6 667**	**320**	**1 571**	**893**	**286**	**609**	**5 276**	**1 349**	**5 089**
河　北	Hebei	2	100	2		6		6	90	8	
内蒙古	Inner Mongolia	10	1 981	57	123	122		87	675	182	240
辽　宁	Liaoning	3	1 050	16	45	9	60	7	30	19	
吉　林	Jilin	5	360	11	30	21	16	17	109	47	430
黑龙江	Heilongjiang			1		1		1	22	2	
浙　江	Zhejiang										
湖　北	Hubei			2	15	11		11	179	31	8
湖　南	Hunan			11	28	16		16	106	47	
广　东	Guangdong			3	4	3		3		7	40
广　西	Guangxi	11	1 376	66	367	114		79	1 419	271	1 192
海　南	Hainan			18		12		10	76	30	105
重　庆	Chongqing			5	28	6		6	93	53	395
四　川	Sichuan			20	130	54	23	53	374	98	308
贵　州	Guizhou			30		49		46	474	154	666
云　南	Yunnan	2	317	44	319	85	72	82	1 043	194	709
西　藏	Tibet	1	150	1		82		30	47	12	
甘　肃	Gansu			5		21		20	51	40	160
青　海	Qinghai			3		47	15	36	208	18	
宁　夏	Ningxia	2	150	9	82	28		25	204	30	
新　疆	Xinjiang	8	1 183	16	400	206	100	74	76	106	836

14—9 民族自治地方分地区卫生部门卫生机构、床位(1997年)(一)

Health Care Institutions and Beds of Health Care Departments by Region of Minority National Autonomous Areas(1997)(1)

单位:个、张

地区 Region	合计 Total 机构 Health Care Institutions	合计 Total 床位 Beds	医院 Hospital 机构 Health Care Institutions	医院 Hospital 床位 Beds	市 City 机构 Health Care Institutions	市 City 床位 Beds	县 County 机构 Health Care Institutions	县 County 床位 Beds
合计 Total	**11 162**	**258 982**	**1 352**	**180 214**	**358**	**83 272**	**994**	**96 942**
河北 Hebei	70	2 680	11	1 699			11	1 699
内蒙古 Inner Mongolia	1 137	32 040	190	24 330	68	14 373	122	9 957
辽宁 Liaoning	185	8 025	34	5 657	4	740	30	4 917
吉林 Jilin	228	7 422	32	5 535	19	3 820	13	1 715
黑龙江 Heilongjiang	20	221	3	112			3	112
浙江 Zhejiang	6	213	1	183			1	183
湖北 Hubei	211	6 075	23	3 091	6	1 133	17	1 958
湖南 Hunan	261	7 715	35	5 282	3	840	32	4 442
广东 Guangdong	61	1 432	7	1 077	1	530	6	547
广西 Guangxi	2 052	73 312	256	49 962	107	29 489	149	20 473
海南 Hainan	196	3 565	16	2 249	6	1 030	10	1 219
重庆 Chongqing	82	2 492	11	1 428			11	1 428
四川 Sichuan	1 275	11 338	73	6 723	7	1 311	66	5 412
贵州 Guizhou	1 252	17 493	88	9 042	15	2 987	73	6 055
云南 Yunnan	1 342	32 760	144	18 959	23	4 768	121	14 191
西藏 Tibet	1 017	6 091	106	4 493	9	1 422	97	3 071
甘肃 Gansu	387	4 182	39	2 695	4	556	35	2 139
青海 Qinghai	507	6 564	74	4 808	3	381	71	4 427
宁夏 Ningxia	419	9 944	44	8 256	20	5 103	24	3 153
新疆 Xinjiang	454	25 418	165	24 633	63	14 789	102	9 844

14—9 民族自治地方分地区卫生部门卫生机构、床位(1997 年)(二)

Health Care Institutions and Beds of Health Care Departments by Region of Minority National Autonomous Areas(1997)(2)

单位:个、张

地 区	Region	卫生院 合 计		#乡卫生院		门诊部 Clinics	
		机 构 Health Care Institutions	床 位 Beds	机 构 Health Care Institutions	床 位 Beds	机 构 Health Care Institutions	床 位 Beds
合 计	**Total**	**7 060**	**69 308**	**5 531**	**37 953**	**63**	**287**
河 北	Hebei	36	861			1	30
内蒙古	Inner Mongolia	536	6 169	300	1 809	11	10
辽 宁	Liaoning	101	2 233	61	1 048	1	
吉 林	Jilin	118	1 702	89	858		
黑龙江	Heilongjiang	12	87	10	64		
浙 江	Zhejiang	5	30				
湖 北	Hubei	134	2 782	98	1 713		
湖 南	Hunan	137	2 299	63	474		
广 东	Guangdong	39	351	34	203		
广 西	Guangxi	1 269	20 618	1 114	14 282	13	79
海 南	Hainan	123	1 240	106	821	1	
重 庆	Ghongqing	47	943	2	20		
四 川	Sichuan	1 020	3 876	789	963	12	112
贵 州	Guizhou	936	7 962	745	4 959	1	
云 南	Yunnan	868	12 322	691	7 611	4	7
西 藏	Tibet	786	1 551	729	1 418		
甘 肃	Gansu	281	1 387	210	640	2	
青 海	Qinghai	331	1 533	249	742		
宁 夏	Ningxia	281	1 362	241	328	5	40
新 疆	Xinjiang					12	9

14—9 民族自治地方分地区卫生部门卫生机构、床位(1997年)(三)

Health Care Institutions and Beds of Health Care Departments by Region of Minority National Autonomous Areas(1997)(3)

单位:个、张

地区 Region		疗养院、所 Sanatoriums		专科防治所、站 Specialized Stations		卫生防疫站 Sanitation and Disease Control Stations		妇幼保健所、站 Maternity and Childcare Centers		其他卫生机构 Others	
		机构 Health Care Institutions	床位 Beds	机构 Health Care Institutions	床位 Beds	机构 Health Care Institutions	床位 Beds	机构 Health Care Institutions	床位 Beds	机构 Health Care Institutions	床位 Beds
合　计	**Total**	**4**	**693**	**309**	**1 571**	**738**	**186**	**594**	**5 276**	**1 042**	**1 447**
河　北	Hebei			2		6		6	90	8	
内蒙古	Inner Mongolia	3	493	49	123	91		82	675	175	240
辽　宁	Liaoning			16	45	9	60	7	30	17	
吉　林	Jilin			11	30	12	16	9	109	46	30
黑龙江	Heilongjiang			1		1		1	22	2	
浙　江	Zhejiang										
湖　北	Hubei			2	15	11		11	179	30	8
湖　南	Hunan			11	28	16		16	106	46	
广　东	Guangdong			3	4	3		3		6	
广　西	Guangxi			64	367	107		79	1 419	264	867
海　南	Hainan			18		9		9	76	20	
重　庆	Chongqing			5	28	6		6	93	7	
四　川	Sichuan			20	130	53	23	53	374	44	100
贵　州	Guizhou			29		49		46	474	103	15
云　南	Yunnan			44	319	83	72	82	1 043	117	38
西　藏	Tibet			1		82		30	47	12	
甘　肃	Gansu			5		21		20	51	19	49
青　海	Qinghai			3		45	15	36	208	18	
宁　夏	Ningxia			9	82	25		25	204	30	
新　疆	Xinjiang	1	200	16	400	109		73	76	78	100

14—10 民族自治地方分地区专业卫生人员(1997年)(一)
Full-Time Health Care Personnel by Region of Minority National Autonomous Areas(1997)(1)

单位:人 (person)

地区 Region	专业卫生人员 Health Care Personnel	#卫生技术人员 Medical Technical Personnel	#医生 Doctors
合计 Total	**601 826**	**475 731**	**220 647**
河北 Hebei	4 783	4 036	2 093
内蒙古 Inner Mongolia	96 749	76 270	37 022
辽宁 Liaoning	14 509	11 012	4 814
吉林 Jilin	21 397	16 806	6 888
黑龙江 Heilongjiang	685	529	258
浙江 Zhejiang	527	436	209
湖北 Hubei	11 756	9 579	3 700
湖南 Hunan	14 008	11 702	5 273
广东 Guangdong	2 654	2 133	901
广西 Guangxi	134 836	103 690	46 118
海南 Hainan	12 753	9 947	3 876
重庆 Chongqing	6 090	5 227	2 615
四川 Sichuan	21 416	17 856	9 430
贵州 Guizhou	34 731	29 349	15 549
云南 Yunnan	56 379	44 575	22 384
西藏 Tibet	10 230	7 998	4 663
甘肃 Gansu	8 042	6 863	3 812
青海 Qinghai	11 832	9 681	4 609
宁夏 Ningxia	24 380	19 100	8 567
新疆 Xinjiang	114 069	88 942	37 866

14—10 民族自治地方分地区专业卫生人员(1997 年)(二)

Full－Time Health Care Personnel by Region of Minority National Autonomous Areas(1997)(2)

单位:人 (person)

地区 Region	市属卫生人员 Health Care personnel at City Level	#卫生技术人员 Medical Technical Personnel	#医生 Doctors	县属专业卫生人员 Health Care Personnel at County Level	#卫生技术人员 Medical Technical Personnel	#医生 Doctors
合计 Total	**268 177**	**202 380**	**87 123**	**333 649**	**273 351**	**133 524**
河北 Hebei	22	18	8	4 761	4 018	2 085
内蒙古 Inner Mongolia	48 947	36 792	16 761	47 802	39 478	20 261
辽宁 Liaoning	1 893	1 518	675	12 616	9 494	4 139
吉林 Jilin	13 225	10 170	4 165	8 172	6 636	2 723
黑龙江 Heilongjiang	13	11	6	672	518	252
浙江 Zhejiang	39	26	17	488	410	192
湖北 Hubei	4 372	3 435	1 375	7 384	6 144	2 325
湖南 Hunan	2 144	1 641	684	11 864	10 061	4 589
广东 Guangdong	997	770	271	1 657	1 363	630
广西 Guangxi	71 700	53 183	22 270	63 136	50 507	23 848
海南 Hainan	3 948	2 921	1 128	8 805	7 026	2 748
重庆 Chongqing				6 090	5 227	2 615
四川 Sichuan	3 791	2 887	1 338	17 625	14 969	8 092
贵州 Guizhou	10 254	7 873	3 540	24 477	21 476	12 009
云南 Yunnan	14 551	11 056	4 909	41 828	33 519	17 475
西藏 Tibet	3 404	2 268	1 184	6 826	5 730	3 479
甘肃 Gansu	1 578	1 297	570	6 464	5 566	3 242
青海 Qinghai	1 497	1 133	438	10 335	8 548	4 171
宁夏 Ningxia	14 936	11 319	4 588	9 444	7 781	3 979
新疆 Xinjiang	70 866	54 062	23 196	43 203	34 880	14 670

14—11 民族自治地方分地区卫生部门专业卫生人员(1997 年)(一)

Full－Time Health Care Personnel in Health Care Departments by Region of Minority National Autonomous Areas(1997)(1)

单位:人 (person)

地 区 Region	专业卫生人员 Health Care Personnel	#卫生技术人员 Medical Technical Personnel	#医生 Doctors
合 计 Total	**434 009**	**342 489**	**161 486**
河 北 Hebei	3 589	2 909	1 371
内蒙古 Inner Mongolia	61 847	48 815	23 883
辽 宁 Liaoning	11 085	8 420	3 669
吉 林 Jilin	14 718	11 552	4 931
黑龙江 Heilongjiang	685	529	258
浙 江 Zhejiang	368	283	127
湖 北 Hubei	11 162	9 239	3 534
湖 南 Hunan	11 490	9 354	3 939
广 东 Guangdong	2 587	2 076	867
广 西 Guangxi	117 838	91 329	40 609
海 南 Hainan	7 216	5 445	2 095
重 庆 Chongqing	3 793	3 115	1 607
四 川 Sichuan	16 521	13 648	7 272
贵 州 Guizhou	30 812	26 192	14 089
云 南 Yunnan	46 756	37 078	19 162
西 藏 Tibet	10 152	7 955	4 641
甘 肃 Gansu	7 116	6 030	3 369
青 海 Qinghai	9 373	7 671	3 867
宁 夏 Ningxia	20 001	15 655	7 238
新 疆 Xingjiang	46 900	35 194	14 958

14—11 民族自治地方分地区卫生部门专业卫生人员(1997年)(二)

Full-Time Health Care Personnel in Health Care Departments by Region of Minority National Autonomous Areas(1997)(2)

单位:人 (person)

地区 Region		市属卫生人员 Health Care personnel at City Level	#卫生技术人员 Medical Technical Personnel	#医生 Doctors	县属专业卫生人员 Health Care Personnel at County Level	#卫生技术人员 Medical Technical Personnel	#医生 Doctors
合　计	**Total**	**176 876**	**133 005**	**57 498**	**253 547**	**206 577**	**102 618**
河　北	Hebei				3	2	1
内蒙古	Inner Mongolia	30 614	23 219	10 734	31 233	25 596	13 149
辽　宁	Liaoning	1 603	1 265	558	9 482	7 155	3 111
吉　林	Jilin	8 818	6 750	2 885	5 900	4 802	2 046
黑龙江	Heilongjiang	13	11	6	672	518	252
浙　江	Zhejiang	39	26	17	329	257	110
湖　北	Hubei	3 798	3 111	1 215	7 364	6 128	2 319
湖　南	Hunan	1 971	1 512	641	9 519	7 842	3 298
广　东	Guangdong	997	770	271	1 590	1 306	596
广　西	Guangxi	59 453	44 607	18 356	58 385	46 722	22 253
海　南	Hainan	2 523	1 813	730	4 693	3 632	1 365
重　庆	Chongqing				3 793	3 115	1 607
四　川	Sichuan	2 745	2 026	924	13 776	11 622	6 348
贵　州	Guizhou	7 697	5 898	2 802	23 115	20 294	11 287
云　南	Yunnan	9 956	7 610	3 485	36 800	29 468	15 677
西　藏	Tibet	3 344	2 241	1 174	6 808	5 714	3 467
甘　肃	Gansu	1 456	1 199	513	5 660	4 831	2 856
青　海	Qinghai	941	693	267	8 432	6 978	3 600
宁　夏	Ningxia	11 235	8 448	3 495	8 766	7 207	3 743
新　疆	Xinjiang	29 673	21 806	9 425	17 227	13 388	5 533

14—12 民族自治地方分地区少数民族专业卫生人员(1997 年)

Full－Time Health Care Ethnic Personnel by Region of Minority National Autonomous Areas(1997)

单位:人 (person)

地　区 Region	专业卫生人员 Health Care Personnel	#卫生技术人员 Medical Technical Personnel	#医生 Doctors
合　计 Total	**183 469**	**155 803**	**73 973**
河　北 Hebei	2 543	2 310	999
内蒙古 Inner Mongolia	20 608	17 701	9 139
辽　宁 Liaoning	3 699	2 916	1 321
吉　林 Jilin	9 480	7 731	3 157
黑龙江 Heilongjiang	70	65	42
浙　江 Zhejiang			
湖　北 Hubei	4 691	4 288	1 672
湖　南 Hunan	7 846	6 739	3 178
广　东 Guangdong	377	335	154
广　西 Guangxi	34 815	29 508	13 557
海　南 Hainan	2 178	1 790	659
重　庆 Chongqing	3 712	3 276	1 694
四　川 Sichuan	5 900	5 482	3 322
贵　州 Guizhou	13 418	11 908	5 854
云　南 Yunnan	16 615	14 220	7 146
西　藏 Tibet	8 654	7 199	4 014
甘　肃 Gansu	2 511	2 184	1 396
青　海 Qinghai	2 925	3 425	1 877
宁　夏 Ningxia	3 103	2 532	1 470
新　疆 Xinjiang	39 324	32 194	13 321

14—13 民族自治地方分地区乡村医生、卫生员和农村接生员(1997年)

Rural Doctors, Health Care and Rural Midwives by Region of Minority National Autonomous Areas(1997)

单位:人 (person)

地区 Region	乡村医生、卫生员 Total	乡村医生 Rural Doctors	卫生员 Medics	#少数民族乡村医生、卫生员 Minority Rural Doctors and Medical Technical Personnel	农村接生员 Midwife
合计 Total	**165 976**	**108 712**	**57 264**	**71 229**	**86 735**
河北 Hebei	3 629	2 922	707	1 764	1 084
内蒙古 Inner Mongolia	20 225	14 789	5 436	3 872	6 295
辽宁 Liaoning	4 665	4 017	648	1 069	1 490
吉林 Jilin	2 834	2 033	801	791	847
黑龙江 Heilongjiang	284	239	45	32	14
浙江 Zhejiang	153	110	43	5	227
湖北 Hubei	5 266	3 072	2 194	2 371	2 599
湖南 Hunan	5 537	3 899	1 638	3 229	4 920
广东 Guangdong	402	309	93	67	576
广西 Guangxi	46 543	33 011	13 532	14 817	25 451
海南 Hainan	1 663	833	830	1 070	2 771
重庆 Chongqing	4 104	2 150	1 954	2 720	577
四川 Sichuan	5 100	3 145	1 955	2 283	2 931
贵州 Guizhou	17 374	7 515	9 859	9 444	11 045
云南 Yunnan	19 822	11 480	8 342	9 898	12 223
西藏 Tibet	4 631	3 230	1 401	4 380	752
甘肃 Gansu	3 221	2 043	1 178	1 204	1 618
青海 Qinghai	4 327	3 601	726	2 156	2 731
宁夏 Ningxia	4 594	3 162	1 432	1 230	4 515
新疆 Xinjiang	11 602	7 152	4 450	8 827	4 069

14—14 民族自治地方分地区中医中的民族医生(1997年)

Ethnic Doctors Engaged in Traditional Chinese Medicine by Region of Minority National Autonomous Areas(1997)

单位:人 (person)

地区 Region	蒙医 Mongolian	藏医 Tibetan	维医 Uygur	傣医 Dai
合计 Total	**3 076**	**1 961**	**660**	**160**
河北 Hebei	20			
内蒙古 Inner Mongolia	2 579			
辽宁 Liaoning	193			
吉林 Jilin	24			
黑龙江 Heilongjiang	21			
浙江 Zhejiang				
湖北 Hubei	32		3	
湖南 Hunan	6			
广东 Guangdong				
广西 Guangxi	5			
海南 Hainan				
重庆 Chongqing	1			
四川 Sichuan		278		
贵州 Guizhou				
云南 Yunnan	45	31	1	160
西藏 Tibet		1 020		
甘肃 Gansu	13	353		
青海 Qinghai	71	279		
宁夏 Ningxia	6			
新疆 Xinjiang	60		656	

14—15　全国分地区少数民族在队运动员(1997 年)

Ethnic Active Athletes by Region(1997)

单位:人　　(person)

地　区 Region	少数民族运动员 Ethnic Active Athletes	地　区 Region	少数民族运动员 Ethnic Active Athletes
全　国 National	**1 049**	山　东 Shandong	8
中央合计	**13**	河　南 Henan	39
地方合计	**1 036**	湖　北 Hubei	3
北　京 Beijing	51	湖　南 Hunan	7
天　津 Tianjin	8	广　东 Guangdong	10
河　北 Hebei	26	广　西 Guangxi	69
山　西 Shanxi	1	海　南 Hainan	1
内蒙古 Inner Mongolia	223	重　庆 Chongqing	6
辽　宁 Liaoning	88	四　川 Sichuan	11
吉　林 Jilin	72	贵　州 Guizhou	15
黑龙江 Heilongjiang	11	云　南 Yunnan	63
上　海 Shanghai	22	西　藏 Tibet	124
江　苏 Jiangsu	1	陕　西 Shaanxi	19
浙　江 Zhejiang	3	甘　肃 Gansu	22
安　徽 Anhui	5	青　海 Qinghai	19
福　建 Fujian		宁　夏 Ningxia	17
江　西 Jiangxi	1	新　疆 Xinjiang	91

14—16　全国分地区少数民族在队教练员(1997 年)

Ethnic Active Coaches by Region(1997)

单位:人　　(person)

地　区 Region	少数民族教练员 Ethnic Active Coaches	地　区 Region	少数民族教练员 Ethnic Active Coaches
全　国 National	**261**	山　东 Shandong	10
中央合计	**4**	河　南 Henan	11
地方合计	**257**	湖　北 Hubei	4
北　京 Beijing	6	湖　南 Hunan	3
天　津 Tianjin	8	广　东 Guangdong	3
河　北 Hebei	1	广　西 Guangxi	14
山　西 Shanxi	2	海　南 Hainan	
内蒙古 Inner Mongolia	38	重　庆 Chongqing	1
辽　宁 Liaoning	7	四　川 Sichuan	4
吉　林 Jilin	26	贵　州 Guizhou	4
黑龙江 Heilongjiang	10	云　南 Yunnan	28
上　海 Shanghai	1	西　藏 Tibet	18
江　苏 Jiangsu		陕　西 Shaanxi	4
浙　江 Zhejiang		甘　肃 Gansu	8
安　徽 Anhui	2	青　海 Qinghai	7
福　建 Fujian		宁　夏 Ningxia	8
江　西 Jiangxi		新　疆 Xinjiang	29

主要统计指标解释

医院 指名称为医院，设有固定床位能收容病人住院并能为病人提供医疗、护理服务的医疗机构。包括县及县以上医院、农村乡卫生院、其他医院三部分。按所属性质分为卫生部门、工业及其他部门、集体经济单位三类。其中县及县以上医院按业务性质分为综合医院和专科医院。

卫生技术人员 指卫生事业机构支付工资的全部固定职工和合同制职工中现任职务为卫生技术工作的专业人员，包括中医师、西医师、中西医结合高级医师、护师、中药师、西药师、检验师、其他技师、中医士、西医士、护士、助产士、中药剂士、西药剂士、检验士、其他技士、其他中医、护理员、中药剂员、西药剂员、检验员，其他初级卫生技术人员。

医生 指经卫生部门审查合格，从事医疗工作的专业人员。分为中医医生和西医医生。包括卫生技术人员中的中医师、西医师、中西结合高级医师、中医士、西医士和其他中医。

等级运动员人数 指经考核正式批准授予等级运动员称号的人数。运动员等级分为国际级运动健将、运动健将、一级运动员、二级运动员、三级运动员、少年级运动员。

等级裁判员人数 指经考核正式批准授予等级裁判员称号的人数。裁判员等级分为国际裁判、国家级裁判、一级裁判、二级裁判、三级裁判。

附　录：
APPENDIX

民族工作机构名录
LIST OF ETHNIC WORK ORGANS

（资料截止时间：1998 年 10 月）UP TO OCT. 1998

国家民族事务委员会

地　　址：北京市西城区太平桥大街252号
邮政编码：100800

主　任、党组书记：李德洙（朝鲜）
副主任、党组副书记：陈　虹　江家福（壮）
副主任、党组成员：文　精（蒙古）图道多吉（藏）
　　李晋有
党组纪律检查组组长、党组成员：郝文明（满）
党组成员：塔瓦库勒（维吾尔）
国家民委委员（兼职）：陈耀邦　石万鹏
　　王明达　韩德乾
　　李延龄　张汉夫
　　张延喜　马李胜
　　李国华（女）　高占祥
　　杨伟光　殷大奎
　　戴相龙　李永贵
　　于友先　潘蓓蕾（女，高山）
国家民委委员（专职）：王福临　杨侯第（藏）

办公厅

主　任：王福临
副主任：普永生（彝）　王云涛
传真号码：(010)66017375
总值班室电话：66017375

政策法规司

司　长：杨侯第（藏）
副司长：黄凤祥（壮）　张崇根　刘万庆
传真号码：(010)66017452
综合处电话：66017452

经济发展司

司　长：赵显人
副司长：杨帆（女，蒙古）　曲木林古（彝）　胡毅力（女）
传真号码：(010)66032133
综合处电话：66032133

文化宣传司

司　长：方鹤春（朝鲜）
副司长：陈家才（回）
传真号码：(010)66086388
宣传处电话：66072757

教育司

司　长：吴仕民
副司长：蒋桂芳（女）　俸兰（女，瑶）
传真号码：(010)66084063
基础教育处电话：66084064

国际司

司　长：塔瓦库勒（维吾尔）
副司长：李兴亚
传真号码：(010)66024923
综合处电话：66024925

规划财务司

副司长：赵建新　单玉华（女）
传真号码：(010)66024921
财务管理处电话：66017449

人事司

司　长:郭玺来

副司长:李建辉

直属机关党委

专职副书记兼纪委副书记:李瑞志(回)

传真号码:(010)66056181

劳资职称处电话:66056181

监察部驻国家民委监察专员办公室

副司级监察专员:唐建新(苗)

办公室电话:66017366

离退休干部局

副局长:宗立人

办公室电话:66017456

机关服务局

局　长:黄忠彩(侗)

传真号码:(010)66070865

办公室电话:66070865

国家民委直属单位

国家民委民族问题研究中心

地　　址：北京市西城区太平桥大街 252 号
邮政编码：100800
传真号码：(010)66020062
电　　话：66020062
主　　任：郝文明(满)
副 主 任：铁木尔(蒙古)　王铁志(蒙古)
　　　　　赵学毅

全国少数民族古籍整理研究室

地　　址：北京市西城区太平桥大街 252 号
邮政编码：100800
电　　话：66032288—8302
副 主 任：李冬生(藏)

国家民委人才交流中心

地　　址：北京市西城区太平桥大街 252 号
邮政编码：100800
副 主 任：李春林(土)

中国民族博物馆

地　　址：北京市西城区北长街 20 号
邮政编码：100031
电　　话：66068100　66068200
馆　　长：谢启晃(壮)
副 馆 长：沈昌荣　贾守成

民族文化宫

地　　址：北京市西城区复兴门内大街 49 号
邮政编码：100031
传真号码：(010)66039310
电　　话：66024433(总机)
党委书记、主任：春世增(蒙古)
副 主 任：胡建生　郭正英(裕固)
　　　　　董文良(黎)

中国民族语文翻译中心

地　　址：北京市海淀区倒座庙 1 号
邮政编码：100080
传真号码：(010)62553624
电　　话：62555131—237
党委书记、主任：哈图卓日克(蒙古)
党委副书记：肖华成
副 主 任：吐鲁甫·巴拉提(维吾尔)
　　　　　祁继先(藏)　宝斯尔(蒙古)

中央民族歌舞团

地　　址：北京市海淀区白石桥路 25 号
邮政编码：100081
电　　话：(010)68410304
党委书记、副团长：岳桂洪(女)
团　　长：李毓珊(回)
党委副书记：洪季兴(回)

民族出版社

地　　址：北京市东城区和平里北街 14 号
邮政编码：100013
传真号码：(010)64211126
电　　话：64234411(总机)
党组书记、总编辑：戴贤(藏)
副总编辑：库尔马西(哈萨克)
　　　　　阿里木江·沙比提(维吾尔)

副 社 长:朴文哲(朝鲜)
党委副书记:丁顺长
纪委书记:德吉(藏)

#民族印刷厂

地　　址:北京市海淀区魏公村路5号
邮政编码:100081
传真号码:(010)68422964
电　　话:68424889
党委书记:迟伟达
厂　　长:姚连成

民族画报社

地　　址:北京市东城区和平里北街14号
邮政编码:100013
传真号码:(010)64662798
电　　话:64234411(总机)
副 社 长:扎西(藏)　张永发
副总编辑:刘鸿孝 车文龙(纳西)

民族团结杂志社

地　　址:北京市东城区和平里北街14号
邮政编码:100013
传真号码:(010)64255496
电　　话:64234411(总机)
社长兼总编辑:李金池(苗)
副社长兼副总编辑:刘金锁(蒙古)
副总编辑:伊德里斯(维吾尔)
副 社 长:张德安　陈乐齐(苗)
　　　　石维斌(土家)

中央民族大学

地　　址:北京市海淀区白石桥路27号
邮政编码:100081
传真号码:(010)68421862
电　　话:(010)68932442
党委书记:王彦
校　　长:哈经雄(回)
党委副书记:郑玉顺(女,朝鲜)
　　　　丹珠昂奔(藏)
副 校 长:刘树松　朱玛洪(维吾尔)
　　　　王美逢　陈理(土家)　严玉明

#中央民族管理干部学院

地　　址:北京市海淀区白石桥路27号
邮政编码:100081
电　　话:(010)68932479
分党委书记:丹珠昂奔(兼)
院　　长:朱玛洪(兼)
党委副书记:马全忠(回)
副 院 长:张儒　热依木(维吾尔)

中南民族学院

地　　址:湖北省武汉市武昌区民院路5号
邮政编码:430074
传真号码:(027)7801223
电　　话:7801741(总机)
党委书记:黄子亮(回)
院　　长:彭英明(土家)
党委副书记:徐柏才
副 院 长:唐奇甜(壮)　李步海

西南民族学院

地　　址:四川省成都市洗面桥横街21号
邮政编码:610041
传真号码:(028)5589294
电　　话:5553811(总机)
党委书记兼院长:苏克明(彝)
党委副书记:陈达云(彝)　赵心愚
副 院 长:罗布江村(藏)　王倬云(白)
　　　　陈玉屏　曾启富　张春雨

西北民族学院

地　　址:甘肃省兰州市城关区北新村1号
邮政编码:730030
传真号码:(0931)8487162

电　　话:8488364
党委书记:宋耀禄
院　　长:马麒麟(回)
党委副书记、纪委书记:高瑞(藏)
副 院 长:李克正　马景泉(回)　李岗
　　艾比布拉(维吾尔)

西北第二民族学院

地　　址:宁夏银川市新市区文昌北路
邮政编码:750021
电　　话:(0951)2075030
党委书记:杨大庆
院　　长:谢玉杰
副 院 长:丁文庆(回)
副 书 记:栗学武

大连民族学院

地　　址:辽宁省大连市开发区辽河西路18号
邮政编码:116001
电　　话:(0411)7612616
党委书记:赵安君
院　　长:金涛(朝鲜)
党委副书记:黎树斌(满)
副 院 长:蔡明德　范圣第

中国民族经济开发总公司

地　址:北京市西单北大街小石虎胡同33号
邮政编码:100031
传真电话:(010)66017833
电　　话:66023335(总机)
总 经 理:王哲东

中国民族国际信托投资公司

地　　址:北京市西城区展览路北露园1号楼
　　10层
邮政编码:100830
传真号码:(010)68301070
电　　话:68301020
董事长、总经理:马茂宗(回)
副董事长、副总经理:郭承康　葛忠兴(赫哲)
副总经理:王桢琦

中国民族旅行社

地　　址:北京市西城区文华胡同32号
邮政编码:100031
传真号码:(010)66023906
电　　话:66068487
总 经 理:张平生
副总经理:滕建民

中国牛黄技术开发公司

地　　址:北京市海淀区太平路36号
邮政编码:100039
地　　址:北京市西单北大街小石虎胡同33号
邮政编码:100031
传真号码:(010)66065626
电　　话:66065626 68213938
总 经 理:闫美连

中国民族医药卫生用品公司

地　　址:北京市海淀区北太平庄路15号
邮政编码:100088
传真号码:(010)62378414
电　　话:62379702
总 经 理:王义
副总经理:张伟　孙伟

省、自治区、直辖市民委工作机构

（资料截止时间：1998年6月）

北京市民族事务委员会

地　　址：北京市王府井大街甘雨胡同57号
邮政编码：100006
传真号码：(010)65121639
主　　任：李保群
副 主 任：赵书（满）季文渊 哈金起（回）
　　　　　马大军（回）张寿崇（满）
办公室电话：65121639

天津市民族事务委员会

地　　址：天津市成都道77号
邮政编码：300050
传真号码：(022)23314121
主　　任：李仁智（回）
副 主 任：张静波（回）谢凤友（蒙古）
办公室电话：23311865

河北省民族宗教事务厅

地　　址：石家庄市裕华西路377号
邮政编码：050051
传真号码：(0311)7024891
厅　　长：鞠志强（满）
副 厅 长：扈本训　王步文（回）　陈同文
　　　　　牛明顺
办公室电话：7024891

山西省民族宗教事务局

地　　址：太原市府东街101号
邮政编码：030072
传真号码：(0351)3046793
局　　长：周新玉
副 局 长：赵树枝　刘志敏
办公室电话：3046952

内蒙古自治区民族事务委员会

地　　址：呼和浩特市新华大街1号院6号楼
邮政编码：010055
传真号码：(0471)6964083
主　　任：韦弦（蒙古）
副 主 任：李联盟　吉木彦（蒙古）张德斌（回）
　　　　　叶喜扎木苏（鄂温克）　秦蒙
办公室电话：6965936

辽宁省民族事务委员会
（省宗教事务局）

地　　址：沈阳市于洪区崇山东路6号
邮政编码：110032
传真号码：(024)6899702
主　任（局长）：张贤焕（朝鲜）
副主任（副局长）：白非（回）佟钟时（锡伯）
　　　　　　　　包玉梅（女，蒙古）
　　　　　　　　杨丰陌（满）
办公室电话：6899701

吉林省民族事务委员会

地　　址：长春市新发路11号
邮政编码：130054
传真号码：(0431)8904610
主　　任：金华（女，朝鲜）
副 主 任：奎速（女，满）戚发祥
办公室电话：8904606

黑龙江省民族事务委员会

地　　址:哈尔滨市南岗区复华三道街 50 号
邮政编码:150001
传真号码:(0451)6223919
主　　任:舒景祥(赫哲)
副 主 任:通拉嘎(蒙古) 关立卓(满)
办公室电话:6235266

上海市民族事务委员会

地　　址:上海市静安区南京西路 722 号
邮政编码:200041
传真号码:(021)62552508
主　　任:杨奇庆(回)
副 主 任:方宗伟(回)
办公室电话:62552508

江苏省民族事务委员会(省宗教事务局)

地　　址:南京市北京西路 30 号宁海大厦十四楼
邮政编码:210024
传真号码:(025)3306527
主　　任:周加才
副 主 任:袁普泉　王波
办公室电话:3324014

浙江省民族宗教事务委员会

地　　址:杭州市省府路省行政中心 2 号楼
邮政编码:310025
传真电话:(0571)7053874
主　　任:宋云祥
副 主 任:严紫娟(女) 李绍瑛(畲)
办公室电话:7055253

安徽省民族事务委员会

地　　址:合肥市长江路 85 号
邮政编码:230001
传真号码:(0551)2642614
主　　任:李继学
副 主 任:沙启湛(回) 马美红(女,回)
办公室电话:2656605

福建省民族事务委员会(省宗教事务局)

地　　址:福州市东大路大营街 1 号
邮政编码:350001
传真号码:(0591)7548249
主　　任:林文斌
副 主 任:钟明森(畲)　余险峰　雷斌(女,畲)
办公室电话:7548249

江西省民族宗教事务局

地　　址:南昌市四纬路 22 号(南燕大厦二楼)
邮政编码:330006
传真号码:(0791)6813395
局　　长:严春忠
副 局 长:罗峻雄　张国培
办公室电话:6813395

山东省民族事务委员会

地　　址:济南市省府前街 1 号
邮政编码:250011
传真号码:(0531)6061845
主　　任:于洪文(回)
副 主 任:王高廷(回)　王树理(回)　马存益(回)
办公室电话:6061845

河南省民族事务委员会

地　　址:郑州市政五街省政府综合楼
邮政编码:450003
传真号码:(0371)5952700
主　　任:陈振江(回)
副 主 任:郑洪芳(回)　陈宗坤
办公室电话:5993442

湖北省民族宗教事务委员会

地　　址：武汉市武昌区洪山路16号
邮政编码：430071
传真号码：(027)87825277
主　　任：张洪伦(土家)
副 主 任：赵崇辉　潘桂香(女) 牟廉玖(土家)
办公室电话：87825277

湖南省民族事务委员会

地　　址：长沙市蔡锷北路彭家井32号
邮政编码：410008
传真号码：(0731)4313191
主　　任：石昌禄(苗)
副 主 任：龙尚明 彭继宽(土家) 马昌忠(回)
办公室电话：4313525

广东省民族事务委员会 (省宗教事务局)

地　　址：广州市东风中路305号省政府大院10号楼
邮政编码：510031
传真号码：(020)83331771
主　　任：刘文炎
副 主 任：林道英(黎) 莫新银(壮) 黄德才
办公室电话：83133853

广西壮族自治区民族事务委员会

地　　址：南宁市星湖路北三里2—2号
邮政编码：530022
传真号码：(0771)5867063
主　　任：黄海坤(壮)
副 主 任：梁进杰(壮) 唐勋　冯成善(瑶)
　　　　　黄 苹(女，壮)
办公室电话：5853837

海南省民族宗教事务厅

地　　址：海口市海府路59号
邮政编码：570204
传真号码：(0898)5335174
厅　　长：王亚保(黎)
副 厅 长：龙文　林玉强(黎)　邓运雄(苗)
办公室电话：5342356

重庆市民族宗教事务委员会

地　　址：重庆市渝中区中兴路5号
邮政编码：400010
传真号码：(023)63726043
主　　任：石胜福(苗族)
副 主 任：严竣
办公室电话：63837202

四川省民族事务委员会

地　　址：成都市文殊院街18号
邮政编码：610017
传真号码：(028)6749005
主　　任：朱洪明
副 主 任：杨宁超(彝)　袁本朴(土家)
　　　　　德尔基彭错(藏)
办公室电话：6748876

贵州省民族事务委员会

地　　址：贵阳市云岩区八角岩省政府大院五号楼
邮政编码：550004
传真号码：(0851)6827286
主　　任：苏太恒(布依)
副 主 任：严天华(土家)　潘万洪(侗)
　　　　　李明金(苗)　黄平(彝)
办公室电话：6826551

云南省民族事务委员会

地　　址：昆明市大观路39号
邮政编码：650032
传真号码：(0871)5311487
主　　任：格桑顿珠(藏)
副 主 任：马化清(回)　高广　赵和(佤)

段金录（白） 马泽（藏）
木桢（纳西）
办公室电话：5323687

西藏自治区民族宗教事务委员会

地　　址：拉萨市当热路15号—付3号
邮政编码：850000
传真号码：(0891)6336213
书　　记：向巴嘎登（藏）
主　　任：塔尔青（藏）
副 主 任：次旦格桑（藏） 王春林
甲热·洛桑丹增（藏） 马崇英（回）
措姆（女，藏）
办公室电话：6336213

陕西省民族宗教事务委员会

地　　址：西安市新城大院省政府前大楼八楼
邮政编码：710004
传真号码：(029)7293433
主　　任：马尔立（回）
副 主 任：岳松华 马良驯（回）
办公室电话：7294002

甘肃省民族事务委员会（省宗教事务局）

地　　址：兰州市城关区农民巷69号
邮政编码：730000
传真号码：(0931)8419037
主　　任（局长）：李膺（回）
副主任（副局长）：武惠民
副主任：马世峰（保安） 柴生祥
副局长：马成华（回） 赵克甲（藏） 潘年发
办公室电话：8416329

青海省民族事务委员会

地　　址：西宁市城中区西大街2号
邮政编码：810000
传真号码：(0971)8247967
主　　任：李 庆（藏）
副 主 任：吴天春 多麻加布（蒙古）
李巷秀（藏） 马生录（回）
办公室电话：8247711

宁夏回族自治区民族事务委员会

地　　址：银川市北环西路21号海宝大厦
邮政编码：750001
传真号码：(0951)5010847
主　　任：吴国才（回）
副 主 任：蔡明
办公室电话：5043418

新疆维吾尔自治区民族宗教事务委员会

地　　址：乌鲁木齐市友好南路22号
邮政编码：830000
传真号码：(0991)4515365
党组书记：刘彦清
主　　任：热合曼·买苏木（维吾尔）
副 主 任：阿不都热西提·尼亚孜（维吾尔）
许世杰 巴特尔（蒙古）
贺忠德（锡伯）
办公室电话：4516258